Intuition und Kunstwissenschaft

Festschrift
Hanns Swarzenski

Intuition und Kunstwissenschaft

Festschrift für Hanns Swarzenski

zum 70. Geburtstag am 30. August 1973

Herausgegeben von

Peter Bloch, Tilmann Buddensieg, Alfred Hentzen, Theodor Müller

Gebr. Mann Verlag · Berlin 1973

Gesamtherstellung Brüder Hartmann, Berlin
Printed in Germany
ISBN 3-7861-7013-4

20248
701

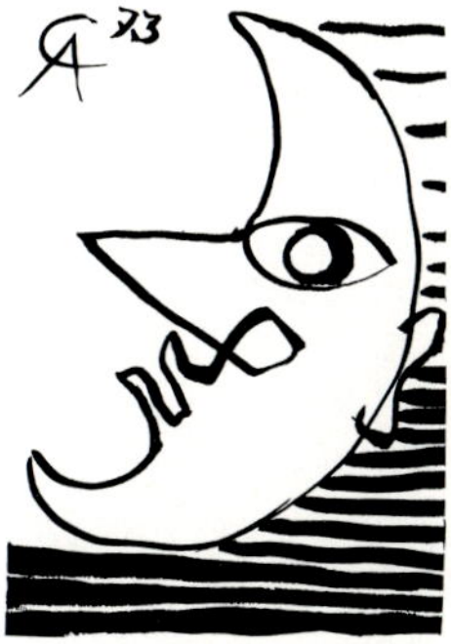

Inhaltsverzeichnis

Die Lithographie von Henry Moore auf der gegenüberliegenden Seite und die Zeichnungen von Alexander Calder auf dem Umschlag wie zu den Vignetten auf den Seiten V, 1, 3 und 5 sind Geburtstagsgeschenke der Künstler an Hanns Swarzenski.

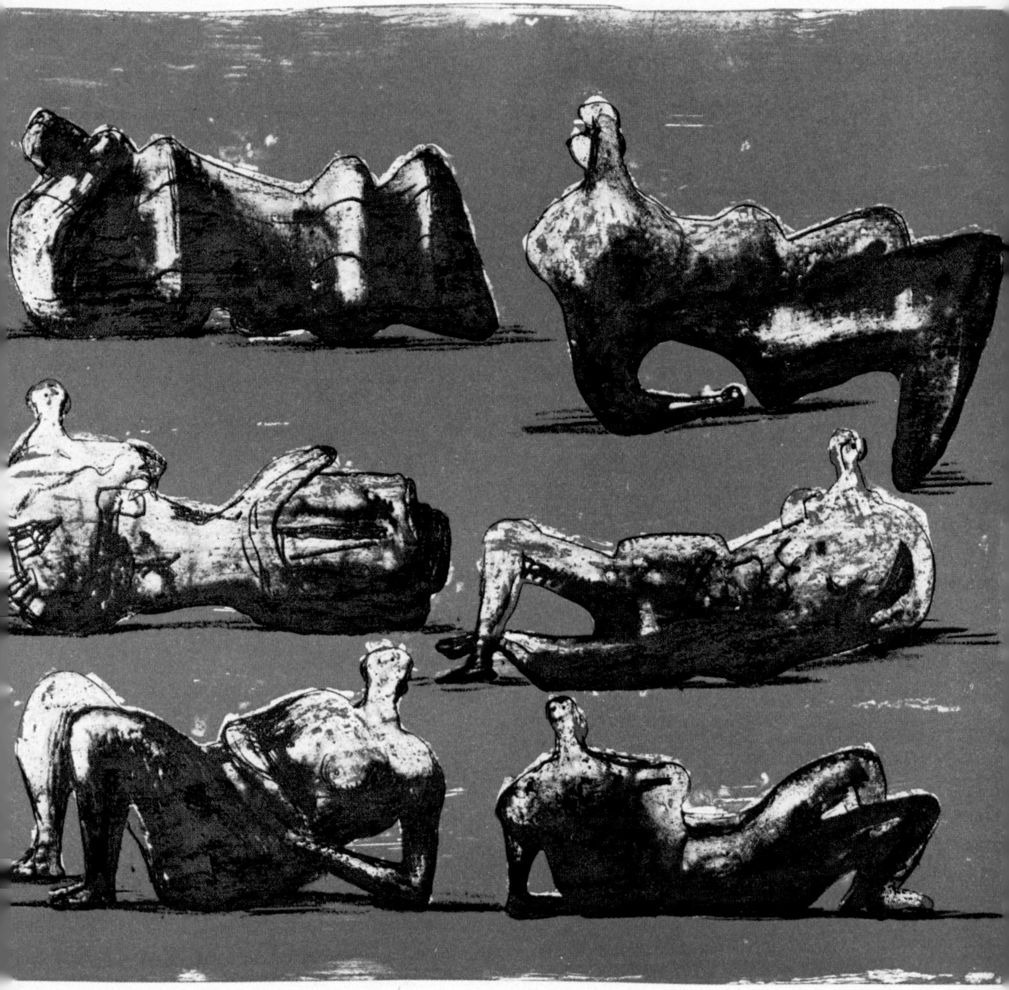

For my friend Hanns on your 70th Birthday. from Henry

Mo

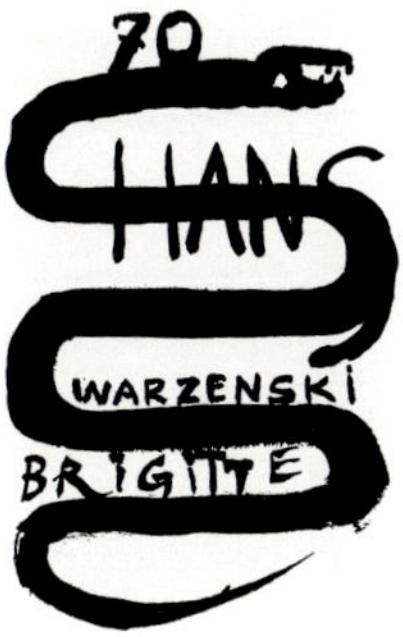

TABULA GRATULATORUM

Die folgenden Freunde und Kollegen von Hanns Swarzenski konnten sich zu ihrem Bedauern an dieser Festschrift nicht beteiligen. Sie möchten aber im Kreise der Gratulanten nicht fehlen.

François Avril, Paris
Hugo Buchthal, New York
Walter Cahn, New Haven, Conn.
Yvonne Hackenbroch, New York
Werner Haftmann, Berlin
Egbert Haverkamp-Begemann, New Haven, Conn.
Ernst Kitzinger, Cambridge, Mass.
Richard Krautheimer, Rom
Margarete Kühn, Berlin
Peter E. Lasko, Norwich, NOR.
Sherman E. Lee, Cleveland, Ohio
Wolfgang Lotz, Rom
Thomas M. Messer, New York
Peter Metz, Berlin
Dorothy Miner †
Sigrid Müller-Christensen, München
Gert von der Osten, Köln
Otto Pächt, Wien
John Plummer, New York
Sir John Pope-Hennessy, London
Jakob Rosenberg, Cambridge, Mass.
Marvin C. Ross, Washington D. C.

Hermann Schnitzler, Köln
Arno Schönberger, Nürnberg
Peter Selz, Berkeley, Cal.
Otto von Simson, Berlin
Whitney S. Stoddard, Williamstown, Mass.
Marcel Thomas, Paris
Hans R. Weihrauch, München
Kurt Weitzmann, Princeton, N. J.

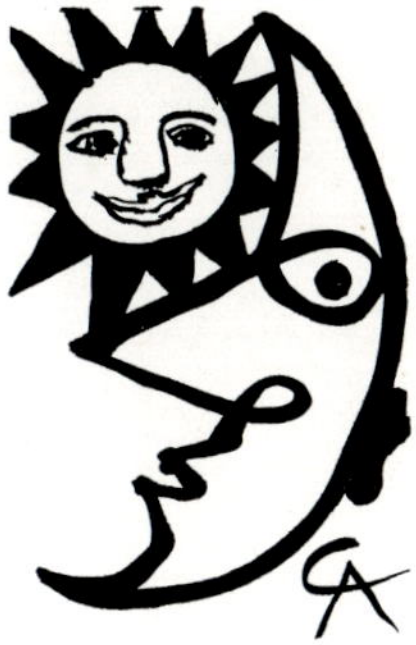

Die Drucklegung
dieses Buches haben
in großzügiger Weise gefördert:

Dr. h. c. Hermann J. Abs, Kronberg i. T.
Mrs. Mathilde Beckmann, New York
M. Heinz Berggruen, Paris
Mr. and Mrs. Paul Bernat, Chestnut Hill, Mass.
Mrs. Gertrude Bernoudy, St. Louis, Mo.
Mr. and Mrs. Leopold Blumka, New York
Mrs. Ella Brummer, New York
Herr Helmut Peter Buchen, Berlin
M. Louis Carré, Paris—New York
Mr. Charles C. Cunningham, Williamstown, Mass.
Mrs. Paul Drey, New York
Mr. Dows Dunham, Brookline, Mass.
Frau Marianne Feilchenfeldt, Zürich
Mrs. Marie-Louise Garbàty, New York
Mr. John Goelet, New York
Herr Wilhelm Hack, Köln
Dr. Rudolf J. Heinemann, New York
Herr Robert von Hirsch, Basel
Dr. Wolfgang Hofstätter, Wien
Mr. and Mrs. John Hunt, Drumleck. Baily, Co. Dublin
Mrs. Marian Willard Johnson, New York
Dr. Arthur Kauffmann, London
Mr. Patrick J. Kelleher, Princeton, N. J.
Herr Ernst Kofler-Truniger, Luzern
Dr. Peter Ludwig, Aachen

Gebr. Mann Verlag, Berlin
Mr. Morton D. May, St. Louis, Mo.
Mrs. Betty McAndrew, Boston, Mass.
Mr. John McAndrew, Boston, Mass.
Mrs. Margarett S. McKean, Boston, Mass.
Mr. Frederick Mont, New York
Mr. Edward M. Pflueger, New York
Mr. Joseph Pulitzer Jr., St. Louis, Mo.
Mr. Perry T. Rathbone, Cambridge, Mass.
Dr. Kurt Rossacher, Salzburg
Mrs. Kate Schaeffer, New York
Herr Hermann Schwartz, Mönchen-Gladbach
Mr. Germain Seligmann, New York
Mr. Josep Lluis Sert, Cambridge, Mass.
Dr. Theobald Simon, Bitburg, Eifel
Dr. Bernhard Sprengel, Hannover
Mr. Klaus Stiebel, New York
Mr. John S. Thacher, Washington D. C.
Mrs. Catherine Viviano, New York
Mr. Paul Wallraf, London
Dr. Hanns Weinberg, New York
Mme. Anne Wertheimer, Paris
Mr. Walter Muir Whitehill, North Andover, Mass.

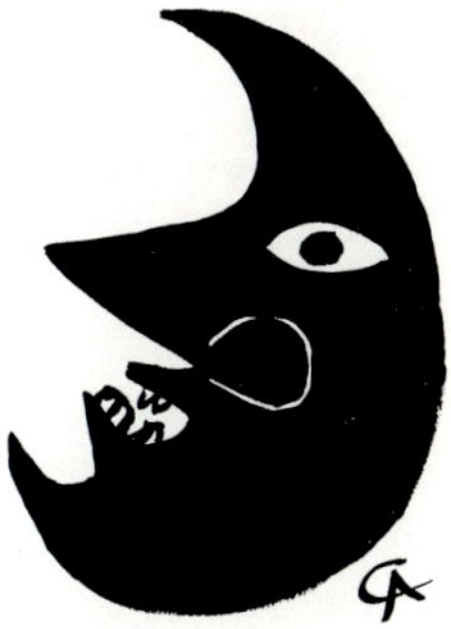

Vorwort

Lieber Hanns,

wenn Du dieses Buch durchsiehst, wirst Du vielleicht ahnen, wieviel Freude die Herausgeber bei der Vorarbeit gehabt haben, weil sie es nur mit Deinen Freunden zu tun hatten.

Der Sinn einer Festschrift ist nur dann erfüllt, wenn sie eine Vorstellung nicht nur der Leistung und des wissenschaftlichen Ansehens des Adressaten, sondern auch von seinem Wesen, seiner Besonderheit vermittelt. Das haben zwei Freunde versucht, Carl Georg Heise in seinen Erinnerungen an Dich und Deinen Vater, deren Titel »Intuition und Kunstwissenschaft« nun über dem ganzen Buch steht, und, noch persönlicher, aus der langjährigen, unmittelbaren Zusammenarbeit mit Dir, Perry Rathbone im Vorspruch zum Verzeichnis Deiner Erwerbungen. Aber nicht nur aus diesen beiden, aus fast allen Beiträgen spricht die persönliche Verbundenheit der Verfasser mit Dir, der Dank für Einsichten, die Du vermittelt, für Anregungen, die Du gegeben hast. Es sind Antworten auf das oder Weiterführungen von dem, was Du gesagt, gelehrt oder geschrieben hast. So wird jeder, der das Buch zur Hand nimmt, etwas davon erfahren, wer Du bist und wie Du bist.

Es ist ein ziemlich dickes Buch geworden, umfangreicher als wir vorauszusehen wagten, als wir in lebhafter Korrespondenz zwischen Berlin, München und Hamburg die Liste der möglichen Mitarbeiter zusammenstellten, die dann in Cambridge – und bei Gesprächen in Regensburg und Paris – von Brigitte überprüft und ergänzt wurde. Wir müssen Deiner Frau herzlich für ihre unermüdliche Hilfe danken, für die Anregungen, die sie uns gegeben, die Verbindungen, die sie hergestellt hat – unter sehr erschwerten Umständen, weil sie alles vor Deinen mißtrauischen Blicken verbergen mußte. Als wir dann bei Deinen Freunden und Kollegen anfragten, ob sie bereit wären, uns einen Beitrag zu geben, erhielten wir so schöne Bekenntnisse von Freundschaft und Dankbarkeit Dir gegenüber – auch von denen, die aus diesem oder jenem Grund nicht mitmachen konnten – und so wenige Absagen, daß unser bescheiden begonnenes Projekt immer mehr an Volumen gewann. Wir müssen deshalb ganz besonders auch jenen Freunden danken – in einigen Fällen sind sie mit den Autoren identisch – die durch großzügige Spenden den Druck der Festschrift ermöglichten, und ganz besonders dem Gebr. Mann Verlag und Herrn Dr. Heinz Peters, der mit ebensoviel Umsicht wie Geduld viele, schwierige Probleme gelöst hat.

Von Anbeginn war es unsere Absicht, den Rahmen der Mitarbeiter und der Themen so weit zu spannen, daß sich der ganze, weite Kreis Deiner Passionen und Kompetenzen in diesem Buch spiegelt, von der mittelalterlichen Kunst – die als Deine eigenste Domäne im Felde der kunstgeschichtlichen Forschung den größten Raum einnimmt – bis zur Kunst der Gegenwart. Auch der Beitrag über ostasiatische Kunst von Deinem Bostoner Museumskollegen Jan Fontein hat hier einen legitimen Platz. Weil Du mehr bist als ein Spezialist, durfte es kein Spezialistenbuch werden. Schon die Bibliographie Deiner Veröffentlichungen, die Frau Inge Hacker (mit einem Grundstock der in Amerika entstandenen Schriften von Robert C. Moeller) zusammengestellt hat, zeigt ja, auf wie vielen Gebieten Du etwas zu sagen hast.

Schließlich – zugegebenermaßen reichlich spät – befanden wir im Rate der Herausgeber, daß eine Sammlung Dir gewidmeter wissenschaftlicher Aufsätze ein unvollkommenes Bild Deiner Tätigkeiten und Leistungen geben würde, solange die Museums-Arbeit nicht auch zur Geltung käme; denn in ihr kommt ja die Verbindung von »Intuition und Kunstwissenschaft« erst ganz zum Tragen. Wir müssen Deinem Nachfolger als Curator des »Department of Decorative Arts and Sculpture« im Bostoner »Museum of Fine Arts«, Robert C. Moeller, herzlich dafür danken, daß er unter großem Zeitdruck ein Verzeichnis der wichtigsten Erwerbungen, die das Museum Dir verdankt, zusammengestellt hat.

Jeder von uns ist mit Dir durch das Museum gegangen, so war uns bewußt, wieviel Du bewirkt hast. Aber erst die geschlossene Übersicht hat uns deutlich gemacht, mit welcher überlegenen Sicherheit und Kennerschaft im Bereich aller Jahrhunderte der abendländischen Kunst Du in dem großartigen Bestand, zu dem schon Dein Vater entscheidend beigetragen hat, neue Akzente gesetzt und ein bedeutendes Ganzes von eigener Prägung geschaffen hast. Daran haben monumentale Werke – wie (um nur ein Beispiel für viele zu nennen) die Thronende Madonna aus der Ile de France um 1200 – ebenso Anteil, wie jene kleineren Objekte, die erst im großen Zusammenhang ihre Individualität und ihre eigentümliche Schönheit und Bedeutsamkeit ganz offenbaren.

Aus meiner eigenen, besonderen Interessensphäre möchte ich auch darauf hinweisen, wie vorzüglich es Dir gelungen ist, mit wenigen, bezeichnenden Beispielen eine Vorstellung der europäischen und amerikanischen Plastik des 19. und 20. Jahrhunderts zu geben. Da gibt es Werke einiger bedeutender

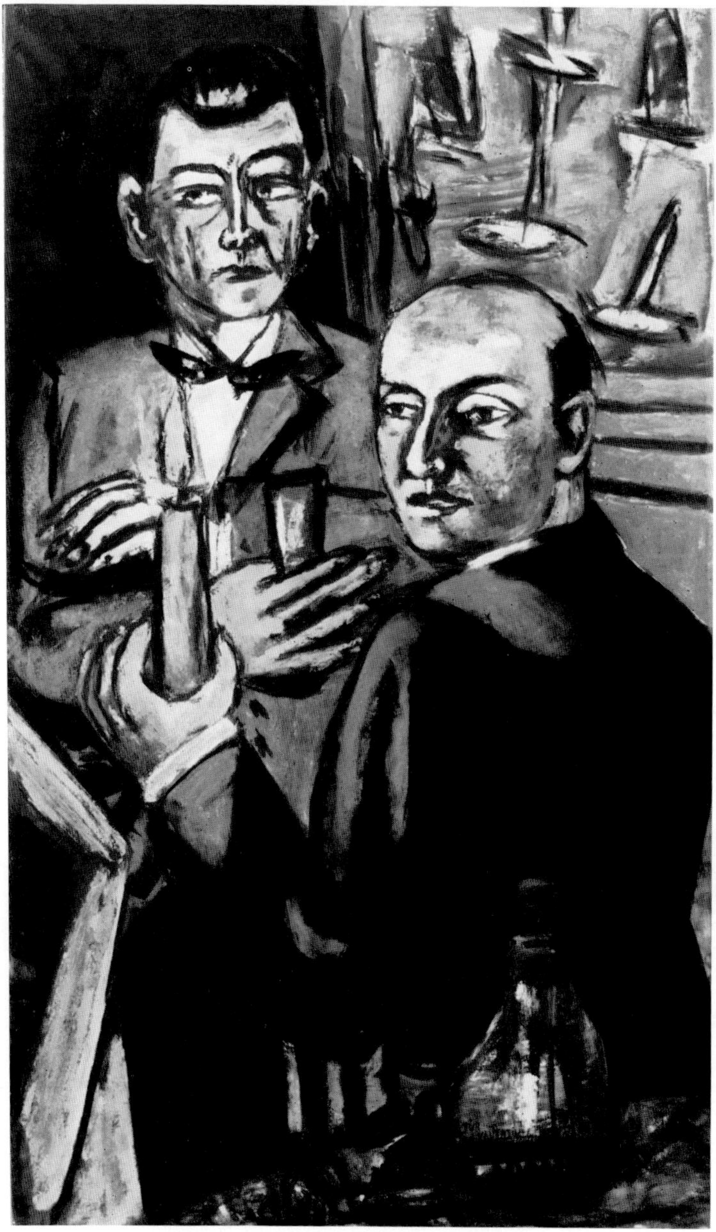

Max Beckmann, Hanns Swarzenski und Curt Valentin, 1946

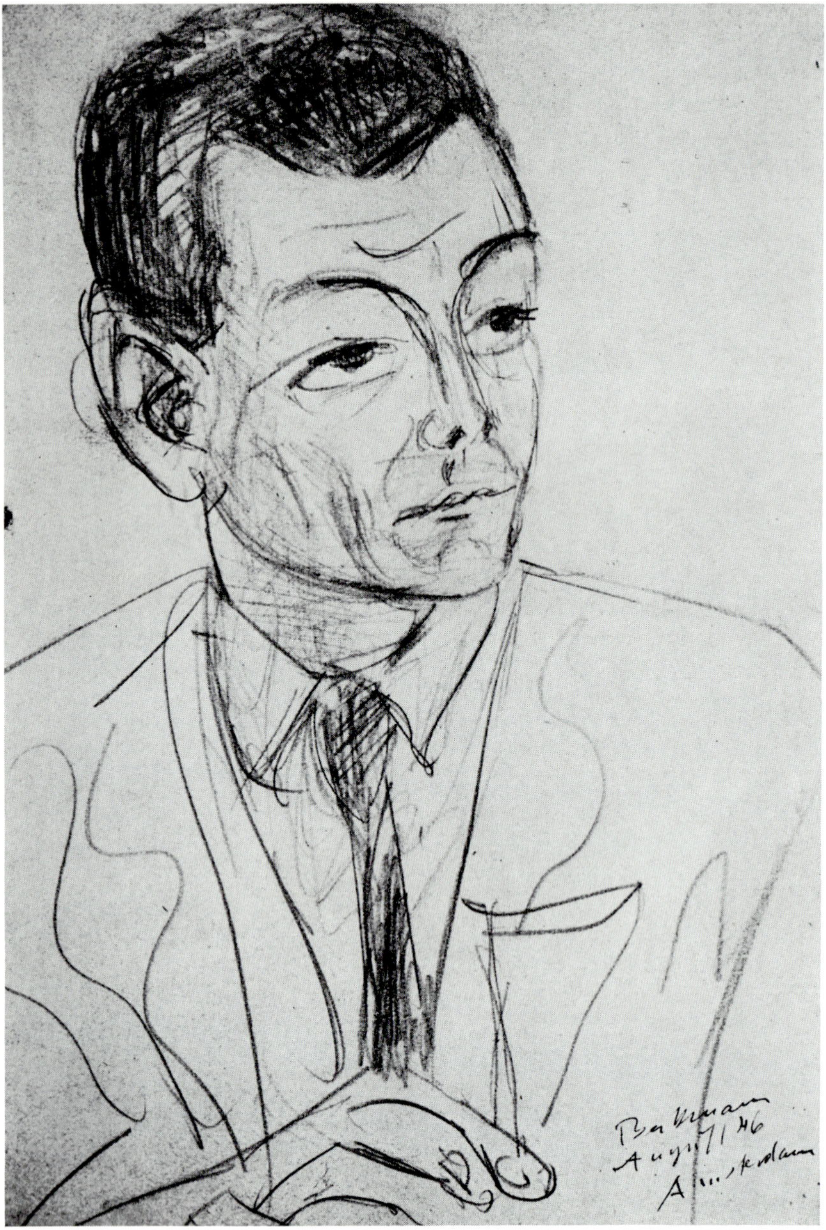

Max Beckmann, Hanns Swarzenski, 1946

Bildhauer, die in keinem anderen amerikanischen Museum anzutreffen sind.
Weil Du bei aller Kunst, der alten wie der zeitgenössischen, zuerst das Schöpferische suchst und siehst, bist Du immer mit Malern und Bildhauern befreundet gewesen. Auch das soll in diesem Buch zum Ausdruck kommen. Henry Moore hat, als er von unserem Plan erfuhr, Dir eine seiner neuen Lithographien gewidmet, die hier abgebildet ist und deren Original wir Dir in seinem Namen überreichen dürfen. Sandy Calder hat eine ganze Reihe von Zeichnungen geschickt, für Dich und Brigitte, die wir zum Teil für die Gestaltung des Umschlags oder als Vignetten verwendet haben. Die Bildnisse, die Max Beckmann von Dir gemacht hat, sollen am Anfang dieser Festschrift stehen. Beckmann war der älteste Deiner Künstlerfreunde, den Du schon aus Deinem Frankfurter Elternhaus kanntest, mit dem Du zwischen 1933 und 1936 in Berlin viel zusammenwarst, und den Du bei Deiner ersten Europareise nach dem Kriege, 1946, in Amsterdam besuchtest – zwei Jahre bevor er selbst nach Amerika übersiedeln konnte. Beckmanns Tagebücher verzeichnen diese Wiederbegegnung. Im Juli und August war auch unser gemeinsamer Freund Curt Valentin da gewesen. Unter dem 24. und 25. August hat Beckmann notiert, daß er ihn gezeichnet habe. Am 8. Oktober heißt es: »›Valentin und Swarzenski‹ entworfen«. Die erste Skizze zu dem Bild war also gemacht, bevor Du am 12. Oktober in Amsterdam eintrafst. Der 14. Oktober heißt im Tagebuch geradezu »Swarzenski-Tag«. Da ist die Zeichnung entstanden (nicht, wie Beckmann wohl aus ungenauer Erinnerung später daraufgeschrieben hat, im August, in dem Du nach Aussage des Tagebuchs, nicht in Amsterdam gewesen bist). Nach Deiner Abreise hat Beckmann am 19. Oktober »›Valentin und Swarzenski‹ angefangen zu malen«. Er erwähnt die Arbeit an dem Bild an vielen Tagen im November und noch am 4. und 5. Dezember. Dann hat er es am 22. Dezember noch einmal »endgültig überholt«. Am 26. Dezember, als Valentin über Weihnachten in Amsterdam war, hat er es ihm geschenkt. Es trägt die Widmung: »Für Kurt Valentin by Beckmann A.46«. Heute gehört es Dir.
Dies Bild ist ein schönes Zeugnis Deiner Verbundenheit mit Max Beckmann und mit Curt Valentin, der Dir seit den Berliner Jahren und erst recht seit 1937 in Amerika so nahe gestanden hat. Ich freue mich darüber, daß unser zu früh verstorbener Freund durch das Doppelbildnis in dieser Festschrift gegenwärtig ist.

Dein Alf

Hanns Swarzenski, The Curator-Connoisseur

For twenty years – seventeen of them as curator – Hanns Swarzenski's second home has been the Department of Decorative Arts and Sculpture at the Boston Museum. Some thirty galleries comprise that very considerable domain. Arranged with taste and clarity, these halls are vibrant with a multiplicity of rare and beautiful objects, great and small, that proclaim the culture of Christendom from the sixth century to the twentieth. Without recourse to statistics one can say with confidence that the majority of the objects take their place within these walls thanks to Hanns Swarzenski. A prodigious accomplishment reflecting the search campaigns of twenty summers abroad and as many in winter nearer home. In this quest – the more difficult because begun so late in the game — the byways and hedges of Europe became as familiar to Hanns Swarzenski as the well-known marts of Bond Street, central Paris and mid-Manhattan. Nor were collectors and *marchand-amateurs* in their inner sanctums impervious to his advances whatever their address.

The assemblage thus created is no museum stereotype, praiseworthy though such fruits of scholarship often are. It is not such an assemblage as easily betrays the dollar sign – safe but costly. The objects in those Boston rooms may be baroque, renaissance or medieval, northern European or Mediterranean, monumental or adorably tiny, gold or humble clay. Whatever they are in all their fantastic variety, the sensitive observer will detect in them a common denominator: they were individually selected and then lovingly assembled by *un vrai connoisseur,* a man of knowledge with an eye and a heart.

Yet be not deceived that this activity has been a simple matter of love at first sight as these words imply. A stern discipline underlies it. The challenge has been not to select a gem, but to select *the* gem from the lesser gems. The test has been in knowing when to resist, and to be so sure in doing so as to dismiss the possibility of any regret.

Those who can recapture the rapt delight of a child with a toy know something of Hanns Swarzenski's first encounter with a work of art. He quickly makes it his own. One is tempted to believe that the object has not been so loved, understood, appreciated – really savored – since it left its maker's hands. Hanns experiences objects with all his senses, not with his eyes alone. He does not know a work of art until he has touched it, caressed it, weighed it in his hands, smelled it and yes, even listened to it. Hanns talks to objects and they talk to him. No, they talk to *us*; to Hanns they sing! This intimacy has caused anxious moments with colleagues, friends, dealers, collectors. I have a candid photograph of a tense Baronne de Rothschild tiptoe with nervousness as she watches Hanns Swarzenski replace on a high shelf of a vitrine the choicest piece of Medici porcelain in her collection.

Hanns Swarzenski thinks about works of art all the time. This habit keeps in trim the solid art historical framework that underlies his brilliant aptitude for the identification of works of art drawn from every phase of western culture. But it is the esthetic response that runs deepest in his nature and that accounts for his distinction as a connoisseur. Hanns has not only strong feelings *about* works of art; he feels himself *into* them to a degree rarely vouch-safed to any mortal. He is governed by that subtle emotion we call empathy, *Einfühlung*. Artistic form so possesses his sensibility that he is literally impelled to act out his empathy with bodily movements. Everyone who knows Hanns has seen him gesturing, swelling his chest, shuffling his feet, trumpeting with his fingers, singing, humming or simply exercising his most expressive face to convey the essence of a work of art. On the pedantic side, Hanns of course has the specialist's respect for the marks of potter and goldsmith; but their total absence – troubling to a lesser eye and spirit – has never inhibited the genuineness of his appreciation of an object or his ultimate judgment of it.

That which Hanns Swarzenski carries with him, his human endowment – the eye and the heart – and years of perceptive seeing have made him what he is, that rarity among men, even among museum men, *un vrai connoisseur.*

Fortunate then, the Museum of Fine Arts to have profitted by the best years of Hanns Swarzenski's career. On two departments he has left an enduring impress – he was research fellow in the Painting Department at the beginning of his Boston years. But the stuff of connoisseurship alone could not be accountable for this achievement. Selfless dedication to art and to the Museum inspired the relentless hard work that lay behind it and it inspired that other virtue too easily forgotten – courage, the courage to take risks when the stakes are high.

The fruits of these years are too numerous to count, but the list that follows of selected works will illuminate the breadth and the depth of Hanns Swarzenski's contribution to the Museum of Fine Arts.

Perry T. Rathbone

Museum of Fine Arts, Boston

Selected acquisitions

made by or with the assistance of Hanns Swarzenski
Compiled by Robert C. Moeller, III

Abbreviations:

AR. Annual Report for . . . : Museum of Fine Arts, Boston, since 1969: The Museum Year: . . . Museum of Fine Arts, Boston
Bull. Museum of Fine Arts, Boston, Bulletin
CA. Centennial Acquisitions, Museum of Fine Arts, Boston, 1970
RY. The Rathbone Years, Museum of Fine Arts, Boston, 1972

1. Department of Paintings

Female Saint
Frescoe on original plaster
Byzantine School, 11th century
Maria T. B. Hopkins Fund
51.1620
Collections: From the Church of the Hagion Strauron (Holy Cross Abbey) outside Jerusalem; Prince Johann Georg of Saxony
Bull. 54 (1956) no. 296, pp. 34–38

Male Saint
Frescoe on original plaster
Byzantine School, 11th century
Maria T. B. Hopkins Fund
51.1621
Collections and reference as above

Death of the Virgin *(Fig. 1)*
Canvas on panel, tempera
Bohemian School, 14th century
William F. Warden Fund and by exchange
50.2716
Collections: before 1420 Family of Weitmuehl(?), after 1420 Counts Kolowrat, Kosátky Castle, Bohemia
Bull. 50 (1952) no. 282, pp. 64–74

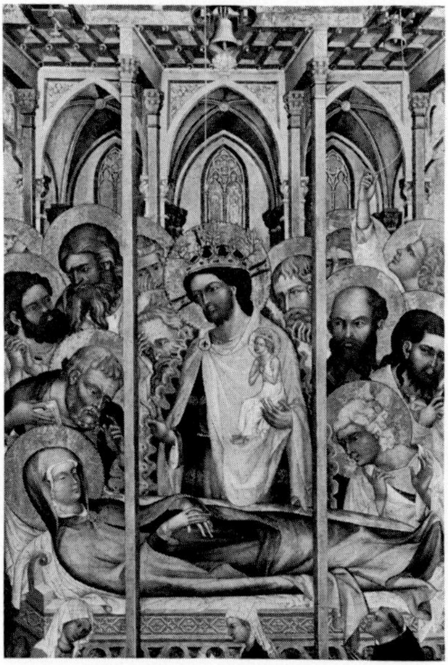

Fig. 1

Man of Sorrows *(Fig. 2)*
Oil on panel
German School, 15th century
Gift in Memory of W. G. Russel Allen, by his friends
56.262
Bull. 54 (1956) no. 298, pp. 82–85

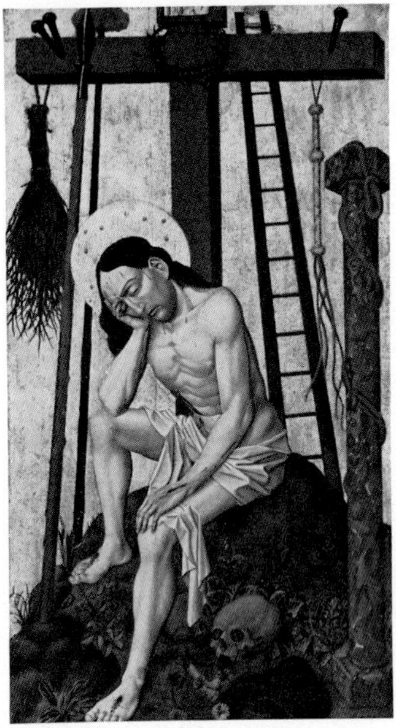

Fig. 2

The Education of Jesus *(Fig. 3)*
Oil on panel, before 1500
Rueland Frueauf, the Elder (Austrian, Salzburg, documented 1470–1507)
Ernest W. Longfellow Fund
49.1076
Collections: Count Sternberg, Prague
Bull. 48 (1950) no. 273, pp. 52–59

Fig. 3

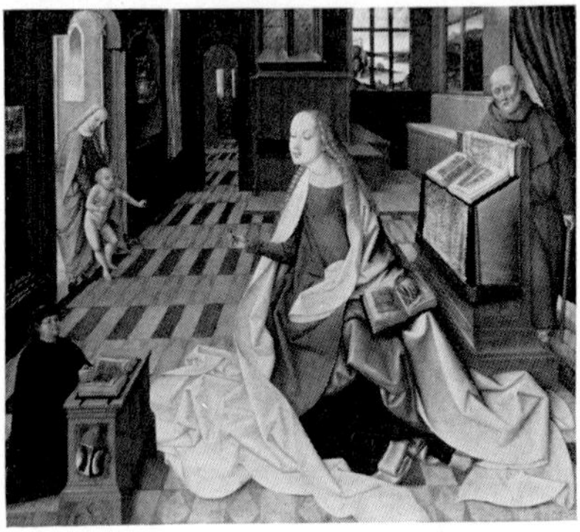

Ecce Homo *(Fig. 4)*
Oil on panel
Hieronymus Bosch (Dutch, Hertogenbosch, ca. 1450–1516)
Richardson, Edwards and Warden Funds
53.2027
Collections: Col. F. W. Harris, Surrey, England 1888; Charles Holden White, London
Bull. 53 (1955) no. 291, pp. 1–10

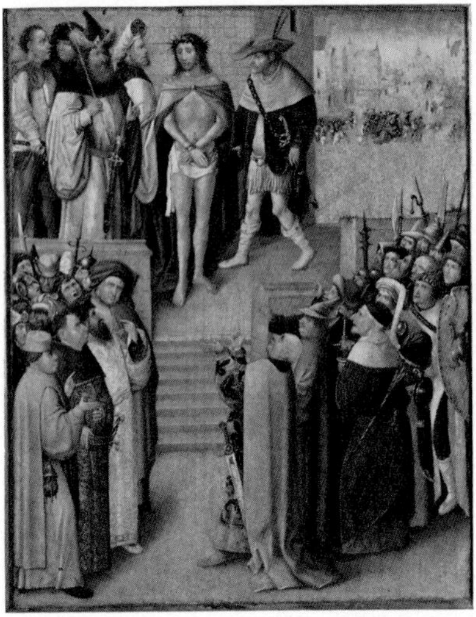

Fig. 4

Adoration of the Magi
Oil on panel
Studio of Bartholomaeus Zeitblom (German, Ulm, after 1450–1518)
Gift of Mr. and Mrs. Frederick Starr
50.2720

Christ preaching on the Sea of Galilee
Oil on panel
Jan Scorel (Dutch, 1495–1562)
Seth K. Sweetser Residuary Fund
50.293
Bull. 53 (1955) no. 294, pp. 88–91

Soldiers in a Courtyard
Oil on canvas
Florentine School, ca. 1570
Gift of Mr. and Mrs. Joseph Winterbotham
51.1922

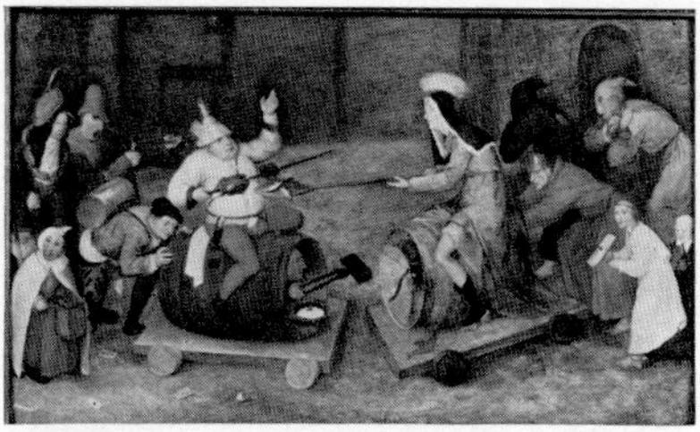

Fig. 5

Combat between Carnival
and Lent *(Fig. 5)*
Oil on panel
Pieter Bruegel the Elder
(Flemish, ca. 1528–1569)
William W. Warren Fund, Seth
K. Sweetser Residuary Fund, Robert J.
Edwards Fund, Abbot Lawrence Fund
and Ernest W. Longfellow Fund
49.82

Collections: Asgille Colville; Baron
Auchterlonie; Col. A. A. Moller, London
to 1946; Frank Sabin, London to 1949
Bull. 49 (1951) no. 275, pp. 2–11

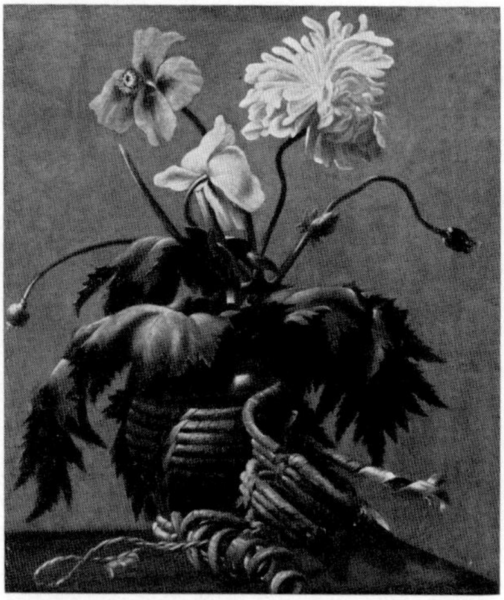

Fig. 6

Poppies in a Wine Flask *(Fig. 6)*
Oil on canvas
Michelangelo Merisi da Caravaggio
(Italian, ca. 1560/65–1609)
Charles P. Kling Fund
50.651
Collections: Lord de Lisle and Dudley,
Penshurst Place, England since the
17th century
Bull. 52 (1954) no. 288, pp. 22–38

Still Life and Architecture
Oil on canvas
Jan Fyt and Erasmus Quellinus (Flemish
1611–1661; 1607–1678)
Ernest W. Longfellow Fund
50.2728
Collections: Galleries of Puthon and
Festetits; Gsell, Vienna; Baron
Nathaniel Rothschild, Vienna

The Return of the Prodigal Son
Oil on canvas
Peter Brandl (Bohemian, Prague,
1668–1735)
Ernest W. Longfellow Fund
1973.89

2. *Department of European Decorative Arts and Sculpture*

Pectoral Cross
Gold Repoussé
Langobard, 7th century
Bequest of Mrs. Edward Jackson Holmes
65.264

Crozier Head
Brown patinated and tooled Bone
Frankish, 7th–8th century
Otis Norcross Fund
68.51
AR. 1968, p. 38

Oliphant *(Fig. 7)*
Ivory
Italy (Salerno), ca. 1100
Maria Antoinette Evans Fund
57.581
AR. 1957 (title page)
Bull. 60 (1962) no. 320, pp. 27–45
RY. no. 49

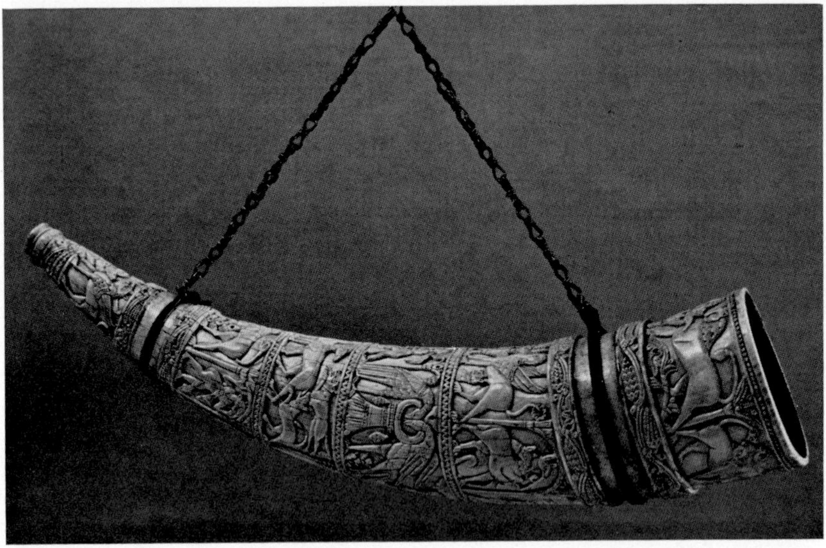

Fig. 7

Foot of a Cross
Bronze
Lower Saxony, ca. 1100
Gift of Mrs. R. Drey
57.613

Archivolt Figure of an Angel Holding a Trumpet
Marble
Southern France (Moissac?), ca. 1130
J. H. and E. A. Payne Fund
1970.268
AR. 1969–70, p. 44

Praying Angel
Limestone
Netherlands (Maastricht?), ca. 1160
Charles Amos Cummings Bequest Fund
66.438
AR. 1966, p. 38

The Crucifixion with Church and Synagogue *(Fig. 8)*
Champlevé, copper-gilt plaque
Lower Saxony, ca. 1180
Edwin E. Jack Fund
59.518

Four Columns from the Shrine of the Three Kings
Cast copper-gilt, champlevé enamel
Rhineland, Cologne: Workshop of Nicholas of Verdun, ca. 1180
Edwin E. Jack Fund
68.554 a–d
AR. 1968, p. 39

Censer
Bronze
Italy (Bobbio?), 12th century
Hezekiah E. Bolles Fund
67.292

Fig. 8

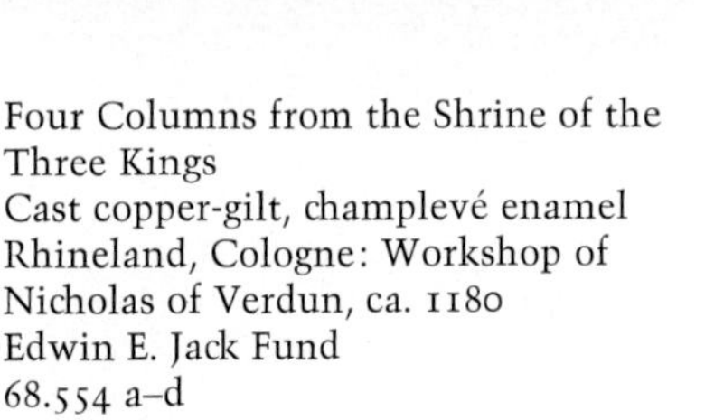

Capsa
Champlevé enamel on copper
Germany, ca. 1200
Gift of Leopold Blumka
54.1565

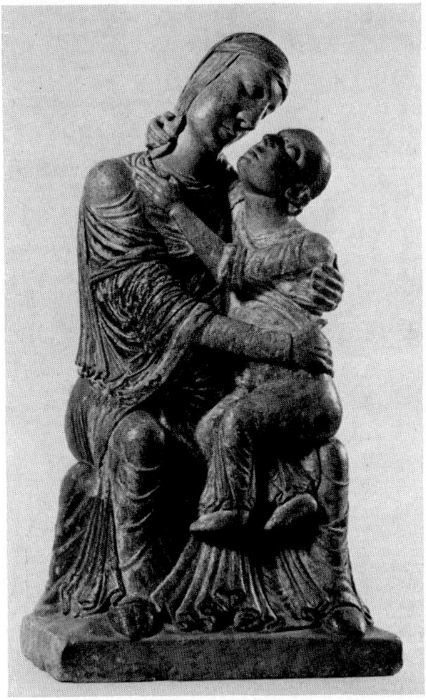

Fig. 9

Virgin and Child *(Fig. 9)*
Limestone, polychromed
Italy, Lombardy, late 12th century
Maria Antoinette Evans Fund
57.583
AR. 1957, p. 33
Bull. 57 (1959) no. 309, pp. 64–75
RY. no. 48

Virgin and Child *(Fig. 10)*
Oak, polychromed and gilt
France, Ile-de-France, ca. 1200
William Francis Warden Fund
59.701
AR. 1959, p. 8
Bull. 58 (1960) nos. 313 & 314, pp. 64–83
RY. no. 51

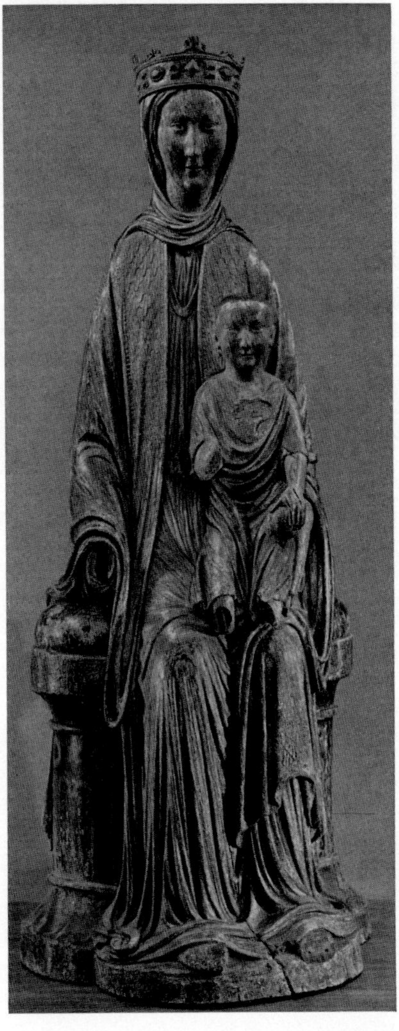

Fig. 10

Head of a Peasant
Limestone
France, Reims, ca. 1230–1240
Helen and Alice Colburn Fund
60.940

Pillar formed by three Apostles, from a Pulpit *(Fig. 11)*
Marble

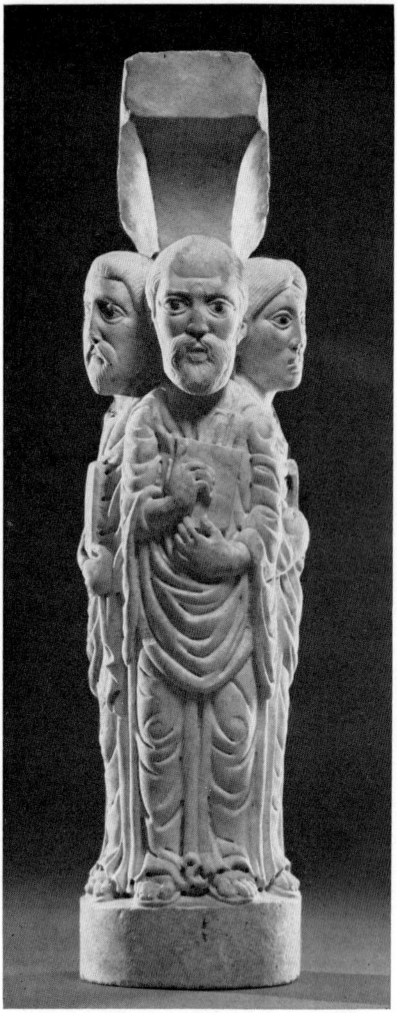

Fig. 11

Italy, Pisan; Workshop of Guido da Como, early 13th century
J. H. and E. A. Payne Fund
68.549
AR. 1968, p. 37
Bull. 68 (1970) no. 353, p. 178–196

Pair of Clasps
Ivory and copper-gilt
Sicily (Palermo?), mid 13th century
Edward J. and Mary S. Holmes Fund
1971.215, 216
AR. 1970–71, p. 41

Saint Malo
Stone
France, Normandy, ca. 1260
William F. Warden Fund
54.1797
Bull. 54 (1956) no. 295, p. 2–9

Corbel
Limestone
England, 13th century
William F. Warden Fund
55.9
Bull 53 (1955) no. 293, p. 73

Pair of Caryatids
Oak
England, Lincoln Cathedral, ca. 1270
Otis Norcross Fund
62.669, 670
AR. 1962, p. 14

Head of a Monk
Limestone
Strasbourg, 13th century
Charles Amos Cummings Bequest Fund
61.164
Bull. 60 (1962) no. 318, p. 118

Ornamented Brick
Clay
From St. Urban, Switzerland, ca. 1270
Gift of the Canton Lucerne through
Dr. Reinle and Dr. Schnyder
64.1590
Bull. 62 (1964) no. 330, pp. 138–139

Aquamanile in the Form of a Human Bust *(Fig. 12)*
Bronze
Germany, Lower Saxony (Magdeburg?), late 13th century
Decorative Arts Special Fund
65.465
AR. 1965, p. 51
RY. no. 50

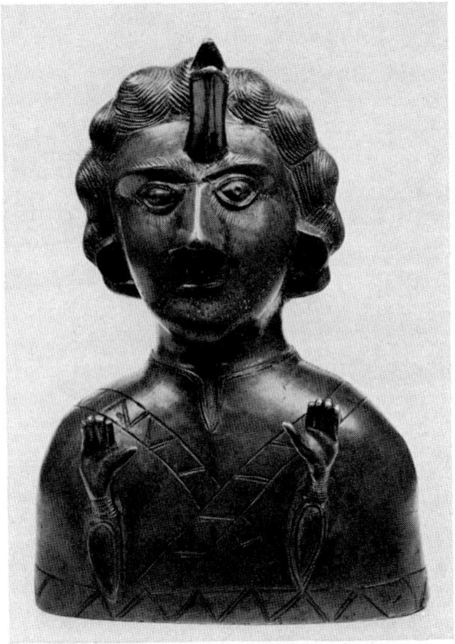

Fig. 12

Muniment-chest
Oak
From Himmerode Abbey,
Germany, Rhineland, 13th century
Frederick Brown Fund
58.720
Bull. 56 (1958) no. 305, p. 97

Chalice with enamel mounts
Silver-gilt
England, end of 13th century
Theodora Wilbour Fund in memory of
Charlotte Beebe Wilbour
56.101

Reliquary Triptych
Silver-gilt with enamel
England, ca. 1300
Theodora Wilbour Fund in Memory of
Charlotte Beebe Wilbour
58.354

Pyx
Enamel
France, 14th century
Gift of Dr. Charles J. White
61.209

Horse and Rider, Aquamanile *(Fig. 13)*
Bronze
North Germany(?), ca. 1300
Centennial Gift of Mrs. Eugene
L. Garbáty
69.1097
CA. no. 27

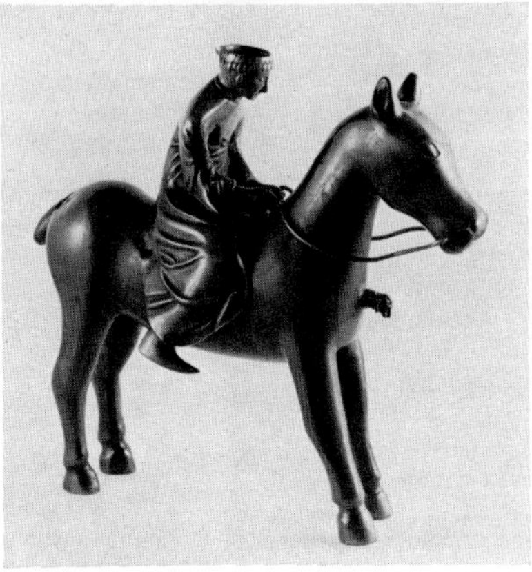

Fig. 13

Marriage Casket
Ivory with silver engraved mounts
England, 14th century
Theodora Wilbour Fund in Memory of
Charlotte Beebe Wilbour
64.1467
AR. 1964, p. 40

Trumpeting Angel
Alabaster
France, Ile-de-France, 14th century
William Francis Warden Fund
61.196
AR. 1961, p. 51

Bearded Prophet *(Fig. 14)*
Carrara marble
Italy, Tuscany; Follower of Giovanni
Pisano, early 14th century
William Francis Warden Fund
63.2665
AR. 1963, p. 49
Bull. 68 (1970) no. 353, p. 188

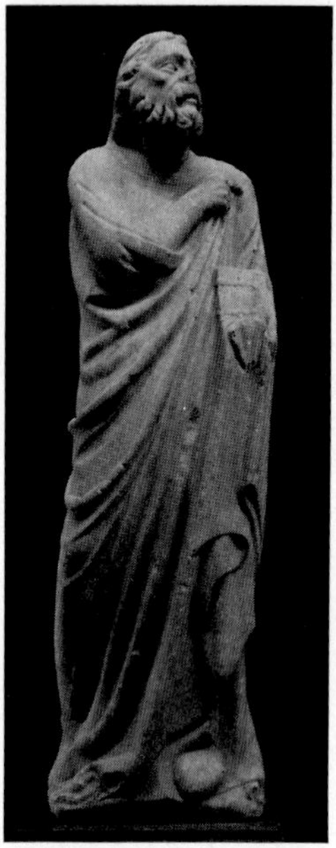

Fig. 14

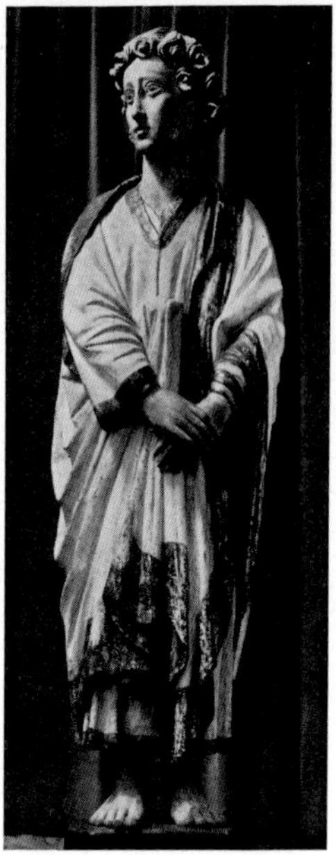

Fig. 15

Saint John from a Crucifixion
Group *(Fig. 15)*
Poplar wood, polychromed
Italy, Tuscany(?), 14th century
Centennial Purchase Fund
67.767
CA. no. 29
RY. no. 52

Altarpiece
Parcel-gilded Alabaster with eglomisé
ground
Spain, Lerida; attributed to Pedro
Aquilar of Lerida, ca. 1370
Gift of Jack Linsky
66.384–386
AR. 1966, p. 39

Scraper
Wrought iron
Central Europe, 14th century
Gift of Miss Aimée Lamb
62.256

Eucharistic Spoon
Tortoise shell and silver-gilt mountings
England, late 14th century
Theodora Wilbour Fund in Memory of
Charlotte Beebe Wilbour
65.102
AR. 1965, p. 51

Medal of Constantine the Great
Silver
Burgundy, ca. 1400
Theodora Wilbour Fund in Memory of
Zoe Wilbour
57.170

Medal of Heraclius Commemorating
the Recovery of the True Cross
Bronze
Burgundy, ca. 1400
Theodora Wilbour Fund in Memory of
Zoe Wilbour
67.291
AR. 1967, p. 56

Medal of Lionello d'Este *(Fig. 16)*
Bronze
Italy, Antonio Pisanello (ca. 1395–1455)

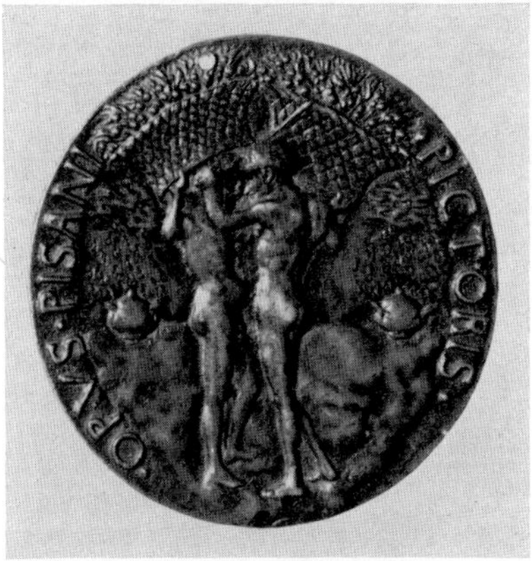

Fig. 16

Theodora Wilbour Fund in Memory of
Zoe Wilbour
57.174

Virgin and Child
Ivory, polychromed
Italy, early 15th century
Edwin E. Jack Fund
67.768
AR. 1967, p. 54

St. George on horseback with the
Princess of Cappadocia
Bronze
Belgium or Lower Saxony,
first half of the 15th century
Gift of the Class of the Museum of Fine
Arts, Mrs. Arthur L. Devens, Chairman
56.1222

Candle Bearer
Bronze
North Germany, early 15th century
Gift of the Class of the Museum of Fine
Arts, Mrs. Arthur L. Devens, Chairman
56.1223

Mourning over the Body of Christ
Limestone with traces of polychrome
Austria (Salzburg), ca. 1425
Charles Amos Cummings Bequest Fund
61.158

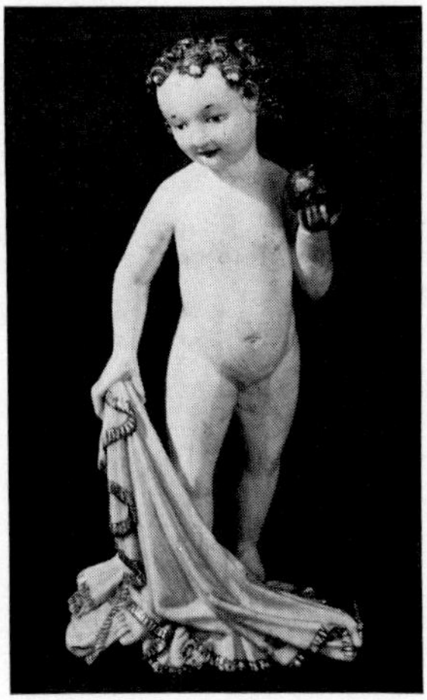

Fig. 17

Christ Child with the Globe *(Fig. 17)*
Alabaster, polychromed
Germany, Upper Rhine, ca. 1430–1440
Harriet Otis Cruft Fund
1970.10

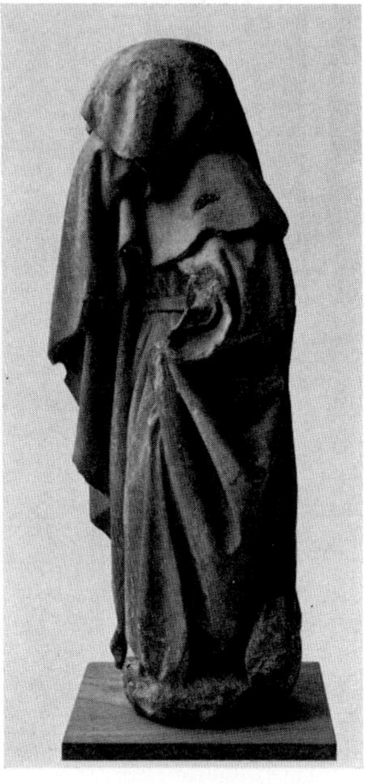

Fig. 18

Pleurant *(Fig. 18)*
Limestone
Burgundy; Atelier of Claus Sluter, ca. 1430
Frederick Brown Fund
67.764
AR. 1967, p. 54

Knightly Saddle *(Fig. 19)*
Staghorn
South-Tyrol(?), ca. 1450
Centennial Purchase Fund
69.944
CA. no. 34
RY. no. 54

Pietà Group
Alabaster
South German (Swabian), ca. 1460
William E. Nickerson Fund
59.176

Sleeping Saint John
Terra cotta, painted
Bavaria, Landshut (?), ca. 1460
Hezekiah E. Bolles Fund
62.983

Saint Joseph
Wood, polychromed
Pietro Alamanno, Naples, ca. 1460
Georg Swarzenski Memorial Fund
58.719
AR. 1958, p. 40 (attr. to Niccolo dell'Arca, Bologna)

Fig. 19

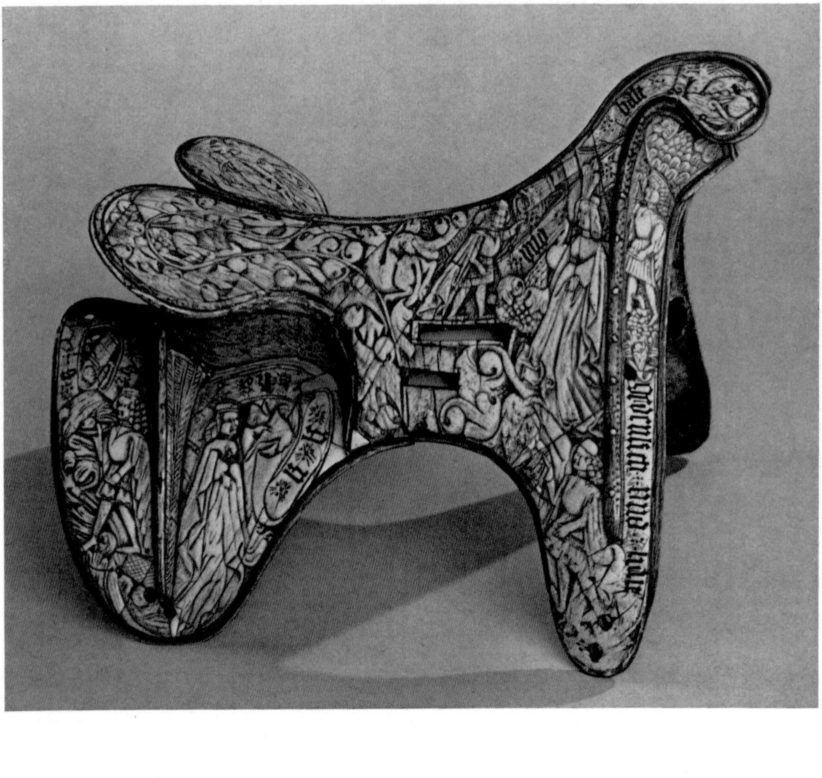

Virgin and Child on the Crescent Moon
Poplar wood, polychromed
Austria, ca. 1460–1470
Centennial Purchase Fund
65.1354
CA. no. 30 RY. no. 57

Saint Sebastian
Polychromed wood
From Altar of Dangolsheim,
Strasbourg, ca. 1470
Bequest of Dr. Siegfried J. Thannhauser
in Memory of his wife, Franziska
Reiner Thannhauser
63.589
AR. 1963, p. 49

Candlestick
Silver
Flemish, 15th century
Gift of Dr. F. W. Oelze in Memory of
Dr. Hugo Oelze
68.74

Candleholder in the Shape of a Monk
Silver
France, late 15th century
Otis Norcross Fund
68.55

Chandelier
Brass
Flemish, late 15th century
Mary S. and Edward J. Holmes Fund
68.616
AR. 1968, p. 41

Portrait Bust of Donor *(Fig. 20)*
Glazed and polychromed terra cotta
Austria, Salzburg, ca. 1500
Gift of R. Thornton Wilson in Memory
of John Fitzgerald Kennedy,
35th President of the United States
64.1
Bull. 61 (1963) no. 326, p. 143–148
AR. 1964, p. 13
RY. no. 58

Virgin and Child *(Fig. 21)*
Polychromed Pine

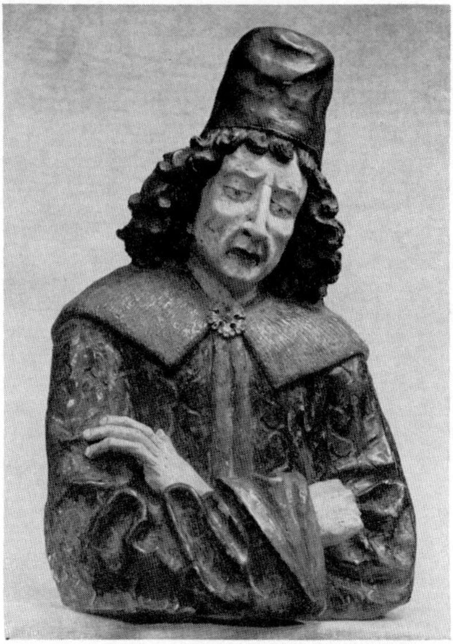

Fig. 20

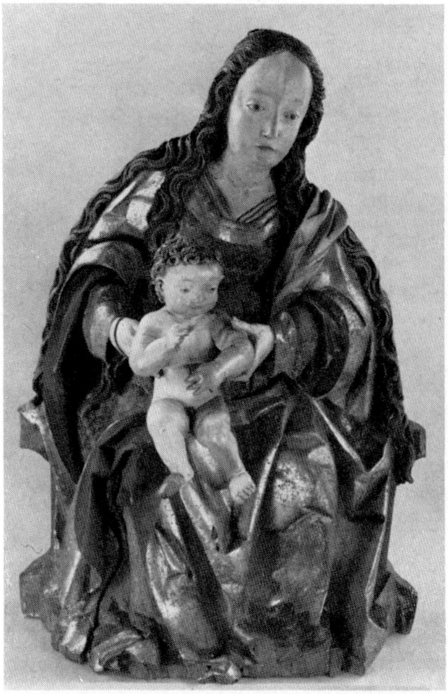

Fig. 21

South-Tyrol, ca. 1520
Gift of Dr. Siegfried J. Thannhauser
in Memory of his wife,
Franziska Reiner Thannhauser
62.338

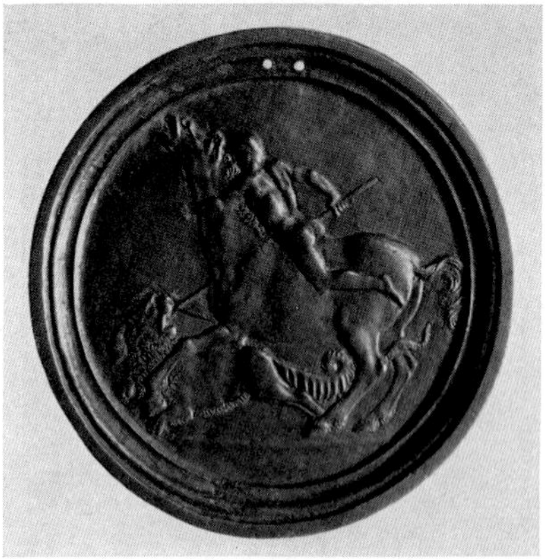

Fig. 22

Medal of Bellerophon and the
Chimera *(Fig. 22)*
Bronze
Italy, Tuscany; attributed to Bertholdo
di Giovanni or Francesco di Giorgio,
ca. 1490
Theodora Wilbour Fund in Memory
of Zoe Wilbour
66.322
AR. 1966, p. 41

Marriage Casket
Wood, polychromed pastiglia decoration
Italy, ca. 1460
J. H. and E. A. Payne Fund
1970.494
AR. 1970/71, p. 42

The Entombment
Painted terra cotta
Italy, Ferrara(?), late 15th century
Helen and Alice Colburn Fund
60.943
Bull. 58 (1960) nos. 313 & 314, p. 93

Casket
Wood
Italy, Siena, early 16th century
Gift of Eugene L. Garbáty
54.1566

Putto
Chestnut(?), gilded
Italy, Florence, ca. 1500
Otis Norcross Fund
60.953
AR. 1960, p. 43

Infant Hercules Wrestling with the
Serpents
Bronze
Italy, Florence, early 16th century
John Goelet Departmental Fund
68.617
AR. 1968, p. 40
RY. no. 69

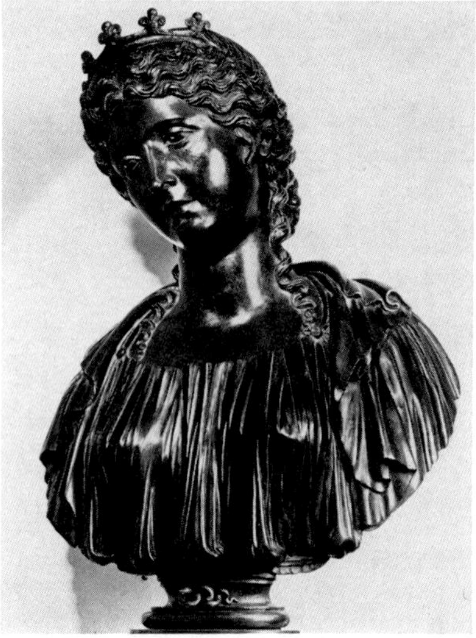

Fig. 23

Bust of Cleopatra *(Fig. 23)*
Bronze, partly gilt
Italy, Mantua, Pier Jacopo Alari
Bonacolsi, called Antico (ca. 1460–1528)

William Francis Warden Fund
64.2174
AR. 1964, p. 14
RY. no. 71

Centaur attacked by a Lion
Bronze
Italy, Florence, second quarter of the 16th century
Gift of Jack Linsky
64.2218
AR. 1964, p. 39
RY. no. 70

Model for a Medal of King Ludwig II of Hungary
Kelheim stone
Hans Daucher, Germany, Augsburg, 1526
Theodora Wilbour Fund in Memory of Zoe Wilbour
69.1150
AR. 1969, p. 45

Medal of Emperor Charles V
Bronze
Follower of Matthes Gebel, Germany, Nürnberg, 1535
Theodora Wilbour Fund in Memory of Zoe Wilbour
66.432

Medal with Scenes from Revelations
Silver
Hans Reinhart the Elder, Germany, Saxony, 1539
Theodora Wilbour Fund in Memory of Zoe Wilbour
68.50

Bust of Old Jester
Polychromed walnut
Switzerland, Basle (?), first half of the 16th century
Gift of R. Thornton Wilson in Memory of Florence Ellsworth Wilson
63.35

"Landsknecht"
Glazed Hafner ware Tile
Austria, ca. 1525
Gift of R. Thornton Wilson in Memory of Florence Ellsworth Wilson
61.116
AR. 1961, p. 54

Double spouted Vase
France, La Chapelle-des-Pots, first half of the 16th century
Gift of R. Thornton Wilson in Memory of Florence Ellsworth Wilson
65.28

Oval Dish
Lead enamelled earthenware
Bernard Palissy (ca. 1510–1590), France, second half of the 16th century
Arthur Mason Knapp Fund and Anonymous Gift
60.8

Hour Glass
Silver-gilt
England, ca. 1525–1550
Theodora Wilbour Fund in Memory of Charlotte Beebe Wilbour
57.533
AR. 1957 (cover)

Ewer
Chinese porcelain with mounts in silver
England, ca. 1575–1600
Theodora Wilbour Fund in Memory of Charlotte Beebe Wilbour
55.471

Pillar Salt
Silver-gilt
Maker's mark: bird in shaped shield
England, London, ca. 1577–78
Theodora Wilbour Fund in Memory of Charlotte Beebe Wilbour
61.654
AR. 1961, p. 52

Model for a Fountain *(Fig. 24)*
Terra cotta
Italy, Florence, Manner of Tribolo, ca. 1550
Charles Amos Cummings Fund
59.521 AR. 1959, p. 32

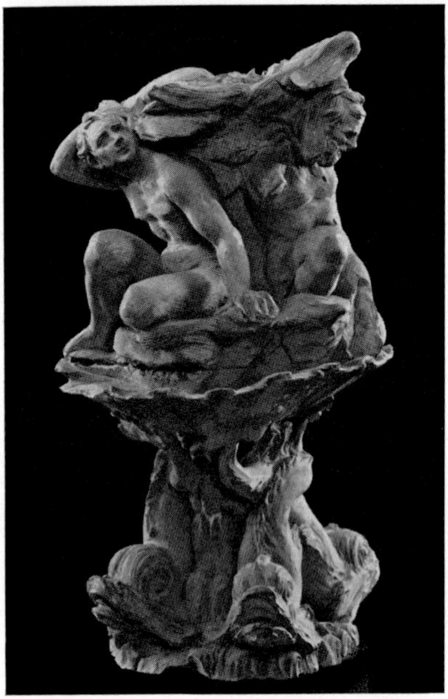

Fig. 24

Bancone
Walnut, carved
Italy, Florence, Giovanni Angelo Montorsoli (?), 16th century
William Francis Warden Fund
62.7

Slaughtering of the pigs, December, From a series depicting the Labors of the Months
France, Limoges, ca. 1560
Gift of Dr. Wolfgang Hofstätter
1970.473
AR. 1970–71, p. 40

Dish
Hafner ware
Austria, Salzburg, late 16th century
Gift of R. Thornton Wilson in Memory of Florence Ellsworth Wilson
63.31

Salt in the Form of an Upright Seated Lion
Salt-glaze pottery
Germany, Siegburg, 16th century
Otis Norcross Fund
60.950

Vase
Pottery
Germany, Siegburg, 1572
William Francis Warden Fund
58.325

Ewer
Rock crystal
Italy, Milan, ca. 1580
English mounts
Silver-gilt
Mark: IH or HI
ca. 1620
Theodora Wilbour Fund in Memory of Charlotte Beebe Wilbour
64.56

Bust (probably from a tomb monument)
Terra cotta
Italy, Bologna or Emilia, late 16th century
William Francis Warden Fund
56.12 AR. 1956, p. 24

Fig. 25

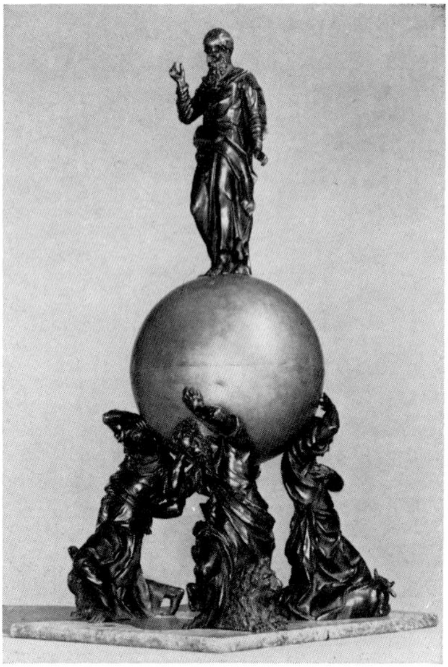

God the Father on the Globe supported by the Evangelists *(Fig. 25)*
Cast bronze and beaten copper
Italy, Venice, Girolamo Campagna (ca. 1552–1623)
Centennial Gift of John Goelet
69.583 a–f
CA. no. 42

Hand Bell
Bronze
Netherlands, Mecheln, Petrus Gheineus (d. 1598)
1571
Gift of Mr. & Mrs. Paul Wallraf
59.558

Christ comforted by an Angel
Ivory
Franco-Flemish, late 16th century
Otis Norcross Fund
68.551
AR. 1968, p. 40

Fig. 26

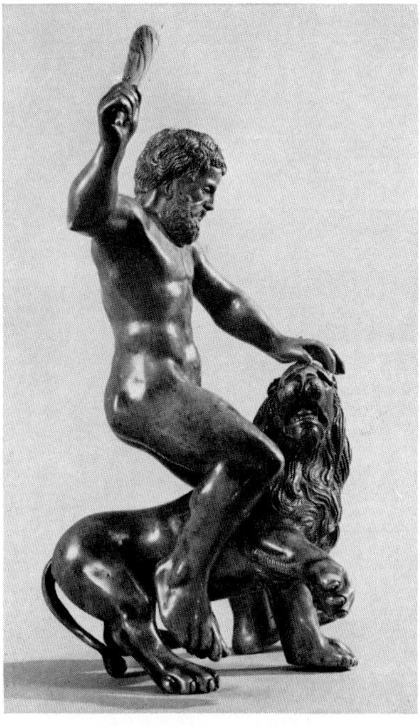

Hercules and the Lion *(Fig. 26)*
Bronze
Germany, Augsburg (?); attributed to Hubert Gerhard (ca. 1550–1620)
J. H. and E. A. Payne Fund
58.969

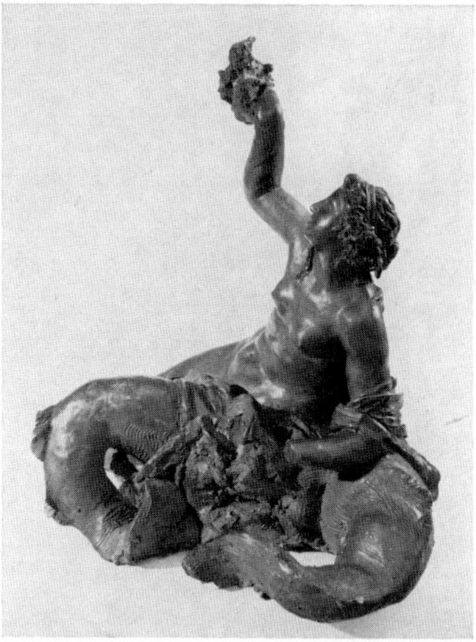

Fig. 27

Naiad, Model for a Fountain *(Fig. 27)*
Terra cotta
Netherlands, attributed to Adriaen de Vries (ca. 1560–1629)
Hezekiah E. Bolles Fund
56.144
RY. no. 73

Brooch
Silver-gilt with semi-precious stones
Marked: IB, Hungarian-Transylvanian, late 16th century
Hezekiah E. Bolles Fund
69.31

Man's Stiletto
Steel
Italy, Brescia, ca. 1600
Otis Norcross Fund
1970.440

Medal of Henry IV and Marie de Medici
Lead
France, Guillaume Dupré, 1607
Theodora Wilbour Fund in Memory of Zoe Wilbour
1971.144

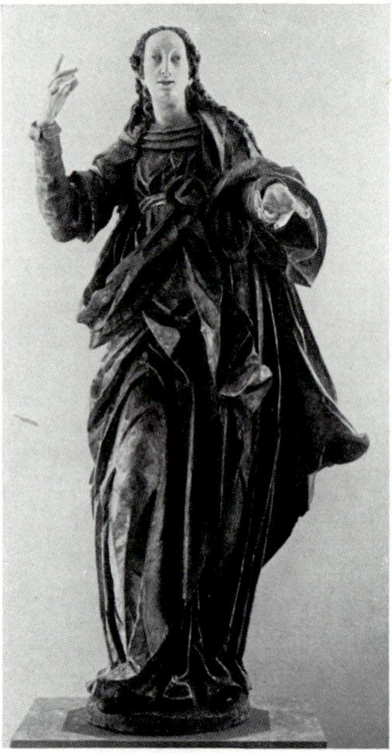

Fig. 28

The Virgin *(Fig. 28)*
Limewood, polychromed and partly gilded
Germany, Swabia, attributed to Hans Degler (active 1607–1637)
Centennial Purchase, William F. Warden Fund
69.1283
CA. 45

Standing Cup with Pineapple
Silver-gilt
Maker's mark: IK, London, ca. 1610
Theodora Wilbour Fund in Memory of Charlotte Beebe Wilbour
68.19

Tankard
Glazed Hafner ware
Germany, Nürnberg (?), 1629
Gift of R. Thornton Wilson in Memory of Florence Ellsworth Wilson
65.32

Andromeda Chained
Faience
Switzerland, Schaffhausen (?), 17th century
Gift of R. Thornton Wilson in Memory of Florence Ellsworth Wilson
65.33
AR. 1965, p. 51

Noli me tangere
Rhinoceros (?) horn relief
Low Countries or Augsburg, ca. 1650
Otis Norcross Fund
60.952

Mourning Virgin and Saint John from a Crucifixion Group
Limewood
Lower Austria, ca. 1670
Otis Norcross Fund
65.103, 104

Bust of a bearded Saint *(Fig. 29)*
Marble

Fig. 29

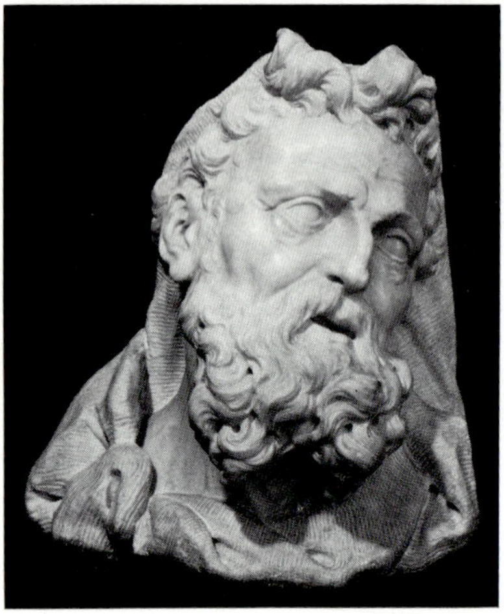

France or Germany, 17th century
Harriet Otis Cruft Fund
1970.492
AR. 1970–71, p. 38

Bozzetto of Abraham's Sacrifice
Terra cotta
Germany (?), late 17th century
Hezekiah E. Bolles Fund
58.355

Boy with a Quill
Terra cotta, lead glazed
England (?), 17th century
Annie A. Hawley Bequest Fund
59.717

Two-Handled covered Cup
Silver
England, attributed to Christian van Vianen, ca. 1660
Theodora Wilbour Fund in Memory of Charlotte Beebe Wilbour
63.1254

Tankard
Serpentine with silver mounts
England, London, 1660 or 1662
Theodora Wilbour Fund in Memory of Charlotte Beebe Wilbour
59.719
AR. 1959, p. 33

Goblet
Silver-gilt
Maker's mark: PD, England, London, 1664
Theodora Wilbour Fund in Memory of Charlotte Beebe Wilbour
1971.266

Covered Cup
Gold
England, ca. 1665
Theodora Wilbour Fund in Memory of Charlotte Beebe Wilbour
60.534

Ostrich Egg Ewer
Silver-gilt mounts
England, ca. 1670
Theodora Wilbour Fund in Memory of Charlotte Beebe Wilbour
63.1257

Wax Jack
Silver
Maker's mark: PR, England, London, ca. 1680
Theodora Wilbour Fund in Memory of Charlotte Beebe Wilbour
61.185

Medal of Francesco Redi
Bronze
Italy, Florence, Massimiliano Soldani (1656–1740), 1684
Theodora Wilbour Fund in Memory of Zoe Wilbour
66.884

Rest on the Flight into Egypt
Marble
Italy, Flemish sculptor active in Rome, 17th century
Otis Norcross Fund
67.634
AR. 1967, p. 55

Charger
Pottery
Low Countries, Delft (?), 17th century
Samuel Putman Avery Fund
64.1943

Jug
Polychromed marbled faience
Germany, Frankfurt, late 17th century
Gift of Dr. Lloyd E. Hawes
64.1942

Charger
Faience
Germany, probably Hanau, ca. 1700
Hezekiah E. Bolles Fund
57. 622

Jug
Faience
Lille or Delft, early 18th century

Gift of Mr. and Mrs. Edward M. Pflueger
64.2219

Tankard
Pottery with pewter lid
Signed MB (perhaps Meiselbach),
Germany, Thuringia, early 18th century
Hezekiah E. Bolles Fund
57.661

Deep dish
Porcelain
Germany, Meissen, Mark with K (David Köhler), ca. 1720
Gift of R. Thornton Wilson in Memory of Florence Ellsworth Wilson
65.35

Monkey holding a Snuff Box
Porcelain
Germany, Meissen, Johann Joachim Kaendler or Johann Gottlieb Kirchner, ca. 1730
William Francis Warden Fund
58.1190
AR. 1958, p. 39
RY. no. 80

Soup Tureen and Stand
Porcelain
Germany, Meissen, ca. 1740–45
Bequest of Forsyth Wickes; Forsyth Wickes Collection
65.2072
RY. no. 81

Soup Tureen and Stand
Porcelain
France, Vincennes, 1756
Bequest of Forsyth Wickes; Forsyth Wickes Collection
65.1885
RY. no. 84

Soup Tureen and Cover
Silver
England, London, Charles Kaendler, 1732
Theodora Wilbour Fund in Memory of Charlotte Beebe Wilbour
65.397 a, b

Allegory of Sleep
Marble
Netherlands, Martin van den Bogaert, called Desjardins, 1699
J. H. and E. A. Payne Fund
63.1627
AR. 1963, p. 51

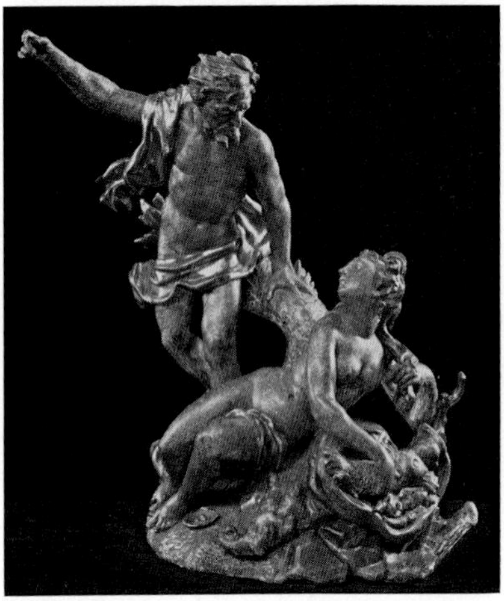

Fig. 30

Neptune and Amphitrite *(Fig. 30)*
Polychromed wood
Germany, Balthasar Permoser (1651–1732)
Otis Norcross Fund
57.665

Bust
Marble
Germany, attributed to Balthasar Permoser, early 18th century
William Francis Warden Fund and Gift of Frank Gaier Macomber by exchange
56.334
AR. 1956, p. 22

Console Table *(Fig. 31)*
Gilt oak with marble top
Germany, Munich, Design by Josef Effner, ca. 1730
Helen and Alice Colburn Fund
57.658
RY. no. 79

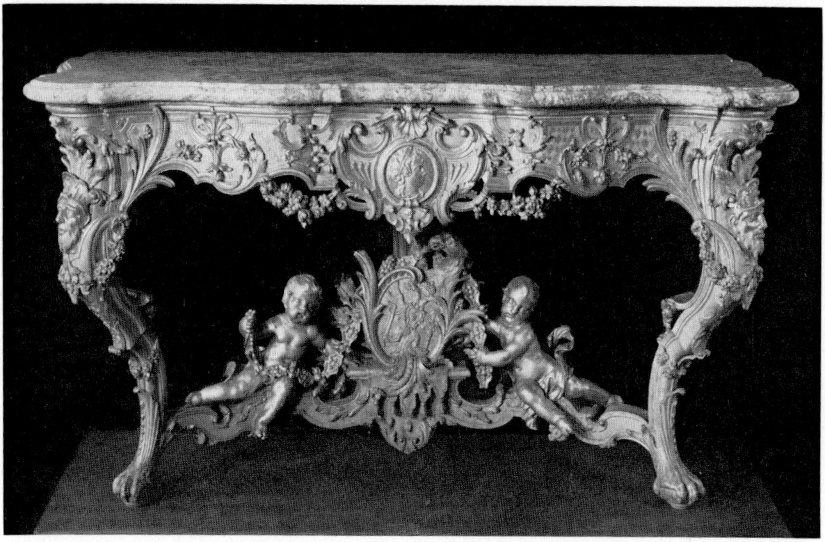

Fig. 31

Fig. 32

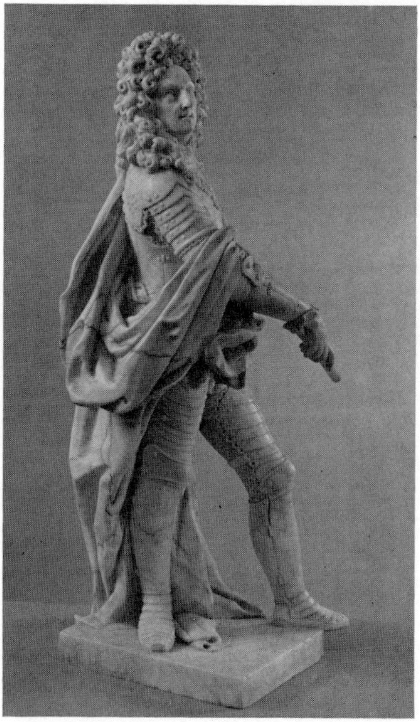

Scourger
Wood, polychromed
Germany, Upper Bavaria, early 18th century
Otis Norcross Fund
60.954

Two Angels
Wood, polychromed
Germany, Augsburg, Ehrgott Bernhard Bendl (1660–1738)
Francis Bartlett Fund
58.43, 44
AR. 1958, p. 40

Figure of a Monk
Pottery
Netherlands, Delft, early 18th century
Gift of R. Thornton Wilson
1970.371

Jug-"Jacquot"
Pottery
France, Lille, 18th century
Gift of Dr. Lloyd E. Hawes
1970.70

Statuette of Maximilian II Emmanuel of Bavaria *(Fig. 32)*
Alabaster
Germany, Munich, Wilhelm de Groff (1680–1742), after 1714
William E. Nickerson Fund
59.177
AR. 1959, p. 35

Bozzetto of Pomona
Terra cotta, painted
France, Simon Mazière (1649–1720)
Hezekiah E. Bolles Fund
62.981

"Soldat bandant son arc"
Bronze
France, Paris, Jacques Bousseau (1681–1740)
Otis Norcross Fund
62.668

Temptation of Adam and Eve
Terra cotta
Netherlands, attributed to Theodore Verhaegen, Malines (1700–1759)
Edwin E. Jack Fund
58.713

Expulsion from the Garden of Eden
Terra cotta
Netherlands, attributed to Theodore Verhaegen (1700–1759)
Edwin E. Jack Fund
58.714

Gille
Terra cotta
Netherlands, Joseph Willems (1715–1767)
Gift of Dr. Lloyd E. Hawes
62.803
Bull. 60 (1962) no. 322, p. 131

Love Seat
Beechwood, silvered
Venice or Berlin, ca. 1740
Hezekiah E. Bolles Fund
67.965

Covered Goblet
Glass
Germany, 18th century
Gift of the Misses Aimée and Rosamond Lamb
58.1344 a–b

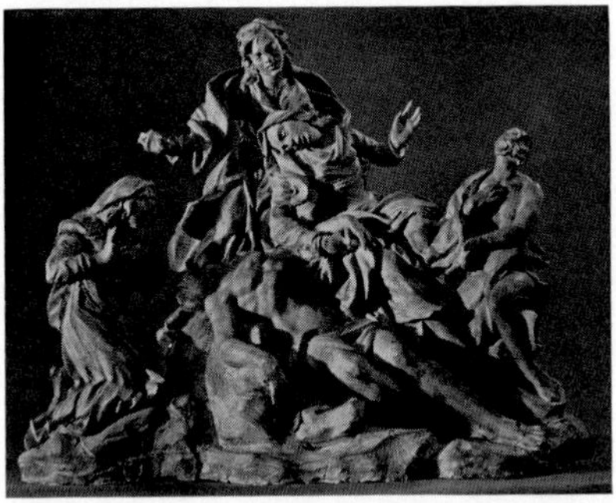

Fig. 33

Mourning over Dead Christ with Saint Jerome *(Fig. 33)*
Terra cotta
Italy, Bologna, Giuseppe Mazza (1653–1741)
J. H. and E. A. Payne Fund
62.984
AR. 1962, p. 41

Crèche with Twenty-Six Figures
Terra cotta, polychromed
Italy, Bergamo or Venice, mid 18th century
William Francis Warden Fund
65.105–130

Fig. 34

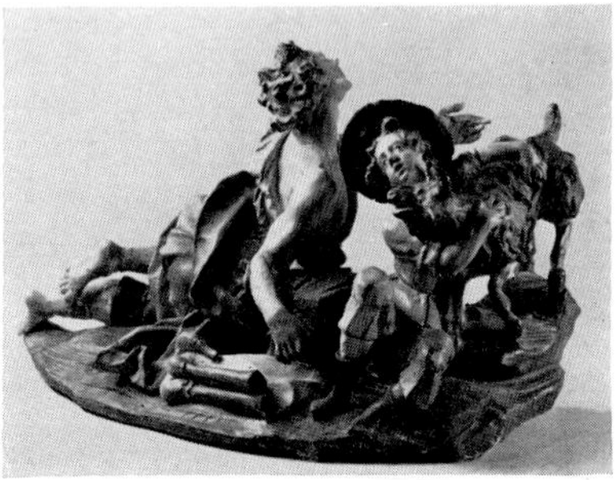

Shepherdes and Boy from a Crèche *(Fig. 34)*
Terra cotta, painted
Italy, Venice, 18th century
William Francis Warden Fund
65.118
AR. 1965, p. 52

Angel *(Fig. 35)*
Terra cotta
Italy, Bergamo, Antonio Fantoni (1669–1748)
Gift of Bruno Lorenzelli
63.1420
Bull. 62 (1964) no. 330, p. 142–143

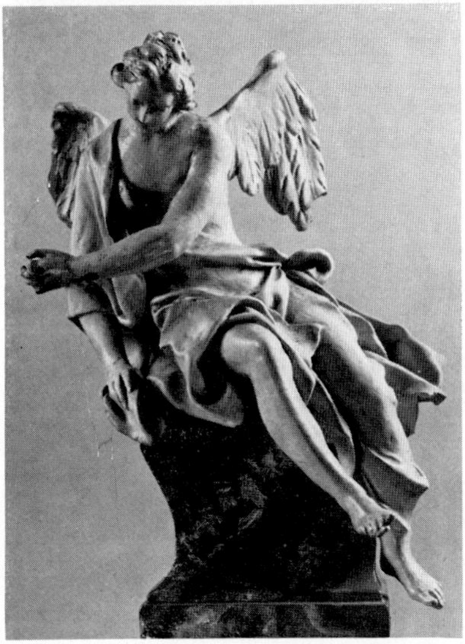

Fig. 35

Bozzetto of the Pietà *(Fig. 36)*
Terra cotta
Italy, Venice, Guiseppe Bernardi, called Il Torretto (1700–1773)
William E. Nickerson Fund
66.826

Flagellation
Boxwood
Austria
Giovanni Giuliani (1663–1744), after

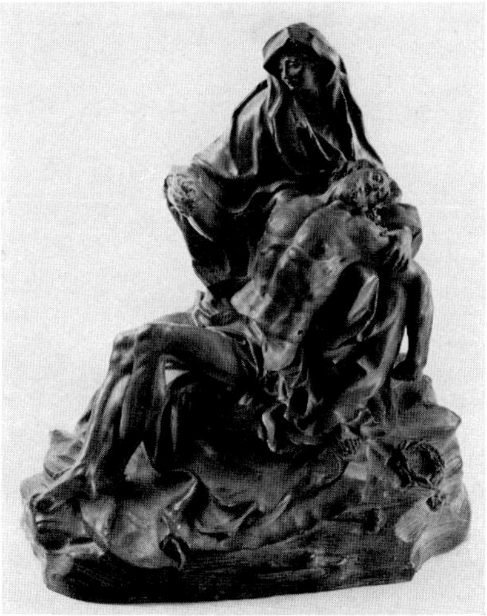

Fig. 36

engraving by Johann Heinrich Schönfeld
Frederick Brown Fund
58.1011

Saint John
Limewood, polychromed
Austria, ca. 1740
William Francis Warden Fund
1972.46
RY. no. 88

Model for a Pulpit
Wood
South Germany, Joseph Anton Feuchtmayer (1696–1769)
Seth Kettell Sweetser Fund
55.967

A Hypochondriac
Lead
Austria, Franz Xaver Messerschmidt (1737–1783)
William E. Nickerson Fund
57.117
Bull. 56 (1958) no. 305, p. 99

House Altar
Boxwood with gilded and polychromed frame

Austria
Manner of Johann Peter Schwanthaler, 18th century
Seth Kettell Sweetser Fund
69.1226

Christ Resting after the Flagellation
Bronze gilt
Germany, Munich, ca. 1750
Anonymous gift
1972.173

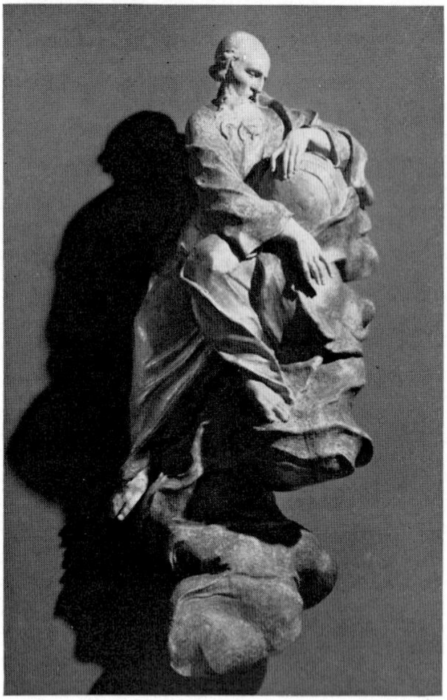

Fig. 37

God the Father *(Fig. 37)*
Wood, polychromed
Germany, Munich, attributed to Johann Baptist Straub (1704–1784), ca. 1750
Arthur Tracy Cabot Fund
60.1455
AR. 1960, p. 40

The Annunciation
Pearwood, polychromed
Germany, Munich, attributed to Ignaz Günther, ca. 1765–1775
Charles Amos Cummings Bequest Fund
67.920 AR. 1967 (cover)

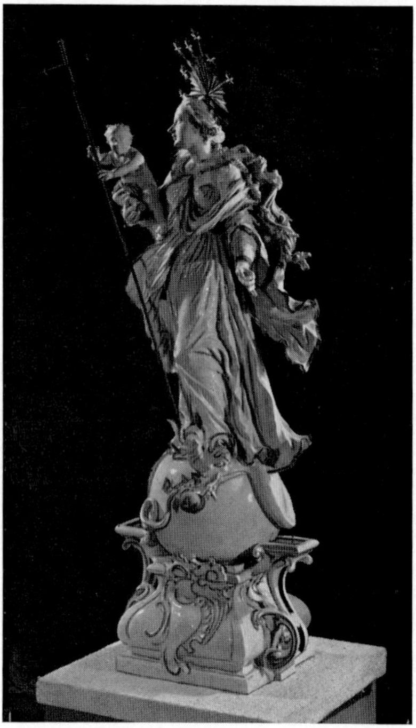

Fig. 38

Virgin and Child (Madonna of Victory) *(Fig. 38)*
Faience, red clay from Wolframs-Eschenbach (Franconia)
Germany, Schrezheim, Johann (or Franz) Martin Mutschele, Bamberg 1771
William Francis Warden Fund
61.1185 AR. 1961 (cover)
Bull. 63 (1965) no. 334, pp. 183–198
RY. no. 87

Crucifix
Procelain
Germany, Höchst, modelled by Johann Peter Melchior, ca. 1775
Gift of R. Thornton Wilson in Memory of Florence Ellsworth Wilson
60.795 AR. 1960, p. 49

Centerpiece made for the Duke of Bolton
Pierced, chased and cast silver
England, London, John Parker and
Edward Wakelin, ca. 1760
Theodora Wilbour Fund in Memory of
Charlotte Beebe Wilbour
65.915 AR. 1965, p. 52

Bozzetto of a Shepherd and Nymph
(Faust and Margret)
Terra cotta
England, Joseph Nollekens(?),
late 18th century
Otis Norcross Fund
63.1248

Covered Ewer and Basin
Porcelain
France, Sèvres, Decorator Dieu, 1779
Gift of Rowland Burdon-Muller
69.1286

19th and 20th centuries

Entombment
Bozzetto, terra cotta
Antonio Canova (Italian, 1757–1822)
H. E. Bolles Fund
56.305
Bull. 56 (1958) no. 305, p. 98

Pair of Candlesticks
Silver, ca. 1823
Paul Storr (English, active 1792–1839)
Theodora Wilbour Fund in Memory of
Charlotte Beebe Wilbour
66.437

Ugolino *(Fig. 39)*
Bozzetto, lightly burned clay, ca. 1861
Jean Baptiste Carpeaux (French,
1827–1875)
H. E. Bolles Fund
62.980
Bull. 62 (1964) no. 330, p. 140

La Science
Bozzetto, terra cotta, ca. 1863

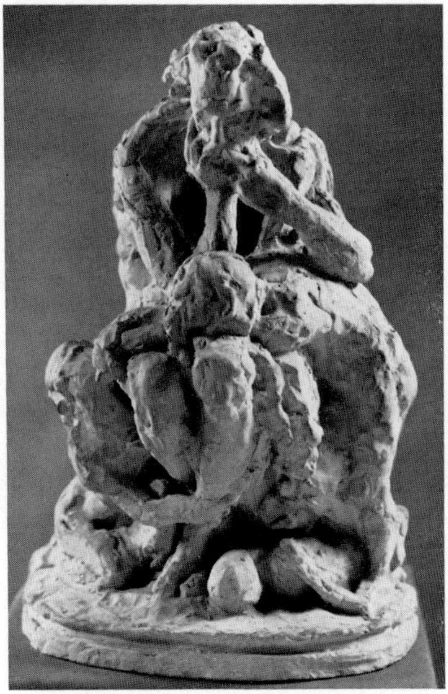

Fig. 39

Jean Baptiste Carpeaux (French,
1827–1875)
Charles Amos Cummings Bequest Fund
59.12

Flora
Bozzetto, terra cotta
Style of Carpeaux (French, 1827–1875)
Gift of Nicolas E. Landau
57.616

Les Damnées
Bronze, 1882
Auguste Rodin (French, 1840–1917)
Bequest of Henry L. Higginson (by
exchange)
53.947

Study for Victor Hugo Monument
Bronze
Auguste Rodin (French , 1840–1917)
Gift of Fiske Warren and Edward Perry
Warren (by exchange)
53.946

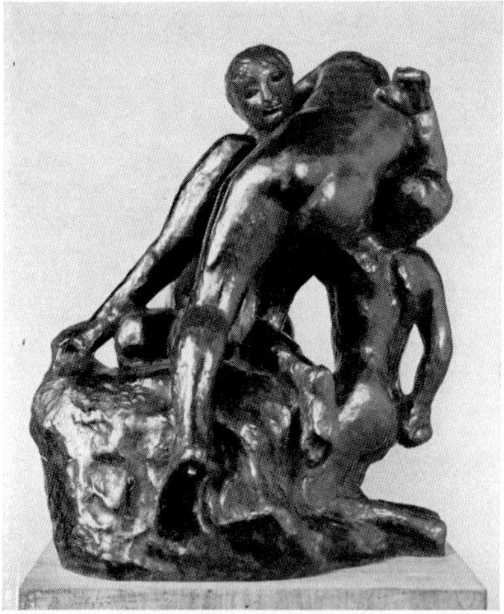

Fig. 40

Les Premières Funerailles *(Fig. 40)*
Bronze, ca. 1900
Auguste Rodin (French , 1840–1917)
Edwin L. Jack Fund
59.52
AR. 1959, p. 9 and 31

The Fury
Marble, ca. 1881
Edward R. Thaxter (American, 1854–1881)
William E. Nickerson Fund
63.5 AR. 1963, p. 51

"Soyez amoureuses et vous serez heureuses" *(Fig. 41)*
Lindenwood panel, polychromed, 1889
Paul Gauguin (French, 1843–1903)

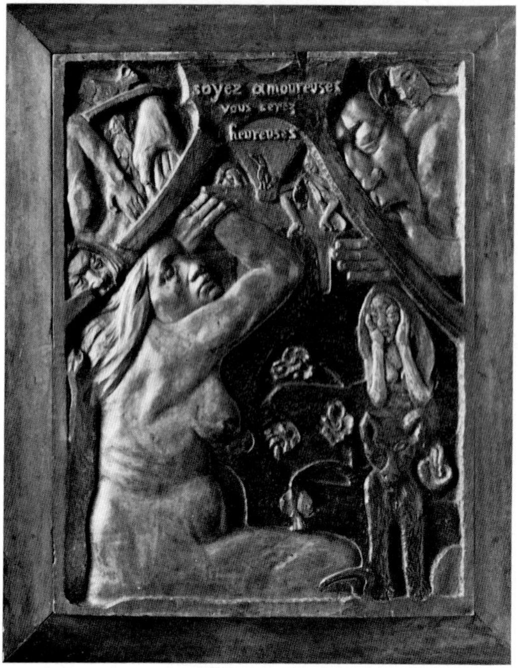

Fig. 41

Arthur Tracy Cabot Fund
57.582
AR. 1957, pp. XIV, 13 and 35; RY. 108

La Guerre et La Paix
Two tamanuja wood panels, polychromed, 1901
Paul Gauguin (French, 1843–1903)
Gift of Mr. and Mrs. Laurence K. Marshall
63.2764/2765
AR. 1965, p. 69

Vase
Favrile glass, ca. 1900
Louis Comfort Tiffany (American, 1848–1933)
Gift of J. Jonathan Joseph
65.608
Bull. 63 (1965) no. 334, pp. 218–219

First Idea for the Cézanne monument
Bronze, ca. 1912
Aristide Maillol (French, 1861–1944)
Gift of Fiske Warren and Edward Perry Warren (by exchange)
53.944
Bull. 61 (1963) no. 325, p. 92

Two Seated Girls
Reddish terra cotta, ca. 1933
Aristide Maillol (French, 1861–1944)
Gift of Fiske Warren and Edward Perry Warren (by exchange)
53.945
Bull. 61 (1963) no. 325, p. 92

The Golden Fish *(Fig. 42)*
Polished brass and steel, 1924
Constantin Brancusi (Rumanian, lived in Paris, 1876–1957)
William F. Warden Fund
57.739
AR. 1957, p. 35; RY. 118

Young Girl
Bronze, 1910–1911
Wilhelm Lehmbruck (German, 1881–1919)
Arthur Tracy Cabot Fund
56.146
Bull. 61 (1963) no. 325, p. 95; AR. 1956, p. 25

Torso of Elevation
Bronze, 1927
Gaston Lachaise, (American, born in France, 1882–1935)

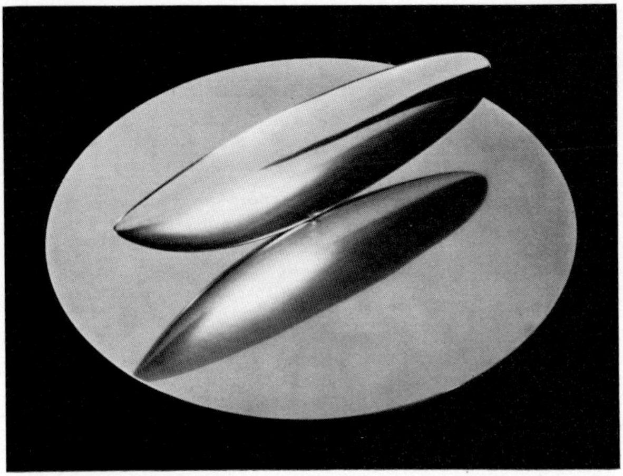

Fig. 42

William Francis Warden Fund
65.569
Bull. 64 (1966) p. 64

Draped Female Figure
Plaster, ca. 1925
Henri Laurens (French, 1885–1954)
Decorative Arts Special Fund
60.239
Bull. 61 (1963) no. 325, p. 98

Self Portrait as a Warrior *(Fig. 43)*
Polychromed clay, 1908
Oskar Kokoschka (Austrian, born 1886)
J. H. and E. A. Payne Fund
60.958
Bull. 61 (1963) no. 325, p. 97; RY. 113

Orpheus and Euridice *(Fig. 44)*
Bronze, 1928
Gustav H. Wolff (German, 1886–1934)
Harris et Otis Cruft Fund
57.659
Bull. 61 (1963) no. 325, p. 91; AR. 1957 p. 34

Seated Pomona
Granite, 1932
Gerhard Marcks (German, born 1889)
Charles Amos Cummings Fund
58.18
Bull. 61 (1963) no. 325, p. 94

Twins
Bronze, 1934
Gerhard Marcks
(German, born 1889)
William Francis Warden Fund
56.258
Bull. 61 (1963) no. 325, p. 94

Head of a Horse
Bronze, 1937
André Beaudin (French, born 1895)
H. E. Bolles Fund
59.523
Bull. 61 (1963) no. 325, pp. 98–99; AR. 1959, pp. 30–32

Study for the Northhampton Madonna
Bronze, 1943
Henry Moore (English, born 1898)

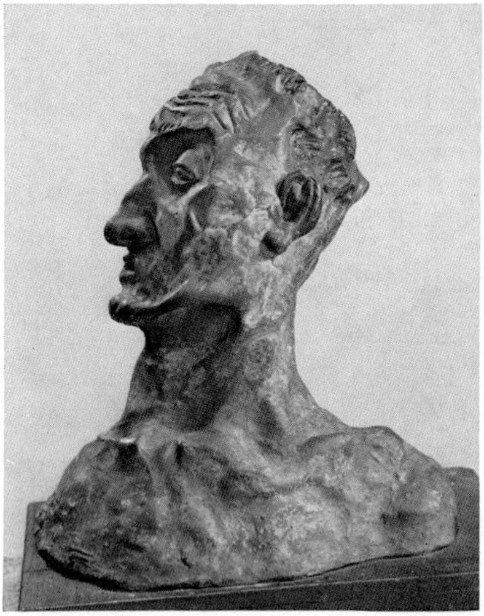

Fig. 43

Fig. 44

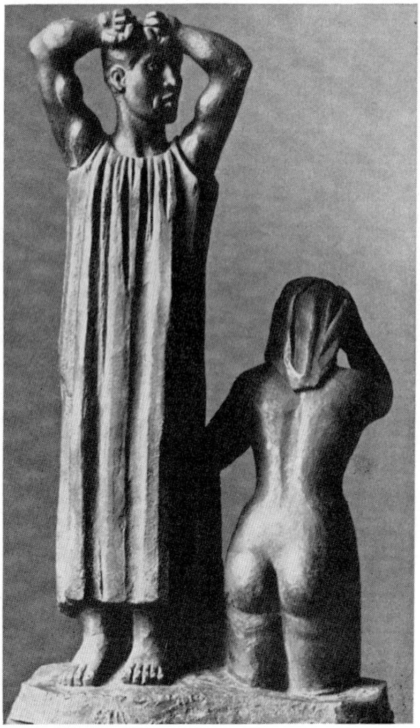

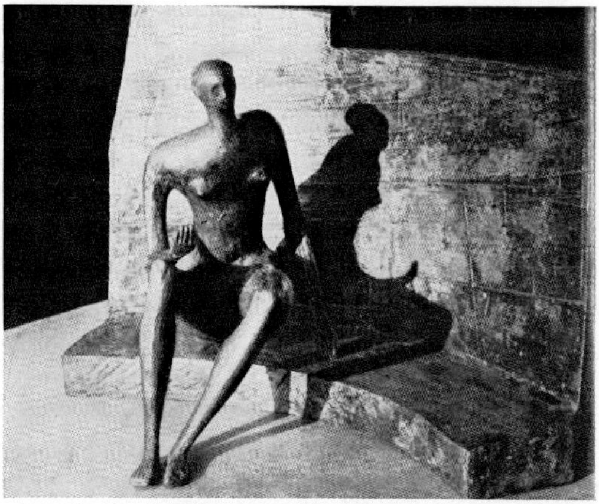

Fig. 45

Gift of Fiske Warren and Edward Perry Warren (by exchange)
53.949
Bull. 61 (1963) no. 325, p. 93

Seated Figure against Curved Wall *(Fig. 45)*
Bronze, 1956–57
Henry Moore (English, born 1898)
Harriet Otis Cruft Fund
59.477
Bull. 61 (1963) no. 325, pp. 98–99; AR. 1958, p. 34

Head
Bronze, 1957
Henry Moore (English, born 1898)
Centennial Gift of Mr. and Mrs. Frederick Deknatel
64.1011
CA. 107

Cow
Wire, ca. 1929
Alexander Calder (American, born 1898)
Decorative Arts Special Fund
60.240
Bull. 61 (1963) no. 325, pp. 99–101

Diana *(Fig. 46)*
Walnut, ca. 1934
Alexander Calder (American, born 1898)

Fig. 46

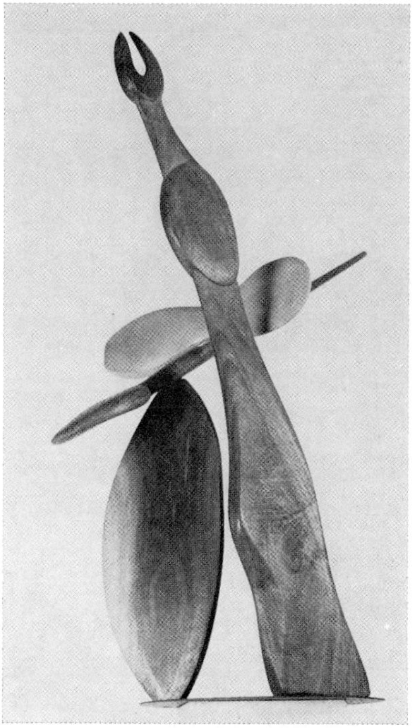

Decorative Arts Special Fund
60.956
Bull. 61 (1963) no. 325, frontispiece and p. 99; AR. 1960, p. 45

Mobile
Black sheet steel and wire
Alexander Calder (American, born 1898)
Decorative Arts Special Fund
60.241
Bull. 61 (1963) no. 325, pp. 100–102

Femme qui Marche *(Fig. 47)*
Bronze, 1933–34
Alberto Giacometti (Swiss, lived in Paris, 1901–1966)
Henry Lee Higginson and William Francis Warden Funds
64.520
AR. 1964, p. 36

Annette
Bronze, 1953
Alberto Giacometti (Swiss, lived in Paris, 1901–1966)
Centenial gift of Heyward Cutting
66.383 CA. 108

Adam
Bronze, 1931–32
Hermann Blumenthal (German, 1905–1942)
Frederick Brown Fund
57.604
Bull. 61 (1963) no. 325, p. 91

Cubi XVIII
Polished stainless steel
David Smith (American, 1906–1965)

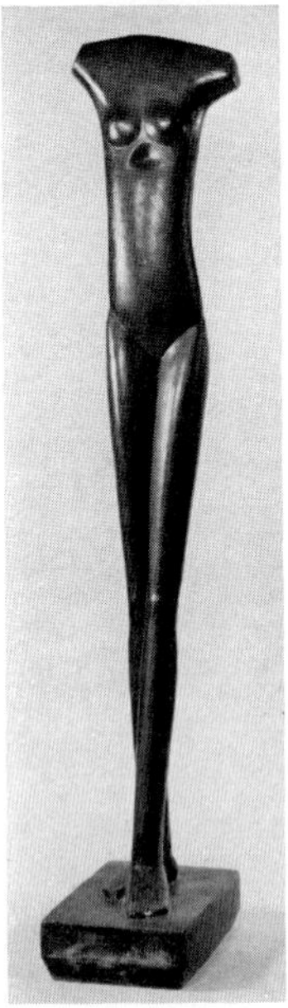

Fig. 47

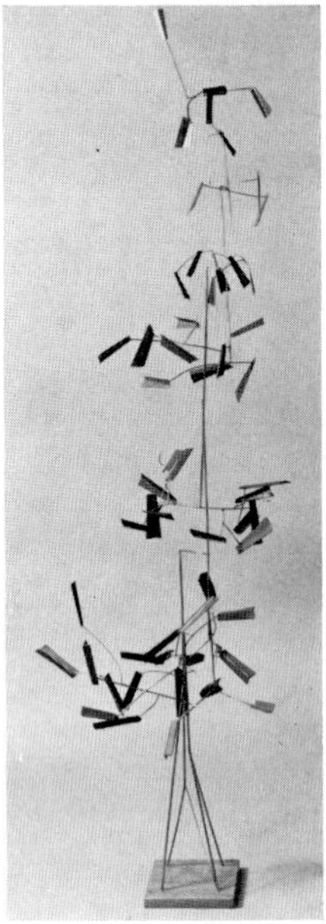

Fig. 48

Anonymous Centennial Gift
68.280
RY. 162

Red Vine *(Fig. 48)*
Mobile, polychromed stainless steel, 1964
George Rickey (American, born 1907)
Gift of Mr. and Mrs. Stephen A. Stone and Arthur Mason Knapp Fund
66.195
RY. 157

Carl Georg Heise

Intuition und Kunstwissenschaft

Es ist mit einem gewissen Recht oftmals bezweifelt worden, ob die Kunstgeschichte eine echte Wissenschaft sei. Nicht zufällig ist sie ja erst spät als selbständige Disziplin herausgewachsen aus der allgemeinen Historie und der Kulturwissenschaft. Ähnliches ließe sich gegen die theologische Wissenschaft einwenden. Vergeblich hat es die Menschheit immer wieder versucht, exakt zu definieren, was »Kunst« (das gültige Schöne schlechthin) und was »Glaube« sei, abgesehen von den historischen Grundlagen. Beides bleibt Geheimnis und ist der »Hure Vernunft« (Luther) unzugänglich. Es wechseln die Perioden, in denen es dennoch versucht wird, (keine »Ästhetik« aber gleicht der anderen) mit solchen, in denen persönliche Erfahrung und Anschauung vorherrschen. Wir Älteren, die noch unter dem Einfluß einer streng positivistischen Wissenschaft aufgewachsen sind, wie sie durchweg auf den Universitäten gelehrt wurde, haben es als eine gewisse Befreiung empfunden, daß Männer wie Alfred Lichtwark, Julius Meier-Graefe oder Wilhelm Hausenstein den Mut gehabt haben, das subjektive Augenerlebnis wieder in den Vordergrund zu stellen. Dabei sind wir uns der Gefährlichkeit solchen »unwissenschaftlichen« Vorgehens immer bewußt geblieben. Meier-Graefes Abwertung des Velazquez zu Gunsten einer starken Überschätzung El Grecos ist ein berühmt-berüchtigtes Beispiel dafür, obgleich wir dankbar dafür waren, daß solche historische Fehlbewertung uns neue Provinzen des Sehens eröffnet und zugleich die Grenzen der Kunstwissenschaft fühlbar gemacht hat.
Swarzenskis, Vater und Sohn, sind für uns beispielhafte Persönlichkeiten für ein notwendiges Ineinanderwirken beider Arten eines fruchtbaren Verhältnisses zu den bildenden Künsten. Zwei zunächst als zufällig und belanglos erscheinende persönliche Erlebnisse mögen das anekdotisch erläutern. Als ich noch ein blutjunger Museumsdirektor in Lübeck war, kündigte mir Georg Swarzenski seinen Besuch an mit der Absicht, einen spätmittelalterlichen Dolch mit feiner Niello-Arbeit in der von mir betreuten Sammlung genauer zu studieren. Begreiflicherweise stand mir dieser Besuch des berühmten älteren Kollegen ziemlich bevor, da ich über die kunstwissenschaftliche Bedeutung des Objektes nur ungenügend informiert war. Swarzenski beugte sich über die Vitrine und äußerte nach einem kurzen Moment ergriffenen Staunens zu-

nächst nur dies: »Chic – nicht wahr?« Der überzeitliche künstlerische Wert hatte ihn überwältigt. Damit war das Eis gebrochen, und so konnte sich rasch ein unbefangenes Gespräch entwickeln, zu dem ich sogar ein wenig beitragen konnte. – Und nun der Sohn. Als Hanns Swarzenski, der seinem Vater in vieler Beziehung so ähnlich ist, später in der Hamburger Kunsthalle unangemeldet in mein Direktorzimmer stürzte, so geschah das nur, um mir zu sagen: »Die kleine weibliche Bronze-Figur von Schadow, die ich noch nicht kannte, ist ja einfach toll!« Und ebenso rasch, wie er eingetreten war, stürmte er wieder davon, da sein Zug gleich abfuhr. Wer solche Fähigkeit nicht besitzt, sich von einem bedeutenden Kunstwerk spontan positiv angesprochen zu fühlen, der sollte die Kunstgeschichte nicht zu seinem Beruf machen.

Freilich: die Grenzen, inwieweit ein erster subjektiver Impuls die Bewertung eines Kunstwerkes bestimmen darf und inwieweit erst sachkundige Forschung ergänzend und rektifizierend ein endgültiges Urteil möglich macht, sind nicht leicht zu erkennen. Aby Warburg hat das einmal drastisch so zu formulieren versucht: »Wissenschaft ist, *das* zuverlässig zu beweisen, was man schon vorher gewußt hat«. Soll das aber mehr als ein geistreiches Bonmot sein, so bedarf es gründlich zu erarbeitender Belege. Am relativ leichtesten hat es ein guter Fachmann, sich auf seinen ersten Eindruck zu verlassen bei dem, was wir in unserem Studenten-Jargon als »Bestimmungsmensuren« bezeichneten (und auch untereinander fleißig betrieben haben), die Beurteilung also eines noch nicht sicher dokumentierten Kunstwerkes in bezug auf die Stilperiode, seine zeitliche und örtliche Einordnung, oft sogar die Festlegung auf einen bestimmten Meister. Dieses allerdings am zuverlässigsten bei negativen Auskünften. »Dies ist bestimmt kein Dürer oder kein Rembrandt« – wie oft hat jeder von uns dies und ähnliches, meist zur Befremdung des Laien, mit fast unfehlbarer Sicherheit sofort aussprechen können. Dazu befähigt ein Vorauswissen aus langjähriger Erfahrung mit vergleichbaren Objekten.

Trotzdem gibt es auch in solchen Fällen berühmt gewordene Fehlurteile, wenn die Sachlage schwierig ist und erfahrene Autoritäten sich allzu sehr auf ihr Wertgefühl a priori verlassen. Gelegentlich aber erweist es sich, daß selbst dann in einer vorschnellen Bestimmung sich ein Körnchen Wahrheit verbirgt, das die erste Reaktion bis zu einem gewissen Grade rechtfertigt. Denken wir an den Streit um die Berliner Flora-Büste als angebliches Werk des Leonardo, so hatte sich bald die ziemlich allgemein akzeptierte Auffassung durchgesetzt, daß es sich hier um ein geschickt restauriertes Falsifikat handelt, doch blieb ein Respekt bestehen für Wilhelm v. Bodes ahnungsvolles Vorauswissen von dem, was auf Grund bester Kenntnis echter Werke des Künstlers hätte möglich sein können. Neuerdings ist sogar von Peter Metz der zwar nicht voll überzeugende Versuch gemacht worden, die Büste doch als originale Arbeit Leonardos zu retten.

Komplizierter noch liegt die falsche Zuschreibung einer Emmaus-Darstellung an Jan Vermeer van Delft, die sich als bewußte Fälschung des Malers und Restaurators van Meegeren unbezweifelbar erwiesen hat. Angesehene Fachleute wie Abraham Bredius haben sich täuschen lassen, und auch ich scheue mich nicht zu gestehen, daß ich zunächst von der Echtheit des Bildes überzeugt gewesen bin. Eins steht jedenfalls fest: daß dieses stark beeindruckende Gemälde nicht ohne intimste Kenntnis der Malweise des großen niederländischen Malers hätte entstehen können. Ein Reflex davon ist so bewundernswert zu erkennen, daß ich es für richtig halte, wenn das Bild heute im Rotterdamer Museum wieder öffentlich ausgestellt ist, wenn auch ausdrücklich als Fälschung bezeichnet. Es bleibt zumindest ein Lehr-Gegenstand, sogar nicht ganz ohne künstlerischen Eigenwert.

Wieder ganz anders liegen die Dinge bei der Erwerbung des sog. Rimini-Altars durch Georg Swarzenski. Der Instinkt für den hohen künstlerischen Wert war richtig und hat sich als dauerhaft erwiesen. Was verschlägt es dem gegenüber, wenn die mit großer wissenschaftlicher Akribie geleistete Zuschreibung an einen von Lorenzo Ghiberti hoch gerühmten, aus Köln stammenden, dann in Italien arbeitenden Meister Gusmin sich nicht als sicher erwiesen hat, und die von Anton Legner vorgeschlagene Herkunft aus einer Spezial-Werkstatt für Alabaster-Verarbeitung im niederländisch-nordfranzösischen Raum als recht wahrscheinlich zu gelten hat? Swarzenskis Spürsinn für hohe Qualität, ohne die kunsthistorisch richtige Einordnung gleich zu erkennen, bleibt das wichtigste. Es kommt hinzu, daß in dieser Entwicklungsperiode – wie ein so guter Kenner wie Theodor Müller versichert – Werke niederländischer Herkunft kaum von solchen zuverlässig zu unterscheiden sind, die möglicherweise ein rheinländischer Meister (es braucht nicht gerade jener sagenhafte Gusmin zu sein) in Italien gearbeitet haben könnte.

Ein weiterer, wohl niemals ganz vermeidbarer Zusammenstoß von intuitiver und wissenschaftlicher Erkenntnis ergibt sich aus dem Zeitgeschmack. Jakob Burckhardts ungerechte Beurteilung Michelangelos als bedauerlicher Abstieg von der klassischen Kunst der Renaissance war gewiß eine unglückliche Fehlbewertung, die aber nicht unwichtig bleibt als warnendes Moment für eine allzu zeitbedingte Einstellung, die immer unser Urteil mitzubestimmen droht, aber bis zu einem gewissen Grade auch mitbestimmen *darf*, solange wir nicht darauf verzichten wollen, in Geschmacksfragen »de notre temps« zu sein. Auch hängt der Wert jedes Kunsturteils vom Range der Persönlichkeit ab, die es äußert; es kann zum Nachdenken anregen und zur Korrektur der eigenen zeitlichen Befangenheit beitragen. In meiner Jugendzeit war die Bezeichnung »Manierismus« ein Schimpfwort, das Geringschätzung bekunden sollte, während wir heute in dieser Zwischenzeit von Renaissance und Barock eine hochqualifizierte eigene Stilperiode zu erkennen glauben. Bleibt es aber nicht dennoch richtig, hier ein gewisses unsicheres Schwanken festzustellen, das uns gerade aus dem Blickpunkt unserer Gegenwart anspricht? Wohin jeweils das größte Licht fällt, das hängt von unserer eigenen weltanschaulichen Situation ab. Das »Primitive« und »Archaische« ist uns erst näher gerückt, seitdem wir selber einer übergroßen Perfektion müde geworden sind. Die Höchstleistungen schwarz-afrikanischer Kunst sind uns erst durch die Maler und Bildhauer unserer Zeit erschlossen worden.

Diese vielleicht allzu beiläufigen Betrachtungen entspringen vor allem dem Wunsch, wechselnde subjektive Beurteilungen nicht allzusehr herabzusetzen und es besser zu erkennen, daß sie notwendig sind, um nicht die Sorgfalt wissenschaftlicher Ergründung auf dem Gebiet der bildenden Kunst für der Weisheit letzten Schluß zu halten. Denn es besteht heute zweifellos die Gefahr, daß einerseits kunstgeschichtliche Beobachtungsweisen alten Stils zu dem entarten, was eine revolutionäre Jugend nicht ganz mit Unrecht als »Fachidiotie« verspottet, und andererseits ein mangelnder Sinn für Tradition und Entwicklungsgeschichte zu einer Überbewertung wurzellos modischer Experimente führt. Wenn fruchtbar von Kunst die Rede sein soll, so muß beides lebendig bleiben: aufgeschlossener Sinn für Gegenwartsprobleme und historischer Sinn, wie beide Swarzenskis, Vater und Sohn, sie vorbildlich vereinigt haben. Solche geistige Einstellung erweist sich auch für andere Zweige der Wissenschaft als erwünschte Voraussetzung.

Christoph Bernoulli

Stierprotomen und ihre Rätsel

Ich habe, lieber Hanns Swarzenski, Dich zu ergötzen den Versuch unternommen, meine kleine Sammlung von vierzehn Bronzegüssen zu erforschen, um über Sinn und Zweck dieser rätselhaften Objekte eine Aussage zu machen. Das Unterfangen hat aber zu keinem schlüssigen Erfolge geführt, und so schreibe ich Dir statt einer Abhandlung nur einen Brief in der Hoffnung, daß vor allem die in Deiner Festschrift publizierten Abbildungen einen Kenner rufen mögen, der die Rätsel löse.

Wir kennen die Herkunft dieser Bronzeprotomen, deren Fundorte alle im heutigen Anatolien liegen; sie sind also kleinasiatisch und gehören zeitlich in die ersten vor- und nach-christlichen Jahrhunderte. Wir stehen auf dem Boden einer Volkskunst und sind daher nicht in der Lage, auf Grund von Stilelementen eine gesicherte chronologische Reihung vorzunehmen; es sind aber eher die Symbole, die uns helfen Vermutungen über den Zeitablauf anzustellen. – Vierzehnmal zählen wir drei Ringe, dreizehnmal den Stierkopf und fünfmal das Kreuz.

Unter Constantin d. Gr. wird das Christentum in den zwanziger Jahren des vierten Jahrhunderts Staatsreligion. Die Versuche des dreißig Jahre später

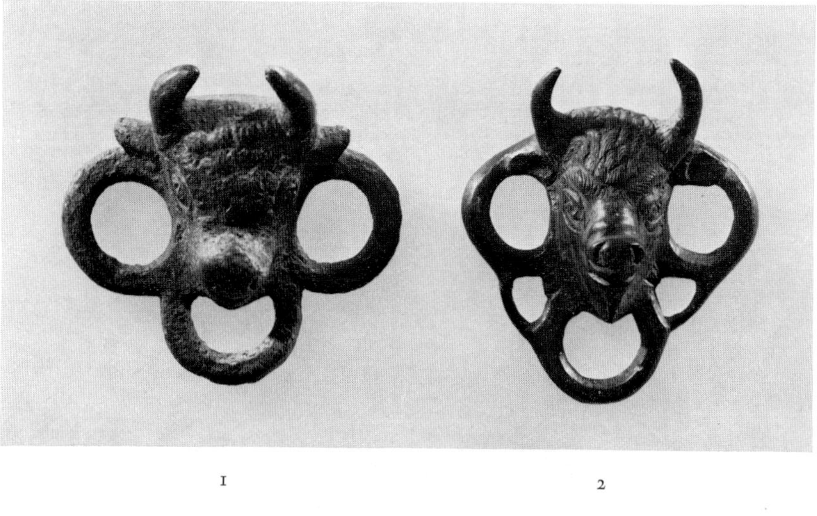

1 2

ganz kurz regierenden Julian konnten das Rad des in alle Himmelsrichtungen rollenden Kreuzes nicht mehr zurückdrehen. Er, der Apostata, versuchte dem im römischen Heere in hoher Geltung stehenden Mithraskult zum Siege zu verhelfen, aber gegen die schon von Paulus etablierten »festen Plätze« des Geistes, gegen die durch Wort und Schrift untermauerten Missionsmethoden der Evangelisation, konnte der aus dem Osten eingeführte dem magischen Mystizismus des Sol Invictus verpflichtete Mithraskult nicht standhalten.

Als Basler darf ich an dieser Stelle auf die wenig bekannte Tatsache hinweisen, daß meine Vaterstadt ihren Namen BASILIA, »die Königliche«, dem Siege Julians über die Alemannen verdankt. Der Chronist Remigius Mettauer meldet uns als Ort des Schlachtfeldes die oberrheinische Tiefebene zwischen Straßburg und Basel.

Im heftigen und zähen Konkurrenzkampf zwischen Mithraskult und Christentum kam es zu gegenseitigen Beeinflussungen. Sie wurden in den mannigfaltigen Verflechtungen der Riten und Gebräuche, ja selbst in der Zeichensprache unserer primitiven Protome sichtbar. Das Weihnachtsfest zum Beispiel ist eine solche Einverleibung in die Festorganisation der καϑ ὅλην τὴν γῆν-Kirche. Im Zentrum des Mithrasdienstes steht alles beherrschend der Stier,

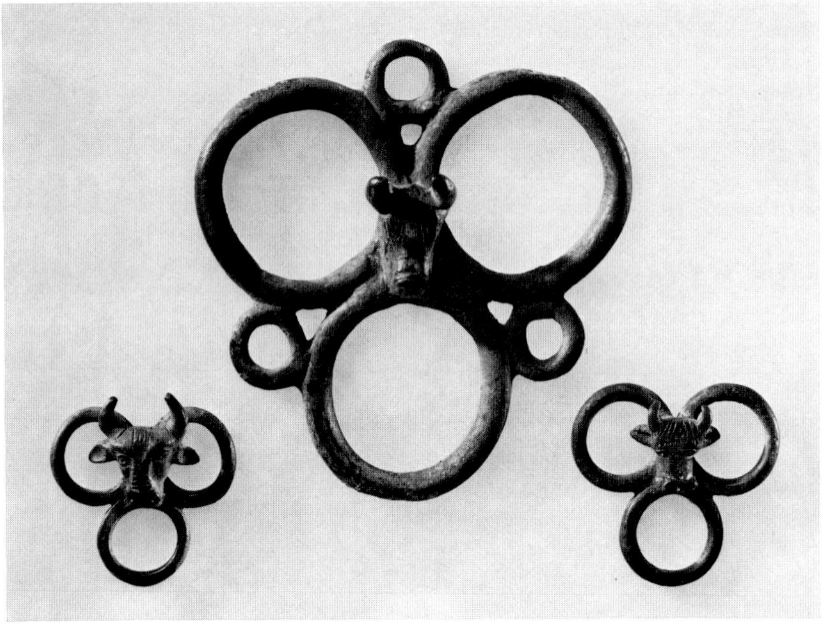

3 4 5

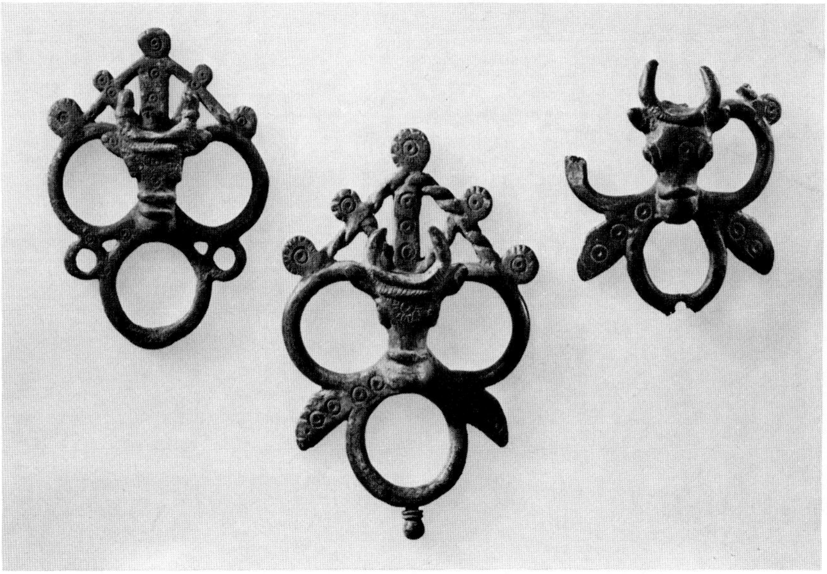

6 7 8

das gehörnte, nachtverbundene, matriarchale Opfertier als Symbol der Fruchtbarkeit und des Lebens, als Gott mit Dionysos identisch.

Wenn Du über den Mithraskult orientiert werden willst, lies bitte das sechste Kapitel in Jacob Burckhardts Buch »Die Zeit Constantins des Großen«. Die Ausführungen Burckhardts – 1853 erschienen – zeigen in welch hohem Maße die unter dem Einfluß der Romantik stehenden Gelehrten des neunzehnten Jahrhunderts besonders in Basel als Kenner der Religionsgeschichte wissend waren. Dasselbe gilt von J. J. Bachofen. In seinem »Mutterrecht« – 1861 erschienen – wird viel und ausführlich über den Stierkult und über seine Verbreitung berichtet. In diesen Mittjahrhundertjahren schreibt Nietzsche in Basel seine Arbeit über das apollinische und dionysische Prinzip, in seinen Bahnen bewegt sich später der Basler Symbolforscher C. G. Jung und jetzt wartet eine bronzene Herde in Form von Stierprotomen auf eine Deutung aus Basel. Wenn sie auch bisher nicht gefunden wurde, so erfreut die Tatsache, daß sich diese dionysischen Sendboten wiederum in Basel ein Stelldichein gegeben haben: der genius loci scheint doch eine Realität zu sein.

Bevor ich nun die logische Sequenz kurz erläutere, möchte ich Dir meine kleine Viehherde aus Bronze in einem einfachen Carnet de bal vorstellen: Dieser Katalog sollte helfen, vor ähnlichen Protomen Vergleiche anzustellen.

Nr.	Höhe	Gewicht	Farbe
1	7,3 cm	202 g	grün u. rot
2	8,0 cm	115 g	schwarz
3	6,2 cm	90 g	schwarz-grün
4	14,7 cm	550 g	schwarz-grün
5	6,7 cm	90 g	schwarz-grün
6	14,0 cm	395 g	grau-grün
7	18,2 cm	637 g	grün
8	11,0 cm	339 g	schwarz
9	13,3 cm	182 g	grün
10	10,5 cm	292 g	grün-rot
11	12,0 cm	287 g	gelb-schwarz
12	10,3 cm	240 g	rot-braun
13	9,5 cm	134 g	dunkelgrün
14	16,2 cm	303 g	braun-grün

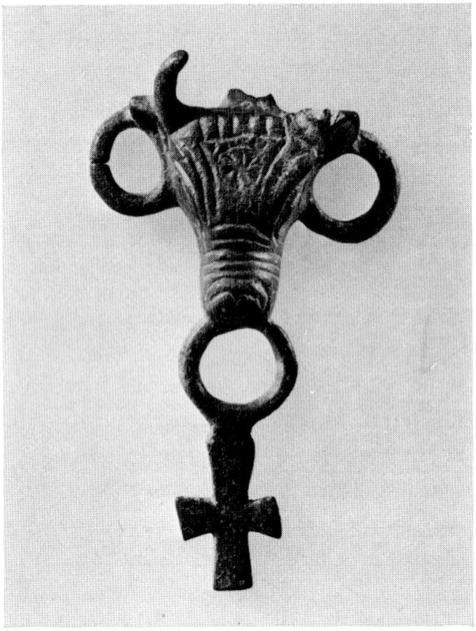

9

Die Numerierung wiederholt sich bei den Abbildungen. Die Nummern 1 bis 8 sind alle mit drei Kreisen und einem Stierkopf versehen. 1 bis 2, 3 bis 5, 6 bis 8 zeigen ausgeprägt serielle Verschiedenheiten. 1 und 2 tragen hellenistisch-naturalistischen, fast vollplastischen Stil, 3 bis 5 hingegen sind schmucklos und abstrakt. Nr. 3 und Nr. 5 haben *dasselbe Gewicht* und alle drei, Nr. 3, 4, 5 weisen dieselbe schwärzliche Patina auf. Hier darf die Vermutung ausgesprochen werden, daß wir in diesen Bronzen zusätzlich zu den noch unbekannten Funktionen vielleicht Gewichte vor uns haben. Zu einem ganz anderen Schmuck führen uns 6 bis 8: sie wirken orientalisch. Wir kennen einen ähnlichen östlichen Einfluß in der korinthischen Kunst der klassischen Antike. Die schmalen Stierköpfe wirken wie aus der Fremde geholt. In diese heidnische Welt gesellt sich in der Nr. 9 nach unten gesetzt: das Kreuz. Nun vereinigen sich zwei Opfersymbole auf *einer* Protome. Wir sehen die Verflechtung beider Religionen. Auf der Stirne des Stieres ist das byzantinische Kreuz im Kreis eingeritzt. Die drei nächsten Nummern bringen uns in die Nähe des Volkstümlich-Derben; eine magische Kraft scheint von ihnen auszugehen. Es waren dies die drei ersten, im Zeitlauf von vier Jahren erworbenen Stier-Protome: Nr. 11 aus Basel war die erste, Nr. 10 aus London die zweite und Nr. 12 aus Luzern die dritte. Letztere bot – mirabile visu – die Sensation einer – wohl späteren – griechischen Beschriftung. Der Text lautet

ΚΥΡΙΕ ΒΟΗΘΗ ΤΟΝ ΦΟΡΟΝΤΑ

zu deutsch: Herr, schütze den Träger, Hilf dem Träger!

Der griechische Text verwandelt das möglicherweise zweckentfremdete Objekt in ein Ex-Voto.

Nun erhebt sich die Frage: Wer ist der Träger? Ist es ein Mensch, ein Tier, ein Wagen, eine Haustüre, ein Baum im Walde? Stehen wir vor einem Amulett, zu deutsch Zaubergehäng? Wer weiß, vielleicht stehen wir vor Halfterhaltern, wie das im Bronze-Ausstellungs-Katalog des Fogg Art Museums in Cambridge (Mass.) in der Nr. 145 »Bull Protome« von D. G. Mitten angeregt wird. Mein Brieflein würde zu lang, wollte ich auf Mittens verschiedene Anregungen eingehen; sie alle sind fragwürdig und geben keine überzeugende Deutung für die Verwendung der Protome.

Einen völlig verkümmerten Stier sehen wir in Nr. 13. Die Gestalt der Bronze stellt das Kreuz dar und nur noch schemenhaft zeigen sich die Ringe.

Der quer gesetzte Ring läßt an einen Anhänger – vielleicht für ein Kind – denken. Ein wertvoller Gegenstand ist er nicht, und in der Verkümmerung und Armut meldet sich ein Ende an, das dann in der folgenden Nr. 14 zu einem neuen, straffen Leben emporblüht. Das Monogramm Christi im breiten Ring beherrscht das Zentrum. Die drei, wie Spähaugen klaren Ringe nehmen das Kreuz triumphierend in die hohe Mitte. Der Stier ist verschwunden, das

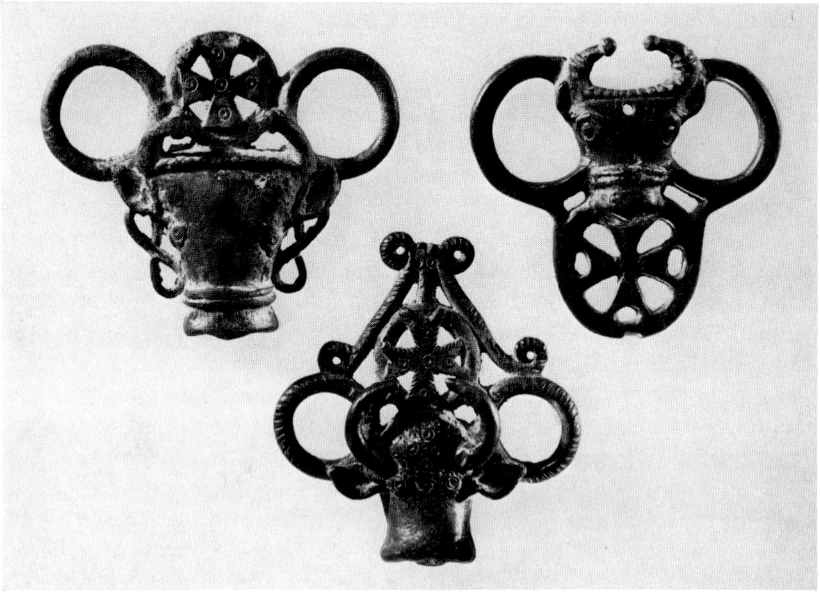

10 11 12

Heilandsopfer an Stelle des Stieropfers tritt im Symbol des Kreuzes hervor. In der »Wandlung« der Messe wird im Sakrament ein altes Mysterium vollzogen. Kaum schrieb ich diesen Satz, ertönte – ein typischer Fall von Koinzidenz – die Glocke und ein Bote »aus fernem Land« brachte zwei Bronzegüsse, die wir in Abbildung 15 a und b reproduzieren. Es sind kleine Hermen, Symbole des Götterboten und wurden wahrscheinlich als Verschnürungsinstrumente beim Militär und in der Landwirtschaft verwendet. Nun verstärkt sich die Vermutung fast zur Gewißheit, daß die kraftvoll gestalteten Ringe *keinen* kultisch-sakralen, sondern nur einen praktischen Wert haben. Weder im Reiche Zoroasters noch mit der Dreifaltigkeitslehre dürfen wir die Ringe in Verbindung bringen, aber sehr wahrscheinlich mit der Anschirrung.
Ein Freund schenkte mir, als er den wenig erfolgreichen Versuch zu sehen bekam, ein treffliches und tröstliches Zitat von Eduard Gerhard (1795–1867). Es lautet: »Artis monumentorum qui unum vidit, nullum vidit, qui mille vidit, unum vidit. Wer von Kunstdenkmälern *eines* sah, hat keines gesehen, wer tausend sah, hat eines gesehen.«
Der suchende Geist kann ohne die Möglichkeit der kritischen Wiederholbarkeit und ohne Fleiß nichts Sachdienliches leisten. Zur Vielheit und zum Fleiß braucht es ein Quäntchen Glück oder einen glückhaft veranlagten Charakter.

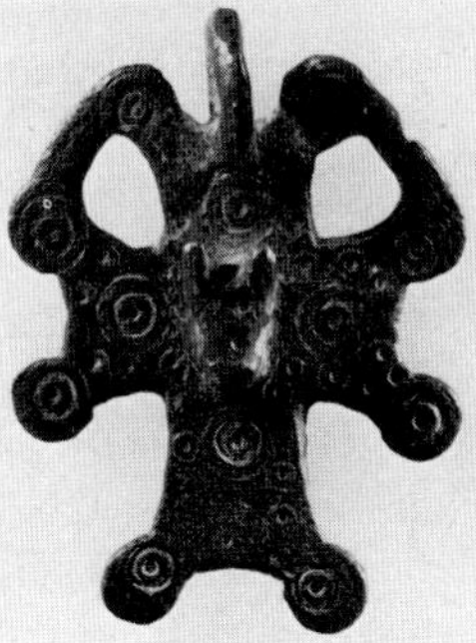

13

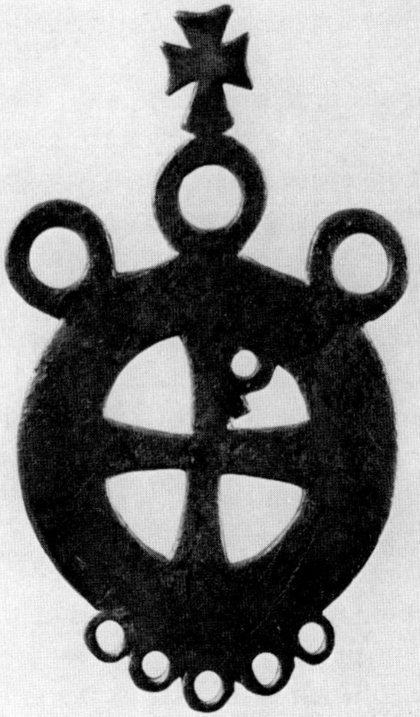

14

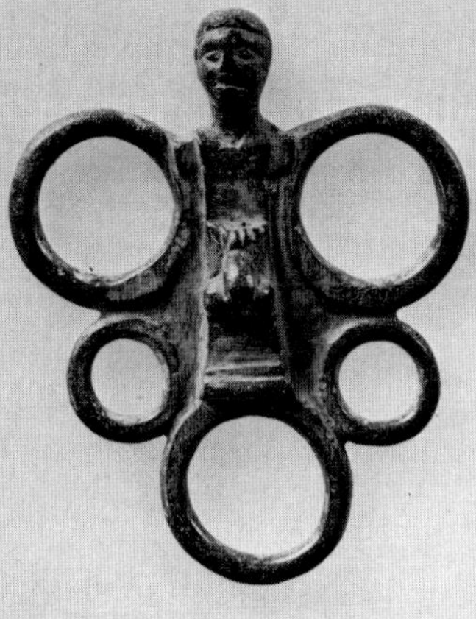

a

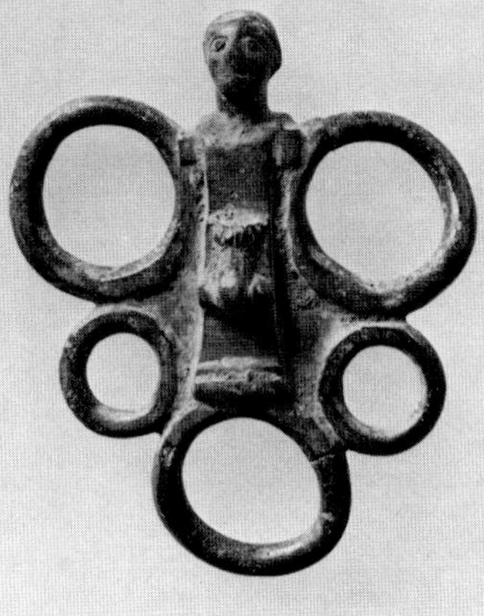

15

b

Es gibt neben der schlimmen Tücke des Objekts auch die sympathetische Hilfsbereitschaft des liebend betrachteten Gegenstandes. Was ich in meiner kurzen Plauderei vorlege, die dreizehn Stierprotomen, würden alle die Voraussetzung erfüllen, um erforscht werden zu können. Aber weder die Vielheit noch der aus dem Herzen kommende Wissensdurst können mich in meinem Stierpark zur richtigen Antwort, zum überzeugenden Resultat führen. Was bleibt, ist eine Paraphrase.

Lieber Hanns, Liebe zur Kunst entwickelt den Magnetismus. Nicht ohne Vergnügen betrachten meine Freunde, zu denen Du gehörst, den seltsamen Alpaufzug einer Bronzeherde in der Holbeinstraße. Zu was sie diente, kann ich nicht sagen. Aber spüren kann ich Deine Verbundenheit mit den Problemen, Rätseln und Geheimnissen der Kunst. Sie stammt aus der Polarität des Magnetismus, sie leitet Dich immer, wenn Du im Walde der Kunstwerke spazieren gehst und Dir die auserkorenen Werke entgegenleuchten wie der geweihte Hirsch vor St. Hubertus. Oh, wie vielen Herzen hast Du das Leben neu geschenkt und sie heimgeführt in die Stätten der Unsterblichkeit!

Nimm meinen Versuch als Dankeszeichen eines Schweizer Hirten und seiner ganzen engagierten Familie. Dieses Dankeszeichen kann niemals *dem* Danke entsprechen, den wir empfinden, wenn wir mit Dir zusammen Kunst betrachten.

»Das Bild, das in die Sinne fällt.
Das und nichts andres ist der Sinn der Welt.«

Christophorus armentarius.

Walter Horn

Two Early Medieval Monasteries

One Insular – The Other Continental
A Visual Reconstruction Based on Literary Texts

with drawings by Carl Bertil Lund

On the pages that follow I am reconstructing visually, on the basis of literary sources, the layout of two early medieval monasteries, one insular, the other continental – one a typical expression of the semi-hermitic form of monasticism that had become customary among the Irish *(fig. 1)*; the other an early example of the coenobitic forms of monastic living prevalent in some of the continental monasteries of Merovingian Europe *(fig. 8)*. Both solutions are as yet far removed from the ordered and highly sophisticated layout of the cloister that was developed in the wake of the diffusion of Benedictine monasticism during the Carolingian period and found its most accomplished expression in the famous Plan of St. Gall.

I. *The Layout of the Monastery of Armagh Founded by St. Patrick in A. D. 444.* The tripartite *Life of St. Patrick* includes an account of the foundation by St. Patrick in 444 A. D. of the monastery of Armagh, with measurements of the monks' dwellings and the circumvallation of the monastery site listed in such detail that their layout can be delineated on the drafting board *(fig. 1)*. It reads as follows:

Is amlaid, tra, dororaind. Patraic inraith, intangel reme ocus Patraic inadiaid conamuntir ocus cosruithib hErend, ocus bachall Isu iláim Patraic . . .
ISamlaid dano doroimsi Patraic indfertai. i. secht fichit traiged isindlis ocus secht traigid fichet isintig mor ocus secht traigid isind aregal. Ocus-ba samlaid sin nofothaigedsom nacongbala dogrés.

which Stokes translates as follows:

The way in which Patrick measured the rath was this – the angel before him and Patrick behind the angel; with his household and with Ireland's elders, and Jesus' Staff in Patricks' hand ... In this wise, then Patrick measured the Ferta, namely, seven score feet in the enclosure, and seven and twenty feet in the great house, and seventeen feet in the *kitchen*, seven feet in the arbegal; and this wise it was that he used to found the cloisters always.[1]

There is no reason whatsoever to question the nuclear historical veracity of this account. It has a striking parallel in Bede's narrative of the foundation of St. Cuthbert in 676 A.D., of the hermitage on Farne Island, where St. Cuthbert spent the last eleven years of this life in solitary retreat.

Like St. Patrick's enclosure at Armagh the circumvallation of St. Cuthbert's hermitage at Farne is designated with one single measure *(a muro usque ad murum mensura quattuor ferme suie quinque perticarum distentum)* – which would correspond to a diameter of 48–60 feet, if we figure the *pertica* at a length of 12 feet, to 64 or 80 if it amounted to 16 feet – and here it is explicitly referred to as "circular" or "nearly circular" *(pene rotundum)*.[2]

In St. Patrick's monastery at Armagh not only the enclosure but all of the monastic dwellings are round. This shape is the traditional form of the house of the Celts who invaded the British Isles in the early Iron Age, as is now attested by scores of excavations made in England, Scotland, and Ireland. A typical example of this architectural tradition is shown in fig. 2, an "unenclosed" platform settlement of the Celtic Iron Age invaders of North Britain, fourth–third century B.C., excavated at a place called Greene Knowe in Peebleshire, Scotland.[3] It was part of a settlement of nine houses, facing two contiguous settlements of similar layout on the opposite side of the valley. In pre-Saxon England settlements of this kind dotted the English country side from Sussex to the north of Scotland. In Ireland this tradition continued deep into the Middle Ages.

Recent studies of the remains of early medieval dwellings and monasteries in the neighborhood of Caherciveen and Waterville, in County Kerry, have demonstrated that the architectural layout of the Early Irish monasteries were, for all intents and purposes, identical with that of the Early Irish farmstead (the so-called *rath*) or the early Irish military forts *(cashel* or *dun)*.[4] A typical example of the latter, the so-called Fort of the Wolves in County Kerry, on a promontory west of the city of Dingle, overlooking the Bay of Dingle, is shown in fig. 3. It accommodated within a massive circular stone enclosure at least three and probably five beehive huts, together with two smaller guard houses of rectangular plan.[5]

In contradistinction to the monks' dwellings which in the early Irish monasteries followed the traditional circular plan, the churches were invariably and from the very beginning of rectangular plan. This can be inferred with indisputable certainty from an illuminating passage in the *Great Body of Irish Laws,* the so-called *Senchus Mór,*[6] which proclaims the fine ordained for the destruction of churches. The bulk of these laws is pre-Christian. They are known through a revised edition worked out during the reign of King MacNeill by a commission of secular and ecclesiastical dignitaries among whose leaders St. Patrick figured. This revised *Senchus Mór* was adopted formally by

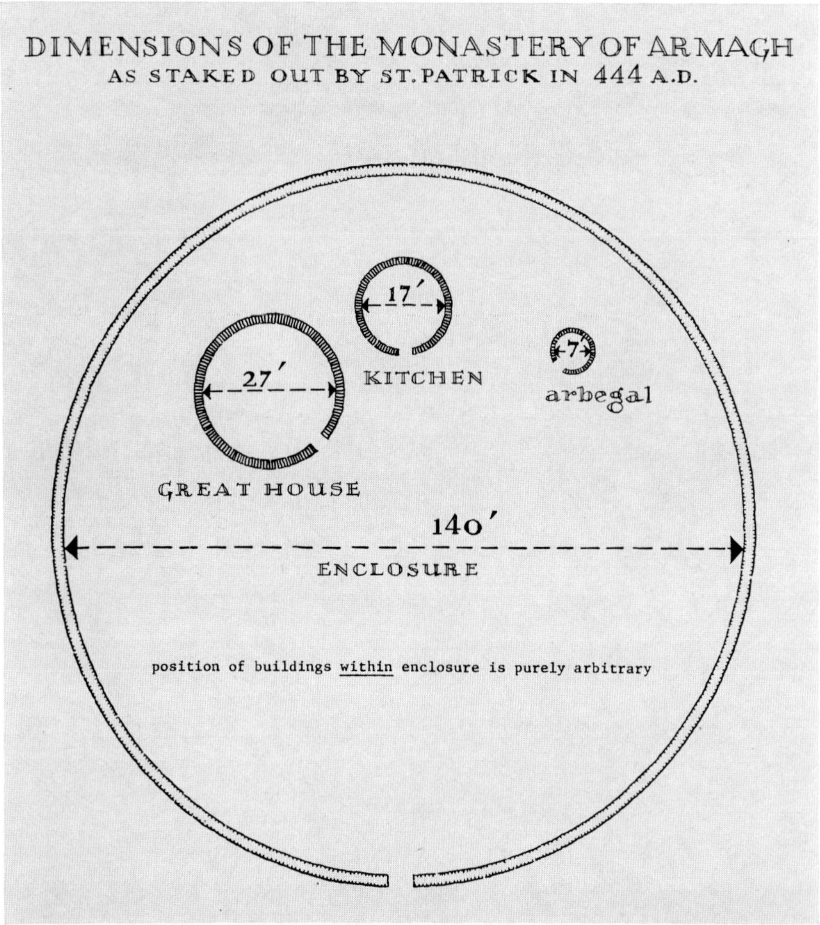

Fig. 1 Armagh, County Armagh, Ireland. Dimension and layout of monastery founded by St. Patrick in 444 A.D. as described in the *Tripartite Life of St. Patrick*, ed. Stokes, 1887, p. 237 (drawn for author by Carl Bertil Lund).

a national assembly held in 439 A.D. It is of paramount historical importance, not only because it is accurately dated, but also because it contains legal ordinances of binding and normative value. The article referring to the fines imposed for the desecration of oratories reads as follows:

If it be an oratory of fifteen feet, or less than that, that is, fifteen feet in its length and ten in its breadth, it is a samaisc [or three-year-old heifer] that is paid for every foot of it across, or for every foot and a half in length; this is

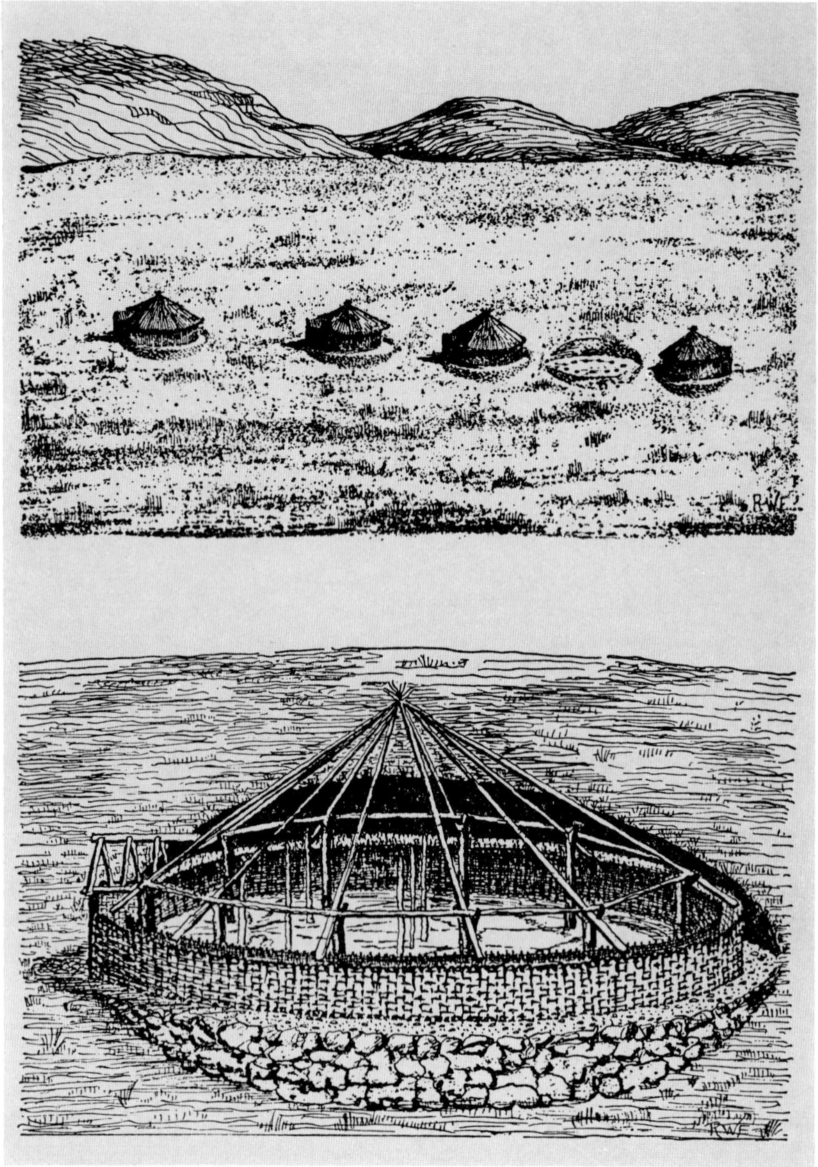

Fig. 2 Greene Knowe, Peebleshire, Scotland. A typical "unenclosed" platform settlement of the Celtic Iron Age invaders of North Britain, 4th–3rd centuries B. C. Above: Reconstruction in bird's-eye view of 5 circular timberhouses of this settlement (after Feacham, 1963, p. 96, fig. 26). Below: Reconstruction of one of the larger houses (*ibid.*, p. 165, fig. 20).

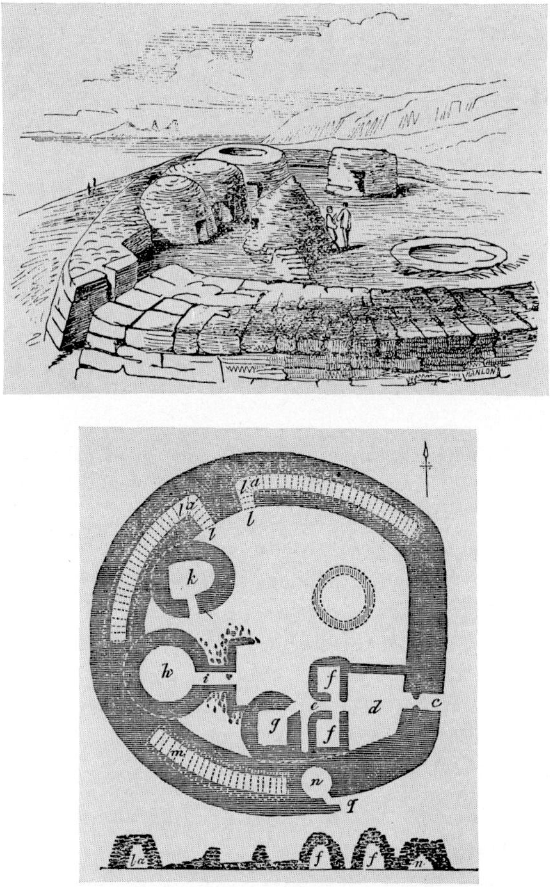

Fig. 3 Fort of the Wolves, County Kerry, Ireland, Dingle Peninsula, on a promontory west of the city of Dingle. Above: The fort in bird's-eye view. Below: plan of the fort (after drawings made by du Noyer and published by W. K. Sullivan, in O'Curry, I, 1873, p. cccx, Fig. 4 and 6).

when it is thatched with rushes; if it be a covering of shingles, there is a cow for every two-thirds of a foot across of it, or for a foot in length. That is the price of the oratories, according to law *(fig. 4)*.[7]

The text leaves no doubt that the oratory of the Early Irish missionaries was a structure of rectangular plan, and that dimensions of these oratories, if referred to in contemporary texts, were given (as one should expect them to

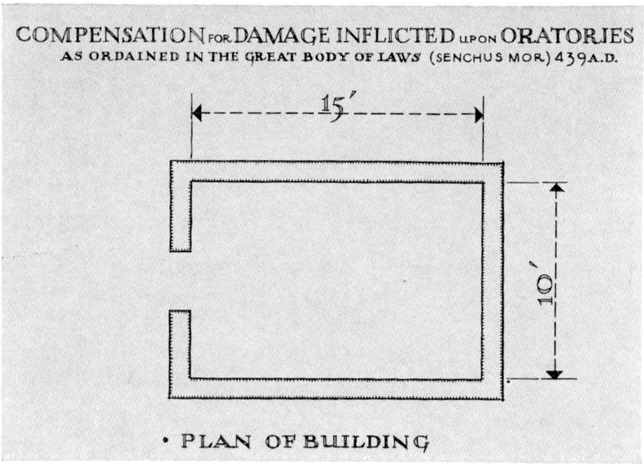

Fig. 4 Early Irish oratory of rectangular plan, as described in the *Great Body of Laws (Senchus Mór)*, 439 A.D. (drawn for author by Carl Bertil Lund).

have been) in two measurements, one denoting their length, the other their width. There is ample literary evidence to confirm this point. A rectilinear building was a novelty in Patrician Ireland, and the language in which they are referred to in hagiographical accounts reflects this fact. Diane Grinkevich Kane, in a recent study "St. Patrick's Influence upon the Layout of the Early Irish Monastery,"[8] has drawn attention to two of those. In Tirechan's *Annotations on the Life of St. Patrick*, preserved in the *Book of Armagh* (and supposed to be of the seventh century), it is stated:

"... et ecce patricius perrexit ad agrum quod dicitur foirrgea filiorum am olnged ad diuidendum inter filios amol ngid et fecit ibi aeclessiam terrenam de humo quadratam quia non prope erat silua."
"When Patrick went up to the place which is called Foirrga of the sons of Awley, to divide it among the sons of Awley, he built there a quadrangular church of moist earth, because wood was not near at hand."[9]

In the same spirit the author of the *Tripartite Life of St. Patrick* tells us in connection with St. Patrick's activities in the land of Connaicne in Cul Tolaith:

"And Patrick afterward went into the land of Connaicne in Cul Tolaith, and established four-cornered churches in that place."[10]

All of this goes to show that the quadrangular or "four-cornered" church was a building type propagated by, if not invented by St. Patrick, and that the churches of such monastic settlements as Innishmurry,[11] off the coast of Sligo, or the recently excavated hermitage of Church Island[12] *(fig. 5)*, in the estuary of the Valencia River, County Kerry, whatever their date, reflect a standard type in use in Ireland from the fifth century onward. The most beautiful surviving example of this type is a small oratory on St. Macdara's Island, *(fig. 6)*, off the Galway coast, whose cruck-shaped "antae" (i. e. projecting strips of masonry running along the edges of its gable walls) could not possibly be interpreted in any other manner than on the assumption that they are a transmutation into stone of a roof-form *(fig. 7)* that was common in contemporaneous timber architecture, and remained the domestic standard type in Ireland as well as in the Celtic midlands of England until the end of the Middle Ages. The early Christian oratories of Ireland, as described in the *Senchus Mór* – this can be inferred from many other early sources – was a structure entirely built in timber, and in shape and design very similar to what, later on, became the traditional form for the smaller domestic halls of Ireland and Celtic Britain.

II. *The Layout of the Merovingian Monastery of Jumièges, Founded by St. Filibert around A. D. 655.*

The *Vita S. Filiberti Abb. Gemeticensis,* composed around 750,[13] contains the earliest extant description of a medieval monastery. The inflated, florid, pompous (in places even gushy) Latin in which this *Vita* is written, makes the task of interpreting the author's description of the monastery in places a truly painful experience. To convert it into comprehensible English taxes the patience of even such an accomplished Latinist as my colleague Charles W. Jones, with whom I have consulted on the construction and meaning of virtually every phrase in this passage. It merits quoting in toto:

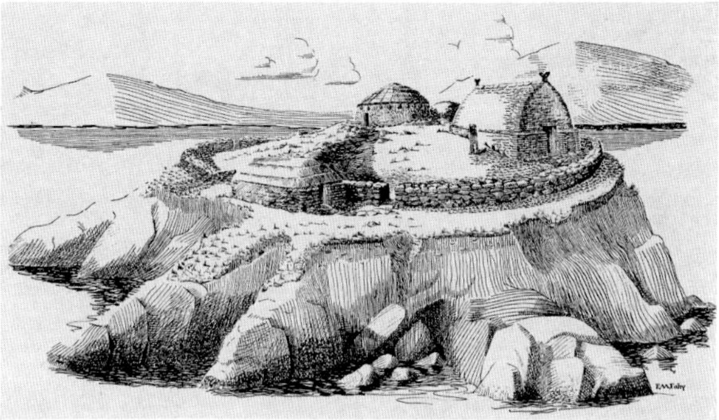

Fig. 5 Church Island, estuary of Valencia River, County Kerry, Ireland. Hermitage, 7th–8th century. A.D. Plan (after O'Kelly, 1958, Pl. XVII).

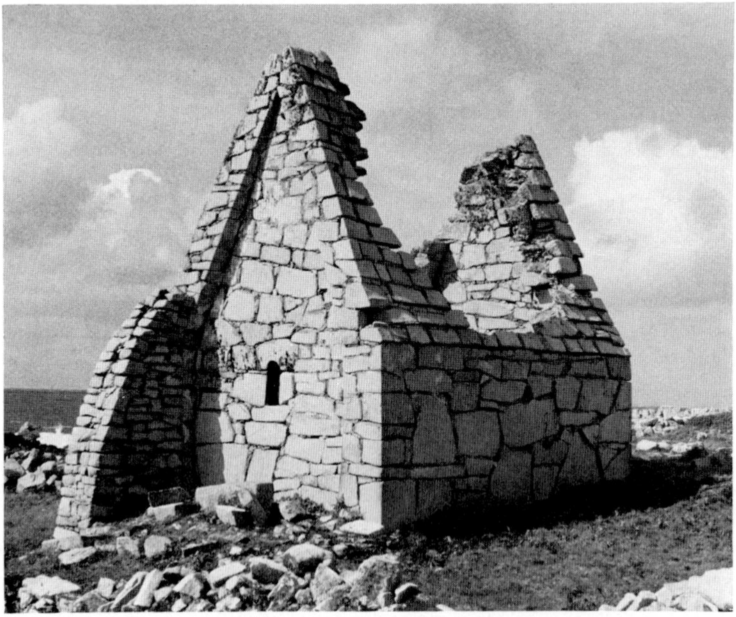

Fig. 6 St. Macdara's Island, County Galway, Ireland. Early Irish masonry church, 7th(?) century, with *antae* built in imitation of timbered cruck trusses. Exterior view from northeast. (Photo: W. Horn)

Ubi ejus providentia construxit per quadrum moenia turrita mole surgentia Claustra receptionis mira, adventantibus opportuna. Introrsus domus alma fulget habitantibus digna: ab Euro surgens Ecclesia Crucis instar erecta, cujus apicem obtinet alma Virgo MARIA, altare ante faciem lectuli condente beatissimo Filiberto pictum gemmarum lumine, comptum auri & argenti congerie, ab utroque latere Johannis & Columbani arae dant gloriam Dei. Aderat à Borea Dionysij Martyris & Germani Confessoris AEdicula: in dextris nobile permanet sancti Petri oraculum, è latere sancti habens Martini Sacrarium. Vergit à Meridie Cellula ipsius Sancti Dei petreo margine florescente. Operosa saxis claustra comitantur arcus, variúmque decus oblectans animum, cinctum triumphantibus lymphis. Duplex vergens ad Austrum ducentorum nonaginta pedum longitudine, quinquaginta in latitudine eminet domus quiescendi obtentu. Singula per lecta lux radiat per fenestras, vitrum penetrans lychnus fovet adspectus legentis. Subter aedes geminae duobus officiis opportunae. Hinc falerna servanda conduntur, hinc prandia clara parantur: ibíque conveniunt qui dignè Christo deserviunt, nihil habentes proprium, nullo egentes compendio, quia sperantes in Domino non deficient omni bono, ut verè in eis impleatur scriptum: *Pax multa diligentibus legem tuam, Domine, & non est illis scandalum.* Caritas ibidem fulget mira, abstinentia magna, humilitas summa, castitas per omnia.[14]

We are translating this into English as follows:

"In his foresight he constructed towered walls in the shape of a square and of soaring mass, and a splendid enclosure for guests, fit to receive arriving visitors. Within this a guest house rises in splendour wholly suited for those who stay there. The church, built in the shape of a cross, rises toward the East Wind. The apse is dedicated to the beloved Virgin Mary. The altar stands in front of the tomb of most blessed Philibert, decorated with shining gems mounted in a heavy setting of gold and silver. On each side the lesser altars of John and Columban render the Glory of God. Nearby toward the North Wind rose the two edifices [obviously in the sense of smaller churches] of Denis the Martyr and Germain the Confessor. On the right stands the celebrated oratory of St. Peter, having on its flank the sacrarium of Martin. The little cell of the Saint of God himself [St. Philibert] lies toward south, distinguished by a masonry fence.Arches, carefully constructed in stone, connect these enclosures, and varied embellishment delights the heart, accompanied by gushing fountains of clear water. A two-storied house, lying toward the East, two hundred and ninety feet long and fifty feet wide, rises prominently

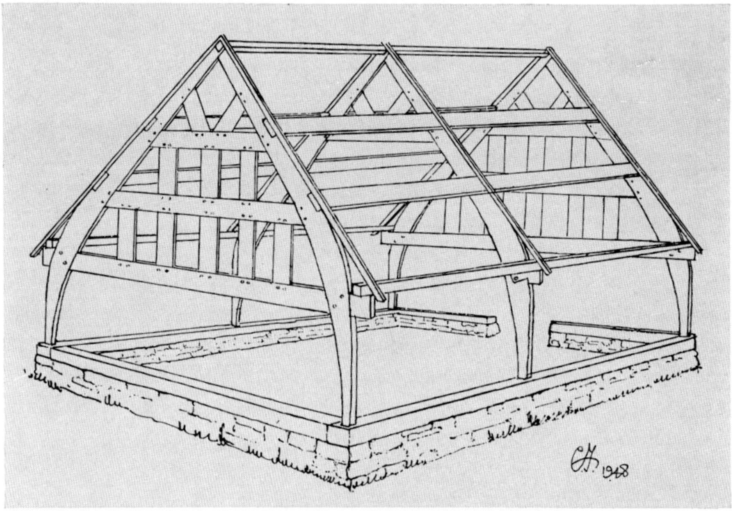

Fig. 7 Diagrammatic reconstruction of the framework of a cruck-trussed house in Monmouthshire (after Fox-Raglan, Monmouthshire Houses, I, 1951, p. 37).

for obtaining quiet [or comfort; or rest]. The light shines through the windows on each individual bed; the glow as it passes through the glass warms the sight of the reader. Below are twin quarters suitable for two services: in one are stored the wines to be aged, in the other are prepared the important meals.

Such is the conventual home for those who righteously serve Christ, possessing nothing of their own but lacking no true advantage, for in placing their hopes in the Lord they are thereby deficient in no good thing. Consequently, in them is the text fulfilled: "Much peace have they that love Thy law, Lord, and to them there is no stumbling block" [Psalms cxviii, 165]. And at that place radiates a marvellous charity, great abstinence, total humility, chastity in all ways."

A schematic reconstruction of the layout of the monastery, based on this description, is given in *Fig. 8.* The abbey was surrounded, as the text informs us "by towered walls in the shape of a square and of soaring mass". It had near its entrance (to the west) "a guest house rising in splendour" and "wholly suited for those who stay there." To the east rose "the church of St. Mary, built in the shape of a cross." It was flanked in the north and at some distance by the smaller churches of St. Denis and of St. Germain, and on the south side by the church of St. Peter and St. Martin. On this side also was the small cell of St. Philibert.

Contrary to Irish custom, the monks did not live in individual cells, but were bedded in a huge double-storied communal dormitory, 50 feet wide and of the unheard-of length of 290 feet. This building was located to the east of the last named churches. Its ground floor served as refectory and as the cellar. The buildings were connected by arched porches, but nothing suggests that these were part of a squared cloister. The fact that dormitory, refectory and cellar were all packed into one colossal structure, on the contrary, clearly precludes that assumption.

The dormitory is the only building for which dimensions are listed in the text. Of the church of St. Mary's we are told that it was of cruciform plan, but its dimensions are not listed. Of the four other churches neither shape nor measurements are known. The layout shown in fig. 8 is purely schematic. It is nevertheless even in this form a significant contribution to the visual history of monastic architecture in Merovingian Europe. The co-existence of four or five churches in the same monastic settlement is characteristic for this period.

The neighboring abbey of St. Wandrille (ancient *Fontanella)* founded in 649 by St. Wandregisilius, some 15 kilometers downstream on the Seine River, likewise had several churches all built during the life time of the founding

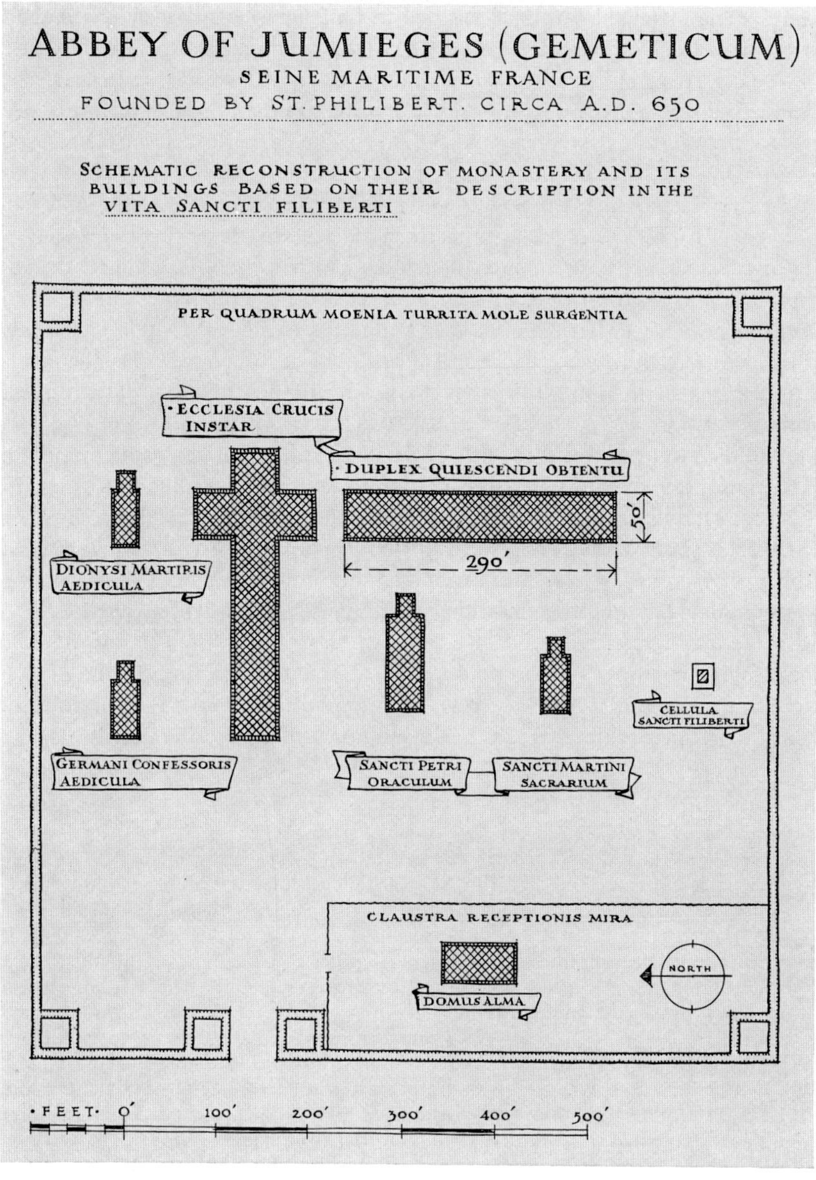

Fig. 8 Abbey of Jumièges (*Gemeticum*), Seine-Maritime, France, founded by St. Philibert circa A.D. 650. Schematic Reconstruction of layout of monastery and its buildings, based on their description in the *Vita Sancti Filiberti* (drawn for author by Carl Bertil Lund).

saint.[15] The principal church, dedicated to St. Peter was 290 feet long and 37 feet wide. Three other smaller ones were dedicated, one to St. Paul, the other to St. Lawrence, and a third one to St. Pancras. Outside the monastery St. Wandrille were built two further churches, one in honor of St. Saturninus, the other in honor of St. Amantius (St. Amand). The chapel of St. Saturnin stood on a narrow shelf of the mountain range that borders the valley of Fontanella to the north, just outside the walls of the abbey. The church of St. Amand was 1600 paces to the south and appears to have been identical with the chapel of St. Amand de Rodez in the hamlet of Goville, which was rebuilt in the tenth century, it seems, and destroyed in the last century during the realignment of the River Seine.[16] It was here that St. Wandrille used to meet at frequent intervals with his old friend Bishop Audeonus (St. Ouen) of Rouen for mutual consultation, in gatherings in which they were often joined by Abbot St. Philibert of Jumièges.

The total amount of churches built by St. Wandrille in his abbey of Fontanella thus amounted to six; four within the monastic enclosure, plus two others in the monastery's immediate vicinity. Jumièges likewise had four churches within its walls. Conditions were not much different in the Merovingian Abbey of Nivelles, where excavations conducted after World War II in the Merovingian subsoil prove that this monastery had at least three churches.[17]

Of none of these sites can it be said that their churches were in any rigid or meaningful alignment with one another, or that the buildings of the monks were ranged around a square yard as they are on the famous Plan of St. Gall, which represents a later stage in the development of the medieval cloister.

Notes

1 *The Tripartite Life of St. Patrick,* ed. Whitley Stokes, London, 1887. The term *arbegal* is controversial. Whitley Stokes believes that it stands for *oraculum* = "oratory," on the assumption that the Old Irish diminutive *ariuclan* points to an old Irish *aricul* = a low Latin *ariculum* (*ibid.*, clvi, note 1). I am not competent to question the soundness of this etymological reconstruction, but must draw attention to the fact (not overlooked by Stokes, cf. *ibid.*, p. 237, note 4) that Father John Colgan in his Latin paraphrase of the *Tripartite Life* interpreted arbegal as *"argyrotheca seu vasarium ubi supellex reponebatur,"* i.e. a place where objects of silver, archival records and household equipment are stored. I feel certain that because of its diminutive size (diameter of only 7 feet!) and its circular plan the building designated as *arbegal* in the *Tripartite Life* cannot be interpreted as an oratory. The oratories founded by St. Patrick were of rectangular plan, as is shown on the pages that follow, and in general no less than 10 feet wide and 15 feet long. The narrative of St. Patrick's foundation of the monastery of Armagh is only a partial account. It does not include a description of the oratory, which usually was only constructed after the dwellings for the monks were finished.

2 For more detail and a full quotation of this text see my article "On the Origins of the Medieval Cloister," in process of issue in *Gesta* (International Center of Medieval Art).

3 On the unenclosed platform settlement of Green Knowe see R. W. Feacham, "Unenclosed Platform Settlements," *Proceedings of the Society of Antiquaries of Scotland,* XCIV, 1960–61, pp. 79–85. *Idem, A Guide to Prehistoric Scotland,* London, 1963, pp. 95–97; *idem, The North Britons, The Prehistory of a Border People,* London, 1965, pp. 103–107 and 165, fig. 20.

4 Françoise Henry, "Early Monasteries, Beehive Huts, and Dry-Stone Houses in the Neighbourhood of Caherciveen and Waterville (Co. Kerry)," *Royal Irish Academy, Proceedings,* LVIII (Section C, No. 3, 1957), pp. 45–166.

5 The plan and bird's-eye view of the so-called Fort of the Wolves shown in fig. 19 are after drawings made by Du Noyer a hundred years ago (when this site was still in a superior state of preservation) and first published by W. K. Sullivan in his introductory volume to Eugene O'Curry, *Manners and Customs of the Ancient Irish,* I (London 1873), p. ccx, fig. 4.

6 *Senchus Mór,* literally "The Great Old Law Book" is the largest and most important surviving fragment of the ancient laws of Ireland, the so-called *Brehon Laws (Feinechus).* The early origin of these laws is attested by an entry in the *Annals of the Four Masters,* where it is said "The Age of Christ 438, the tenth year of King Laeghaire (Lairy) the *Senchus Mór* and *Feinechus* of Ireland were purified." None of the now-existing copies of *Senchus Mór* is complete. The earliest surviving fragment dates from the thirteenth century, but its text represents a long tradition dating back to St. Patrick under whose instigation (and probably direction) they were first committed to writing. Other parts of the *Brehon Laws,* not included in *Senchus Mór* are to be found in various manuscripts now in the Library of Trinity College, Dublin, such as Ms. 3, 17 and Ms. H. 2.15.

For a new edition of *Senchus Mór* and further detail on its history and significance see R. I. Best and Rudolph Thurneysen, *The Senchus Mór: Facsimile of the Oldest Fragment from Ms. H. 2.15, Library of Trinity College, Dublin.* Dublin, 1931, pp. ix–xv; Arthur West Haddan and William Stubs, Ed., *Councils & Ecclesiastical Documents Relating to Great Britain & Ireland,* II: 2, Oxford, 1878, Appendix B; and Laurence Ginnell, *The Brehon Laws, A Legal Handbook,* London, 1904.

7 Eugene O'Curry, *op. cit.,* III, London–New York, 1873, pp. 48–49, after Ms. 3, 17, p. 653, Dublin, Library of Trinity College. The text is also quoted by George Petrie, *The Ecclesiastical Architecture of Ireland Anterior to the Norman Invasions,* Dublin, 1845, pp. 359–360.

8 Diane Grinkevich Kane, *Early Irish Monasteries and St. Patrick's Influence upon their Architectural Layout,* Master's Thesis, University of California at Berkeley, 1973.

9 John Gwynne, *Liber Ardmachus: The Book of Armagh,* Dublin, 1913, p. 28b. (The English translation is that of George Petrie, *The Ecclesiastical Architecture of Ireland Anterior to the Norman Invasions,* Dublin, 1845, p. 123).

10 Translation and original text after Stokes, *op. cit.,* p. 111. The passage is referred to in Arthur Chapneys, *Irish Ecclesiastical Architecture,* London, 1910, p. 23.

11 On Innishmurry and its date see C. H. Leask, *Irish Churches and Monastic Buildings,* I, Dublin, 1955, p. 56, and W. F. Wakeman, *A Survey of Antiquarian Remains on the Island of Innishmurry,* London–Edinburgh, 1867.

[12] For Church Island, see the excavation report by Michael O'Kelly, "Church Island near Valencia, Co. Kerry," *Proceedings of the Royal Irish Academy,* LIX (C, no. 2, 1958), pp. 57–136.

[13] *Vita S. Filiberti Abb. Gemeticensis,* chap. 7, ed. Mabillon, *Acta Sanctorum Ordinis Sancti Benedicti,* II: 5, p. 820.

[14] *Vita S. Filiberti, loc. cit.* The translation that follows is by Charles W. Jones. It differs distinctly from previous interpretations. For more detail on this and the Latinity of the text see my article "On the Origins of the Medieval Cloister," cited above, note 2.

[15] For more detail on St. Wandrille see my forthcoming article, written in co-operation with Charles W. Jones, "The Architecture of the Abbey of Fontanella, from the Time of its Foundation by St. Wandrille (A. D. 649) to the Rebuilding of its Cloisters by Abbot Ansegis (823–833)."

[16] The primary source for the architectural history of the Abbey of Fontanella are the *Gesta SS. Patrum Coenobii Fontanellensis,* the most recent and best edition of which is the one published under that title by Dom F. Lohier and the R. P. Jean Laporte, Rouen–Paris, 1936.

[17] For Nivelles see Jacques Mertens, "Recherches archéologiques dans l'abbaye mérovingienne de Nivelles," *Archaeologia Belgica,* LXI (1962), pp. 89–113 (Miscellanea archeologica in honorem J. Breuer; reviewed by Alain Erlande-Brandenburg, *Bulletin Monumental,* 1965, pp. 317–319); and A. Mottard, *La Collegiale Sainte-Gertrude de Nivelles,* 1954 (reviewed in *Karl der Grosse,* Zehnte Ausstellung unter den Auspizien des Europarates, ed. Wolfgang Braunfels, Aachen, 1965, pp. 401–403).

Florentine Mütherich

Eine karolingische Evangelistenreihe
Kopie und Original

Die Reihe mehr oder weniger getreuer Kopien älterer Handschriften, die zum Bestande der frühmittelalterlichen Buchmalerei gehören und deren Rolle und Bedeutung von Hanns Swarzenski[1] eingehend dargelegt worden sind, läßt sich um ein neues, interessantes Beispiel vermehren. Das Grand Séminaire in Le Puy verwahrt ein Evangeliar, das zwar den allgegenwärtigen Augen Léopold Delisle's nicht entgangen ist, wie eine Notiz in seinen Papieren zeigt[2], das aber außer einer kurzen und zudem irreführenden Erwähung[3] von der Forschung unbeachtet blieb[4]. Die Handschrift stammt aus dem Besitz des Bischofs Antoine de Saint-Nectaire (gest. 1592), der sie mit einigen anderen Codices dem Grand Séminaire seiner Bischofsstadt hinterließ. Hinweise auf ihre ältere Geschichte fehlen; der Einband wurde im 19. Jahrhundert angefertigt.

Das Evangeliar, 176 Blätter 263×200 mm, ist zweispaltig geschrieben und weist Initialschmuck, 8 dekorativ ausgestaltete Kanontafeln und vier Evangelistenbilder auf. Die Handschrift ist offenbar nicht aus einem Guß entstanden; Spuren einer Umarbeitung oder Planänderung zeichnen sich ab[5]. Die Schrift läßt deutlich – bis in die Farbe der Tinte – die Anteile mehrerer Hände unterscheiden. Die einzelnen Elemente der Ausstattung stammen aus verschiedenen Bereichen: Initialornamentik und Kanontafeln sind aus der Formenwelt der frühkarolingischen Klosterschulen abzuleiten; die Evangelistenbilder setzen die vom Hofe Karls des Großen ausgehende Renaissance-Kunst voraus.

Mit Hilfe der Schrift und der Initialornamentik läßt sich die Handschrift in das spätere 2. Viertel des 9. Jahrhunderts datieren und in den weiteren Ausstrahlungsbereich der Schule von Tours lokalisieren. Das Schriftbild wird durch die Verwendung der Halbunziale an den Anfängen größerer Textabschnitte bestimmt, wie sie für touronische Codices charakteristisch ist[6]. Die Initialornamentik zeigt jene Verbindung von Blatt-, Geflecht- und Tiermotiven, die die frühkarolingischen Schulen aus dem Formenvorrat des 8. Jahrhunderts übernommen hatten und die in dem Maße verschwindet, in dem – unter dem Eindruck der vom Hofe ausgehenden Buchkunst – in den einzelnen Scriptorien neue Formen entwickelt werden *(Abb. 1–2)*. Auch hier lassen sich die Voraussetzungen in Tours nachweisen, und zwar in älteren

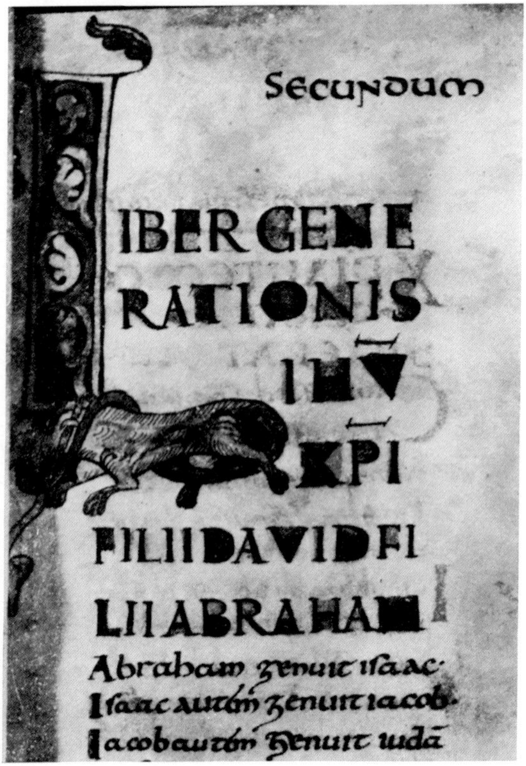

Abb. 1 Grand Séminaire, fol. 16 r, Le Puy

touronischen Handschriften aus der Frühzeit des 9. Jahrhunderts[7]. Dort finden auch die Kanontafeln mit ihren breiten, reich ornamentierten Arkadenstellungen *(Abb. 3)* ihre Parallelen[8], wenngleich beide – Initialen und Kanontafeln – eine Reihe von Elementen enthalten, die sich in Tours nicht belegen lassen. Dies gilt vor allem für die Figuren neben den Bögen der Kanontafeln, für die selbst spätere touronische Handschriften nichts Vergleichbares bieten[9]. Von den vielen Fragen, die die Handschrift aufgibt, soll indessen hier nur eine behandelt werden, die ihrer Evangelistenbilder, die aus dem Rahmen der übrigen Dekoration herausfallen und offenbar nachträglich hinzugekommen sind *(Abb. 4–7)*. So sind sie ungleichmäßig in den Text eingefügt, offenbar so, wie verfügbarer Raum es erlaubte[10]. Es handelt sich um Zeichnungen, die in gelben, violetten, grünen und braunen Tönen koloriert sind. Künstlerisch unbedeutend, weisen sie eine Reihe von Mißverständnissen auf, die deutlich

machen, daß der Zeichner den komplizierteren Formen der von ihm benutzten Vorbilder nicht gewachsen war. Der lineare Charakter der Gewanddrapierungen läßt die Figuren flächig vor dem leeren Pergamentgrund erscheinen. Jede Andeutung von Raum oder Hintergrund fehlt. Die Anordnung ist bei allen Bildern die gleiche: der Evangelist sitzt in einer Ädicula mit einem Dreiecksgiebel, in dem bei den Evangelisten Markus, Lukas und Johannes die Symbole angebracht sind. Im Matthäus-Bild bleibt die Lünette leer, der Engel erscheint im unteren Bildfeld hinter dem Evangelisten. Er trägt ein Buch auf dem verhüllten rechten Arm, das die Linke stützt. Die übrigen Symbole halten lange Spruchbänder, die bis weit in das untere Feld herabhängen.
Die Gestalten gehören in den Kreis jener Typen, die die karolingische Kunst im Anschluß an ihre spätantiken Quellen für das Evangelistenbild entwickelt hatte. Matthäus *(Abb. 4)*, bärtig, in Profilstellung nach rechts auf einer großen Thronbank sitzend, wendet sich zu seinem hinter ihm erscheinenden Symbol.

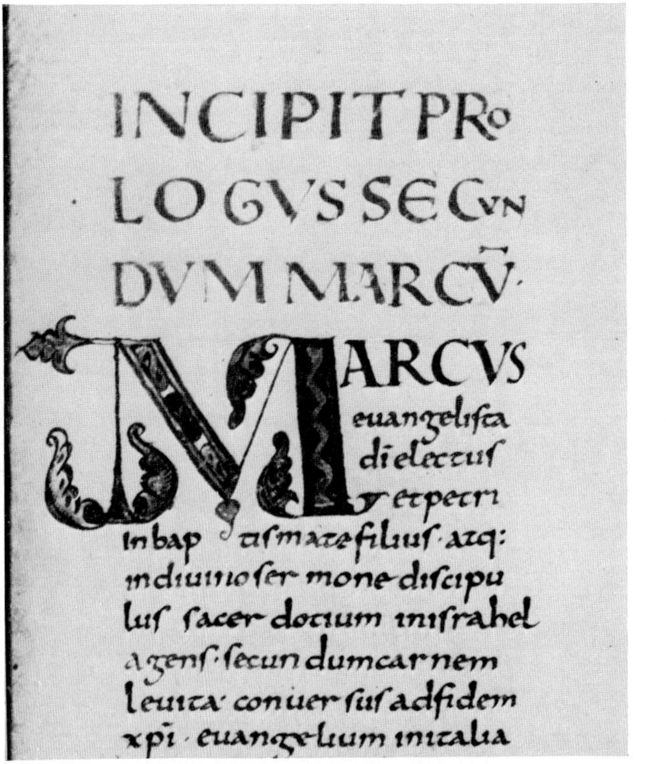
INCIPIT PRO
LOGUS SECUN
DUM MARCŪ
MARCUS
euangelista
di electus
et petri
in baptismate filius atq:
in diuino sermone discipu
lus sacerdotium in israhel
agens secundum carnem
leuita conuersus ad fidem
xpi euangelium in italia

Abb. 2 Grand Séminaire, fol. 53 r, Le Puy

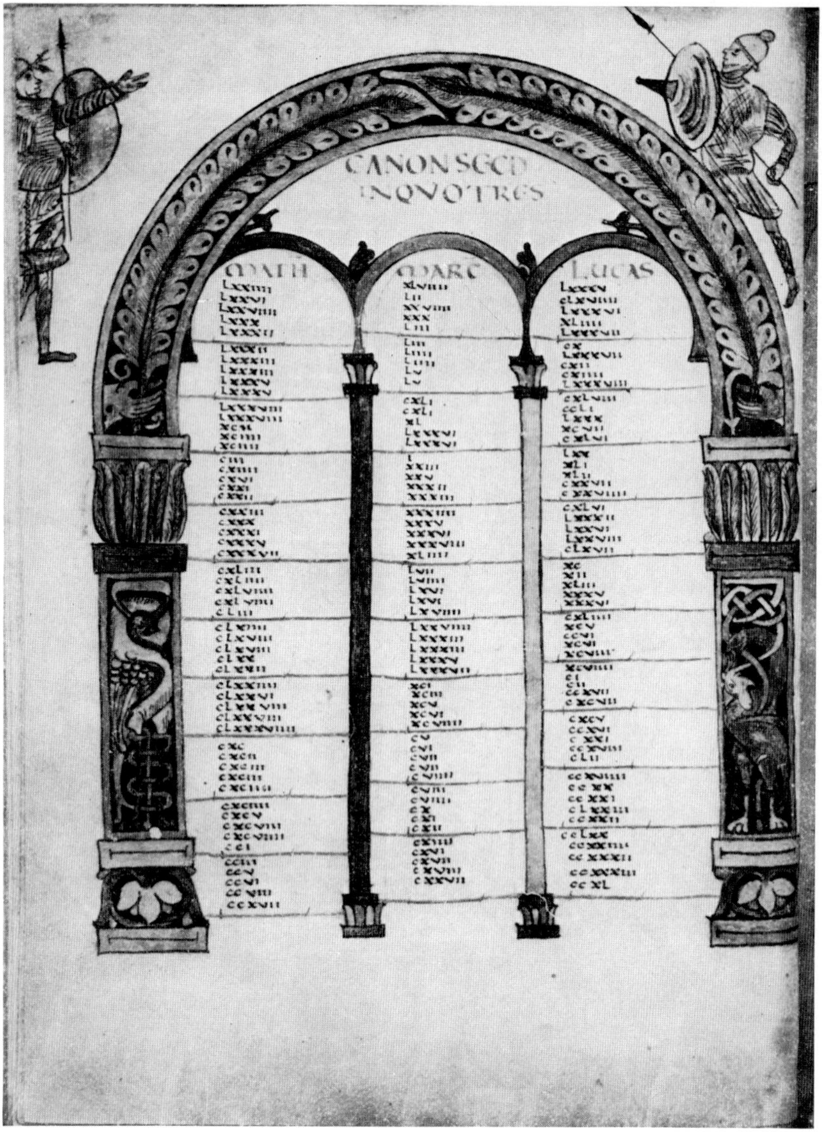

Abb. 3 Grand Séminaire, fol. 9 v, Le Puy

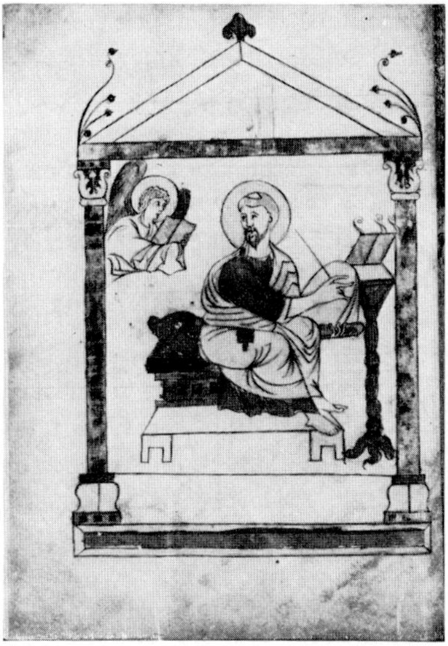

Abb. 4 Grand Séminaire, fol. 15 v, Le Puy

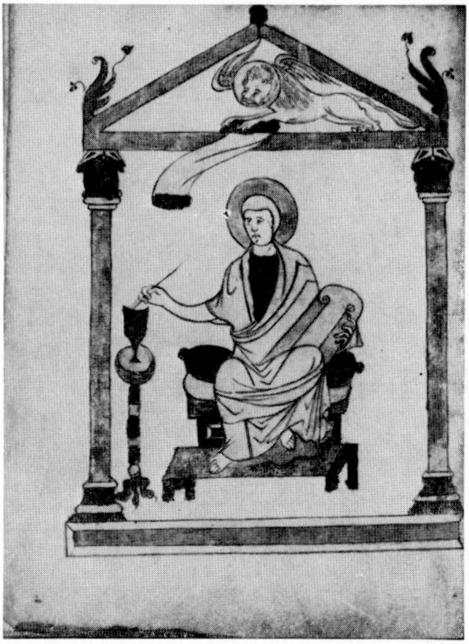

Abb. 5 Grand Séminaire, fol. 55 v, Le Puy

In der Rechten hält er die Feder, in der Linken ein Gebilde, das eine zum Teil geöffnete Buchrolle darstellen soll. Völlig mißverstanden ist der neben ihm stehende Buchständer in der perspektivischen Konstruktion der oberen Platte, die am Ende mit drei eigentümlichen Voluten versehen ist. Der Evangelist trägt ein Untergewand mit kurzen Ärmeln und einen Mantel, der auf dem rechten Schenkel ein Besatzstück aufweist, das uns in dieser Form seit dem 8. Jahrhundert in zahlreichen Beispielen vor allem in Italien begegnet und von dort in die karolingische Kunst eingedrungen ist[11].

Der zweite Evangelist, Markus *(Abb. 5)*, sitzt frontal, dem Betrachter zugewandt, die Rechte führt die Feder zu dem neben ihm stehenden, eigentümlich großen Tintenfaß mit kelchförmigem Fuß; die Linke hält eine halbgeöffnete Rolle. Das Gewand ist offenbar mißverstanden, indem die rechte Schulter- und Ärmelpartie des Untergewandes als Mantel aufgefaßt ist.

Lukas, der dritte *(Abb. 6)*, bärtig, sitzt mit gekreuzten Füßen, wiederum nach rechts gewandt, die Rechte schreibend auf dem nun besser gelungenen Pult, das wieder die drei Voluten am oberen Ende aufweist; die Linke ist nach innen über das Knie gelegt. Auch hier ist ein Besatzstück auf dem Schenkel angedeutet. Merkwürdig ist die am Boden liegende, halb aufgerollte Buchrolle.

Der vierte Evangelist, Johannes *(Abb. 7)*, ist wie Markus als Frontalfigur dargestellt. Er hält die Feder in der erhobenen Rechten, die Linke stützt das auf das Knie gestellte geöffnete Buch. Hier erscheint der Besatzstreifen tiefer, am unteren Teil des Mantels. Eigentümlich ist der komplizierte Ständer mit dem Tintenfaß. Als einziges Bild zeigt dieses einen geöffneten Buchkasten mit Rollen.

Schon die Beschreibung der vier Gestalten läßt erkennen, daß es sich um eine charakteristische karolingische Evangelistenreihe handelt: zwei Frontaltypen stehen neben zwei Profiltypen; von den verschiedenen Tätigkeiten, bei denen die Verfasser der heiligen Texte gezeigt wurden, sind das Schreiben und das Eintauchen der Feder ebenso dargestellt wie zwei im Schreiben innehaltende Gestalten, die eine – lehrend – mit der Feder in der erhobenen Hand und eine andere, die sich zu ihrem Symbol umwendet. So ist es nicht schwer, direkte Parallelen für diese Gestalten aufzuzeigen. Sowohl der sich zu seinem Symbol umwendende Matthäus wie der die Feder emporhaltende Johannes lassen sich unter den Evangelisten-Typen der Hofschule Karls des Großen nachweisen, wo sie ihre schönsten Ausprägungen in den monumentalen Gestalten der Trierer Ada-Handschrift gefunden haben[12]. Dabei begegnet uns in der Gestalt des Matthäus eine besonders charakteristische Figur der Hofschule, jener sich zu seinem Symbol umwendende Evangelist, der bereits im Godescalc-Evangelistar erscheint und durch die ganze Schule hindurch beibehalten wird[13]. Typisch für diese Figur ist die direkte Verbindung mit dem Symbol, und es ist von Interesse, daß in der Handschrift von Le Puy die Anordnung dieselbe ist wie im Godescalc-Evangelistar, wo die Figur des Symbols hinter dem Evangelisten und nicht wie in den späteren Bildern in der Lünette über ihm erscheint[14]. Es wäre zu fragen, ob dies einer der Gründe dafür ist, daß das Symbol in dem Evangeliar von Le Puy nicht wie bei den drei anderen Evangelisten im Giebelfeld angebracht ist, sondern im unteren Bildraum hinter dem Evangelisten.

Auch die Frontalfigur des Markus entspricht dem klassischen Eintauchtypus der Hofschule[15], nur die Rolle in der Hand des Evangelisten gibt es dort nicht. Eine Rolle findet sich zwar bei der entsprechenden Figur des Wiener Krönungs-Evangeliars, aber sie erscheint in anderer Form, von der erhobenen linken Hand aus ausgerollt über den Knien liegend[16]. Der nach rechts gewandt schreibende Lukas repräsentiert schließlich einen so allgemeinen Typus, daß er sich an vielen Stellen nachweisen läßt und nicht für eine einzelne Schule charakteristisch ist; zwar findet sich das Motiv der gekreuzten Beine auch gerade in der Hofschule wieder[17], dagegen ist die eigentümliche Haltung der linken Hand dort nirgends anzutreffen.

So ist die Evangelistenreihe von Le Puy keineswegs unmittelbar aus den Handschriften der Hofschule abzuleiten. Das wird noch deutlicher, wenn man die Symbole einbezieht. Wie die Matthäus- und Johannes-Figuren finden auch ihre Symbole in der Hofschule gewisse Parallelen[18], aber die ganzfigurigen,

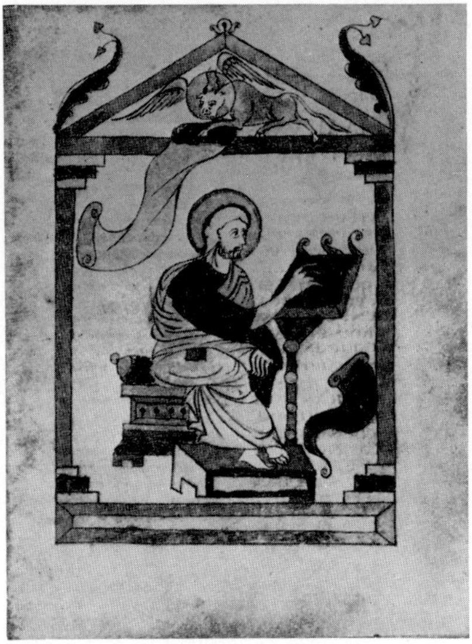

Abb. 6 Grand Séminaire, fol. 80 r, Le Puy

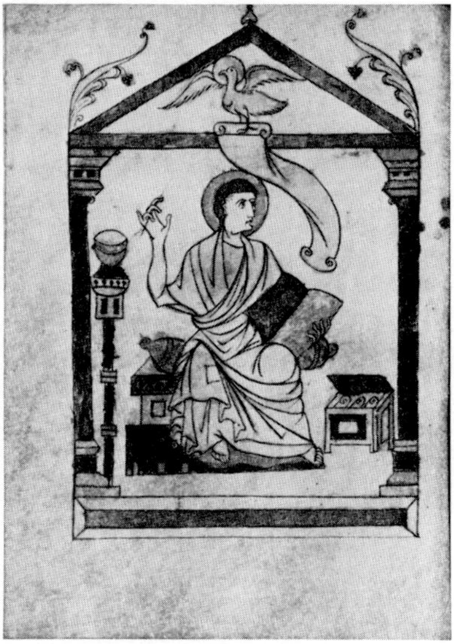

Abb. 7 Grand Séminaire, fol. 132 v, Le Puy

geflügelten, liegenden Gestalten von Löwe und Stier sind den Evangelistenbildern der Hofschule unbekannt[19], ebenso wie die lang herabhängenden Spruchbänder. Auch die Buchrollen, der Bücherkasten, die eigentümlichen Pulte und Tintenfässer sind dort nicht anzutreffen. Vor allem aber kommen die rahmenden Säulen mit den Dreiecksgiebeln in den Handschriften der Hofschule nicht vor.

Diese rahmenden Architekturen, so einfach sie sein mögen, weisen doch einige charakteristische Details auf. Die untere Sockelzone, die die Bildebene abschließt, ist ebenso unverkennbar wie die Formen der Basen und Kapitelle, vor allem die eigentümlich gebildeten dreieckigen Abschlußformen über den Blattkapitellen des Markusbildes. Die großen Eckblätter erinnern an die Formen der Ornamentik in den Initialen und Kanontafeln der Handschrift; vor allem die ins Profil gestellten, zusammengeklappten Blätter mit breitem Rand, kleinen Blättchen und Trauben und deutlich abgesetztem Rückenstreifen[20].

So sind die Vorbilder, die den Evangelisten von Le Puy zugrundeliegen, trotz der Verwandtschaften, die sie mit den Typen der Hofschule aufweisen, an anderer Stelle zu suchen, und wir sind in der glücklichen Lage, sie in einem karolingischen Evangeliar aus der Zeit um 830 nachweisen zu können: in dem aus der Kirche S. Frambourg in Senlis in die Bibliothèque Sainte-Geneviève in Paris gelangten Codex 1190 *(Abb. 8–11)*[21]. Die Übereinstimmungen

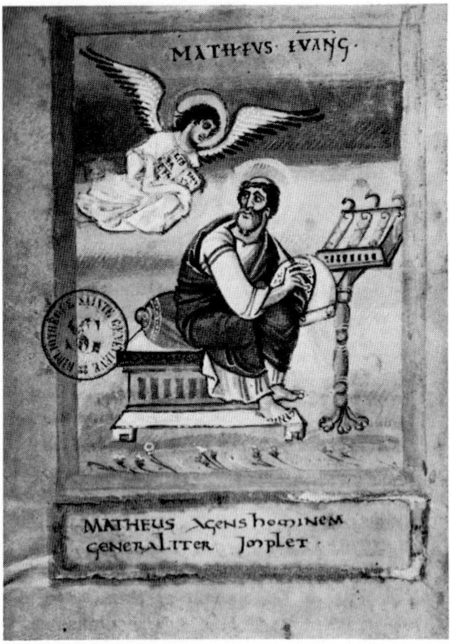

Abb. 8 Bibliothèque Sainte-Geneviève, Ms. 1190, fol. 14 v, Paris

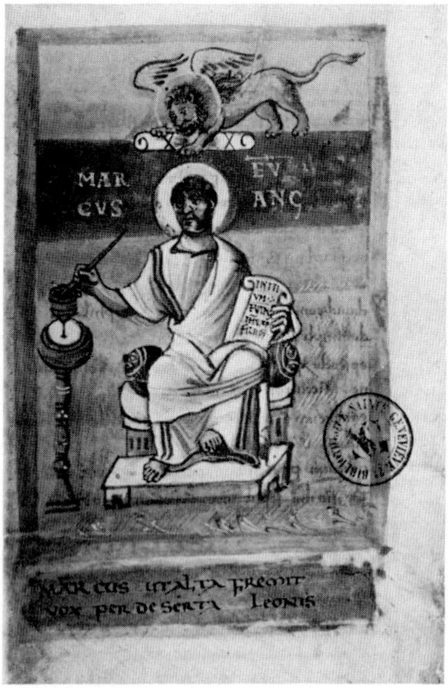

Abb. 9 Bibliothèque Sainte-Geneviève, Ms. 1190, fol. 63 v, Paris

zwischen den beiden Evangelistenreihen sind ebenso schlagend wie die Unterschiede zwischen ihnen bezeichnend sind.

Nicht nur der Gesamthabitus der Figuren, der Symbole und des Mobiliars stimmen überein, sondern auch charakteristische Einzelheiten der Bilder von Le Puy kehren wieder, und mißverstandene Formen finden ihre Erklärung. Das gilt etwa für Haartracht und Rolle des Matthäus, für die Haltung der linken Hand des Lukas, für die Besatzstreifen der Gewänder, vor allem die eigentümlichen Pulte und Tintenfässer. Auch die Sockelzonen der Rahmen werden als Schriftfelder, in denen die Tituli der Evangelistenbilder in Paris erscheinen, verständlich.

Gerade bei den Rahmungen ist allerdings sogleich ein Unterschied festzustellen: das Evangeliar der Ste.-Geneviève zeigt die Säulenstellung nur bei zwei der Evangelisten, die beiden anderen Bilder sind viereckig gerahmt. So kann das Vorbild der Grund dafür sein, daß das Matthäus-Symbol von Le Puy im Bildfeld statt im Dreiecksgiebel angebracht ist, wenngleich immer noch zu erklären bleibt, warum das Symbol nicht wie bei den anderen Darstellungen in den Giebel übertragen wurde. Bei den beiden Arkaden der Pariser Handschrift fehlen die großen Eckblätter, dafür aber finden sich antikische Vorhangdrapierungen, die bei den Evangelisten von Le Puy weggelassen wur-

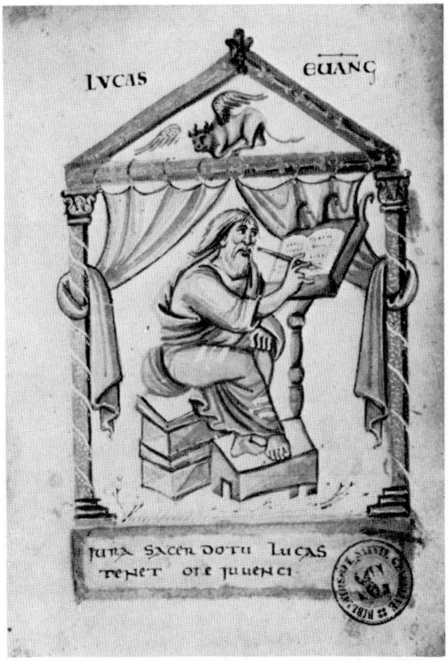

Abb. 10 Bibliothèque Sainte-Geneviève, Ms. 1190, fol. 98 v, Paris

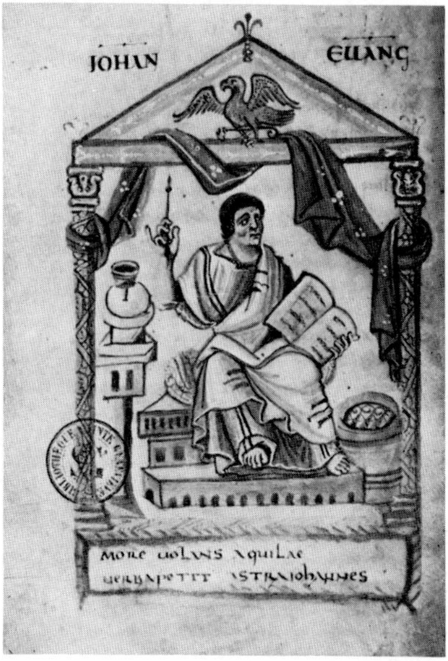

Abb. 11 Bibliothèque Sainte-Geneviève, Ms. 1190, fol. 151 v, Paris

den. Statt des viereckigen Bücherkastens zeigt das Pariser Evangeliar einen runden, und auf dem Pulte des Matthäus liegen drei Rollen. Wichtiger ist es, daß die Symbole keine Spruchbänder haben.

Sodann aber weisen die Evangelistenbilder der Pariser Handschrift räumliche Elemente auf, die in der mit Pflanzen geschmückten Bodenzone wie auch in der stärkeren Schrägstellung des Mobiliars zum Ausdruck kommen, vor allem aber in den Andeutungen atmosphärischer Hintergründe, die den Bildraum füllen. Dem entspricht der malerisch-illusionistische Stil der Bilder, der sie jenen karolingischen Renaissancewerken zuordnet, an deren Anfang die am Hofe Karls des Großen entstandene Gruppe des Wiener Krönungs-Evangeliars steht und deren Mittelpunkt im 2. Viertel des 9. Jahrhunderts die Reimser Schule bildet.

Wenn die auffallenden Übereinstimmungen zwischen den beiden Bilderreihen zu dem Schluß führen, daß die Evangelisten von Le Puy die der Pariser Handschrift wiederholen, so ergeben die Unterschiede zwischen ihnen, daß dies an einer Stelle geschah, die zwar über keine besonders qualitätvollen künstlerischen Kräfte verfügte, die aber in der Lage war, ihre Vorbilder – unter weitgehendem Verzicht auf deren illusionistische Elemente – zu vereinheitlichen und sie zugleich mit einer Reihe neuer Züge zu versehen.

Zu diesen neuen Zügen gehören die Ornamentformen der Rahmenarchitektur, die zeigen, daß es sich um ein Scriptorium gehandelt hat, das noch die altertümlich provinziellen Formen der frühkarolingischen Ornamentik verwendet, wobei allerdings offenkundig ist, daß sie einer anderen Phase angehören als die ungleich kraftvolleren Formen der Initialen selbst.
Eine wichtigere Neuerung stellen die langen Spruchbänder der Evangelistensymbole dar. Sie weisen die Figuren von Le Puy einem Typus von Evangelistensymbolen zu, der uns im 9. Jahrhundert zuerst in Reimser Handschriften begegnet, wo lange offene Rollen über die Hügel- und Wolkenhänge herabhängen, hinter denen die Symbole erscheinen[22]. Hier in Reims finden sich auch die ganzfigurigen, geflügelten, liegenden Markus- und Lukas-Symbole wieder, die sowohl das Evangeliar von Le Puy wie sein Vorbild aufweisen, und auch die geschlossene Rolle des Pariser Markus-Löwen kommt ebenso im Ebo-Evangeliar vor[23]. In diesem Zusammenhang ist es daher von Bedeutung, daß auch die rahmende Arkade mit dem Dreiecksgiebel ein charakteristisches Element der Reimser Buchmalerei ist. Zunächst nur für Kanontafeln verwandt, zeigt sie sich bereits im Loisel-Evangeliar[24] im Evangelistenbild, ähnlich wie in der Pariser Handschrift mit Vorhängen verziert.
Hier bietet das um das Jahr 1000 in Trier entstandene Koblenzer Evangeliar, das auch zu den Kopien älterer Handschriften gehört, einen interessanten Vergleich[25]. Während seine Evangelistenfiguren in die Nachfolge des Wiener Krönungs-Evangeliars gehören, zeigen die sie umrahmenden Giebelarkaden das Reimser Vorbild an, und hier sind nun die Symbole ebenso in den Dreiecksfeldern der Giebel angebracht wie in der Handschrift von Le Puy. Die Spruchbänder fehlen allerdings, aber es sind dieselben Typen der Markus- und Lukas-Symbole; auch der Engel ist nun in den Giebel versetzt. Das Koblenzer Evangeliar bestätigt, daß ein Teil der in den beiden Codices in Paris und Le Puy in verschiedenen Variationen auftretenden Bestandteile des Evangelistenbildes zum Formenbestande jener Schulen gehören, die durch die Gruppe des Wiener Evangeliars und die Reimser Kunst bestimmt waren.
Ein Teil der Unterschiede, die die Evangelistenreihe von Le Puy gegenüber der des Evangeliars von Ste.-Geneviève aufweist, ist daher als eine Übernahme weiterer Reimser Elemente zu deuten. Sie läßt sich wohl nur durch die Kenntnis eines aus Reims stammenden oder von Reims abhängigen Vorbildes erklären, wenn man nicht doch ein Zwischenglied zwischen den beiden Codices annehmen oder das Vorbild der Bilder von Le Puy in einer Schwesterhandschrift des Pariser Evangeliars sehen will. Dies ergäbe dann eine Handschrift, die sich zu dem Pariser Codex ähnlich verhielte, wie das Evangeliar von Blois[26] oder Berlin theol. lat. fol. 260[27] zum Wiener Krönungs-Evangeliar.
Diese Überlegung gewinnt dadurch an Gewicht, daß es schwierig ist, sich den Ort vorzustellen, an dem sich die Wege der beiden Codices gekreuzt haben

können. Das Evangeliar der Bibliothèque Ste.-Geneviève ist am Mittelrhein, wohl in einem Mainzer Scriptorium, entstanden und schon im 10. Jahrhundert hat es sich, wie eine Reihe von Einträgen bezeugen[28], in der Kirche S. Frambourg in Senlis befunden. Der Codex von Le Puy ist, wie wir sahen, einem im weiteren Einflußbereich von Tours liegenden Scriptorium zuzuschreiben, und es scheint naheliegend, daß Antoine de Saint-Nectaire die Handschrift innerhalb seines Heimat- und Wirkungsbereiches erworben hat. Doch zeigen die uns bekanntgewordenen Wanderwege mancher mittelalterlichen Handschrift, mit welchen Möglichkeiten und Zufällen wir zu rechnen haben.

Daß es von größtem Interesse wäre, wenn sich ein dem Pariser Evangeliar verwandtes Werk nachweisen ließe, versteht sich von selbst. Einer Evangelistenreihe wie dieser, die – um 830 entstanden – sich durch die in ihr verwandten Typen, Motive und Formen dem Dreieck zwischen der Hofschule Karls des Großen, der ebenfalls am Aachener Hofe entstandenen Gruppe des Wiener Krönungs-Evangeliars und der Reimser Kunst zuordnet, kommt besondere Bedeutung zu. Dies gilt vor allem, wenn die Frage nach jenen Werken gestellt wird, die in der Zeit nach dem Tode Karls des Großen, unter Ludwig dem Frommen, im Umkreis des karolingischen Hofes entstanden und die wir – vor allem was die Evangelienhandschriften betrifft – nur rückschließend und rekonstruierend fassen können. Gerade im Hinblick auf die Parallelen zur Hofschule Karls des Großen, die die Evangelistenreihe aufweist, sei nur daran erinnert, daß Albert Boeckler[29] in dem Pariser Evangeliar Spuren einer italienischen Vorlage zu sehen glaubte, einer Handschrift demnach, die den auch in der Hofschule benutzten Vorbildern verwandt gewesen sein könnte.

Die Züge aber, die die beiden Codices in Paris und Le Puy voneinander unterscheiden, lassen noch einen anderen Schluß zu. So sehr die Vereinheitlichungen und Vereinfachungen der jüngeren Bilder auch dem Unvermögen ihres Zeichners, dem qualitativen Unterschied der beiden Handschriften, zuzuschreiben sein mögen, so bezeichnen sie doch auch eine allgemeinere Entwicklung. Die Linearisierung, der Verzicht auf Raumtiefe, die Parallelität der Bildelemente, wie sie etwa in dem Verzicht auf Schrägstellungen und auf atmosphärische Hintergründe zum Ausdruck kommt, sie gehören zu dem Weg, auf dem das Mittelalter sich von der illusionistischen Kunst der karolingischen Renaissance-Schulen entfernte. So gesehen, lassen selbst die Evangelisten von Le Puy etwas von der doppelten Rolle erkennen, die die frühmittelalterlichen Kopien als Bewahrer und Verwandler älterer Formen spielen[30].

Abgekürzt zitiert:

Kar. Min. I	W. Koehler, Die karolingischen Miniaturen I, Die Schule von Tours, T. 1: Die Ornamentik. Berlin 1930 (Neudruck 1963).
Kar. Min. II	W. Koehler, Die karolingischen Miniaturen II, Die Hofschule Karls des Großen. Berlin 1958.
Kar. Min. III	W. Koehler, Die karolingischen Miniaturen III, Die Gruppe des Wiener Krönungsevangeliars. – Metzer Handschriften. Berlin 1960.

Anmerkungen

1 H. Swarzenski, The role of Copies in the formation of the styles of the XIth century, in: Studies in Western Art. Acts of the XXth International Congress of the History of Art. Princeton 1963, S. 7 ff.

2 Paris, Bibliothèque Nationale, Nouv. acq. fr. 23874, pièce 457. – Notiz aus dem Jahre 1885.

3 J. B. Martin, Inventaire méthodique de manuscrits conservés dans les bibliothèques privées de la Région lyonnaise, in: Revue des Bibliothèques VII, 1897, S. 472, Nr. 4. – Die Handschrift wird dort in das 13. Jahrhundert datiert.

4 Das Verdienst, die Aufmerksamkeit wieder auf die Handschrift gelenkt zu haben, gebührt M. l'abbé Raymond Etaix. Lyon.

5 Einen deutlichen Beweis liefert etwa die Lage fol. 128–137, ein Quinio, der durch die Hinzufügung eines mittleren Doppelblattes zu einem ursprünglichen Quaternio entstand. Fol. 131 v enthält den Schluß des Kapitalverzeichnisses zu Johannes. Darauf folgte ursprünglich nach einem Zwischenraum von 8 Zeilen der Text des Evangeliums von Jh. 1,2: hoc erat in principio ... bis Jh. 1,9 lumi ...; die Fortsetzung des Wortes ... nat befand sich, unter der Rasur noch deutlich sichtbar, auf fol. 134 r, der ursprünglichen Gegenseite zu fol. 131 v. Die freigelassenen acht Zeilen waren für den Initial und die ersten Worte des Evangeliums bestimmt. Nach der Einfügung des Doppelblattes, fol. 132/133, wurde der Text neu geschrieben. Auf dem eingeschobenen Blatt ist die erste Seite, fol. 132 r, leer, fol. 132 v enthält das Johannes-Bild, fol. 133 r ist wiederum leer, und auf fol. 133 v folgt der Initial mit dem Anfang des Evangeliums.

6 Kar. Min. I, S. 59 ff.

7 Es handelt sich um Handschriften wie London, Brit. Mus. Harley 2793; Leiden, Univ. Bibl. Voss. lat. fol. 73; Gent, Univ. Bibl. 102. Vgl. Kar. Min. I, Taf. 7 und 11.

8 Vgl. London, Brit. Mus. Harley 2790; Paris, Bibl. Nat. lat. 260; s. Kar. Min. I, Taf. 5 und 6.

9 Die in Handschriften wie der Vivian-Bibel neben den Arkadenbögen der Kanontafeln auftretenden figürlichen Motive zeigen andere Formen, vgl. Kar. Min. I, Taf. 80 ff.

10 So befinden sich das Matthäus- und Markus-Bild unmittelbar vor dem Anfang des Evangelientextes, das des Lukas steht vor dem Argumentum und das des Johannes ist zwischen zwei leere Seiten vor dem Evangelientext eingeschoben.

11 Vgl. M. Schapiro, Rezension von K. Weitzmann, The fresco Cycle of Castelseprio, in: Art Bulletin 34, 1952, S. 160. – Ders., Notes on Castelseprio II, The clavus on the thigh, in: Art Bulletin 39, 1957, S. 297 ff.

12 Kar. Min. II, Taf. 94, 96, 97.

[13] H. Buchthal, A Byzantine miniature of the fourth evangelist and its relatives, in: Dumbarton Oaks Papers 15, 1961, S. 134 ff.

[14] Kar. Min. II, Taf. 2 a.

[15] Kar. Min. II, Taf. 3 a, 38 a, 56, 60, 85, 95, 110.

[16] Kar. Min. III, Taf. 20.

[17] Vor allem Kar. Min. II, Taf. 1 b, 58.

[18] Kar. Min. II, Taf. 1 b, 3 a, 81, 104; 60, 110.

[19] Löwe und Stier des Godescalc-Evangelistars sind zwar ganzfigurig, aber ohne Flügel und stehend (Kar. Min. II, Taf. 2), in den übrigen Handschriften handelt es sich bei beiden um Halb- oder Dreiviertelfiguren, ausgenommen das Markus-Bild des Soissons-Evangeliars (Kar. Min. II, Taf. 83), das jedoch einen in Bewegung befindlichen Löwen zeigt. Allerdings finden sich ganzfigurige, geflügelte, liegende Löwen- und Stier-Symbole in den Kanontafeln des Harleianus (Kar.Min. II, Taf. 42 ff.) und vereinzelt auch des Soissons-Evangeliars (Kar. Min. II, Taf. 70, 71, 74).

[20] Siehe oben S. 67–68.

[21] A. Boinet, Les manuscrits à peintures de la Bibliothèque Sainte-Geneviève. Bulletin de la Société française de Reproduction de manuscrits à peintures 5. Paris, 1921, S. 15 ff.

[22] A. Boinet, La miniature carolingienne. Paris 1913, Taf. LXVIII, LXIX, LXXIV u. a.

[23] Ebda. Taf. LXIX A.

[24] Ebda. Taf. LXXIV.

[25] Vgl. P. Bloch–H. Schnitzler, Die ottonische Kölner Malerschule II. Düsseldorf 1970, S. 125, Taf. 489–492.

[26] Paris, Bibl. Nat. lat. 265. – Boinet, La miniature carolingienne a. a. O., Taf. LXXI–LXXII. – Katalog Karl der Große. Aachen 1965, Nr. 483, S. 298 f.

[27] W. Koehler–F. Mütherich, Die karolingischen Miniaturen IV, Die Hofschule Kaiser Lothars. – Einzelhandschriften aus Lotharingien. Berlin 1971, S. 20 ff.

[28] Vgl. Anm. 21.

[29] A. Boeckler, Bildvorlagen der Reichenau, in: Zeitschrift für Kunstgeschichte XII, 1949, S. 15.

[30] H. Swarzenski a. a. O.

Carl Nordenfalk

The Draped Lectern

A Motif in Anglo-Saxon Evangelist Portraits

I.

In the history of Early Medieval illumination the decoration of the Gospel book with portraits of its four authors stands out as a particularly momentous artistic task. Apart from the Merovingian *scriptoria*, which favoured types of liturgical manuscripts other than the Gospel book, all the major schools of illumination in both the West and the East produced Evangelist portraits in almost incalculable numbers. We know them from Hiberno-Saxon, Carolingian, Ottonian, and late Anglo-Saxon, as well as from Byzantine and Oriental book decoration. Even the Mozarabic miniaturists, who shared their Merovingian predecessors' inhibitions *vis-à-vis* the holiest of all the liturgical books, did not hesitate to portray the Evangelists among the preliminary matters added to the Beatus commentary on the Apocalypse.

The great variety of the Evangelist portraits is one of the most conspicuous and most attractive features of Early Medieval book illumination. It shows what an engaging task it was to depict those holy men who had been commissioned to write down the history and sayings of Jesus Christ. Yet this variety also makes it extremely difficult to disentangle the complicated lines of transmission.

The study of this problem has so far centered mainly upon the different types of posture given to the figures of the Evangelists.[1] Less attention has been directed to the setting and particularly to the accessories, such as the furniture and the implements for writing. There is little doubt, however, that these features, too, can be relevant for the grouping into families and lines of descent. Iconography is concerned not only with figures and actions; objects also can have specific meaning. The importance of the writing implements in a representation of an author shown in the act of committing his words to parchment needs no explanation. It is a most significant theme as it involves such basis issues as: when did an author start to use pen and ink himself, instead of dictating to a secretary, and when did the scribes – whether authors or copyists – first use writing desks.

The latter question, long ignored in the handbooks of paleography, was for the first time posed and treated in a systematic way by Bruce Metzger in a

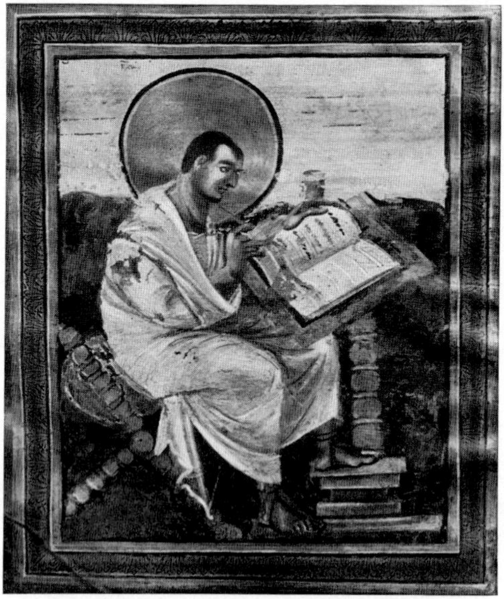

Fig. 1 St. Matthew. The Coronation Gospels of Charlemagne. Vienna, Schatzkammer

paper presented to the Eleventh Congress of the Byzantinists in Munich in 1958,[2] which was reprinted with additions and corrections in his *Historical and Literary Studies; Pagan, Jewish and Christian.*[3]

As shown by Metzger, the problem concerning when the lectern first became a regular part of the furnishings of a copying room is far from simple. If we were to rely only on the author portraits of illuminated manuscripts, we would conclude that the writing desk was not in use before around A. D. 700 in the West, and not before the end of the Iconoclastic period in the East. Stands for inkhorns occur earlier, e. g., in the mosaics of San Vitale in Ravenna, where the authors even brought them along out into the wilderness.[4] In the *Vergilius Romanus* all three portraits of the author show him seated between a *capsa* for rolls and a stand that is apparently adjustable in height, to judge from the holes marked on the stand, and that is provided with what may, or may not, be a special place for pens or other writing tools.[5] A high lectern for the reading or display of books is represented already in Classical times on the well-known relief in the Lateran Museum in Rome showing a dramatist, possibly Menander, and his Muse.[6] But neither the San Vitale Evangelists, nor Vergil, nor the Greek playwright give any clear indication that these stands were intended as writing desks. On the other hand, the

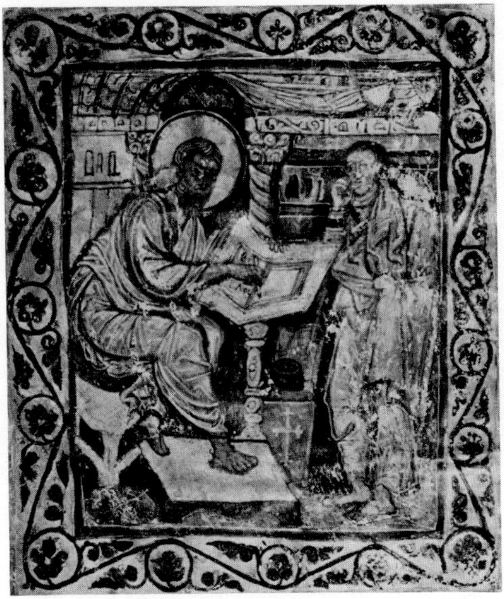

Fig. 2 St. Matthew. The Keiroussis Gospels.
11th cent. New York, Morgan Library, M. 748

few Evangelist portraits that have come down to us in manuscript dating from before the seventh century, namely St. Mark in the Codex Rossanensis, St. Luke in the Gospels of St. Augustine in Cambridge and St. Matthew and St. John in the Rabbula Gospels, agree in not having any desks or lecterns, and the same can be said for the author portraits in the Vienna Dioscurides and in the Codex Arcerianus in Wolfenbüttel.[7]

In the Evangelist portraits of the Middle Byzantine period furniture becomes more conspicuous; in fact so conspicuous and space-consuming that it forces the author himself out of the center of the picture. All the same, none of the desk or tables represented is used by the Evangelist as a support for writing. Of the six figure-types distinguished by A. M. Friend as characteristic of the Middle Byzantine Evangelist portrait, only two show the author actually in the act of writing.[8] In both cases he holds the book – a codex or a roll – on his lap. The tables or lecterns are there only to display pens, inkpots, and other writing implements, or the Gospel itself, either as an already written and bound book, or as an open scroll (presumably meant to be the first draft) falling down to the floor in a wide curve.[9] The earliest Byzantine Evangelists working at, or reading from a book placed on a lectern, are those in the Oxford manuscript Bodleian Library, Auct. E. 5. 11, all repeating the same

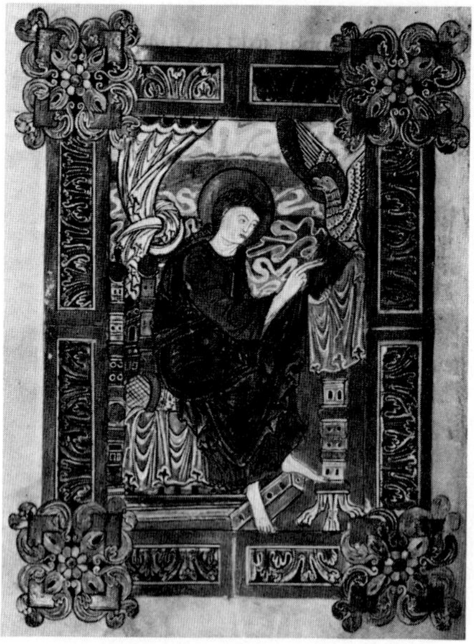

Fig. 3 St. John. The Benedictional of St. Aethelwald. After 970. London, British Museum, Add. 49598

model.[10] At the very earliest, they date from the beginning of the tenth century.

All this would seem to indicate that the writing desk *per se* did not come into being before the Middle Ages. The very first example would be that of St. Luke in the Lindisfarne Gospels, granted the manuscript was written before or around A. D. 698, as maintained by authoritative British scholars.[11] The rather awkward placement of the desk behind the figure makes it likely that it is an interpolation.

If the writing desk were really a Medieval invention, it would greatly influence our whole conception of the origin and early history of the Evangelist portraits. Certain Medieval miniatures distinguished by their strongly Hellenistic "painterly" style, and therefore always regarded as faithful copies of Early Christian models, would turn out to be Medieval *pasticcios*, rather than actual replicas of similar fourth or fifth century models. This would apply to examples such as St. Matthew in the Coronation Gospels in Vienna *(Fig. 1)*, and his mysterious brother on the purple leaf inserted in the Xanten Gospels in Brussels,[12] or, to take a Greek example, the same Evangelist in the Keiroussis Gospels in the Morgan Library, M. 748[13] *(Fig. 2)*. In all these cases the Evangelist is so closely connected with the stand in front of him that

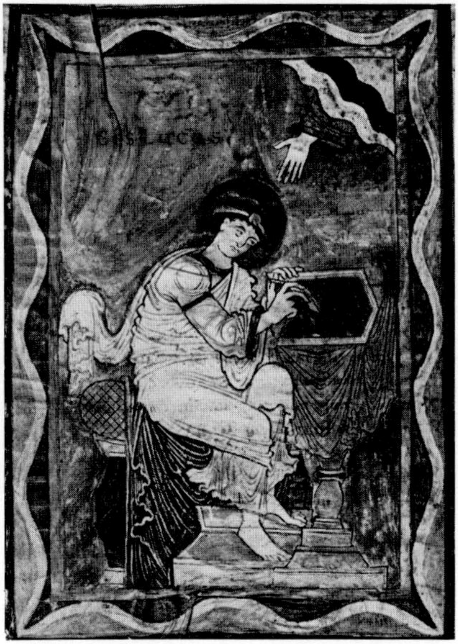

Fig. 4 St. Luke. Anglo-Saxon Gospel book.
Late 10th cent. York, Minster Treasury

they could not be separated without a radical change of the whole composition. Fortunately, however, Professor Metzger discovered three examples of scribes seated at tables, all datable to around the year 400. Although these tables are not lecterns of the type we know from the Evangelist portraits, they prove that the use of a piece of furniture as a support for writing did occur already in the fifth century and perhaps even earlier.[14] Consequently, nothing prevents us from regarding the Classicising miniatures just mentioned as reliable copies of Late Antique prototypes with similar writing desks.

So much for the lecterns in Evangelist portraits in general. The purpose of this paper is not to study them in their different forms, but to draw attention to a particular way of adorning them, characteristic of Anglo-Saxon manuscripts of the tenth and eleventh centuries.

II.

Sometime in the second half of the tenth century Anglo-Saxon illuminators, after a span of more than one hundred and fifty years, again turned to producing artistically decorated Gospel books. The Evangelist portraits which decorated them were chiefly copied from Carolingian prototypes, in some

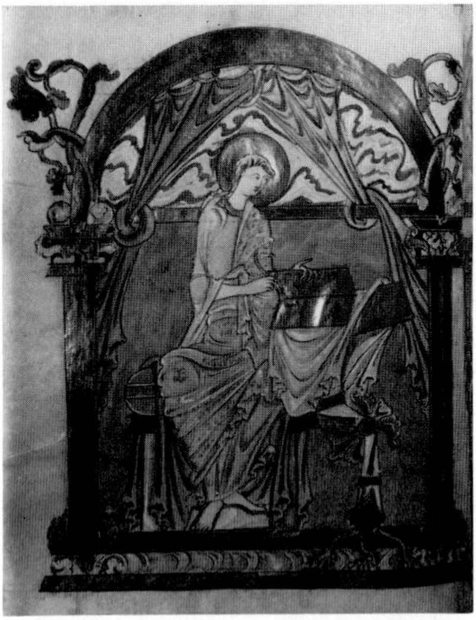

Fig. 5 St. Mark. Anglo-Saxon Gospel book. 11th cent. Monte Cassino, MS. B. 437

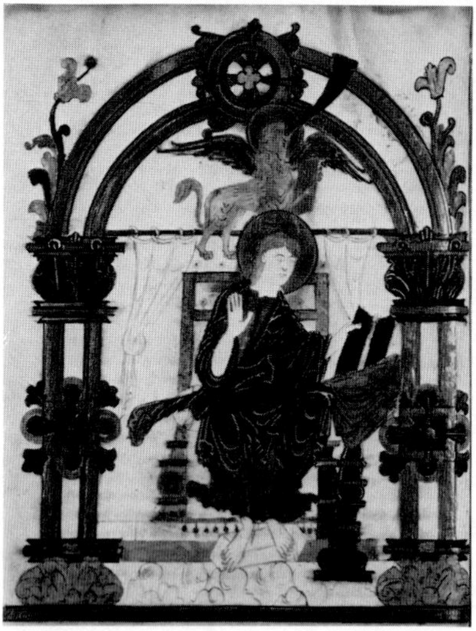

Fig. 6 St. Mark. Anglo-Saxon Gospel book. 11th cent. Cambridge, Pembroke College, MS. 301

cases possibly transmitted through contemporary Ottonian models. Occasionally pre-Carolingian Insular manuscripts also served as a source of inspiration, but freely treated, as in a Gospel book in Copenhagen, whose illuminator is likely to have had use of the Book of Lindisfarne for this purpose.[15]

In one respect, however, the Anglo-Saxon portraits of the Evangelists differ more or less regularly from their models. When a lectern is represented, it usually has its desk covered with a cloth, pleated in the same way as the garments of the Evangelists *(Fig. 3–8, 10–11, 16–17)*. The draped lectern is a *leitmotif* in most Anglo-Saxon representations of a scribe at work, including the portrait of St. Jerome in the frontispiece miniature of a manuscript in the Library of Corpus Christi College, Cambridge, ms. 389, fol. 1 *(Fig. 9)*. Whenever we find this motif used in Romanesque miniatures, we can be sure that they depend upon an English model.[16]

Carolingian Evangelist portraits never show the lectern draped, nor do the Ottonian or the Mozarabic. The material is rich enough to allow such a sweeping statement. The way we find the motif used in Anglo-Saxon miniatures of the tenth and eleventh century indicates a new idea, introduced for the first time by some artist of the "Winchester" School – the term taken in its customary broad sense and not necessarily literally, although among the oldest examples is the portrait of St. John the Evangelist in the Benedictional of St. Aethelwald, a manuscript no doubt produced at Winchester itself[17] *(Fig. 3)*. It remained characteristic of Anglo-Saxon illumination even in its latest phase as represented by the portrait of St. Benedict in Cotton MS, Tib. A III, fol. 117^{v}, by the Evangelists in the Stuttgart Gospels, Landesbibliothek, Bibl. qu. 7, or by those in the Pembroke College Gospels ms. 302 *(Fig. 10)*. Why caused the miniaturists to adopt the motif that frequently?

One reason would seem to be the love of drapery in general, typical of Anglo-Saxon illumination of this period. In their reluctance to represent the naked human body, Medieval artists usually went to the opposite extreme by attaching more importance to the clothes than to the bodies of the figures.[18] None of them went further in this respect than the late Anglo-Saxon, always prone to use the creased fold of the garments as a means of enhancing the decorative and emotional values of its design. This would also account for its tendency to introduce textiles *à tout prix,* wherever there was an opportunity or an excuse for them. Only an Anglo-Saxon artist could conceive of transforming the curtains separating the Evangelist from his symbol into the mass of thickly knotted and wrinkled sheets, on which the symbol is placed as if it were on a padded hammock, the way we find it in one of

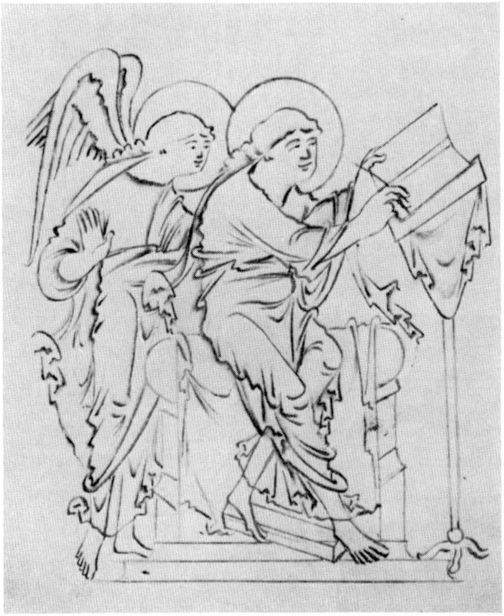

Fig. 7 St. Mark inspired by an angel. Anglo-Saxon Gospel book. 10th–11th cent. Besançon, Bibliothèque municipale, cod. 14

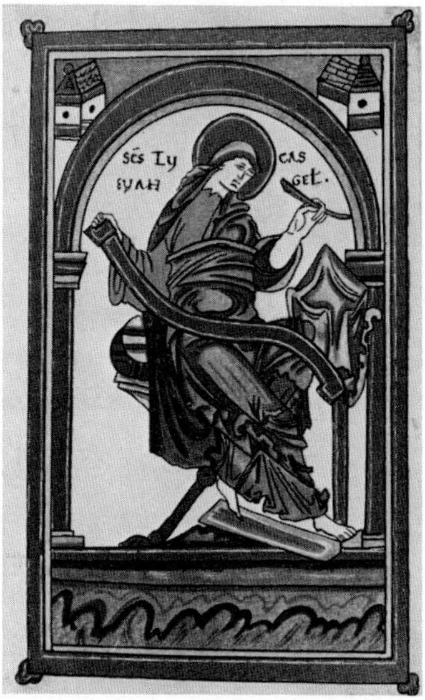

Fig. 8 St. Luke. St. Margaret's Gospel Lectionary. 11th cent. Oxford, Bodleian Library, MS. Lat. liturg. f. 3

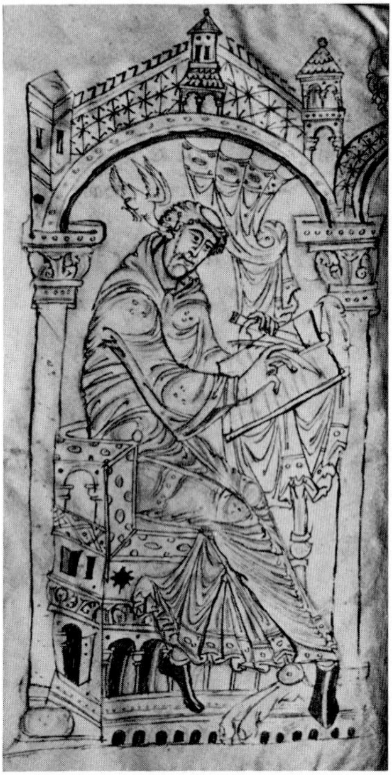

Fig. 9 St. Jerome writing. Vitae sanctorum. England, 11th cent. Cambridge, Corpus Christi College, MS 389

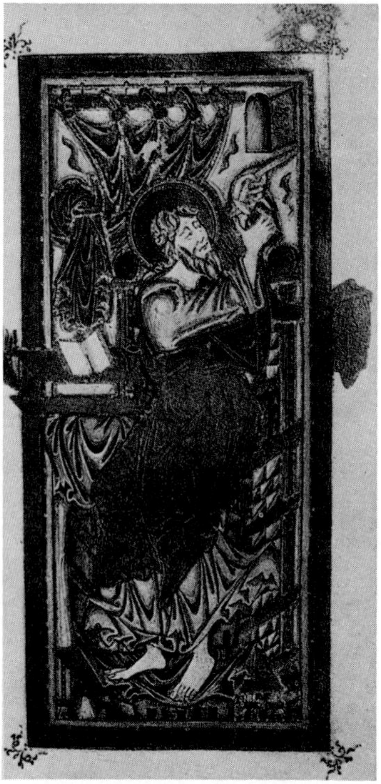

Fig. 10 St. John. The Hereford Gospels. Cambridge, Pembroke College, MS 302

the Evangelist portraits added in the tenth century to an Irish jacket Gospel book in London, British Museum, Add. 40618 *(Fig. 11)*. And only Anglo-Saxon miniaturists would consider it proper to cover even the footstools of the Evangelists with draperies *(Figs. 10 and 16)*.

However much this would account for the exuberant use of draperies in Anglo-Saxon art in general, it would not be a sufficient explanation for the motif of the covered lectern as such. It would reduce it to a fancy, to a *l'art-pour-l'art* conception, foreign to the aims of the Early Medieval painters. It is more likely that to them it also had some particular significance.

Lecterns are not the only pieces of furniture that could be covered. We eat at covered tables. No one seems, however, to have cared for investigating when the tablecloth was first used. Since the Greeks and the Romans were dining in reclining position at sigma-formed tables, these needed a covering only along the straight side from which the guests were served, the way we see it done in Early Christian and Byzantine representations of the Last Supper.[19] Apparently the custom to be seated upright at a dinner table arose only in the Middle Ages; in any case, the earliest representations of tables covered with a cloth, that I have been able to find, date from the Carolingian period.[20]

Before the tables were laid with a cloth, however, thrones were draped. The ἑτοιμασία-motif has been shown to be of Classical pagan origin.[21] Thrones were covered by textiles as a sign of veneration for the person, or the object, for whom, or which, they were prepared. For the same reason altars in both the East and the West were covered with textiles.[22] A documentary drawing in the Gospels of Odbert of St. Bertin, New York, Pierpont Morgan Library, M. 333, fol. 84, shows the authors of the book presenting it to the patron saint who stands beside a draped altar, its final place *(Fig. 12)*.

The reading board of the ambo from which the Gospels were recited during the service could also have had a cloth hung over it, as in the Evangelist miniatures. I know no ancient representations of an ambo decorated in this way, but the modern use of such coverings might be of Medieval origin.

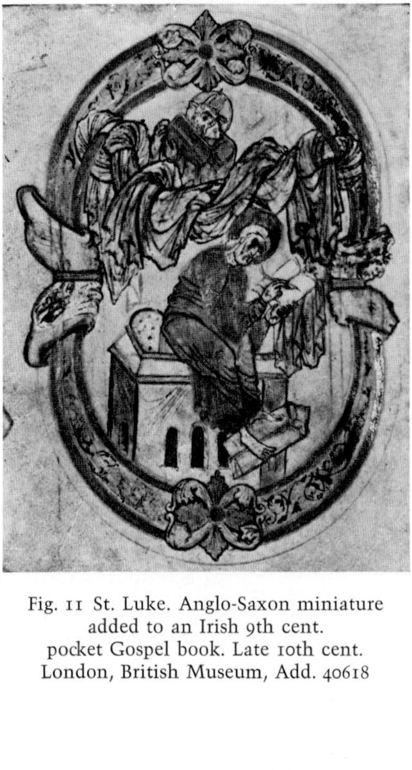

Fig. 11 St. Luke. Anglo-Saxon miniature added to an Irish 9th cent. pocket Gospel book. Late 10th cent. London, British Museum, Add. 40618

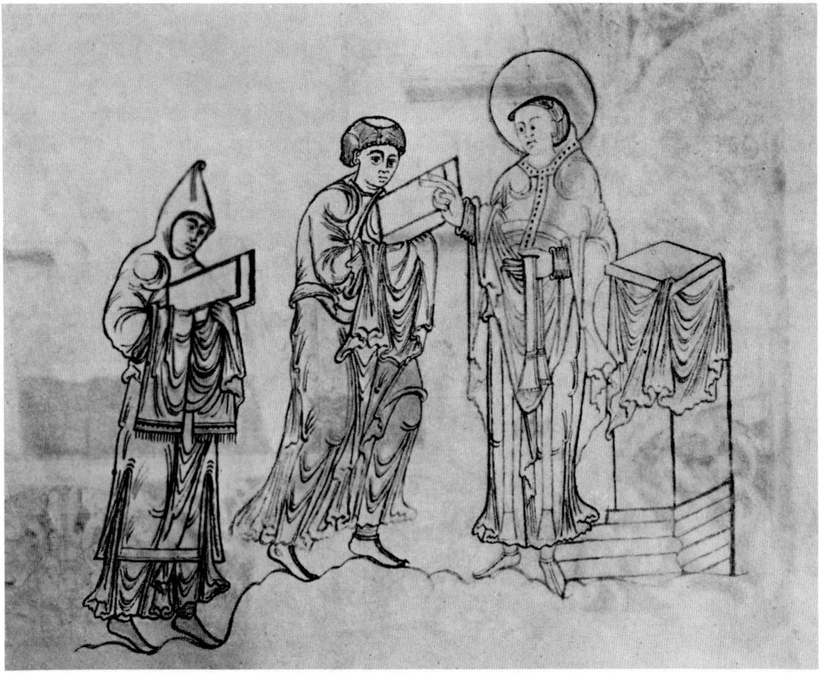

Fig. 12 Odbert and a scribe presenting the manuscript to their patron saint. St. Omer, ca. A.D. 1000. New York, Morgan Library, M. 333

This then would be the most natural explanation of the motif of the draped lectern in the Evangelist portraits. Apart from forming a nice contrasting pattern, inserted between the straight contours of the book and the pulpit, the drapery has a symbolic import: it made the lectern bear the Holy Word of God much in the same way that gifts to a holy person were presented with covered hands, as seen in the just-mentioned drawing.[23]

If this is so, can we be certain that the Anglo-Saxon miniaturists were the first to apply a cloth to the lectern of their Evangelist portraits? There is no doubt that they were the first to put it to systematic use. But in matters of iconography new ideas are often found in seed form before they come into flower. It is true that there are no Carolingian Gospel books with draped lecterns. The miniaturists of the Court School of Charlemagne loved to cover the backs of the thrones of their Evangelist with amply folded draperies, but they never treated the stands in the same way. Yet, the Trier Apocalypse, an early ninth century codex and its later daughter manuscript in Cambrai

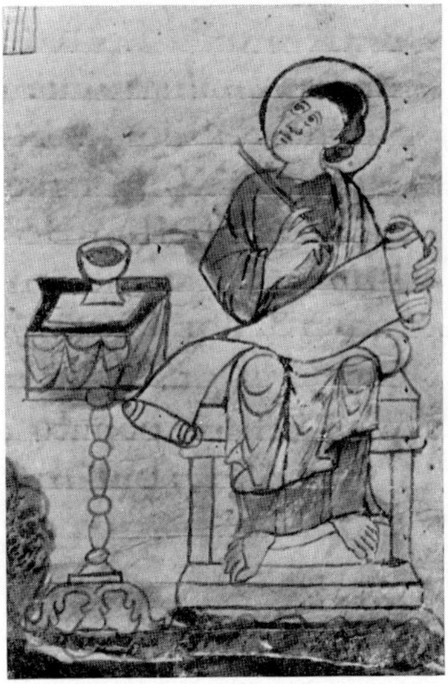

Fig. 13 St. John writing. Detail from a miniature in an Apocalypse. Probably Trier, 9th–10th cent. Cambrai, Bibliothèque municipale, MS. 386

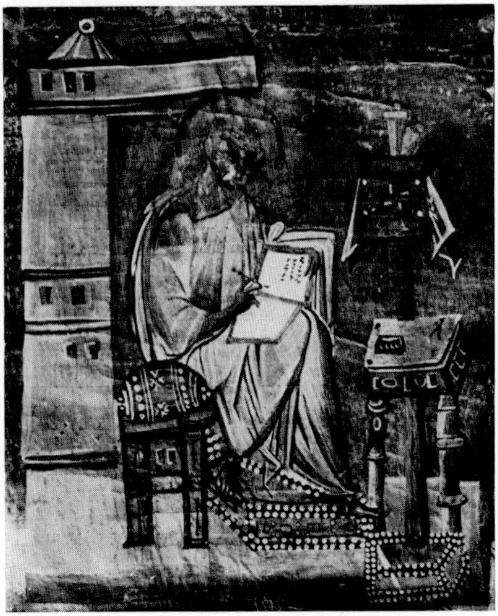

Fig. 14 St. Matthew. Greek Gospel Lectionary. Asia Minor, 10th cent. Leningrad, Public Library, cod. gr. XXI

both show in some of their miniatures St. John seated on a bench writing his Revelations on an open scroll beside a stand with a chalice-like inkpot; and in one of them the stand has a short piece of wrinkled cloth attached to its edge like a tucker *(Fig. 13)*. It does not cover the desk and there is no book resting on it, to which the explanation suggested above would be applicable; nevertheless, it anticipates the draped lecterns in the Anglo-Saxon miniatures. However, the English painters are not likely to have ever known any of these Apocalypses. It was another Apocalypse cycle that was transmitted to the British Isles through Benedict Biscop, who used it for decorating a wall in the church of Jarrow, and in this cycle, preserved in two Carolingian copies, one in Valenciennes and another in Paris, there is no portrait of St. John seated beside a lectern.[24]

Like the Carolingian miniaturists, the Greek did not introduce draped lecterns into their Evangelist portraits. Yet, in the Public Library of Leningrad there is a tenth century Lectionary, cod. 21, with a picture of St. Matthew, represented in the usual way, seated in profile to the left and facing a lectern carrying a Gospel book, combined with a motif that deserves our special attention *(Fig. 14)*.[25] The painter, who belongs to one of the provincial schools, obviously had some difficulty in understanding the spatial treatment of the forms in his no doubt more sophisticated model; and this makes it difficult to tell for sure what objects he wanted to represent. On top of the lectern there is a closed book in a cross-marked binding, on both sides of which a sort of napkin is seen hanging down. Being unparalleled in other miniatures, the motif of the napkin is not easy to explain. It might be a piece of cloth meant for the protection of the Gospel book, the same as the chalice was covered by an *aer*. Although the miniature does not provide us with a fullfledged example of a draped lectern, there is a similarity between this miniature and those in the Anglo-Saxon manuscripts in their combining the Gospel book resting upon a lectern with a piece of cloth. If such a picture, or rather one similar to its model, had been known to the Anglo-Saxon artist who first introduced the draped lectern, he could have found it appropriate to amend it by transferring the cloth from the book to the lectern. That the artists of the "Winchester" school depend not only of Carolingian models, but also on works of art of Eastern origin, is a more or less established fact, that is likely to emerge even more forcefully once their whole repertoire of motifs has been subjected to a systematic iconographic and stylistic analysis.[26]

Whatever the explanation for the appearance of the draped lectern in the Anglo-Saxon Evangelist portraits of the tenth and eleventh centuries, it remains a specifically English contribution to the iconography of Christian art, like the depicting of Moses with horns, the physically disappearing Christ in the scene of the Ascension, or the jaws of Hell in representations of the underworld.[27]

III.

This being the case, when the motif, quite by exception, appears in a work of art of another country, there can be little doubt as to its source of inspiration. Although we look in vain for draped lecterns in the portraits of the Evangelists in Ottonian Gospel manuscripts, we find the motif once adopted by the Ottonian goldsmith responsible for the golden pulpit that Henry II, while still king, gave to the Minster of Aachen.[28] Of the four square plates in chased and gilt copper which originally decorated the four corners of its central facade, only one has been preserved, and on this one we see an Evangelist – St. Matthew, according to the text engraved in capital letters on the open pages of his Gospel – seated in profile, with his book supported by a stand, the top of which is covered by a piece of wrinkled cloth *(Fig. 15)*. The way he is holding the inkhorn in his left hand makes it probable that the artist knew either the Coronation Gospels, at that time in Aachen, or a Reims derivation from it. But the motif of the draped lectern cannot have come to him from this particular model. In adding it, the artist documents his knowledge of what was already an established iconography in Anglo-Saxon portraits of the Evangelists.

If we eliminate as being unlikely that the artist of the Aachen relief got his inspiration from the miniature in the Trier Apocalypse quoted above, we are left with three conceivable explanations. One would be that the master of the Aachen plaque could have been an Englishman active in Germany. If so, it would not be without precedent. The monastery of Mettlach, not far from Trier, for a time had an Anglo-Saxon immigrant as its abbot, Liofsin by name.[29] He was distinguished for his various talents, including those of an architect and a doctor. There is in the Bibliothèque Nationale, under the pressmark lat. 8915, a copy of Paschasius Radbertus' treatise on the Sacraments that Liofsin partly wrote himself in a curiously grand minuscule and presented to the monastery of St. Willibrord in Echternach, where he had found refuge after having been deposed from his abbacy. If the artist of the Aachen plaque would have been a compatriot of his, he must, however, like Liofsin, have become thoroughly "Ottonized" for the style of the relief has little to do with Anglo-Saxon art.

Another possibility would be that the artist was a German who had spent some time in England and got acquainted there with the motif of the draped lectern without, therefore, changing his native style. For this, too, there is a historically documented parallel. We are told in the life of St. Eadgitha by Goscelin of St. Omer that King Eadgar, her father, anxious to give her a good education, called in two men of great erudition from abroad.[30] One was a monk from the monastery of St. Remi in Reims, the other a canon from St. Paulin in Trier, called Benna (another form of Benno). At that time Eadgitha, or shorter, Edith, had entered the nunnery at Wilton, where her mother, Lady Wulfrida, the King's former concubine, was abbess. Shortly before her premature death at the age of 23, Edith had an oratory built in wood in the form of a Greek cross, which was dedicated to St. Denis by the Archbishop of Canterbury, St. Dunstan.[31] Benna, being also an artist, was commissioned to decorate it with paintings, described as showing "scenes from the Passion of Christ, rendered in a personal way."[32] Although the church of the convent was replaced in 1065 by a more elaborate structure in stone, the wooden oratory must have been saved, probably because of the veneration for its founder as a saint, which arose shortly after her death. For its paintings are described not only by Goscelin towards the end of the eleventh century, but also in a chronicle of the fifteenth, which mentions among the themes "the sepulchre of gode" and the "ymage of seynt Denys."[33] According to Goscelin, Benna – and this is important for us – also made *varia celatura*, that is goldsmith works, for the main church. This is the main reason

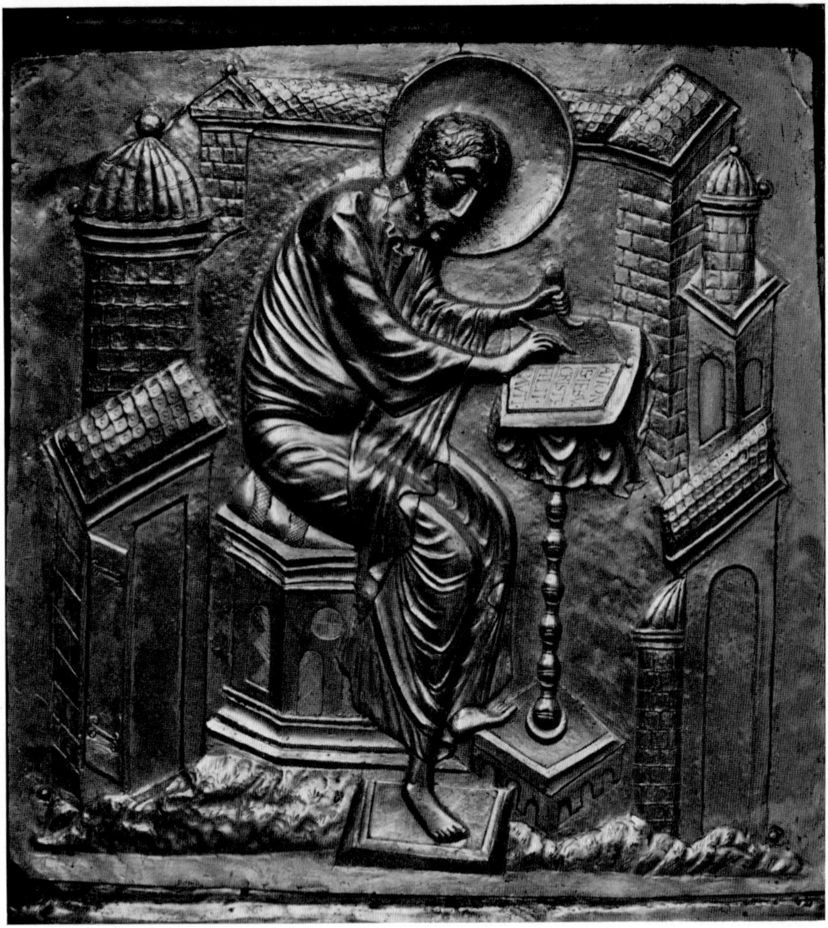

Fig. 15 St. Matthew. Relief in gilt copper from the ambo of Henry II. Aachen, Minster

why Theodor Kempf, in a challenging article on the artist, has tried to identify him with the Master of Registrum Gregorii, whom he considers having been in charge of the goldsmith workshop which Archbishop Egbert of Trier (977–993) had founded there.[34] However, as likely as it may be that an artist of the importance of the Registrum Master would appear in the historic sources, there is little in his *œuvre* to associate him specifically with England. Nor does it seem too probable that he would have been active abroad at the time when Egbert, with his help, elevated Trier to a leading centre of Ottonian art. If we were to look for a German artist who would better suit

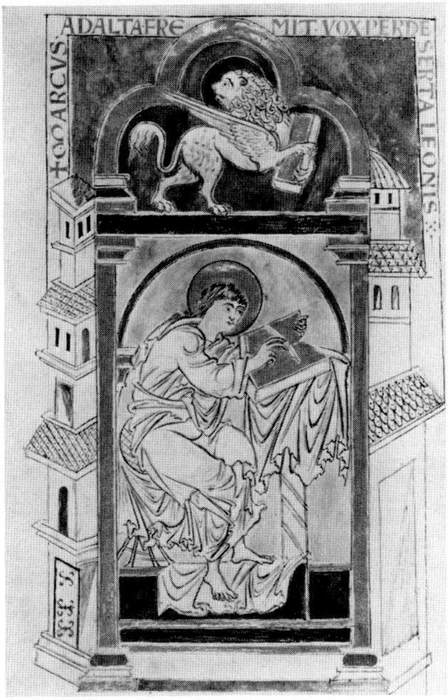

Fig. 16 St. Mark. The Arenberg Gospels. Canterbury (?), late 10th cent. New York, Morgan Library M. 869

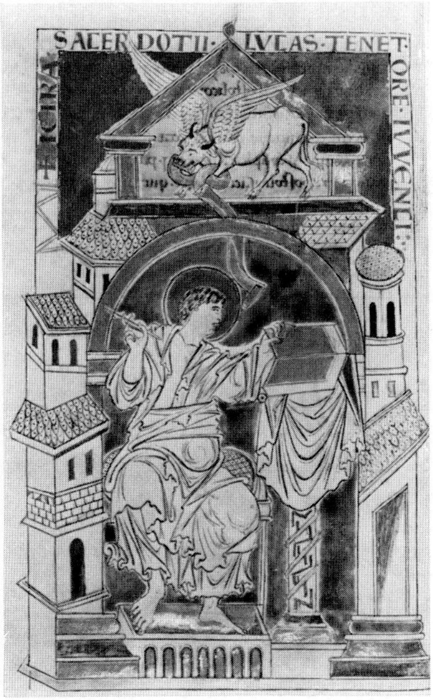

Fig. 17 St. Luke, Same manuscript as Fig. 16

an identification with the mysterious Benna, the master of the Aachen plaque presents himself as a more likely candidate. Kempf has drawn attention to the fact that a famous over-life-size crucifix, covered with gold, which Archbishop Willigis of Mainz caused to be made for his cathedral and which was considered so precious that it was exposed only on the high feasts, or when the King or some other Royal person came on a visit, was called "Benna."[35] From this fact he draws the conclusion that the artist-chaplain of St. Edith, after his return to his own country, had entered the service of the Archbishop of Mainz at whose order he would have created this unrivalled masterpiece. The possibility that the crucifix got its name after its artist is not entirely unlikely; however, it has been pointed out that *benna* in Medieval Latin also means "container," and since the crucifix enclosed relics, this might be the simpler explanation.[36] Whatever the case, the Aachen plaque, and the pulpit on the whole, are stylistically closely related to the group of goldsmith works that centers around the Basel antependium in the Musée de Cluny and which I, with Hanns Swarzenski, am mostly inclined to localize in Mayence, the city where also the "Benna" crucifix was created.[37]

A third way to explain the draped lectern on the Aachen plaque is that its artist borrowed it from an Anglo-Saxon Gospel book with Evangelist portraits showing this feature. Nothing could be more natural than that such a manuscript would have found its way to Germany before, or around, the year 1000. One such case seems to be the so-called Arenberg Gospels, now in the Morgan Library in New York, M. 869 *(Figs. 16–17)*.[38]

The manuscript must have been in Cologne since the early 12th century when a copy of the canonization of St. Heribert by Pope Gregory VII was entered on one of its pages.[39] The reason for this might well be that the Gospel book originally had belonged to Heribert who before he became archbishop of Cologne, had been the chancellor of Otto III for Italy and one of the emperor's closest friends. Consequently it could have been available in Germany at the time when the Aachen pulpit was made. And if we compare the portraits of St. Mark and St. Luke in the Arenberg Gospels with the Aachen plaque, we will find that they have more than the draped lectern in common. On the relief St. Matthew is depicted writing in a heavenly citadel that surrounds him as a framework and consists of a multitude of entrance halls, towers and other buildings, loosely grouped together, some with cupolas, some with tiled rectangular roofs. The Evangelists in the Anglo-Saxon Gospel book are seated under arcades enclosed in the similar architectural motifs. As little as the Aachen relief could they have got this type of framework from a Carolingian model.[40] It is ultimately rather of Byzantine origin – see the already mentioned Evangelist portrait in the Leningrad Lectionary, which shows a similar background architecture in a less developed form *(Fig. 14)*. However, the way the motif is treated in the Aachen relief is closer to that in the Arenberg Gospels than to any common Greek prototype. Even the opened door of the entrance hall to the left of the Evangelist – apparently a non-Byzantine motif – recurs in the portrait of St. Mark in the Arenberg Gospels *(Figs. 15–16)*. If the master of the Aachen Evangelist had had recourse to this very manuscript, he might have taken his inspiration from these.

Faced with the choice between these three explanations to account for the draped lectern on the Aachen plaque, we cannot jump to the conclusion which of them is the only right one. The chance that its master knew the Arenberg Gospels would provide the simplest solution, just as the assumption that he was an English immigrant artist working in Germany is the most farfetched one. But the remaining alternative that he was the German chaplain-artist of St. Edith, who after his sojourn in England would have come into royal service in his own country as well, should not be dismissed too lightheartedly. We should never forget that the current view of Early Medieval art as a play acted, as it were, on disconnected levels, one consisting of the monuments actually preserved, the other of the statements concerning artists in the literary sources, the former without names of artists, the latter without works of art, creates a disturbing situation. It is *a priori* not very likely that all the works of the most famous artists should have perished, whereas the really great works of art that have come down to us, should all be by anonymous masters. Our obligation to try to change the history of Early Medieval art from one without names, or with stop-gap names of our own invention, into one dealing with real historical individuals remains a great challenge. The conceivable identity of Benna with the master of the Aachen plaque is a case which seems to deserve further investigation, should it by good luck be possible to bring more circumstantial evidence – *pro* or *contra* – to light.

Notes

1 A. M. Friend, "The Portraits of the Evangelists in Greek and Latin Manuscripts," *Art Studies*, V, 1927, pp. 115 ff. and VII, 1929, pp. 3 ff. W. Köhler, *Die karolingischen Miniaturen*, I, 2. *Die Schule von Tours. Die Bilder*, Berlin, 1933, pp. 232 ff. Recently two iconographic encyclopedias, *Reallexikon zur byzantinischen Kunst*, Lief. 12, 1969, cols. 45 ff. and *Reallexikon der deutschen Kunst*, Lief. 64–65, 1971, cols. 448 ff., have published substantial surveys of the theme. They contain a great amount of material and suggest some new ways of classification, yet remain naturally on a descriptive and statistical level.

2 "When did scribes begin to use writing desks?," *Akten des XI. Internationalen Byzantinisten-Kongresses 1958*, Munich, 1960, pp. 356–363.

3 *New Testament Tools and Studies*, edited by B. M. Metzger, VIII, Grand Rapids, Michigan, 1968, pp. 123–137.

4 G. Bovini, *San Vitale di Ravenna*, Milan, 1955, Tav. 25–27. The stand is, for one reason or another, missing in the portrait of St. Luke.

5 E. Rosenthal, *The Illuminations of the Vergilius Romanus*, Zurich, 1972, pls. XVII–XIX.

6 K. Schefold, *Griechische Dichterbildnisse*, Zürich, 1965, p. 165, Fig. 3.

7 A. Munoz, *Il Codice purpureo di Rossano*, Rome, 1907, pl. VI. Fr. Wormald, *The Miniatures in the Gospels of St. Augustine*, Cambridge, 1954, Pl. II. C. Cecchelli, G. Furlani, M. Salmi, *The Rabbula Gospels*, (Monumenta Occidentis[!], v. I), Olten, 1959, fols. 9^{b}–10^{a}. *Codex Aniciae Iulianae picturis illustratus*, Graz, 1966–69, fols. 4^{v} and 5^{v}. *Codex Arcerianus A, (Codices graeci et latini photographice depicti*, XXII), Leyden, 1970, fol. 67^{v}.

8 *Art Studies*, V, pl. VIII, 97 and IX, 101. In both cases the Evangelist represented is St. Luke.

9 Another explanation would be that the scroll alludes to the Acts of the Apostles, also by St. Luke, rendered as a charter.

10 K. Weitzmann, *Die byzantinische Buchmalerei des IX. und X. Jahrhunderts*, Berlin, 1935, Taf. XXII, figs. 119–120.

11 *Evangeliorum quattuor codex Lindisfarnensis*, ed. T. D. Kendrick et alii, Olten-Lausanne, 1960, Text vol. pp. 11 ff.

12 H. Swarzenski, "The Xanten Purple Leaf and the Carolingian Renaissance," *Art Bulletin*, XXII, 1940, pp. 7–24.

13 B. da Costa Green and M. Harrsen, *The Pierpont Morgan Library. Exhibition of Illuminated Manuscripts Held at the New York Public Library*, New York, 1934, pl. 25. *Illuminated Greek Manuscripts from American Collections. An Exhibition in Honor of Kurt Weitzmann*, Princeton, N. J., 1973, No. 17.

14 *Historical and Literary Studies. Pagan, Jewish and Christian*, (New Testament Tools and Studies, VIII), Grand Rapids, 1968, pls. V–VII. Here also a discussion of the furniture found in one of the Qumran caves, first interpreted as a writing desk.

15 Bruce Mitford, in the facsimile edition of the Lindisfarne Gospels, quoted above n. 11, has tried to show that the Copenhagen Gospels took their Evangelists not from the Book of Lindisfarne, but from the sixth century model of the latter, which he assumes would still have been available about A.D. 1000. His arguments, as he himself admits, cannot be regarded as conclusive. In my opinion, they do not take the creative contribution of the Late Anglo-Saxon artist sufficiently into account.

16 So, e. g. Oxford, Bodleian Library, Auct. D. II. 16, fol. 72ᵛ, a Flemish 11th century portrait of St. Mark (published by R. Schilling in *The Burlington Magazine*, XC, 1948, pp. 312 ff., fig. 7), Paris Bibliothèque Nationale, lat. 130, a Norman manuscript of around 1100, Avesnes, Société archéologique, the Wedric Gospels, first half of the 12th century and the Gmunden Gospels belonging to the Duke of Cumberland, Helmarshausen, late 12th century (the portrait of St. Luke).

17 G. Warner and H. Wilson, The *Benedictional of St. Aethelwald*, Oxford, 1910, fol. 19ᵛ. Still earlier might be the draped lectern in an Evangelist portrait in the Fleury manuscript, Paris, Bibliothèque Nationale, lat. 6401, fol. 158ᵛ which is due to an Anglo-Saxon visitor, or else to a French artist trained in England.

18 K. Clark, *The Nude*, (A. W. Mellon Lectures, Bollingen Series, XXV:2), New York, London, 1956, p. 8.

19 Klaus Wessel, *The Last Supper*, Recklinghausen, 1964, passim.

20 A. Goldschmidt, *Die Elfenbeinskulpturen*, I, Berlin, 1914, Taf. XXII: 47 and XLIX: 107. A round table with Christ and eight Apostles seated behind it occurs in the Gospels of St. Augustine (Wormald, *op. cit.*, pl. IV), but the table has no front and no tablecloth.

21 Th. v. Bogyay, art. "Hetoimasia" in *Reallexikon zur byzantinischen Kunst*, II, 1971, cols. 1189–1202, with bibliography.

22 J. Braun, *Der christliche Altar in seiner geschichtlichen Entwicklung*, Munich, 1924, pp. 133 ff. Kl. Wessel, art. "Altarbekleidung" in *Reallexikon zur byzantinischen Kunst*, I, 1966, cols. 1201 ff.

23 So already in pre-Christian time, cf. Fr. Cumont, "L'adoration des Mages et l'art triomphal de Rome," *Memorie della Pontificia Accademia Romana di Archeologia*, III, 1932/33, pp. 81 ff. espec. pp. 93–99. K. Wessel, art. "Evangelisten," *Reallexikon zur byzantinischen Kunst*, Lief. 12, 1969, cols. 482–483, calls attention to the fact that in Byzantine miniatures the Evangelist is often seen holding the book with a flap of his mantle in his hand.

24 A. Grabar and C. Nordenfalk, *Early Medieval Painting*, Geneva (Skira), 1957, p. 122.

25 The manuscript was first extensively discussed by C. R. Morey, "Notes on East Christian Miniatures," *Art Bulletin*, XI, 1929, pp. 53 ff., who thought it to be of the eighth century. The tenth century date was vindicated by K. Weitzmann, *Die*

Byzantinische Buchmalerei des 9. und 10. Jahrhunderts, Berlin, 1935, pp. 59 ff., accepted by V. Lazareff, *Storia della pittura bizantina*, Torino, 1967, pp. 139 and 173, n. 53 and others.

26 D. Talbot Rice, *The Byzantine Element in Late Saxon Art*, (Charlton Lectures, XXIX), London, 1947. K. Weitzmann, "Various Aspects of Byzantine Influence on the Latin Countries", *Dumbarton Oaks Papers*, XX, 1966, pp. 18 ff. Also R. Deshman, *The Iconography of the Full-Page Miniatures of the Benedictional of St. Aethelwald*, Princeton, Diss. 1969.

27 R. Mellinkoff, *The Horned Moses in Medieval Art*, (*California Studies in the History of Art*, XIV), Los Angeles & London, 1970, pp. 18–21, with bibliographical references to the other themes.

28 H. Fillitz, "Das Evangelistenrelief vom Ambo Kaiser Heinrichs II. im Aachener Münster," *Forschungen zur Kunstgeschichte und christlichen Archäologie, III. Karolingische und ottonische Kunst*, Wiesbaden, 1957, pp. 360 ff. E. Dobserer, "Studien zu dem Ambo Kaiser Heinrichs II." *ibidem*, pp. 308 ff. E. G. Grimme, *Der Aachener Domschatz*, (*Aachener Kunstblätter*, XLIII, 1972, pp. 38 ff.).

29 C. Nordenfalk, "Abbas Leofsinus," *Acta archaeologica*, IV, 1933, pp. 49 ff.

30 A. Wilmart, "La Légende de St. Edith en prose et vers par le moine Goscelin," *Analecta Bollandiana*, LVI, 1938, pp. 5 ff. and 265 ff. Excerpts from Wilmart's edition in O. Lehmann-Brockhaus, *Lateinische Schriftquellen zur Kunst in England, Wales und Schottland vom Jahre 901 bis zum Jahre 1307*, (*Veröffentlichungen des Zentralinstituts für Kunstgeschichte in München*, I), Munich, 1956, No. 4619. For a commentary see C. R. Dodwell in *Reichenau Reconsidered*, (*Warburg Institute Surveys*, II), London, 1965, pp. 2–21 and the article by Th. Kempf, to be quoted in note 34 below.

31 Wilmart, *op. cit.*, pp. 86 ff. Lehmann-Brockhaus, *op. cit.*, No. 4615. According to Wilmart, Edith died in 984. However, M. Powicke and E. B. Fryde, *Handbook of British Chronology*, 1961, 2nd ed., p. 28, prefer a date "before 988". That the oratory was a chapel in the form of a cross with three square or round arms must be the meaning of the phrase *trina porticu in crucis schemata*. It is remarkable that wooden churches were still erected in England in the late 10th century, even under royal patronage. The text provides interesting details concerning how they were constructed.

32 *Passionis dominicae monumenta, ut in corde depinxerat.*

33 Wilmart, *op. cit.*, p. 87, n. 2 and Dodwell, *op. cit.*, p. 21.

34 "Benna Treverensis, Canonicus de Sancti Paulini patrocinio," *Mainz und der Mittelrhein in der europäischen Kunstgeschichte*, (*Forschungen zur Kunstgeschichte und christlichen Archäologie*, VI), Mayence, 1966, pp. 179–196.

35 The document referred to is a report concerning the treasure of the Mayence cathedral under Archbishop Christian II (1249–1251), best published in *Mittelalterliche Schatzverzeichnisse*, (*Veröffentlichungen des Zentralinstituts für Kunstgeschichte*, in Zusammenarbeit mit Bernhard Bischoff, IV), Munich, 1967, No. 45. *Pro speciali huius auri examinatissimo valore crux ipsa proprio nomine censebatur. Vocabatur enim Benna.*

36 *Mittellateinisches Wörterbuch*, I, col. 1449: *fort. huc spectat nomen crucis cuiusdam conspicuae ecclesiae Moguntinae.* For that reason Benna does not figure in the index to the *Mittelalterliche Schatzverzeichnisse*, under the names of persons, but as a *terminus technicus* only.

37 H. Swarzenski, *Monuments of Romanesque Art*, Chicago, 1954, Nos. 41–42. The close relation of the pulpit in Aachen to the Bale antependium is particularly

obvious in the Byzantinizing forms of the flowers and leaves of the niello rinceaux decorating the panels with the antique stones in their midst. A different view as to the place where these were produced along with many other masterpieces of Ottonian goldsmith work is held by H. Schnitzler, who rather wants to localize them in Fulda, see his pioneer article "Reichenau or Fulda?," *Wallraf-Richartz-Jahrbuch*, XIX, 1957, pp. 39 ff. The two opinions are not entirely incompatible, since at this period the art of Mayence and that of Fulda were about as close to one another as in another part of Germany that of Trier and Echternach, to choose a related example.

38 *Illuminated Manuscripts from the Bibliothèque of the Highnesses the Dukes d'Arenberg.* Jacques Seligmann & Co., New York, 1952, p. 10, No. 2, pls. 11–13. *Fifth Annual Report to the Fellows of the Pierpont Morgan Library*, New York, 1954, pp. 9ff. With regard to this manuscript John Plummer kindly provided me with supplementary information and photos.

39 As later entries show, it subsequently belonged to the church of St. Severin.

40 In the Gospels of St. Aure in Paris, Bibliothèque St. Geneviève, cod. 1141, a manuscript of the court school of Charles the Bald, the Evangelists are shown seated in heavenly cities rendered as town walls seen obliquely from above, like the representations of Roman towers in the Wolfenbüttel Codex Arcerianus, thus in a manner distinct from our Evangelist portraits.

Tilmann Buddensieg

Egberts linkes Knie*

Die Reichenauer Buchmalerei stand dem Geschmack und Gemüt unseres Jubilars wohl nie ganz so nahe, wie es bei deutschen Kunsthistorikern, nach den durchaus noch distanziert urteilenden Pionieren des Gebietes, namentlich Vöge, Haseloff, G. Swarzenski und Goldschmidt, üblich zu sein pflegt. Vielleicht ist er weniger bereit, die Abneigung Kuglers, die chronikalische Kühle Waagens oder die mühsame Apologie Schnaases ganz dem expressionistischen Überschwang in der neueren Reichenau-Begeisterung zu opfern. Sicher war ihm das Gebiet von der Generation seines Vaters schon zu umfassend erforscht, und ihn reizte mehr die Eroberung anderer Provinzen des abendländischen Mittelalters, Provinzen, die zudem seiner Neigung für die künstlerische Individualität unmittelbarer entsprachen, als der »Werkstattzusammenhang« und die lange Wirksamkeit von »Vorbildern« in der Reichenauer Maler»schule«[1].
Vielleicht darf ich dem Jubilar aber doch ein Problem der Reichenauer Buchmalerei widmen, auch ohne eine neue Handschrift oder ein unbekanntes Blatt vorlegen zu können. Handelt es sich doch um ein Detailproblem aus dem Umkreis von mittelalterlichen Kopiezusammenhängen, ein Problem, das Hanns Swarzenski mit wichtigen Beiträgen ganz neu begründet hat[2].

Der unbestimmte Charakter der Physiognomien, die Körperlosigkeit, vor allem aber die Unlogik der Gewandung machten es den Kunstgelehrten bis zu Schnaase hin so schwer, die frühmittelalterliche Malerei anders, denn als Zeugnis des Verfalls oder primitiver Frühe anzusehen. Vor allem bei den sammelnswerten, keineswegs komischen Versuchen der graphischen Reproduktion mittelalterlicher Miniaturen im 19. Jahrhundert wird dieser Konflikt deutlich. Die Umzeichnung des Matthäus im Aachener Ottonen-Kodex, verfertigt 1849 von dem französischen Karikaturisten Graf Horace de Viel-Castel *(Abb. 1)*, ist hierfür ein sprechendes Beispiel[3].
Die Verzweiflung des Zeichners, den Faltenbahnen des Buchmalers nachzugehen, offenbart schlagend den irrationalen Charakter dieser Reichenauer Gewandbildungen. Wir haben zwar gelernt, den expressiven Eigenwert dieser Gewandungen jenseits von Logik und Richtigkeit zu bewundern, wir haben uns damit aber zugleich der Einsichtmöglichkeit in einen Aspekt der konkreten Denk- und Arbeitsweise der ottonischen Maler begeben.

Die Wiedergabe der liturgischen Gewandung des Erzbischofs Egbert von Trier auf fol. 2 seines Evangelistars in der Trierer Stadtbibliothek *(Abb. 2)* enthält Widersprüchlichkeiten, die meines Wissens bisher weder beschrieben noch erklärt worden sind. Die Beschreibung von Schiel, der Erzbischof trage über einer weißen Tunica eine rote Kasel und ein weißes Pallium, ist unzutreffend. Sie läßt das orangene Gewand außer acht, das über dem rechten Knie und an den Ärmelausschnitten sichtbar wird[4]. Arthur Haseloff beschreibt zwar nur das Egbertbild in Cividale mit der ihm eigenen Genauigkeit, spricht aber von dem Pallium des Erzbischofs in Trier, das über die »Paenula« falle[5]. Er sah das Obergewand Egberts also nicht als Kasel, sondern als »Paenula« an. Das wäre aber ein erstaunlicher Widerspruch zur liturgischen Gewandung eines Erzbischofs. Wilhelm Vöge weist beim Hieronymus-Bild im Hillinus-Kodex im Kölner Domschatz auf eine vergleichbare Veränderung der bischöflichen Kasel hin. Er spricht von dem »kasulaartigen Übergewand«, das »am linken Bein bis auf den Boden« gehe. »Links setzt sich ein fliegendes Ende an, möglicherweise lag hier ursprünglich ein in antiker Weise drapierter Mantel vor«[6]. Auf diesen wichtigen Erklärungsversuch der Veränderung eines liturgischen Gewandes werden wir noch zurückkommen.

Das Problem der Gewandung Egberts erscheint mir jedoch gravierender als ein gelegentlicher flatternder Zipfel hier oder angehängter Saum dort, weil es sich um die repräsentative Darstellung eines lebenden kirchlichen Würdenträgers handelt und weil die bischöfliche Tracht im 10. und 11. Jahrhundert in der Regel mit großer Präzision wiedergegeben wird[7].

Egbert ist bekleidet mit einer weißbläulichen Alba, sichtbar über den goldenen Schuhen, an den Ärmeln und am Halsausschnitt, mit einer orangenen Dalmatica, sichtbar über dem rechten Knie und an den Ärmeln, und mit einer rotbraunen Kasel, über der das weiße Pallium liegt, das über dem rechten Knie durch den Mantelbausch gesteckt ist. Die Kasel fällt hinten, am rechten Knie sichtbar, bis nahe zum Boden, reicht bis über die Ellbogen und ist über dem linken Knie in reichem Faltenwurf gelegt, der das linke Bein mit einem Faltenwulst rahmt und völlig verdeckt. Die rahmenden Falten liegen ganz in der Vorderebene, hinter die Knie und Bein zurücktreten. Der schaufelförmig geschnittene Saum reicht bis zum Saum der Dalmatica.

Dieses dekorative Mantelstück über Egberts linkem Knie ist mit dem Schnitt einer Kasel unvereinbar, einer Kasel, die sonst zutreffend wiedergegeben ist. Es ist eine dekorative Formel, die als prächtiges Teilstück zum Bau der Figur eingesetzt wird. Man kann vier weitere Bauelemente sondern: die kontrapostisch gestellten Füße mit dem getreppten Saum der Alba, die tropfenförmige Bildung der Dalmatica über dem rechten Knie, den Oberkörper mit der schneckenhausförmig gebildeten Bauchpartie und der Brust, und schließlich den Kopf. Diese Elemente bleiben eigentümlich isoliert, behalten ihren for-

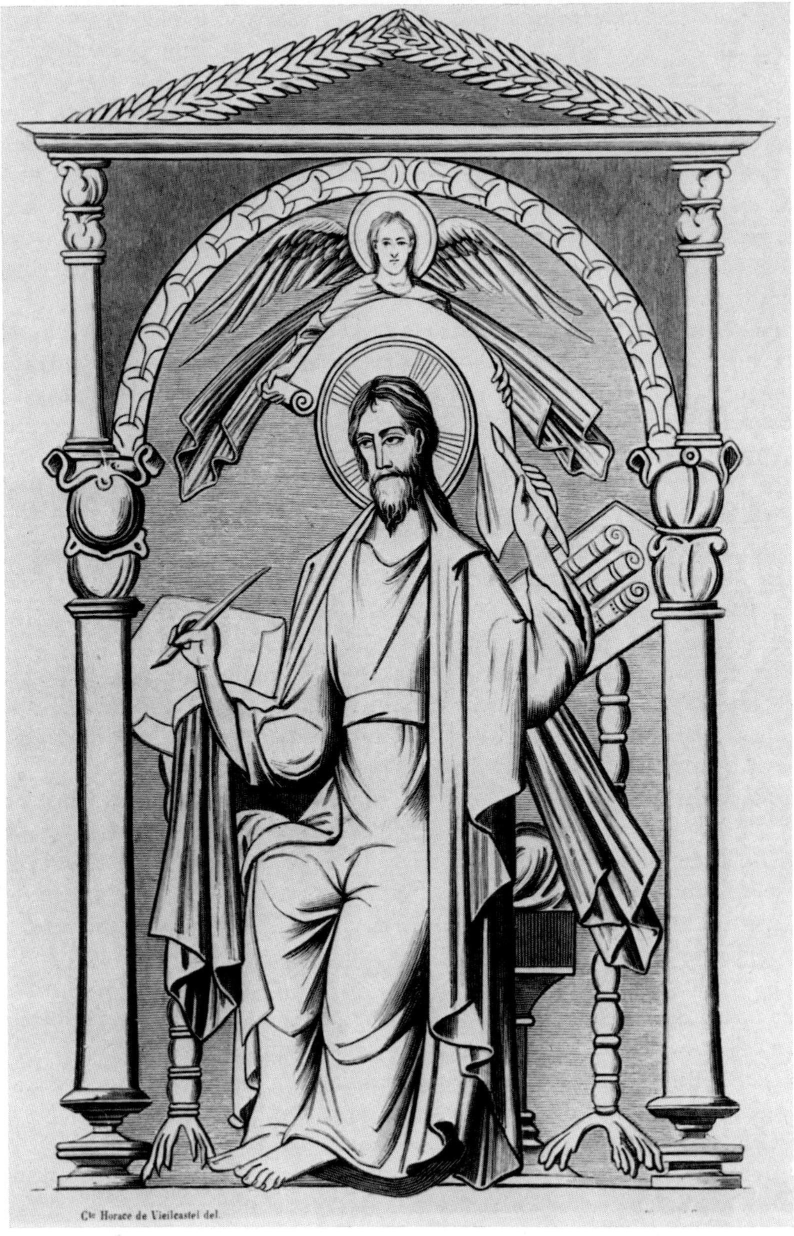

Abb. 1 Aachen, Münsterschatz, Ottonen-Evangeliar. Matthäus-Evangelist, gez. von Horace Cte de Viel-Castel, 1849

melhaften Charakter, stimmen auch in ihrer relativen Größe wenig zusammen: über der schmalen Basis der Füße und des Saumes, die noch kaum größer als die der beiden Mönche zur Seite sind, richten sich die schräggestellten Beine bis zu den Kniebogen übermäßig groß auf und erreichen damit schon fast die Höhe von Kerald und Heribert. Auf diesem Sockel, unterstützt vom Kissen des Faltstuhles, erhebt sich der gleichfalls große, überlange Oberkörper, den der wiederum kleine Kopf bekrönt. Ein Blick auf die folgenden Evangelisten-Bilder erweist diese Eigenart der Proportionierung Egberts, die von dem Maler geschickt zum Bilde einer würdevoll thronenden Amtsperson eingesetzt wird.

Dieser hieratischen Übergröße der Gestalt entspricht die Vermeidung humanen Kontaktes im Akt der Buchübergabe. Egbert reckt nur den rechten Unterarm und die linke Hand aus dem glatten Umriß seiner Figur heraus. Jede Überschneidung des Bischofs ist den beiden Mönchen versagt, nur am Buch nähert sich Kerald dem Bischof, er überschneidet nur das Kissen, den Löwenkopf und die Löwentatze des Faltstuhles, wie auch Heribert mit der Rechten, die ein Buch hält, nur den Faltenbausch des linken Beines Egberts berührt. Durch diese unnahbare Übergröße Egberts im Vergleich zu den Mönchen wird der in Dedikationsbildern der karolingischen und ottonischen Zeit durchaus noch gebräuchliche bildliche, szenische Zusammenhang aufgegeben. Die Komposition folgt damit eher dem Bildtypus des Autorenporträts, vor allem Gregor oder Hieronymus, mit einem seitlichen Schreiber. Sie ist eine bedeutsame Verschmelzung der sinnlichen Herrscherpräsenz der Spätantike, etwa im Probianus-Diptychon, mit der hieratischen jenseitsbezogenen Ferne späterer mittelalterlicher Herrscherbilder.

Der Nachdruck, der in dieser Analyse auf die Formelhaftigkeit der Einzelelemente der Egbert-Figur gelegt wird, soll die Annahme einer gewissermaßen vorbildlosen Erfindung des Malers ausschließen, soll auch die souveräne Umgestaltung der Kasel nicht als originären Einfall des Malers erscheinen lassen, sondern Schlüsse auf die Formenheimat und den Werkstattzusammenhang ermöglichen.

Zunächst läßt sich feststellen, daß der Faltenbausch über dem linken Knie und die lineare Durchbildung des Oberkörpers Egberts nicht wieder im Formenbestand des Egbert-Kodex vorkommt. Sie fehlen auch den Bischofsdarstellungen des Gregor-Meisters, wie dem Gregor in Trier und dem Markus im Evangeliar der Ste. Chapelle in Paris[8]. Die gekerbten, ornamentalisierten Faltenkreise im Oberkörper Egberts sind dem Gregor-Meister ebenso fremd wie der isolierte, nicht in das Ganze der Figur einbezogene Mantelbausch über dem linken Knie. Die beiden genannten Formeln begegnen aber im Egbert-Bild des Psalters in Cividale[9] *(Abb. 3)*.

Die Goldlichter, die im Psalter die tropfenförmigen Falten des Mantelbausches

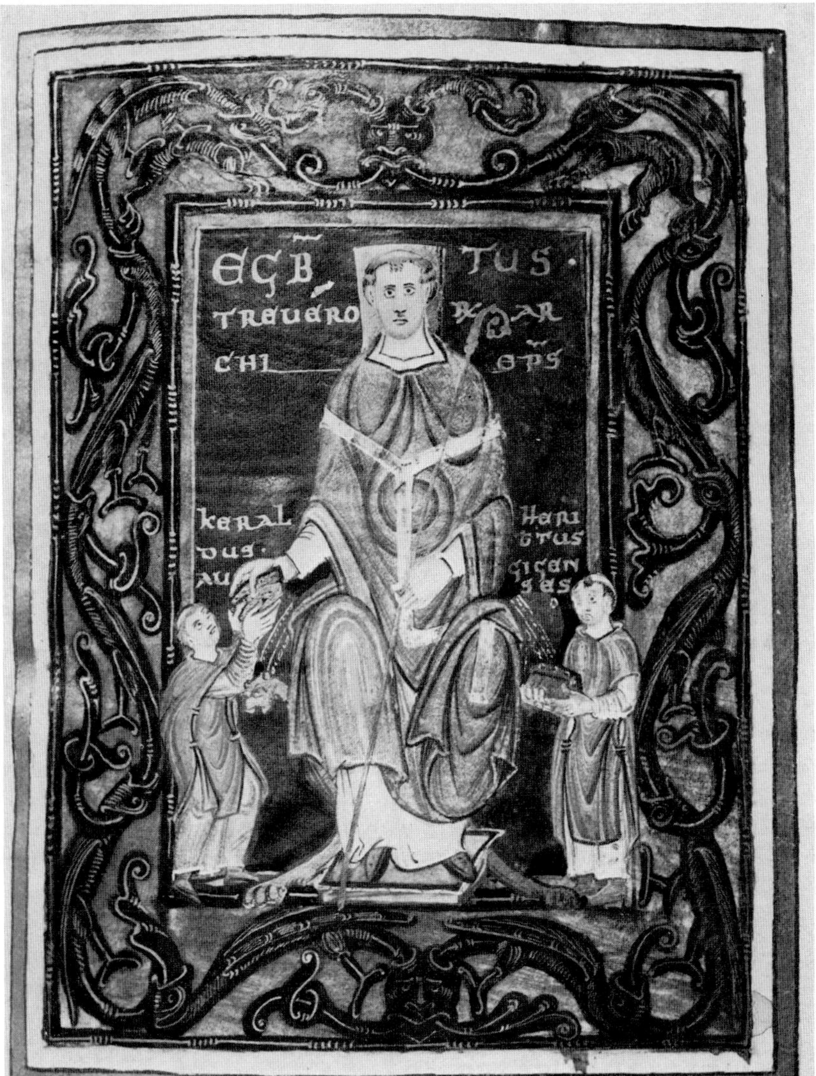

Abb. 2 Trier, Stadtbibliothek, Cod. 24. fol. 2. Erzbischof Egbert von Trier

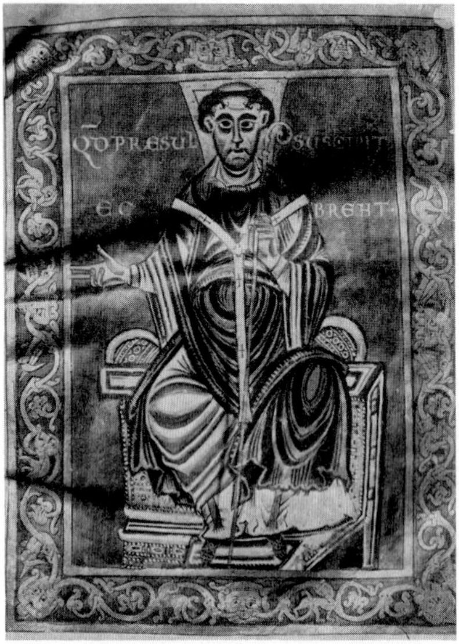

Abb. 3 Cividale, Museo archeologico nazionale, Ms. 136, fol. 17. Erzbischof Egbert von Trier

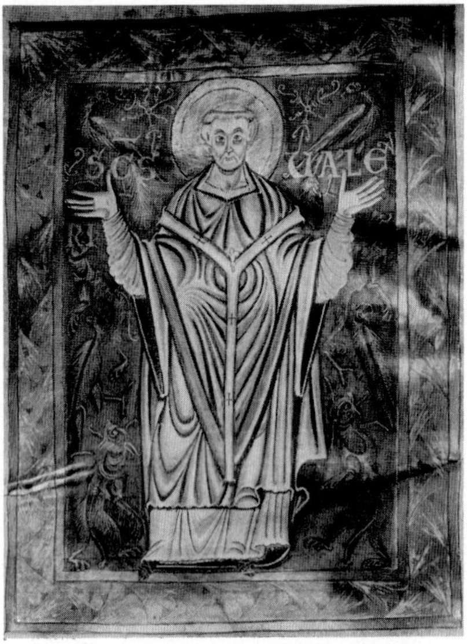

Abb. 4 Cividale, Museo archeologico nazionale, Ms. 136, fol. 41 v. Hl. Valerius

über dem linken Knie markieren, sind zwar kräftiger gesetzt, der Saum ist waagerecht, nicht bogenförmig geführt, das ändert aber nichts an der grundsätzlichen Ähnlichkeit der Gewand-Formel und damit an der Gemeinsamkeit des Verstoßes gegen den normalen Schnitt der Kasel. Der Maler in Cividale verwendet eine andere, sehr verbreitete Formel für das rechte Bein, für Füße und Saum, er entwickelt die Figur mehr in die Breite, baut sie gedrungener auf. Die kreisförmige Bildung der Bauchpartie aber, die in Cividale gerundeten, in Trier spitzen Faltenbahnen, in die sie eingebettet ist, die scheibenförmige Bildung der Brust, die Ärmelbildung, endlich der sehr ähnliche Gesamtumriß der Figur erhärten diesen engen formalen Zusammenhang dieser beiden Egbert-Bilder. Nimmt man dazu den hl. Valerius in Cividale[10] *(Abb. 4)*, so zeigt sich deutlich, daß sich für die beiden Figurenelemente des Egbert in Trier, die nicht zum Formenbestand der Maler des Trierer Kodex gehören, der Oberkörper und der Faltenbausch, genaue Parallelen im Psalterium in Cividale finden lassen.

Aufschlußreich erscheint nun die Tatsache, daß die motivische Gemeinsamkeit über zwei Darstellungen derselben Person hinausgeht und daß das in die Kasel interpolierte Mantelmotiv als eine ausschließliche Eigenart der Malerschulen des Bodensee-Raumes angesehen werden muß.

Zu nennen sind hier zwei Einsiedler Handschriften, der Isidor-Kodex, Ms. 167 *(Abb. 5)*, und der Gregor-Kodex, Ms. 156[11] *(Abb. 6)*. In ersterem zeigt der Bischof Braulio wieder unser Mantelmotiv im Zusammenhang einer Kasel, mit dem Bausch über dem linken Knie, den beiden rahmenden Treppenfalten und dem runden Saum. Der durchgezogene Saum der Kasel zwischen den beiden Armen isoliert das Mantelmotiv über dem Knie noch stärker, doch an der nicht zufälligen Ähnlichkeit des Motivs kann kein Zweifel bestehen. Im Gregor der Einsiedler Handschrift 156 ist die Kasel noch stärker verkürzt, doch unser Mantelmotiv ist auch hier unverkennbar verwendet.

Auch in St. Gallen war die Formel des Mantelbausches bekannt, vielleicht durch Einsiedeln vermittelt. In der Handschrift Nr. 86 *(Abb. 7)* kommt sie beim thronenden Petrus, deutlicher noch beim Papst Gaudentius vor: Hier liegt die hellere Dalmatica über beiden Beinen. Die Kasel fällt offenbar hinter dem erhobenen linken Arm über das linke Knie und nur rechts am Bein entlang[12]. Die Frage der zeitlichen Abfolge der hier verfolgten Handschriften in Trier, Cividale, Einsiedeln und St. Gallen ist gewiß schwer mit Sicherheit

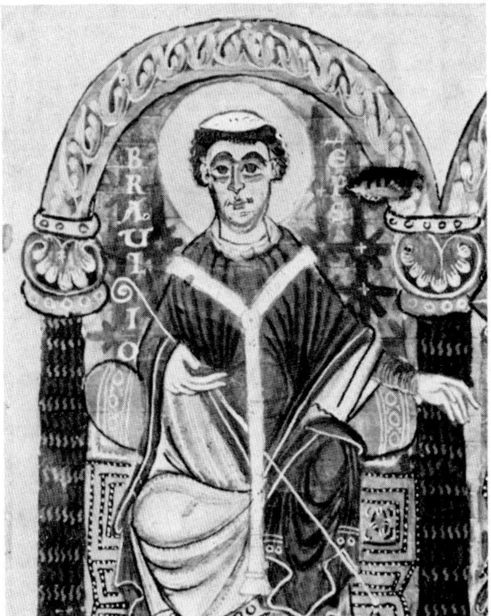

Abb. 5 Einsiedeln, Stiftsbibliothek, Ms. 167, fol. 1 (Ausschnitt) Bischof Braulio

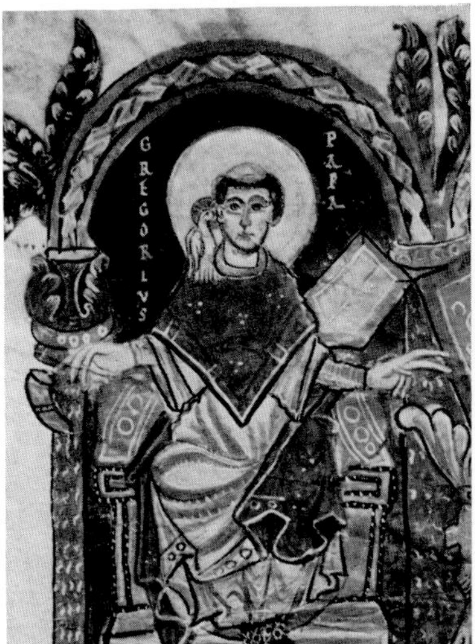

Abb. 6 Einsiedeln, Stiftsbibliothek Ms. 156, fol. 1 v (Ausschnitt) Gregor d. Gr.

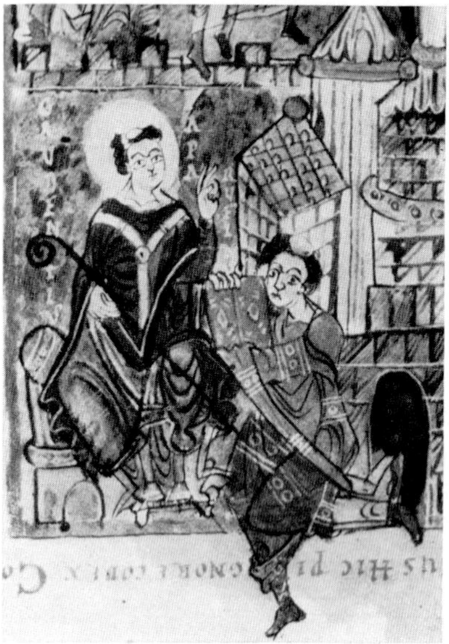

Abb. 7 St. Gallen, Stiftsbibliothek, Cod. 86, p. 6 (Ausschnitt). Papst Gaudentius

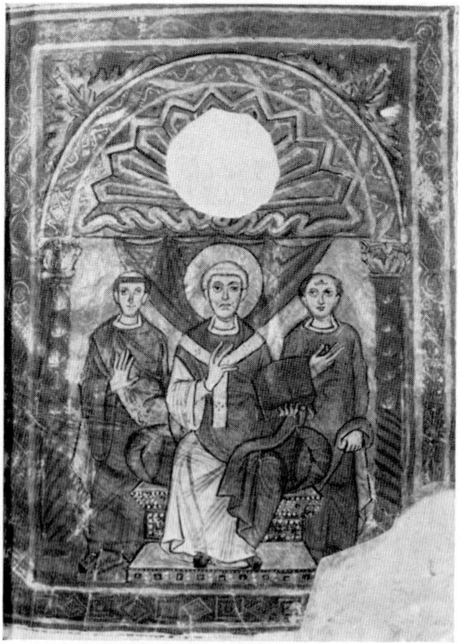

Abb. 8 Berlin, Deutsche Staatsbibliothek, Ms. Philipps 1676, fol. 19. Leo d. Gr.

festzulegen, sie erscheint in unserem Zusammenhang auch nicht von Wichtigkeit gegenüber der hier betonten Tatsache, daß dieselbe Gewandformel widersprüchlich in die Darstellung der liturgischen Kleidung geistlicher Würdenträger eingeht und daß dieses Motiv drei benachbarten Malerschulen des Bodenseegebietes ausschließlich eigen ist. Die Erklärung im Sinne von Dodwell und Turner wäre die Annahme eines Trierer Einflusses am Bodensee. Dem widerspricht aber eindeutig die Tatsache, daß das Motiv ein Fremdkörper im Stil und Formenrepertoir des Egbert-Kodex ist und daß die Verbreitung in den Malerschulen am Bodensee als fremder Einfluß nicht zureichend erklärt ist. Der stilistische und formale Zusammenhang der Ruodbrecht-Gruppe mit Einsiedeln und St. Gallen ist dagegen immer betont worden. Er ist auch nicht durch qualitativen Abstand abgeschwächt. Die einzige zwanglose Erklärung für das Motiv des Egbert-Bildes ist die Annahme, daß der Reichenauer Maler eine gebräuchliche Gewandformel der künstlerisch eng zusammenhängenden Bodensee-Klöster aufgenommen hat.

Für diese Annahme lassen sich noch zwei weitere gewichtige Gesichtspunkte anführen, nämlich die eindeutige karolingische, alpenländisch-norditalienische Herkunft des Motivs und sein Vorkommen in der Reichenauer Wandmalerei. Wir brauchen hier nur den von der Forschung neuerdings herausgearbeiteten

Zusammenhängen der ottonischen Kunst des Alpengebietes mit der norditalienischen Kunst zu folgen[13].

Es ist überraschend festzustellen, daß im Leo-Bild des Egino-Kodex[14] *(Abb. 8)* wieder der Mantelzipfel über dem linken Knie der kurzen Kasel angehängt ist, in leichter Abwandlung, ohne die ovale, symmetrische Ausprägung, aber mit der gleichen kühnen dekorativen Bereicherung des liturgischen Gewandes. Aufschlußreich ist auch das Bild des Apollo Medicus in Vercelli, Cod. CCII[15], mit einem Mantelzipfel über dem linken Knie und einem kurzen Mantelstück vor der Brust, die an die eigentümlich kurzen Kaseln bei Braulio und Gregor in Einsiedeln erinnern.

Mir scheint es keinem Zweifel zu unterliegen, daß sich das zähe, variantenreiche, aber doch eigentümlich stabile Fortleben des Kaselzipfels über dem linken Knie aus der Herkunft vom antiken Mantel des Autorenporträts erklärt. Erst die Adaption des antiken Mantels zum bischöflichen Gewand der Kasel produzierte das zählebige Kaselproblem, das bis in den Trierer Egbert fortleben sollte. Die Elfenbeinplatte in Wien, den hl. Gregor darstellend[16] und der Salzburger Hieronymus[17] bezeugen noch das Nachwirken einer älteren,

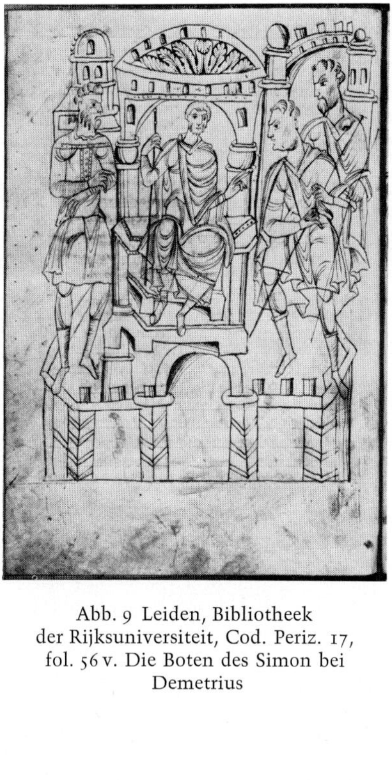

Abb. 9 Leiden, Bibliotheek der Rijksuniversiteit, Cod. Periz. 17, fol. 56 v. Die Boten des Simon bei Demetrius

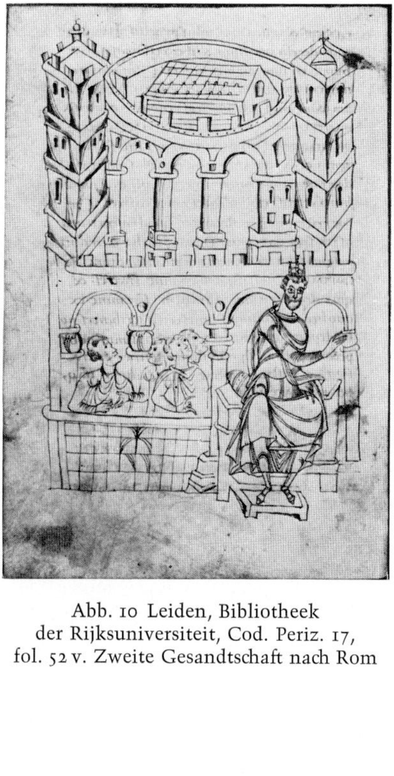

Abb. 10 Leiden, Bibliotheek der Rijksuniversiteit, Cod. Periz. 17, fol. 52 v. Zweite Gesandtschaft nach Rom

antiken Darstellungsweise der Kirchenväter im Gewande und im Mantel antiker Autoren. Im Egino-Kodex könnte einer der ältesten mittelalterlichen Versuche vorliegen, die Pose antiker Autoren in das liturgische Gewand christlicher Kirchenfürsten einzufangen.

Daß der antike Mantelwurf über den Beinen in dem Kaselmotiv Egberts fortlebt und daß es sich hier um ein typisch oberdeutsch-alpenländisches Motiv handelt, wird noch weiter gestützt durch eine teilweise Reichenauer Handschrift in Leiden[18]. In der Szene der Boten des Simon bei Demetrius *(Abb. 9)* (1. Makk. 13, 34ff.), ist letzterer mit einem Mantel bekleidet, der sich zwar über das rechte Knie, aber dort in Falten legt, die wieder unserem Bodensee-Motiv ganz überraschend nahe kommen.

Damit soll dieser hoffentlich nicht gar zu pedantische Überblick über Geschichte und Verbreitung des Egbert'schen Kaselmotivs abgeschlossen werden. Nur ein letzter Hinweis sei noch gestattet. Die Reichenauer Heimat unserer Gewandformel ist endlich zu belegen durch ihr Vorkommen in der Reichenauer Wandmalerei. Der ikonographische Zusammenhang des Oberzeller Zyklus mit der Luithar-Gruppe hat bisher die stilistische Analyse der Wandmalereien verstellt. Der Erhaltungszustand vieler Details der Fresken erlaubt durchaus ein Urteil[19]. Georg Swarzenski hatte vermutet, daß der Eburnant-Stil, nicht die Malweise der Liuthar-Gruppe, die Wandmalereien bestimmt[20]. Näher steht jedoch die Ruodbrecht-Gruppe mit ihrem Umkreis in Einsiedeln und St. Gallen und dessen norditalienische Voraussetzungen. Die tief gekerbten, mit dünnlinigen, parallelen Strahlen, strähnigen Bündeln verbundenen Faltenelemente, die feder- und tropfenartigen Lichthöhungen finden hier ihre Parallelen *(Abb. 3–6, 9–13)*. Die beiden thronenden Herrschergestalten der Leidener Handschrift *(Abb. 9, 10)* kommen den Aposteln in Goldbach ganz nahe[21] *(Abb. 11, 12)*. Der gleiche Zusammenhang ließe sich zwischen den Architekturen der Leidener Handschrift, ihren Türmen, deren Akroter-Formen, den Schatten der Steinlagen und denen der Reichenauer Wandmalereien bis ins einzelne belegen[22] *(Abb. 13)*. Auch eine Untersuchung der Figuren würde deren Ruodbrecht-Stil mit seinen Filiationen und Quellen in Oberitalien, St. Gallen, Einsiedeln und Müstair über die Beobachtungen von Francovich hinaus[23] präzisieren können.

Zusammenfassend hat unsere Analyse von Egberts linkem Knie nichts anderes vermocht, als ältere, auf das Ganze der Handschriften und ihrer Illustrationszusammenhänge gerichtete Schlußfolgerungen in gewissermaßen mikroskopischer Perspektive zu bestätigen: Im Trierer Egbert-Evangelistar finden sich Reichenauer Stilelemente und Bildformeln, die sich in einer vom Gregor-Meister geprägten, fundamental anderen Stillage erhalten haben. Diese Reichenauer Formen verbinden das Egbert-Evangelistar in Trier mit der Ruodbrecht-Gruppe, die durch stilistische Verbindungen mit Nachbarschulen und

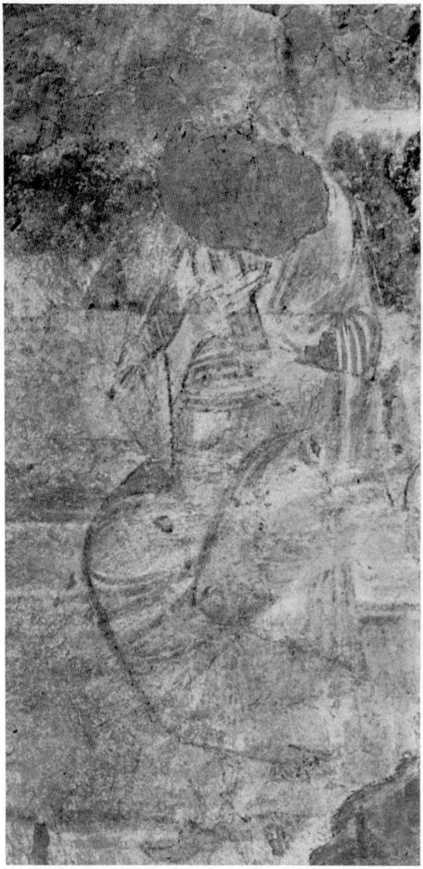

Abb. 11 Goldbach, Sylvester-Kapelle, Apostel

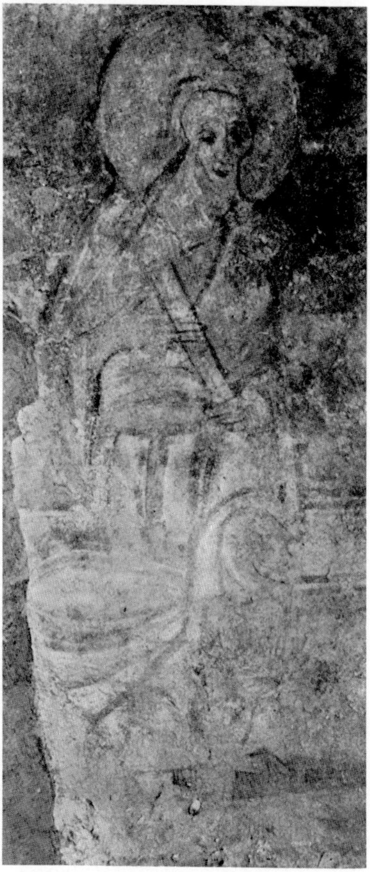

Abb. 12 Goldbach, Sylvester-Kapelle, Chorsüdwand

eine gemeinsame alpenländisch-oberitalienische karolingische Tradition in den Werkstätten der Bodensee-Klöster verankert ist.

In der Kunstgeschichte ist die Verfolgung solcher »Glossen« als Ausdruck der »Falten-Kunstgeschichte« zur Zeit überhaupt nicht im Kurs. Und doch könnte es sich bei einer entsprechend klaren, methodischen Behandlung solcher Fragen um ein geschichtliches Problem handeln, wie es Konrad Burdach für die mittelalterliche Philologie formuliert hat:

»Alle mittelalterliche Nachahmung alter Autoren verfährt nach dem Prinzip der Glossographen, d. h. sie spießt Einzelheiten, schöne oder gewählte oder

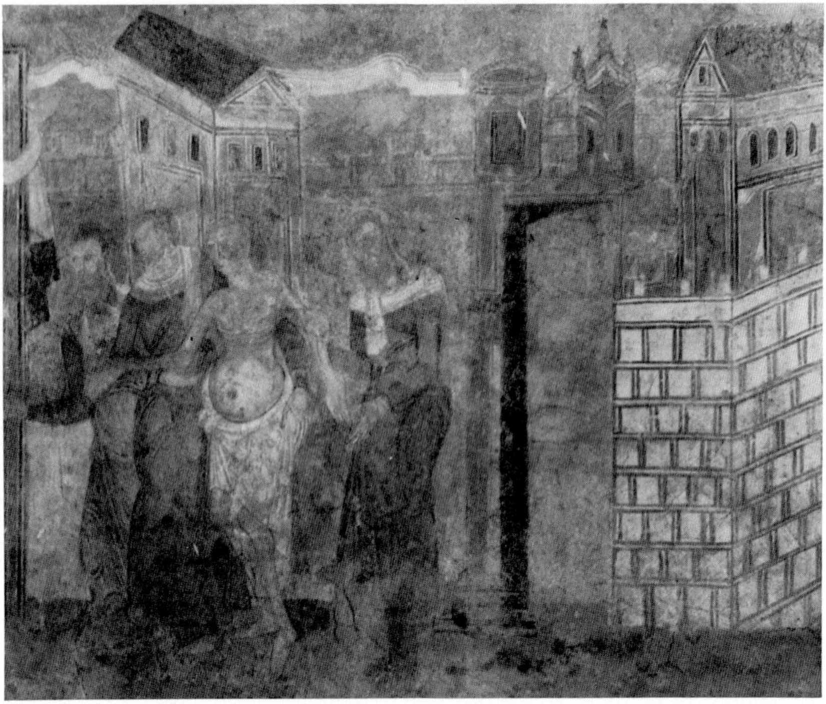

Abb. 13 Reichenau-Oberzell, Stiftskirche St. Georg. Heilung der Wassersüchtigen

wirkungsvolle Ausdrücke und Wendungen (»Glossen«) mit Sammeleifer auf, gleichviel, wo sie sie findet, aus allen erreichbaren Schriften und Wörterbüchern, unbekümmert um Zeit und Person des Urhebers, und flickt sie dann mit naivem Stolz ein in die eigene, aus unantikem, gleichzeitigem Sprachgeist gestaltete lateinische Rede«[24].

Anmerkungen

* Diese Studie wurde als Referat in der von Peter Bloch geleiteten Sektion »Gab es eine Reichenauer Malerschule?« auf dem 13. Deutschen Kunsthistorikertag in Konstanz 1972 vorgetragen. S. Résumé in: Kunstchronik 25, 1972, S. 311 f.

1 Trotzdem finden sich sehr schöne Bemerkungen von Hanns Swarzenski zur Reichenauer Buchmalerei in: Vorgotische Miniaturen. Die ersten Jahrhunderte deutscher Malerei. Königstein i. T. und Leipzig 1927, S. 5, 94, Abb. 16–21, 26–33, und in: Miniaturen des frühen Mittelalters. Bern 1952, S. 15 ff.

2 Hanns Swarzenski, The Role of Copies in the Formation of the Styles of the 11th Century, in: Studies in Western Art, Acts of the 20th International Congress of the History of Art, Vol. 1. Princeton 1963, S. 7–18.

3 Paul Lacroix et Ferdinand Seré, Le Moyen Age et la Renaissance, Bd. II. Paris 1849, Manuscripts, pl. M. Zu dem Zeichner s. Thieme-Becker, Bd. 34, 1940, S. 337.

4 Hubert Schiel, Der Codex Egberti der Stadtbibliothek Trier. Basel 1960, S. 110. Schiel stützt sich bei seiner Beschreibung wohl auf F. X. Kraus, Die Miniaturen des Codex Egberti, Freiburg 1884, S. 17, der von der photographischen Abb., Taf. 2, ausgehend, die unterschiedliche Färbung der beiden Gewänder nicht bemerken konnte.

5 H. V. Sauerland und Arthur Haseloff, Der Psalter Erzbischof Egberts von Trier. Festschrift der Gesellschaft für nützliche Forschungen. Trier 1901, S. 52, 68.

6 Wilhelm Vöge, Eine deutsche Malerschule um die Wende des ersten Jahrtausends, Westdeutsche Zeitschrift für Geschichte und Kunst, Erg.-H. VII. Trier 1891, S. 325. Zum Hillinus-Kodex siehe jetzt Peter Bloch und Hermann Schnitzler, Die ottonische Kölner Malerschule, Bd. II. Düsseldorf 1970, Abb. 641.

7 Vgl. die bequeme Zusammenstellung der Hieronymus- und Gregor-Bilder bei Bloch-Schnitzler II, Abb. 630 ff. Die generelle Richtigkeit in der Wiedergabe bischöflicher Gewandung erhellt auch aus dem bei Joachim Prochno, Das Schreiber- und Dedikationsbild. Leipzig und Berlin 1929, gesammelten Material. Hier findet sich auch, S. 33, eine gute Analyse der Egbert-Figur in Trier, allerdings ohne Beachtung der Gewandung.

8 Carl Nordenfalk, Der Meister des Registrum Gregorii, in: Münchner Jahrbuch der bildenden Kunst 3, Bd. I, 1950, S. 61 ff., Abb. 14. S. auch den Markus in Paris bei Bloch-Schnitzler II, Abb. 486.

9 Haseloff, Egbertpsalter, Taf. 2. Die beiden Egbert-Bilder sind nebeneinander reproduziert bei Hubert Schrade, Vor- und Frühromanische Malerei. Köln 1958, S. 96 f., Abb. 50, 51.

10 Haseloff, Egbertpsalter, Taf. 9, fol. 41 v. Adolph Goldschmidt, Die Deutsche Buchmalerei, II. München 1928, Taf. 21.

11 Georg Swarzenski, Reichenauer Malerei und Ornamentik im Übergang von der karolingischen zur ottonischen Zeit, in: Repertorium für Kunstwissenschaft 26, 1903, S. 415. Ernest T. DeWald, The Art of the Scriptorium of Einsiedeln, in: The Art Bulletin VII, 1925, S. 79 ff., Abb. 31, 33. Albert Bruckner, Scriptoria Medii Aevi Helvetica V, Schreibschulen der Diözese Konstanz, Stift Einsiedeln. Genf 1943. C. R. Dodwell und D. H. Turner, Reichenau Reconsidered. Warburg Institute Surveys II. London 1956, S. 85, wo die beiden Handschriften vielleicht nicht ästhetisch, aber sicher historisch unterschätzt werden. Christian Geelhaar, Drei Einsiedler Handschriften aus der Zeit Abt Gregors (964–996), in: Zeitschrift für Schweizerische Archäologie und Kunstgeschichte 26, 1969, S. 8 ff., Abb. 2, 3. Hermann Fillitz, Der Beginn der Buchmalerei in Einsiedeln, in: Kunsthistorische Forschungen Otto Pächt zu seinem 70. Geburtstag. Salzburg 1972, S. 55 ff., Abb. 23.

12 A. Bruckner, Scriptoria medii aevi helvetica, III, St. Gallen II. Genf 1938, S. 66, Taf. 36 (fol. 6). Fillitz, Einsiedeln, S. 56, Abb. 6.

13 Géza de Francovich, Arte carolingia ed ottoniana in Lombardia, in: Römisches Jahrbuch für Kunstgeschichte 6, 1942/44, S. 113 ff. Albert Boeckler, Bildvorlagen der Reichenau, in: Zeitschrift für Kunstgeschichte 12, 1949, S. 7 ff. Hans Belting, Probleme der Kunstgeschichte Italiens im Frühmittelalter, in: Frühmittelalterliche Studien I, 1967, S. 94 ff. Fillitz, Einsiedeln, S. 57 ff. Carlo Bertelli, Stato degli

studi sulla miniatura fra il VII e il IX secolo in Italia, in: Studi medievali 3ª serie, IX, 1, 1968, S. 379 ff.

14 S. Anm. 13.

15 Belting, Probleme, Abb. 65, S. 138 f.

16 Adolph Goldschmidt, Die Elfenbeinskulpturen, I. Berlin 1914, Nr. 21.

17 Wien, Nationalbibliothek, Cod. 1332, fol. 1v. Georg Swarzenski, Die Salzburger Malerei. Leipzig 1913, S. 9 f. H. J. Hermann, Beschreibendes Verzeichnis der illuminierten Handschriften in Österreich N.F. I, S. 143 ff., Taf. 33. K. Holter, in: Österr. Zeitschrift für Kunst und Denkmalpflege 10, 1956, S. 35, Abb. 40. – Um die Motivuntersuchung nicht ins uferlose zu betreiben, verzichte ich auf die Sammlung durchaus nicht unähnlicher Knie in der Hofschule Karls des Großen, sowohl in der Buchmalerei als auch in Elfenbein.

18 Adolf Merton, Die Buchmalerei in St. Gallen vom 9. bis zum 11. Jahrhundert. Leipzig 1923, S. 64 ff., 83, Taf. 55–61. Goldschmidt, Deutsche Buchmalerei I, Taf. 72–73.

19 Dodwells und Turners Versuch, S. 21 f., die Aussagekraft der Reichenauer Fresken zu negieren, wegen ihrer angeblich unzureichenden Erhaltung und mit der abstrakten Behauptung, sie seien von wandernden Wandmalern hergestellt, ist eine der empfindlichen Schwächen des scharfsinnigen Buches. S. auch C. R. Dodwell, Painting in Europe 800 to 1200. Harmondworth 1971, S. 49 ff.

20 G. Swarzenski, in: Repertorium für Kunstwissenschaft 26, 1903, S. 422, Anm. 83.

21 F. X. Kraus, Die Wandgemälde der St. Silvesterkapelle zu Goldbach am Bodensee. München 1902, Taf. I, III, IV, VI, VII.

22 J. Sauer, Die Monumentalmalerei der Reichenau, in: Die Kultur der Abtei Reichenau, II. München 1925, S. 902 ff. Walter Gernsheim, Die Buchmalerei der Reichenau. München 1934, S. 7, wo die Fresken mit der Liuthar-Gruppe verbunden werden. S. 16 bringt G. den interessanten Vergleich zwischen den Aposteln in Goldbach und der Wormser Handschrift in Paris, Bibl. de l'Arsenal, Ms. 610. Kurt Martin, Die ottonischen Wandbilder der St. Georgskirche Reichenau-Oberzell. Konstanz 1961. S. 22, wo der stilistische Zusammenhang mit der Liuthar-Gruppe betont wird. Otto Demus, Romanische Wandmalerei. München 1968, S. 176 f.: »Die Erzählungsform – nicht der Figurenstil! – der Fresken« stünden dem Egbert-Kodex nahe. Hermann Fillitz, Das Mittelalter I, Propyläen Kunstgeschichte. Berlin 1969, S. 144, wieder mit Hinweis auf Liuthar-Gruppe. Das sehr gute Detail der Fresken Abb. 48 b, zeigt deutlich die schrägen Weißschraffierungen, die die Ecken an der Hauskante und unter dem Giebel genauso füllen wie in den Architekturen des Leidener Perizoni 17.

23 S. Anm. 13.

24 Konrad Burdach, Reformation, Renaissance, Humanismus. Berlin 1918, S. 100.

Larry M. Ayres

A Miniature from Jumièges and Trends in Manuscript Illumination around 1200

A dozen or so graduate students who studied at Harvard in the 1960's will always recall with special fondness a graduate seminar which took place in the galleries which exhibit the medieval treasures of the Museum of Fine Arts, Boston. Our group would assemble at the Museum just before closing time and we would meet Dr. Swarzenski after the doors of the Museum had been locked for the day. The members of the seminar were each permitted to select a work of art to investigate and we were expected at the end of the semester to give a report on our chosen objects. My candidate was the famed Three Worthies plaque. One of the purposes of the seminar was to study technical aspects of artistic production in the Middle Ages and to discuss how such technical considerations might relate to an artist's approach to form and expression. In these sessions, Dr. Swarzenski unravelled for us, among other things, the distinctions between champlevé, cloisonné, émail brun, etc.; and he always brought with him sheaves of photographs as comparative material in order that the works discussed were placed in their proper historical context. One of the topics which most delighted the members of the seminar was the examination of a series of enamel plaques in which champlevé and cloisonné techniques were curiously and skillfully combined to create decorative designs. The combination of champlevé and cloisonné techniques in this manner achieved some popularity during the period when the great Mosan metalworker, Nicholas of Verdun, was active in the late twelfth and early thirteenth centuries, and indeed problems associated with Nicholas' *œuvre* figured prominently in our seminar discussions.[1] I have nothing to add in this paper to our understanding of Nicholas of Verdun's career, but I would like to comment on the stylistic orientations of some manuscript illuminators, who like Nicholas, worked in Northwest Europe and who must have been contemporaries of the great Mosan master, even though their paths probably never crossed.

Numerous studies have appeared in recent years which have significantly improved our understanding of stylistic developments in the figurative arts during the emergent Gothic era, and it seems generally agreed among scholars that the enamel plaques of Nicholas of Verdun's Klosterneuburg ambo of 1181 represent an early indication of the direction which future developments would take in this period.[2] By the year 1200, the most progressive artists in Northwest Europe were participating in a classicizing trend, and although there were centers where this classicizing disposition took a firmer hold and was more fully explored, the movement as a whole appears to have been widespread.[3] When art historians turn to manifestations of this trend in manuscript illumination during the late twelfth or early thirteenth century, they have frequently, and for good reasons, concentrated on the remarkable decorative programs of the Winchester Bible and the Ingeborg Psalter.[4] However, there are regions of the Channel area where our knowledge of manuscript painting during the era is more obscure. We cannot help but call to mind in this context Delaissé's remark that studying the "hills and knolls" often helps eludicate the "peaks" of artistic creation for a particular era,[5] and with this observation in mind, we would like to open our discussion by considering a few illuminated manuscripts from the library of the great Norman abbey of Jumièges.

An historical initial which opens the text of the genealogy of Christ according to St. Mark decorates a Jumièges manuscript now in Rouen (Bibliothèque Municipale, MS. Y. 113 (312)).[6] The evangelist is depicted composing his Gospel account while his symbol gazes over his shoulder *(fig. 1)*. The illuminator's style represents a decided departure from Romanesque behaviour patterns and demonstrates that he was sympathetic to classical values of form. There are no references to earlier Romanesque conventions such as the "damp fold" idiom; the drapery here falls freely, following and revealing natural contours. The artist has minimized linear interplay in the articulation of the garment folds in order to endow St. Mark with an impression of mass and substance. At the present state of our knowledge, it would be difficult to date such a style in manuscript painting before 1180 or 1190, but on the other hand, it cannot be placed much beyond the early thirteenth century.

It is indeed tempting to view the Master of the St. Mark's style as a reflection of the work of the stained glass ateliers which were active during the rebuilding of nearby Rouen Cathedral after the fire of 1200. The art of the Rouen glaziers shows a mature understanding of the principles of the *Muldenfaltenstil,* and art historians have speculated about possible affiliations between a Rouen glazier (St. John the Baptist Master) and masters working at Chartres.[7] Although we can observe a few "hairpin loops" in the rendering of St. Mark's garments, the *Muldenfaltenstil* appears at most in an embryonic form in the Jumièges manuscript. In comparison, the figures of the Rouen windows possess more attenuated proportions and more mannered attitudes, and linear devices become more pervasive in the treatment of garment folds. For these reasons, we are reluctant to place the production of our miniature

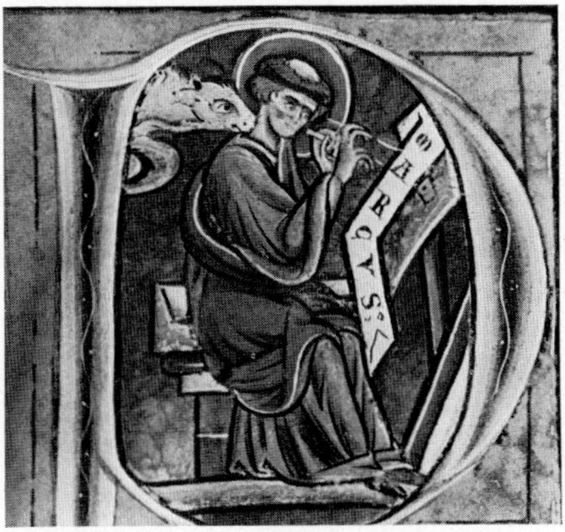

Fig. 1 St. Mark, from Jumièges, Rouen, Bibliothèque Municipale, MS. Y. 113 (312).

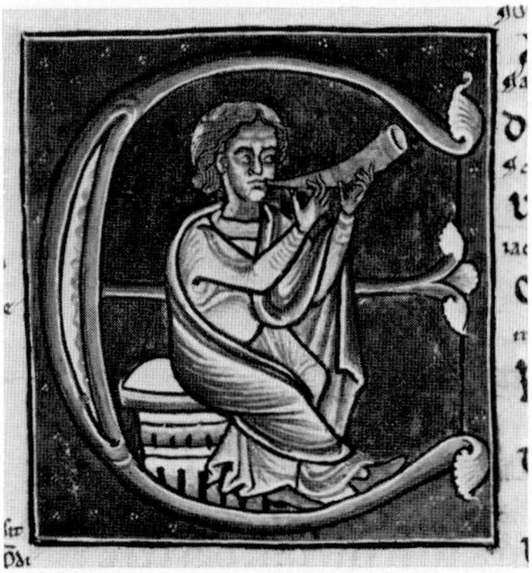

Fig. 2 Musician, Psalm 80, Jumièges Psalter, Rouen, Bibliothèque Municipale, MS A. 347 (56)

in the second decade of the thirteenth century, the period to which the Rouen glass has recently been assigned.

The style of the Jumièges miniature sits more readily in the years around 1200, but it is no easy matter to localize the center where our illuminator received his training. The manner in which St. Mark's tunic is folded back over his ankles recalls a similar convention found in a portrait of Archbishop Baldwin in a late twelfth-century manuscript (Cambridge, Corpus Christi College, MS. 200), from Christ Church, Canterbury, but the motif is not limited to these examples.[8] The Canterbury and Jumièges miniatures are both edged with green borders, a practice relatively common in miniature frames in the second half of the twelfth century on both sides of the Channel. Further comparison with English works from the period such as the author-portrait of Bede in the Life of St. Cuthbert in the British Museum (Additional MS. 39943), would suggest that the artist of the Jumièges book had no direct affiliations with English models.[9]

It is difficult to discover antecedents in Norman illumination for the style of the Jumièges miniature, and the slightly earlier miniatures of a psalter from Jumièges gives us some idea of the artistic complexion of the scriptorium in the late twelfth century *(fig. 2)*. The calendar of the Jumièges Psalter (Rouen, Bibliothèque Municipale, MS. A. 347 [56]), was written after 1173 because the feast of St. Thomas of Canterbury is included as an original entry.[10] Some of the miniatures of the Jumièges Psalter served as models for illustrations in another late twelfth century psalter from Jumièges which also contains in the hand of the scribe who wrote the calendar mention of Becket's feast and which is prefaced with a paschal table beginning with the year 1196

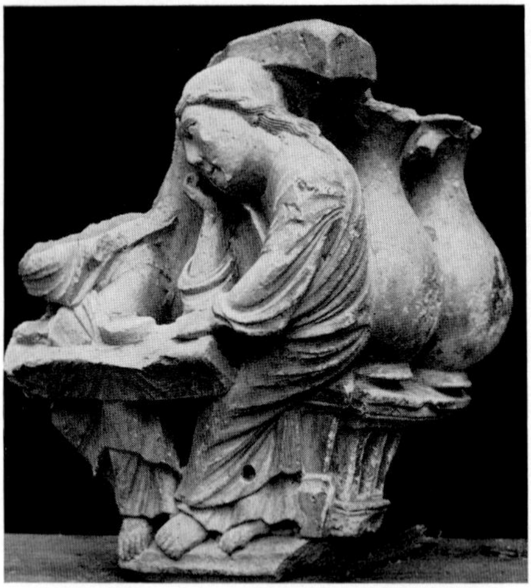

Fig. 3 Cloister Capital from Notre-Dame-en-Vaux, Châlons-sur-Marne

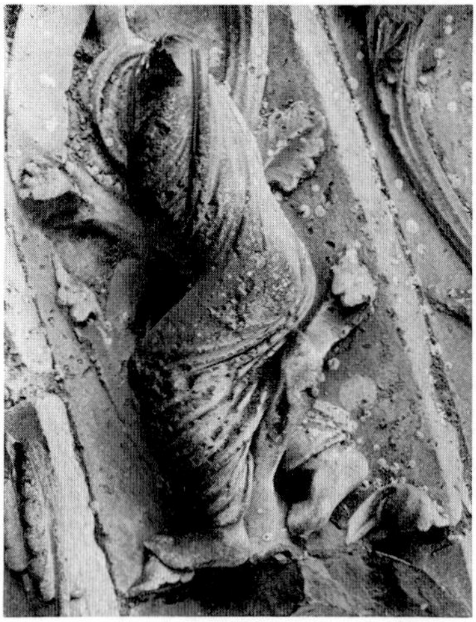

Fig. 4 Archivolt figure from the central portal of Notre-Dame, Mantes

(Rouen, Bibliothèque Municipale, MS. A. 431 [57]). Consequently, it may be argued that the miniatures of the Jumièges Psalter (A. 347 [56]), which are of higher artistic quality, were executed sometime between 1173 and 1196. However, stylistic considerations would probably not place the execution of the miniatures of the Jumièges Psalter much before 1180.

The historiated initial at Psalm 80 in the Jumièges Psalter contains a representation of a seated musician lifting an oliphant to his lips *(fig. 2)*. This figure does not exhibit the same stylistic outlook as the St. Mark portrait from Jumièges, but rather the style of the seated musician has more in common with a sculptured figure of a cloister capital from Châlons-sur-Marne which Sauerländer has tentatively dated to the years shortly before 1183 *(fig. 3)*.[11] A similar comparison can be made between the musician and a voussoir sculpture from the central portal of the west façade of Mantes which is usually dated about 1180 *(fig. 4)*.[12] Although the illuminator of the Jumièges Psalter has liberated his style from the effects of extreme patternization found in much of late Romanesque art, his musician appears less ample and statuesque than the sculptured works with which his miniature has been compared. It has been argued that Mosan models played an important part in the formulation of the styles which we have noted at Mantes and Châlons-sur-Marne, and perhaps an apparent provincialism of Mosan prototypes can be perceived in the Jumièges Psalter and may in part be explained by assuming that the Jumièges artist received his Mosan borrowings via intermediary sources.[13]

During the second half of the twelfth century, the solutions of Mosan art expanded well beyond the Meuse valley proper to influence manuscript illuminators in the Channel region,[14] metalworkers in Cologne,[15] stained-glass ateliers in Champagne,[16] and sculptors of cathedral and abbey portals in Northern France.[17] Usener emphasized that the artist, Godefroid de Claire of Huy, with whom, at one time or another, much Mosan production of the period was associated, was a lay artist, and Usener re-iterated the position of earlier scholars that a close relationship existed between miniature painting and goldsmith work in the Meuse region.[18] Sauerländer, in a series of recent studies, has advanced our knowledge of such stylistic kinship into another sphere by perceiving a multitude of formal correspondences between Mosan miniatures and enamels, and monumental sculptures which adorn the portals of early Gothic churches.[19]

One of the most significant reflections of Mosan traditions in manuscript illumination of the last quarter of the twelfth century can be observed in the Capucins Bible in Paris Bibliothèque Nationale, MSS. lat. 16743–46), a manuscript which is now beginning to receive from art historians the attention it justly merits.[20] The portrait of Solomon as astronomer from the Capucins Bible shows how an artist who was sympathetic to Mosan formal canons contrasts broad, plain areas of cloth with areas defined by more densely-

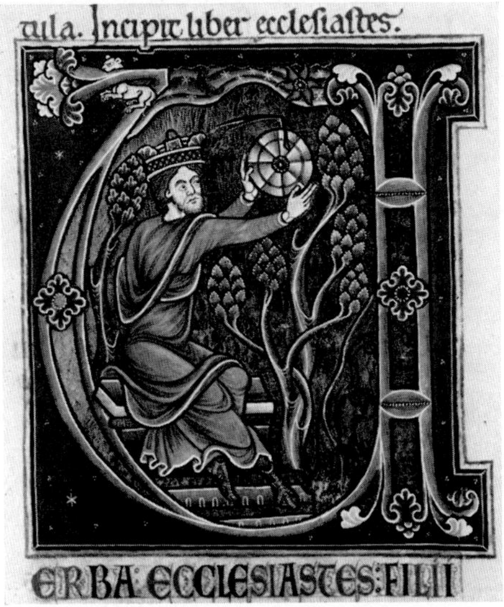

Fig. 5 Solomon, Capucins Bible, Paris, Bibliothèque Nationale, MS. lat. 16745

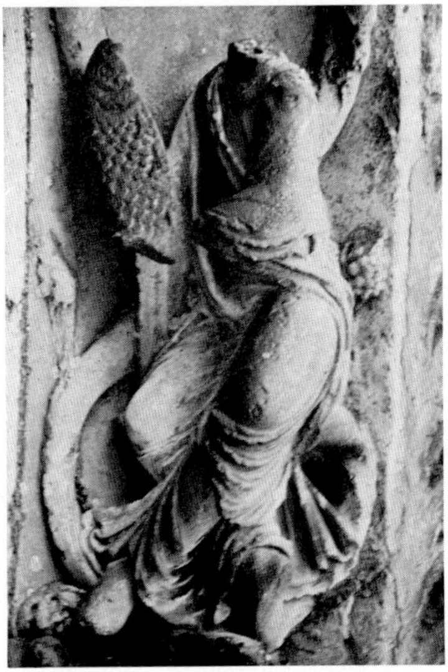

Fig. 6 Archivolt figure from central portal of Notre-Dame, Mantes

packed pleats *(fig. 5)*.[21] A similar juxtaposition between broad, undecorated areas of cloth which give plastic validity to certain segments of the anatomy and areas which are composed of more tightly-bunched folds can also be found in an archivolt sculpture from the Mantes Tree of Jesse *(fig. 6)*.[22] In this comparison, I believe we have a stylistic common denominator operating in both miniature and monumental provinces, and these works are thought to be roughly contemporary creations by some art historians. The style of the champlevé plaque in the Metropolitan Museum of Art which has been assigned to the orbit of Godefroid de Claire demonstrates once again that there is no need to belabor the point that the image of Christ in Majesty in the Capucins Bible has a strong Mosan underpinning *(figs. 7, 8)*.[23]

Another artist who executed historiated initials in the Capucins Bible was less obviously indebted to Mosan models than the illuminator of the two Capucins miniatures we have mentioned in the preceding paragraph. This second artist has been dubbed the "Simon Master" by Cahn because he also decorated books for Abbot Simon of St. Albans (1167–83), and his work forms a bridge between insular and continental ateliers of the second half of the twelfth century.[24] Boase noted that the miniatures of the "Simon Master" epitomize what he has called the "Channel style, though one which curiously ran counter to political divisions."[25] No attempt will be made in this paper

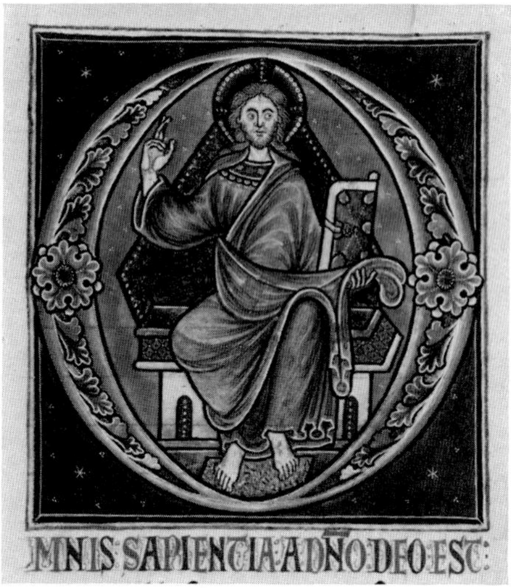

Fig. 7 Christ in Majesty, Capucins Bible, Paris, Bibliothèque Nationale, MS. lat. 16745

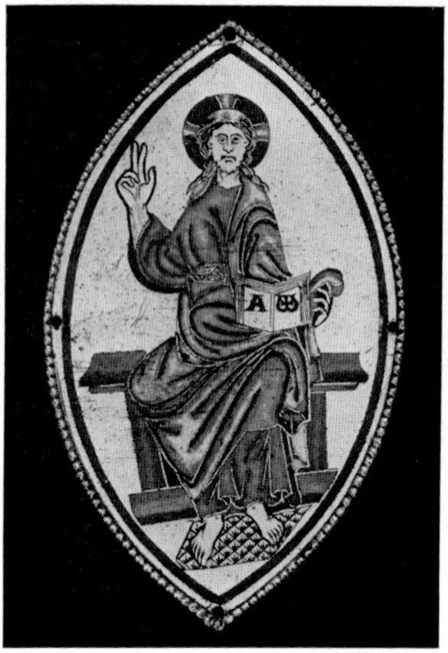

Fig. 8 Christ in Majesty, Mosan champlevé enamel plaque, New York, Metropolitan Museum of Art, Gift of J. Pierpont Morgan, 1917

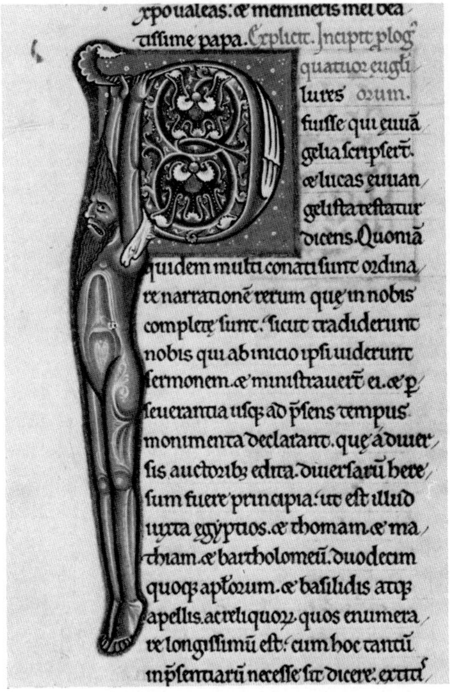

Fig. 9 Decorative « P » initial, Capucins Bible, Paris, Bibliothèque Nationale, MS. lat. 16746

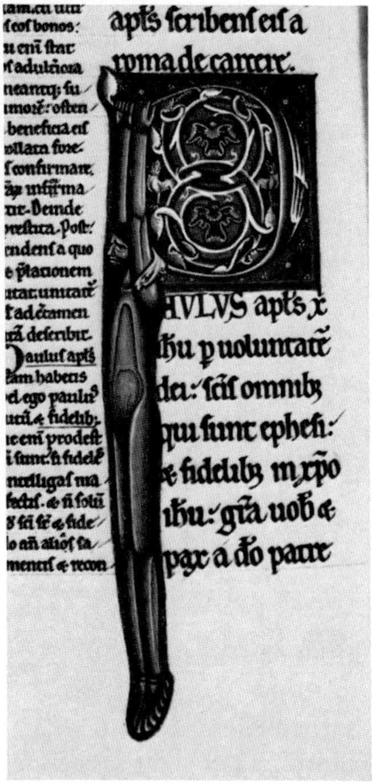

Fig. 10 Decorative « P » initial, Pauline Epistles, Cambridge, Trinity College, MS. 0.5.8

to establish the nationality of the "Simon Master", his stylistic antecedents, or the chronology of his *œuvre*. However, one aspect of his work does call for scrutiny now. The "Simon Master" not only designed historiated initials for the Capucins Bible, but he frequently executed purely decorative letters to introduce Jerome's prologues and other divisions of the Vulgate text *(fig. 9)*.[26] I speak, in particular, of the "P" initial, before Jerome's prologue to the Gospels, which shows a nude figure hanging from the upper curl of the lobe of the letter. Such suspended acrobats are usually painted deep blue or dark grey, and this type of decorative initial design was also known in the "Simon Master's" work at St. Albans *(fig. 10)*.[27]

However, decorative initials of this sort incorporating nude hanging figures, caught in the vise-like jaws of miniature dragons whose curving bodies usually enframe complex rinceaux patterns which frequently terminate in acanthus-like leafage are certainly not unique to the "Simon Master's" work either at St. Albans or in the Capucins Bible. This decorative vocabulary for

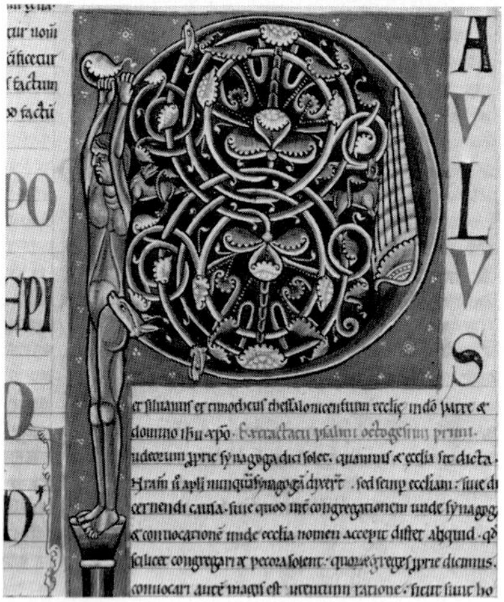

Fig. 11 Decorative « P » initial from Corbie, Paris, Biliothèque Nationale, MS. lat. 11576

initial designs seems to have been well-known throughout the Channel area and is readily seen in an initial from a copy of St. Augustine's Commentary on the Pauline Epistles which was made for the abbey of Corbie in Northern France in 1164 (Paris, Bibliothèque Nationale, MS. lat. 11576), and may well antedate the work of the "Simon Master" *(fig. 11)*.[28] The same basic attitude towards initial design informs the magnificent "Q" letter for Psalm 51 *(fig. 12)* in a glossed psalter which belonged to a monk of St. Victor in Paris and which was produced sometime before 1192 (Paris, Bibliothèque Nationale, MS. lat. 11565).[29] The Corbie initial in particular brings up the question as to whether French or English centers can claim priority for the first appearance and popularization of this decorative type of initial. Perhaps, surviving materials will not permit us to cut so fine a distinction and Boase's notion of a "Channel style" stands as the most reasonable solution? The general resemblance between the decorative vocabulary of the non-historiated "Q" initial in the St. Victor glossed psalter and ornamental initials by the "Simon Master" in the Capucins Bible is certainly not in itself enough to argue that the Capucins Bible was written and decorated in Paris. Nevertheless, Grodecki has noted that the Capucins Bible was found in Paris in the seventeenth century, and we have drawn attention to the Mosan complexion of many of the miniatures in volumes I and III of the manuscript.

In a St. Victor manuscript which Delisle dated to the late twelfth century, there exists a series of miniatures in which Mosan stylistic influences are readily discernible. The manuscript in question is a copy of Peter Lombard's

Commentary on the Pauline Epistles which contains numerous St. Victor anathemas and is now bound in two volumes (Paris, Bibliothèque Nationale, MSS. lat. 14266–67).[30] We can here in this brief account give only a preliminary outline of the significance of the miniature decoration of this important book for the history of French painting prior to the emergence of the Ingeborg Psalter atelier. The manuscript was illuminated after 1160, because in the historiated "P" initial for the preface of the Lombard's Commentary (Stegmüller 6654), Peter Lombard in episcopal garb and wearing a mitre is seated beside St. Paul. The illuminator of this initial (MS. lat. 14266, fol. 4r) has obvious affinities with Mosan figural styles *(fig. 13)*. I refer especially to the general proportions of the figures and the tightly-drawn folds of drapery about the knees of the seated figures.

This artist, one of at least three or four illuminators who worked on the St. Victor Pauline Epistles, we shall call the Lombard Master and in other initials in the manuscript he betrays an even greater allegiance to Mosan traditions, particularly in the historiated initials which he painted before the epistles to the Corinthians (MS. lat. 14266, fol. 95r; *fig. 14*, and MS. lat. 14266, fol. 158v; *fig. 15*), and Galatians (MS. lat. 14267, fol. 3v). For example, the formal amplitude of the strident figure of St. Paul, the central participant, of the Galatians initial *(fig. 16)*, without any doubt rivals, if not surpasses,

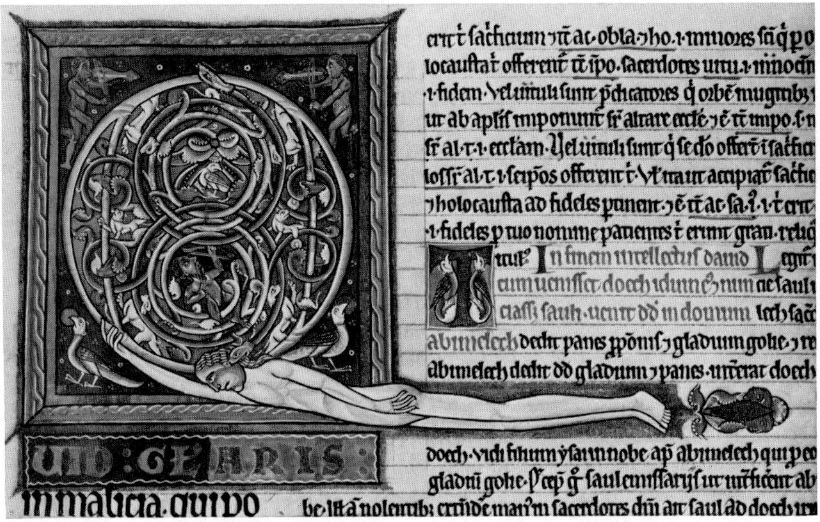

Fig. 12 Decorative « Q » initial, glossed psalter before 1192, Paris, Bibliothèque Nationale, MS. lat. 11565

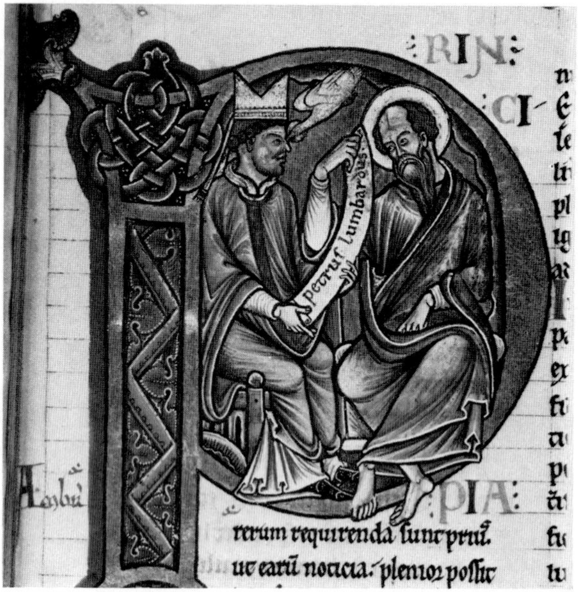

Fig. 13 Peter Lombard and St. Paul, Peter Lombard's Commentary on the Pauline Epistles from St. Victor, Paris, Bibliothèque Nationale, MS. lat. 14266

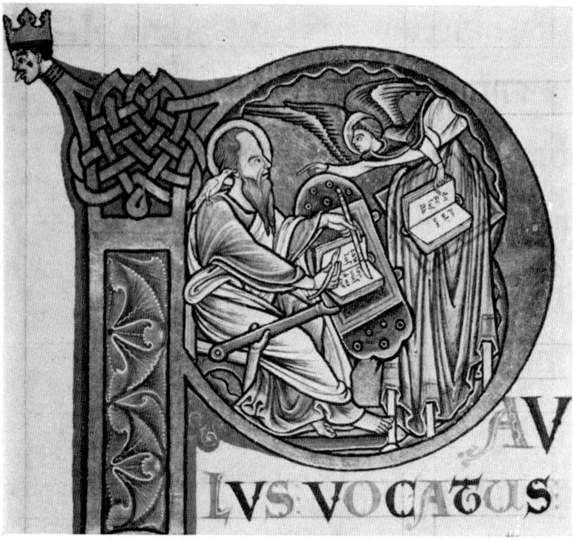

Fig. 14 Historiated « P » initial before I Corinthians, Paris, Bibliothèque Nationale, MS. lat. 14266

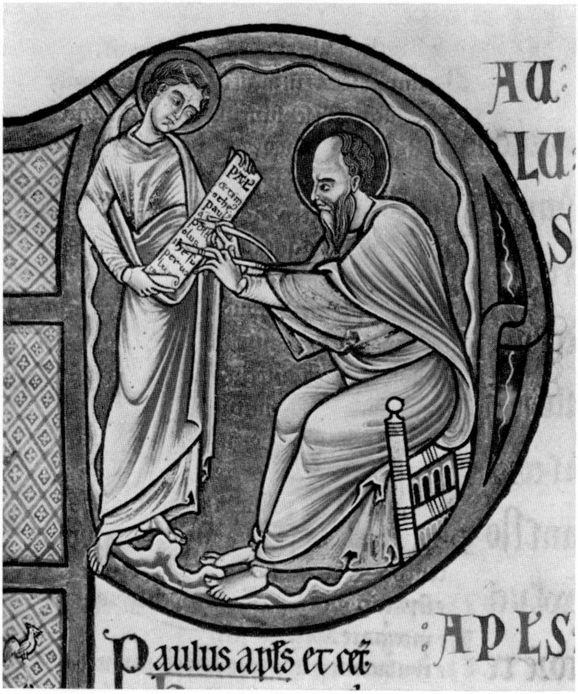

Fig. 15 Historiated « P » initial before II Corinthians, Paris, Bibliothèque Nationale, MS. lat. 14266

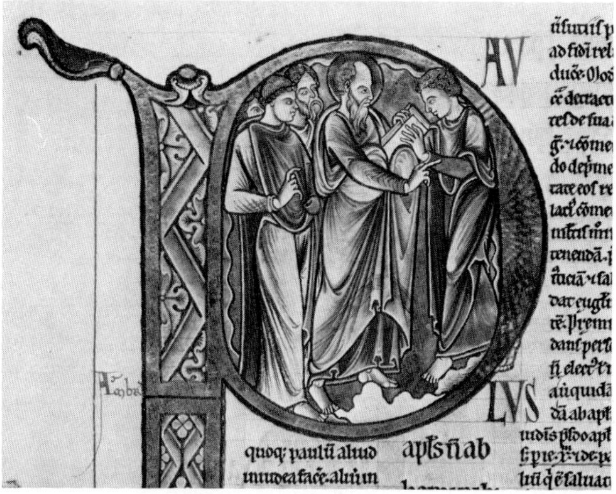

Fig. 16 Historiated « P » initial before Galatians, Paris, Bibliothèque Nationale, MS. lat. 14267

that of a standing physician *(fig. 17)* from the Harley Medical Treatise in the British Museum (Harley MS. 1585, fol. 12v).[31] The right leg of the figure receiving the epistle from St. Paul extends his foot behind the frame of the "P" letter and thereby displays the sole of his upturned foot, a motif which Hanns Swarzenski has already noticed was employed by the Mosan atelier which executed the Three Worthies plaque now in the Museum of Fine Arts, Boston.[32] We should also take note of the coiffure of the figure standing behind St. Paul. The hair is rendered in a cap-like fashion with strands of hair terminating in a series of curls bordering around the forehead and neck. This cap-like arrangement of the hair immediately recalls earlier Mosan works such as the figure of St. Peter baptizing Cornelius on Reiner of Huy's baptismal font (c. 1107–18), the statuette of St. John on the cross base of St. Bertin (usually dated c. 1170), and miniatures from those enigmatic illustrated leaves in Berlin.[33]

Although Delisle dated the St. Victor manuscript to the late twelfth century, the Lombard Master's style does not seem grounded in the precepts of the new artistic vision inaugurated by Nicholas of Verdun in his Klosterneuburg ambo of 1181. I think the Lombard Master's style has closer associations with or emerges from Mosan circles such as those which played a role in the production of the engraved plates of the chandelier of Frederick Barbarossa,[34] the charming gilt bronze angels in the Bargello,[35] and the Evangelist statuettes which support the cross base of St. Bertin.[36] None of these works to my knowledge can be dated with any great precision, but they are usually placed in the 1160's or 1170's. The Lombard Master attempts to render greater effects of suppleness in his treatment of garments than do the masters of the above-mentioned works which are assumed to antedate Nicholas' Klosterneuburg enamels. In addition, the Lombard Master seems to be interpreting such pre-Nicholas Mosan models along somewhat more mannered lines. If the St. Victor manuscript dates from the last decades of the twelfth century, it would appear that currents in Mosan art immediately prior to Nicholas of Verdun's new classicism were continuing to inspire artists even though such art forms might look rather conservative or even archaic in light of Nicholas' achievement.

We have assumed that the Lombard Master, an artist well-versed in Mosan traditions, illuminated portions of the St. Victor Pauline Epistles sometime after 1160, and the existence of his work requires that we evaluate a much-neglected topic, the artistic complexion of miniature painting in Paris in the second half of the twelfth century. It is the perennial problem of "Paris and the North."[37] I do not wish to argue that Paris in the second half of the twelfth century was in any sense the artistic fulcrum in the realm of manuscript illumination which she indeed became in the thirteenth century.

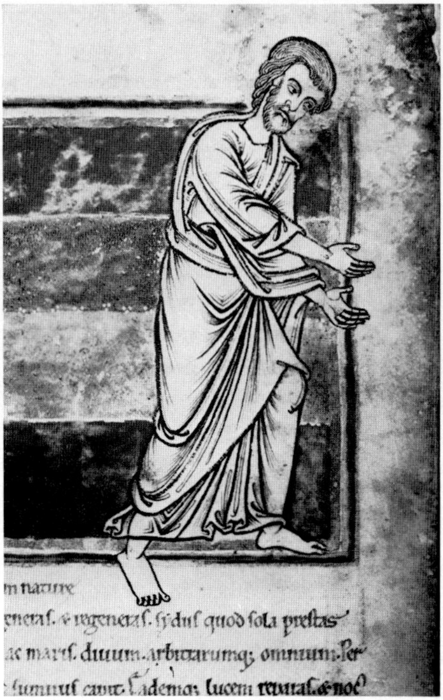

Fig. 17 Physician, Harley Medical Treatise, British Museum, Harley MS. 1585

But if Mosan ("Lotharingian") masters could migrate to St. Denis to work for Abbot Suger[38] or if a Mosan goldsmith could participate in the embellishment of the Heribert Shrine in Cologne,[39] is it totally outside the realm of possibility that Mosan colonies could have been established in Paris in the second half of the twelfth century?

I have purposely drawn the miniatures of the Harley Medical Treatise into this paper about the Lombard Master, because the Harley physicians have time and again figured in discussions of the artistic antecedents of the workshop which created the splendid decorative program of the Ingeborg Psalter (Chantilly, Musée Condé, MS. 1695).[40] I have no evidence to localize the Harley Medical Treatise in Paris, but I think the Lombard Master's work can be viewed in the same context as that of the artist who designed the Harley physicians – that context being the stylistic character of French illumination which immediately preceded the Ingeborg atelier and the appearance of the *Muldenfaltenstil* in French miniature painting. I do not see the Lombard Master's work in Paris leading in a direct line of descent or development to the Ingeborg Psalter workshop, an atelier which drew on multiple sources and displayed a pronounced receptivity to Byzantinizing models.[41] Rather the transformation in style between the art of the Lombard Master and the miniatures of the illuminators of the Ingeborg Psalter must be viewed not only against the background of new influences operating on French painters but also in terms of what Panofsky called a "mutational change."[42] Analogous situations appear in stylistic developments in Gothic statuary of this era. What effected the change which dissociates the style of the tympanum and voussoir sculptures of the Baptist portal of Sens Cathedral from the more classicizing formal language spoken by the figures which decorate the socle zone below on the same portal?[43] Or how do we explain the stylistic gulf between the Jumièges musician and the Jumièges St. Mark which we encountered in the opening pages of this paper?

The "Paris and the North" question is most acutely brought into play when art historians attempt to localize the atelier which produced the miniatures of the Ingeborg Psalter. Deuchler in his monograph favored an origin in Northeast France in the Diocese of Noyon. Haussherr, on the other hand, in his careful review of the evidence has pointed to specifically Parisian features in the calendar, thereby adding weight to Delisle's and Leroquais' opinion that the Ingeborg Psalter was executed in Paris.[44] Schapiro, in turn, has reminded us that a painter could be called upon to decorate a manuscript whose place of origin and liturgical associations might be far removed geographically from the center where the illuminator received his artistic training.[45] For example, at least two of the illuminators of the Winchester Bible which was written at Winchester had previously worked at St. Albans, and indeed other artists who decorated pages of the Winchester Bible had received essential impulses for their styles in the Byzantinizing sphere of court art in Norman Sicily.[46] I think that Hanns Swarzenski's juxtaposition of miniatures from the Anchin Missal with those from the Ingeborg Psalter in his *Monuments of Romanesque Art* has done much to encourage art historians to look to the North rather than to Paris for the origins of the illuminators of the Ingeborg Psalter.[47] However, Greenhill's discovery of two jamb statues which are thought once to have belonged to the sculptural program of the central portal of the west façade of Notre-Dame, Paris, and which have recently been dated c. 1200–1210 demonstrates that the *Muldenfaltenstil* was already known within a monumental framework in the capital in the early thirteenth century.[48]

Nordenfalk once noted that Abbot Suger of St. Denis, the man who stood at the threshold of the development of Early Gothic architecture and sculpture, apparently showed little interest in the art of manuscript illumination.[49] Haseloff in his study of thirteenth-century psalter illustration considered

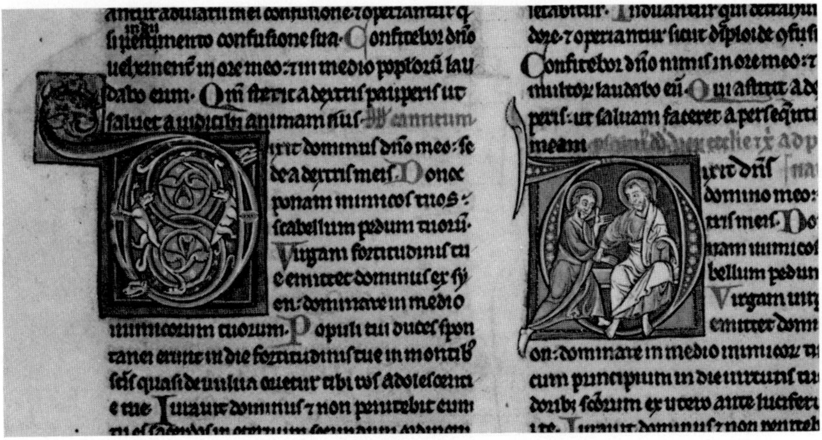

Fig. 18 Initials before Psalm 109 (110), Kennicott Bible, Oxford, Bodleian Library, MS. Kennicott 15

Parisian miniature painting in the twelfth century to be essentially non-existent, or, at best, an offshoot of North French painting.[50] I think the miniatures of the St. Victor Pauline Epistles require a re-examination of Haseloff's judgment, and such a review must begin, as it were, "from the ground up" with studies assembling the manuscripts which belonged to various Parisian houses in the twelfth century. In my opinion, the Lombard Master's work in the St. Victor manuscript is as important for understanding the Mosan antecedents of the Ingeborg Psalter atelier as are the physician portraits in the Harley Medical Treatise, and we might search for other miniatures in or from Paris which will dovetail with other arguments in favor of a Parisian origin for the Ingeborg Psalter.

I recall, in particular, a group of miniatures in a Bible manuscript in Oxford (Bodleian Library, MS. Kennicott 15) which seems to be related to the Ingeborg achievement. Pächt and Alexander consider the Kennicott Bible English in origin and place it in the second quarter of the thirteenth century, a date which would seem rather late in view of the connections with the Ingeborg group.[51] On the other hand, there are features of the Kennicott Bible which speak against an English localization. The initial at Psalm 109 (110) in the double psalter of the Kennicott Bible which shows God the Father directing Christ to a place at his right side resembles in style and iconography the representation of the same scene at Psalm 109 (110) in a double psalter of a Laurentian Bible *(fig. 18)*. Haseloff suggested Paris as a possible place of origin for the Laurentian Bible (Florence, Laurenziana, Plut. XV. Cod. 11) which he in turn dated to the beginning of the thirteenth century.[52]

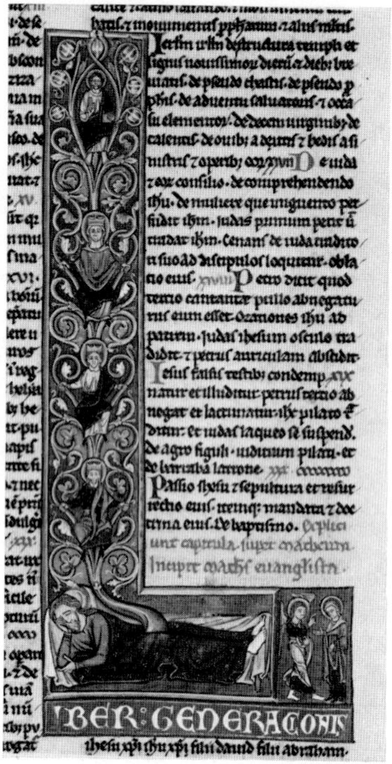

Fig. 19 Initial before Book of Matthew (Tree of Jesse), Kennicott Bible, Oxford, Bodleian Library, MS. Kennicott 15

At the base of the Tree of Jesse of the "Liber" page of the Kennicott Bible, a minute representation of the Annunciation has been painted *(figs. 19, 20)*. I would like to compare the figure of Gabriel in the Kennicott miniature with the Gabriel in the Annunciation leaf of the Ingeborg Psalter *(fig. 21)*. Deuchler attributed the Ingeborg Annunciation to the more conservative master of the workshop. Certainly, the style of the Oxford Gabriel does not attain the "loftiness" of impression of that of the Ingeborg image. However, the manner in which drapery folds move across or are drawn over the right leg of each of these angelic figures and the arrangement of their wings are undeniably similar. The seated figure of the prophet Micah in the Kennicott Bible also calls to mind the work of the more conservative master of the Ingeborg Psalter *(fig. 22)*, but the Kennicott artist's work seems less mannered, exemplifying an earlier phase of the trend out of which the "elder" Ingeborg painter emerged. Could this mean that the Kennicott artist's miniatures

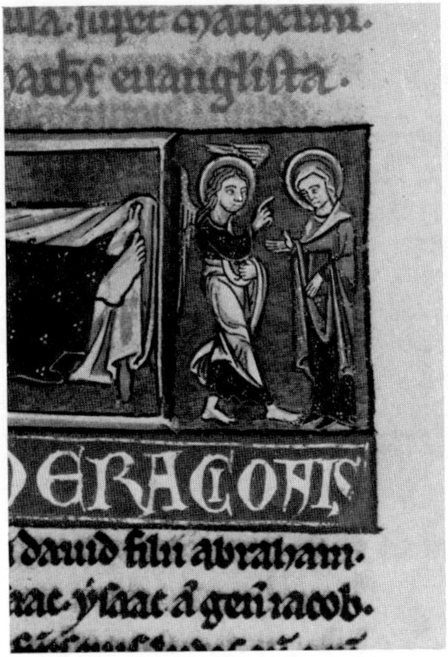

Fig. 20 Detail of Fig. 19; Annunciation

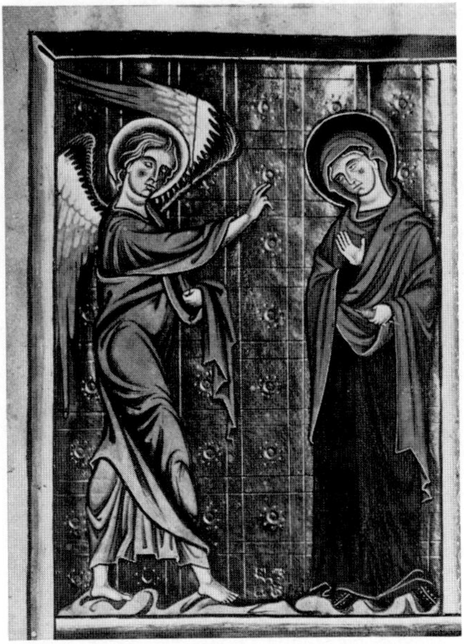

Fig. 21 Annunciation, Ingeborg Psalter, Chantilly, Musée Condé, MS 1695

anticipate rather than follow the work of Deuchler's "ältere Maler"?[53] If the Kennicott Bible were illuminated in Paris, it would seem that arguments for a Parisian localization for the illustration of the Ingeborg Psalter are much enhanced. Another illuminated Bible containing a double psalter has been associated with the Ingeborg achievement and Deuchler has argued that the miniatures of this book (British Museum, Additional MS. 15452) descend from the solutions of the Ingeborg atelier.[54] He dates the miniatures of the Additional Bible to the years around 1200 or shortly thereafter. It would seem the time has come to study illustrated Bibles which were manufactured in Paris or belonged to Parisian houses during the period in order to determine whether a Parisian localization for the Kennicott Bible can be confirmed.[55]

Why should we labor about the problem of the localization of the Ingeborg Psalter atelier? The problem is ultimately linked with the magnetism of Nicholas of Verdun's *œuvre* and the range of his influence, because his name inevitably arises in discussions of the figurative arts of the period.[56] But we should not forget that the "neo-classicism" of the years around 1200 was a "broadly-based movement,"[57] and in my concluding remarks I should like

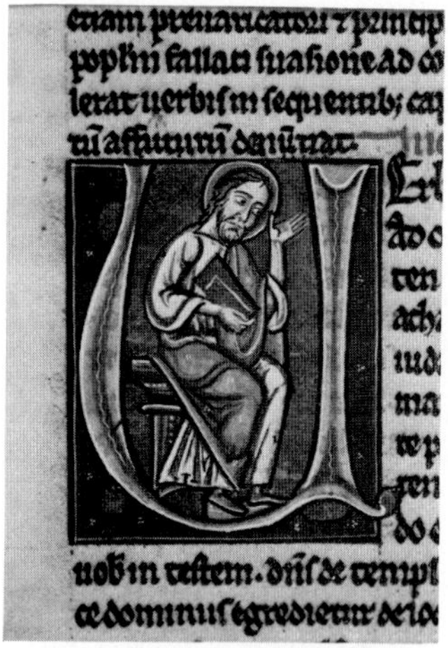

Fig. 22 Micah, Kennicott Bible, Oxford, Bodleian Library, MS. Kennicott 15

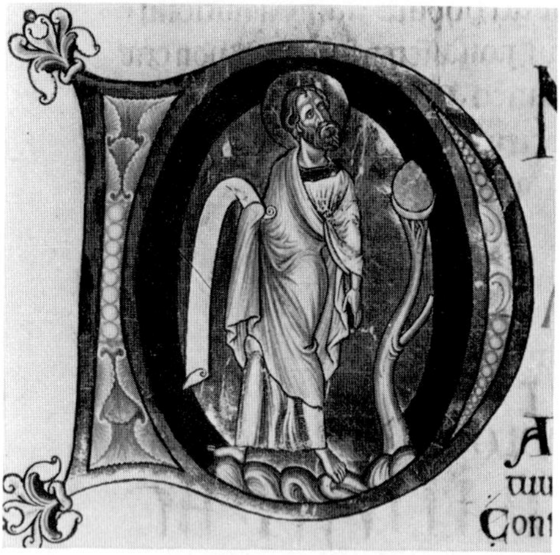

Fig. 23 Habakkuk, Winchester Bible, Winchester Cathedral Library (Courtesy Dean and Chapter, Winchester Cathedral)

to call your attention to three English works of the 1180's which lie outside the orbit of influence of Nicholas of Verdun.

In the miniature before the Canticle of Habakkuk (3 : 2) in the Winchester Bible, the prophet is portrayed standing by the Master of the Morgan Leaf (hereafter Morgan Master). For reasons which I will set out in another article, I date the period of the Morgan Master's activity at Winchester sometime between 1180 and 1186. I also propose he executed, quite possibly in 1185, a cycle of frescoes in the Chapel of the Holy Sepulchre in Winchester Cathedral in order to commemorate the meeting at Winchester of Henry II of England and Heraclius, Patriarch of Jerusalem, in February, 1185.[58] At that time, Heraclius presented Henry II with the keys of Jerusalem and the Holy Sepulchre of the Lord.[59] The miniatures by the Morgan Master in the Winchester Bible and the statuesque character of the figures of SS. Peter and Paul from a Winchester episcopal seal of the same period demonstrates that a classicizing trend was already in evidence in English figurative arts of the 1180's *(figs. 23, 24)*. These figures of Peter and Paul are born from the counterseal of Richard of Ilchester, Bishop of Winchester (1174–88), and this impression was affixed on 10 April 1185 (British Museum, Harley Charter, 43. I. 38).[60] The document was witnessed at Dover by Henry II, Heraclius and others, and gives a secure *terminus ante quem* for the dating of the seal's execution.

The manner in which the Morgan Master renders the drapery of Habakkuk requires further scrutiny because he begins in a somewhat curious manner

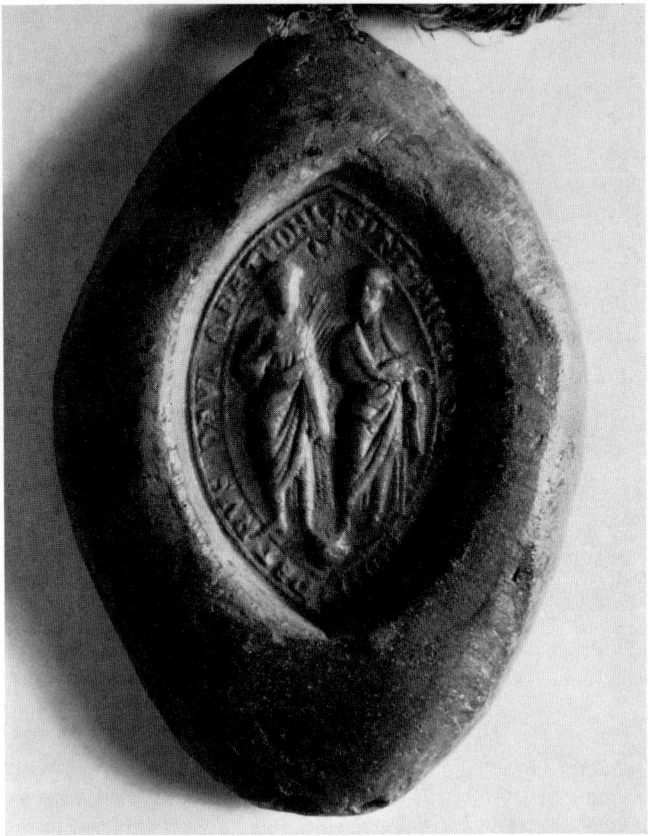

Fig. 24 SS. Peter and Paul, impression of counterseal of Richard of Ilchester, dated 10 April 1185, British Museum, Harley Charter, 43. I. 38

to gather his folds into denser bunches *(fig. 23)*. I believe we see the same type of drapery handling, though in a slightly more evolved form in a recumbent figure from the Worksop Bestiary *(fig. 25)*, a manuscript which is thought to have been written and decorated in England before 1187 (New York, Pierpont Morgan Library, MS. M. 81).[61] With the Worksop miniature, we seem to be bordering on an incipient *Muldenfaltenstil*, an early manifestation of this convention in English painting. The *Muldenfaltenstil* was certainly full-fledged by 1181 in Nicholas' Klosterneuburg enamels, but we doubt there is any direct relationship between his work and the Worksop Bestiary. What the above comparisons may well indicate is a parallel devel-

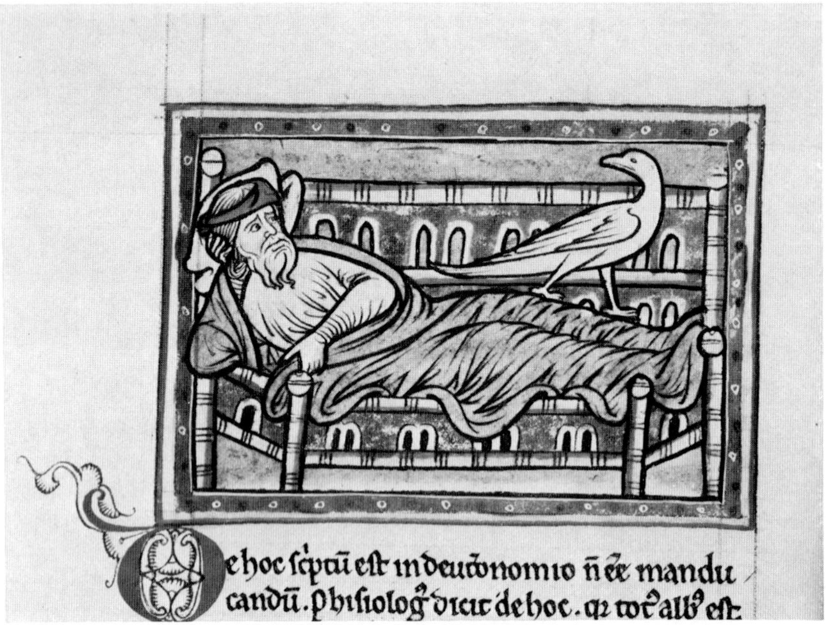

Fig. 25 Caladrius gazing at a sick man, Worksop Bestiary, before 1187, New York, Pierpont Morgan Library, MS. M. 81

opment of style on both sides of the Channel, and the emergence of the hairpin- or grooved-fold idiom need not be viewed as a trait emanating from a single talent but rather as an adjunct or offspring of an evolving classical mood which infected numerous centers independently of one another in the late twelfth century.

Notes

1 For the combination of such techniques, see more recently, R. Schilling, "Studien zur deutschen Goldschmiedekunst des 12. und 13. Jahrhunderts," *Form und Inhalt, Kunstgeschichtliche Studien für Otto Schmitt*, Stuttgart, 1950, pp. 81–84, and F. Röhrig, *Der Verduner Altar*, Vienna and Munich, 1955, p. 32.

2 E. Kitzinger, "The Byzantine Contribution to Western Art of the Twelfth and Thirteenth Centuries," *Dumbarton Oaks Papers*, XX, 1966, pp. 37–43, and K. Hoffmann, "Introduction," *The Year 1200*, I, Exhibition Catalogue, New York, 1970, pp. xxxiii–xliii. For a concise review of Nicholas of Verdun's career, see O. Demus in *Encyclopedia of World Art*, X, cols. 634–40, and also, in *Byzantine Art and the West*, New York, 1970, pp. 163–93.

3 W. Sauerländer, "Art antique et sculpture autour de 1200," *Art de France*, I, pp. 47–56; "Sculpture on Early Gothic Churches: The State of Research and Open Questions," *Gesta*, IX(2), 1970, pp. 43–45; E. S. Greenhill, "French Monumental Sculpture," *The Year 1200*, II, *A Background Survey*, New York, 1970, pp. 33–36.

4 O. Pächt, "A Cycle of English Frescoes in Spain," *Burlington Magazine*, CIII, 1961, pp. 166–75; W. Oakeshott, *Sigena Romanesque Paintings in Spain and the Winchester Bible Artists*, London, 1972; F. Deuchler, *Der Ingeborgpsalter*, Berlin, 1967.

5 L. M. J. Delaissé, Review of M. Meiss, *French Painting in the Time of Jean de Berry*, Part I, *The Late Fourteenth Century and the Patronage of the Duke*, London, 1967, in *The Art Bulletin*, LII, 1970, p. 209.

6 H. Omont, *Catalogue général des manuscrits des bibliothèques publiques de France*, I (Rouen), Paris, 1886, MS. 312, p. 59; R.-J. Hesbert, *Les monuments musicaux de Jumièges* (*Monumenta Musicae Sacrae*, II), Maçon, 1954, p. 71; "Les manuscrits liturgiques de Jumièges," *Jumièges: Congrès Scientifique du XIII Centenaire*, Rouen, 1955, p. 865.

7 L. Grodecki, "Les vitraux," *Bulletin: Les monuments historiques de la France*, no. 2, 1956, pp. 101–03; J. Hayward, in *The Year 1200*, I, no. 207, pp. 202–04 and colorplate. For the early thirteenth century sculpture of Rouen Cathedral, see *The Year 1200*, I, no. 17, p. 14.

8 C. R. Dodwell, *The Canterbury School of Illumination, 1066–1200*, Cambridge, 1954, pp. 112, 122, pl. 68 b.

9 T. S. R. Boase, *English Art, 1100–1216* (*Oxford History of English Art*, III), Oxford, 1953, pp. 287–88, pl. 93 b.

10 Omont, *Catalogue général*, p. 16.

11 W. Sauerländer, *Von Sens bis Strassburg*, Berlin, 1966, pp. 17–18, Abb. 5, and more recently, *Gothic Sculpture in France, 1140–1270*, London, 1972, pp. 50, 411–12, pl. 53.

12 Sauerländer, *Von Sens bis Strassburg*, p. 41, Abb. 63.

13 For the sculptural programs of Rouen Cathedral, see Sauerländer, *Gothic Sculpture in France*, pp. 470–71, with references to connections with Mantes.

14 For St. Omer manuscripts, see H. Swarzenski, *Monuments of Romanesque Art*, 2nd edition, London, 1967, p. 32; W. Sauerländer, "Sens and York: An Inquiry into the Sculptures from St. Mary's Abbey in the Yorkshire Museum," *Journal of the British Archaeological Association*, XXII, 1958, p. 65, n. 4; J. Porcher, *French Miniatures from Illuminated Manuscripts*, London, 1960, p. 34. I have always thought that the style of an illuminator who depicted a scribe or author-portrait in reverse against a gold ground in a copy of Zachary of Besançon's Gospel Harmony indicates that the artist of the initial had an intimate acquaintance with Mosan models. The manuscript (Doheny Memorial Library, St. John's Seminary, Camarillo, California, MS. 7) does not date before the last quarter of the twelfth century, and Millar thought the book was executed in England. In the fifteenth century, the manuscript belonged to the Benedictine abbey of Abbotsbury in Dorset. See E. G. Millar, *A Descriptive Catalogue of the Western Manuscripts in the Library of A. Chester Beatty*, I, Oxford, 1927, no. 28, pp. 99–101, pl. LXXV; N. R. Ker, *Medieval Libraries of Great Britain*, 2nd edition, London, 1964, p. 1.

15 H. Schnitzler, *Der Schrein des Heiligen Heribert*, Mönchengladbach, 1962, pp. 14–16, and D. Kötzsche in *Rhein und Maas: Kunst und Kultur, 800–1400*, Exhibition Catalogue, Cologne and Brussels, 1972, pp. 277–78, no. H 17.

16 L. Grodecki, "Problèmes de la peinture en Champagne pendant la seconde moitié du XIIe siècle," *Studies in Western Art*, I, *Romanesque and Gothic Art*, Acts of the Twentieth International Congress of the History of Art, Princeton, 1963, pp. 129–41.

17 W. Sauerländer, "Die Marienkrönungsportale von Senlis und Mantes," *Wallraf-Richartz-Jahrbuch*, XX, 1958, esp. pp. 141–62, and more recently, *Gothic Sculpture in France*, pp. 48–50.

18 K. H. Usener, "Kreuzigungsdarstellungen in der Mosanen Miniaturmalerei und Goldschmiedekunst," *Revue Belge d'Archéologie et d'Histoire de l'Art*, IV, 1934, p. 204. For the interpenetration of techniques, see also, J. Stiennon, "La miniature dans le diocèse de Liège aux XIe et XIIe siecles," *L'Art Mosan*, ed. by P. Francastel, Paris, 1953, pp. 97–101. Masai suggests greater credit be given to the role of lay artists in the execution of deluxe manuscripts, "Les manuscrits à peintures de Sambre et Meuse aux XIe et XIIe siècles," *Cahiers de Civilisation Médiévale*, III, 1960, pp. 189–90. For the varied activities of a lay artist, Master Hugo, at Bury St. Edmunds, see C. M. Kauffmann, "The Bury Bible," *Journal of the Warburg and Courtauld Institutes*, XXIX, 1966, pp. 62–64.

19 *Supra*, n. 17.

20 Boase, *English Art*, pp. 181–83; Grodecki, "Problèmes de la peinture en Champagne," pp. 137–40, "c. 1190"; L. M. Ayres, "A Tanner Manuscript in the Bodleian Library and Some Notes on English Painting of the Late Twelfth Century," *Journal of the Warburg and Courtauld Institutes*, XXXII, 1969, pp. 45–48; *The Year 1200*, I, no. 247, pp. 248–49; D. H. Turner, "Manuscript Illumination," *The Year 1200*, II, fig. 180, "about 1180." Grodecki has apparently revised his 1963 dating to "c. 1170–80," in his review of *The Year 1200* exhibition, see L. Grodecki, "L'An 1200," *L'Œil*, no. 185, 1970, p. 9.

21 Reproduced by M.-T. d'Alverny, "The Arabic Impact on the Western World," *The Year 1200*, II, p. 235.

22 Reproduced by Sauerländer, *Von Sens bis Strassburg*, Abb. 58.

23 W. H. Forsyth, "Around Godefroid de Claire," *Bulletin of the Metropolitan Museum of Art*, XXIV, 1966, p. 309, fig. 11. The convention of the gathering or the bunching of folds together in Christ's left hand, the same hand which supports an open book is also found in a Liège miniature now in Cologne. For the Liège Sacramentary, see now A. von Euw, *Rhein und Maas*, p. 204, no. J 21.

24 W. Cahn has promised a study of this artist and set forth some of his preliminary results in a paper delivered in the "Gothic Illumination" session, chaired by R. Branner, of the annual meetings of the College Art Association of America in Washington in 1970.

25 Boase, *English Art*, p. 183.

26 A. Haseloff in A. Michel, *Histoire de l'art*, II (i), Paris, 1906, p. 305, fig. 231, reproduced one of these initial types by the "Simon Master."

27 For the Pauline Epistles from Trinity College, Cambridge, MS. O.5.8., see Ayres, "Tanner Manuscript," pp. 46, 51, n. 43. Abbot Simon employed professional scribes and at least one of his books on which the "Simon Master" worked was written by a professional scribe. For Abbot Simon's activities at St. Albans, see now T. G. Frisch, *Gothic Art, 1140–c. 1450, Sources and Documents*, ed. by H. W. Janson, Englewood Cliffs, N. J., 1971, p. 39.

28 J. Porcher, *Les manuscrits à peintures en France du VIIe au XIIe siècle*, Exhibition Catalogue, 2nd edition, Paris, 1954, p. 60, no. 140.

29 A. Haseloff, *Histoire de l'art*, p. 309; Boase, *English Art*, p. 183. For another

Parisian example of the decorative nude figures hanging from initials, see R. Schilling, "The *Decretum Gratiani* formerly in the C. W. Dyson Perrins Collection," *Journal of the British Archaeological Association*, XXVI, 1963, p. 38, n. 2, pl. XXV (2).

30 L. Delisle, "Inventaire des manuscrits de l'abbaye de Saint-Victor conservés à la Bibliothèque Impériale, sous les numéros 14232–15175 du fonds latin," *Inventaire des manuscrits latins*, Paris, 1869, p. 50.

31 For the Harley Treatise illustration, see most recently, Deuchler, *Ingeborgpsalter*, Abb. 213.

32 H. Swarzenski, "The Song of the Three Worthies," *Bulletin of the Museum of Fine Arts, Boston*, no. 56, 1958, p. 33, fig. 1; Swarzenski in the second edition of *Monuments of Romanesque Art* dates the plaque, fig. 368, "c. 1160," and there gives references to subsequent bibliography.

33 For these works see, *Trésors d'art de la vallée de la Meuse*, Exhibition Catalogue, Paris, 1951/52, no. 54, pl. 5; Swarzenski, *Monuments of Romanesque Art*, figs. 259, 396; *Rhein und Maas*, pp. 254, 296.

34 See now with references to earlier bibliography, Kötzsche, *Rhein und Maas*, pp. 268–69, no. H 6.

35 S. Collon-Gevaert, J. Lejeune and J. Stiennon, *Art roman dans la vallée de la Meuse aux XIe, XIIe, et XIIIe siècles*, 4th edition, Brussels, 1966, pp. 240–41, no. 45.

36 *Ibid.*, pp. 204–05, no. 30; Swarzenski, *Monuments of Romanesque Art*, figs. 396–399. Art historians seem to be veering away from the term "Style Godefroy" and, at present, seem much interested in examining the rich diversity of Mosan trends and influences in the mid-twelfth and second half of the twelfth century before the emergence of Nicholas of Verdun's new idiom. For a concise summary, see W. Sauerländer, *La sculpture médiévale*, Paris, 1965, p. 82. Also, see P. Lasko, "The Pentecost Panel and Godefroid de Claire," *The Connoisseur Year Book*, 1966, pp. 45–51.

37 For the thirteenth century, see the brief remarks by C. Nordenfalk, "Französische Buchmalerei, 1200–1500," *Kunstchronik*, IX, 1956, pp. 181–82, and more recently, L. M. Ayres, "The Miniatures of the Santa Barbara Bible: A Preliminary Report on a Parisian Atelier," *Soundings: Collections of the University of California Library, Santa Barbara*, III (2), 1971, pp. 4–21.

38 E. Panofsky, *Abbot Suger on the Abbey Church of St. Denis and its Art Treasures*, Princeton, 1946, pp. 56–61, 176–78, 182, for Suger's Great Cross. In addition, L. Grodecki, "Les vitraux allégoriques de Saint-Denis," *Art de France*, I, 1961, p. 41, n. 210, observes a more Mosan character in the style of the well-known "Signum Tau" glass panel interpreting Ezekiel 9:2–4 at St. Denis.

39 *Supra*, n. 15.

40 D. H. Turner, *Romanesque Illuminated Manuscripts in the British Museum*, 1966, pp. 14–15; Deuchler, *Ingeborgpsalter*, pp. 135–36. L. Grodecki, "Le Psautier de la Reine Ingeburge et ses problèmes," *Revue de l'art*, no. 5, 1969, p. 77, expresses a more reserved attitude about the importance of the Harley Medical drawings for understanding the antecedents of the Ingeborg atelier.

41 Deuchler, *Ingeborgpsalter*, pp. 116–45; "The Artists of the Ingeborg Psalter," *Gesta* IX (2), pp. 57–58.

42 See J. Bony, "The Transition from Romanesque to Gothic: Introduction," *Studies in Western Art*, I, p. 81.

43 Sauerländer, *Gothic Sculpture in France*, pp. 51, 418–19.

44 R. Haussherr, Review of Deuchler, *Der Ingeborgpsalter*, in *Zeitschrift für Kunst-*

geschichte, XXXII, 1969, pp. 51–59. For Deuchler's arguments regarding localization, see *Ingeborgpsalter*, pp. 145–47.

45 M. Schapiro, Review of Deuchler, *Der Ingeborgpsalter*, in *Cahiers de Civilisation Médiévale*, XV, 1972, p. 151.

46 See the author's unpublished doctoral dissertation, *Studies on the Winchester Bible*, Harvard University, 1970.

47 Swarzenski, *Monuments of Romanesque Art*, figs. 540–43.

48 E. Greenhill, "The Provenance of a Gothic Head," *The Art Bulletin*, XLIX, 1967, pp. 101–109, and Sauerländer, *Gothic Sculpture in France*, pp. 453, 456.

49 C. Nordenfalk, "Insulare und kontinentale Psalterillustrationen aus dem XIII. Jahrhundert," *Acta Archaeologica*, X, 1939, p. 109.

50 G. Haseloff, *Die Psalterillustration im 13. Jahrhundert*, Kiel, 1938, pp. 77–78. For Porcher's more cautious appraisal of the situation, see Porcher, *French Miniatures*, p. 39.

51 O. Pächt and J. J. G. Alexander, *Illuminated Manuscripts in the Bodleian Library, Oxford*, III (British, Irish, Icelandic Schools with Addenda to Volumes I and II), Oxford, 1972, no. 385, p. 37, pl. XXXIV.

52 Haseloff, *Die Psalterillustration*, pp. 78–79, Taf. 6 (Ps. 109). A palaeographical study of the Kennicott Bible might give us an indication of the nationality of its scribe, but there remains the example of Manerius of Canterbury who probably worked on the continent at about this time on a Bible now in Paris (Bibliothèque Sainte-Geneviève, MSS. 8–10). For the Manerius Bible, see Dodwell, *Canterbury School*, pp. 109–11, and R. Branner, "The Manerius Signatures," *The Art Bulletin*, L, 1968, p. 183. The Kennicott Bible follows the liturgical scheme of psalter division; Psalms 51 (52) and 101 (102) are given no decorative accent.

53 Deuchler, *Ingeborgpsalter*, assigns the Annunciation miniature in the Ingeborg Psalter to the hand of the "elder" master, pp. 120–22, Abb. 19.

54 Deuchler, *Ingeborgpsalter*, p. 180.

55 F. Avril has kindly informed me that material exists aplenty in this area.

56 See Sauerländer's apt summary in *The Art Bulletin*, LIII, 1971, p. 514. "If the name 'Nicholas of Verdun' is to retain any specific meaning, care should be taken not to attribute all Mosan or Rhenish works around 1200 to him or his workshop."

57 Kitzinger, "Byzantine Contribution," p. 41.

58 The wall-paintings are reproduced by O. Demus, *Romanesque Mural Painting*, London, 1970, pp. 124–25, 509–11, colorplate opposite p. 127, giving a date for the paintings "last decade of the twelfth century," and by Oakeshott, *Sigena*, pp. 130–36, who dates these wall-paintings by the Morgan Master, "c. 1170–80."

59 Giraldus Cambrensis, *De Principis Instructione Liber* (Rolls Series, XXVI, *Giraldi Cambrensis Opera*, 8), ed. by G. F. Warner, London, 1891, p. 203.

60 G. F. Warner and H. J. Ellis, *Facsimiles of Royal and Other Charters in the British Museum*, London, 1903, I, no. 67, pl. XLIII. A Schwarzrheindorf seal has recently been discussed in the context of Nicholas of Verdun's early development. See H. Schnitzler, *Der Meister des Dreikönigen-Schreins*, Exhibition Catalogue, Cologne, 1964, p. 422, Abb. 24.

61 S. Cockerell, *Catalogue of Exhibition of Illuminated Manuscripts*, Burlington Fine Arts Club, London, 1908, p. 39, no. 80, "c. 1180"; J. Plummer, *Treasures from the Pierpont Morgan Library*, Exhibition Catalogue, New York, 1957, p. 16, no. 15, pl. 13, "about 1185"; J. Hoffeld in *The Year 1200*, I, pp. 260–61, no. 259,

"c. 1185." The dating of the Winchester Bible miniatures is crucial for our understanding of English painting in the last quarter of the twelfth century. Oakeshott has now advanced the date for the writing of the Winchester Bible and quotes Ker, "the main hand (of the text) of the Winchester Bible 'could itself be moved forward to a date as late as 1170'." See W. Oakeshott, "The Sigena Paintings and the Second Style of the Rubrication in the Winchester Bible," *Kunsthistorische Forschungen Otto Pächt*, Salzburg, 1972, pp. 90–98. Ker, on the other hand, *English Manuscripts in the Century after the Norman Conquest*, Oxford, 1960, pp. 51–52, has observed that another scribe who wrote a portion of the Winchester Bible at the end of volume one in the interior text column of folio 213v and on folio 214 is a hand which is "probably not earlier than 1170." The text of the Book of Malachi begins in the exterior text column of folio 213v (Quire 27, leaf 5); a more conservative book hand writes the text of Malachi to the bottom of the exterior text column. He stops writing in the midst of the word "*solitu*dinem." The more modern scribe, "probably not earlier than 1170," picks up the text of Malachi 1:3 at the top of the interior text column of folio 213v, completing the word "solitu*dinem*" with "dinem." The younger hand executed the remainder of the text of Malachi which ends on folio 214, the last leaf of volume one of the Winchester Bible. The question immediately arises as to whether scribes of older and younger orientation could have been working on the manuscript at the same time? The younger scribe's work at Malachi is not simply a matter of text correction, writing supply leaves, or placing titles for rubrication in margins but rather is directly related to the original sequence of the Bible text at the end of volume one. In addition, in the St. Victor Pauline Epistles different rubrication and artistic styles are evident and seem to indicate collaborative effort rather than a series of decorative campaigns. The St. Victor manuscript, among others, shows a co-existence of different artistic styles in the same book. We wonder whether we need any longer necessarily think in terms of a series of decorative campaigns as far as the miniatures of the Winchester Bible are concerned? I will pursue this question further in another study.

O. Demus

Zu Nikolaus von Verdun

In seinen »Monuments of Romanesque Art« bildet Hanns Swarzenski (Plate 219)[1] zwei Details aus Werken des Nikolaus von Verdun ab, dem »Marienschrein« von Tournai[2] *(Abb. 1)* und dem Klosterneuburger Ambo[3] *(Abb. 2)*. Eines der Reliefmedaillons des Schreines stellt die Frauen am Grabe dar, und diese Szene ist auch das Thema der 2. Abbildung, einer erst kurze Zeit vorher aufgefundenen und vom Verfasser dieser Zeilen publizierten »Vorzeichnung« auf der Rückseite einer der Klosterneuburger Emailtafeln[4]. Die Konfrontation der beiden Darstellungen des Ostermorgens ist wie nicht leicht eine andere ausgezeichnet geeignet, den ganz außerordentlichen Abstand zwischen dem Früh- und dem Spätwerk des großen Künstlers zu veranschaulichen.

Die Werke, zu denen die beiden Darstellungen gehören, sind mit aller wünschenswerten Klarheit datiert. Beide tragen ausführliche Inschriften, die das Jahr der Vollendung angeben – 1181 für den Ambo, 1205 für den Schrein. Die letztere Inschrift ist zwar erneuert, ihre Authentizität ist aber gut bezeugt und

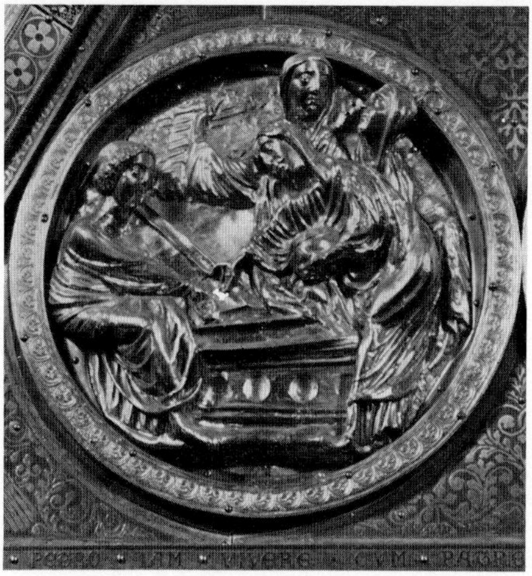

Abb. 1 Tournai, Marienschrein, Detail

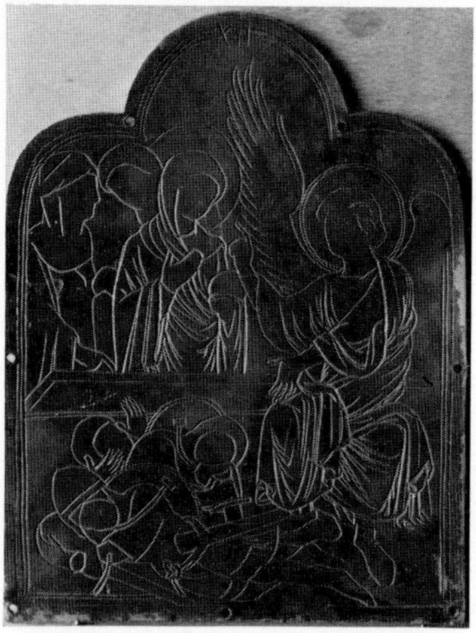

Abb. 2 Klosterneuburg, ehem. Ambo. Vorgravierung. Frauen am Grab

nie angezweifelt worden[5]. Durch den Restaurierungsbericht von 1892 ist auch die vergleichsweise Unberührtheit des Medaillons mit den Frauen am Grab gesichert.

Schwieriger liegt die Frage der Datierung bei der Klosterneuburger Vorzeichnung, wo die Möglichkeit nicht von vornherein auszuschließen wäre, daß es sich dabei (wie bei dem zerschnittenen Email der Geburt Christi auf der Rückseite der Grablegung[6]) um ein nur zufällig unter das für den Ambo bestimmte Material, den Vorrat von Kupferplatten, geratenes Stück mit einer älteren Gravierung handeln könnte. Eine genauere Analyse des Bestandes zeigt aber, daß dieser Verdacht durchaus unbegründet ist, daß die Vorzeichnung vielmehr zweifellos im Verlauf der Arbeit an dem Ambo entstand und aus ganz bestimmten Gründen verworfen wurde. Von theologischer Seite wurde dazu der Gedanke geäußert, die vorbereitete Komposition der drei Frauen am Grabe sei auf Wunsch des Auftraggebers oder des das Programm erstellenden Theologen ausgeschieden worden, weil in ihr die Hauptfigur der Reihe »sub gratia«, Christus selbst, nicht dargestellt sei – eine Erklärung, gegen die einzuwenden ist, daß Christus auch in der Pfingstdarstellung, der Engeltafel des Jüngsten Gerichtes und natürlich auch in der Verkündigung fehlt. Interessanter ist eine zweite Hypothese[7], derzufolge die Szene der Frauen am Grab ursprünglich die Stelle des letzten Emails der Reihe »sub gratia« in der Mitteltafel hätte einnehmen sollen, die Stelle der Auferstehung Christi. Während der Arbeit sei Nikolaus mit dem damals neuen Darstellungstypus der Auferstehung – als der siegreich aus dem Sarkophag heraussteigenden Gestalt Christi, bekanntgeworden und habe die »veraltete« Darstellung der Frauen am Grab durch die neue Komposition ersetzt. Dieser Erklärungsversuch trägt allerdings einer Reihe von Fakten nicht Rechnung, vor allem nicht der Triadenstruktur, welche die Zusammenstellung der Benedictiones Jacob (ante legem) und Samsons mit den Toren von Gaza (sub lege) mit der Szene der Frauen am Grabe sowohl ikonographisch als auch formal verboten hätte. Aber auch andere Überlegungen sprechen gegen diesen Vorschlag. Die Betrachtung der Rückseiten der Emails der sub-gratia-Reihe zeigt nur in einem Fall eine Anomalie: die Rückseite der Grablegung trägt die Reste eines großformatigen, stilistisch älteren Emails mit der Geburt Christi, das für seine Verwendung beschnitten wurde. Der Verdacht liegt nahe, daß gerade an dieser Stelle eine Abänderung erfolgte. Die ikonographische Betrachtung macht diesen Verdacht zur Gewißheit.

Der Vorgang wäre wohl so vorzustellen, daß Nikolaus seinen Auftrag offenbar auf Grund eines von einem Klosterneuburger Theologen[8] verfaßten Programmes ausführte, das sich bei den geläufigen Darstellungen des christologischen Zyklus vorerst auf die in den Unterschriften gegebenen einfachen Bildtitel wie »Baptismus Christi« für die Taufe, »Dies Palmarum« für den

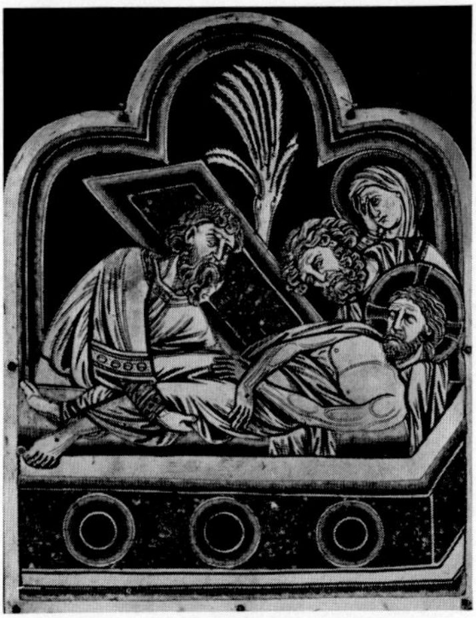

Abb. 3 Klosterneuburg, ehem. Ambo.
Grablegung Christi

Einzug in Jerusalem, »Cena Domini« für das Abendmahl, »Passio Domini« für die Kreuzigung etc. beschränkte. Der Titel für die an dieser Stelle durch die »Typen« (Joseph wird in den Brunnen, Jonas ins Meer gesenkt) geforderte Darstellung der Grablegung Christi lautete (und lautet auch heute) »Sepulcrum Domini« *(Abb. 3)*, eine Bezeichnung, die gerade in der nordwesteuropäischen Heimat des Künstlers mit der Darstellung der Frauen am Grab verbunden wurde[9]. Es lag also für Nikolaus außerordentlich nahe, den Bildtitel auf die gewohnte Weise als »Grab Christi«, das ist also das leere Grab mit den heiligen Frauen, dem Engel und den Grabwächtern zu interpretieren und nicht als die durch die Konkordanz (Joseph, Jonas) geforderte Grablegung. Im weiteren Verlauf könnten dem Meister während der Arbeit selbst Bedenken aufgestiegen sein und er könnte die sinngemäße Umwandlung der Frauen am Grab in die Grablegung mit oder ohne Rückfrage beim Auftraggeber vorgenommen haben, oder aber es könnte in einem Frühstadium der Arbeit eine Begutachtung und Korrektur durch den Auftraggeber erfolgt sein. Jedenfalls ist anzunehmen, daß die Gravierung mit den Frauen am Grabe ursprünglich für den Antitypus »Sepulcrum Domini« bestimmt war und nach Richtigstellung des Irrtums durch die Grablegung Christi ersetzt wurde. Die Richtigkeit dieser Annahme wird, wie gesagt, durch den Fund des verschnittenen Emails der Rückseite bestätigt. Die Verwendung dieses Fragments ist wohl dadurch zu erklären, daß der Vorrat an Kupferplatten, der dem Meister zur Verfügung stand, knapp war und daß er deshalb für den Ersatz der

»Frauen am Grab« keine neue Platte verwenden konnte; dabei scheint er die Absicht gehabt zu haben, die Vorgravierung (für eine spätere Verwendung) aufzubewahren, sah sich aber dann, am Ende der Arbeit, doch noch gezwungen, die Platte als Material zu verwenden: sie wurde für das allerletzte Email, die Darstellung des Höllenrachens, herangezogen.

Damit ist auch für die Vorgravierung die Gültigkeit des Terminus ante, oder ad quem erwiesen – die beiden Darstellungen der Frauen am Grab Christi in Klosterneuburg und Tournai sind also durch etwa ein Vierteljahrhundert voneinander getrennt. Diese zeitliche Differenz macht sich auch in der Gegenstandsinterpretation der beiden Werke fühlbar.

Gewisse Unterschiede sind freilich durch das verschiedene Format zu erklären – das Kreisrund in Tournai, die oben mit einem Dreipaßbogen geschlossene Rechtecktafel in Klosterneuburg. Der Medaillonrahmen scheint eine stärker zentrierte, verflochtene Kurvenkomposition zu bedingen, das Rechteck eine Betonung der Ordinaten. Dabei handelt es sich aber nur um nahegelegte Möglichkeiten: Ein Blick auf die Rundscheibe mit dem gleichen Thema vom Aachener Kronleuchter *(Abb. 4)* zeigt, daß auch ein sehr bedeutender Künstler wenige Jahrzehnte vorher die Anregung des Formats fast gänzlich außer acht lassen konnte.

Der grundlegende Unterschied zwischen den beiden Darstellungen in Tournai und Klosterneuburg liegt im Verhältnis der Figuren zum Geschehen und zueinander. In Tournai ist der Engel nicht das unnahbar thronende Wesen aus einer anderen Welt, wie in Klosterneuburg; die Flügel sind verkümmert (z. T. auch schlecht erhalten), die Gestalt weist nicht mit feierlich sprechender Segensgebärde auf den leeren Sarg, sondern wendet sich mit erklärender Geste an die ihn – auch der Körpergröße nach – überragenden Frauen. Diese sind in Stellung und Gehaben reich differenziert: eine beugt sich mit vorgestreckter Hand über den Sarkophag, die zweite hebt bezeugend die Rechte, die dritte blickt, zum Fliehen gewendet, zurück. So sind drei verschiedene Projektionen des Antlitzes dargestellt, Profil, en face, Dreiviertelprofil. Auch räumlich ist ein kompliziertes Vor- und Hintereinander gegeben, das eine beträchtliche Raumtiefe impliziert: Eine Figur steht vor dem Sarkophag, die beiden anderen treten, in nicht leicht aufzulösender Schichtung, in den Hintergrund.

Demgegenüber sind Gestik und räumliche Stellung der Figuren auf der Klosterneuburger Platte – trotz größerer Figurenzahl durch Hinzufügung dreier Wächter – wesentlich einfacher. Zwar sind auch hier die Köpfe der drei Frauen in der Projektion variiert, vom Profil zum Fast-en face, aber die Figuren stehen und sitzen aufrecht, und die ganze Szene ist in klar getrennten Schichten angeordnet. Auch im Ikonographischen folgt Nikolaus in der Klosterneuburger Gravierung dem fest etablierten Schema der westlichen Romanik. Vom gebräuchlichen byzantinischen Typus unterscheidet sich dieses

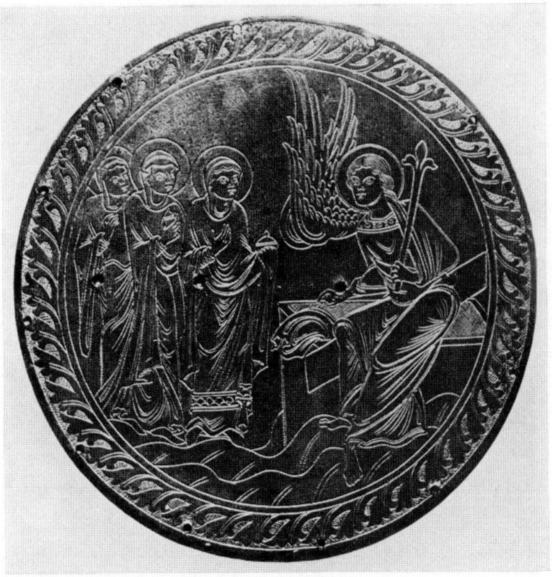

Abb. 4 Aachen, Münster, Radleuchter.
Bodenplatte mit Frauen am Grab

Schema durch die Dreizahl der (vom Sarkophag überschnittenen) Frauen (nach Marcus 16, 1), das Fehlen des Grabfelsens mit der Höhlenöffnung, die erhobene Rechte des den Frauen zugekehrten Engels (statt der quer über den Körper auf das leere Grab weisenden Hand). Ähnliche Lösungen finden sich in dem etwa 20 Jahre älteren Antiphonar von St. Peter in Salzburg[10], der Emailtafel des Trierer Domschatzes[11], dem Gregorius Tragaltar[12] und dem Mauritius Tragaltar in Siegburg[13] (alle seitenverkehrt) und, mit gewissen Unterschieden, in einer der Bodenplatten des Aachener Barbarossaleuchters[14] *(Abb. 4)*. Diese Unterschiede bestehen vor allem im Fehlen der Wächter, in der Geste des Engels und darin, daß die drei Frauen in ganzer Figur erscheinen und nicht vom Sarkophag überschnitten sind.
Trotz diesen Unterschieden eignet sich die Aachener Platte besonders gut zum Vergleich mit der Klosterneuburger Gravierung, da es sich auch hier um ein Werk höchster Qualität handelt und dazu noch um ein technisch sehr verwandtes Erzeugnis, das seiner Entstehungszeit (ca. 1165–70) nach der Klosterneuburger Ritzzeichnung recht nahe steht. Die Scheibe ist eine der acht runden Bodenplatten (der Türmchen) des nach der Inschrift von Friedrich Barbarossa und seiner Gemahlin Beatrix der Aachener Münsterkirche um

1165/70 gewidmeten Radleuchters, eines Abbildes des himmlischen Jerusalem. Vom ursprünglichen, reichen figürlichen Schmuck sind außer den acht Rundscheiben (mit den Szenen der Verkündigung, Geburt, Anbetung der Könige, Kreuzigung, der Frauen am Grabe, der Himmelfahrt, des Pfingstfestes und der Majestas Domini) noch acht weitere, teils quadratische, teils vierpaßförmige Platten mit Personifikationen der Seligpreisungen nach Matthäus 5, 3–10, erhalten. Dieser Bestand läßt sich auf mehrere Hände aufteilen: der bedeutendste von den beteiligten Künstlern schuf, neben drei Seligpreisungen (die Gerechtigkeitsliebenden, die Trauernden und die Sanftmütigen), die Szenen der Verkündigung und der Frauen am Grab. Ob er mit jenem Wibertus zu identfizieren ist, der nach Ausweis einer aus dem Ende des 12. Jahrhunderts stammenden Aachener Nekrologiumeintragung »die größte Mühe und Arbeit auf den Kronleuchter« (und andere Aachener Werke) »verwendet und alles glücklich zustande gebracht hat«, oder ob Wibertus nur der »Unternehmer« war (– er war Bruder eines Stiftskanonikus Stephan –), ist nicht mit Sicherheit festzustellen. Wohl aber ist evident, daß dieser und die mit ihm arbeitenden Künstler unter dem beherrschenden Einfluß des bedeutendsten mosanischen Kunstzentrums, Lüttich, standen. V. Griessmaier[15] hat als erster auf die engen ikonographischen und gestaltlichen Beziehungen zur Bibel von Floreffe hingewiesen, und auch spätere Bearbeiter betonen durchweg die stilistische Verwandtschaft mit Emailarbeiten und Buchmalereien des Maasgebietes. Auch das ikonographische Schema der »Frauen am Grabe« deckt sich mit jenem mosanischer Arbeiten.

Die Aachener Darstellung ist insofern altertümlicher, als der Zeigegestus des Engels betont wird, entgegen dem Rede- und Grußgestus der Klosterneuburger Platte, vor allem aber auch insofern, als der Künstler keinen Versuch macht, die Stellungen und Gesten der drei Frauen differenzierend voneinander abzuheben. Im Gegenteil; er erzielt einen sehr wesentlichen Effekt, eine bedeutende Ausdruckssteigerung, gerade durch die fast stereotype Wiederholung von Haltung, Geste und Gesichtsausdruck: das ängstliche, zaudernde Herannahen, das fragende Staunen der Frauen wird auf diese Weise höchst eindrucksvoll dargestellt. Gegenüber dieser hochromanischen Intensivierung durch Wiederholung wirkt die angedeutete Variation in der körperlichen und seelischen Haltung der Frauen in Klosterneuburg fast anekdotisch. Das Streben nach psychologischer Differenzierung zwingt zur Aufgabe älterer Wirkungsmöglichkeiten. Dem gespannten Herannahen der Frauen in der Aachener Rundscheibe, ihrer aus Schüchternheit und Insistenz gemischten Attitude, antwortet die Haltung des Engels mit der leidenschaftliche Beteiligung ausdrückenden Vorneigung, die noch durch das überaus seltsame Vorziehen der beiden hochgestreckten Flügel unterstrichen wird. Verglichen mit dieser von ihrer Botschaft ganz erfüllten Gestalt wirkt die majestätische Figur des Klosterneuburger Engels kühl und feierlich. Also ein Abfall an Expression, an Intensität? Doch wohl nur im Schema. Es genügt, einen Blick auf die vollendeten Emails des Ambo zu werfen, um sicher zu sein, daß Nikolaus auch diese kühle Vorzeichnung mit jener Erregung und jenem Feuer erfüllt hätte, die alle Darstellungen beleben, mit alleiniger Ausnahme der beiden Platten mit dem secundus adventus und dem Weltrichter, die ganz auf feierliche Repräsentation abgestellt sind. Es ist ein Merkmal der herannahenden Klassik des »style 1200«, daß die Kompositionen spannungsloser, neutraler werden und daß die Spannung von der Großform in die Kleinform, vom Kompositionellen ins Psychologische verlegt wird. Das belebende Element in der Szene der Frauen am Grab würde auch Nikolaus wohl in erster Linie in die Gesichtszüge gelegt haben, die nur im Umriß gegeben sind.

Überhaupt muß man sich bei der Betrachtung der Gravierung und insbesondere bei dem Vergleich mit der Aachener Bodenplatte stets vor Augen halten, daß die Klosterneuburger Gravierung auch als Vorzeichnung unvollendet ist, während das Aachener Medaillon ein fertiges Kunstwerk darstellt, bei dem der Künstler alle beabsichtigten Wirkungsmittel voll zum Einsatz gebracht hat. Über diesen fundamentalen Unterschied darf auch die Verwandtschaft der technischen Mittel (Tremolierstich auf Kupfer) nicht hinwegtäuschen. Wichtig ist auch die Tatsache, daß die Gravierung in Klosterneuburg nicht gleichmäßig vorangetrieben ist: der Engel und die vorderste der drei Frauen sind verhältnismäßig weit gefördert, jedenfalls so weit, daß das Relief der Figuren und der Verlauf der Draperie klar angegeben sind. Weniger klar sind die schlafenden Wächter definiert – hier wird übrigens vieles der Oberflächendifferenzierung und der farbigen Behandlung überlassen gewesen sein, so daß mit Ausnahme der Gesichter und Hände nicht wesentlich mehr an Zeichnung erforderlich war – eine Vorstellung der vollendeten Figuren kann mit Hilfe der analogen Gestalten in der Auferstehung (agnus paschalis) gewonnen werden. Nur im allgemeinsten angelegt sind die beiden restlichen Figuren der heiligen Frauen – hier ist gerade so viel gegeben, daß die Hauptmotive geklärt sind. Aber auch bei den vergleichsweise vollendeten Figuren fehlt noch vieles: der abwärts gerichtete Flügel des Engels ist nur durch den oberen Kontur angedeutet, die Umrisse von Haar, Händen und Gesichtern sind leer gelassen.

Die Fortsetzung der Arbeit muß man sich technisch so vorstellen, daß der ganze Grund vertieft wurde, um mit blauem Email, und der Sarkophag, um mit farbigem Email gefüllt zu werden; daß aber auch die Binnenzeichnung noch tiefer einzugravieren war, wobei die Verschiedenheit an Stärke und Tiefe der Gravierung für das An- und Abschwellen des Lineaments zu sorgen hatte. Eine in verschiedenen Stadien unvollendet gebliebene Ornamentplatte

(Rückseite) kann die Vorstellung dieses weiteren Arbeitsvorganges unterstützen[16].

Eine ähnliche Klassizität, wie sie die Komposition beherrscht, äußert sich auch in der Formensprache, im eigentlich Stilistischen, vor allem in der Linienführung der Draperie. Auch hier ist der Vergleich mit der Aachener Platte aufschlußreich. Dort begegnet die typische Formstruktur der Maaskunst, mit parallelen Kurvensystemen, die aus Doppellinien gebildet sind, mit ausstrahlenden Fächermustern und, vor allem, mit geschlossenen Ellipsen zur Bezeichnung einzelner Glieder – am deutlichsten am Oberschenkel des Engels; dazu kommen byzantinisierende Röhrenfalten, Zickzacksäume und kurvig wegspringende Faltenzipfel (Bahrtuch). Von all diesem Formelrepertoire ist in der Klosterneuburger Gravierung nichts zu finden. Hier herrscht eine viel größere Freiheit, Lockerheit – angesichts des hochgezüchteten formalen Manierismus der Aachener Platte möchte man fast von »Formlosigkeit« sprechen, wenn dieser terminus nicht mißverständlich wäre. Die Freiheit vom Formel- und Formzwang ist nicht bloß eine Folge der »Skizzenhaftigkeit« der Vorzeichnung, da ja auch die vollendeten Emails des Ambo eine ähnliche »klassische« Freiheit zeigen. Immerhin sind die letzteren doch stärker formalisiert als die »Vorzeichnung«: was in den ausgeführten Emails sorgfältig ziselierte, innervierte und formzeichnende »Linie« ist, ist in der Gravierung vielfach noch »Strich«. Die »Skizze« ist trockener, weniger »temperamentvoll« als das vollendete Werk.

In dieser Hinsicht ist die Vorzeichnung des Nikolaus nicht etwa eine Ausnahme: dieses Verhältnis zwischen Vorzeichnung und vollendetem Werk ist geradezu typisch für den künstlerischen Arbeitsvorgang in der Romanik, der nicht nur, wie häufig auch in anderen Perioden, aus dem Allgemeinen ins Besondere, sondern auch von der offenen Form zum »Stil« führt; typisch vor allem für einen Schaffensvorgang, der nicht von der Einzelstudie ausgeht, sondern vom Simile. Besonders deutlich ist das dort zu beobachten, wo Vorzeichnung und endgültiges Lineament über- und nebeneinander erhalten sind, wie so häufig in romanischen Wandmalereien. Erst in der »Überzeichnung« wird der die Form nur allgemein festlegende Strich zur Linie ziseliert; die oft beträchtliche Abweichung der Überzeichnung von der Vorzeichnung kann geradezu als Gradmesser der Veredelung des Lineaments, und damit als Gradmesser der künstlerischen Qualität dienen[17].

Keine vollendete Ziselierung der Linie hätte aber die Klosterneuburger Vorzeichnung der Aachener Gravierung näher gebracht. Der tiefgehende Unterschied der beiden Darstellungen ist nicht eine Funktion des Vollendungsgrades, nicht auch nur eine solche des zeitlichen Abstandes, sondern auch eine Folge der Zugehörigkeit zu zwei verschiedenen Kunstkreisen. So wie sich die plastischen Figuren des Dreikönigschreins von den mosanischen oder mosanisch beeinflußten vier Elementen in München oder den Zwickelfiguren des Annoschreins absetzen, so unterscheidet sich auch die Klosterneuburger Vorzeichnung von der Aachener Gravierung durch das völlige Fehlen spezifisch mosanischer Formen. Nicht an der Maas, sondern in Nordfrankreich sind die Parallelen zum Stil der kostbaren Gravierung zu suchen; ihr Nachweis wäre freilich eine Aufgabe, die in Angriff zu nehmen im Rahmen dieses Glückwunsches für Hanns Swarzenski, den großen Kenner all dieser Probleme, wohl allzu kühn wäre!

Anmerkungen

1 *H. Swarzenski,* Monuments of Romanesque Art. The Art of Church Treasures in Northwestern Europe. 1. Ed., Chicago, 1954.

2 Bibliographie bei *H. Swarzenski,* l. c., p. 82; *Rhein und Maas.* Kunst und Kultur 800–1400. Katalog der Ausstellung Köln, 1972, K 5, p. 323 ff.

3 Bibliographie bei *H. Swarzenski,* l. c., p. 82; *O. Demus,* »Neue Funde an den Emails des Nikolaus von Verdun in Klosterneuburg«. Österr. Zeitschrift für Denkmalpflege, 5, 1–2, 1951, p. 13 ff.; *F. Röhrig,* Der Verduner Altar. 2. Aufl., Klosterneuburg, 1955; *J. M. Fritz,* Gestochene Bilder. Köln–Graz, 1966, p. 30 f.

4 *O. Demus,* l. c., p. 17 ff.

5 Cf. den Restaurierungsbericht von *L. Cloquet,* »La Châsse de Notre Dame de Tournai.« Révue de l'art chrétien, 35, 1892, p. 308 ff.

6 *O. Demus,* l. c., p. 20 f., Abb. 28; *O. Demus,* »Zu zwei Darstellungen der Geburt Christi am Klosterneuburger Ambo«. *Gedächtnisschrift für J. Hoster,* im Druck.

7 Diese Hypothese wurde im Rahmen eines Seminars am Kunsthistorischen Institut der Universität Wien vertreten.

8 *H. Buschhausen,* »The theological sources of the Klosterneuburg Altar«. In Bd. 3 der *Cloisters Studies in Mediaeval Art,* im Druck.

9 Zur Ikonographie der Frauen am Grab (außer den ikonographischen Lexika) vgl. für Byzanz: *G. Millet,* Iconographie de l'Évangile. 2e éd., Paris, 1960, p. 517 ff. Beispiele für die Beischrift »Sepulchrum Domini«: Mauritiustragaltar, Siegburg; Tragaltar, Mönchen-Gladbach; Emailplatten in New York, Metropolitan Museum (17.190.419) und Museo Sacro Vaticano.

10 *O. Demus,* in: Das Antiphonar von St. Peter. Codices Selecti 21. Graz, 1973. Im Druck.

11 *H. Schnitzler,* Rheinische Schatzkammer. Die Romanik. Düsseldorf, 1959, Taf. 9.

12 *ibidem,* Taf. 154.

13 *ibidem,* Taf. 155.

14 Bibliographie in: *Rhein und Maas,* l. c., H. 6, p. 268 f. Abb. aller Platten in F. *Bock,* Der Kronleuchter Kaiser Friedrich Barbarossas im Karolingischen Münster zu Aachen. Leipzig, 1864. (Die Tafeln von den Platten direkt abgezogen.)

15 *V. Griessmaier,* »Zu den Gravierungen des Aachener Kronleuchters«. *J. Strzygowski-Festschrift,* Klagenfurt, 1932, p. 72 ff.

16 *O. Demus,* »Neue Funde«, l. c., Abb. 30.

17 *O. Demus,* Romanische Wandmalerei. Photos M. Hirmer, München, 1968, p. 41.

Dietrich Kötzsche

Fragmente eines romanischen Emailwerkes

I.

Zu den seit 1945 verschollenen Fragmenten romanischer Goldschmiedearbeiten im Berliner Kunstgewerbemuseum, die teilweise noch in Photographien überliefert sind, gehört auch eine oblonge Grubenschmelzplatte ungewöhnlicher Größe mit den Figuren von sechs Propheten, die in einer Arkadenreihe sitzen[1] *(Abb. 1)*. Sie wenden sich paarweise einander zu und halten Schriftbänder mit ihren Namen; von links nach rechts: MOYSES, DAVID *(Abb. 2)*, MALACHIAS, AMOS *(Abb. 3)*, ZACHARIAS und IONAS *(Abb. 4)*. Mit Ausnahme von Moses, der auf einem Hügel sitzt, thronen sie auf reich geschmückten Sitzen, die bei David und Jonas durch größeren Zierat hervorgehoben sind. Die Propheten tragen Tunika und Mantelpallium, bis auf David, der in königlichem Ornat erscheint und mit den königlichen Insignien ausgestattet ist, sowie Jonas, der nur mit einem Mantel bekleidet ist.

Die Photographie läßt deutlich erkennen, daß an den Figuren nur die Köpfe, die Hände, die Füße und der unbekleidete Körper, ein Teil der Ornamentik, die Insignien Davids und die Dächer der Architekturen in den Bogenzwickeln der Arkaden im Metall ausgespart, graviert und vergoldet sind; alles übrige ist in zumeist mehrfarbiger Schattierung emailliert, der Grund einfarbig ausgeschmolzen. An den Längskanten säumt die Darstellung eine breite Rahmenleiste mit geperltem Rand. Befestigungslöcher befinden sich an den Ecken der Platte und in der Mitte im Rahmen.

Im handschriftlichen Inventar des Berliner Kunstgewerbemuseums, der einzigen erhaltenen archivalischen Überlieferung zu dieser Emailplatte, ist zum

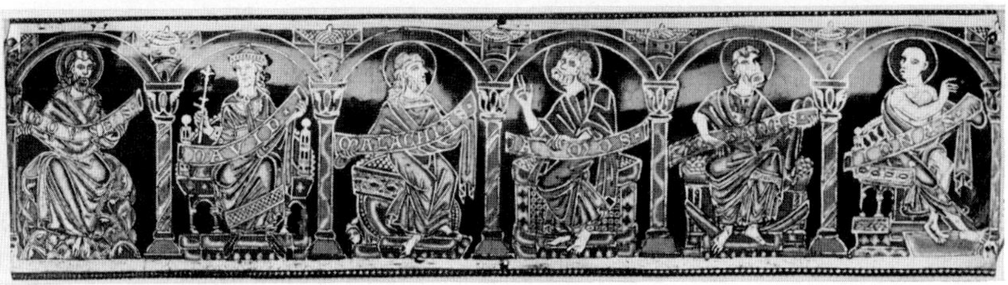

Abb. 1 Grubenschmelzplatte, Maasgebiet um 1160–1170. Ehem. Berlin, Kunstgewerbemuseum

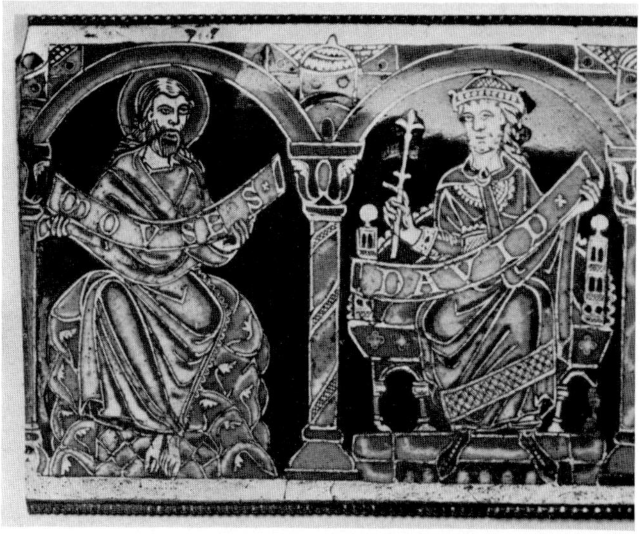

Abb. 2 Detail aus Abb. 1

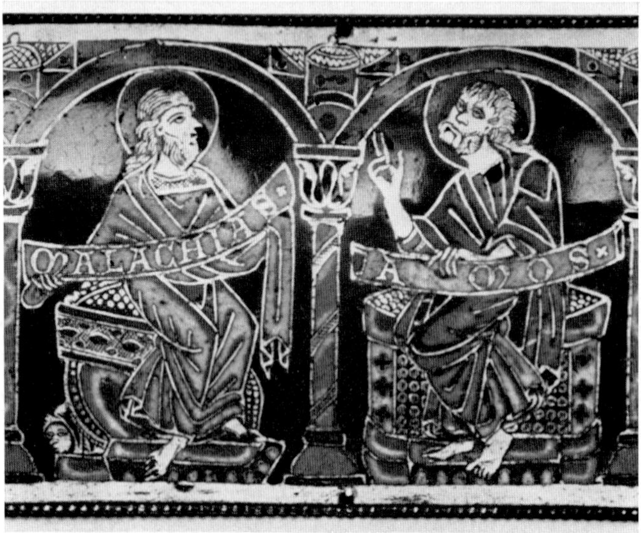

Abb. 3 Detail aus Abb. 1

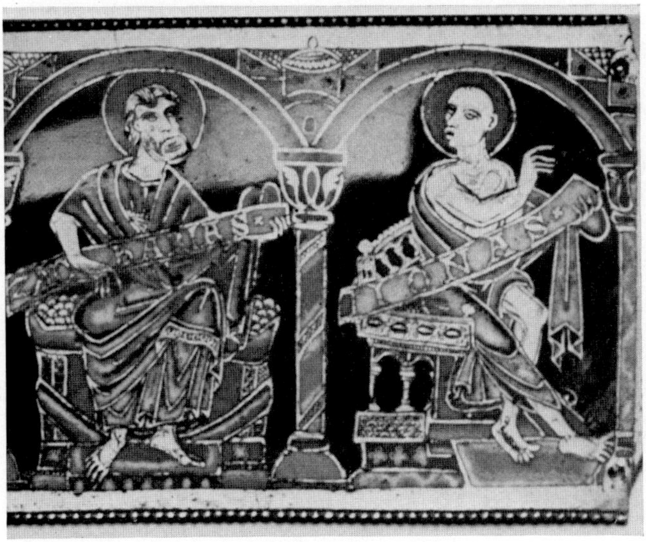

Abb. 4 Detail aus Abb. 1

technischen Befund lediglich notiert: »Das Nackte in Bronze, Gewänder, Sessel und Grund in Schmelz«. Über die Farben des Schmelzwerkes, den Befund der Rückseite und den Erhaltungszustand ist nichts mitgeteilt. Die Photographie zeigt, daß er im ganzen recht gut gewesen sein muß, sieht man von wenigen Absplitterungen und von Rissen im Schmelzwerk ab. An der linken Schmalseite ist die Platte stärker, an der rechten geringfügig beschnitten. Diese Veränderungen sind wohl erst nach der Trennung der Platte aus ihrer ursprünglichen Verbindung erfolgt, höchstwahrscheinlich um sie einem anderen Zusammenhang einzupassen. Offensichtlich gewaltsam abgetrennt hat man die Ecken[2]. Die Prophetenplatte kam im Mai 1841 als Geschenk des Direktors Schorn aus der Sammlung des Generals Rühle von Lilienstein in die Königliche Kunstkammer[3] und von dort in das Kunstgewerbemuseum in Berlin. Darüber hinaus war über ihre Herkunft und ihre ursprüngliche Bestimmung bislang nichts zu ermitteln.

Otto von Falke[4] hat auf die Prophetenplatte zum ersten Mal in einer Aufzählung von »vereinzelten Schmelzplatten« aufmerksam gemacht, die »aus ihrem ursprünglichen Zusammenhang losgelöst« sind. Er lobte ihre »sorgfältige und beste Erhaltung« und ordnete sie jenen Arbeiten zu, die von ihm in einer »Werkstatt« des »Godefroid de Claire« zusammengefaßt worden waren[5]. Mehr als dreißig Jahre danach hat Otto von Falke »die ungewöhnlich große Langseite von einem Reliquienkasten« mit der Bezeichnung »Maas-

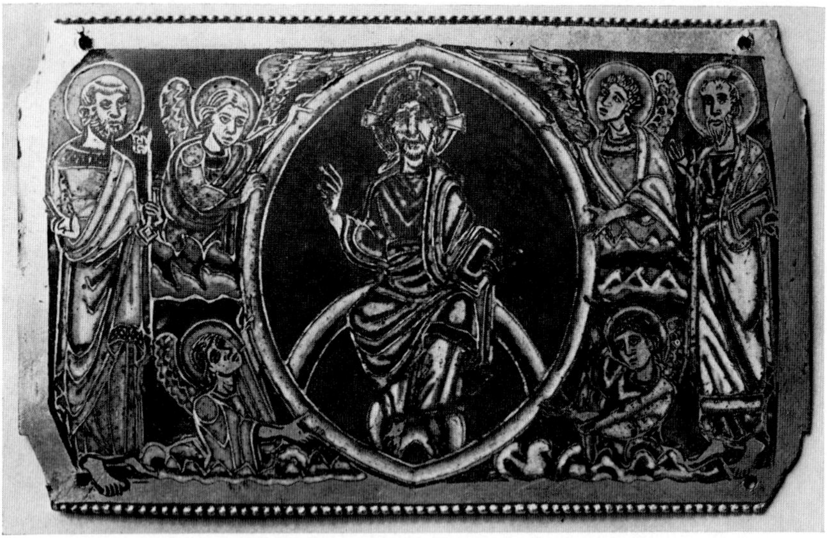

Abb. 5 Grubenschmelzplatte, Maasgebiet um 1160–1170. Darmstadt, Hessisches Landesmuseum

schule, um 1160« dann auch in einer Abbildung veröffentlicht. Er führte sie auf eine »Werkstatt des Lütticher Kreises« zurück, nannte sie »das schönste hochromanische Stück dieser Art« und hob »die sorgfältige Arbeit dieser tadellos erhaltenen Emailplatte« sowie die »farbenreiche Schattierung der Gewänder« hervor; die Kopftypen ständen »den Emailbildern Gottfrieds sehr nahe, ohne doch auf dessen Hand schließen zu lassen«[6]. Seitdem ist die Berliner Prophetenplatte offenbar nur noch von Hanns Swarzenski beachtet worden, der auf ihre stilgeschichtliche Verwandtschaft mit den ehemals zu einem Tragaltar gehörenden Grubenschmelzplatten mit sitzenden Aposteln im Dom zu Arbe (Rab) hinweist[7].

Der Berliner Prophetenplatte ist ein anderes Email jedoch direkt anzuschließen, von gleichem Befund, gleicher Technik und gleichem Stil, das sich im Hessischen Landesmuseum in Darmstadt befindet[8] *(Abb. 5)*. Es zeigt Christus in der Mandorla, die beiderseits von je zwei Engeln in Halbfigur auf Wolkenbänken gehalten wird. Christus thront auf dem Regenbogen und setzt die Füße auf den Erdkreis, in der Linken das geschlossene Buch, die Rechte segnend erhoben. Zu beiden Seiten stehen die Apostelfürsten, links Petrus, rechts Paulus. An dieser Platte finden sich ebenfalls die wohl gewaltsam und in der gleichen Weise abgetrennten Ecken; sie hat auch die gleiche Höhe wie jene

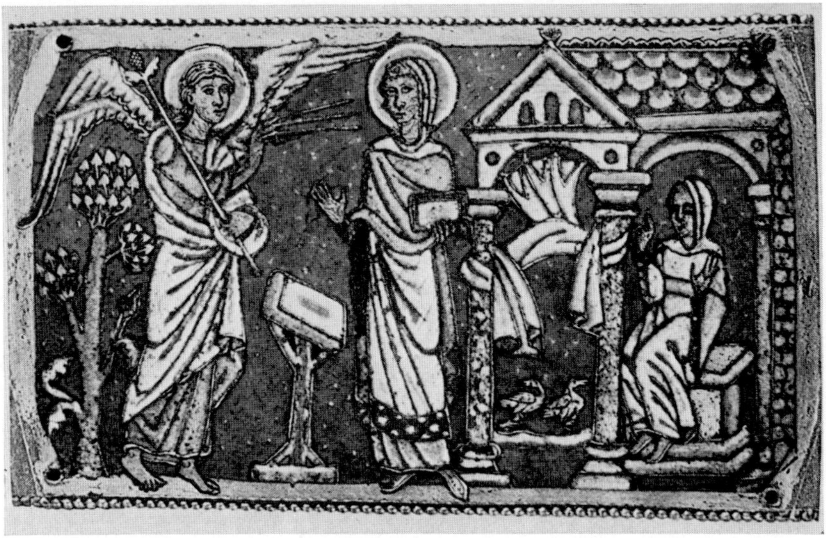

Abb. 6 Grubenschmelzplatte, Maasgebiet um 1160–1170. Collection Martin Le Roy

in Berlin[9], ebenso den breiten Rahmen, die Perlränder an den Längskanten und vor allem die gleiche Emailtechnik.

Die Christusplatte, die aus der Kölner Sammlung des Baron von Hüpsch stammt, scheint erstmalig im Jahre 1950 Beachtung gefunden zu haben. Damals wurde sie als kölnisch-niederrheinische, unter maasländischem Einfluß um 1170 entstandene Arbeit bezeichnet[10], was Kurt Degen dann mit der Bestimmung »Maasgebiet, um 1170«[11] deutlicher eingegrenzt hat[12].

Diesen beiden Grubenschmelzplatten kann noch eine dritte zugeordnet werden, mit der Darstellung der Verkündigung an Maria, früher in der Sammlung Spitzer[13], dann in der Sammlung Martin Le Roy[14] *(Abb. 6)*. Maria steht in der Mitte, in der linken Hand ein Buch, die rechte zum Engel vorgestreckt, der mit einem Botenstab von links zu ihr herantritt, wobei Strahlen von drei Fingern seiner rechten Hand ausgehen. Zwischen beiden steht ein niedriges Lesepult; hinter dem Engel ein Baum; rechts ein auf Säulen ruhendes Gebäude mit Satteldach. An der Stirnseite des Gebäudes ein um die Säulen geschlungener Vorhang, darunter hocken auf einer Bodenzone zwei Vögel. In dem Gebäude sitzt eine Frau auf einem Kastenthron, beide Hände erhoben, die linke geöffnet, die rechte mit ausgestrecktem Zeigefinger zu Maria hin.

Die Maße[15] stimmen mit denen der Darmstädter Christusplatte fast auf den

Millimeter genau überein und an beiden sind auch die Ecken des Bildfeldes flach abgeschrägt. Mit Christusplatte und Prophetenplatte verbinden die Verkündigungsplatte außerdem der breite Rahmen, die gleiche Form der Perlränder an den Längskanten, die Befestigungslöcher im Rahmen, das gelegentliche Überschneiden des Rahmens durch die Darstellung, vor allem aber wiederum die gleiche Schmelztechnik. Abweichend von den beiden anderen Platten ist das einfarbige Email des Grundes bei der Verkündigung mit ausgesparten und vergoldeten Metallpunkten durchsetzt; diese Punkte finden sich nicht im übrigen Schmelzwerk. Nur an dieser Platte sind die Ecken nicht abgetrennt, sondern durch gravierte Linien im Rahmen spitzwinkelig abgeteilt und ohne Vergoldung. Auch an der Christusplatte in Darmstadt ist an der abgeschrägten Kante der rechten unteren Ecke eine solche gravierte Linie zu erkennen.

Zunächst als rheinische Arbeit des 12. Jahrhunderts bezeichnet[16], hat J.-J. Marquet de Vasselot die Verkündigungsplatte dann »allemand (ou mosan?)« genannt und in die zweite Hälfte des 12. Jahrhunderts datiert[17]. Seitdem wurde sie – soweit mir bekannt geworden ist – nur noch zweimal erwähnt: von Viktor Grießmaier, der ihre ikonographischen Besonderheiten erörtert und in dem Email eine maasländische Arbeit der zweiten Hälfte des 12. Jahrhunderts gesehen hat[18], und von Georg Swarzenski, der sie, mit Anmerkungen zur Ikonographie und zur Technik, zwar dem Maasgebiet zugewiesen hat, auf die Entstehungszeit jedoch nicht eingegangen ist[19].

II.

Die Maße, die Proportionen und der Befund dieser drei Platten stimmen so auffallend überein, daß man ohne Zweifel ihre Herkunft von ein und demselben Gegenstand vermuten darf. Es ist am ehesten daran zu denken, daß sie für die Wandungen eines vierseitigen kasten- oder eines altarförmigen Gegenstandes, also eines Reliquiars[20] oder eines Tragaltares[21] bestimmt waren. Die Verkündigungs- und die Christusplatte müssen dann an den Schmalseiten angebracht gewesen sein und an der einen Langseite die Prophetenplatte, der an der anderen Langseite sicher eine zweite Platte mit weiteren sechs Propheten entsprochen hat. Die Platten könnten auch die Wandungen eines gänzlich mit Emails ausgestatteten truhen- oder schreinförmigen Reliquiars[22] geschmückt haben, wie etwa am Reliquiar aus Kloster Gruol bei Haigerloch, in Frankfurt a. Main, Museum für Kunsthandwerk[23]. Grubenschmelzplatten von ähnlicher Größe wie die Berliner Prophetenplatte sind jedenfalls keineswegs ungewöhnlich[24].

Der Befund der Ecken an den Platten läßt annehmen, daß sie in ihrer ursprünglichen Montierung nicht sichtbar gewesen sind. Möglicherweise waren an ihren Kanten schmale Eckpilaster mit schlanken Basen und Kapitellen aufgesetzt, die die Ecken bedeckten. Eine derartige Montierung haben z. B. der Eilbertus-Tragaltar aus dem Welfenschatz in Berlin, Kunstgewerbemuseum Preußischer Kulturbesitz[25], und der Gregorius-Tragaltar in Siegburg, St. Servatius[26]. Nimmt man eine solche Montierung an, dann müßte es sich wohl um einen altarförmigen Gegenstand gehandelt haben, da die Anbringung von Pilastern mit Basen und Kapitellen vorkragende Deck- und Bodenplatten voraussetzen.

III.

Die an den drei Platten einheitliche Emailtechnik ist im Rhein-Maas-Gebiet in figürlichen Darstellungen nicht gerade zahlreich nachzuweisen, wobei sie in Köln nur vereinzelt[27], im Maasgebiet aber mehrfach begegnet[28]. Nur bei der Verkündigungsplatte ist der einfarbig emaillierte Grund der Darstellung von den im Metall ausgesparten und vergoldeten Punkten durchsetzt. Diese technische Besonderheit läßt sich auch an anderen Grubenschmelzarbeiten des 12. Jahrhunderts wiederholt beobachten. Ob damit nur eine »Belebung des Schmelzgrundes«[29] erzielt werden sollte, also künstlerische Gründe dafür bestimmend gewesen sind, oder technische Belange, etwa zur besseren Befestigung des Schmelzwerkes, ist wohl nicht generell zu entscheiden. Diese Metallpunkte treten verhältnismäßig häufig an Grubenemails auf, deren Entstehung in Norddeutschland bzw. Niedersachsen durch Herkunft oder stilgeschichtliche Gründe als ziemlich sicher angesehen werden darf. Sie bleiben jedoch nicht, wie früher vermutet wurde[30], auf dieses Gebiet beschränkt und dürfen deshalb kaum als verbindliches »Merkzeichen« für eine Lokalisierung gelten. Man findet sie ebenso an Grubenschmelzarbeiten im Rhein-Maas-Gebiet[31] und gelegentlich auch an solchen anderer Provenienz, deren Stil aber von dorther bestimmt ist[32]. Wie bei den drei hier zusammengestellten Platten, sind auch sonst Emails mit ausgesparten und solche ohne Metallpunkte an einem Gegenstand miteinander verbunden.

Die Verkündigungsplatte der Sammlung Martin Le Roy ist das einzige mir bekanntgewordene Beispiel für die Verwendung der Metallpunkte im Email des einfarbigen Grundes der Darstellung, während Figuren, Architektur, Kastensitz, Lesepult und übriges Beiwerk mehrfarbig schattiert ausgeschmolzen sind. Gerade letzteres, das an keinem der in »Norddeutschland« im weitesten Sinne oder in Niedersachsen zu lokalisierenden Emails zu beobachten ist, weist für die Verkündigungsplatte in das Rhein-Maas-Gebiet. Dort nimmt sie eine Sonderstellung ein. So hatte Georg Swarzenski sie »das merkwürdigste Beispiel« für »den unmittelbaren Zusammenhang der westlichen und nord-deutschen Schmelzkunst« genannt und – abgesehen vom Emailschmuck des Einbandes des Bleidenstädter Nekrologs[33] – als »den schwierigsten Grenzfall« bezeichnet, »in dem die norddeutsche Methode der Belebung des Schmelzgrundes durch Metallstifte mit der farbigen Emaillierung der Figuren in der Art Godefroids verbunden ist«[34].

IV.

Auch ikonographisch lassen sich die Platten sinnvoll in ein einheitliches Bildprogramm ordnen. Seinen Anfang bildet an der einen Schmalseite die Verkündigung der Geburt Christi durch den Erzengel Gabriel an Maria als Beginn der christlichen Heilsgeschichte, an der gegenüberliegenden Schmalseite ist deren Vollendung in dem als Weltenrichter zwischen den Apostelfürsten thronenden Christus dargestellt. Die an den Langseiten sitzenden Propheten sind als Zeugen des Alten Bundes Vorläufer der Apostel. Das Bildprogramm könnte, setzt man für den Gegenstand die Form eines Kastens oder eines Altares voraus, auf der Oberseite dann im Apostelkollegium und weiteren Szenen aus der Jugend oder der Passion und Auferstehung Christi seine Fortsetzung gefunden haben. So erscheinen an dem sicher rheinischen Tragaltar aus dem dritten Viertel des 12. Jahrhunderts im »Halleschen Heiltum«, Aschaffenburg, Schloßbibliothek, Man. 14, fol. 9v, an den Langseiten sechs stehende Propheten in Elfenbeinreliefs zwischen emaillierten Ornamentleisten, an der einen Schmalseite ebenfalls der thronende Christus, flankiert von zwei Engeln, an der Oberseite um den Altarstein die Kreuzigung Christi mit Ecclesia und Synagoge, die Frauen am Grabe und die zwölf Apostel sowie Johannes der Täufer und Paulus[35].

Stehende Propheten an den Wandungen und Apostel an der Oberseite in Verbindung mit Szenen aus dem Leben, der Passion und der Auferstehung Christi zeigen der Eilbertus-Tragaltar aus dem Welfenschatz[36], der Mauritius-Tragaltar und, mit Kölner Heiligen anstelle der Apostel, der Gregorius-Tragaltar, beide in Siegburg, St. Servatius[37]. Auch sonst gehören Prophetenreihen zum geläufigen ikonographischen Programm an Reliquiaren und Tragaltären[38], besonders im Rheinland[39]. Von den großen Reliquienschreinen des Rhein-Maas-Gebietes bleibt der Heribertschrein in Köln-Deutz zu nennen, an dessen Langseiten die stehenden Propheten sich mit den sitzenden Aposteln abwechseln, und vor allem der Dreikönigenschrein in Köln, an dem nur die Propheten die Langseiten des Untergeschosses einnehmen, während den entsprechenden Schmalseiten dann Szenen aus dem Leben Christi vorbehalten sind[40]. Sitzend findet man sie auffallend selten: an den Langseiten vom Untergeschoß des Dreikönigenschreines, in einer Serie von Emailplatten in

Cleveland, Dijon, Düsseldorf und Leningrad[41] und in einer zweiten Serie von Emails, von der offenbar nur die eine Platte mit dem Propheten NATAN in Köln, Schnütgen-Museum, erhalten ist[42]. Die Zusammensetzung und die Reihenfolge der sechs Propheten der Berliner Platte läßt keine bestimmte Auswahl erkennen. Drei von ihnen, Malachias, Amos und Zacharias, folgen dem üblichen Typus des bärtigen Mannes, wie er für Apostel und Propheten verbreitet ist, hier mit einem Schriftband, auf dem ihre Namen stehen und durch das sie allein gekennzeichnet sind[43].

Die Reihe beginnt mit Moses, der im 12. Jahrhundert häufig unter den Propheten erscheint, im Rhein-Maas-Gebiet vornehmlich in Köln, so an Reliquiaren der »späten« Kölner Gruppe von Beinschnitzereien[44], weiterhin am Heribertschrein; am Dreikönigenschrein sitzt er, gleich den anderen Propheten, auf einem breiten, niedrigen Thron[45]. Er ist von diesen nur selten durch ein besonderes Attribut hervorgehoben[46]. Um so mehr fällt es auf, daß Moses in der Berliner Prophetenplatte auf einem steilen, felsigen Hügel sitzt. Dieser könnte möglicherweise als ein Attribut des Moses zu deuten sein, als jener Stein, auf den er, nach Ex. 17, 12f., von Aaron und Hur gesetzt wurde, als sie die Arme des Moses während des Kampfes Josuas gegen die Amalekiter emporhielten. So gibt ihn eine der beiden Illustrationen dieser Episode in der Bibel von Ripoll, Vat. Lat. 5729, fol. 82r dem Text genau folgend auf einem hohen, steilen Hügel sitzend wieder[47], der ähnlich der Berliner Platte schollenartig gebildet ist, während in den Illustrationen jener Bibelstelle sonst, abweichend vom Wortlaut des Bibeltextes, Moses auf einem Hügel stehend dargestellt ist[48]. Der auf dem Hügel sitzende Moses der Berliner Prophetenplatte geht vielleicht auf eine in der Buchmalerei überlieferte Bildtradition zurück. Eine Deutung als Berg Sinai wird wohl auszuschließen sein, da man den Berg der Offenbarung Gottes kaum in einen Sitz umgewandelt hätte.

Nahezu regelmäßig erscheint im 12. Jahrhundert David unter den Propheten[49]. Er ist stets wie hier, durch königlichen Ornat[50] und eine Krone als Herrscher charakterisiert. Ein Zepter, wie in der Berliner Platte, ist ihm am Dreikönigenschrein beigegeben[51], am Eilbertus-Tragaltar aus dem Welfenschatz hält er als Attribut eine Harfe[52]. Überwiegend kennzeichnen ihn, außer der Namensinschrift oder der Wiedergabe der Anfangsworte seiner Weissagung, allein der königliche Ornat und die Krone. Bei der Berliner Platte und auch am Eilbertus-Tragaltar fällt auf, daß unter den Propheten David zwar die Krone trägt, aber ohne Nimbus ist; möglicherweise wurde er hier als königlicher Prophet, wie Hugo Steger für andere Daviddarstellungen vermutet[53], in gedanklicher Verbindung zum Herrscher der Zeit gesehen; dann wäre ein Nimbus höchst ungewöhnlich[54].

Den Platz im rechten äußeren Bogen nimmt Jonas ein, der durch seine Kahlköpfigkeit und Nacktheit, die nur ein Mantel verhüllt, besonders gekennzeichnet ist. Nach der legendären Ausschmückung der biblischen Erzählung vom Meerwurf und der Ausspeiung des Jonas wurden sein Haar und seine Kleidung durch die Hitze im Bauch des Meerungeheuers versengt[55]. An Reliquiaren und Tragaltären des 12. Jahrhunderts aus dem Rhein-Maas-Gebiet erscheint er so am Kuppelreliquiar aus dem Welfenschatz in Berlin[56] und am Tragaltar von St. Maria im Kapitol in Köln[57]; am Mauritius-Tragaltar in Siegburg[58] hat er volles Haupthaar; am Eilbertus-Tragaltar aus dem Welfenschatz[59] ist er wiederum kahlköpfig, aber mit Gewand und Mantel bekleidet, ebenso auf der zum Kuppelreliquiar in Darmstadt gehörenden Einzelplatte in London, Victoria and Albert Museum[60] und am Dreikönigenschrein[61], doch hat er dort eine Stirnglatze. Die Darstellungen des Jonas als Einzelfigur zeigen zwar oft den Einfluß des legendären Berichtes, doch ist ein einheitlicher Bildtypus nicht festzustellen.

Einige ikonographische Besonderheiten zeichnen auch die Platte mit der Verkündigung an Maria[62] aus. Die stehende Maria, die sich dem herantretenden Engel zuwendet, entspricht einem nördlich der Alpen geläufigen Darstellungsschema dieser Szene. Zumeist hat sie dort beide Hände in der Geste des Erstaunens, der Überraschung oder der Ergebenheit erhoben und geöffnet, oder eine Hand ist dem Engel im Gruß entgegengestreckt, oftmals hält sie in der anderen ein Schriftband. Hier hat Maria nur die rechte Hand erhoben und hält in der linken ein geschlossenes Buch, während zwischen ihr und dem Engel ein niedriges Lesepult steht. Dieser Darstellungstypus mit einem Buch schließt sich einer bis in das 9. Jahrhundert zurückreichenden Bildtradition an. An der Holztür von St. Maria im Kapitol in Köln liegt das Buch auf dem Lesepult[63], ebenfalls in der Elfenbeintafel aus der Kölner »gestichelten« Gruppe in Berlin, Staatliche Museen, wo das Lesepult nicht zwischen Maria und dem Engel, sondern hinter Maria steht[64]. Die nächste Parallele im Rhein-Maas-Gebiet bildet für das 12. Jahrhundert aber die Verkündigungsdarstellung am Klosterneuburger Altar. Dort sind nicht allein Maria und der Engel in fast gleicher Weise einander zugeordnet, wobei das Buch jedoch abweichend auf dem Lesepult liegt und nicht von Maria gehalten wird, sondern es finden sich auch die von den Fingern der rechten Hand des Engels ausgehenden und auf das Haupt Marias gerichteten Strahlen; hier sind es drei, in Klosterneuburg nur zwei, die sich aber direkt bis zum Ohr der Maria erstrecken[65]. Diese Darstellungsweise, die die Übermittlung der Botschaft Gottes an Maria durch den Engel unmittelbar verbildlicht, ist sehr selten; sie tritt im 12. Jahrhundert noch einmal in der Verkündigungsszene der Holzdecke in Zillis auf[66].

Bemerkenswert und in Verkündigungsdarstellungen sonst nicht nachzuweisen sind die beiden Vögel in dem Gebäude. Sie wurden möglicherweise aus der Szene der Darbringung im Tempel übernommen, wo die Tauben jedoch stets von Joseph oder von einer Dienerin gehalten werden. Allein in der ältesten erhaltenen Darstellung dieser Szene, in den Mosaiken der oberen Zone des Triumphbogens in Sta. Maria Maggiore in Rom, hocken die Tauben, wie bei der Emailplatte, ebenfalls auf dem Boden. Es sind dort vier Tauben auf den Stufen eines Tempels, die jedoch eindeutig zur Szene der Darbringung Christi gehören[67].

Bei der in dem Gebäude auf einem Kastenthron sitzenden Frau mit erhobenen Händen und ohne Nimbus dürfte es sich um die in Verkündigungsdarstellungen häufig anwesende Dienerin handeln[68]. Sie ist in den Evangelien nicht genannt und findet sich in dieser Szene erstmalig auf einem Goldenkolpion aus Adana in Istanbul, Archäologisches Museum, vom Ende des 6. Jahrhunderts[69]. Sie ist dann erst wieder im Westen seit dem 8. Jahrhundert nachzuweisen, häufiger in der karolingischen Kunst, zuerst im Diptychon von Genoels-Elderen in Brüssel, Musées Royaux d'Art et d'Archéologie[70], im 11. Jahrhundert im Rhein-Maas-Gebiet an der Holztür von St. Maria im Kapitol in Köln und im 12. Jahrhundert, vor allem am Eilbertus-Tragaltar aus dem Welfenschatz sowie in dem schon genannten Elfenbeinrelief der Kölner »gestichelten« Gruppe. Da die Dienerin auch in den apokryphen Berichten nicht erwähnt ist, könnte sie aus der sich meist anschließenden Szene der Heimsuchung übernommen worden sein[71]. In der Regel wird die Dienerin jedoch unmittelbar hinter Maria stehend dargestellt und nicht, wie in der Emailplatte, sitzend und in weitem Abstand isoliert von den Hauptpersonen des Geschehens. Das, wie auch die Geste der verwundert erhobenen Hände, deuten darauf hin, daß der Typus der Dienerin sich hier möglicherweise dem der sitzenden Maria aus einer Verkündigungszene anlehnt.

Schließlich ist bei der Verkündigungsplatte noch auf den hinter dem Engel am linken Bildrand stehenden Baum hinzuweisen; andere Verkündigungsdarstellungen zeigen ihn zwischen Maria und dem Engel. Seine Bedeutung als Lebensbaum ist wiederholt hervorgehoben worden[72]; dabei wird gleichzeitig auf den Antitypus zur Verkündigung an Maria, die Versuchung Evas im Paradies hingewiesen[73]. Der Baum als arbor vitae in Verkündigungsszenen ist, wie Romuald Bauerreis[74] dargelegt hat, im Zusammenhang mit dem Lebensbrunnen zu sehen, der fons vitae des Paradieses, womit der Brunnen, an dem sich nach dem apokryphen Evangelium des Jakobus (cap. 11)[75] die Verkündigung an Maria begeben hat, in der byzantinischen Hymnendichtung und in Predigten gleichgesetzt worden ist[76]. In der Verkündigungsplatte der Sammlung Martin Le Roy wurden anscheinend ikonographische Einzelheiten aus sehr verschiedenen Vorlagen, fast kompendienhaft, zusammengesetzt.

Auch bei der Christusplatte sind wohl mehrere Bildvorstellungen miteinander verbunden. Christus erscheint in der von vier Engeln gehaltenen Mandorla, jedoch nicht zum Himmel aufsteigend, sondern als Weltenrichter auf dem Regenbogen thronend. Die von Engeln gehaltene Mandorla gehört zwar zum ikonographischen Bestand der Himmelfahrt Christi, doch kommt sie ebenfalls häufig in Darstellungen des zum Jüngsten Gericht wiederkehrenden Herrn vor[77]. Auch Petrus und Paulus sind in Himmelfahrtsdarstellungen anwesend, dann aber stets im Kreis der übrigen Apostel; sie gehören ebenso zum Weltgerichtsbild, wo sie meistens Christus zunächst stehen, im 12. Jahrhundert z. B. am Dach des schreinförmigen Emailreliquiars aus Gruol[78] oder auf dem Vorderdeckel des Einbandes eines Evangeliars aus Helmarshausen in Trier, Domschatz, Cod. 142 (olim 124)[79]. In diesem Zusammenhang wäre noch an das Bildschema der »traditio legis« zu erinnern, das ebenfalls einen Einfluß auf die Komposition genommen haben könnte. Man wird die Szene nicht eindeutig als Himmelfahrts- oder als Gerichtsbild bezeichnen dürfen. Für diese Bildform hat F. van der Meer den Begriff »ascension-parousie« geprägt[80]. Die auffallend zusammengedrängte Darstellung legt jedenfalls die Vermutung nahe, daß eine ursprünglich hochrechteckige Komposition hier in ein querrechteckiges Format übertragen wurde. Dagegen ist offenbar bei der Verkündigung durch die Aneinanderreihung der einzelnen Elemente der Darstellung eher versucht worden, die Szene über die ganze Breite der Platte auszudehnen.

V.

Die drei Platten fügen sich nicht nur in Befund und Ikonographie zusammen, sie zeigen auch den gleichen Stil. Er weist wie ihre Emailtechnik in das Maas-Gebiet. Die Unterschiede, wenn man etwa Verkündigungs- und Christusplatte miteinander vergleicht, sind wohl weniger ein Zusammentreffen verschiedener Stilrichtungen, sondern Schwankungen im künstlerischen Rang und in der Sorgfalt der Ausführung. Es ist möglich, daß an dem Emailwerk, zu dem die drei Platten gehört haben, mehrere Goldschmiede unterschiedlicher Begabung und Übung beteiligt gewesen sind, wie es an Schmelzarbeiten des 12. Jahrhunderts wiederholt festzustellen ist. Zu bedenken bleibt weiterhin, daß für die Platten verschiedene Vorlagen zugrunde gelegen haben könnten, die hier, wie es schon aus ikonographischen Gründen vermutet wurde, umgewandelt worden sind. Das zeigt sich vor allem in der uneinheitlichen und zusammengesetzt wirkenden Komposition der beiden Szenen, ebenso in den Figuren im einzelnen, vergleicht man etwa in der Verkündigungsplatte die beiden stehenden Figuren mit der sitzenden Frauengestalt, in der Christusplatte den Kopf des rechten oberen Engels mit den übrigen drei, die Gestalt des Paulus mit der des Petrus, oder in der Prophetenplatte die Figuren des Moses und des David mit denen des Malachias und des Amos.

Die schon von Hanns Swarzenski festgestellte Stilverwandtschaft der Berliner Prophetenplatte zu den maasländischen Grubenschmelzplatten mit sitzenden

Aposteln im Dom zu Arbe (Rab)[81] betreffen vor allem die Kopftypen, die Zeichnung der Gesichter, Sitz- und Bewegungsmotive, auch bestimmte Gewandformeln. Die Stege der Binnenzeichnung sind gleichartig angeordnet, doch in Arbe nicht so dicht wie in der Berliner Prophetenplatte. Unmittelbarer sind offensichtlich die Beziehungen zu jener Richtung, die Otto von Falke für die Berliner Platte mit dem Namen »Godefroid de Claire« verbunden hatte[82]. In den Emailmedaillons mit Szenen aus der Vita des hl. Heribert auf den Dachflächen des Heribertschreines[83] begegnen weitgehende Analogien, oft fast wörtliche Übereinstimmungen in der Wiedergabe von Gewändern und Faltenmotiven, nicht nur für die Propheten, sondern gleichfalls für Verkündigungs- und Christusplatte; auch in den Typen und in der Zeichnung der Köpfe findet man hier eine nähere Verwandtschaft als zu den Aposteln in Arbe. Auffallend ist die Ähnlichkeit in der Haltung der Arme, der Wendung von Kopf und Oberkörper sowie in der Zeichnung zwischen dem Jonas der Berliner Platte und dem rechts Sitzenden der Nebenszene auf dem Medaillon mit dem Regenwunder an der Paulusseite des Heribertschreines[84]. Zu vermerken sind weiterhin die übereinstimmende Wiedergabe der Dachschindeln in den Medaillons am Heribertschrein oder des Firstkammes in der Szene der Geburt des Heribert und seiner Erziehung mit dem Gebäude der Verkündigungsplatte[85]. Die Architekturen in den Bogenzwickeln der Prophetenplatte könnten eine vereinfachte Wiedergabe einer Architekturform sein, wie sie die Platte mit der Szene der Heilung des Bessenen am Heribertschrein zeigt[86]. Überraschend ist die bis in alle Einzelheiten gehende Ähnlichkeit der Gestalt Kaiser Ottos III. in der Szene der Ernennung Heriberts zum Kanzler mit der König Davids in der Prophetenplatte[87].

In den Szenen am Sockel des Kreuzfußes von St. Omer[88] läßt sich die Figur des Moses im Typus des Kopfes und in der Zeichnung des Gesichtes unmittelbar mit der des Moses der Berliner Platte vergleichen[89]. Dort findet man wie hier die Tendenz zu »parzellierender« Führung der Stege, die die Figur gleichsam in mehrere Flächen zerlegen und ein merkliches Zurücktreten des Volumens der Gestalten bewirken. Gleiche Stilelemente zeigt vor allem auch das Scheibenreliquiar in Cleveland (Ohio), Museum of Art[90]. In das Maasgebiet weisen schließlich die Formen und der Schmuck der Thronsitze; die des David und des Jonas mit ihrem reicheren Zierat sind, auch im Aufbau, ähnlich denen mehrerer Apostel am Servatiusschrein in Maastricht, St. Servatius[91] oder den Sitzen zweier Evangelisten im Evangeliar aus Dinant in Manchester, John Rylands Library, Latin Ms. 11, fol. 57 v und 88 r[92].

Über die hier genannten Beziehungen hinaus haben Propheten-, Verkündigungs- und Christusplatte auch zu zahlreichen anderen maasländischen Grubenschmelzarbeiten mannigfache Verbindungen, weniger dagegen zu rheinischen Emailarbeiten. Obwohl die drei Platten sich keiner der hier genannten Arbeiten direkt zuordnen lassen, zeigen sie doch eine so enge Stilverwandtschaft, daß ihre Entstehung in diesem Umkreis mit großer Wahrscheinlichkeit angenommen werden darf. Damit ergibt sich auch eine zeitliche Eingrenzung auf die Jahre zwischen 1160 und 1170, eine Datierung, die Otto von Falke schon für die Prophetenplatte angedeutet hatte und die durch die beiden ihr anzuschließenden Platten unterstrichen wird. Die drei Fragmente, die sich als Teile eines sehr bedeutenden Emailwerkes erwiesen haben, lassen sich in ihrer Größe, im ikonographischen Programm und in den Besonderheiten der Schmelztechnik den großen Tragaltären und den Reliquiaren des 12. Jahrhunderts gleichrangig an die Seite stellen.

Anmerkungen

1 Inv. Nr. K 4192. – Maße lt. handschriftlichem Inventar des Kunstgewerbemuseums Berlin: »0,09 × 0,35 m«.
Abgekürzt zitierte Literatur: O. v. Falke u. H. Frauberger, Schmelzarbeiten = O. v. Falke und H. Frauberger, Deutsche Schmelzarbeiten des Mittelalters und andere Kunstwerke der Kunst-Historischen Ausstellung zu Düsseldorf 1902. Frankfurt a. Main 1904. – O. v. Falke, R. Schmidt, G. Swarzenski, Welfenschatz = O. v. Falke, R. Schmidt, G. Swarzenski, Der Welfenschatz. Frankfurt a. Main 1930. – M.-M. Gauthier, Emaux = M.-M. Gauthier, Emaux du moyen-âge. Fribourg 1972. – A. Goldschmidt, Elfenbeinskulpturen I–IV = A. Goldschmidt, Die Elfenbeinskulpturen I–IV. Berlin 1914–26. – Kat. Rhein und Maas = (Katalog) Rhein und Maas. Kunst und Kultur 800–1400. Köln 1972. – H. Schnitzler, Schatzkammer II = H. Schnitzler, Rheinische Schatzkammer. Die Romanik. Düsseldorf 1959. – G. Swarzenski, Kunstkreis = G. Swarzenski, Aus dem Kunstkreis Heinrichs des Löwen, in: Städel-Jahrbuch VII–VIII, 1932, 241–397. – H. Swarzenski, Monuments = H. Swarzenski, Monuments of Romanesque Art. London/Chicago 1967[2].

2 Darauf deuten die diagonalen Risse im Schmelzwerk des Grundes an der rechten unteren Ecke der Platte.

3 Lt. handschriftlichem Inventar des Kunstgewerbemuseums Berlin. Dort ist die Platte als »Längsstreifen Wand eines Reliquienkastens« und »Rheinisch, 13. Jh.« bezeichnet.

4 O. v. Falke u. H. Frauberger, Schmelzarbeiten, 71 f.

5 Außerdem zur Berliner Prophetenplatte: Das Kunstgewerbe-Museum (Führer durch die Königlichen Museen zu Berlin). Berlin 1915[17], 17: »... nah verwandt ...« den Arbeiten des »Godefroid de Claire«, »von einem Tragaltar». – Führer durch das Schloßmuseum (Führer durch die Staatlichen Museen in Berlin). Berlin o. J., 55 unter den maasländischen Emailarbeiten erwähnt, »von einem Tragaltar um 1170«.

6 O. v. Falke, Die Inkunabeln der romanischen Kupferschmelz-Kunst, in: Pantheon 9, 1936, 166 Abb. 2, 169.

7 H. Swarzenski, The Italian and Mosan Shows in the Light of the Great Art Exhibitions, in: The Burlington Magazine 95, 1953, 155.

8 Inv. Nr. Kg 54: 242 (Alte Nr. 964). – Maße: H. 8,87 cm; Br. 14,65 cm. – Auf der Rückseite am oberen Rand ein geflecheltes Kreuz als Versatzzeichen.

9 Bei den Maßangaben für die Prophetenplatte im handschriftlichen Inventar des Berliner Kunstgewerbemuseums (vgl. Anm. 1) wird eine Abrundung der wirklichen Maße zu berücksichtigen sein.

10 (Katalog) Art mosan et arts anciens du Pays de Liège. Liège 1951, no. 110. – (Katalog) Trésors d'art de la Vallée de la Meuse. Paris 1951/52, no. 76. – (Katalog) Kunst der Maasvallei. Rotterdam 1952., Nr. 77.

11 K. Degen, Frühmittelalterliches Kunsthandwerk (Führer des Hessischen Landesmuseums Darmstadt, Heft 2). Darmstadt 1955, 33. – Ders., in: (Katalog) Die Sammlungen des Baron von Hüpsch. Ein Kölner Kunstkabinett um 1800. Köln 1964, Nr. 46.

12 Für die Entstehung der Christusplatte im Maasgebiet, doch ohne Datierung außerdem: J. Stiennon, Du Lectionnaire de Saint-Trond aux Evangiles d'Averbode, in: Scriptorium VII, 1953, 49 u. Pl. 6c. – J. J. M. Timmers, De Kunst van het Maasland (Maaslandse Monografieën, Groot Format, No. 1). Assen 1971, 332 afb. 478, 334 (die Maße versehentlich mit 8×15 cm angegeben).

13 L. Palustre, L'orfèvrerie religieuse, in: La Collection Spitzer I, Paris/London 1890, 88 f. – Catalogue des objets d'art et de haute curiosité antiques, du Moyen-Age et de la Renaissance, composant l'importante et précieuse Collection Spitzer dont la vente publique aura lieu à paris 17 avriel – 16 juin 1893, vol. 1, 39 no. 219.

14 G. Migeon, La Collection de M. Martin Le Roy, in: Les Arts I, 1902, no. 10, 10. – J.-J. Marquet de Vasselot, Catalogue raisonné de la Collection Martin Le Roy I. Orfèvrerie et émaillerie. Paris 1906, 13 no. 8, pl. VII. – Die Platte war mir im Original nicht zugänglich, so daß ich mich hier allein auf die Wiedergabe und den Text der zuletzt genannten Veröffentlichung stützen kann. Sie gehört nicht zu jenen Goldschmiede- und Emailarbeiten der Sammlung Martin Le Roy, die 1929 in das Musée du Louvre gekommen sind; vgl. G. Duthuit, Musée du Louvre. La Donation Martin Le Roy. Orfèvrerie, émaillerie, in: Bulletin des Musées de France 1929, 4–16.

15 Nach J.-J. Marquet de Vasselot, a. a. O.: 8,7×14,7 cm.

16 Vgl. Anm. 13.

17 J.-J. Marquet de Vasselot, a. a. O.

18 V. Grießmaier, Der Emailaltar des Nikolaus von Verdun im Stifte Klosterneuburg bei Wien. Phil. Diss. Wien 1931 (ungedruckt), 115 f.

19 G. Swarzenski, Kunstkreis, 292 Anm. 92, 343 Anm. 179.

20 Zur Form kastenförmiger Reliquiare vgl. die Übersicht bei J. Braun, Die Reliquiare des christlichen Kultes und ihre Entwicklung. Freiburg i. Br. 1940, 147–160.

21 Zur Form und Ausstattung von Tragaltären vgl. J. Braun, Der christliche Altar in seiner geschichtlichen Entwicklung I. München 1924, 458–489.

22 Zu schreinchen- und truhenförmigen Reliquiaren vgl. J. Braun, Die Reliquiare . . ., a. a. O., 164–185.

23 M.-M. Gauthier, Emaux, cat. no. 79.

24 Vor allem die sechs Grubenschmelzplatten mit christologischem Zyklus in Hildesheim, Domschatz (H. Engfer, V. H. Elbern, H. Reuther, Der Hildesheimer Domschatz. Hildesheim 1969, 42 f. Nr. 30).

25 O. v. Falke, R. Schmidt, G. Swarzenski, Welfenschatz, Nr. 17, Taf. 28–31. – M.-M. Gauthier, Emaux, cat. no. 98.

26 G. Zehnder, Der Siegburger Servatiusschatz, in: Heimatbuch der Stadt Siegburg II. Siegburg 1967, Nr. 11, Abb. 191. – M.-M. Gauthier, Emaux, cat. no. 102.

27 Die Personifikationen der vier Winde auf dem Buchdeckel mit der Figur des thronenden Christus in Köln, Schnütgen-Museum, Inv. Nr. G 531 (Das Schnütgen-

Museum. Eine Auswahl. Köln 1968[4], Nr. 2 b. – Kat. Rhein und Maas, Nr. H 16); die Personifikationen der Kardinaltugenden an der Oberseite des nach ihnen benannten Tragaltares aus dem Welfenschatz in Berlin, Kunstgewerbemuseum Preußischer Kulturbesitz, Inv. Nr. W 12 (O. v. Falke, R. Schmidt, G. Swarzenski, Welfenschatz, Nr. 18); Seitenstreifen mit Apostelbüsten und Evangelistensymbolen am Vorderdeckel des Einbandes vom Nekrolog aus dem Benediktinerkloster Bleidenstadt im Taunus in Berlin, Deutsche Staatsbibliothek, Ms. Lat. quart. 651 (Kat. Rhein und Maas, Nr. H 10 a).

28 Die Personifikationen der Paradiesesflüsse auf dem Vorderdeckel des Notger-Evangeliars in Lüttich, Musée Curtius (Kat. Rhein und Maas, Nr. G 19); die Büsten der Apostel am Vorderdeckel des Einbandes vom Lektionar aus St. Trond in Düsseldorf, Hauptstaatsarchiv, Hs. G XI, 1 (Kat. Rhein und Maas, Nr. G 18); die Personifikationen der Kardinaltugenden am Rückdeckel des Sibyllen-Evangeliars aus der Slg. Hüpsch in Darmstadt, Hessisches Landesmuseum, Inv. Nr. Kg 54: 212 a/b (Kat. Rhein und Maas, Nr. G 22); vier Platten mit alttestamentlichen Szenen in Florenz, Museo Nazionale, Anv. Nr. Coll. Carrand 639–642 (E. Gosselin, Oreficerie mosane del XII secolo al Museo del Bargello, in: Bolletino d'Arte 31, 1937/38, 167–171); eine Platte mit dem Evangelisten Lukas, ehem. Slg. Hildburgh, in London, Victoria and Albert Museum, Inv. Nr. M 208–1938 (Victoria and Albert Museum. Review of the principal acquisitions during the year 1938. London 1939, 40 Fig. 4, 54), und die zu derselben Serie mit Darstellungen der Evangelisten gehörende Platte mit Matthäus, deren Schmelzwerk bis auf geringe Reste verloren ist, in New York, Metropolitan Museum of Art, The Cloisters Collection, Acc. no. 25.120.449 (J. Breck, Notes on some Mosan Enamels, in: Metropolitan Museum Studies I, 1928, 88 u. Fig. 8).

29 G. Swarzenski, Kunstkreis, 343 Anm. 179.

30 Dazu bes.: O. v. Falke u. H. Frauberger, Schmelzarbeiten, 108–113. – O. v. Falke, in: G. Lehnert, Illustrierte Geschichte des Kunstgewerbes I. Berlin 1907, 280. – Ders., Hildesheimer Goldschmiedewerke des 12. Jahrhunderts im Welfenschatz, in: Pantheon 5, 1930, 273. – G. Swarzenski, Kunstkreis, 292 u. Anm. 92.

31 Vor allem am Kreuzfuß von St. Omer in Saint-Omer, Musée de la Ville (Kat. Rhein und Maas, Nr. G 17. – M.-M. Gauthier, Emaux, cat. no. 88 u. Farbtaf.). Dort die vergoldeten Metallpunkte im Schmelzwerk der mehrfarbig emaillierten Figuren und in der Rahmung, während der Grund der Szenen ausgespart und vergoldet ist (dazu auch: Ph. Verdier La grande Croix de l'abbé Suger à Saint-Denis, in: Cahiers de Civilisation Mediévale XIII, 1970, 25). Diese Technik zeigt auch eine, wohl ebenfalls im Maasgebiet entstandene, rhombenförmige Grubenschmelzplatte mit der Darstellung des stehenden Christus zwischen den Altären des Alten und des Neuen Testamentes in New York, Metropolitan Museum of Art, Acc. no. 17.190.446 (J. Breck, Notes on some Mosan Enamels, in: Metropolitan Museum Studies I, 1928, 87 f. u. Fig. 9. – Ph. Verdier, a. a. O.). In das Maasgebiet zu lokalisieren ist weiterhin eine spitzovale Grubenschmelzplatte gleicher Technik mit dem thronenden Christus in Dublin, National Museum of Ireland, Inv. Nr. 28-1901 (F. O'Connor, National Treasures in Dublin. Dublin o. J., 14 m. Abb.). Außerdem findet man die ausgesparten Metallpunkte am Bleidenstädter Buchdeckel (Kat. Rhein und Maas, Nr. H 10 a), jedoch nur in der Platte mit der Majestas Domini. – Einen Sonderfall bildet das Kreuz der ehem. Kölner Slg. Leven in London, Victoria and Albert Museum, Inv. Nr. 7234-1860 (V. C. Habicht, Niedersächsische Kunst in England. Hannover 1930, 28–33, Abb. 28–34. – S. Collon-Gevaert, J. Lejeune, J. Stiennon, G. Faider-Feytmans, Roma-

nische Kunst an der Maas im 11., 12. und 13. Jahrhundert. Brüssel 1962, Nr. 37 mit Farbtaf.). Es soll aus einer Kölner Kirche stammen (G. Swarzenski, Kunstkreis, 341). Von den Schmelzplatten auf den Enden der Kreuzarme an der Vorderseite, bei denen es sich nach Stil, Farben und Technik eindeutig um maasländische Arbeiten handelt, unterscheiden sich die Emails der Kreuzmitte, an beiden Seiten, in Stil und Technik. Das ließ an eine spätere Umarbeitung des Kreuzes denken, weil diese beiden Emails, wiederum nicht zuletzt wegen der vergoldeten Metallpunkte, als »hildesheimisch« angesehen wurden (O. v. Falke u. H. Frauberger, Schmelzarbeiten, 71. – V. C. Habicht, a. a. O.).

32 So vor allem am Einband des Evangeliars aus der Kathedrale von Sens in Sens, Bibliothèque Municipale, Ms. 3 (L. Pressouyre, Réflexions sur la sculpture du XIIème siècle en France, in: Gesta IX.2, 1970, 21 Fig. 8, 29 Anm. 15). Die Metallpunkte finden sich dort im emaillierten Grund, der die ausgesparten Figuren umgibt.

33 Vgl. Anm. 27, 31.

34 G. Swarzenski, Kunstkreis, 343 Anm. 179.

35 Ph. M. Halm u. R. Berliner, Das Hallesche Heiltum. Berlin 1931, 24 u. Taf. 8 a.

36 O. v. Falke, R. Schmidt, G. Swarzenski, Welfenschatz, Taf. 27–31.

37 H. Schnitzler, Schatzkammer II, Taf. 152–158.

38 J. Braun, Die Reliquiare (vgl. Anm. 20), 623 ff. – Ders., Der christliche Altar (vgl. Anm. 21), 510.

39 Kuppelreliquiar in Darmstadt, Hessisches Landesmuseum, Inv. Nr. Kg 54:239 (Kat. Rhein und Maas, Nr. H 12. – M.-M. Gauthier, Emaux, cat. no. 104); am Tragaltar aus St. Maria im Kapitol in Köln (Kat. Rhein und Maas, Nr. H 13); Kuppelreliquiare aus dem Welfenschatz in Berlin, Kunstgewerbemuseum Preußischer Kulturbesitz, Inv. Nr. W 15 (O. v. Falke, R. Schmidt, G. Swarzenski, Welfenschatz, Taf. 48–51) und aus Hochelten in London, Victoria and Albert Museum, Inv. Nr. 7650–1861 (H. Schnitzler, Schatzkammer II, Taf. 63 f.); großes Turmreliquiar in Darmstadt, Hessisches Landesmuseum, Inv. Kg 54:226 (A. Goldschmidt, Elfenbeinskulpturen III, Nr. 67); Reliquiar in Paris, Musée du Cluny (A. Goldschmidt, Elfenbeinskulpturen III, Nr. 62); Reliquienkasten in Leningrad, Ermitage (A. Goldschmidt, Elfenbeinskulpturen III, Nr. 64).

40 H. Schnitzler, Schatzkammer II, Taf. 84–89 bzw. 104–107.

41 Cleveland (Ohio), Museum of Art, Acc. no. 50.574, Dijon, Musée de Beaux-Arts (ehem. Coll. Trimolet no. 1262), Düsseldorf, Kunstmuseum, Inv Nr. 18601, Leningrad, Ermitage, Inv. Nr. 3001; vgl. E. Gosselin, Musée de Dijon. A propos de quelques émaux du XIIe siècle, in: Bulletin des Musées de France 1935, 149–151. – W. M. Milliken, Four Champlevés Enamel Plaques, in: The Bulletin of the Cleveland Museum of Art 34, 1951, 72–74. – H. Swarzenski, Monuments, 75 f. zu Nr. 440. – (Katalog) The Year 1200. New York 1970, Nr. 183.

42 F. Witte, Die liturgischen Geräte und andere Werke der Metallkunst in der Sammlung Schnütgen in Cöln. Berlin 1913, 114 u. Taf. 72.

43 Dem kleinen menschlichen Kopf mit Kapuze am Sitz des Malachias unten links wird kaum eine ikonographische Bedeutung beizumessen sein; die Ikonographie dieses Apostels gibt dafür jedenfalls keinen Anhaltspunkt; vgl. J. Paul – W. Busch, in: LCI 3, 145.

44 A. Goldschmidt, Elfenbeinskulpturen III, Nr. 62 u. 67.

45 H. Schnitzler, Schatzkammer II, Taf. 85 bzw. 117.

46 Die Bronzestatuette des Moses in Oxford, Ashmolean Museum, zeigt diesen sitzend mit den Gesetzestafeln (H. Swarzenski, Monuments, Fig. 537 f.), ebenso

der stehende Moses in einer Grubenschmelzplatte auf dem Vorderdeckel vom Einband eines Evangeliars in Trier, Domschatz, Cod. 140 (olim 129) (F. Steenbock, Der kirchliche Prachteinband des frühen Mittelalters. Berlin 1965, Nr. 98, Abb. 138). Auch am Dreikönigenschrein hält er die (erneuerten) Gesetzestafeln in der Linken.

47 W. Neuss, Die katalanische Bibelillustration um die Wende des ersten Jahrtausends und die altspanische Buchmalerei. Bonn u. Leipzig 1922, Taf. 4 Fig. 7. Der sitzende Moses in derselben Szene ebenfalls am Westportal von Sta. Maria in Ripoll (W. Neuss, a. a. O., Taf. 9 Fig. 24), dessen figürliches Programm auf die Farfa-Bibel zurückgeht.

48 Neben der Darstellung mit dem sitzenden Moses in der Bibel von Ripoll, Vat. Lat. 5729, fol. 1 r (W. Neuss, a. a. O., Taf. 1 Fig. 1) ebenfalls der auf dem Berg stehende.

49 Zur Ikonographie des David zuletzt bes.: H. Steger, David Rex et Propheta (Erlanger Beitr. z. Sprach- u. Kunstwiss. VI). Nürnberg 1961. – R. L. Wyss, in: LCI 1, 477–490.

50 Zum vorn gefibelten Herrschermantel im Pluviale-Schnitt, wie ihn David in der Berliner Prophetenplatte trägt, ausführlich J. Deér, Byzanz und die Herrschaftszeichen des Abendlandes, in: Byzantinische Zeitschrift 50, 1957, 418 f.

51 H. Schnitzler, Schatzkammer II, Taf. 106.

52 O. v. Falke, R. Schmidt, G. Swarzenski, Welfenschatz, Taf. 34.

53 H. Steger, a. a. O., 12.

54 P. E. Schramm, Die deutschen Kaiser und Könige in Bildern ihrer Zeit I. Leipzig–Berlin 1928, 86, 192 f.

55 C.-O. Nordström, Rabbinic Features in Byzantine and Catalan Art, in: Cahiers Archéologiques 15, 1965, 196 f. – E. M. Vetter u. W. A. Bulst, Zu den Bamberger Domskulpturen, in: Ruperto-Carola 21, 1969, 127 f. – J. Paul, in: LCI 2, 415.

56 O. v. Falke, R. Schmidt, G. Swarzenski, Welfenschatz, Taf. 50.

57 Kat. Rhein und Maas, Nr. H 13.

58 H. Schnitzler, Schatzkammer II. Taf. 153.

59 O. v. Falke, R. Schmidt, G. Swarzenski, Welfenschatz, Taf. 29.

60 E. Steingräber, Email, in: RDK V, 27 Abb. 17.

61 H. Schnitzler, Schatzkammer II, Taf. 120.

62 Zur Ikonographie der Verkündigung an Maria vgl. bes.: G. Millet, Recherches sur l'iconographie de l'évangile aux XIVe, XVe et XVIe siècles. Paris 1960², 67–92. – O. Pächt, in: O. Pächt, C. R. Dodwell, F. Wormald, The St. Albans Psalter (Albani Psalter). London 1960, 63–67, 81. – G. Schiller, Ikonographie der christlichen Kunst I. Gütersloh 1966, 44–63. – J. H. Emminghaus, in: LCI 4, 422–437.

63 R. Wesenberg, Frühe mittelalterliche Bildwerke. Die Schulen rheinischer Skulptur und ihre Ausstrahlung. Düsseldorf 1972, 34, Abb. 49.

64 A. Goldschmidt, Elfenbeinskulpturen III, Nr. 8. Vgl. außerdem: R. Vogelsang, Die Elfenbeingruppe mit den gestichelten Faltenlinien. Phil. Diss. Köln 1961, 31–39.

65 F. Rörig, Der Verduner Altar. Wien–München 1959², Abb. 3. – G. Schiller, a. a. O., 51 ff., Taf. 276. – V. Grießmaier (vgl. Anm. 18), 115 f. hatte bereits auf die enge ikonographische Verwandtschaft der Verkündigungsdarstellung am Klosterneuburger Altar mit der Verkündigungsplatte der Slg. Marin Le Roy aufmerksam gemacht.

66 E. Poeschel, Die romanischen Deckengemälde von Zillis. Erlenbach–Zürich 1941, 21, 74 Anm. 33, 84 f. Taf. 8, 47 f. – E. Murbach, P. Heman, Zillis. Die romanische Bilderdecke der Kirche St. Martin. Zürich u. Freiburg i. Br. 1967, Taf. 54 f. – Vgl.

dazu ferner: G. Schiller, a. a. O., 53 Anm. 40, die ebda. auf die Darstellung des Traumes Josephs im »maasländischen Fragment« in Berlin, Kupferstichkabinett Preußischer Kulturbesitz, Hs. 78 A 6, fol. 7r hinweist, in der ebenfalls von der rechten Hand des Engels drei Strahlen ausgehen (G. Schiller, a. a. O., Abb. 234). Als ein weiteres Beispiel ist eine Grubenschmelzplatte mit der Szene der Frauen am Grabe anzufügen, wohl rheinisch, 3. Viertel 12. Jahrhundert, in der die drei Strahlen von der rechten Hand des Engels auf die Frauen gerichtet sind (vgl. F. Stohlman, Gli smalti del Museo Sacro Vaticano. Catalogo del Museo Sacro della Biblioteca Apostolica Vaticana II. Citta del Vaticano 1939, 28 f. No. S 7, Tav. II).

67 H. Karpp, Die frühchristlichen und mittelalterlichen Mosaiken in Santa Maria Maggiore zu Rom. Baden-Baden 1963, Taf. 13 u. 17.

68 Dazu bes. G. Millet, a. a. O., 89 ff. – Die Dienerin in der Verkündigungsplatte der Slg. Martin Le Roy hat schon G. Swarzenski, Kunstkreis, 343 Anm. 179 besonders hervorgehoben mit der Bemerkung: »Die sonst seltene Figur war der Kölner Kunst geläufig«, wobei er auch die hier dafür erwähnten Beispiele in Köln nennt.

69 G. Millet, a. a. O., 91. – Abb. in: D. Talbot Rice u. M. Hirmer, Kunst aus Byzanz. München 1959, Taf. 66 oben.

70 A. Goldschmidt, Elfenbeinskulpturen I, Nr. 2, außerdem ebda. Nr. 5, 72, 75, 95.

71 Dazu G. Millet, a. a. O., 90 f.

72 Vgl. dazu bes.: M. E. Gössmann, Die Verkündigung an Maria im dogmatischen Verständnis des Mittelalters. München 1957, 125 f. – E. Dinkler-von Schubert, Der Schrein der hl. Elisabeth zu Marburg. Marburg/Lahn 1964, 132–135. – R. Kahsnitz, Zur Verkündigung im Zyklus der Kreuzlegende bei Piero della Francesca, in: Schülerfestgabe für Herbert von Einem. Bonn 1965, 132–135. – G. Schiller, a. a. O., 50 f.

73 Dazu ausführlich: E. Guldan, Eva und Maria. Eine Antithese als Bildmotiv. Graz–Köln 1966.

74 R. Bauerreis, Arbor Vitae. Der »Lebensbaum« und seine Verwendung in Liturgie, Kunst und Brauchtum des Abendlandes (Abhandlungen d. Bayer. Benediktiner-Akademie 1). München 1938, 110 ff.

75 E. Hennecke, W. Schneemelcher, Neutestamentliche Apokryphen I. Tübingen 1953³, 284.

76 Dazu G. Millet, a. a. O., 91 f.

77 Zur Ikonographie der Himmelfahrt Christi und der Maiestas Domini im Überblick zuletzt: G. Schiller, a. a. O. 3, 140–164 bzw. 233-249. – J. Fournée, in: LCI 2, 268–283 bzw. F. van der Meer, in: LCI 3, 136–142.

78 Vgl. Anm. 23.

79 F. Steenbock, Der kirchliche Prachteinband im frühen Mittelalter. Berlin 1965, Kat. Nr. 108. Abb. 147.

80 F. van der Meer, Maiestas Domini. Théophanies de l'Apocalypse dans l'art chrétien (Studi di Antichità Cristiana XIII). Roma–Paris 1938, 198.

81 Vgl. Anm. 7. Über die Platten in Arbe (Rab) zuletzt: R. Hamann, Der Dreikönigenschrein im Kölner Dom, in: Kölner Domblatt 33/34, 1973, 70 f. Abb. 44–46, 72 f.

82 Vgl. Anm. 4.

83 H. Schnitzler, Schatzkammer II, Taf. 90–95.

84 a. a. O., Taf. 94 oben.

85 a. a. O., Taf. 90 oben.

86 a. a.O., Taf. 94 unten.

87 a. a. O., Taf. 91 oben.

88 Vgl. Anm. 31.
89 H. Swarzenski, Monuments, Fig. 399.
90 M.-M. Gauthier. Emaux, 138 Abb., cat. no. 96.
91 Kat. Rhein und Maas, Nr. G 8.
92 A. Boutemy, Les Evangiles de Dinant, in: Etudes d'histoire et d'archéologie namuroises, dediées à F. Courtoy Gembloux 1952, pl. II. – Für Auskünfte und Hinweise danke ich Dr. Elisabeth Klemm, Wien, und Dr. Ulla Krempel, München.

Marie-Madelaine Gauthier

Colombe limousine prise aux rêts d'un «antiquaire» bénédictin à Saint-Germain-des-Prés, vers 1726

Au printemps 1967 une nouvelle fois, le Dr. Hanns Swarzenski ouvrit une vitrine pour examiner en ma compagnie les émaux occidentaux dont il a, de concert avec son père, doté le Museum of Fine Arts à Boston[1]. Il offrit le nid de ses deux mains à la colombe eucharistique en émail de Limoges pour la soupeser, pour en dénombrer les rémiges, pour faire chatoyer les gammes multicolores de l'émail sur son plumage. Nous soulevâmes les ailes mobiles, articulées à l'épaule par de robustes charnerons. La grâce d'un envol devint si convaincante que notre conservateur décida d'en capter, pour le public dominical, la suggestion théologique: c'était en effet le jour de Pentecôte. L'habitacle aviforme de l'hostie allait retrouver sa vertu originelle. Par la vivacité enjouée de ce geste *(fig. 1)*, huit siècles de métaphores dogmatiques concernant le Saint-Esprit s'incorporèrent soudain à l'oiseau d'émail.

Une attention également amusée dut, vers 1720, inspirer un certain Belmont, mandé par le secrétaire de l'archevêque Mayence, lorsqu'il découvrit à la Collégiale d'Erfurt en Thuringe, une colombe du même genre: « L'on trouve « dans l'Eglise collégiale de Notre-Dame à Erffort cette figure de colombe, « faite de cuivre doré et émaillée à l'antique. Messieurs les chanoines ne savent « pas à quel usage elle à été destinée du temps passé; mais il est croyable qu'elle « a été employée à conserver le St Sacrement ».

Ces quelques lignes explicitent un dessin aquarellé *(fig. 2)* constituant la pièce 107 d'un recueil intitulé, à l'encre noire et à la fin du XVIIIe siècle, « Rés. St Germ. pag. 145, n° 5. D. Montfaucon. Mélanges I ». Ce recueil des papiers de Dom Bernard de Montfaucon, où des pièces manuscrites, lettres et notes descriptives, se mêlent à des dessins, des lavis, des relevés de toutes formes, de toutes techniques et de toutes provenances, est le manuscrit latin 11907 du Cabinet des manuscrits de la Bibliothèque nationale[2].

Or, c'est une suggestion de Georg Swarzenski qui, dès 1949, m'avait engagée pour la première fois à exploiter méthodiquement, pour le Corpus des émaux de Limoges, les manuscrits du fonds de Saint-Germain des Prés et, en particulier, ceux qui regroupant les papiers adressés à Dom Bernard de Montfaucon, sont très souvent annotés de sa main. Les propos échangés ensuite avec Hanns Swarzenski, à la fortune des rencontres que favorise le Cabinet des Ma-

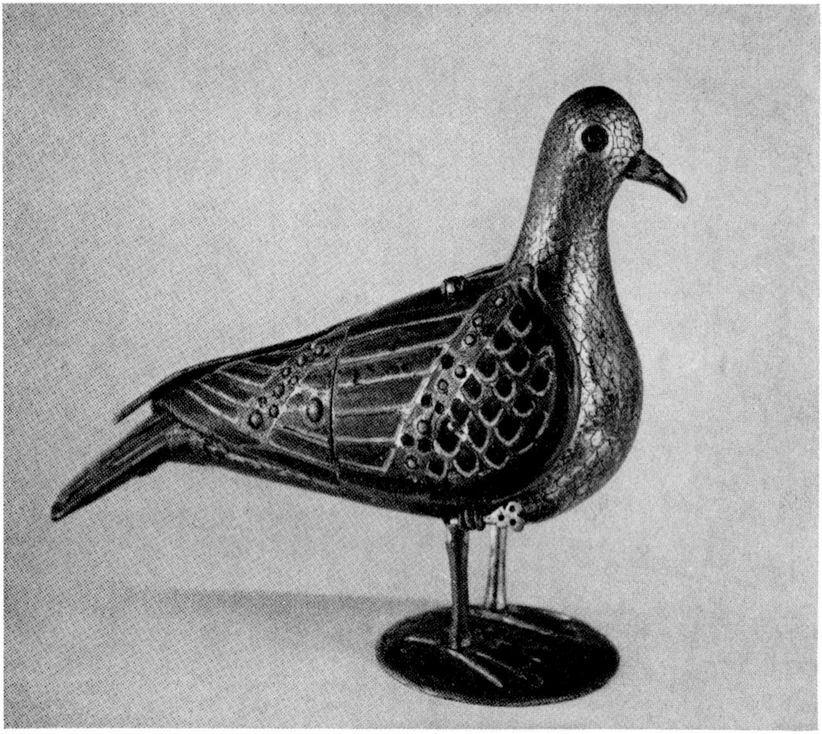

Fig. 1 Colombe eucharistique, Boston Museum of Fine Arts, neg. William F. Warden Fund, inv. 49.1075

nuscrits, précisèrent l'enquête. Celle-ci ne put être accomplie sérieusement qu'en 1968; une campagne photographique sélective établit, en même temps, l'existence de plusieurs cabinets d'amateurs d'émaux limousins au début du XVIIIe siècle, à Paris, à Liège, à Oxford, et, mieux même, ajoutait de nouveaux lieux aux cartes des anciens trésors[3].

Le correspondant de Montfaucon en question, plus curieux des antiquités chrétiennes que les chanoines thuringiens qui avaient oublié la destination passée de leur colombe, commente le dessin du manuscrit lat. 11907 par une seconde note. Archéologue avisé, il interroge la structure de l'objet et en déduit l'usage primitif: « T. c'est icy qu'on ouvre le couvercle; en dedans il « y a deux appyys ou apparament on avoit mis autrefois une plaque d'argent « pour y mettre et conserver les hosties ».

Une autre main, que le manuscrit français 11919 avec ses *Notes de voyages* de la main Montfaucon nous permet d'identifier pour celle même du grand

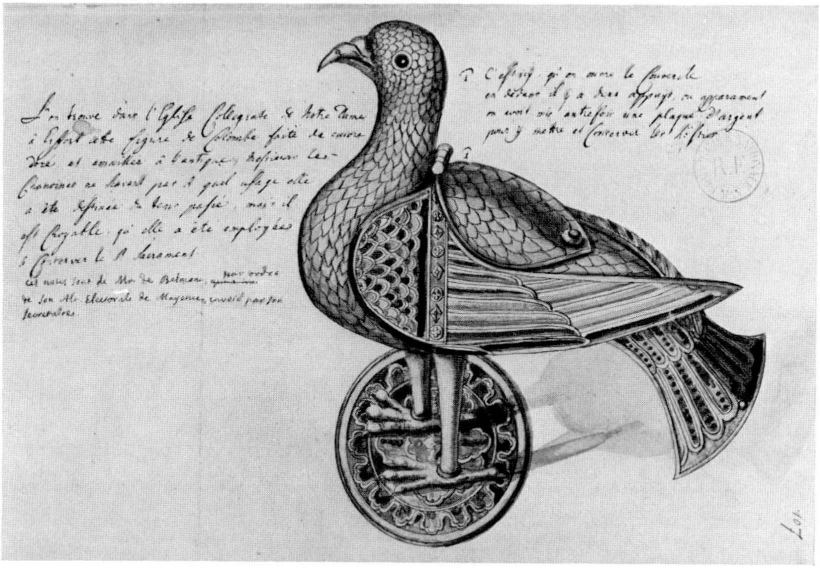

Fig. 2 Colombe eucharistique, Dessin de Mr. de Belmont pour Montfaucon d'après Erfurt, Paris B. N. Lat. 11 907.

« antiquaire » mauriste[4], désigne l'expéditeur du dessin: « Ces notes sont « de Mr. de Belmont, par ordre de son Alt. Electorale de Mayence, envoié par « son Secrétaire ». La pièce 106 du même recueil, figurant « Deux tuyaux « d'argent que l'on montrait dans l'église collégiale de N. D. à Erffort », en un dessin annoté par les deux mêmes écritures, éclaire l'identité de Mr. de Belmont, puisque la main Montfaucon précise: « cette note est de Mr. de Belmont » et ajoute, au bas de la page, « Dessiné à Erfort par les soins de Mr. de « Belmont, conseiller de la régence et professeur en l'histoire et envoié par « Mr du Chanxe secrétaire de son Alt. électorale de Mayence qui a donné « ces ordres pour faire ces recherches ». La mission de Belmont est en outre confirmée par des mentions similaires au bas du dessin d'une croix de choeur monumentale du même recueil[5].

La colombe de la Collégiale Notre-Dame d'Erfurt, ou Marienstift, occupe, sur une feuille de 34,5 cm de hauteur et de 22,7 cm de large, un champ carré de 18 cm de côté environ; elle est donc probablement reprénsenté à sa dimension réelle, comme la taille courante des colombes limousines conservées nous le laisse augurer. Elle est présentée par son profil gauche.

Ce vase métallique aviforme semble fait de plusieurs coques, en tôle de cuivre embouti. Les unes, gravées et dorées, pour constituer la tête avec le bec, le poitrail, le ventre, étaient ajustées probablement par paires antithétiques. Le dos et son opercule étaient visiblement faits d'une seule plaque, comme sans doute le dessous de la queue, puisqu'un seul rivet a suffi à l'attacher; pour chaque patte, la pièce de tôle était enroulée en un cône élancé qui s'enfonce dans la griffe. L'oiseau est assujetti à un support discoïdal que le dessinateur a, en bon artisan, relevé en projection plane. Les autres coques, champlevées et émaillées, au nombre de quatre, constituaient les deux ailes, le dessus de la queue et le petit plateau rond de sustentation. L'opercule dorsal était articulé par une charnière entre les épaules et pouvait être bloqué par le loquet que meut le bouton visible. Tous les indices enfin indiquent que les ailes étaint fixes.

Sous le pinceau de Mr. de Belmont, ou celui de son dessinateur, la palette limousine est rendue avec une remarquable fidélité. Elle compte un bleu outremer de cobalt, un bleu plus clair, du vert, du turquoise, du rouge, du jaune, du blanc; ces émaux sont posés en champs unis pour les bleus, aux liséres de la queue ou de l'épaule et au fond du plateau; ailleurs, ils sont nués en gammes polychromes: bleu outremer – bleu azur – blanc, ou rouge – turquoise — blanc, et, semble-t-il, rouge — jaune — vert. L'oeil est fait d'une goutte d'émail.

L'oiseau est dodu; le col bref est renversé, le bec crochu avec un bourrelet, le poitrail large, les pattes raides. Le plumage de l'épaule est disposé en écailles horizontales de couleurs alternées; l'aileron compte deux zones de remiges, horizontales aussi, et deux zones de pennes s'ouvrent en éventail sur la queue. La jarretière verticale qui, tel un orfroi, à la manière spécifiquement limousine, sépare l'épaule de l'aileron, fait alterner quatre petits disques chargés d'un quadrilobe avec quatre diamants. Autour du plateau court une bordure d'ondes trilobées, tout émaillées; le motif médian, quoique peu lisible, entre les pattes, couvre le disque d'une grosse rosace crucifère; les deux corolles superposent leurs quatre pétales dentelés de cinq lobes, marqués d'une nervure de points rouges. La même nervure de points rouges axe chaque penne de la queue. Cet indice suggère de placer la colombe dans un groupe d'émaux de belle qualité, datables des années 1210–1230 par un faisceau d'autres caractères[6] parmi lesquels reparaît l'onde trilobée.

Georg Swarzenski avait signalé ce dessin à Frederick Stohlman. En effet, les notes de ce dernier m'indiquent qu'à la date de 1958, il n'avait pu encore identifier la colombe d'Erfurt parmi les émaux limousins dont il avait conduit le recensement[7].

A la date présente, le Corpus de Limoges a catalogué, au total, quarante-deux colombes eucharistiques. Compte-tenu d'une demi-douzaine de ces pièces dont l'authenticité est douteuse et compte-tenu d'une douzaine d'autres

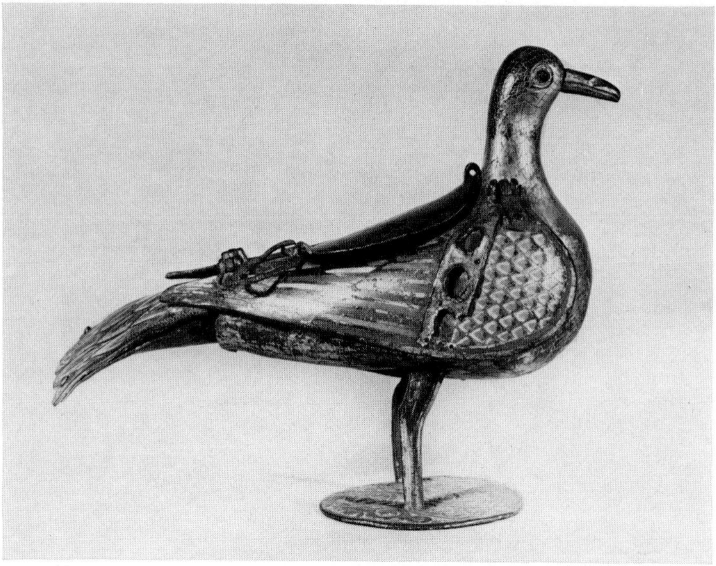

Fig. 3 Colombe eucharistique, Paris, Musée de Cluny, inv. 1957, cat. 4529.

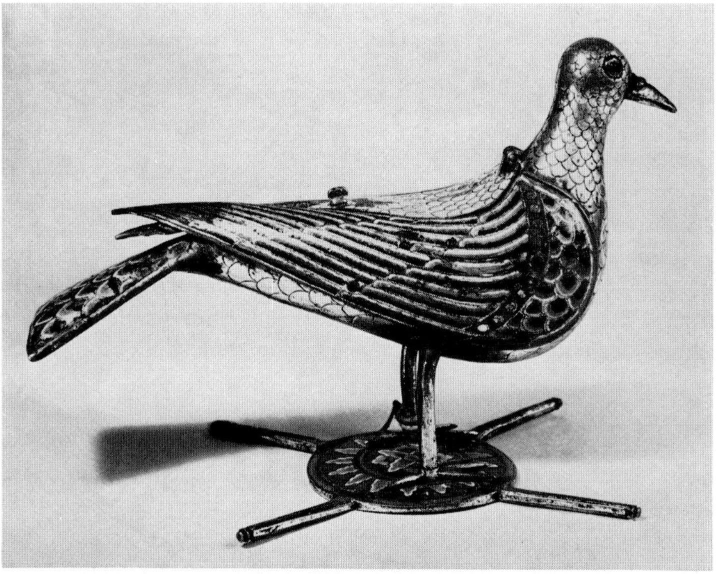

Fig. 4 Colombe eucharistique, Neuilly, ancienne collection David-Weill.

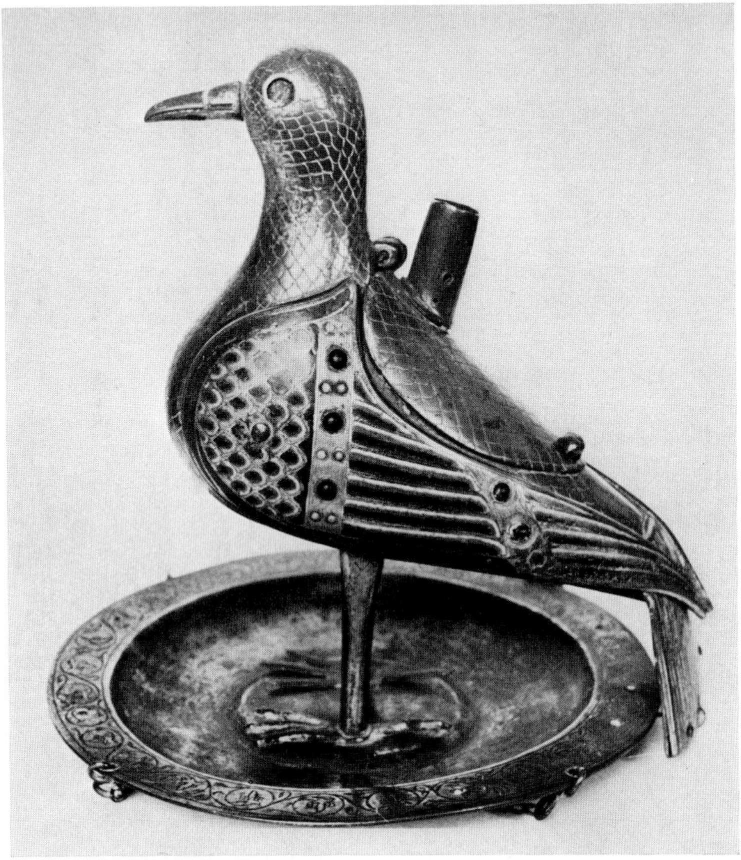

Fig. 5 Colombe eucharistique, Amiens, Musée de Picardie, Ph. VII 5422, cat. 1845 No. 1.

aujourd'hui non localisées, on ne peut faire porter un examen utile que sur deux douzaines environ de ces réserves eucharistiques, propres à l'œuvre de Limoges[8].

Malgré l'apparente uniformité de leur fabrication, elles présentent maintes différences portant, les unes sur la structure, les autres sur la décoration, les autres sur l'état de conservation, si bien qu'il ne s'en trouve aucune vraiment identique à une autre.

Des textes et quelques exemples nous assurent que ces colombes, destinées à préserver l'hostie consacrée entre les messes successives, étaient des « répositoires », suspendus au-dessus de l'autel[9]. Elles reposent donc sur un plateau.

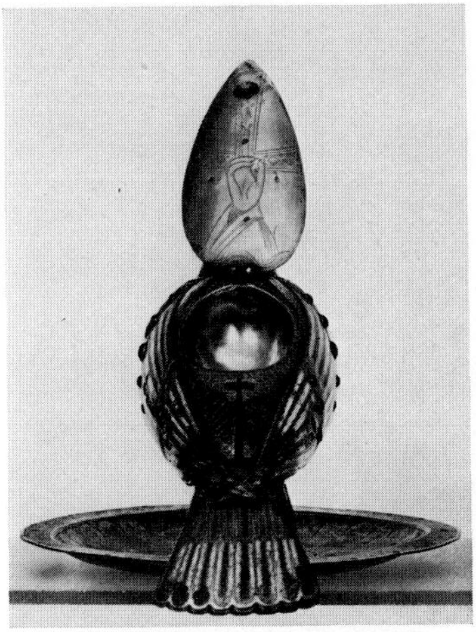

Fig. 6 Colombe eucharistique, Copenhague, Nationalmuseet inv. 443.

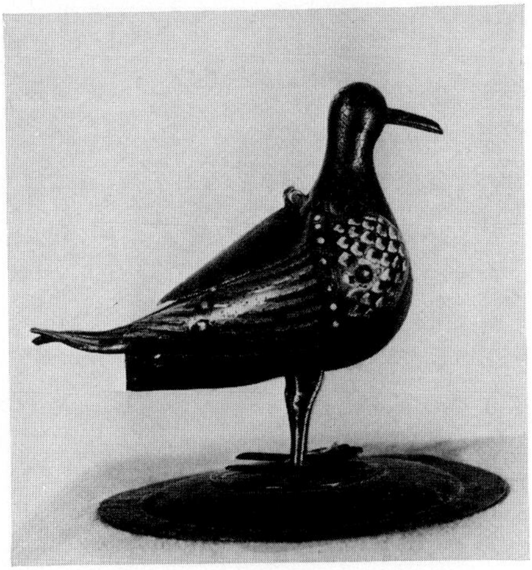

Fig. 7 Colombe eucharistique, Burgo de Osma, église.

Celui-ci comporte toujours un support discoïdal de 5 à 6 cm de diamètre auquel les pattes sont rivées *(fig. 3)*; il a été souvent seul préservé[10]. Ce disque peut être solidarisé à quatre appendices, arqués en antennes *(fig. 4)*, auxquels s'attachent les chaînettes de suspension[11]. Ce disque peut aussi constituer l'ombilic d'un plat rond, semblable à une patène à laquelle la fonction eucharistique du vase aviforme permet, d'ailleurs, par une métaphore liturgique, de l'assimiler *(fig. 5)*[12]. Ce plateau peut toutefois être une calotte convexe, mettant ainsi la colombe en évidence *(fig. 6, 7)*[13]. Il peut enfin être aménagé comme une enceinte *(fig. 8)* qui désignerait la Jérusalem céleste. On a conservé les fragments de certaine de ces enceintes en la prenant pour une couronne *(fig. 9)*. Les petits trous qui perforent le sommet de la «muraille» permettaient d'assujettir en bas un pavillon de tissus précieux. On fabriquait ainsi une petite tente, l'image du tabernacle biblique, le *tabernaculum*[14]. On possède même un dispositif de suspension animé, en manière de dragon; la colombe, flottant en l'air, a dans ce cas les pattes repliées sous le ventre *(fig. 10)*[15]. La structure du support est donc déjà un sûr moyen de reconnaissance.

L'opercule dorsal, découpé en ellipse, n'est jamais émaillé mais gravé d'un plumage imbriqué. Il s'articule le plus souvent par une charnière, taillée et battue dans la pièce de cuivre même, à la naissance du cou; il couvre le petit réceptacle eucharistique, fait d'un tôle, galbée en cupule à la dimension de l'hostie[16]. La substance sacrée de celle-ci est désignée par la main de Dieu

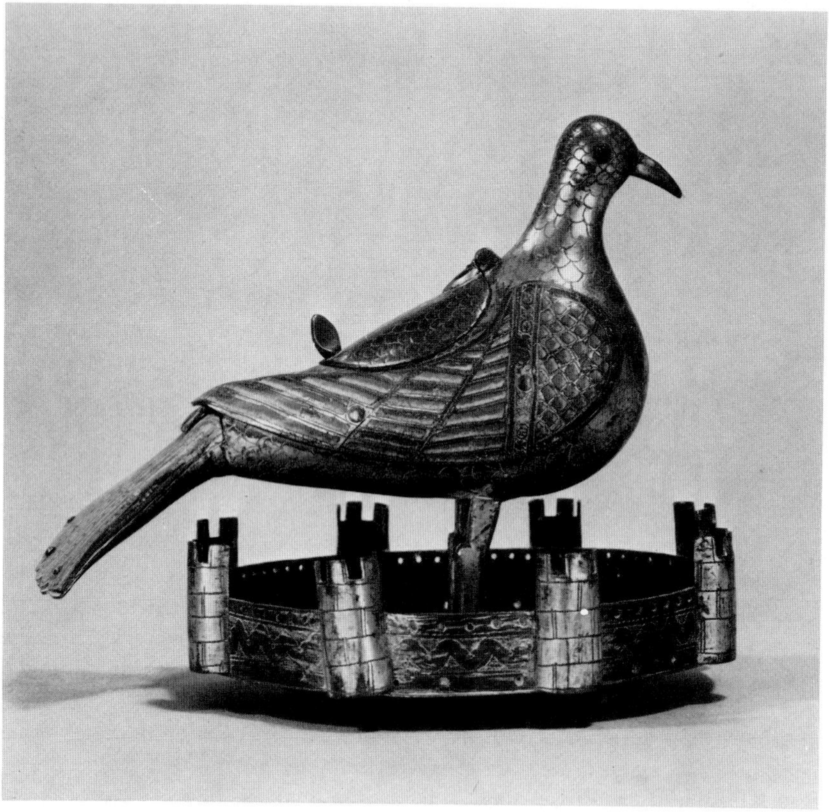

Fig. 8 Colombe eucharistique, Washington, National Gallery, Widener Collection 1942.

bénissant qui se détache sur le nimbe crucifère, gravée à la face interne de l'opercule, ainsi dans la colombe de Copenhague *(fig. 6)*.

Les ailes elles-mêmes, en général fixes, sont solidement attachées l'une à l'autre et immobilisées avec les coques ventrales, par une goupille transversale, dont les bouts sont rabattus en manière de rivets sur les surfaces externes *(fig. 5, 8, 10)*. Rarement, elles s'articulent par une charnière placée soit en haut à l'épaule et au bout de l'aileron *(fig. 3)*, soit en bas sur le flanc *(fig. 1)*[17].

Les pattes sont faites d'une tôle enroulée qu'une cambrure peut rendre plus réaliste *(fig. 3)*[18]. Ces petites structures cylindriques s'engagent dans des perforations ménagées sous la coque ventrale à l'intérieur de laquelle leurs lèvres se rabattent. Une goupille fortifie l'axe et vient traverser la griffe,

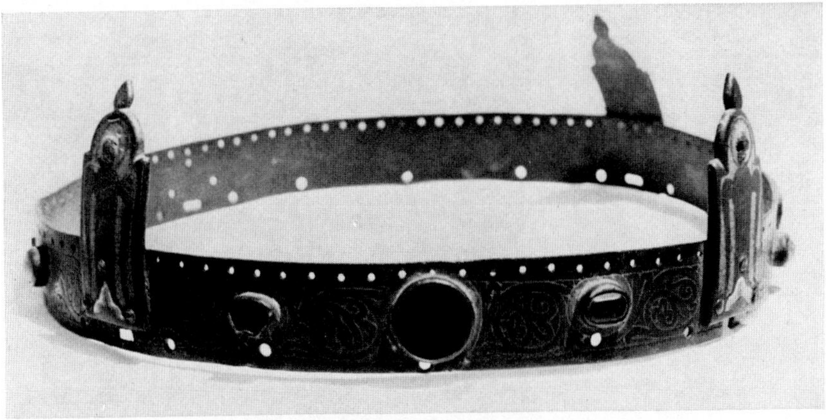

Fig. 9 Colombe eucharistique, Bari, église Saint-Nicolas

pièce découpée dans une tôle, puis galbée et ciselée en manière de phalanges et d'ongles, pour se river au-dessous du support discoïdal.
C'est un dispositif très robuste, typique de l'Œuvre de Limoges. Toutefois, la relative fragilité de tous ces appendices, exposés aux chocs et aux chutes, en a souvent entraîné le bris et la disparition. Nombreuses aussi sont donc les restaurations ou les réparations[19].
L'exécution, les motifs et le style des ornements gravés et émaillés, d'abord autorisent la comparaison avec d'autres émaux limousins datables. Le rinceau gravé sur le rebord du bassin qui supporte la colombe de l'abbaye de Raincheval au musée d'Amiens *(fig. 5)* tout proche de celui qui orne les bandeaux de la châsse de Mozac, autorise à chercher vers 1200–1210 la date de cette colombe; les parois en réserve finement pointillées pour le plumage, l'orfroi des jarretières où alternent de grosses perles d'émail avec deux petites, l'amenuisement des plumes sur le cou et la tête, confirment cette hypothèse.
A ce groupe appartiennent donc les colombes les plus anciennes, celle de Salzburg, celle qui, venant des Chalandon, est aujourd'hui à Baltimore, celle de Copenhague *(fig. 6)*[20].
Dans la décennie suivante, vers 1210–1220, prendrait place la colombe conservée aujourd'hui à Bâle, dans la collection de Robert von Hirsch *(fig. 11)*: la qualité du champlevé, les nervures de points rouges dans l'axe des ornaments l'indiquent[21]. Elle fut acquise à la vente de la collection princière de Hohenzollern, sise au château de Sigmaringen; dès le début du XIXe siècle, les princes s'employèrent à sauver de la destruction nombre de pièces dispersées et démembrées au cours des guerres napoléoniennes, après les pillages ou les mises en gage des trésors allemands[22].

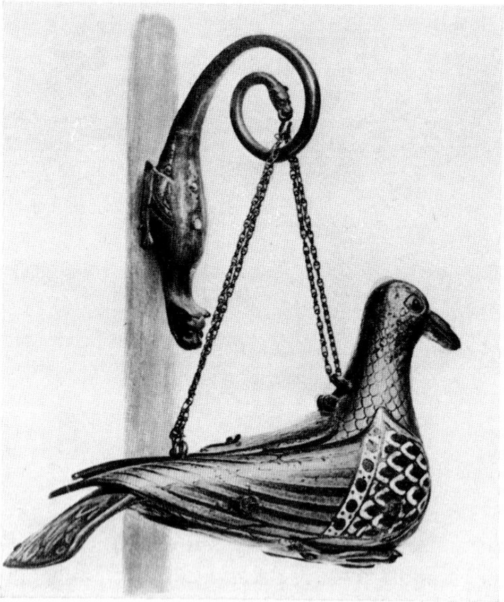

Fig. 10 Colombe eucharistique, Louvre,
Coll. Martin le Roy, inv. 8104.

L'oiseau, complet, repose sur le disque émaillé qui dut l'attacher jadis au plateau du pavillon; ce disque s'orne d'une rosace à double corolle. L'opercule est articulé à la base du cou; les ailes sont fixes; l'orfroi séparant l'épaule des pennes sur l'aile est orné de quatre disques chargés de petits quadrilobes alternant avec quatre diamants. La particularité de ce motif, qui n'apparaît que sur la colombe d'Erfurt dessinée pour Montfaucon, engage à comparer les autres traits; on les retrouve tous *(fig. 1, 11)*: plumage de taille croissante de la tête vers le cou, vers le poitrail et le dos; nombre de rangées des imbrications dans le plumage, couleurs nuées et alternées, disposition des rémiges en deux zones et des deux gracieux volants des pennes sur la queue.
Il semble donc certain que c'est la colombe de la Collégiale à Erfurt que recueillirent les princes de Hohenzollern, entre 1726 au plus tôt et 1872 au plus tard, plus probablement vers le second quart du XIXe siècle. Et c'est elle qui pare, aujourd'hui, la collection de Robert von Hirsch à Bâle.

Les relations politiques et administratives de la Rhénanie et de la Souabe vers la Thuringe, pourtant distante de deux cents kilomètres, apportent une explication. L'église collégiale Sainte-Marie d'Erfurt fut depuis le XIe jusqu'au XIXe siècle rattachée directement à l'archidiocèse de Mayence. Grâce à l'étude

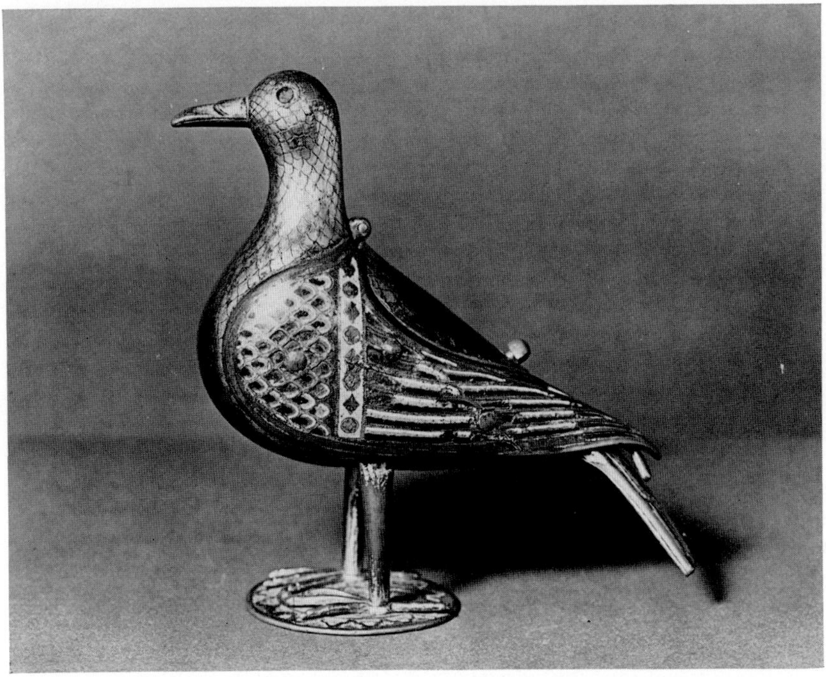

Fig. 11 Colombe eucharistique, Bâle, collection von Hirsch

récente et approfondie de Franz Peter Sonntag[23] l'histoire de Sainte-Marie est bien connue. On peut l'appeler une «pseudo-cathédrale». Ce fut sans doute primitivement une fondation bénédictine, tête d'un «diocèse» projeté par saint Boniface, mais qui resta sans évêché ni évêque, et fut rattachée directement à Mayence. En 819 le chef de cette fondation, Reginhar († 853), est qualifié de «Chorbischof», évêque de ce chapitre. En 1117, la fondation Sainte-Marie est désignée comme *major ecclesia*, l'église majeure, dont un certain Embricho était le prévôt. On a donc affaire dès lors à un prélat, le *prepositus* placé à la tête d'un chapitre.

Les études menées aussi sur la prélature dans les divers chapitres collégiaux de Mayence, Saint-Etienne, Saint-Victor, Sainte Marie-aux-Degrés, Saint-Jean-Baptiste, éclairent la nature des liens personnels politiques, financiers et sociaux qui unissaient leurs prévôts à l'archevêque: la réorganisation de la prélature à la fin du XIIe siècle met, de plus en plus par sa nomination, le prévôt sous l'autorité de l'archevêque. De 1117 à 1248, les six prévôts d'Erfurt sont tous des clercs de l'archidiocèse de Mayence, jusqu'à Conrad d'Apolda (1192–1236) et à Arnold d'Isenburg, neveu de l'archevêque Dietrich de Trèves;

Arnold fut prévôt de Trèves, puis d'Erfurt, avant de succéder à son oncle sur le siège trévire[24].

Le style de la colombe inviterait à dater son acquisition du temps de Conrad d'Apolda. Toutefois, c'est au custode ou trésorier, le cinquième des prélats d'un chapitre, après le prévôt, le doyen, l'écolâtre et le chantre, que serait revenue la charge d'administrer le trésor de l'église. Il acquiert les objets du culte et les ornements, aidé par un sous-trésorier[25].

Comme les trésors des églises allemandes, dont les inventaires sont bien connus jusqu'au XIIe siècle[26], ne comptent pratiquement pas de réserves eucharistiques en forme de colombes d'orfèvrerie, on cherche les raisons qui purent favoriser l'acquisition de l'une des plus anciennes colombes limousines dans la lointaine Thuringe, vers la deuxième ou troisième décennie du XIIIe siècle. Des trois autres colombes dûment localisées de nos jours en Allemagne, une seule appartient à un trésor; or c'est celui d'une église rhénane, Münstermaifeld[27], située sur la route de Trèves à Coblence par la vallée de la Moselle, dans le diocèse de Trèves.

Le prévôt d'Erfurt, Conrad d'Apolda, nous semble avoir été le personnage susceptible d'instaurer ce genre de nouveauté liturgique et artistique, dans une église de son domaine. En effet, né d'une famille ministérielle de Mayence, connue depuis 1123, il était le neveu d'un camérier de l'archevêque de Mayence. En 1200, il appartenait aussi au chapitre de la cathédrale d'Halberstadt où il résida souvent et jusqu'à sa mort en 1236. Il servit comme prévôt d'Erfurt sous quatre archevêques de Mayence, Conrad II de Wittelsbach († 20 octobre 1200); Liupold de Scheinfeld (1200–1208); Siegfried II d'Eppstein († 9 septembre 1230) et Siegfried III d'Eppstein qui lui survécut. Il fut, en particulier, le témoin de nombreux actes de Siegfried II, qui fut très actif à Erfurt, y organisa le synode de 1223 et voulut être enseveli à la collégiale Sainte-Marie. Conrad fut aussi, en 1200, chargé d'affaires par Innocent III[28].

Or on sait qu'Innocent III a eu, avant d'accéder au trône pontifical en 1198, des relations personnelles avec le Limousin, au point qu'il se fit le mécène des émailleurs de Limoges: il les fit travailler à la clôture de la confession, à Saint-Pierre de Rome même. Ce fut lui, d'autre part, qui, théologien novateur de l'euchasterie, déclara canonique l'usage de l'Œuvre de Limoges, pour la conservation de l'hostie consacrée entre les messes. Les colombes eucharistiques de Limoges vont même devenir, sous son pontificat, les héritières des antiques colombes romaines d'or et d'argent, mentionnées par le *Liber Pontificalis,* quoique pour d'autres usages[29]. On voit donc se dessiner, dans ses grandes lignes, le milieu aristocratique de prélats, dont les émailleurs limousins conquirent le patronage vers 1200. On devine le rôle que, parmi leur clientèle, jouèrent en particulier les chapitres de chanoines réguliers. La carte des chapitres de ces religieux viendrait éclairer celle de l'exportation de l'Œuvre de Limoges, dès 1170 à Saint Victor de Paris et partout en Europe jusqu'au milieu du XIIIe siècle[30].

La situation insolite de l'enclave d'Erfurt dans l'archidiocèse de Mayence eut un effet durable jusqu'au XVIIIe siècle: le dessin de la colombe dans le manuscrit lat. 11907 en est un témoignage significatif. Lorsque son Altesse électorale, le Kurfürst Lothar-Franz, Lothaire François de Schönborn, évêque de Bamberg, puis archevêque de Mayence du 11 octobre 1694 au 30 janvier 1729[31] donna de instructions à Monsieur de Chanxe, son secrétaire, pour relever les antiquités médiévales de sa ville d'Erfurt, il prenait la suite naturelle de son lointain prédécesseur Siegfried II d'Eppstein.

Correspondant de Dom de Montfaucon[32], il était comme lui un amateur de manuscrits; la bibliothèque de manuscrits médiévaux conservée de nos jours à Pommersfelden encore dans la possession des Comtes de Schönborn, témoigne de l'acitivié de Lothaire François. Elle a été en large part constitutée à son instigation. Ce n'est pas une simple coïncidence si le tome V de la *Gallia christiana nova,* élaboré durant la longue phase d'activité de Montfaucon et de l'archevêque Schönborn engloba la province ecclésiastique de Mayence dans son programme de la Gaule chrétienne. Le caractère international des études, l'objectivité scientifique des Bénédictins mauristes venaient à la rencontre de l'indifférence des princes de l'Eglise à l'égard des frontières. Leur attitude s'éclaire d'un jour tout humaniste, dans cette perspective européenne et romaine.

Un réseau d'antiquaires et d'historiens au siècle des lumières constituait déjà des cabinets d'antiquités médiévales autour de Saint-Germain des Prés. Le romantisme post-révolutionnaire redécouvrira à son tour ce patrimoine, pour en léguer l'héritage aux musées des nations modernes et à l'érudition contemporaine.

La véritable efficacité de notre siècle est d'avoir servi la méthode et l'objectivité scientifique des premiers et la passion des seconds avec la photographie. Puisse-t-elle toutefois ne jamais substituer ses images à la réalité des œuvres, au toucher et au regard de l'amateur.

Annotations

1 Inventaire 49.075, Warden Fund. – Georg Swarzenski, *A masterpiece of Limoges,* in: Boston, Bulletin Museum of Fine Arts 1951, vol. XLIX, no. 275, p. 17 sq.

2 Léopold Delisle, Inventaire des manuscrits de Saint-Germain des Prés conservés à la Bibliothèque impériale, sous les numéros 11504–14231 du fonds latin, Paris, 1868 (Ext. de la Bibliothèque de l'Ecole des Chartes, 6e série, t. I, III et IV), La collation transcrite sur la page du titre, datée du *29 juillet 1890* à l'encre rouge, indique: «*volume 235 feuillets. le feuillet 143 est blanc, le feuillet 195*

est mutilé». Le volume a été restauré en 1970, d'après une mention à l'encre bleue. Le dessin est publié par Rohault de Fleury, *La Messe*, Paris 1883–1889, t. V, pl. 63, avec une localisation erronée à Herford [sic], pour Erffort, autrement orthographié: Erphesfurt, de *Erfordia, Erpisfordiense*, en latin médiéval: Potthast, *Bibl. hist. m. a.*, 1868, 513. Cf. *infra* note 9.

3 Le hasard veut que le manuscrit lat. 11907 contienne au folio 200 un dessin essentiel pour la connaissance de la basilique romane de Saint-Martial de Limoges. *L'art roman à Saint-Martial de Limoges*, Limoges, 1950, cat. 50, pl. III.
Dans ce même volume, on trouve des objets que nous pouvons aujourd'hui identifier comme des émaux champlevés de Limoges, aux folios 145 et 147, 157 et 157^{v}, 159, 160, 165, 173. Ce sont des croix, des crucifix, une reliure, les uns localisés, les autres encore non situés chez leurs possesseurs actuels.
L'allure de ces cabinets d'amateurs d'émaux limousins, au siècle de lumières, a été esquissée par l'auteur, dans une communication à la Société nationale des Antiquaires de France del 22 novembre 1972.
Léopold Delisle, *Le Cabinet des manuscrits de la Bibliothèque impériale*, Paris, tome II, p. 326–329: 1718 manuscrits latins et 147 manuscrits français, inventoriés à part, dans la *Bibl. de l'Ecole des Chartes*, 6e série, t. II, III, IV. Ext. Paris, 1868, 132 p.
Signalons que les manuscrits lat. 11908, 11909, 11910, 11911, 11912, ne contiennent pas de documents graphiques utiles à notre propos.

4 Leopold Delisle, Inventaire des manuscrits latins du fonds de Saint-Germain des Prés. Paris, 1878, p. 29. – La correspondance inédite de Dom B. de Montfaucon, publiée par Philippe Tamizey de Larroque (d'après A. Dantier). Paris, 1879, 32 p. (Ext. de la *Revue de Gascogne*, XIX, 1879), ne fait aucune allusion à ce document.

5 Ms. lat. 11907 fol. [20], non numéroté 20, pièce 106: «de la main de M. de Belmont»: «L'on montre dans l'Eglise collégiale de Notre-Dame à Erffort ces deux Tuyeaux d'argent, et messieurs les chanoines prétendent de savoir par tradition que des prêtres s'en sont servi autrefois pour en tirer du calice le sang de Notre Seigneur».
Au folio 43, la pièce 129 représente une croix monumentale. Sa croisée simple, les branches quadrifoliées, ornées des symboles des évangélistes entiers, pourraient dater du XIIIe siècle; le crucifix semble vêtu d'habits et de chaussures véritables. La légende explicative «c'est le plus vieux crucifix que j'ai pu trouver icy; on le voit dans une petite chapelle toute proche de l'Eglise et de l'Abbaye de St Pierre», est authentifiée par la mention de la main de Montfaucon: «Cette note est de Mr de Belmont, fait par ordre de son Altesse électorale de Mayence, et envoyé par Mr. de Chanxe son secrétaire».
L'index onomastique des manuscrits français de la Bibliothèque nationale, publié par A. Vidier et D. Derrier, *Table analytique des anciens et nouveaux fonds français*, Paris, 1948, ne mentionne ni Mr. de Belmont, ni Mr. Du Chanxe, hormis le manuscrit qui nous intéresse: cf. *infra* n. 31.
La longue période de son activité (Dom Berliere, *Histoire littéraire de la congrégation de Saint-Maur, ordre de Saint-Benoît*. Bruxelles, 1770, p. 585 sq.) empêche que l'on établisse, momentanément, l'année au cours de laquelle ces dessins, non datés, lui ont été expédiés. Toutefois, les pièces datées du recueil lat. 11907, déjà assemblées par lui-même ou ses collaborateurs, à en juger par l'intitulé manuscrit (cf. *supra* note 2), situeraient par voisinage notre document au cours des années 1720–1726 (cf. d'ailleurs *infra* note 32).
Tous les dessins de Mr. de Belmont sont exécutés sur feuilles de bon papier

blanc vergé, sans marque, plus épais que les autres pièces du recueil, mais de dimensions inégales.

6 La nervure axiale, sur les pétales de rosaces ou les folioles de palmettes, marquée par de petits pavés en réserve dorée, puis en points rouges, apparaît dès le début du XIIIe siècle: Pignon de châsse à Lucerne: H. Schnitzler, C. Ratton, P. Bloch, *Email-, Goldschmiede- und Metallarbeiten, Sammlung E. u. E. Kofler-Truniger Luzern*. Luzern u. Stuttgart, 1965, cat. E. 39, p. 21, pl. 13.

7 Ce m'est ici l'occasion d'exprimer ma gratitude à la mémoire du Professeur Frederick Stohlman de l'Université de Princeton: non content d'adresser au *Corpus des émaux méridionaux*, copiées de sa main, les listes sommaires des émaux qu'il avait étudiés en Europe, il m'ouvrit généreusement sa documentation graphique et photographique, lorsqu'elle était déposée à l'Index of Christian Art de l'Université de Princeton. A l'initiative de sa fille, Mademoiselle Suzanne Stohlman, son exécuteur testamentaire, l'ensemble de cette documentation a été léguée au *Corpus*; elle est assortie d'une série de publications spécialisées, livres et tirés à part, réunis de 1919 à 1956. Cette décision tout amicale répond au vœu de continuité que Frederick Stohlman formait pour ses recherches et auquel nous souhaitons répondre bientôt par la publication du premier fascicule du *Corpus*, hommage de reconnaissance et de fidélité.

8 Ernest Rupin, *L'œuvre de Limoges*, Paris, 1890, p. 222–234, ne recense encore qu'une vingtaine de colombes. A la suite de l'abbé Texier, *Dictionnaire d'orfèvrerie*. Paris, 1857, col. 454, il recueille les textes qui situent ces objets dans l'histoire du mobilier chrétien. Ses inductions s'appuient sur les spéculations symbolistes de l'abbé Corblet, Essai historique et liturgique sur les ciboires et la réserve de l'Eucharistie. *Revue de l'art chrétien*, II, 1884, p. 56 sq., p. 154 sq. et du P. Cahier, Colombes et réserves eucharistiques. *Nouveaux mélanges d'archéologie*. Paris, 1874, p. 212 sq.

J. Braun, S. J., *Das christliche Altargerät in seinem Sein und in seiner Entwicklung*. München, 1932: *Columba*, p. 289–290, discute l'ancienneté de la fonction eucharistique supposée par ces érudits, en ce qui concerne les rares colombes mentionnées dans les textes pour le premier millénaire; p. 319– 323, il met en évidence l'originalité du parti formel limousin. Ce genre de « repositorium » est pratiquement inconnu de l'orfèvrerie ou de l'émaillerie médiévale, en dehors du XIIIe siècle limousin, qu'il s'agisse des œuvres d'art ou des inventaires.

9 Article *Colombe*, in: Victor Gay, Glossaire archéologique du Moyen-Age et de la Renaissance, Paris, 1884, col. 415 et fig. – J. Braun, S. J., *Der christliche Altar*, t. II. München, 1924, p. 575–577, p. 584 sq., p. 608–616, discute les problèmes historiques et liturgiques ou symboliques posés par la forme et la fonction de ce genre de réserve eucharistique, spécifique de l'œuvre de Limoges. A la note 12 de la p. 610, il énonce comme certaine l'identification de la colombe de la Collection de Sigmaringen avec la colombe d'Erfurt des papiers de Montfaucon, tout en corrigeant la localisation erronée à Herford, due à Rohault de Fleury (cf. *supra* note 1 et *infra* note 22).

10 Colombe à Barcelone, Museos de Arte, 65534 (Exposition – Barcelone 1961. *El arte románico, catálogo*. Barcelona y Santiago de Compostele, 1963 (h. c.). p. 157.
Colombe à Denver (Colorado), The Denver Art Museum, E. 899, gift of Mrs. J. Frederick Byers (négatifs Denver Art Museum: Corpus 10497 à 10501).
Colombe à Hanovre, Kestner-Museum, inv. 481 (Ernest Rupin, *L'œuvre de Limoges*. Paris, 1890, p. 223 sq. – F. Stuttmann, *Mittelalter, I. Bronze. Email. Elfenbein*. Hannover, 1966 [Bildkataloge des Kestner-Museums, VIII], No. 73).

Colombe à Paris, Musée de Cluny, D. S. 4529, inv. 1957 (du Sommerard, *Les arts au moyen-âge*. 1846, chap. XIV, pl. III. – E. Rupin, *L'œuvre de Limoges*. Paris, 1890, p. 234).

11 Colombe à Cologne, ancienne collection Bourgeois en 1846, passée à Colworth, collection H. Magniac, avant 1892 (*Vente H. Magniac Londres, 2–4 juillet 1892*, cat. 498 avec pl.). Exposée à Paris en 1900 (*Catalogue officiel*, p. 234, numéro 2558, pl. p. 88; E. Molinier et F. Marcou, *L'exposition rétrospective de l'art français*. Paris, 1900, p. 89), la colombe du Comte Chandon de Briailles, au Château de Chaource à Epernay, passa à la collection David-Weill à Neuilly, dispersée à partir de 1971: Vente 16 juin 1971, Paris, Hôtel Drouot, cat. 79 pl. coul.
Le support de la colombe de New York, Metropolitan Museum of Art, inv. 17.190.344, provenant de la collection Hoentschel, est moderne (A. Perate, *Collections George Hoentschel, introduction et notices*, t. II: *Emaux du XIIe au XIVe siècle*. Paris, 1911, pl. XLI, n° 67.

12 La colombe du Musée de Picardie à Amiens, cat. 1845 no. 11 (négatifs VII-54, 21-22-23: Corpus 3101) (*fig. 5*) provenant de Raincheval dans la Somme (Abbé Corblet, Mémoire sur un ciboire du moyen-âge. *Bull. monumental*, 1844, t. X. p. 201. et fig.; P. Dubois, Les trésors d'églises de Picardie. *Notre Picardie*, 3e année, 1er mars 1908, no. 21, p. 40–44; Exposition – Cité du Vatican, Bibliothèque apostolique Vaticane 1963. *Emaux de Limoges du moyen-âge*, no. 106, pl. 40) commande ce groupe, auquel appartient aussi la colombe de la Walters Art Gallery, inv. 44.3 à Baltimore (Maryland), si son support actuel inscrit est bien médiéval. La colombe également à la Walters Art Gallery, inv. 44.77, identifiable à celle des collections Emmanuel Chalandon à Lyon en 1877 et Georges Chalandon à Paris en 1905, a pu fournir le modèle au restaurateur de la précédente.
La colombe de l'église paroissiale de Frassinoro en Emilie (Mgr. X. Barbier de Montault, Les émaux de Limoges à l'exposition d'Orvieto. *Bulletin de la Société archéologique et historique de la Corrèze*. Brive, 1897, t. XIX, p. 162) doit, à notre avis, être rapprochée de la soi-disant patène dont elle est aujourd'hui démembrée, conservée au même trésor, en provenance de l'abbaye de S. Claudio; elle comporte encore les trous de fixation des pattes: Augusta Ghidiglia Quintavalle, *Ritrovamenti e restauri (Mostra)*. Soprintendenza alle Gallerie di Modena e Reggio Emilia. 1959, p. 12, pl. 5.
Représentée par A. du Sommerard, *Les arts au moyen-âge*. Album, 1846, chap. XIV. pl. III, no. 2, la seconde colombe de la Collection Bourgeois de Cologne (cf. *supra* note 11) est identifiable dans la collection Thyssen à Lugano: Adolf Feulner, *Stiftung Sammlung Schloss Rohoncz*, 3. Teil: *Plastik und Kunsthandwerk*. Lugano–Castagnola, 1931, no. 88, pl. 33.
Un état de conservation exemplaire est offert par la colombe du National Museet de Copenhague, inv. 443 (Exposition – Paris, Musée du Louvre 1965. *Le Danemark, ses trésors*. Copenhague, 1965, cat. 731), à l'exception du gros cabochon losangique rivé sur l'opercule au XVe siècle apparemment (*fig. 6*).

13 La colombe de Salzburg (Kurt Rossacher, *Der Schatz des Erzstiftes Salzburg*, Salzburg, 1966, cat. 5, pl. coul. 2; et M. M. Gauthier, *Emaux de moyen-âge occidental*. Fribourg, 1972, p. 117, ill. p. 116, cat. 72, p. 340) en offre l'exemple avec celle de Burgo de Osma dans la province de Soria (Archives Mas, nég. J. M. 723 azul – 1812 rojo: Corpus 6351) qui est amputée de sa queue, mais a conservé, complet, le rebord aplati de la calotte (*fig. 7*). Elles sont l'une et l'autre datables des années 1200–1210.

14 Ce sont curieusement deux colombes de l'ancienne collection Soltykoff (*fig. 8*)

(*Vente Paris 1861*, numéros 74 et 75) qui fournissent l'exemple des enceintes. L'une, circulaire, cat. 74, acquise en 1861 par Ayers à Paris, et que l'on retrouve à Rome dans la collection Castellani (*Vente Rome 1884*, cat. 618) fut acquise par John Edward Taylor qui l'exposa à Londres en 1897 (Burlington Fine Art Club, *Enamels*. London, Burlington House, 1897, cat. 52, pl. 9), puis à Paris l'exposition universelle de 1900 (E. Molinier et Franz Marcou, *Exposition rétrospective de l'art français des origines à 1800*. Paris, 1900, p. 89, pl. non paginée p. 89; Exposition universelle, Paris 1900, *Catalogue officiel*, p. 294, numéro 2554). Il semble bien que ce soit la même que celle qui appartint, à une date indéterminée du XIXe siècle, à Ferdinand de Lasteyrie (E. Rupin, L'œuvre de Limoges. Paris, 1890, p. 228, fig. 290). Vendue ensuite chez Christie's à Londres le 1er juin 1912, cat. 65, elle fut acquise par le collectionneur américain Widener (*Inventory of the objects d'art at Lynnewood Hall, Elkins Park* (Pennsylvania) 1935, p. 32), qui l'offrit à la National Gallery à Washington (D. C.): Erwin O. Christensen, *Objects of medieval art from the Widener Collection*. Washington, National Gallery of Art, 1952. Les Frêres Duveen l'avaient acheminée vers les Etats-Unis: Frêres Duveen, *A Pyx (Colombe eucharistique). French (Limoges) work of art of the XIII. C. from the Castellani Collection Rome. Exhibited at the Burlington Fine Art Club 1897 and illustrated by the Catalogue. Exhibited at the Exposition Universelle, Paris 1900 and illustrated in l'Art français by Molinier. A similar specimen, but standing in a square tray with eight turrets is in the Prince Soltykoff collection* [Paris], Impr. de Herbert Clarke, 338, rue Saint-Honoré [s. d.]. Cette brochure à la National Gallery, Washington NK 5000 D 9.
L'enceinte carrée, flanquée de huit tours de la colombe Soltykoff no. 75, jadis acquise par le Prince Pierre Basilevski, lequel céda ses collections au Tsar pour former un des noyaux du musée de l'Ermitage à Saint-Petersbourg (A. Darcel et Pce P. Basilevski, *Catalogue raisonné de la collection Basilevski*, Paris, 1874, p. 89) est une réfection moderne (Gazette des Beaux-Arts, 2e période t. XXXI, p. 46). Vendue après la Révolution russe, la colombe parvint au collectionneur Mannheimer d'Amsterdam. Elle fut confisquée à ce dernier par les Nazis. Identifiée en 1945 à Munich (Archives du Collecting Point, 1625/15: Corpus Limoges, photo 10946), elle fut restinée aux propriétaires légaux. Aujourd'hui conservée au Rijksmuseum d'Amsterdam, inv. 15.
Par contre, la plus ancienne des enceintes d'émail de Limoges doit être reconnue à l'église S. Nicolo, sous le nom trompeur de « Couronne de Roger » (C. Enlart. L'Art, V, no. 39, 28 avril 1896, p. 673, ill.). Les photographies dues par le Corpus des émaux de Limoges à l'obligeance du Dott. M. d'Elia (nég. Ficarelli: Corpus 6994, 6995) montrent le décor gravé vermiculé et les deux tourelles émaillées, datant ce fragment des environs de 1200 (*fig. 9*).

15 Colombe, donnée par Martin Le Roy au Musée du Louvre, Objets d'Art inv. 8104 (J.-J. Marquet de Vasselot, *Catalogue raisonné de la collection Martin Le Roy, I. Orfèvrerie et émaillerie*. Paris, 1906, no. 29, pl. XXI), provenant de l'ancienne collection Ducatel (E. Rupin, *L'Œuvre de Limoges*. Paris, 1890, p. 236, fig. 296).

16 Sur la colombe de l'église des Saints-Apôtres et Saint-Nazaire à Milan (Romussi, *Milano nei suoi monumenti*. Milano 1893, p. 167, ill.) déjà mentionnée en 1498, dans la description des autels de Milan, l'opercule endommagé a été replacé mais retourné, avec une charnière au niveau des reins. La cupule, soigneusement dorée, est mise en évidence par la photographie pour les colombes de Salzburg, négatif Carl Pospesch profil gauche (Corpus 15259); Copenhague, National Museet, inv. 443 (nég. 3 e 68: Corpus 6079; fig. 6); Denver (Colorado), Denver

Art Museum, E. 899 (Corpus 10499); Milan, Saints-Apôtres (nég. Zacchetti: Corpus 1351).

17 Charnière à l'épaule et goupille fixant l'aile au ventre sur la colombe (*fig. 1*) de Boston (cf. *supra* note 1), inv. 49.1075 (négatif 14301). Sur la colombe du Musée de Cluny, inv. 1957 (cf. *supra* note 10), charnières à l'épaule et au bout de l'aileron en particulier (négatifs du Service de documentation photographique des Musées nationaux: 66 Dn 213, profil droit; 11 Dn 214: profil gauche; 66 Dn 212: face du poitrail; 66 Dn 211: dos.) (*fig 3*).

18 Colombe du Musée de Cluny: cf. *supra* notes 10 et 17; de Burgo de Osma: cf. *supra* note 13.

19 Colombe, repatriée dès le moyen-âge par les Chevalier du Saint-Sépulcre de Nazareth à Barletta (Pouilles), dans leur église du Saint-Sépulcre: Exposition – Bari 1964–1965, *Mostra dell'arte in Puglia*. Bari, 1964, cat. 15, fig. 18. La tête a été refaite par un artisan musulman sans doute; les pattes, amputées de leurs griffes, sont soudées à l'étain.

Colombe de Burgo de Osma, privée de sa queue, cf. *supra* note 13 (*fig. 7*).

Colombe des Saints-Apôtres, à Milan, complétée au XVIe siècle avec des pattes de bronze ciselé, cf. *supra* note 16.

Colombe de la cathédrale de Souzdal, où elle n'était plus en 1905 (Bon J. de Baye, Quelques émaux occidentaux conservés au Musée impérial de Moscou. *Bull. de la Soc. nat. des Antiquaires de France*, 1905, p. 184–187); elle n'avait plus qu'une cuisse lorsqu'elle était au Musée impérial de Moscou, où elle se trouvait encore en 1914 (V. P. Darkevitch, *Objets d'art décoratif occidental en Europe orientale X–XIVe siècles* [en russe]. Moscou, 1966, no. 43, pl. 22–1, p. 27). On la retrouve en 1970 à New York, dans la collection de Léopold et Ruth Blumka, complétée de pattes et d'un disque de soutien modernes (négatifs Taylor and Dull, New York, 1970: Corpus 13862 et 13863). Elle ne saurait être confondue avec l'une des colombes de la collection Soltykoff (cf. *supra* note 14).

La colombe de l'Österreichisches Museum für angewandte Kunst à Vienne, inv. Em. 436 (négatif Hans Mayr-Wien: Corpus 13911), est réduite au corps, comme la colombe provenant d'Ochrid, au Musée national de Skopje, mentionnée par R. Radojkovič, in: *Actes du XIIe Congrès international d'études byzantines*, III. Beograd, 1964, p. 327.

20 Colombe de Raincheval: cf. *supra* note 12 (*fig. 5*). Châsse de Mozac: M. M. Gauthier, *Emaux limousins . . .*, Paris, 1950, pl. 39.

Colombe de Salzburg: cf. *supra* note 13; de Baltimore, Walters Art Gallery, ancienne collection Chalandon: cf. *supra* note 12; celle de Copenhague: cf. *supra* note 12 (*fig. 6*).

21 Cf. *supra* note 6.

22 F. A. Lehner, *Verzeichniss des Emailwerks*, Katalog [Sammlung Hohenzollern zu Sigmaringen]. Sigmaringen, 1872, 5116. Hauteur 0,19 cm.; larg. 0,25 cm. L'identification de la colombe dessinée dans les papiers de Montfaucon et conservée à Erfurt au XVIIIe siècle avec celle de la collection Hohenzollern à Sigmaringen est confirmée par J. Braun, *Der christliche Altar*, II. München, 1924, p. 610, note 12 et p. 604, note 1, dans laquelle il explique la disparition du dispositif d'argent, décrit par Mr. de Belmont (cf. *supra* p. 142), destiné à soutenir l'hostie, lorsque la colombe fut transformée en encensoir. Je n'ai pu consulter l'article qu'il cite à cet égard: W. E. Giefers, *Praktische Erfahrungen und Ratschläge*. Paderborn, 1873, p. 156.

D'autre part, la collection d'émaux de Sigmaringen fut mise en vente après exposition au Musée de Francfort sur le Main, en 1928: Tancred Borenius, in: *The International Studio*, Dec. 1928, p. 31 pl. reproduit la colombe, dont à cette date on savait, sans le préciser comme le Père J. Braun (cf. notes 2 et 9), qu'elle provenait d'Erfurt. C'est en consultant la photographie faite d'après l'illustration de ce périodique, à la photothèque du Kunsthistorisches Institut à Florence, et la fiche afférente, annotée d'une information localisant la colombe dans la collection Von Hirsch, que m'apparut la succession des provenances exposée dans ces pages. L'examen direct de l'objet à laquelle auquel Robert von Hirsch voulut bien m'autoriser en 1968, confirma la série des identifications présumées.

23 *Gallia Christiana*, t. V, *Ubi de provinciis Mechliniensi et Moguntinensi agitur*, Paris, 1731. – Franz Peter Sonntag, *Das Kollegiat-Stift St. Marien zu Erfurt von 1117–1400. Ein Beitrag zur Geschichte seiner Verfassung, seiner Mitglieder und seines Wirkens*. Leipzig, 1962 (Phil. Diss. München, 1964. – Erfurter theologische Studien . . ., hrsg. v. Erich Kleineidam und Heinz Schürmann).
Pour l'histoire de la ville d'Erfurt:
Carl Beyer et Johannes Biereye, *Geschichte der Stadt Erfurt von der ältesten bis auf die neueste Zeit, I, Bis zum Jahre 1664*. Erfurt, 1935. – Carl Beyer, *Urkundenbuch der Stadt Erfurt*, hrsg. von der Historischen Commission der Provinz Sachsen, 1. Halle, 1889 (Geschichtsquellen der Provinz Sachsen und angrenzender Gebiete, 23). – Je n'ai pu me reporter à Johann Gudenus, *Historia Erfordensis libri IV*. Duderstadt, 1675. – E. Bissinger et H. Kunze, Erfurt. Berlin, 1928.

24 F. P. Sonntag, *op. cit.*, p. 9–10, 112–117.

25 *Ibidem*, p. 39–42.

26 Cf. *supra* J. Braun, cité note 8 et 9 et B. Bischoff, *Mittelalterliche Schatzverzeichnisse*, I. München, 1967, où n'est mentionnée aucune colombe eucharistique.

27 Chanoine Schnütgen, in: *Jahrbücher des Vereins von Alterthumsfreunden in den Rheinlanden*, 1887, 3. – J. Braun, *Das christliche Altargerät*, München, 1932, p. 604 et note 40.
La colombe aujourd'hui à Hanovre, Kestner-Museum, provenant vraisemblablement de Hildesheim, est à peu près contemporaine de celle d'Erfurt. A Halberstadt, la paire de gémellions (Marquet de Vasselot, *Les gémellions limousins du XIIIe siècle*. Paris, 1953, cat. 60, 65) pourraient être contemporains du canonicat de Conrad d'Apolda, comme la crosse du trésor de la cathédrale de Mayence (Marquet de Vasselot, *Les crosses limousines du XIIIe siècle*. Paris, 1941, cat. 200). Les nombreux émaux limousins du trésor de la cathédrale de Trèves et ceux qui appartinrent à la collection de Hohenzollern à Sigmaringen expliqueraient les voies, les causes et les moyens de la diffusion de l'œuvre de Limoges en Allemagne.

28 Pour les listes datées de titulaires des sièges épiscopaux: Le P. Conrad Eubel, O. F. M. Conv., éd. *Hierarchia catholica medii aevi sive summorum pontificum S.P.E. Cardinalium, ecclesiarum antistitum series ab anno 1198 usque ad annum 1431 perducta*. Ed. altera, Regensburg, 1893, p. 321–322: listes des archevêques de Mayence de 1196 à 1259. – F. P. Sonntag, *op. cit.*, p. 13–16: prévôts d'Erfurt et *ibidem* p. 113–117: biographie de Conrad d'Apolda. – Dobenecker, *Re gesta diplomatica nec non epistolaria historiae Thuringiae*, vol. II. Jena, 1900, no. 1772 et autres.

29 Mgr. Michele Maccarone, Innocenzio III, theologo dell'eucharistia. Roma, 1967. – M. M. Gauthier, La clôture de la Confession de Saint-Pierre au Vatican, lors du Concile de Latran IV (1215), in: *Synthronon*. Paris, 1968, p. 237 sq. – *Emaux du moyen-âge occidental*. Fribourg, 1972, p. 183 sq. – Mgr. L. Duchesne, éd. *Liber*

Pontificalis. Paris, 1886–1892. II, p. 95. – Le P. J. Braun, *Das christliche Altargerät,* München, 1932, p. 290, fait la critique de l'opinion traditionnelle relative à l'antique usage eucharistique de ces colombes, supposé par les auteurs antérieurs, cf. *supra* note 9.

30 Hubert Jedin, Kenneth Scott Latourette et Jochen Martin, *Atlas zur Kirchen-Geschichte, Die christlichen Kirchen in Geschichte und Gegenwart.* Freiburg etc., 1970, carte 50: les chapitres de chanoines réguliers vers 1250.

31 Le P. R. Ritzler, O. F. M. Conv. et le P. Pirminius Sefrin, O. F. M. Conv., éd. *Hierarchia catholica medii et recentioris aevi,* vol. V: *a pontificatu Clementis PP IX* (1667) *usque ad pontificatum Benedicti PP XIII* (1730). Patavii, 1952. – *Allgemeine deutsche Biographie,* Leipzig, vol. 32, 1891, p. 276–277: L'archevêque fit établir une fabrique de tissage de laine à Erfurt. Le mécénat du prince électeur á donné lieu à une exposition: *Kurfürst Lothar Franz von Schönborn, 1655–1729,* Neue Residenz Bamberg 26. Juli bis 16. Oktober 1955, *Gedächtnisausstellung zur 300 Jahr-Feier seines Geburtstages.* Bamberg, 1955, dont je dois l'amicale communication au Prof. F. Mütherich.
Mr. Du Chance, assesseur à la Cour de justice, et bibliothécaire de l'Electeur avait mission d'acquérir des manuscrits médiévaux à Erfurt, soit par échange comme à la Chartreuse de St-Peter, soit par achat, comme en 1725, pour l'ensemble de la Bibliothèque Amploniana (Exposition citée, Cat. G 18 à G 22).

32 Le manuscrit français 17709, de Saint-Germain des Prés à la Bibliothèque nationale, fol. 209 et fol. 210, contient deux lettres de Lothaire-François Electeur de Mayence, adressée à Montfaucon, traitant des antiquités de son Cabinet: elles sont datées, l'une 1722 et l'autre du 16 février 1726: ces dates correspondent à la phase des relations entre l'archevêque et Montfaucon au cours de laquelle peut être placée l'exécution du dessin d'Erfurt. Cette phase doit aussi correspondre à celle de l'élaboration du tome V de la *Gallia*; c'est à cette intention sans doute, que Lothaire-Franz permet l'utilisation des archives de l'archevêché, dans la lettre de 1726.

Louis Grodecki

Nouvelles découvertes sur les vitraux de la Cathédrale de Troyes

Il y a plus de vingt ans déjà, à Princeton, Hanns Swarzenski me montra la photographie d'un vitrail français appartenant à une collection new-yorkaise (collection Alastair B. Martin) en me proposant son étude. J'ai pu prendre connaissance de l'original qui fut pendant quelque temps exposé au Metropolitan Museum of Art. Ce fut le point de départ d'une recherche qui ne s'arrêta guère et à laquelle les années ont apporté, et apportent encore, de nouveaux éléments.

Le panneau de vitrail *(fig. 1)* que me montrait Hanns Swarzenski a déjà été reproduit à plusieurs reprises depuis 1950[1]. Il représente une scène incomplète (sa partie de gauche) où apparaît, suivi de deux disciples, le Christ bénissant quelque personnage, aujourd'hui disparu, qui occupait la partie droite du panneau. On peut pourtant affirmer qu'il s'agit de la scène de la Guérison du Paralytique (Matthieu 9, 27; Marc 2, 3–13; Luc 5, 18–25) puisqu'un fragment de lit, que le paralytique emporta sur son dos après la guérison, se voit encore au-devant du Sauveur. Ainsi, par son sujet, ce panneau doit être considéré comme faisant partie d'une verrière des Miracles, ou de la Vie Publique du Christ.

Le style de ce panneau est d'une grande noblesse, les personnages, aux proportions courtes mais harmonieuses, offrent des visages à traits réguliers, à nez droit, à chevelure abondante, aux yeux expressifs; les vêtements multicolores, en jaune et vert, en bleu clair, en pourpre et blanc, montrent des plis souples soulignant les volumes des corps et s'éloignant par leur forme de la stylistique proprement romane du vitrail du XIIe siècle.

La technique picturale est d'une remarquable sûreté: modelé des têtes et des mains en plusieurs couches de grisaille soulignant les reliefs et les creux; draperies modelées au moyen de lignes triples renforcées par des touches plus épaisses déterminant les grandes divisions du drapé; le fond, dont il subsiste quelques éléments, est bleu, recouvert d'une couche de grisaille couvrante sur laquelle, par «enlevé», on a dessiné des petits carrés tantôt striés, tantôt frappés d'étoiles à quatre raies. Ce vitrail, d'une très haute qualité, appartient-il à la fin du XIIe siècle comme l'indiqueraient ces particularités techniques, ou au début du XIIIe siècle comme incite à le penser le style de la figuration? Pouvons-nous en déterminer l'origine?

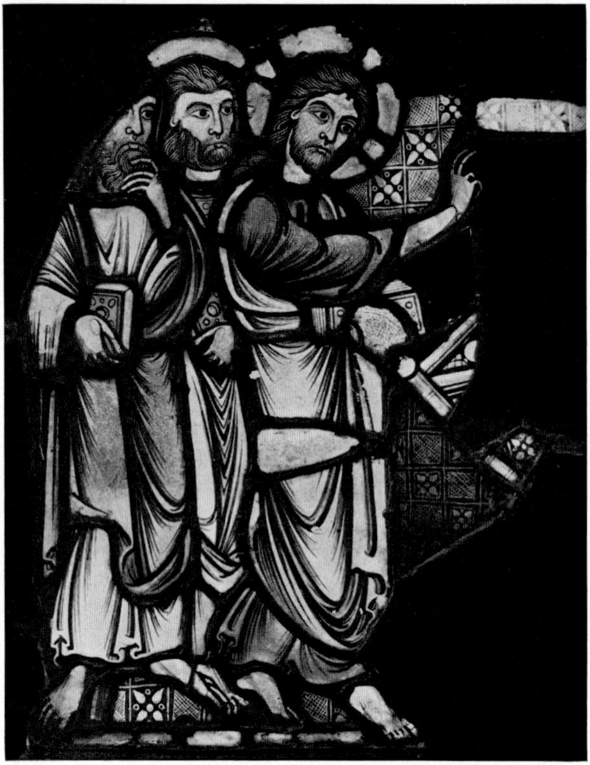

Fig. 1 Christ et deux apôtres, fragment.
Collection Alastair B. Martin, New York

J'ai pu répondre assez rapidement à la dernière de ces questions. Le Musée Victoria and Albert de Londres possède, depuis 1919, acheté à la vente de Pierpont Morgan, un panneau représentant la Multiplication des Pains et des Poissons (Matthieu 13, 16–20; Marc 6, 37–44; Luc 9, 13–17; Jean 6, 9–13)[2] (*fig. 2*). Ce panneau est complet mais altéré par plusieurs restaurations dont la plus ancienne (plusieurs têtes, à la partie gauche de la scène) remonte au XIIIe siècle. Le style des figures et l'ornementation du fond sont identiques à ceux du panneau de la collection de New York; la particularité, si rare, d'un fond orné de carrés «enlevés» sur une grisaille couvrante se retrouve parfaitement bien conservée. La gamme des couleurs est la même, les dimensions et l'échelle concordent d'une façon parfaite. On peut être ainsi assuré qu'il s'agit d'un second panneau de la même verrière des Miracles ou de la Vie Publique du Christ.

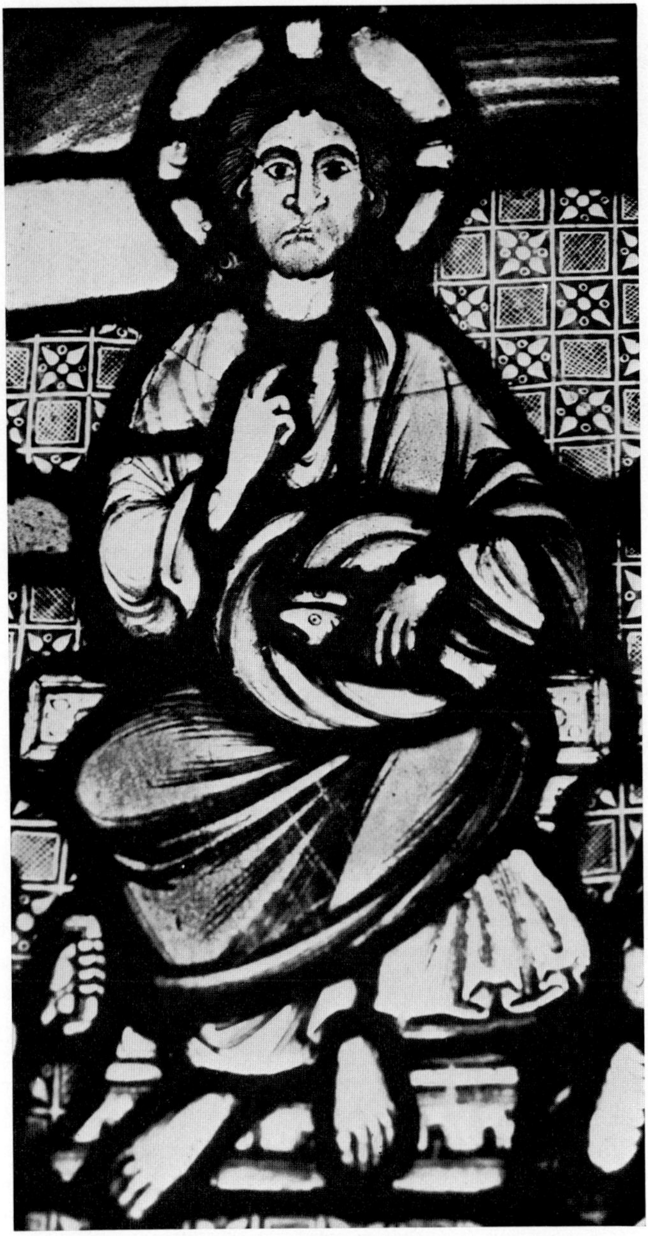

Fig. 2 Multiplication des pains et des poissons, fragment. Londres, Victoria and Albert Museum

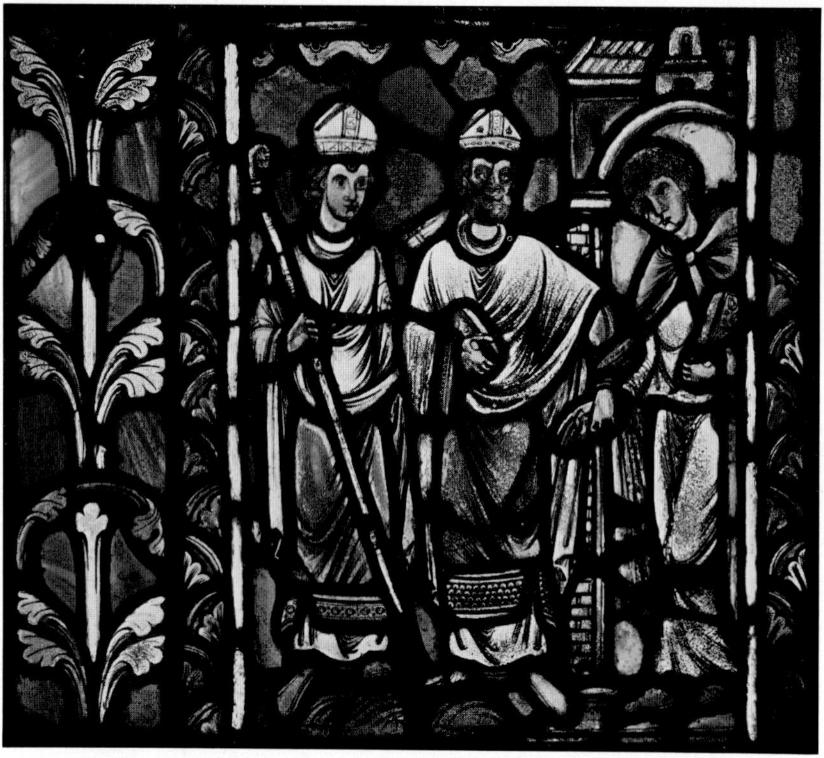

Fig. 3 Saint Nicolas choisi pour évêque. Londres, Victoria and Albert Museum

Or, ce panneau, nous en connaissons la provenance. Il faisait partie, dans la Collection Pierpont Morgan, d'un même lot acheté vers 1900 en France; dans ce lot, se trouvaient des panneaux d'un même style et d'une même technique représentant une scène de la Vie de saint Nicolas – sa désignation au siège épiscopal de Myre *(fig. 3)* – et deux Tentations du Christ: le défi de Satan demandant la transformation en pain des pierres (Matthieu 4, 1–4; Luc 4, 3–4) et le transfert du Seigneur sur le sommet du Temple (Matthieu 4, 5–7; Luc 4, 9–12). Ces trois panneaux, les Tentations et le choix de saint Nicolas pour évêque, qui sont maintenant au Victoria and Albert Museum[3] ont été photographiés vers 1890 à Troyes par le photographe Rothier; en outre, ils ont été reproduits en 1837 par A. F. Arnaud dans un ouvrage consacré aux antiquités de l'ancien diocèse de Troyes *(fig. 3 a)*[4]. Ces panneaux se trouvaient, pendant la première moitié du XIXe siècle à la cathédrale de Troyes. D'autres preuves encore que les gravures d'Arnaud peuvent être produites pour justifier leur attribution à la grande ville champenoise *(fig. 3 b)*[5].

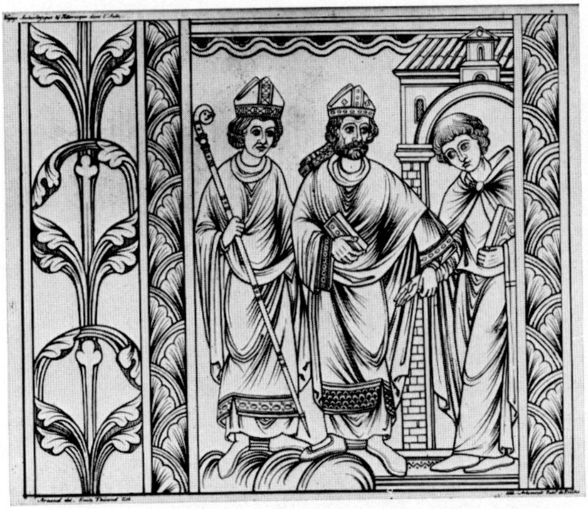

Fig. 3 a Gravure de A. F. Arnaud (1838): Saint Nicolas choisi pour évêque

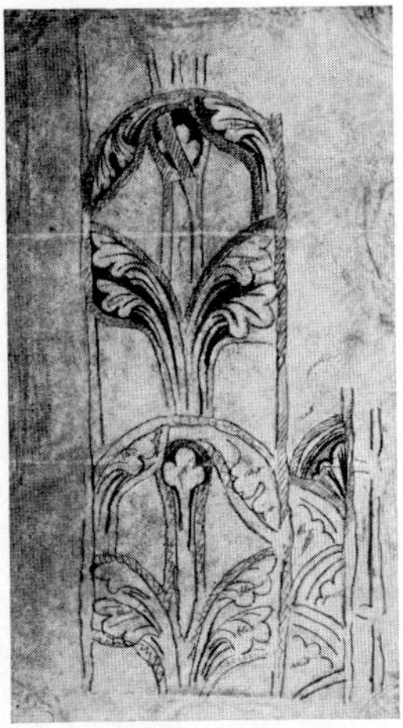

Fig. 3 b Dessin de Juste Lisch (Vers 1850): Encadrement du vitrail de saint Nicolas choisi pour évêque

A ces cinq panneaux de New York et de Londres, on devait rapidement joindre un sixième que possédait, en 1928, l'antiquaire Demotte (et qui appartient aujourd'hui à la collection Pitcairn à Bryn-Athin, Penn.)[6]: figure d'un apôtre isolé, mutilé dans sa partie droite, sur fond rouge, et qui ne pouvait pas, pour cette raison, faire partie du vitrail de la Vie Publique du Christ *(fig. 5)*. Quelques années plus tard, une autre série de vitraux de la même provenance était retrouvée dans la collection parisienne de Jacques Bacri[7]: trois compartiments réunis dans une composition factice et munis d'une bordure du XIIIe siècle *(fig. 4)*. C'étaient deux scènes de la Vie de saint Nicolas, l'une se rapportant à la maison d'un marchand païen protégée par l'image du saint, l'autre à la charité de Nicolas sauvant de la débauche les trois filles d'un vieillard ruiné; enfin, un panneau montrant le Christ s'entretenant avec deux anges; malgré les restaurations excessives de cette dernière scène, on y reconnaissait facilement l'illustration du passage évangélique sur la fin du Jeûne de quarante jours et des Tentations (Matthieu 4, 11). Si le style et la technique de ce dernier panneau étaient exactement ceux des vitraux de Londres et de New York, les fonds étaient unis, partagés sur chaque compartiment en une surface bleue et une surface rouge. Cet ensemble de la Collection Bacri a été acheté en 1969 par les Musées Nationaux de France pour le Musée de Cluny.

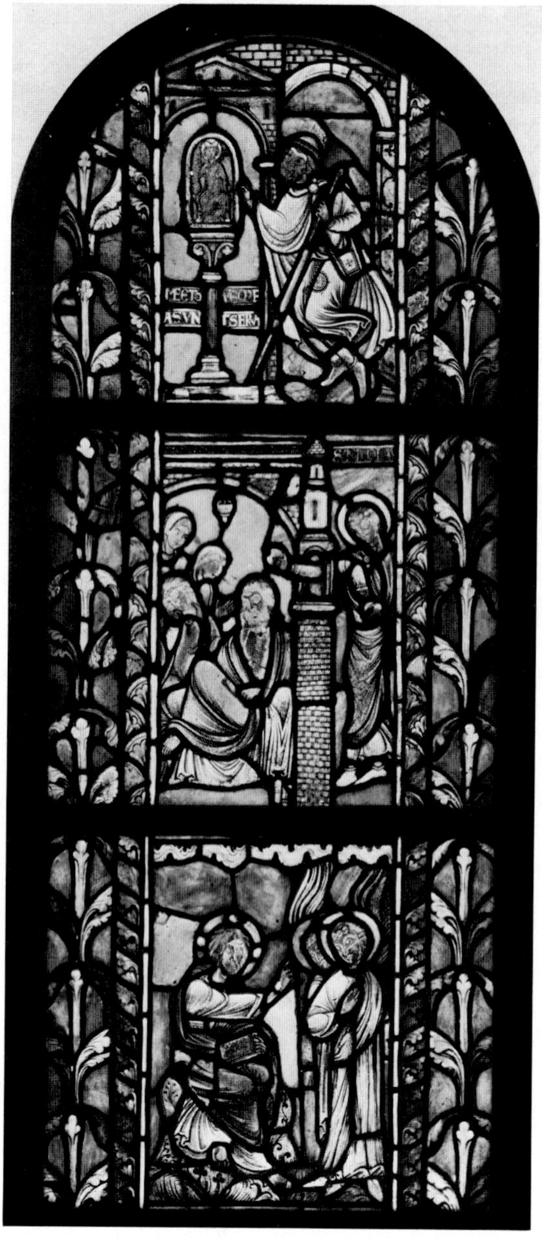

Fig. 4 Scène de la Vie de saint Nicolas et Christ servi par les anges. Paris, Musée de Cluny

Depuis 1968, d'autres éléments de cette série troyenne ont été découverts dans des collections américaines et en France. A la Collection Pitcairn de Bryn-Athyn se voit, depuis une date que nous n'avons pas pu déterminer, un très beau panneau représentant quatre apôtres, à mi-corps, tournés vers la gauche et placés sur un fond bleu recouvert de rinceaux «enlevés» sur une couche de grisaille couvrante[8]. Plusieurs parties de ce panneau sont altérées par des éléments étrangers à la composition primitive et dont l'échelle d'exécution est différente; mais on reconnaît toute la pureté du style de la série troyenne déjà décrite, ainsi que l'ornementation de la petite bordure que l'on retrouve aussi à Londres sur les scènes de la Tentation. Ce compartiment offre enfin l'intérêt de garder intacts les écoinçons à gros feuillages dérivés d'acanthe, grassement modelés, où se retrouvent les principales qualités techniques de cet atelier. Que représente cette scène? Comme on l'a déjà proposé, il s'agit peut-être des apôtres assistant à la Mort de la Vierge; le premier d'entre eux, en effet, fait un geste d'affliction[9].

L'autre panneau de la Collection Pitcairn est en forme de lobe d'un réseau de fenêtre, et présente une rosace végétale composée de fleurons identiques à l'ornementation du panneau précédent[10].

Deux panneaux tout à fait semblables l'un à la collection de Mrs. Ernest Brummer[11], l'autre au Wellesley College Museum et provenant de la vente Brummer[12], représentent des anges thuriféraires peints sur un fond de rinceaux traités en «enlevé»[13]. Il est vraisemblable qu'il faille les attribuer à une verrière de la Mort de la Vierge à laquelle appartiendraient les apôtres de la Collection Pitcairn; en effet, le traitement des fonds est très semblable.

Enfin tout récemment, un panneau composite réunissant deux apôtres dans le cadre de demi-médaillons, sur fond couvert de rinceaux, et un ange thuriféraire tout à fait comparable à ceux de New York et de Wellesley College, est apparu sur le marché d'art parisien venant de la Collection Jacques Bacri[14] *(fig. 6)*. Nous devons insister sur cet assemblage puisqu'il est inédit et que son étude pose d'intéressants problèmes concernant toute la série. L'ange thuriféraire qui occupe le haut du vitrail n'est évidemment pas dans sa position originale; comme sur les panneaux de la Collection Brummer et de Wellesley College, il devait s'assembler par son bord rectiligne à une composition différente. La position de sa tête, dont l'authenticité est suspecte, mais surtout le geste de ses mains tenant l'encensoir et la boite à encens, prouvent qu'il avait toujours sa position horizontale. De nombreuses réfections altèrent les vêtements au dos, pendant que la position des jambes et des pieds est visiblement incohérente. Le fond des rinceaux est en majeure partie authentique.

Beaucoup mieux conservés sont les deux demi-médaillons de la partie inférieure de l'assemblage. Les têtes, très belles, et qui ressemblent fort exacte-

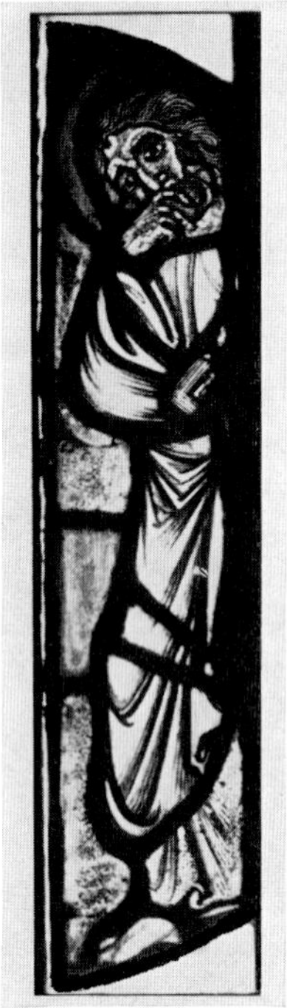

Fig. 5 Un apôtre. Bryn-Athyn (Penn.) Collection Pitcairn

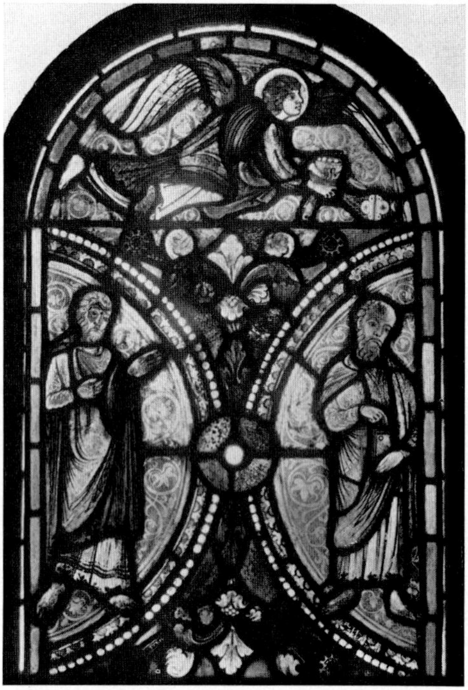

Fig. 6 Deux apôtres et un ange. Paris, ancienne Collection J. Bacri (destiné au trésor de la cathédrale de Troyes)

ment à celles du vitrail de la Vie Publique du Christ et à celles du panneau de la Collection Pitcairn, ne sont pas nimbées; pourtant l'un des personnages tient dans sa main un livre, ce qui semble autoriser leur identification: il s'agirait de deux apôtres. Les rinceaux «enlevés» sur une couche de grisaille sont très exactement ceux que l'on voit à Bryn-Athyn. Enfin, dans les écoinçons au-dessus et au-dessous de la jonction des deux demi-médaillons, s'étalent deux bouquets végétaux que l'on a vu déjà sur le panneau de la Collection Brummer et sur le lobe ornemental de la Collection Pitcairn. Ainsi, quoique moins bien conservés que les vitraux que nous venons d'évoquer, ceux-ci semblent bien faire partie d'une verrière dont plusieurs éléments sont actuellement en Amérique.

On doit enfin signaler que, selon Miss Jan Hayward, une collection privée canadienne conserve, très restaurée, la scène de la troisième Tentation du Christ, son transport sur la montagne [15], et que dans les réserves du Musée de

Cluny à Paris, on découvre un panneau, recomposé au XIXe siècle, contenant une demi-figure d'apôtre entre de minces bordures qui sont celles d'une partie des vitraux troyens décrits ci-dessus; seule la bordure, et non l'image de l'apôtre peut étre attribuée à l'ensemble qui nous préoccupe[16].

En regroupant ces 17 panneaux ou éléments par sujets représentés et par le parti adopté pour l'ornementation, on peut affirmer qu'ils faisaient partie d'au moins quatre verrières différentes:
1. *Vie Publique ou Miracles du Christ* (Guérison du Paralytique, Collection Martin; Multiplication des Pains, Victoria and Albert Museum). Particularité ornementale: fond bleu recouvert de petits carrés.
2. *Tentations du Christ* (Première et Deuxième Tentation au Victoria and Albert Museum de Londres; Christ secouru par les anges, Musée de Cluny; la Troisième Tentation, dans une collection particulière canadienne). Particularité ornementale: fonds bi-partis rouge et bleu.
3. *Vie et Miracles de saint Nicolas* (Election pour Evêque, à Londres; Charité de saint Nicolas et Miracle de la Maison du Marchand, au Musée du Cluny à Paris). Particularité ornementale: encadrement par des architectures.
4. *Mort de la Vierge* (Apôtres de la Collection Pitcairn, Mort de la Vierge de la Collection Brummer, deux anges à la Collection Brummer, un ange à Wellesley College, deux apôtres et un ange réunis sur le panneau de la Collection Bacri à Paris). Particularité ornementale: fond orné de rinceaux « enlevés » sur la grisaille.
5. Restent sans attribution possible un panneau figuré (apôtre isolé, Collection Pitcairn), un panneau ornemental (lobe de la Collection Pitcairn) et une bordure (Musée de Cluny de Paris)[17].
Ce recensement autorise quelques observations: en raison de la petitesse d'échelle de tous ces vitraux et de leur format, il faut penser qu'ils ont été faits pour des fenêtres de faible ouverture; peut-être étaient-ils munis de larges bordures dont nous n'avons plus d'éléments, ceux qui sont actuellement conservés ayant la dimension des filets d'encadrement[18]. Dans ces conditions, il est possible que le nombre des vitraux était à l'origine plus grand que quatre. Le lobe ornemental de la Collection Pitcairn, qui semble authentique dans sa coupe et son pourtour, ne pouvait venir que d'une rosace lobée au sommet d'une fenêtre.
Si l'identité fondamentale du style de tous ces panneaux est parfaitement évidente, on peut aussi penser à l'intervention de plusieurs mains de verriers: ainsi l'exécution des anges de la Collection Brummer est plus sommaire que celle des figures de la Multiplication des Pains, de la Guérison du Paralytique ou des Tentations. Sur le plan de la technique, la précision du traitement des détails ornementaux ou figuratifs, la solidité de la grisaille repiquée en épais-

seur pour les modelés, la grande variété de la coupe du verre, montrent un très haut niveau artistique de l'atelier. Une autre observation technique concerne les plombs d'assemblage. Plusieurs de ces panneaux, notamment les scènes de la vie de saint Nicolas du Musée de Cluny[19], ont gardé leurs plombs anciens qui sont indubitablement du XIIIe siècle; mais, cette mise en plomb concerne à la fois les scènes et l'encadrement, visiblement ajouté, et dont l'appartenance au XIIIe siècle est aussi prouvée par leur style. Il faut en déduire que ces vitraux ont subi, au cours du XIIIe siècle, une remise en plomb et un complément ornemental, c'est-à-dire qu'ils furent adaptés à des ouvertures d'un édifice pour lequel ils n'ont pas été faits. Cette restauration est encore confirmée par l'étude de la Multiplication des Poissons et des Pains où plusieurs têtes à la partie gauche du panneau sont d'une exécution et d'un style que l'on peut placer entre 1260 et 1280 environ.

Quant à la définition du style pictural de ces vitraux, j'ai déjà proposé[20], en utilisant une remarque du regretté K. H. Usener, un rapprochement avec un manuscrit de provenance discutée, la Bible dite des Capucins de la Bibliothèque Nationale de Paris, Ms. Lat. 16743–16746, dont le deuxième et le quatrième volumes sont d'une main anglaise ou très fortement influencée par l'Angleterre, et dont la date doit être située avant 1183 (Vers 1165?)[21]. Par contre, le premier et le troisième volumes, beaucoup moins étudiés jusqu'à ce jour, sont d'un atelier dont les caractères nous orientent vers l'art mosan des années 1170–1190. Il est vraisemblable qu'il ne s'agit pas là d'un atelier mosan à proprement parler, mais d'un atelier apparenté qu'il n'est pas absurde de situer en Champagne[22].

L'analogie entre les enluminures des volumes 1 et 3 de la Bible des Capucins et les vitraux de Troyes concerne aussi bien l'ornementation végétale que la composition des scènes, les tracés des visages, des mains, des plis. A l'illustration de la Bible, plusieurs enlumineurs ont collaboré; c'est le plus habile de ces artistes, auteur par exemple du folio 154 ou du folio 112 v° du manuscrit 16745 *(fig. 7,8)* qui est à tel point proche du peintre-verrier que l'on est tenté de croire qu'il s'agit d'une seule et même personne.

Une brève conclusion peut être jointe à ce recensement et à ces commentaires. L'analogie avec la Bible des Capucins de Paris semble impliquer une date d'exécution antérieure à 1200, et même plus voisine de 1180 que de 1200. La seule objection est imposée par la forme du lobe de la Collection Pitcairn: il devait faire partie d'un couronnement de fenêtre à rosace lobée, ce qui n'apparaît dans l'architecture française qu'après 1190 (cathédrale de Chartres, Saint-Laumer de Blois, etc . .).

Ceci pose un second problème, celui de l'appartenance à la cathédrale de Troyes. L'édifice actuel ne fut conçu, comme l'a prouvé Robert Branner, que

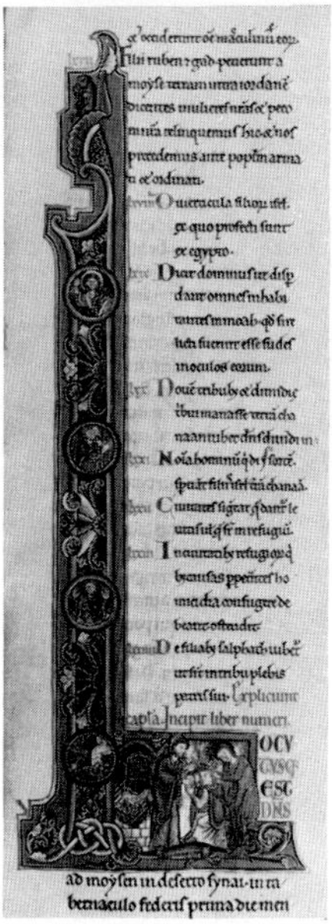

Fig. 7 Début du Livre des Nombres. Paris, Bibliothèque Nationale, Ms. Lat. 16743

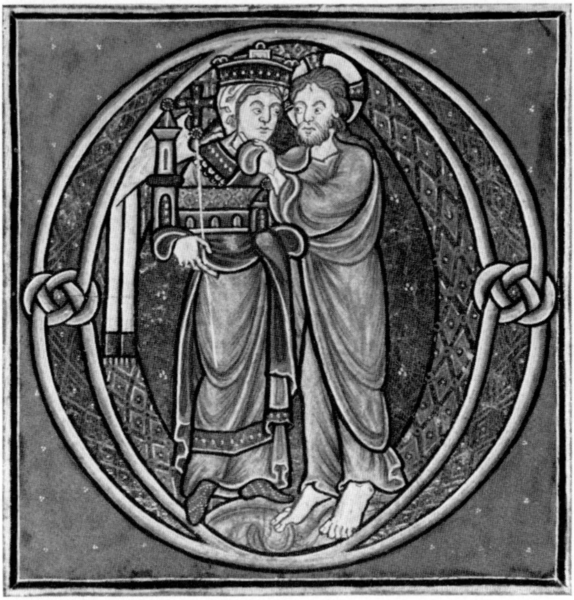

Fig. 8 Début du Cantique des Cantiques. Paris, Bibliothèque Nationale, Ms. Lat. 16745

vers 1205–1206, et seules les parties inférieures du choeur appartiennent au premier quart du XIIIe siècle. Ainsi, si ces vitraux proviennent réellement de la cathédrale, ils ont été faits pour l'édifice remplacé au XIIIe siècle.

Une telle hypothèse n'est point invraisemblable, encore que nous sachions peu de l'histoire de la cathédrale à la fin du XIIe siècle[23]. Comme nous l'avons observé, certains des panneaux encore conservés, montrent des traces évidentes d'une adaption du milieu ou de la seconde moitié du XIIIe siècle, notamment le complément des bordures (panneaux de Londres et du Musée de Cluny). On est ainsi amené à supposer qu'ils ont été repris dans l'édifice gothique et qu'ils proviennent de la cathédrale romane brûlée en 1188.

Annotations

1 Anciennes collections Gréau (Paris), Bideaux (Paris), Joseph Brummer (New York); vente Brummer à New York, le 21 Avril 1949 (n° 823). Reproduit: L. Grodecki, Problèmes de la peinture en Champagne pendant la seconde moitié du XIIe siècle, dans *Studies in Western Art, Acts of the Twentieth International Congress of the History of Art,* Princeton, 1963, vol. I, pl. XLVII, fig. 6; (J. Hayward), *Medieval Art from Private Collections. A special exhibition at The Cloisters,* New York, 1968, n° 179; J. Hayward, Stained Glass, dans *The Metropolitan Museum of Art Bulletin,* déc 1971 / janv. 1972, planche couleur non numérotée.

2 B. Rackham, *Victoria and Albert Museum. Department of Ceramics. A Guide to the Collections of Stained Glass,* Londres, 1936, p. 28, n° C 105/1919; repr. L. Grodecki, (1963) pl. XLVII, fig. 5.

3 B. Rackham, (1936), p. 28, n° C 106/1919, C 107/1919 et C 108/1919, repr. pl. 7; L. Grodecki, (1963), pl. XLVI, fig. 1 et 3; *The Year 1200. I. The Exhibition,* New York, 1970, n° 204 a et b, c, repr.; Mgr. J. Roserot de Melin, *Bibliographie commentée des sources d'une histoire de la cathédrale de Troyes,* vol. II, Troyes, 1970, pl. 3 et 5 (état antérieur à 1900).

4 A. F. Arnaud, *Voyage archéologique et pittoresque dans le département de l'Aube et dans l'ancien diocèse de Troyes,* Troyes, 1837, p. 178–179, pl. non numérotée; cf. L. Grodecki, (1963), p. 134–136 et J. Roserot de Melin, (1970) p. 14–22.

5 Cette provenance a été reconnue dès 1908 par M. Jean Lafond dans une lettre adressée au Conservateur du Victoria and Albert Museum, les vitraux de la Collection Pierpont Morgan ayant été, à cette date, exposés au Musée. Il existe à Paris aux Archives de la Direction de l'Architecture (Ministère des Affaires Culturelles), un calque exécuté vers 1850 par Juste Lisch, qui reproduit les éléments du panneau actuellement à Londres (scène de la Vie de saint Nicolas) avec une annotation: « Cathédrale de Troyes ». D'autres arguments peuvent être tirés des notes d'un archéologue du XIXe siècle (1858), l'abbé Coffinet, texte exploité par Mgr. Roserot du Melin, et, auparavant, par J. Lafond, Les vitraux de la cathédrale de Troyes, *Congrès Archéologique de France,* vol. CXIII, 1955, p. 43–45.

6 L. J. Demotte, *Stained Glass from the XIIth to the XVIth Centuries,* New York, s. d. (1928), n° 3. Provenance indiquée: Coll. Garnier, Paris. Voir (J. Hayward) *Medieval Art from Prvate Collections,* n° 180 et J. Roserot de Melin, (1970), pl. 6, fig. 1.

7 Première publication: L. Grodecki, (1963), pl. XLVII, 7; depuis *The Year 1200. I. Exhibition,* n° 204 c et 205 a et c. La publication complète de ces panneaux est prévue dans un proche avenir.

8 Première publication: (J. Hayward), *Medieval Art from Private Collections,* n° 181, repr.; J. Roserot de Melin, (1970), pl. 6, fig. 2.

9 Dans sa notice, signalée dans la note précédente, Miss J. Hayward fait état de « l'autre moitié » du sujet, avec la représentation du Christ recueillant l'âme de sa mère, panneau faisant partie de la Collection de Mrs. Ernest Brummer; nous n'avons pas vu ce vitrail et n'en connaissons pas de reproduction.

10 Panneau inédit, il a été enregistré sous le n° 71 dans le catalogue dressé en 1967 par les soins de The Willet Stained Glass Studios of Philadelphia.

11 (J. Hayward), *Medieval Art from Private Collections,* n° 182.

12 Mrs. Madeline Harrison-Caviness m'a très amicalement signalé ce panneau – que je n'ai jamais vu – et qu'elle publie dans le présent volume (cf. fig. 1 et 2 p. 206, 207).

13 Sur ces fonds « à rinceaux » dans l'art du XIIe siècle, j'ai formulé quelques ob-

servations: L. Grodecki, Un groupe de vitraux français du XIIe siècle, dans *Festschrift für Hans R. Hahnloser*, Bâle, 1961, p. 289–291. Il y aurait à revenir sur cette question depuis une importante étude, inédite, de Madame C. Brisac sur le vitrail du Champ (Isère) (1972).

14 Nous avons pu examiner très rapidement ce panneau en 1958. En 1973, il a été acheté par les Monuments Historiques et la Ville de Troyes pour être placé au Trésor de la Cathédrale.

15 Matthieu 4, 8–10; Luc. 4, 5–8. Le panneau serait très restauré et peu lisible.

16 Inventaire Cluny 22.762 A, donation E. Lion en 1952. Phot. Mon. Hist. 249.495. Je dois la connaissance de ce vitrail à Madame Françoise Perrot qui achève en ce moment le catalogue des vitraux du Musée de Cluny.

17 Je pensais, il y a quelques années, que le médaillon avec la figure d'un donateur Petrus, tenant une verrière, actuellement à la Collection Pitcairn de Bryn-Athyn (Catalogue Willet n° 11), repr. par J. Roserot de Melin, (1970), pl. 6, fig. 3, sur mon initiative, venait également de l'ensemble troyen. Ayant examiné ce panneau en 1970, je ne suis plus de cet avis.

18 Ces filets sont de quatre modèles. La largeur d'aucun d'entre eux ne dépasse 0,08 m; or, la largeur d'une bordure au XIIe siècle est normalement beaucoup plus grande.

19 Mais aussi, comme le signale Mrs. Caviness, le vitrail de Wellesley College Museum.

20 L. Grodecki, (1963), p. 137–139; j'ai été suivi dans cette voie, par plusieurs historiens de l'art lors de l'exposition *The Year 1200*.

21 Sur les volumes 2 et 4 du Ms. Lat. 16743–16746 de la Bibliothèque Nationale de Paris, il existe une très abondante bibliographie. Le dernier état de la question est fourni par L. M. Ayres, A Tanner Manuscript in the Bodleian Library, dans *Journal of the Warburg and Courtauld Institutes*, XXXII, 1969, p. 46, notes 20 à 22, et dans le catalogue de l'exposition *The Year 1200* (1970), n° 247, p. 248–249 (K. Hoffmann). La complémentarité des deux parties de la Bible fait supposer qu'elles furent peintes à une même époque, c'est-à-dire avant 1185 environ. K. H. Usener préparait une étude sur le groupe de manuscrits dont font partie les volumes 1 et 3 de la Bible des Capucins (Petrus Lombardus, *Super Psalmos*, Troyes, Bibl. Munic., ms. 92, provenant de Clairvaux, et *Epistolae Pauli cum Commentario Petri Lombardi*, ms. 48 de la même bibliothèque et de la même provenance, mais d'une date nettement plus ancienne); la mort l'a empêché de conclure.

22 La pénétration mosane en Champagne au XIIe siècle (ou bien l'unité stylistique des pays de la Meuse et des pays de Reims, de Châlons et de Troyes) mériterait une étude approfondie: les œuvres les plus marquantes seraient ici le pied de chandelier pascal de Reims (cf. H. Swarzenski, *Monuments of Romanesque Art*, Londres, 1954, fig. 330–332), le vitrail « typologique » de Châlons-sur-Marne (cf. dernièrement, catalogue de l'exposition *Rhin-Meuse, Art et Civilisation 800–1400* Bruxelles, 1972, p. 126), les émaux du trésor de la cathédrale de Troyes (M. Joffrand, Les émaux de la cathédrale de Troyes, dans *Gazette des Beaux-Arts*, vol. 65, 1965, p. 257–264), et finalement les vitraux « troyens », la Bible des Capucins, et les manuscrits provenant de Clairvaux, comme les œuvres de Pierre Lombard.

23 V. de Courcel, La cathédrale de Troyes, dans *Congrès Archéologique de France*, vol. 113, 1955, p. 9–10, ne mentionne aucune construction du XIIe siècle; en 1188, un terrible incendie ravagea la cathédrale.

Madeline Harrison Caviness

"De convenientia et cohaerentia antiqui et novi operis:" Medieval conservation, restoration, pastiche and forgery.*

It has never been more sensitively stated than by Hanns Swarzenski that medieval artists, though often following a model, were capable of transforming it into the style of their own time; the copies they made were not mechanical renderings of the original, but truly creative copies.[1] What then was their attitude to older styles? And is it true, as is often said, that medieval artists were never interested in imitating an earlier style?[2] Some evidence exists to shed light on both these questions.

The assumption that there was no interest in earlier styles is supported by the observation that the Gothic era is a time when older buildings were swept away, to be replaced by the new cathedrals. Carolingian Auxerre and Edward the Confessor's abbey church at Westminster were among those to give way to newer structures.[3] Carolingian St. Denis disappeared in two stages of rebuilding. Other structures, not entirely demolished, were remodelled – such as the choirs of St. Rémi in Reims, and of Christ Church, Canterbury; the early Gothic building of Notre-Dame in Paris was modernized in the mid-thirteenth century. All this fretful rebuilding suggests great confidence in contemporary modes and little regard for the creations of a past era. Yet there are glimpses in the literature of a nostalgia for the older buildings, and a wish at least to record descriptions of them, if not to preserve them.[4] Over the years I have also noted cases where visual evidence suggests that patron and artist were concerned, for one reason or another, to preserve an older work, or even to restore it in a manner harmonious with its style; and it is thence but a short step from pastiche to forgery.

I shall deal first with a few cases, either documented or evident in surviving works of art, which demonstrate a conservationist trend and an attitude of respect for ancient works. One of the best known must be Abbot Suger's restorations at St. Denis; his writings show considerable sensitivity to art works of different periods and styles. He found it worthwhile to restore the throne of Dagobert "both on account of its so exalted function and of the value of the work itself;" he saved the ivory plaques from the ancient pulpit and reassembled them, with due note of the delicacy of their sculpting and the rarity of their antique subject matter.[5] He also saw to the renovation of the altar frontal of Charles the Bald – while admiring the "marvelous work-

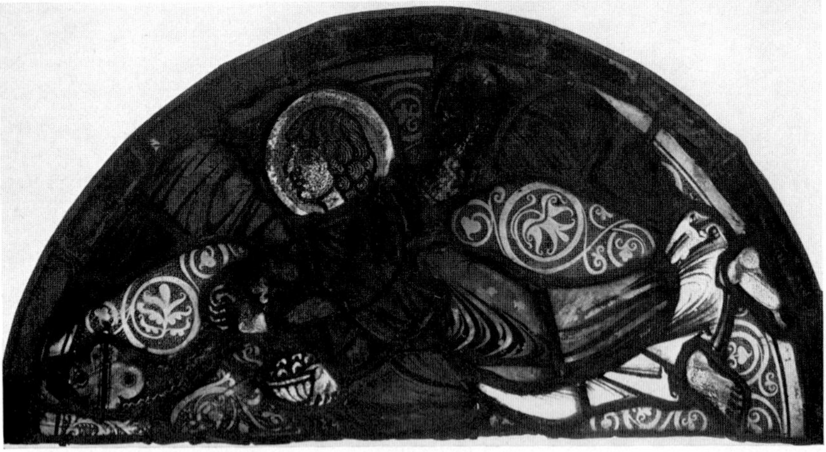

Fig. 1 Censing angel; stained glass from Troyes Cathedral, c. 1175. Wellesley College Art Museum

manship and lavish sumptuousness" of the "barbarian" work on the rear panel.[6]

Among surviving works, stained glass provides much evidence for medieval conservation and restoration; glass is fragile and yet not easily destroyed; it was also a precious enough material in the middle ages to warrant its salvaging and reuse. When the Sainte Chapelle of Louis IX was dedicated in 1248 a document was already in existence providing for the upkeep of the windows, in cognizance of their fragility and their value.[7] The reuse of glass in more recent structures was very common. Instances may be cited of the twelfth century glass now in Jean de Chelles' Gothic rose in Notre-Dame of Paris,[8] panels preserved in the cathedral of Châlons-sur-Marne,[9] and the famous Belle Verrière of Chartres which must have been salvaged from the fire of 1194 and replaced in the thirteenth century. In the latter case panels were added to fill out the width of the bay; these were designed to conform with the Madonna image in theme, but not in style.[10] The twelfth century windows of the west facade must also have been repaired after the fire, but until recently these restorations escaped notice.[11] In York Minster Roger of Pont l'Eveque's nave was rebuilt in the fourteenth century and the twelfth century panels of glass were installed in the clerestory windows, where until very recent times they remained, surrounded by a filling of fourteenth century glass.

One of the most interesting cases of the reuse of old glass that has yet come to light is that of the twelfth century glass from Troyes cathedral. Up to three

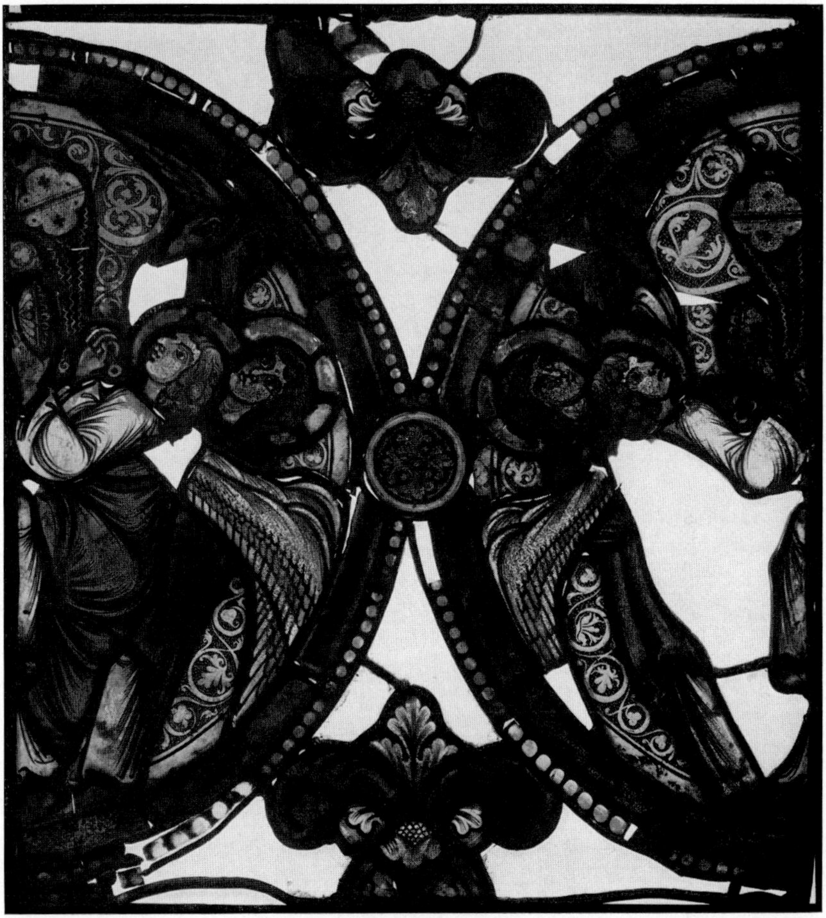

Fig. 2 Adoring angels; stained glass from Troyes Cathedral, c. 1175. Collection of Mrs. Ernest Brummer

years ago the panels, now scattered in collections on both sides of the Atlantic, were dated around the turn of the thirteenth century, because rebuilding was begun only in 1208, even though Louis Grodecki recognized the archaic nature of the style.[12] The date was questioned by Jane Hayward and myself in 1970; she noticed that panels now in the Victoria and Albert Museum had a filling of later ornament.[13] Shortly afterwards a panel which had been long forgotten was rediscovered in the Wellesley College Art Museum, Massachusetts *(fig. 1)*.[14] A censing angel is made up of a curious mixture of medieval glasses. Some of them are quite clearly from the hand of the Troyes Master, as we know it in other panels (cf. *fig. 2*); the exquisitely painted head, hands, feet, skirt and most of the *rinceaux* ground are evidently his work. But these fragments have been rearranged; the hands and feet have actually been switched, so that the palm of the nearer hand and the instep of the nearer foot are toward the viewer. A piece of pink drapery used in the tunic has had some V-folds cleaned off, and heavy lines have been added to outline an arm; similarly insensitive lines indicate feathers on the upper part of the angel's far wing. All this repainting is fired on. One might say the panel was a nineteenth century jumble, if it were not for the fact that all but a very few mending leads are medieval, and in their original configuration. The panel suggests, therefore, a rather hurried and not very expert restoration, carried out in the middle ages; judging from the style of the repainting it was done in the first half of the thirteenth century.

Companion panels in the Brummer Collection in New York must have the same history; they too are in medieval leads, but two half-circles with censing angels are joined together in a curiously stilted composition which cannot be the original *(fig. 2)*.[15] Missing parts are left blank, but these may be losses subsequent to the removal of the glass from the cathedral in the nineteenth century. Reconstruction of the three panels with adoring angels suggests a typically Mosan composition with half-circles drawn on the four sides of a losenge; the central scenes, of which one would surely be the

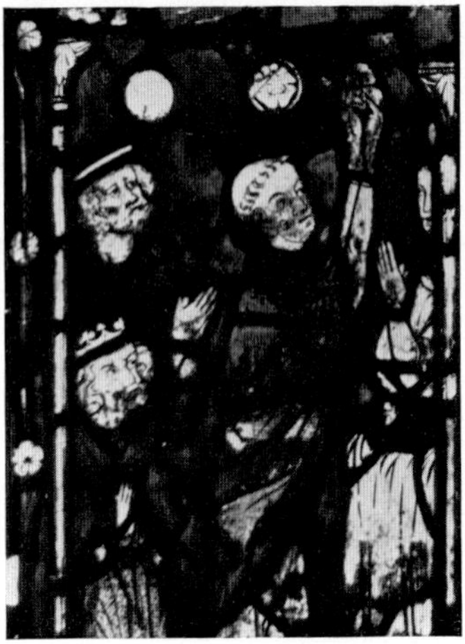

Fig. 3 Scene from the life of Edward the Confessor; stained glass, Fécamp Abbey, c. 1305

Madonna and Child, as at Chartres, might have been lost in a fire which destroyed or damaged the cathedral in 1188; the angels evidently were salvaged and reused rather freely in the thirteenth century.

Next I will review evidence for restorations of a far more sophisticated kind, evolving a pastiche of style. One of the first cases I ever came across was a head in stained glass at Fécamp.[16] According to Jean Lafond the head at the upper left in a scene from the life of Edward the Confessor is a pastiche of fifteenth century date *(fig. 3)*; my own observations corroborated this, although J.-J. Gruber contested it on the grounds that such pastiche did not exist before the nineteenth century. The head is indeed close to the one below it, of early fourteenth century date, yet it has a slightly heavier modelling, the features are more compact, less linear, and the hair softer. The different tint and texture of the glass necessitate its dating later than the rest of the Fécamp glass. In the workshops of the York Glaziers Trust Peter Newton pointed out to me a similar case; one of the twelfth century heads of a monk in a St. Benedict cycle had been very sensitively copied in the late thirteenth century. Laid on the bench, out of its leads, it was possible to verify the later date of the glass; the face, like the example at Fécamp or much nineteenth century restoration, had nebulous qualities both of the style of its time and of the style being imitated.

In 1912 the glass painter Morris Drake read a paper at Exeter in which he pointed out that in 1389 Robert Lyen contracted to enlarge the east window of the cathedral, which had been glazed before 1326; Lyen incorporated the earlier figures into his design, together with their canopies which had to be cut to fit the new stonework. Drake was astonished to find that whereas Lyen's new figures are of his own time in style, the canopies conform to the earlier ones "in their rigid design, in their clumsy outlines, above all in their heavy colouring;" these canopies, and the general colour scheme of the figures, were used to give the window an extraordinary aspect of homogeneity, in spite of a radical difference of style between the older and the newer figures. From a distance it is difficult to apprehend the composite nature of the work.[17]

Of slightly later date is a pastiche from the Sainte Chapelle; eliminated, like many examples of medieval restoration, in the nineteenth century, this precious panel of fifteenth century date is now in the Musée de Cluny.[18] Compared with an original panel of the thirteenth century from the same window it shows a remarkable understanding of Gothic style, as well as the reuse of one ancient head (centre, *fig. 4* cf. *fig. 5)*.[19] Drapery folds are painted in brittle, sweeping lines, features are strongly outlined. There is no soft modelling such as would be characteristic of the plastic effects of the fifteenth century. The architecture, with its attenuated Gothic columns, interweaves with the figures without creating space, and surface patterning is prevalent.

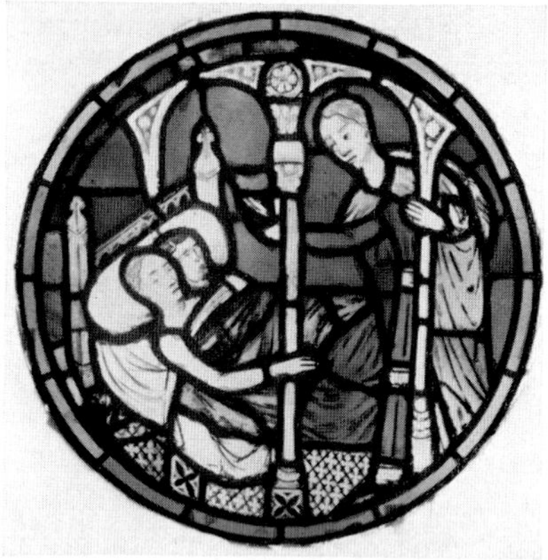

Fig. 4 The servant entering the chamber of Tobias and Sarah; stained glass from the Sainte Chapelle, late fifteenth century. Musée de Cluny

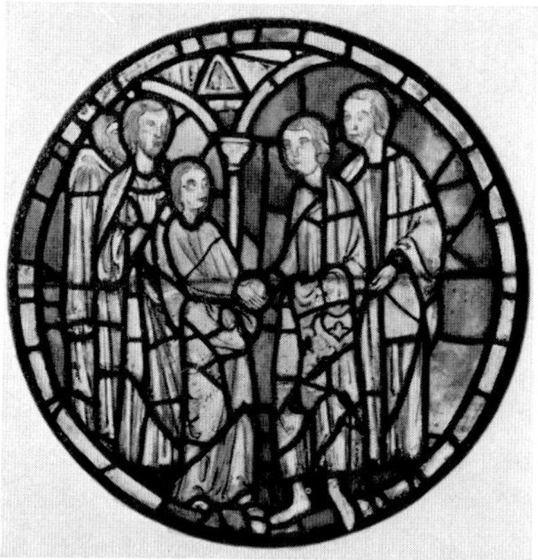

Fig. 5 Marriage of Tobias and Sarah; stained glass from the Sainte Chapelle, 1245–48. Victoria and Albert Museum

We suddenly have an extraordinary insight into the way a fifteenth century painter saw the High Gothic work of two hundred years earlier – flat, decorative, linear, but with a sort of primitive charm.

From an earlier century, still fully Gothic, comes another case of astonishing pastiche. In 1331 the Klosterneuburg Ambo, which had been completed by Nicholas of Verdun in 1181, was restored and constructed into its present form, a great triptych. To the forty-five enamel plaques of the original were added six more, exactly commensurate with the early ones, perfectly matched in the colours of the enamel ground and filling of the engraved lines, and conforming to the original iconographic plan by which scenes from the life of Christ were placed between events before and under the law. The inscriptions and decorative bands which frame these plaques might easily be taken as twelfth century in date. As observed by Floridus Röhrig the figures, although they could not deceive a discerning eye, are so close to the precepts of Nicholas' style that they must be called pastiche *(figs. 6, 7)*;[20] nude anatomy is treated in a series of tightly drawn muscles, clinging garments are modelled by severe but modulated lines of coloured inlay, with none of the elegance which is the dominant feature of the contemporary paintings on the reverse of the wings *(fig. 8)*; the contrast between these comtemporary fourteenth century works makes clear how great was the metalworker's effort to conform to the earlier, more classicizing style.

Perhaps from approximately the same era is another case of restoration in metalwork; the Châsse of St. Hadelin in Visc, Belgium, of which the greater part is probably early twelfth century in date, seems to have Gothic additions and restorations as observed by the Comte de Borchgrave d'Altena.[21] Epigraphy gives away the date of this restoration but there are some marked archaisms in the figures, although they are not as expert a pastiche as the Klosterneuburg panels; particularly notable is the head of Christ crowning Sts. Hadelin and Remacle, in which the hard lines of the brows and nose, and the schematized beard suggest a Gothic view of the severity of Romanesque style. But the face lacks the monumentality and boldness in the handling of planes possessed by the originals.[22]

From the thirteenth century I have as yet found no material to prove that pastiche existed. The twelfth century, however, is very rich. The foremost example is again in the work supervised by Abbot Suger. When he demolished and rebuilt the west end of St. Denis he left the eighth century nave standing; his extension of the building westwards necessitated adding four bays to the old nave, which excavation has revealed had an arcade of columns. Suger said of this part of the operation: "In carrying out such plans my first thought was for the concordance and harmony of the ancient and new work – de convenientia et cohaerentia antiqui et novi operis." He immediately described the difficulty of obtaining marble columns, his uneasy planning to have ancient

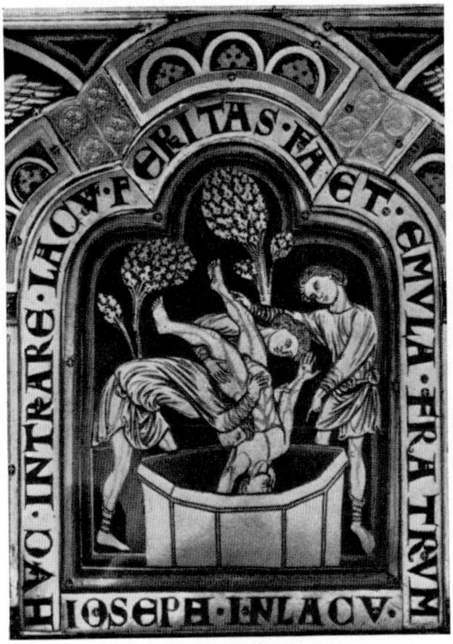

Fig. 6 Temptation of Adam; enamel plaque by Nicholas of Verdun, 1181, Klosterneuburg Ambo

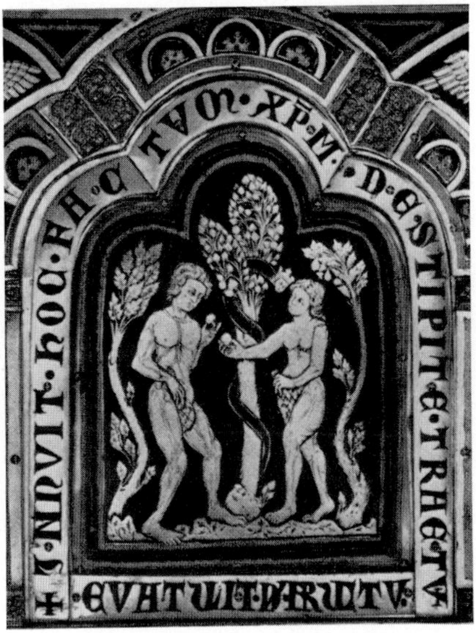

Fig. 7 Joseph thrown in the pit; enamel plaque added in 1331, Klosterneuburg Ambo

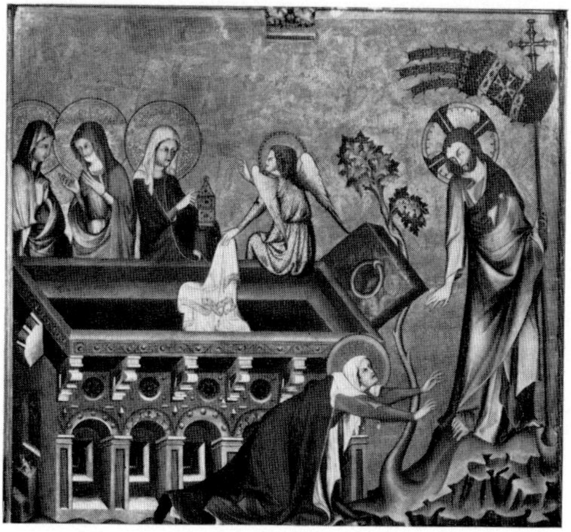

Fig. 8 Three Marys at the tomb & noli me tangere; panel painting of 1331, reverse of wing, Klosterneuburg Altarpiece

ones shipped from Rome – "for in Rome we have often seen wonderful ones in the Palace of Diocletian and other Baths" – and his eventual relief at the seemingly miraculous find of a quarry to provide suitable stone.[23] The nave has not survived, but the spacing and size of Suger's supports conformed to those of the Carolingian arcade, and it is reasonable to suppose that the columns were of the same height, and therefore of the same proportion.[24] The ghost of Carolingian St. Denis lingers on in other parts of Suger's work; in the west end itself, completed in 1140, there is a change from pier capitals carved with Romanesque palmette and animals to others with more antique-looking acanthus; columns used in the openings from the upper chapels are of slender proportion, with Corinthian capitals, and resemble in a general way those in the galleries at Aachen, which are only two decades later than the old nave of St. Denis. Again in the choir, which was consecrated in 1144, Suger used columns of similar diameter with classicizing acanthus capitals; in the context of early Gothic architecture the choir of St. Denis is unique in the slim proportions of the column supports, allowing the free flow of space between them. Sumner Crosby has investigated the meaning of Suger's comment that in laying out the choir he was concerned to make the aisles commensurate with the old nave; the geometric possibilities are intricate, and involve hidden proportions.[25] Much more easily apprehended would be the size and proportion of the columns and the delicate, airy quality of the construction, which must have blended well with the nave arcade. Suger had arrived at a very sophisticated view of his remodelling, one that involved a new appreciation both of works of the eighth century revival of the antique, and of genuine works of antiquity.

Finally there are examples in sculpture of the twelfth century which suggest that stone sculptors were constrained, under certain circumstances, to imitate closely the styles of the Early Christian period. These may be considered in a general way related to the south French proto-renaissance of the twelfth century; the most abundant antique models available in the region were sarcophagi, in the main local products, ranging from fourth century examples with deeply cut figural relief sculptures to later forms in which plant and geometric forms in increasingly shallow reliefs gradually gained ascendancy over the representation of the human figure. Some of the most elaborate early sarcophagi had been reused for the relics of saints, and thus became objects of veneration. One such was the sarcophagus of St. Guilhem (William of Aquitaine) at St.-Guilhem-le-Désert in Provence, which according to tradition had been brought from Nîmes at his death in 812.[26]

Only fragments of the sarcophagus of St. Guilhem survive, in the local museum. A reconstruction was proposed by Hans von Schoenebeck, who thought the whole to be a fourth century work. He compared the front, with a standing orant figure in the centre between miracles of Christ, the sacrifice

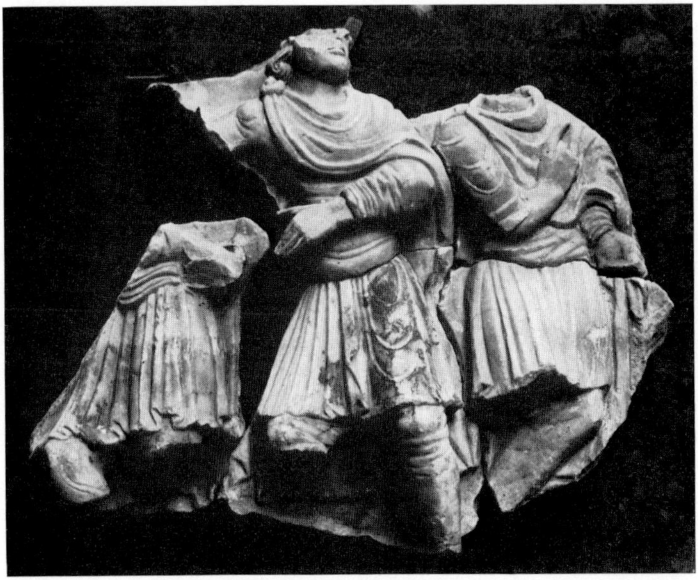

Fig. 9 Three Magi; relief sculpture from back of the tomb of St. Guilhem, c. 1138. Museum, St-Guilhem-le-Désert

of Isaac and Moses and the rock, to a sarcophagus in the Lateran Museum.[27] The other long side has the adoration of the magi and the refusal of the Hebrews to worship idols on either side of the deceased with two saints, a combination unknown in extant Early Christian sarcophagi, although its elements are common in both sarcophagi and ivories. The style of the fragments from this side is suspiciously Romanesque and Richard Hamann had dated the whole work in the twelfth century chiefly on the basis of these parts. He interpreted the presence of different styles as the result of the collaboration of two of the frieze carvers from St.-Giles-du-Gard.[28] Jean Adhémar and Hans Buchthal also accepted a twelfth century date.[29] The frieze on the fourth side has clear Romanesque traits in the draperies; most notably in the three magi the folds are drawn into rhythmic eliptical surface patterns which are not executed with the running drill but are positively rendered, in ridges. A small curved groove which accentuates the shoulder joint recalls twelfth century graphic styles *(fig. 9)*. Friedrich Gerke has pointed out that these figures wear shoes, whereas those on the front all wear sandals. His interpretation, that this was a fourth century sarcophagus originally sculpted on three sides only but with the fourth face carved in the twelfth century and some reworking of all faces, is entirely acceptable on historical, iconographic and stylistic grounds.[30] The new cutting of the fourth face, generally left unsculpted in antique examples, represents a modernization rather than a re-use.[31] The sarcophagus, in use for St. Guilhem since the ninth century, was already an object of veneration. His

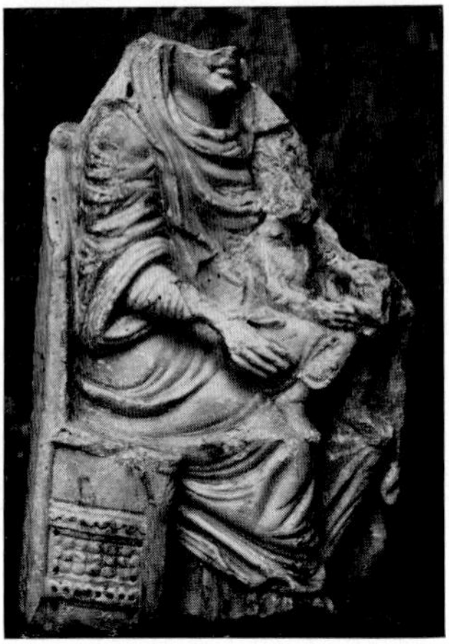

Fig. 10 Madonna and Child; relief sculpture from back of the tomb of St. Guilhem, c. 1138. Museum, St-Guilhem-le-Désert

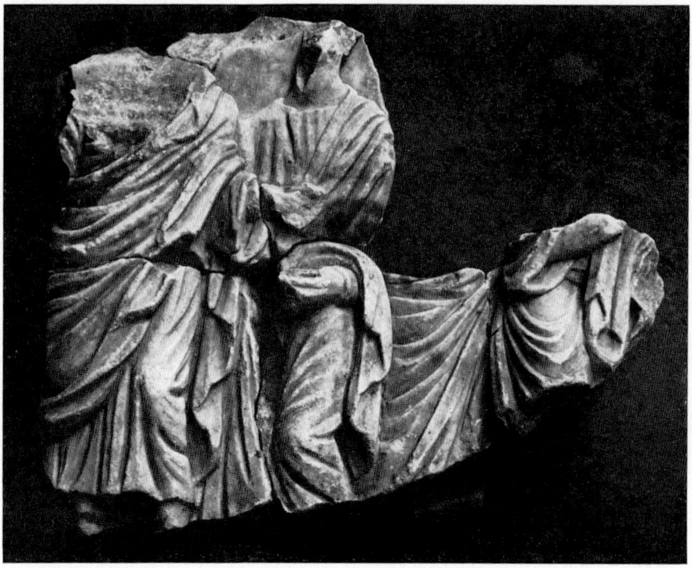

Fig. 11 Fragment of miracle scene; relief sculpture from front of the tomb of St. Guilhem, fourth century. Museum, St-Guilhem-le-Désert

cult grew in the twelfth century; in 1138 the church was dedicated to him and his relics were translated – but perhaps they were rather reinstalled in the "modernized" sarcophagus. At about that time a visit to St. Guilhem was recommended to the pilgrims destined for Santiago de Compostela.[32] The working of the fourth side would indicate a new position for the sarcophagus, more accessible on all sides to the pilgrims.

If one accepts that the entire back was sculpted in the twelfth century the figure of the Madonna is extraordinarily close to fourth century style *(fig. 10)*. There is no suggestion of the tell-tale rhythmic organization of folds which appears elsewhere *(fig. 9)*; cutting appears vermicular, hap-hazard, even brutal, in contrast to the more rounded plastic handling of the head. On the other hand there is a lack of certainty in the execution, a rather belaboured over-cutting in contrast to the economy and rapidity of the fourth century use of the running drill, which is still apparent in passages from the front *(fig. 11)*. It is as though the twelfth century sculptor was able to see only the lack of structure in his model, and not to grasp the tradition of organic structuring which lay behind it. The figure of the Madonna indeed appears as the product of a sculptor trying to work in an idiom not altogether familiar to him; yet his pastiche was successful enough to confuse a generation

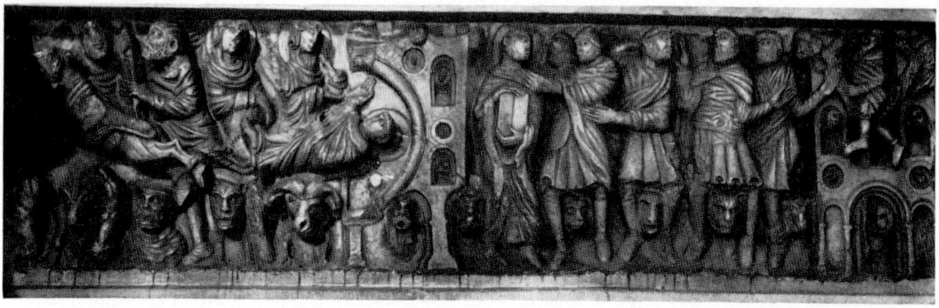

Fig. 12 Scenes from the life of St. Sernin; relief sculpture on tomb in St. Hilaire, twelfth century

of scholars. It is interesting to speculate that he may even more easily have persuaded contemporary pilgrims that they were venerating the relics of St. Guilhem in an entirely ancient sarcophagus; forgeries are harder to detect in their own time than they are generations later.

Another twelfth century tomb seems to have been entirely created with a similar fraudulent motive; it is a recreation rather than a slavish imitation of the *genre* of antique sarcophagi which had been appropriated for saints and which had become objects of veneration. This is the so-called tomb of St. Hilaire which is in use as an altar in the church and place of his name in the Aude, and which was evidently created to house the relics of St. Sernin. The programme was a modern creation; the composition was not adapted in any obvious way from an earlier type, though parts might have been from pagan or Christian subjects. On the front are depicted two scenes from the life of St. Sernin, his arrest and his martyrdom by being dragged by bulls *(fig. 12)*. The latter bears some resemblance, in the plunging beasts, to the ascent into heaven of Elijah, commonly found on fourth century sarcophagi. The general appearance of the front – the crowding of forms, the deep relief, the treatment of some passages of drapery – conveys something like the impression of the late antique sarcophagi of Arles; though a single scene is represented on the front of the Red Sea sarcophagi, examples of which are preserved in St. Trophime of Arles, the museum at Aix and elsewhere, the composition tends to fall into two sections, the turmoil of the drowning Egyptians on the left half and the calm, upright figures of the Israelites on the right.[33] A similar shift in mood occurs between the two scenes on the tomb of St. Sernin, which are not otherwise emphatically marked off from one another. These and other Early Christian examples show the common feature of profile heads in very low relief behind the first row of figures; one such head is copied on the tomb of St. Sernin. For this motif, and the vermicular treatment of some of the draperies on the twelfth century work, comparison is made with another typical fourth century sarcophagus in the Musée Lapidaire in Arles *(fig. 13)*. A row of masks or busts of beasts and men is sculpted across the lower part of the tomb in St. Hilaire, many of them between the legs of the figures; they are not unlike the cock in the arrest of St. Peter on the Arles sarcophagus illustrated here. A comic mask in the centre is of obvious antique derivation. The sculptor used antique motifs and compositional devices, however, in a completely new ordering; even the passages of drapery which so clearly refer to the antique are in marked contrast to the more aggressively plastic treatment of the lower parts of the tunics of the same figures. These broadly handled, heavy draperies which fall in pleats or tubular folds are typical of this artist's style as it appears on the tympanum of the presbytery at Cabestany in the Pyrenées Orientales;[34] in this work, not constrained by the will to create a frieze of antique appearance, even those folds which are rather nervously incised with the chisel or running drill are less hap-hazard and vermicular than those of the tomb, and show a greater tendency to schematic organization.

The modification of style in passages of the carving, as well as the choice of composition and motifs on the tomb of St. Sernin indicate a conscious archaism; this idea was proposed by Marcel Robin, but he was refuted by Tony Sauvel on the grounds that the closeness to Gallo-Roman works was only a general period phenomenon.[35] As a tomb in the form of a sarcophagus

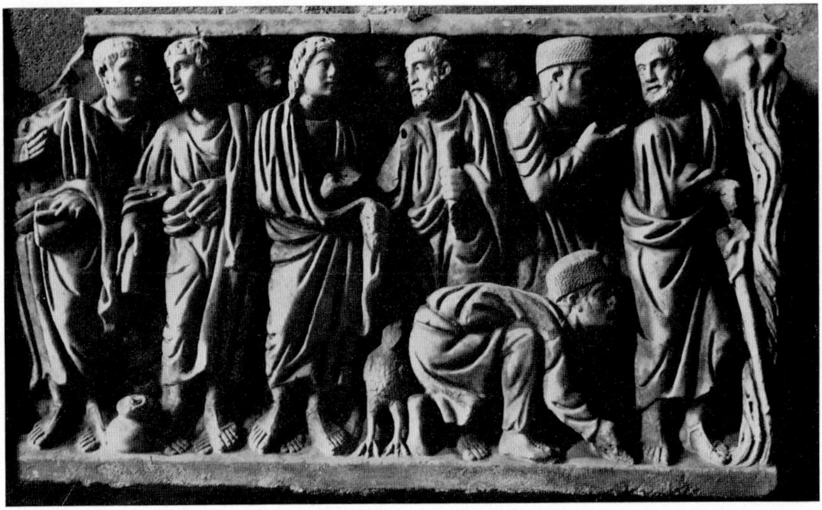

Fig. 13 Arrest of St. Peter; relief sculpture from the tomb of Hydria Tertulla & Axia Aeliana, fourth century. Arles, Musée Lapidaire

with figural reliefs it is, however, unique in the twelfth century. In the context of the other examples of pastiche cited here Robin's suggestion must be accepted. The sudden appearance of a sarcophagus for St. Sernin in the twelfth century is rather surprising, since his relics were enshrined in Toulouse, but one might suppose that it is a forgery resulting from some dispute over his relics. This is the kind of circumstance, particularly in the twelfth century, in which documents were apt to be forged; indeed the practice of forgery in the middle ages is very well known to historians, and it is surprising that few convincing examples of forged art works have yet been recognized; Christopher Brooke has told how he and his father were deceived by a charter of William the Conqueror in the Hereford muniments; the script appeared to be eleventh century, but it was later proved to be one of the Westminster forgeries of the second quarter of the twelfth century; in the second half of the century John of Salisbury cautioned against forged papal bulls, suggesting that they might be detected by attention to the script, parchment and seal.[36] The story of modern diplomatics might begin there.

The variety of materials brought together here range in date from the early twelfth to the fifteenth century; they attest to the reverence for the art forms of earlier periods which was felt in England, France and Austria. On the one hand it is easy to observe numerous examples of preserving and repairing ancient works; high regard for these is suggested also by the way in which they were used as models by later artists, even if they were creatively transformed in the copying. More unusual are the glimpses we have, through rarely preserved pastiche, of the way in which medieval artists saw the styles of earlier eras. Suger's imitation of Carolingian columns, themselves examples of antique revival, and the imitation of fourth century relief sculptures in the twelfth century, fit in with our general notion of the twelfth century renaissance.[37] The fifteenth century imitation of the Sainte Chapelle glass painting might seem to be part of the northern Renaissance; on the other hand the "Romanesque revival" in fifteenth century Flanders, emphasized by Erwin Panofsky, was essentially an anti-Gothic movement.[38] Jurgis Baltrušaitis has assumed that is was only with the advent of a full Renaissance in the north – about 1600 – that historical insight allowed the archaeologically "correct" restoration of buildings.[39] Yet the fact that at the height of Gothic stylization, in fourteenth century Austria, it was also possible for an artist to attempt to meet the twelfth century classicizing style of Nicholas of Verdun on its own terms, must modify this view of style-consciousness in the middle ages; not only were older works highly prized, but it was also recognized that any repairs or additions should harmonize as well as possible with the original.

Notes

* I am indebted to Mrs. Ernest Brummer and the Wellesley College Art Museum for permission to publish works in their possession.

1 Hanns Swarzenski, "The Role of Copies in the Formation of the Styles of the Eleventh Century," *Romanesque and Gothic Art: Studies in Western Art* (Acts of the Twentieth International Congress of the History of Art) I, Princeton, 1963, pp. 7–11.

2 Eg. Jean Verrier, "Restauration et mise en valeur," in Musée des Arts Décoratifs des Paris, *Le vitrail français,* Paris, 1958, pp. 83–4; and see below n. 35 & 39.

3 For a contemporary account of removing the "squalor" of the old building at Auxerre see Teresa G. Frisch, *Gothic Art 1140–c. 1450,* Englewood Cliffs, 1971, pp. 27–8; for Westminster, Peter Brieger, *English Art 1216–1307,* Oxford, 1957, pp. 106 ff.

4 Antonia Gransden, "Realistic Observations in Twelfth-Century England," *Speculum,* XLVII (1972) pp. 31, 34, 36–7, 39–40.

5 Erwin Panofsky, *Abbot Suger: On the Abbey Church of St. Denis and its Art Treasures,* Princeton, 1946, pp. 72–3.

6 *Ibid.* pp. 60–1; both accounts are contained in Suger's *de Administratione.*

7 Jeannette Dyer-Spencer, "Les vitraux de la Sainte Chapelle de Paris," *Bulletin Monumental,* XCI (1932) p. 337.

8 Jean Lafond in Marcel Aubert, Louis Grodecki, Jean Lafond, and Jean Verrier, *Les vitraux de Notre-Dame et de la Sainte-Chapelle de Paris (Corpus vitrearum medii aevi, France* I), Paris, 1959, pp. 53–4; even if their emplacement in the south rose dates only from the eighteenth century, the panels must have been salvaged from the twelfth century fenestration which was altered in the thirteenth century.

9 Louis Grodecki in *Le vitrail français,* p. 107, with bibliography.

10 Etienne Houvet and Yves Delaporte, *Les vitraux de la cathédrale de Chartres,* Chartres, 1926, pp. 4, 216–21, Pl. XLI.

11 Paul Popesco has been making a detailed study of these restorations, as yet unpublished. Dr. Buddensieg was kind enough to point out to me a thirteenth century restoration to twelfth century glass, in the *Moses Receiving the Law* of Gerlachus in the Stein Collection; the later drapery is clearly recognizable by its style. See: Hamburg, Museum für Kunst und Gewerbe, *Meisterwerke mittelalterlicher Glasmalerei aus der Sammlung des Reichsfreiherrn vom Stein,* / Hamburg, 1966 /, catalogue by Rüdiger Becksmann, p. 34, Pl. 7.

12 Louis Grodecki, "Problèmes de la peinture en Champagne pendant la seconde moitié du douzième siècle," *Romanesque and Gothic* Art, pp. 135–40 (dated before 1200); cf. *ibid.* in *Le vitrail français,* p. 118 (dated c. 1200–1210).

13 Jane Hayward in the Metropolitan Museum of Art, *The Year 1200,* I, *Catalogue,* New York, 1970, pp. 198–99; Madeline H. Caviness, *The Stained Glass of the Trinity Chapel Ambulatory of Canterbury Cathedral* (doctoral dissertation, Harvard University, 1970) p. 83, n. 223.

14 Acq. no. 1949.19, bought in the Brummer Sale, Parke Bernet Galleries Inc., *Part two of the notable art collection belonging to the estate of the late Joseph Brummer, May 11–14,* 1949, p. 150, lot 599. The panel measures 8 1/8 × 16 7/8 inches.

15 Cf. Jane Hayward in the Metropolitan Museum of Art, *Medieval Art from Private Collections,* New York, 1968, no. 182.

16 Jean Lafond, "Les vitraux de l'abbaye de la Trinité de Fécamp," in *Fécamp, l'abbaye bénédictine, ouvrage scientifique du treizième centenaire,* III, Fécamp, 1961, p. 104; Madeline Harrison [Caviness], "A Life of Edward the Confessor in Early-Fourteenth Century Stained Glass at Fécamp, in Normandy," *Journal of the Warburg and Courtauld Institutes,* XXVI (1963) p. 30.

17 Frederick Morris Drake, *The Fourteenth Century Stained Glass of Exeter Cathedral* (Reprinted from the Transactions of the Devonshire Association for the Advancement of Science, History and Art, XLIV (1912) pp. 231–51), pp. 8–9, illustrated facing p. 7.

18 *Corpus vitrearum medii aevi, France,* I (see n. 8 above), p. 338, no. 1894; the subject, a servant entering the bed chamber of Tobias and Sarah, was made for Window E.

19 Madeline Harrison Caviness and Louis Grodecki, "Les vitraux de la Sainte Chapelle," *La Revue de l'Art,* 1–2 (1968) p. 10; the panel is no. 5458–1858 in the Victoria and Albert Museum, Department of Ceramics.

20 Floridus Röhrig, "Der Umbau des Emailwerkes von Nikolaus von Verdun," *Österr. Ztschr. f. Kunst u. Denkmalpfl.,* XIX (1965) pp. 25–28. Eva Frodl-Kraft, "Die Kreuzgangverglasung und der Ambo des Nikolaus von Verdun," pp. 28–30 of the same journal has established that the fourteenth century glazing programme of the cloister is a free copy of the ambo plaques.

21 Comte de Borchgrave d'Altena, "Note au sujet de la châsse de saint Handelin à Visé," *Revue belge d'archéologie et d'histoire de l'art,* XX (1951) pp. 15–27.

22 *Ibid.* fig. 2, cf. fig. 3 which may be entirely Gothic.

23 Panofsky, *Suger,* pp. 90–1, from his *de Consecratione.*

24 Sumner McK. Crosby, *L'abbaye royale de Saint-Denis,* Paris, 1953, pp. 13–4, 32 and fig. 25.

25 Sumner McK. Crosby, "Crypt and Choir Plans at Saint-Denis," *Gesta,* 5 (1966) pp. 4–6.

26 Hans von Schoenebeck, "Ein christlicher Sarkophag aus St. Guilhem," *Jahrbuch des Deutschen Archäologischen Instituts,* XLVII (1932) p. 97.

27 *Ibid.* fig. 6.

28 Richard Hamann, "Ein unbekannter Figurenzyklus in St.-Guilhem-le-Désert," *Marburger Jahrbuch für Kunstwissenschaft,* II (1925) pp. 78–82; and *ibid., Die Abteikirche von St. Gilles und ihre künstlerische Nachfolge,* Berlin, 1955, pp. 254–58.

29 Jean Adhémar, *Influences antiques dans l'art du moyen âge français,* London, 1939, p. 237. Hans Buchthal, *Bibliography of the Survival of the Classics,* II, London, 1938, p. 204, no. 771.

30 Friedrich Gerke, "Der Tischaltar des Bernard Gilduin in Saint Sernin in Toulouse," *Akademie der Wissenschaften und der Literatur, Abh. der Geistes- und Sozialwissenschaftlichen Klasse, Mainz,* VI (1958) pp. 455–56. The idea was first proposed by Jean Vallery-Radot, "L'église de Saint-Guilhem-le-Désert," *Congrès archéologique de France,* 1951, pp. 178–79.

31 Cf. a sarcophagus in Mantua which was re-used in 1249 and entirely reworked in contemporary style: Marion Lawrence, "Gothic reworking of an Early Christian Sarcophagus," *Art Studies,* VII (1929) pp. 89–103.

32 *Codex Calixtinus, Liber Quintus,* tr. Jeanne Vielliard, *Guide du pèlerin de Saint-Jacques de Compostelle,* Paris, 1938, pp. 117–19.

33 Edmond Le Blant, *Etude sur les sarcophages chrétiens antiques de la ville d'Arles,* Paris, 1878, pp. 50–1, Pl. XXXI.

34 Marcel Aubert et al., *L'art roman en France,* Paris, 1961, p. 255. Recent discussions of the Cabestany Master are by: Clara Bargellini, "More Cabestany Master," *Burlington Magazine,* CXII (1970) pp. 140–44; Léon Pressouyre, "Une nouvelle œuvre du 'maître de Cabestany' en Toscane: le pilier sculpté de San Giovanni in Sugana," *Bulletin de la Soc. nat. des Antiquaires de France* 1969, Paris [1971] pp. 30–55; Marcel Durliat, "Mélanges: Du nouveau sur le maître de Cabestany," *Bulletin Monumental,* CXXIX (1971) pp. 193–98.

35 Tony Sauvel, "Les monuments funéraires romans ornés de sculptures narratives," *Bulletin de la Société des Antiquaires de l'Ouest,* ser. 3, XIV (1948) p. 547, who cited Marcel Robin, *L'art roman du Roussillon,* Souillac, 1947 (not available to me).

36 C. N. L. Brooke, "Approaches to Medieval Forgery," *Journal of the Society of Archivists,* III (1965–69) pp. 377–86.

37 The role of northern art in preserving the antique tradition has been emphasized by Hanns Swarzenski, *Monuments of Romanesque Art,* 2nd ed., London, 1967, pp. 28–35.

38 Erwin Panofsky, *Early Netherlandish Painting: Its Origins and Character,* I, Cambridge (Mass.) 1964, pp. 134–40.

39 Jurgis Baltrušaitis, *Réveils et Prodiges: Le gothique fantastique,* Paris [1960], p. 194. Cf. Nikolaus Pevsner, *The Englishness of English Art,* Harmondsworth, 1964, pp. 71, 74.

Hermann Fillitz

Die David-Platte einer Basler Privatsammlung

Zu ihren frühesten mittelalterlichen Kostbarkeiten zählt eine Basler Privat-Sammlung eine kleine Elfenbeintafel mit Szenen aus dem Leben Davids[1] *(Abb. 1–3)*. Sie stammt aus der Hohenzollern'schen Sammlung in Sigmaringen. Sicherlich hat sie Ihr Vater, verehrter Jubilar, oft in der Hand gehabt und auch Ihnen ist das Relief bestens bekannt. Adolph Goldschmidt publizierte es im I. Band seines Elfenbein-Corpus als »Deutsch, um 1000« und verwies auf Ähnlichkeiten mit Elfenbeinen einer in die Maingegend zu lokalisierenden Schule, die er im nächst folgenden Band zu publizieren die Absicht hatte. Diesen Plan scheint er dann aber zumindest soweit geändert zu haben, daß man vergeblich nach Hinweisen auf irgendwelche der angekündigten Zusammenhänge sucht. Man muß annehmen, daß er seine Ansichten über diese Gruppe von Elfenbeinreliefs geändert hat, so daß sie unter einer anderen Bezeichnung anderswo im Goldschmidt'schen Corpuswerk eingereiht ist. Die kleine Elfenbeintafel blieb daher um so mehr isoliert. Sie steht scheinbar verbindungslos zwischen den Elfenbeinen karolingischer Herkunft oder karolingischer Tradition – vor allem, wenn man Goldschmidts Kommentar dazu liest und bedenkt, daß die der David-Platte vorausgehenden und folgenden Nummern Werke behandeln, die Goldschmidt dem 9. bzw. 9.–10. Jhdt. zuschreibt und mit der Liuthargruppe zumindest entfernt in Verbindung bringt (»Art« bzw. »verwandt mit der Liuthargruppe«). Wie so oft hat aber auch diesmal Goldschmidt m. E. in der bildlichen Anordnung der Platte bei den karolingischen Elfenbeinreliefs das Richtige gesehen[2], ohne freilich in seinem Text irgendeinen Hinweis für diese Zusammenstellung zu geben.

Sicherlich hat er auch recht, wenn er das Elfenbein von den bekannten Gruppen der karolingischen Hofschulen sondert und es in die Bildtafeln aufnimmt, auf denen die in irgendeiner Verbindung mit den karolingischen Schöpfungen stehenden Elfenbeinreliefs zusammengefaßt sind. Einige von ihnen hat er in einer mehr oder weniger engen Tradition zur sogenannten Liuthar-Gruppe gesehen. Diese Elfenbeinarbeiten näher zu untersuchen, wäre noch eine nicht unwichtige Aufgabe der Forschung. Kurt Weitzmann hat einige von ihnen für eine Fuldaer Werkstatt des 10. Jhdts. beansprucht[3]. In seiner jüngsten Arbeit hat er diese Meinung dahingehend revidiert, daß er doch wieder zu

einer älteren Datierung ins 9. Jhdt. zurückkehren möchte[4]. Genauso scheint mir auch für die David-Platte eine entscheidende Frage zunächst darin zu liegen, ob sie wirklich erst um 1000 entstanden ist.
Wie so viele Elfenbeinreliefs, die Goldschmidt unter den karolingischen Werken publiziert, handelt es sich bei der Basler David-Platte um eine wiederverwendete Tafel, in diesem Falle ein recht schlichtes Schreibtäfelchen[5]. Die rechteckige Vertiefung für das Wachs ist komplett erhalten. Wie sonst die Tafel ursprünglich vorzustellen ist, darüber kann man zumindest momentan noch keine genauere Vorstellung erhalten. Das Kreissegment am unteren Rand der Platte mit dem eingeritzten Krückenkreuz gehört noch zum ursprünglichen Bestand. Dann müßte man sich wohl vorstellen, daß dieses kreisförmige Medaillon die Mitte der Platte gebildet hatte, daß also unter ihm etwa nochmals eine Fläche von der Größe der erhaltenen oberen vorhanden war; da außerdem links der Rand der Platte eine Vollendung des Kreises, der auf Grund des Segmentes zu errechnen ist, nicht gestattet, darf man folgerichtig schließen, daß zumindest auch auf dieser Seite das Täfelchen nachträglich abgeschnitten wurde. Auf diesen Voraussetzungen basierend, kann man schätzen, daß die Platte ursprünglich ca. 9–11 cm breit und über 30 cm hoch war; d. h. sie hatte etwa die Masse wie Consulardiptychen in der Art dessen des Silvidius (Paris, Bibliothèque Nationale)[6], des Aerobindus (Paris, Louvre)[7] usw. Es wäre natürlich verlockend, auf Grund des zentralen Medaillons an ähnliche ursprüngliche Konzeption zu denken, die freilich den nur ganz wenigen Resten der ursprünglichen Dekoration zufolge wesentlich einfacher war als alle sonst bekannten derartigen Werke; die Dekoration ist sicherlich auch erheblich jünger. Dementsprechend wäre die Verwendung als Schreibtäfelchen bereits eine sekundäre. Dafür spricht nicht nur das für diesen Zweck nicht erklärbare Segment eines Tondo, sondern auch die unpräzise Ausnehmung des Wachs-Feldes, die zu der exakten Kehlung des Segmentes in einem auffallenden Gegensatz steht. Schließlich deuten zahlreiche Zirkelschlagornamente, die eingestanzt wurden, auf eine nachträgliche sehr primitive Schmükkung des Täfelchens hin. Denn sie sind nicht nur auf Vorder- und Rückseite der Platte zu finden, sondern auch auf der oberen und unteren Kante, d. h. sie wurden sicherlich erst in die Elfenbein-Tafel eingeschlagen, als diese schon ihr heutiges Format erhalten hatte. Die unpräzise – fast möchte man sagen: planlose – Art ihrer Verteilung würde gut zu der unsorgfältigen Ausnehmung der Vertiefung passen. Die Beobachtung, daß die Platte ursprünglich wesentlich größer war, nicht nur unten, sondern auch seitlich später abgeschnitten wurde und ursprünglich das Format der alten Diptychen erreichte, hat ebenfalls Goldschmidt schon gemacht[8]. Man darf also die Änderung des Formates nicht erst mit dem Relief der David-Szenen in Verbindung bringen, sondern muß zuvor schon zwei Phasen der Verwendung annehmen: als eine Platte

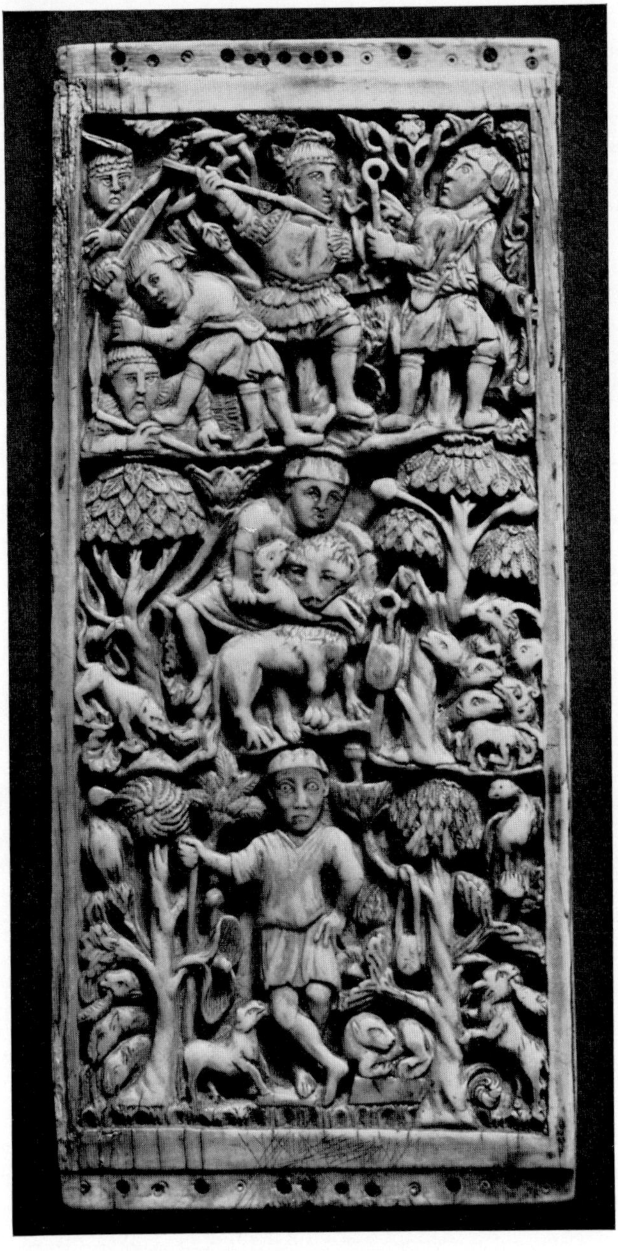

Abb. 1 David-Platte. Privatsammlung, Basel

ähnlich den Consular-Diptychen und dann, schon im neuen Format, als ein verhältnismäßig bescheidenes Schreibtäfelchen. Erst dem dritten Verwendungszweck diente die Umarbeitung zu einem Relief, das sicherlich zum Schmuck eines Buchdeckels bestimmt war. Auf Grund des Themas der Darstellungen muß das ein Psalter gewesen sein.

Es ist das einzige Relief mit dieser Szenenfolge, die in Miniaturen nicht selten vorkommt, freilich dort fast immer als Teil größerer Zyklen, die auf Vorbilder des 5. Jhdts. zurückzuführen sind[9]. Man darf daher wohl auch annehmen, daß das vorliegende Relief nicht das einzige derartige war. Umsomehr verdient es als das einzig erhalten gebliebene dieses Sujets Beachtung. Goldschmidt ordnet die David-Platte, wie gesagt, als »Deutsch, um 1000« ein. In seinem Text ist nur ein einziger Hinweis zu finden, was ihn dazu bestimmt haben kann: die »Art der Bäume, besonders der sich wie Flechtwerk verästelnden der obersten Reihe«, die er in einer Gruppe wiedersah, die er, wie gesagt, als er am ersten Band des Corpuswerkes arbeitete, für in die Maingegend um das Jahr 1000 gehörend hielt. Diese Lokalisierung und Datierung hat Goldschmidt später anscheinend wieder aufgegeben und so ist es schwer, die Gruppe unter einer anderen Bezeichnung im Corpuswerk zu identifizieren. Jedenfalls aber fällt damit auch der Grund weg, für die David-Platte an dieser Datierung und Lokalisierung festzuhalten.

Es ist nicht sehr viel, was an Elfenbeinarbeiten nördlich der Alpen um 1000 bekannt ist. Die Gruppe des »Magdeburger Antependiums«, für die Goldschmidt »Mailand oder Reichenau« als Lokalisierung vorschlug[10], kann man wohl endgültig für Oberitalien, am ehesten wohl Mailand selbst, beanspruchen[11]. So bleiben noch die im 2. Band des Corpuswerkes mit der Aachener Situla beginnenden Arbeiten[12]. Mit keiner von ihnen läßt sich auch nur annähernd eine Verbindung herstellen. Vor allem ist die ganze Auffassung des Reliefs eine andere. Das dichte, beinahe netzartige Gefüge von Menschen, Tieren und Pflanzen, das für die David-Platte charakteristisch ist, läßt sich nirgendwo bei diesen Elfenbeinreliefs finden. Das Gefühl für den Körper, der gerne isoliert, als plastische Form vereinfacht wird, widerspricht dieser Gestaltungsweise. Auf der David-Platte füllen die Darstellungen so dicht das Feld, daß vom Bildgrund möglichst wenig zu sehen ist. Als dunkle Folie tritt er den figuralen Partien gegenüber, die an die vordere Bildbegrenzung gepreßt scheinen und dadurch, obwohl sie z. T. sehr stark unterschnitten sind, in ihrer Dreidimensionalität kaum entsprechend zur Wirkung kommen. Die gleichmäßige Füllung des Relieffeldes ist offenbar sosehr künstlerisches Ziel, daß es eigentlich zu einer Gleichrangigkeit aller figuralen Partien kommt. Nicht sofort erschließt sich daher in diesem Gewirr vieler z. T. kleiner Formen die achsiale Anlage der Komposition: zweimal ist David ins Zentrum des Bildes gerückt, im mittleren und im unteren Bildstreifen; die ihn flankieren-

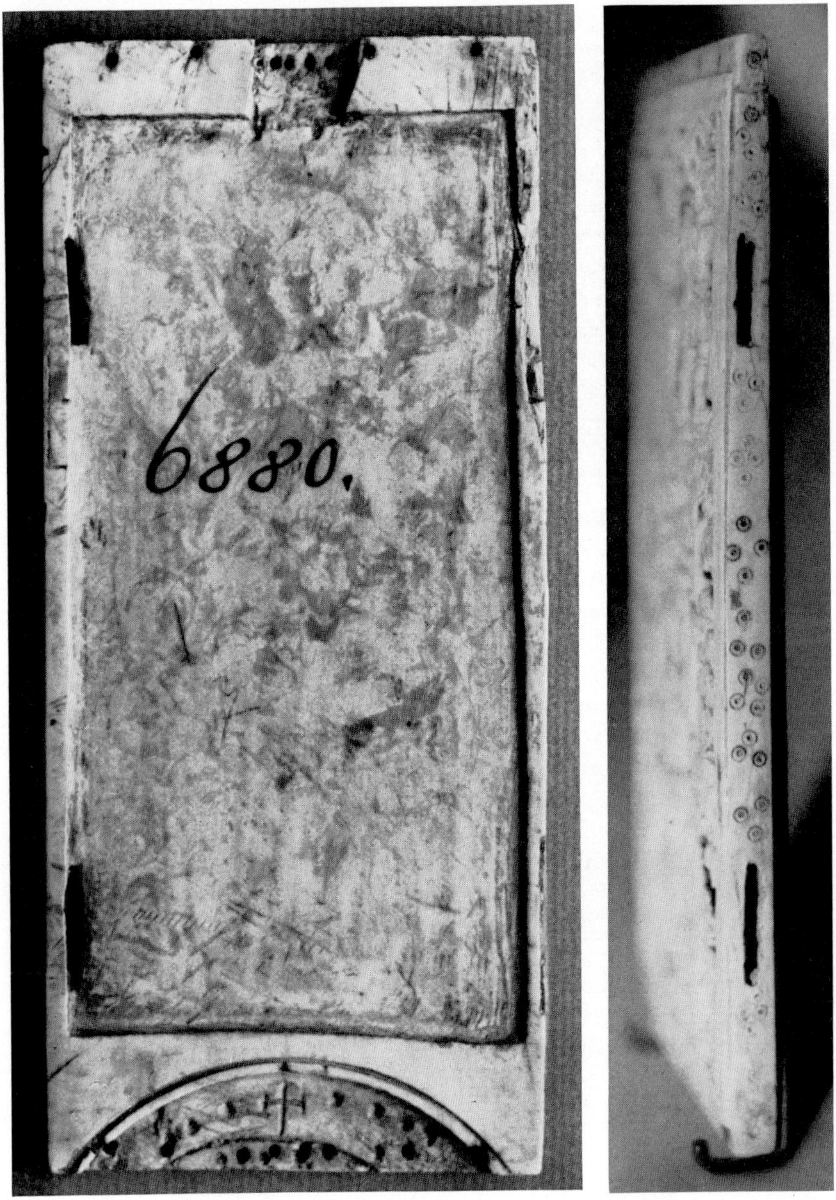

Abb. 2, 3 David-Platte, Rückseite und Seitenansicht. Privatsammlung, Basel den Bäume und Tiere sind als symmetrisch ausgewogen gedacht. Nur im obersten Bildstreifen, auf dem zwei Szenen vereint sind – der Kampf Davids mit Goliath und die Tötung Goliaths –, war eine andere Komposition notwendig: Goliath rückt in die Bildmitte, der ihm gegenüberstehende David beherrscht so sehr die rechte Bildseite, daß er als Gegengewicht gegen die linke genügt, wo David dem gestürzten Goliath das Haupt abschlägt. Diese Momente der dichten Füllung des Relieffeldes und die dadurch bedingte Gleichwertigkeit aller Teile widersprechen der Kompositionsweise um 1000 nördlich der Alpen, wo eher eine Isolierung der Figuren gesucht und die Hauptfigur möglichst wirkungsvoll herausgehoben wird. Vor allem aber ist eine vergleichbare Vereinfachung der Körper zu möglichst geschlossener Form auf der David-Platte nicht zu finden. Eine reiche Gewandung mit der sehr differenzierten Faltenführung wirkt der körperlichen Geschlossenheit entgegen. Die frei über den Körper in vielen verschiedenartig sich legenden Falten fallende Gewandung wie an David im unteren Bildstreifen läßt sich viel eher auf karolingischen Elfenbeinreliefs nachweisen als auf solchen des späten 10. oder frühen 11. Jhdts. Auf karolingischen Reliefs gibt es auch die dicht aneinandergesetzten, öfters beinahe ineinander zu greifen scheinenden Bildstreifen in Form von Terrainwellen und dort sind auch die vielteiligen Szenen zu finden, bei denen es nicht darum geht, die Hauptfiguren isolierend herauszuheben; vielmehr ist man um eine möglichst bewegte szenisch reiche Schilderung bemüht[13].

Das ist aber nicht in dem Sinn zu verstehen, als sollte damit irgendeine Beziehung der David-Platte zu diesen Schulen postuliert werden; schon eingangs wurde ja gesagt, daß die David-Platte mit den großen karolingischen Werkstätten nicht zusammenhängt. Wenn man aber nun von den allgemeineren Überlegungen her nach besonderen Merkmalen sucht, dann sind solche abgesehen vom Verhältnis zwischen Gewand und Körper noch zu finden; die untere Leiste, statt der Bodenformation, erinnert an eine kleine klassische Ornamentleiste, wie sie in ähnlicher Lebendigkeit wohl in karolingischen Reliefs, nicht aber ottonischen nachweisbar wäre, die lebendige Form der Tiere läßt sich mit solchen etwa der Elfenbeinplatte des cod. 60 der St. Galler Stiftsbibliothek vergleichen[14]; schließlich bewirkt das Gewand Davids bei der unteren Hirtenszene, das locker über den Gürtel fällt, die eher gedrückte Körperproportion gegenüber der gestreckten der Zeit um 1000; ganz allgemein sei auf die auffallend gedrungenen und eher ungelenk erscheinenden Figuren insbesondere des obersten Bildstreifens verwiesen. Dort scheint sich der Stil des Schnitzers am deutlichsten zu zeigen. Die Differenzierung zwischen belastetem und unbelastetem Bein in der Stellung Davids auf den beiden unteren Bildstreifen fehlt im obersten. Die Figuren wirken auch flacher und trotz der gesuchten Bewegung ungelenk, namentlich David rechts.

In dieser Reihe sind auch die von Goldschmidt erwähnten an Flechtwerk erinnernden Bäume zu sehen, die nun freilich in keinem einzigen ottonischen Elfenbeinrelief nördlich der Alpen vorkommen; wohl aber sind sie mehrfach südlich der Alpen nachweisbar, beginnend mit dem Consulardiptychon im Domschatz von Monza, auf dem die Gestalten der Consuln in den König David, bzw. den hl. Gregor umgearbeitet wurden[15]. Bis zu einer Platte in der Gruppe des »Magdeburger Antependiums« mit der Auferweckung des Lazarus läßt sich diese Tendenz weiterverfolgen[16], mit der sich auch die der Abwandlung von Blättern, bzw. Blattkronen in Palmetten verbindet, was ja auf der David-Platte auch mehrmals vorkommt. Auch auf der Basilewsky-Situla zeigt der Baum, an dem sich Judas erhängt hat, diese Tendenz ornamentaler Verflechtung und der Änderung der Blätter zur Palmette[17], vor allem fällt das auf gegenüber dem Diptychon des Mailänder Domschatzes, das ja gerade für diese Teile der Situla vorbildlich war; auf ihm ist der Baum noch freier gestaltet[18].

Damit ergibt sich aber die Frage, ob die David-Platte auch eine oberitalienische Arbeit sein könnte. Bei der Antwort darauf muß man sich bewußt sein, daß unsere Materialkenntnis auf diesem Gebiete noch sehr viel bescheidener ist als für die karolingische Kunst, daß viel weniger erhalten geblieben ist und daß die historische Vorstellung, die wir für die Gruppen der Elfenbeine karolingischer Schulen haben, nicht für Italien gelten kann. Erst für die Mailänder Elfenbeine aus der 2. Hälfte des 10. Jhdts. kann Entsprechendes gesagt werden. Vergleicht man aber das eben genannte karolingische Diptychon des Mailänder Domschatzes mit der David-Platte, dann ergeben sich doch noch einige Hinweise. Das gilt allgemein für die gedrungenen, kurzbeinigen Gestalten. Vor allem aber die Soldaten als Grabwache (linke Tafel unten) und der fliehende bei der Szene der Frauen am Grabe (rechte Tafel oben) lassen sich sowohl hinsichtlich der Tracht wie auch in ihrer Proportion mit dem Goliath der David-Platte vergleichen. Das erstere Argument mag man vielleicht noch durch Hinweise auf ähnliche ältere Vorbilder – und solche hat der Schnitzer der David-Platte sicherlich auch gehabt, was vielleicht auch die Unterschiede des oberen zu den beiden unteren Bildstreifen erklärt – begründen; für das letztere geht das nicht mehr. Hier liegen m. E. tatsächlich Gemeinsamkeiten vor trotz der qualitativen Unterschiede der beiden Werke. Gerade deshalb aber sind diese Gemeinsamkeiten um so auffallender.

Auch das Charakteristische der Köpfe, bei denen die geschlossene Form dominiert und Nase und Mund auffallend klein gebildet sind, bzw. nur wenig hervortreten, ist in Italien, nicht aber nördlich der Alpen wiederzufinden[19]. Wenn für die lebendige Darstellung der Tiere auf die Deckplatte des St. Gallener cod. 60 verwiesen wurde, dann läßt sich dieser Vergleich gut mit der oberitalienischen These vereinen, ist doch das Vorbild des St. Gallener

Elfenbeins auch in Italien zu suchen. In Oberitalien wird schließlich die Tendenz zur Beibehaltung des Reliefs in zwei isolierenden Schichten verständlicher als nördlich der Alpen. Hier läßt sich diese Eigenart vom 7. Jahrhundert bis zur Gruppe des »Magdeburger Antependiums« weiterverfolgen[20].

Im ganzen gesehen spricht so doch eine Reihe von Argumenten dafür, die David-Platte der Basler Privat-Sammlung als oberitalienische Arbeit anzusehen. Dort wäre sie jedenfalls vor der Elfenbeingruppe des »Magdeburger Antependiums« einzureihen. Als früheste Möglichkeit ihrer Entstehung würde ich das letzte Viertel des 9. Jahrhunderts sehen, in dem sich einerseits die dichte szenische Füllung der Reliefflädie öfters nachweisen läßt, anderseits aber auch die achsiale Komposition ausgebildet wird. Die erste Hälfte des 10. Jahrhunderts würde den Spielraum für die Datierung nach oben ergeben, obwohl ich auf Grund der Vergleichbarkeit mit Einzelfiguren des Mailänder Passions- und Auferstehungs-Diptychons und der Lebendigkeit der Tier- und Menschendarstellungen eher an eine Datierung näher an 900 heran glaube.

Wie immer aber diese Frage sich einmal lösen sollte, falls sich unsere Kenntnis der italienischen Kunst dieser Epoche noch erweitert, die Platte ist, so gesehen, ein wichtiges Beispiel für das oberitalienische Relief zwischen dem Mailänder Diptychon und der Gruppe des »Magdeburger Antependiums«. Neben dem sich stark an das frühchristliche Vorbild anlehnenden Mailänder Diptychon vertritt es eine lokalere Richtung, für die vor allem eine unräumliche, dicht die Fläche in nahezu ornamentaler Weise füllende Komposition charakteristisch ist.

Anmerkungen

1 Adolph Goldschmidt, Die Elfenbeinskulpturen aus der Zeit der karolingischen und sächsischen Kaiser, Bd. I., Berlin 1914, S. 67 f. Nr. 135. Die Platte mißt in der Höhe 15,5 cm, in der Breite 7 cm.

2 a. a. O. Tafel LVIII.

3 Kurt Weitzmann, Eine Fuldaer Elfenbeingruppe, in: Festschrift zum 70. Geburtstag Adolph Goldschmidts, Berlin 1935, S. 14 ff.

4 Kurt Weitzmann, The Heracles Plaques of St. Peter's Cathedra, in: Art Bulletin LV, 1973, S. 23.

5 Vgl. A. Goldschmidt, a. a. O. S. 67 Abb. 26.

6 Wolfgang Fritz Volbach, Elfenbeinarbeiten der Spätantike und des frühen Mittelalters, 2. Aufl. Mainz 1952, Nr. 7, Tafel 3.

7 W. F. Volbach, a. a. O. Nr. 12, Tafel 3.

8 A. Goldschmidt, a. a. O. S. 67.

9 Gude Suckale-Redlefsen, Die Bildzyklen zum Davidleben; von den Anfängen bis zum Ende des 11. Jahrhunderts, Münchner Diss. 1972.

10 A. Goldschmidt, Die Elfenbeinskulpturen . . . Bd. II, Berlin 1918, Kat. Nr. 18.

11 Hermann Fillitz, Die Spätphase des »langobardischen« Stiles, in: Jahrbuch der Kunsthistorischen Sammlungen in Wien, Bd. 54, 1958, S. 67 ff. – Ursula Mamat, Die Ordnung der »Magdeburger Tafeln«, in: »Kunst in Hessen und am Mittelrhein«, Heft 11, S. 33 ff.

12 A. Goldschmidt, a. a. O. Bd. II Kat. Nr. 22 ff.

13 A. Goldschmidt, a. a. O. Bd. I Nrn. 40, 41, 80, 82, 158 u. a. m.

14 A. Goldschmidt, a. a. O. Bd. I Nr. 164 Tafel LXXVII.

15 A. Goldschmidt, a. a. O. Bd. I Nr. 168 Tafel LXXIX.

16 A. Goldschmidt, a. a. O. Bd. II Nr. 14 Tafel VI.

17 A. Goldschmidt, a. a. O. Bd. II Nr. 3 Tafel III. – John Beckwith, The Basilewsky-Situla, Victoria and Albert Museum Monograph Nr. 21, London 1963.

18 W. F. Volbach, a. a. O. S. 99 Nr. 232, Tafel 63.

19 vgl. vor allem die Basilewsky-Situla und die ihr verwandten Stücke!

20 H. Fillitz, a. a. O.

John Beckwith

A Romanesque Bobbin

In October 1972 there was trouble with the drains in the keep of Norwich Castle. A certain amount of digging had to be done in the basement. A small walrus ivory object[1] was found in a light brown mortary layer with stone chips which was about 38 cm. below the present basement floor and some 53 cm. below the thirteenth century floor level. It was found close to the doorway cut through the spine wall. The original Norman floor level was some 20 cm. below the layer in which the walrus ivory object was found. From the same layer were unearthed a few twelfth and thirteenth century potsherds including green glazed wares from Grimston, near King's Lynn, an oyster shell and some animal, bird and fish bones. It was impossible to be certain in the area under examination if the stratification represented a gradual silting of the basement or, more likely, the deliberate infilling and raising of the floor level in the thirteenth century. It seems probable that the first stone keep of Norwich Castle was built about 1120; the building was remodelled later in the twelfth century and again in the thirteenth century.

The small walrus ivory object *(Figs. 1–5)* is carved at one end with the head of a girl, the hair parted down the middle and treated like a cap, the eyes protruding, the iris indented probably to contain a black bead, the lower lids underlined; at the other end is a dragon's head – from certain angles it looks like a caricature of an old man – the eyes protruding and indented, the brows ridged with the line continuing down the nose, the mane, if such it is, stylised.[2] The narrow stem between these two masks is quite plain though slightly marked by fine circular lines as if silk or gold thread had been wound tightly round it. The object must surely be a bobbin, and a bobbin used by a lady of quality.

The carving is elegant and strange. The treatment of the eyes of the girl may be compared with the eyes of the Virgin and Child and the three Magi on a whalebone relief in the Victoria and Albert Museum, almost certainly southern English work dating from the late eleventh century.[3] The insertion of black beads in the pupils of the eyes is a common phenomenon in early medieval English ivory carvings.[4] The style of the dragon's mask is also consistent with English work; it may be compared with a small walrus ivory head of a dragon found in the tomb of King William II Rufus in Winchester

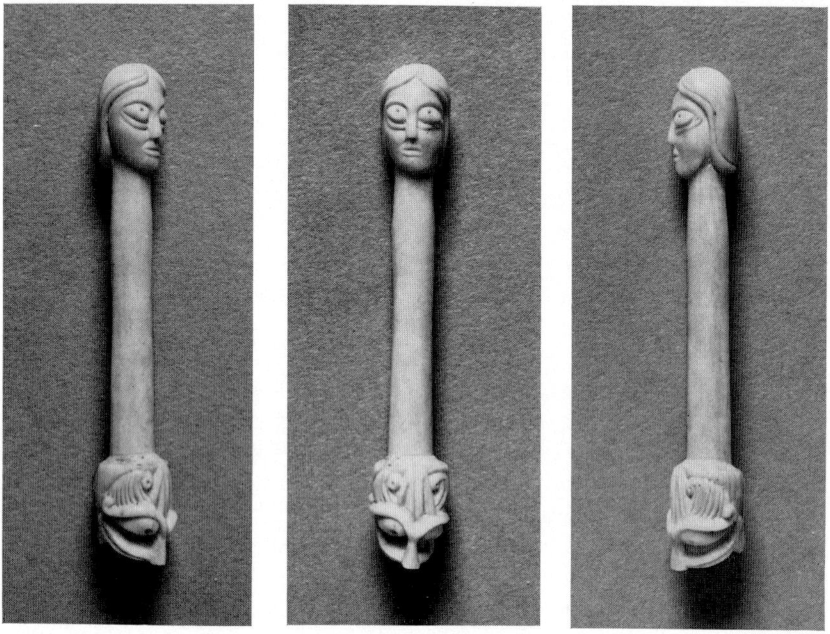

Fig. 1–3 Walrus ivory bobbin found in the basement of the keep of Norwich Castle.
General views.
Norwich, Castle Museum

Cathedral or a bronze door knocker at Dormington, dating from the middle of the twelfth century, where the ridged brows with the line running down the nose is almost identical.[5] Workshops at the abbeys of St. Albans and Bury St. Edmunds were producing a quantity of ivory and bone carvings in the first half of the twelfth century and there seems no reason to doubt that a craftsman trained in one of these workshops executed the bobbin, probably in the early two decades. Most secular objects that have survived from that time are either draughtsmen or chess-pieces, or an occasional small box. The little bobbin is unique.[6]

A royal castle was sited at Norwich in Saxon times, although this was destroyed by the Danes, and was sometimes the centre of rebellion. Ralph Guader, Earl of Norfolk, defended himself against the friends of William the Conqueror before taking refuge in Brittany and leaving his Countess to command the Castle and negotiate terms with the besiegers. Ralph Bigod, Constable of the Castle, garrisoned it in favour of Robert Curthose, Duke of Normandy, in the first year of William Rufus' reign, but later was to become a close friend of King Henry I. Ralph's son William succeeded in the estate and honours, was created Steward of the royal household but was drowned at sea in the twentieth year of the reign. He was succeeded by his brother Hugh who was confirmed in the custody of the Castle of Norwich by King Stephen but not for long. During the troubles of the reign Stephen preferred to entrust the castle to his bastard William of Blois who had married Isabel, daughter and heiress of William of Warren, Earl of Surrey. When King Henry II came to the throne, William of Blois was dispossessed, and Hugh Bigod, who had been created Earl of East Anglia in 1140, also gave up his castles to the King under the general order for the demolition of castles fortified by Stephen and his supporters. Hugh Bigod, however, was soon in favour with Henry II. In an undated charter given at Northampton Hugh was created Earl of Norfolk, Lord Steward of the King's household to hold and enjoy that honourable post in as ample manner as Roger Bigod, his father, held the same in the time of Henry I, and at the same time was made Constable of the Castle of Norwich. Although Hugh Bigod joined forces with the Earl of Leicester in supporting the young prince Henry against his father, and for a time was forced to surrender the castle of Norwich, he was succeeded by his son Roger Bigod, whom King Richard I in the first year of his reign created Earl of Norfolk, Steward of the Royal Household and presumably since he was in such favour with the King, Constable of the Castle.

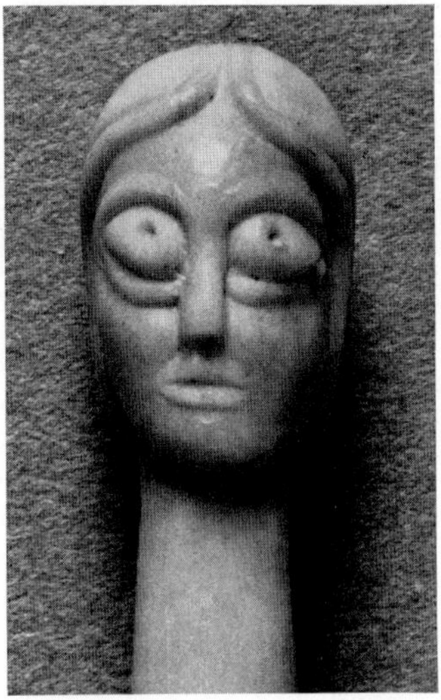

Fig. 4 Detail of the girl's head. Norwich, Castle Museum

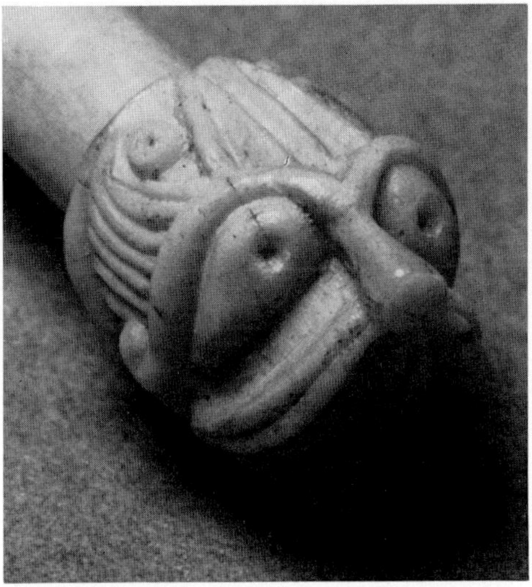

Fig. 5 Detail of the dragon's head. Norwich, Castle Museum

Thus it may be seen that throughout Norman and Angevin times the Castle was considered to be a place of great importance and grand people lived in it. The little bobbin must have belonged to one of the ladies.[7]

Notes

1 The object was found by Miss Barbara Green, Keeper of Archaeology, Castle Museum Norwich, and two assistants. I should like to thank the Director, Mr. Francis Cheetham, B. A., F. M. A., and Miss Green for their kindness in bringing the object to the Victoria and Albert Museum for study, for allowing fresh photographs to be taken, and for permitting me to publish the carving. Miss Green most generously gave me full information on the circumstances of the find.

2 The ivory is undamaged apart from the possible loss of the black beads in the eyes. Measurements: L. 6.5 cm. The girl's head is 0.95 cm. maximum diameter; the dragon's head is 1.1 cm. maximum diameter.

3 John Beckwith, *The Adoration of the Magi in Whalebone,* Victoria and Albert Museum, 1966; idem, *Ivory Carvings in Early Medieval England,* London, 1972, Cat. No. 63.

4 Beckwith, *Ivory Carvings, passim.*

5 Beckwith, *Ivory Carvings,* Cat. No. 54. For the door-knocker, *ibid.* fig. 154.

6 Beckwith, *Ivory Carvings,* pp. 73 ff.

7 T. Gurdon, *An Essay on the Antiquity of the Castel of Norwich,* Norwich, 1728. reprinted 1834.

Léon Pressouyre

Un bronze mosan du cabinet des antiques de Saint-Germain-des-Prés

En 1953, Hanns Swarzenski révélait au monde savant une statuette en bronze doré du Musée de Besançon représentant un *Fleuve du Paradis (Fig. 1);* il la présentait comme une œuvre caractéristique de la production mosane du milieu du XIIème siècle et avançait une comparaison avec les figurines des quatre évangélistes de l'autel portatif de Stavelot[1].

Depuis cette publication, bientôt suivie par celle des *Monuments of Romanesque Art*[2], le bronze de Besançon connaît une célébrité méritée. On l'a vu et revu dans diverses expositions; les notices des catalogues retiennent généralement la datation et l'attribution proposées en 1953, mais sans faire la lumière sur l'histoire de cette statuette[3]. Les archives du Musée de Besançon, il est vrai, ne livrent que peu de précisions à ce sujet. Nous savons seulement, par un registre de dépenses, que la pièce fut achetée en 1887 à un certain Ch. Alin, domicilié rue Saint-Vincent à Besançon, pour la somme de cent francs[4]: le nom du vendeur n'est pas celui d'un amateur célèbre et il ne paraît pas que ce *Fleuve du Paradis* ait été décrit auparavant dans un cabinet bisontin, comme nombre de bronzes antiques du Musée[5].

Sans pouvoir aujourd'hui encore retracer l'histoire de l'objet à l'époque contemporaine, je crois utile du moins de signaler qu'au XVIIIème siècle il se trouvait dans le cabinet des antiques de Saint-Germain-des-Prés, à Paris. Il ne figure pas sur l'inventaire manuscrit de Montfaucon[6], mais on peut le reconnaître sur une gravure de l'*Explication de divers monumens singuliers*, ouvrage publié anonymement en 1739 par «un religieux bénédictin de la Congrégation de Saint-Maur»[7]. L'auteur de ce curieux livre, Dom Jacques Martin, était moine à Saint-Germain-des-Prés[8] et lorsqu'il inscrit au bas de la figure 2, Planche X de l'*Explication,* la légende «Nôtre Cabinet», il désigne assurément un objet appartenant aux collections de l'abbaye[9].

C'est à une bévue de Dom Martin que nous devons la publication de la statuette (restée jusque-là inédite, à ce qu'il nous dit) dans ce recueil de mélanges érudits. Pour le religieux, en effet, cette figure allégorique de fleuve n'était ni médiévale ni chrétienne, mais païenne et antique: «Ce Fleuve a quelque chose de trop singulier», écrit-il, «pour ne le pas tirer de l'oubli où il a été jusqu'ici ... Le dieu est représenté assis sur la pointe d'un roc, versant son urne d'une façon différente, ce semble, des autres Fleuves. Les eaux qui coulent abondamment de l'urne sont d'or, aussi-bien que les cheveux et la

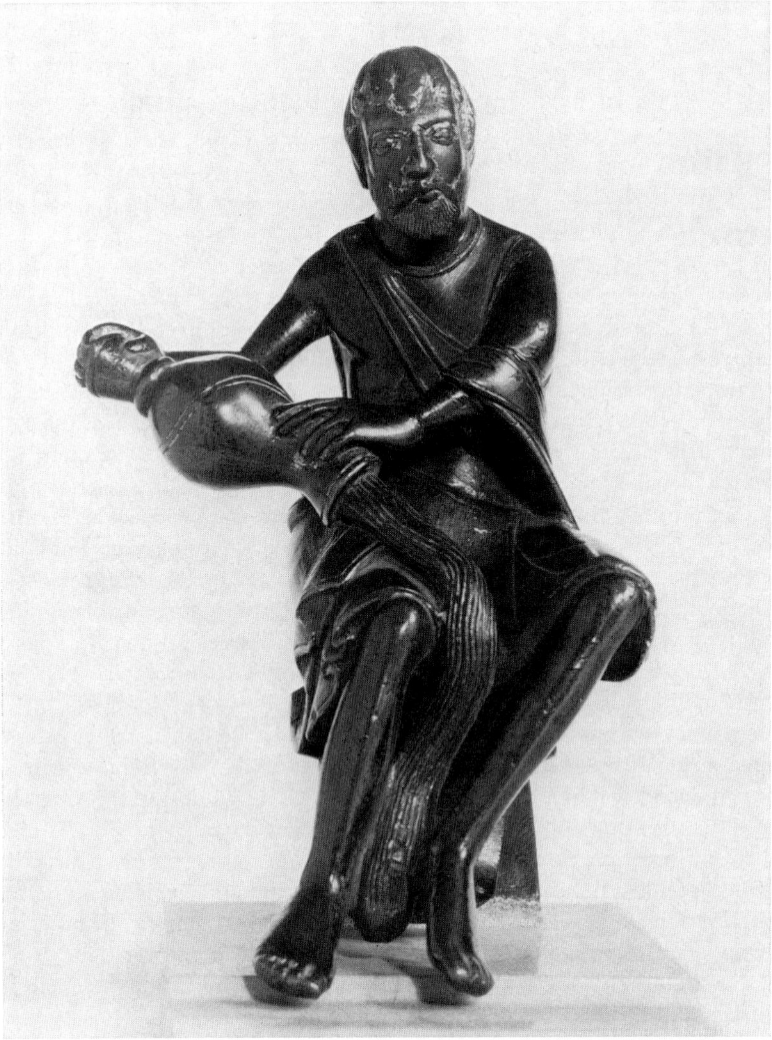

Fig. 1 Fleuve du Paradis, statuette en bronze doré. Besançon, Musée des Beaux-Arts

barbe de la Divinité. Ses habits, l'air, le tour du visage, enfin tout jusqu'à l'urne a je ne sçai quoi ou de barbare ou d'étranger qui me fait soupçonner que c'est ici la figure du Pactole.» Et, abusé par les flots dorés qui s'écoulaient de l'urne, c'est sous ce nom qu'il la fit connaître, avec un commentaire un peu pédant inspiré d'Ovide, d'Hygin et de Fulgence[10].

En examinant la gravure de l'*Explication de divers monumens singuliers (Fig. 2)*, j'ai d'abord pensé que le bronze mosan publié par Hanns Swarzenski n'était qu'un «Doppelgänger» du *Pactole* de Dom Jacques Martin: les proportions de l'objet paraissent différentes de celles du document figuré[11]; surtout, la forme et le type du siège sont absolument dissemblables ici et là. Mais une étude plus attentive du bronze de Besançon m'a convaincu qu'il s'agit bien du pseudo-Pactole conservé jadis à Saint-Germain-des-Prés et dont seule la présentation a été modifiée depuis le XVIIIème siècle. Car, en dépit d'une flatteuse patine et bien qu'il soit peut-être d'époque médiévale, le siège où trône actuellement le *Fleuve* ne peut passer pour une pièce d'origine. La statuette y est seulement fixée, à l'arrière et sur les côtés, par une soudure grasse où domine largement l'étain *(Fig. 3)*. A l'avant, un vide béant entre la figure et son support a été comblé, tant bien que mal, au plâtre. La forme insolite de l'escabeau, avec ses enroulements et ses volutes, paraît indiquer un remploi: aurait-on scié, puis retourné, l'extrémité du pied d'un gros ustensile en bronze? On notera en tout cas que le travail du métal diffère absolument de celui de la statuette et qu'aucune trace de dorure n'apparaît sur cette pièce rapportée. Plus satisfaisant que le banc de rocaille rustique où s'áppuyait, à la manière d'un *Héraklès Epitrapézios*, le *Pactole* de Dom Martin, l'espèce de tabouret que nous voyons aujourd'hui au *Fleuve* de Besançon dut être substitué au cours du XIXème siècle à ce support pittoresque et anachronique.

Dès que l'on fait abstraction de ces sièges interchangeables, la comparaison de la gravure et de l'objet devient concluante. Compte tenu de l'incompréhension manifeste du dessinateur pour le style hautain de cette œuvre romane, qu'il affadit en la reproduisant, tous les détails caractéristiques de la statuette ont été fidèlement rendus: motif de la double spirale incisé sur la panse de l'urne, plis de la chlamyde divergeant de la fibule ronde agrafée sur l'épaule droite pour se masser à la saignée du bras gauche et retomber nombreux le long de la cuisse et de la jambe droites, etc... Une singularité de l'estampe, enfin, s'explique seulement par référence au bronze de Besançon: le graveur en taille-douce a soigneusement détaillé la barbe de son modèle, tandis qu'il se contentait de cerner d'un fort trait de contour les masses de la chevelure. Son *Pactole* semble ainsi coiffé d'une sorte de bonnet à côtes d'où seules quelques mèches s'échapperaient, aux tempes. Précisément, sur le crâne poli du *Fleuve du Paradis*, toutes les incisions sont effacées par l'effet de l'usure, tandis que les mèches de la barbe et des tempes sont sillonnées de stries fines et rapprochées[12].

Le cabinet des antiques de Saint-Germain-des-Prés fut presque entièrement anéanti par l'incendie qui ravagea les bâtiments abbatiaux en 1794; le pillage s'étant organisé sur les ruines encore fumantes, de nombreux amateurs durent se partager les objets échappés aux flammes[13]. Soit qu'il ait été recueilli à

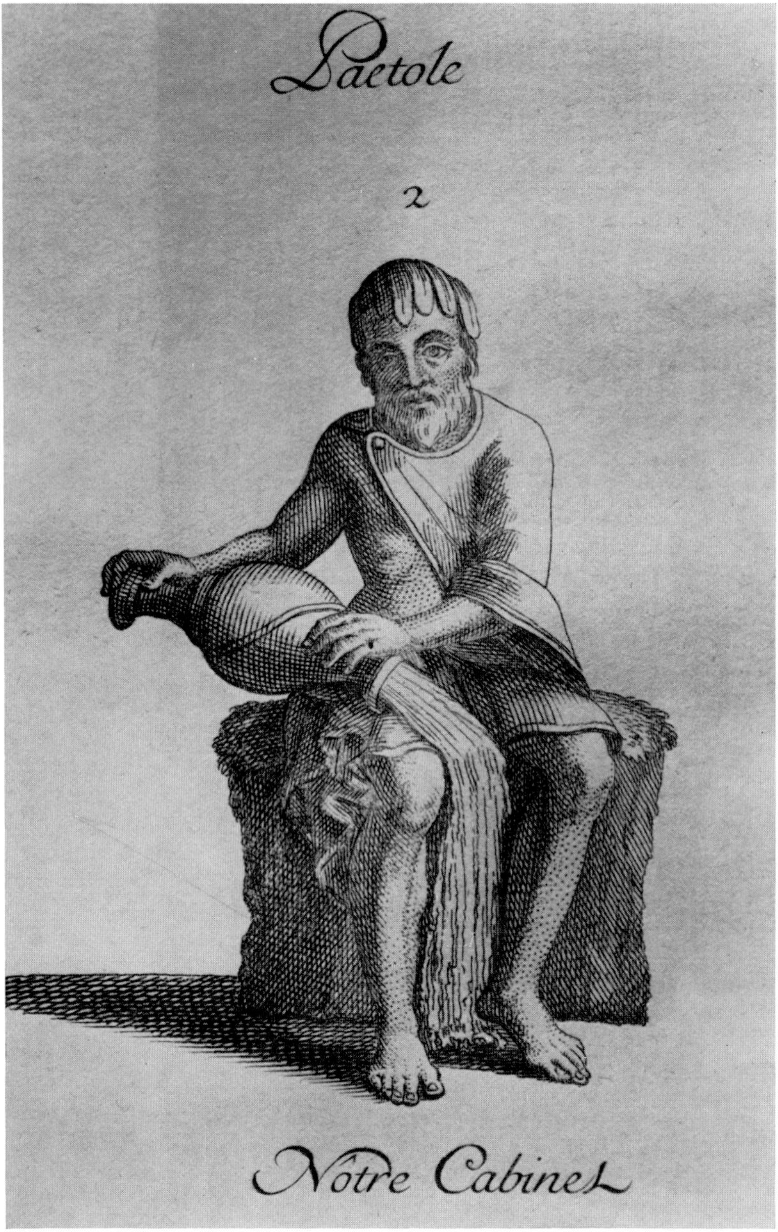

Fig. 2 La statuette du Pactole, au cabinet de Saint-Germain-des-Prés

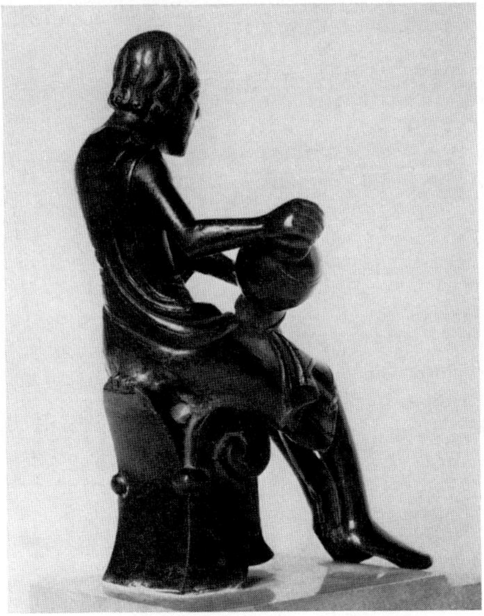

Fig. 3 Fleuve du Paradis, vue de profil.
Besançon, Musée des Beaux-Arts

cette occasion, soit qu'il ait été aliéné à une date antérieure, le bronze de Besançon représente donc une des rares épaves de la célèbre collection. Il serait d'autant plus intéressant de savoir quand et où cette statuette fut acquise, mais nous en sommes réduits, sur ce point, aux conjectures. Du fait que Montfaucon ne la mentionne pas, faut-il induire qu'elle entra à Saint-Germain-des-Prés postérieurement à la rédaction de son Catalogue[14]? C'est chose vraisemblable, mais non assurée: lorsque Jacques Martin se propose de « tirer de l'oubli où il a été jusqu'ici » le soi-disant *Pactole,* il se peut qu'il dénonce une omission du vieux Dom Bernard de Montfaucon, alors âgé de quatre-vingt-quatre ans[15]. La question se poserait en ce cas de savoir si cette omission était ou non volontaire. Montfaucon, qui accueillit pourtant des objets médiévaux dans le cabinet et les publia comme antiques[16], aurait-il vu juste en ce qui concerne le Fleuve du Paradis?

Il vaudrait la peine de s'interroger plus longuement sur les critères des grands érudits collectionneurs du XVIIIème siècle, si avertis, mais sujets aussi à des aberrations que nous nous expliquons mal[17]. Quoiqu'il en soit, même leurs erreurs auront été bénéfiques: ils étudiaient de préférence ce qu'ils croyaient antique et c'est à des confusions comme celle que fit Dom Martin à propos du pseudo-Pactole que nous devons de connaître aujourd'hui certains chefs-d'œuvre de ce « Moyen âge » si longtemps méprisé.

Annotations

1 Hanns Swarzenski, *The Italian and Mosan Shows in the Light of the Great Art Exhibitions*, in *The Burlington Magazine*, XCV (1953), p. 151–157; voir p. 157 et fig. 4. La statuette de Besançon était restée jusqu'à cette date pratiquement inconnue, bien qu'elle eût été signalée par A. Castan dans l'*Inventaire général des richesses d'art de la France. Province. Monuments civils*, tome V, Paris, 1891, p. 225–226 (= p. 149–150 du fascicule consacré à l'*Histoire et description des Musées de Besançon*). Pour Castan, «cette statuette ... ornait vraisemblablement l'angle d'une châsse ou le pied d'un candélabre d'église». Pied de croix ou pied de candélabre plus vraisemblablement, à notre avis. Sur le contexte dans lequel sont représentés, au XIIème siècle, les *Fleuves du Paradis*, cf. Ernst Schlee, *Die Ikonographie der Paradiesesflüsse*, Leipzig, 1937 (Studien über christliche Denkmäler, N. F. 24), p. 169–186 en particulier.

2 Hanns Swarzenski, *Monuments of Romanesque Art. The Art of Church Treasures in North-Western Europe*, 1 ère éd., Londres, 1954, 2ème éd., Chicago, 1967, p. 69 et pl. 169, fig. 272–273. La comparaison avec l'autel de Stavelot est illustrée par la pl. 169. La statuette de Besançon nous paraît aujourd'hui témoigner d'un style un peu différent; une datation antérieure à 1150, d'ailleurs envisagée par Hanns Swarzenski, pourrait être retenue.

3 Cf. les notes contenues dans les catalogues d'exposition suivants: 1) *Besançon, le plus ancien musée de France*, Paris, Musée des Arts décoratifs, février–avril 1957, n° 215, p. 96; 2) *Chefs-d'œuvre romans des musées de Province*, Paris, Musée du Louvre, novembre 1957–mars 1958, n° 134, p. 84; 3) *El arte románico. Exposición organizada bajo los auspicios del Consejo de Europa*, Barcelone et Saint-Jacques-de-Compostelle, 1961, n° 1132, p. 418.

4 Mlle. Christiane Marandet, Conservateur du Musée de Besançon, m'a très libéralement autorisé à consulter les archives. Voir surtout le registre manuscrit intitulé: *Ville de Besançon. Musée archéologique, compte des dépenses*, p. 76: «Mémoire de M. Ch. Alin, Rue St-Vincent. Une statuette en bronze du douzième siècle représentant un fleuve du Paradis terrestre monté sur un piédestal moderne en marbre veiné blanc ... 100 F 00. Besançon, le 27 Juin 1887. Etat réglé à cent francs.» Le registre désigne la statuette sous le numéro d'inventaire B 201. Le numéro 887.1.1. lui a été attribué par la suite. Une date d'acquisition erronée (1881) figure dans la notice du catalogue *Chefs-d'œuvre romans des musées de Province*.

5 Sur la constitution de la collection de bronzes antiques du Musée de Besançon, voir Paul Lebel, *Catalogue des collections archéologiques de Besançon. V. Les bronzes figurés*, Paris, 1961 (Annales littéraires de l'Université de Besançon, vol. 26).

6 Paris, Bibliothèque nationale, Ms. nouv. acq. fr. 2614. Ce *Catalogue des antiques du Cabinet de Saint Germain des Prez en bronze, albatre, marbre, pierre, terre-cuite, etc ...* (fol. 3–7) a été publié par Henri Omont, *Le cabinet d'antiquités de Saint-Germain-des-Prés au XVIIIème siècle*, in *Société nationale des antiquaires de France. Centenaire, 1804–1904. Recueil de Mémoires*, Paris, 1904, p. 333–356. Comme l'a déjà noté Omont, aucun inventaire détaillé du cabinet des antiques ne figure dans la *Déclaration des biens mobiliers des religieux de l'abbaye royale de Saint-Germain-des-Prés en 1780* (Paris, Archives nationales, S. 2858). Je me suis reporté sans plus de succès à la minute de la déclaration,

rédigée par Dom Poirier (Paris, Bibliothèque nationale, Ms. français 20 848, fol. 124 bis, v°).

7 *Explication de divers monumens singuliers qui ont rapport à la religion des plus anciens peuples avec l'examen de la dernière édition des ouvrages de S. Jérôme & un traité sur l'astrologie judiciaire*, ouvrage enrichi de figures en taille-douce par le R. P. Dom*** Religieux Bénédictin de la Congrégation de S. Maur, Maur, Paris, 1739.

8 Il y mourut le 5 septembre 1751. Cf. J.-B. Vanel, *Les Bénédictins de Saint-Maur à Saint-Germain-des-Prés. Nécrologe des religieux de la Congrégation de Saint-Maur décédés à l'abbaye de Saint-Germain-des-Prés*, Paris, 1896, chapitre CXCV, p. 219–220. Sur la carrière de Jacques Martin, on consultera la notice de Dom Tassin, dans l'*Histoire littéraire de la Congrégation de Saint-Maur, Ordre de S. Benoît, où l'on trouve la vie et les travaux des auteurs qu'elle a produits depuis son origine en 1618, jusqu'à présent*, Bruxelles, 1770, p. 683–690. Dom François l'a insérée dans sa *Bibliothèque générale des écrivains de l'Ordre de saint Benoît*, vol. II, Bouillon, 1777, p. 205–210. Quelques données complémentaires ont été recueillies par Dom Ursmer Berlière, *Nouveau supplément à l'histoire littéraire de la Congrégation de Saint-Maur*, tome II, Gembloux, 1931, p. 65–69.

9 Montfaucon écrit indifféremment «De Saint Germain des Prez» ou «Notre cabinet» pour signaler les objets du cabinet des antiques de l'abbaye reproduits dans *L'antiquité expliquée* (Paris, 1719) ou dans son *Supplément* (Paris, 1724).

10 *Du dieu Pactole, ibid.*, p. 325–327.

11 Seule la notice du catalogue *Chefs-d'œuvre romans des musées de Province* donne la hauteur exacte du bronze de Besançon: 16 cm (contre 17 cm selon Castan et 13 cm selon Swarzenski). Mais le *Pactole* mesure 8 cm sur la gravure de *l'Explication*, pl. X,2 et la statuette de Saint-Germain aurait été deux fois plus petite que celle de Besançon s'il fallait se fier aveuglément à cette affirmation de Dom Martin: «L'original est de bronze, et de la même grandeur et hauteur que le dessein» (p. 325). Toutefois, la réduction à demi-grandeur des dessins pour les besoins de la composition est un fait trop fréquent pour que cette différence du simple au double puisse paraître inquiétante. J'ai recherché, mais en vain, le dessin préparatoire à la gravure du *Pactole* parmi les brouillons de Jacques Martin passés à la Bibliothèque nationale de Paris. Les seuls dessins conservés se rapportent à l'*Histoire des Gaulois* qui fut achevée par Dom Jean-François de Brézillac, neveu et collaborateur de l'auteur (Ms. Français 17 503 à 17 510).

12 La statuette de Besançon conserve, comme au temps de Dom Jacques Martin, des traces de dorure plus importantes dans les parties finement incisées de la chevelure, de la barbe et du flot jailli de l'urne.

13 Le pillage paraît avoir été plus préjudiciable aux collections que l'incendie. Grâce au zèle de Dom Poirier, la plupart des manuscrits furent sauvés; en 1795 et 1796, ils étaient versés à la Bibliothèque nationale (Léopold Delisle, *Le cabinet des manuscrits de la Bibliothèque nationale*, tome II, Paris, 1874, p. 49). Mais les objets provenant du cabinet des antiques et du cabinet d'histoire naturelle ne purent être recueillis qu'en très petit nombre. Sur les versements successifs faits entre les mains d'Alexandre Lenoir, cf. *Archives du Musée des monuments français*. II. *Documents déposés aux Archives nationales et provenant du Musée des monuments français*, Paris, 1886 (Inventaire général des richesses d'art de la France), n° CXLVII, p. 206–207; CXLIX, p. 207; CLI, p. 210–211. Lenoir, agissant

pour son propre compte, fit chercher dans les cendres et acheta, pour quinze francs, « deux vieilles crosses en cuivre, entièrement brûlées, dont une est entièrement tordue; un petit bas-relief gothique ayant servi de paix; une petite tête de Diane, fragment d'une statue et quelques médailles tellement informes qu'elles n'avaient d'autre valeur que le poids du cuivre » *(Ibid.*, p. 207, note 1; cf. Louis Courajod, *Alexandre Lenoir, son journal et le Musée des monuments français*, tome I, Paris, 1878, p. 64–65; Omont, *Op. cit.*, p. 335). Mme Gaborit me signale en outre que le Catalogue de la vente Lenoir donne comme provenant d'une châsse du douzième siècle qui périt dans l'incendie une statuette de Dieu le Père en bronze émaillé.

14 Omont n'a pu dater le *Catalogue* autographe du Ms. nouv. acq. fr. 2614. La première rédaction de ce manuscrit pourrait être légèrement antérieure à 1719, car l'ordre des planches du tome I,1 de *L'antiquité expliquée* a déterminé celui des premiers numéros d'inventaire, tandis que cette concordance ne s'observe plus dans la suite du *Catalogue*. Mais Montfaucon a incorporé à l'inventaire des objets entrés plus tardivement au cabinet. Malheureusement, une seule de ces notes additionelles est datée (Ms. nouv. acq. fr. 2614, fol. 4 v° = Omont, n° 44): « Isis de prés d'un pied et demi de haut, qui porte l'épervier sur la tête, qui m'a été donnée par feu Mgr. le duc de Bouillon; ceci fut écrit le 7 juin 1733 ». Montfaucon présenta cette *Isis* à l'Académie des Inscriptions en 1739: voir *Histoire de l'Académie des Inscriptions et Belles-Lettres, avec les mémoires de littérature tirez des registres de cette académie* . . . , tome XIV, Paris, 1743, p. 7–13.

15 Dom Tassin déplorait l'absence de modération de Jacques Martin et son goût pour la polémique: cf. *Histoire littéraire de la Congrégation de Saint-Maur*, Bruxelles, 1770, p. 684: « Il vint à bout d'obtenir une place dans l'abbaye de Saint-Germain des Prés. Il s'y fit connaître pour un homme singulier, bouillant, et d'une imagination vive à l'excès. Son caractère se manifeste quelquefois dans ses ouvrages ».

16 Souvent signalée (cf. dernièrement encore Olivier Beigbeder, *Les ivoires*, Paris, 1966, p. 59), l'erreur la plus surprenante de Montfaucon concerne l'objet inscrit au *Catalogue* sous la rubrique « Tabletes antiques d'yvoire » (Ms. nouv. acq. fr. 2614, fol. 1 v° = Omont, n° 219). La reproduction publiée dans *L'antiquité expliquée*, tome III, 2, Paris, 1719, pl. CXCIV, prouve qu'il s'agissait en fait de tablettes à écrire du XIVème siècle. Les sujets courtois gravés sur la première et la dernière feuille – Aristote et Virgile y apparaissent en « prisonniers d'Amour » – semblaient au Bénédictin des « bas-reliefs d'un goût barbare » *(Ibid.*, p. 356). Au moins un autre objet du cabinet décrit au *Catalogue* était, selon moi, médiéval: c'est la « Vesta ou Vestale de belle forme d'environ trois pouces de haut en bronze » (Ms. nouv. acq. fr. 2614, fol. 3 r° = Omont, n° 4). La gravure insérée dans *L'antiquité expliquée*, tome I, 1, Paris 1719, pl. XXVI, 14, autorise à penser que cette myrrhophore est une Sainte Femme. Curieusement, Montfaucon notait que « La Vesta ou Vestale suivante . . . est vêtue comme une religieuse . . . elle a une ceinture sur sa tunique, un grand voile la couvre de tous côtez, on ne peut voir d'habit plus modeste » *(Ibid.*, p. 62).

17 Cf. l'étude pénétrante de Jacques Vanuxem, *The Theories of Mabillon and Montfaucon on French Sculpture of the Twelfth Century*, in *Journal of the Warburg and Courtauld Institutes*, XX (1957), p. 45–58.

Rudolf Wesenberg

Ein Weihwassereimer aus den Werkstätten der Benediktinerabtei Werden

Im Kölner Schnütgen-Museum befindet sich ein in Bronze gegossenes Gefäß, das wohl mit Recht als Weihwassereimer angesehen wird *(Abb. 1)*. Es ist im Museumsinventar unter H 89 mit dem Vermerk »Westfalen um 1200« verzeichnet und von F. Witte mit der gleichen Lokalisierung und der Datierung in den Anfang des 13. Jahrhunderts in sein Werk »Die liturgischen Geräte in der Sammlung Schnütgen« aufgenommen worden[1]. Der Eimer ist 15,3 cm hoch, hat oben einen Durchmesser von 18 cm und unten einen solchen von 12,6 cm. Der Gefäßkörper ist neunseitig, die oberen und unteren, durch gravierte Striche eingefaßten Ränder von ca. 1,6 cm bzw. 1,3 cm Breite sind rund. Während der obere Rand mit einer einfachen Kreuzschraffur versehen ist, besteht die Grundform der Gravur des unteren aus einem Viereck, dessen Seiten durch einen senkrecht zu ihnen verlaufenden kürzeren Strich geteilt sind. Der obere Rand zeigt zwei über ihn nach oben und außen herausragende, mit dem Eimer in einem Stück gegossene Löwenköpfe von ca. 2,4 cm Höhe, die mit ihren hohlen Rückseiten als Gelenkpfannen für die verdickten Enden des eisernen Henkels dienen *(Abb. 5)*. Ob letzterer mit dem Bronzeeimer gleichzeitig entstanden ist, ist nicht mit Sicherheit zu sagen, jedoch nicht auszuschließen, da das sprödere Material des Eisens für eine Aufhängung biegungsfester als Bronze ist. So hat auch der wohl etwas jüngere, unter H 90 im Inventar des Museums verzeichnete, 17 cm hohe Bronzeeimer mit rundem Gefäßkörper einen eisernen Bügel, ebenfalls der nach Größe und Form etwa vergleichbare zehnseitige spätromanische Bronzeeimer mit Blattornamenten in der kath. Pfarrkirche von Eller[2].

Der im Auswahlkatalog des Schnütgen-Museums vermerkten landschaftlichen Zuordnung der Entstehung des Eimers in das Rhein-Maas-Gebiet und der Datierung in die zweite Hälfte des 11. Jahrhunderts kann im großen ganzen zugestimmt werden[3]. Darüber hinaus sei der Versuch gestattet, zu einer näheren Bestimmung zu gelangen. Die Vermutungen, daß es in der alten Benediktinerabtei Werden im 11. Jahrhundert vielseitig arbeitende Werkstätten gegeben habe[4], hat sich durch die Forschung des letzten Jahrzehnts zur Gewißheit verdichtet[5]. Ihre Erzeugnisse werden in der heutigen kath. Propsteikirche von Essen-Werden selbst[6], in der Essener Domkirche, der ehemaligen Damenstiftskirche mit ihrem umfangreichen Schatz[7], im Schnütgen-Museum

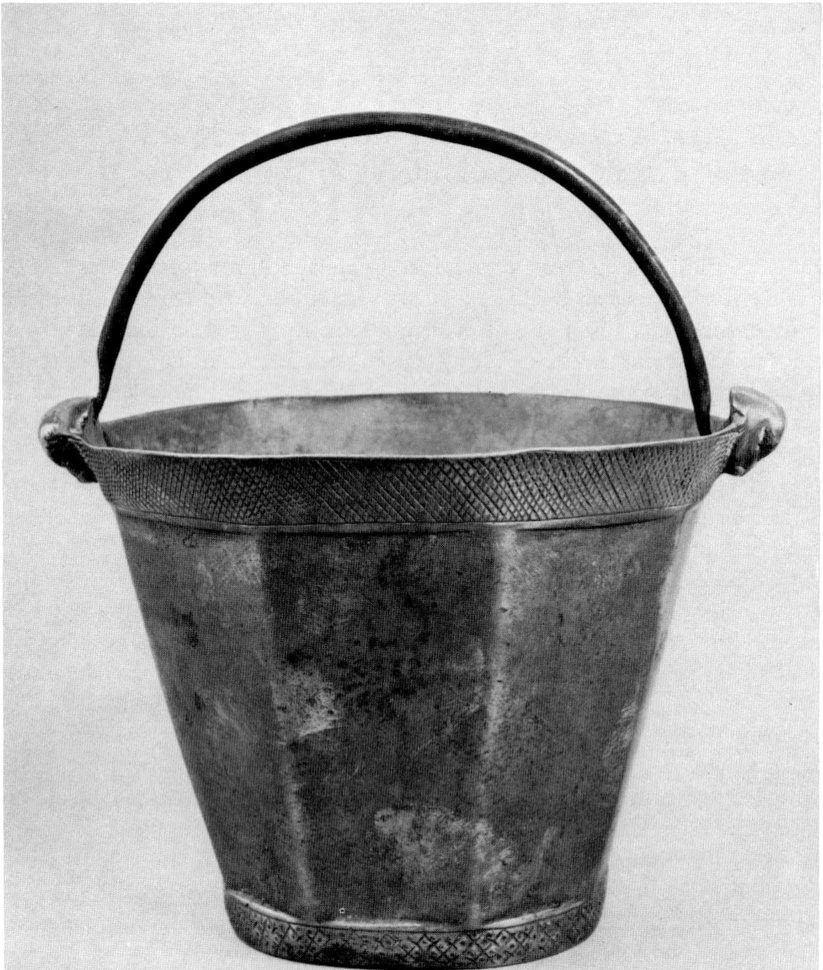

Abb. 1 Weihwassereimer. Köln, Schnütgen-Museum

in Köln[8] und im Museum des Kreises Beckum im Abteigebäude des ehemaligen Klosters Liesborn[9] aufbewahrt, Handschriften mit Illustrationen in der Staatsbibliothek (Preußischer Kulturbesitz) in Berlin[10] und im Domschatz zu Essen[11]. Neben Buchmalerei, Treibarbeiten, Goldschmiedekunst, Skulpturen in Stein und Holz tritt besonders der Metallguß hervor, außer Silber-

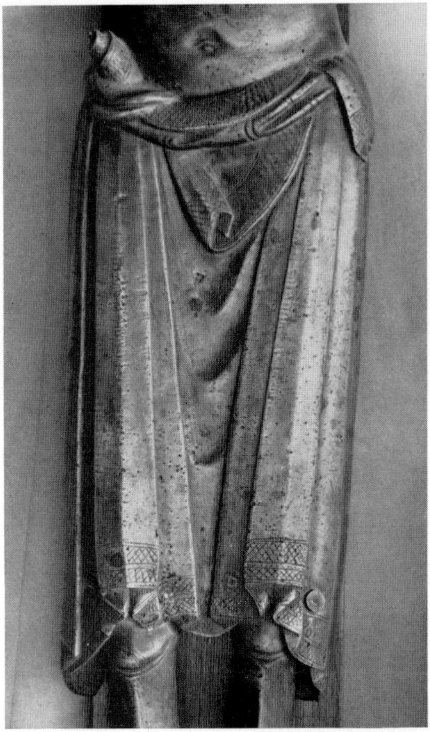

Abb. 2 Bronzekruzifixus, Ausschnitt. Essen-Werden, kath. Propsteikirche

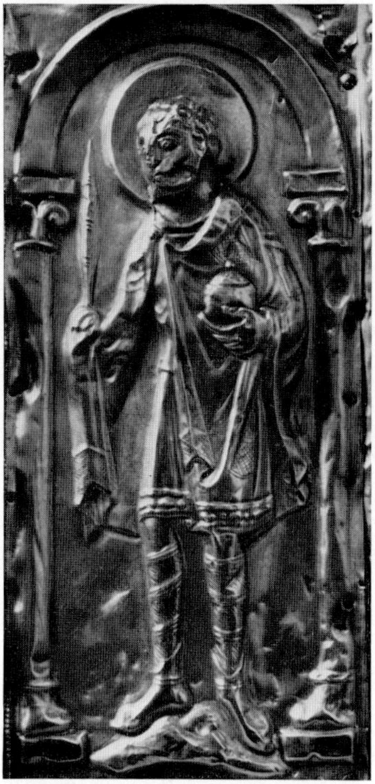

Abb. 3 Damian vom Buchdeckel des Theophanu-Evangeliars. Essen, Domschatz

guß – der Kruzifixus des sog. Zweiten Mathildenkreuzes[12] – vor allem Bronzeguß. Metallarbeiten, besonders solche größeren Ausmaßes, wie der berühmte Werdener Bronzekruzifixus, setzen entsprechende Quellen von Rohstoffen und deren Verhüttung in nicht allzu großer Entfernung von den Werkstätten voraus. Wie der Bergbau am Rammelsberg bei Goslar den Hildesheimer Metallguß in Silber und Bronze ermöglichte[13], so bot sich den Werkstätten der über der Ruhr gelegenen Benediktinerabtei Werden das Rohmaterial in naher Umgebung dar. Das Kloster war – wenn auch jüngeren Quellen zufolge – selbst im Besitz von Berggerechtsamen[14].

Beziehungen des eingangs beschriebenen Weihwassereimers zu Werken der Werdener Schule lassen es möglich erscheinen, daß auch er aus ihr hervorgegangen ist. Farbe und Oberflächenstruktur des Materials sind mit dem großen Werdener Bronzekruzifixus verwandt *(Abb. 2)*, die Grate zwischen den neun Seiten des Gefäßkörpers im Charakter denen der Lendentuchfalten über seinen Oberschenkeln eng verbunden. Die Kreuzschraffur am oberen Rand des Eimers kehrt sowohl an den Säumen des Kruzifixus als auch an Gewandsäumen getriebener Figuren auf dem Buchdeckel des Theophanu-Evangeliars wieder, wie es neben anderen die Gestalt des Damian erkennen läßt *(Abb. 3)*. Vor allem aber sind es die beiden Löwenköpfe *(Abb. 5)*, in deren rückwärtigen Hohlräumen die Enden des eisernen Bügels befestigt sind, die einen stilistischen Vergleich mit solchen der westlichen Kapitelle in der Werdener Außenkrypta ermöglichen *(Abb. 6)*. Die wulstartige Behandlung der Stirnpartien ist für eine Anzahl menschlicher Köpfe der Werdener Skulptur charakteristisch, so für die Gesichtsmasken der gleichen Kapitelle, für den großen Werdener Bronzekruzifixus[15] und den Kopf des Diestedder Holzkruzifixus im Museum des Kreises Beckum im Abteigebäude von Liesborn[16]. Ferner lassen die langen Nasen mit den von den Nüstern ausgehenden, besonders ausgeprägten Wülsten der Löwenmäuler eine weitgehende Verwandtschaft mit den Löwenköpfen der Werdener Kapitelle erkennen. Die Augen der Löwenköpfe des Weihwassereimers mit ihren Lidrändern und Pupillenbohrungen entsprechen im Charakter nicht nur denen der Löwenköpfe an den Kapitellen, sondern auch denen am Kopf des kleinen Bronzekruzifixus im Schnütgen-Museum *(Abb. 4)*, dessen Herkunft aus den Werdener Werkstätten durch seine stilisti-

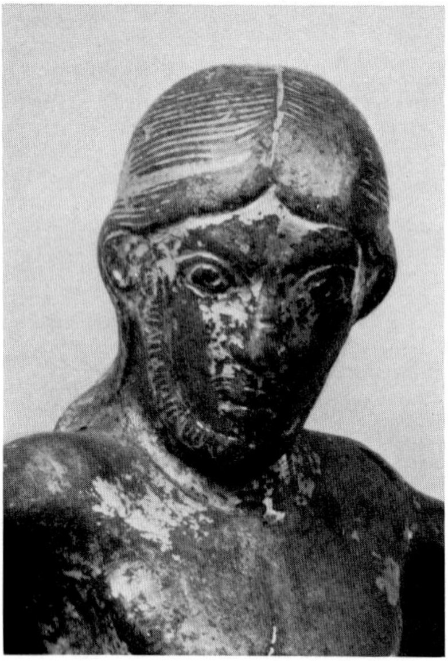

Abb. 4 Kopf eines Bronzekruzifixus.
Köln, Schnütgen-Museum

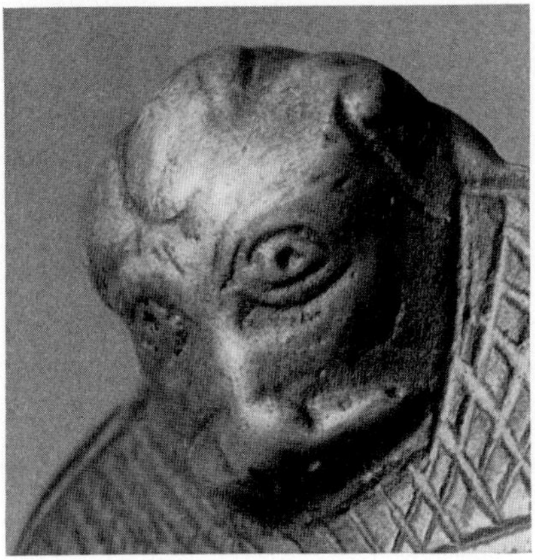

Abb. 5 Löwenkopf eines Weihwassereimers. Köln, Schnütgen-Museum (stark vergrößert)

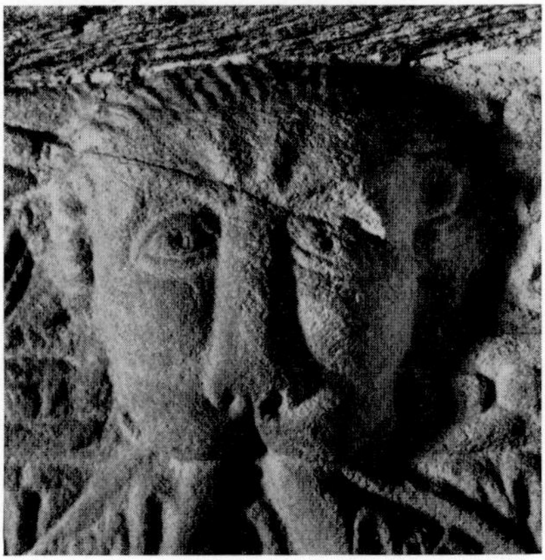

Abb. 6 Löwenkopf an einem Kapitell der Liudgeridenkrypta. Essen-Werden, kath. Propsteikirche

schen Beziehungen zu am Ort vorhandenen Werken so gut wie sicher nachweisbar ist[17]. Nach all' dem gewinnt auch die Herkunft des Weihwassereimers aus den Werkstätten der Werdener Benediktinerabtei an Wahrscheinlichkeit. Seine Erwerbung aus westfälischem Kunsthandel, die F. Witte überliefert[18], spricht eher für als gegen eine Lokalisierung nach Werden.

Die herangezogenen Werke der Werdener Schule geben auch einen Anhalt für die zeitliche Einordnung des Bronzeeimers. Die Entstehung des Buchdeckels vom Evangeliar der Theophanu muß in die Regierungszeit der Essener Äbtissin fallen, zwischen 1039 und 1058[19], die Entstehung der Masken der westlichen Kapitelle in der Werdener Außenkrypta kann ziemlich genau auf das Jahr 1058 festgelegt werden, da die Weihe der wiederaufgebauten Krypta am 21. Januar 1059 erfolgte[20], der große Werdener Bronzekruzifixus ist um 1060 gegossen worden[21], der kleine Bronzekruzifixus aus dem Schnütgen-Museum wohl etwas früher[22]. In dieser fruchtbaren Schaffensperiode der Werdener Werkstätten dürfte auch der bronzene Weihwassereimer des Kölner Schnütgen-Museums entstanden sein.

Es stellt sich mehr und mehr heraus, daß die Werkstätten der Benediktinerabtei Werden mit der Vielseitigkeit und dem Umfang ihres Schaffens den älteren unter Bischof Bernward (993–1022) in Hildesheim vergleichbar sind. Die Beziehungen des Essener Damenstiftes, besonders der kunstsinnigen Essener Äbtissin Theophanu (1039–1058), Schwester des Kölner Erzbischofs Herimann (1036–1056), beide aus dem Hause der Ezzonen[23] und durch ihre Mutter Mathilde, Tochter Ottos II., mit dem Kaiserhause eng verwandt, zur benachbarten alten Abtei Werden[24] unter den Äbten Gerold (1030–1050) und Gero (1050–1063) haben zur Blüte der dortigen Werkstätten gewiß wesentlich beigetragen. Metallarbeiten gehören auf Grund der Rohstoffvoraussetzungen zu deren charakteristischen Erzeugnissen.

Anmerkungen

1 Berlin 1913, S. 84, Taf. 49, Nr. 2.

2 Die Kunstdenkmäler des Landkreises Cochem, bearbeitet von E. Wackenroder, Teil 1, 1959, S. 329, Abb. 229. – H. 17 cm.

3 Das Schnütgen-Museum, eine Auswahl, (4) 1968, Nr. 31.

4 Für den Bronzeguß glaubte schon H. Creutz Hinweise auf eine Werdener Werkstätte zu haben: Ztschr. f. christl. Kunst XXV, 1912, Spalten 41–44.

5 R. Wesenberg, Der Werdener Bronzekruzifixus und eine Essen-Werdener Schule des 11. Jahrhunderts, Bewahren und Gestalten, Festschrift für Günther Grundmann, Hamburg 1962, S. 157–163; ders., Ein kleiner Bronzekruzifixus aus den Werkstätten der ehemaligen Benediktinerabtei Werden, Miscellanea pro Arte, Festschrift für Hermann Schnitzler, Düsseldorf 1965, S. 132–143; ders., Ein Werdener Kruzifixus aus der Abtei Liesborn, Unsere Heimat Kreis Beckum, 1971, S. 57–63; ders., Frühe mittelalterliche Bildwerke, Die Schulen rheinischer Skulptur und ihre Ausstrahlung, Düsseldorf 1972, S. 54–62 u. Katalog-Nr. 18–26. Im folgenden zitiert als R. Wesenberg, Bildwerke.

6 Steinreliefs: R. Wesenberg, Bildwerke S. 54–58, Katalog-Nr. 18–19; Masken der westlichen Kapitelle in der Außenkrypta: ders. a. a. O., S. 58, Katalog-Nr. 20; der große Bronzekruzifixus: ders. a. a. O., S. 59–60, Katalog-Nr. 22.

7 Der silbergegossene Kruzifixus des sog. Zweiten Mathildenkreuzes: R. Wesenberg, Bildwerke S. 60, Katalog-Nr. 23; Deckel des Theophanu-Evangeliars: Das Erste Jahrtausend, Kultur und Kunst im werdenden Abendland an Rhein und Ruhr, Tafelband, bearbeitet von V. H. Elbern, Düsseldorf 1962, Nr. 382/383; Vortragekreuz der Äbtissin Theophanu: ebd. Nr. 379.

8 Zwei kleine Bronzekruzifixe: R. Wesenberg, Bildwerke S. 60, Katalog-Nr. 24–25.

9 Kopf eines Holzkruzifixus: R. Wesenberg, Bildwerke S. 60–62, Katalog-Nr. 26.

10 MS theol. lat. fol. 323: H. Schrade, Die vita des heiligen Liudger und ihre Bilder, Westfalen, 14. Sonderheft, Münster i. Westf. 1960; MS theol. lat. fol. 358, Psalter aus Werden: jüngst die unveröffentlichte Bonner Diss. von R. Kahsnitz, Der Werdener Psalter und verwandte Handschriften aus Essen und Werden, 1971.

11 Evangeliar der Äbtissin Theophanu: Das Erste Jahrtausend, Tafelband, Düsseldorf 1962, Nr. 384/385.

12 R. Wesenberg, Bildwerke S. 60, Katalog-Nr. 23.

13 R. Wesenberg, Bernwardinische Plastik, Berlin 1955, S. 13.

14 R. Wesenberg, Ein kleiner Bronzekruzifixus aus den Werkstätten der ehemaligen Benediktinerabtei Werden, Miscellanea pro Arte, Festschrift für Hermann Schnitzler, Düsseldorf 1965, S. 142.

15 R. Wesenberg, Bildwerke Abb. 160.

16 Ebd. Abb. 165.

17 Ebd. S. 60, Katalog-Nr. 24.

18 F. Witte, Die liturgischen Geräte der Sammlung Schnütgen in Cöln, Berlin 1913, S. 108.

19 Lokalisierung des Evangeliars und des Buchdeckels bei H. Schnitzler, Rheinische Schatzkammer, Düsseldorf 1957, Nr. 42: »Essen (?)«, Das Erste Jahrtausend, Tafelband, Düsseldorf 1962, Nr. 382/385: »westdeutsch«. Man muß aber wohl auf Grund der stilistischen Beziehungen des Buchdeckels zum Werdener Psalter und zu der Werdener Steinskulptur an Werden als Entstehungsort denken. H. Schnitzlers Lokalisierung nach Essen kann auf Werden bezogen werden, da Werkstätten eher in einem Benediktiner-Männerkloster als in einem vornehmen adeligen Damenstift zu suchen sind.

20 Regesten der Erzbischöfe von Köln im Mittelalter I, bearbeitet von F. W. Oediger, Bonn 1954–1961, Nr. 868.

21 F. Rademacher, Der Werdener Bronzekruzifixus, Ztschr. d. Deutschen Vereins f. Kunstwissenschaft VIII, 1941, S. 141–158; H. Schnitzler, Rheinische Schatzkammer, Düsseldorf 1957, Nr. 52; Das Erste Jahrtausend, Tafelband, Düsseldorf 1962, Nr. 390/391; R. Wesenberg, Bildwerke S. 59–60.

22 R. Wesenberg, Ein kleiner Bronzekruzifixus aus den Werkstätten der ehemaligen Benediktinerabtei Werden, Miscellanea pro Arte, Festschrift für Hermann Schnitzler, Düsseldorf 1965, S. 132–143.

23 Die Bedeutung dieses Geschlechtes wird klar, wenn man sich vergegenwärtigt, daß alle übrigen aus der Ehe Ezzos, des lothringischen Pfalzgrafen, mit der Kaisertochter Mathilde hervorgegangenen Kinder, also die Geschwister von Herimann und Theophanu, in bedeutende Positionen gelangt sind: Richeza, Gemahlin des Königs von Polen, Ida, Äbtissin von St. Maria im Kapitol zu Köln, Adelheid, Äbtissin des Stiftes Nivelles, Mathilde, Äbtissin von Dietkirchen und Vilich, Heylewig, Äbtissin von St. Quirin in Neuss, Theophanu, außer in Essen auch Äbtissin des Stiftes in Gerresheim, Sophia, Äbtissin von Gandersheim und St. Maria in Mainz, Otto, Nachfolger seines Vaters Pfalzgraf, seit 1045 Herzog von Schwaben, und Ludolf, Vogt von Brauweiler.

24 Werden ist heute ein Stadtteil von Essen.

William D. Wixom

A Lion Aquamanile in Cleveland

Among the several groupings of lion aquamanile published by Otto von Falke and Erich Meyer[1] is an especially close knit group assigned to a particular workshop assumed by these authors to have been active in Hildesheim in the second half of the thirteenth century. The principal basis for the localization is a lion candelabra in the Hildesheim Cathedral *(Fig. 1)*.[2] Two aquamanile, one in the Carrand collection in the Bargello and the other in the Roseliushaus in Bremen, are closely related to it. Several other weaker versions of the particular type seem to follow out of this group *(Fig. 2)*.[3]
The appearance of the lion aquamanile from the Josephus Jitta and Hermann Schwartz collections and recently acquired by the Cleveland Museum of Art *(Figs. 3–5)*[4] now augments the principal group of the Hildesheim lion candelabra, the Bremen and Bargello lion aquamanile. The association of this fourth

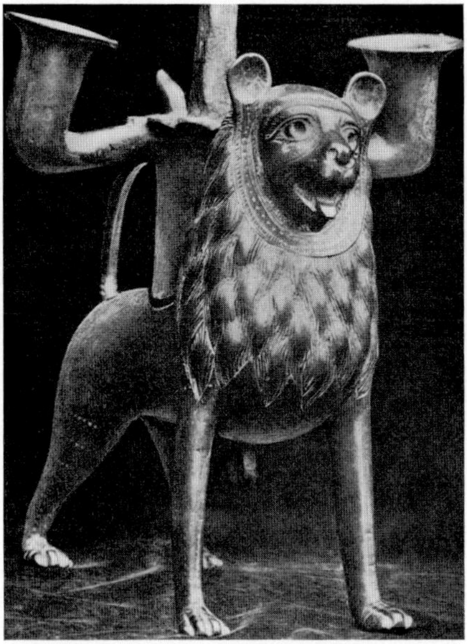

Fig. 1 Lion Candelabra, bronze.
Hildesheim Cathedral

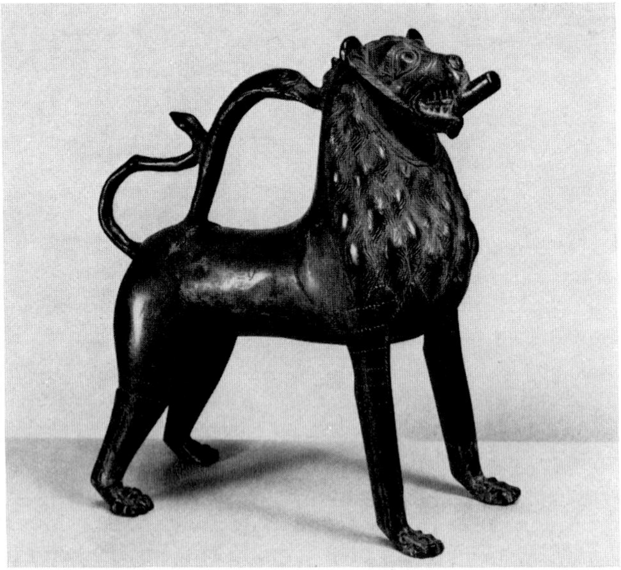

Fig. 2 Lion Aquamanile, bronze. Märkisches Museum, Berlin

lion with this group and the workshop they represent was first made by Meyer when he wrote to Jitta on April 30, 1966.

Meyer's letter attests to the authenticity of this aquamanile as a medieval *cire perdue* bronze casting. He cites the existence of a series of thorn shaped core-holders visible in the interior when viewed through the aperture at the top of the head. These core-holders may also be seen more clearly and in their entire number with the help of X-ray photography which will be published in a full technical report, now in process, being prepared by Professor Donald F. Gibbons of Case Western Reserve University.[5] X-rays also revealed a rectangular hole, later filled, centered in the chest. As suggested by Gibbons in the case of a riderless yet saddled horse aquamanile also in the Cleveland Museum of Art,[6] this hole may have been caused by the positioning of a metal armature intended to temporarily hold the core while the wax original was being modeled. This rectangular hole not only resulted from the presence and removal of the armature but also was, like the aperture at the top of the head, an exit for the removal of the core itself after casting. The interior contains a movable, amorphous mass, partly of lead, which may be explained by technical examination now in process. The exterior surface of the aquamanile is largely covered by a black lacquer patina, also noted by Meyer, which dates from a later period perhaps from the Renaissance whose patinas it most closely resem-

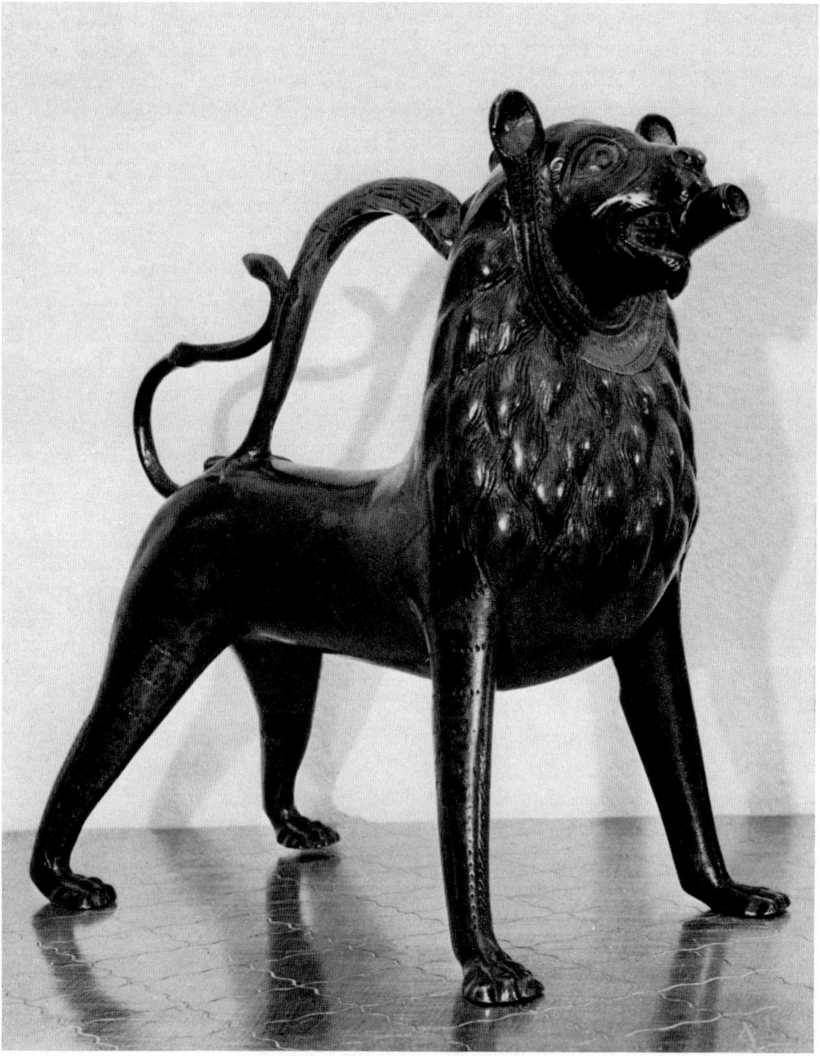

Fig. 3 Lion Aquamanile, bronze. The Cleveland Museum of Art, Cleveland, gift of Mrs. Chester D. Tripp

bles. A brown natural patina is visible where this lacquer is worn away. The most exposed surfaces of the dragon handle and of the lion's tail show evidence of wear, and the diffusion of the linear surface details is notable, suggesting long usage.

Like the three lions singled out by von Falke and Meyer, the Cleveland lion has a certain leonine elegance recalling the enigmatic lion of Duke Henry set up in Brunswick in 1166. They have an almost leopard-like slimness, and they lack the stocky proportions of many other early aquamanile. The curious collar which frames the head of the Cleveland lion is similar to those of the other three in its use of concentric bands, decorated with parallel hatchings. This collar, as in the other lions of the group, extends downward from the round cup-like ears and encircles the chin extended slightly by a small goatee. The long legs of the Cleveland lion are engraved in a characteristic way with roughly horizontal rows of hatchings extending upward to the shoulders on the front legs and to just below the hindquarters of the back legs. The hatchings on the lower parts of both front and back legs are vertically oriented suggesting in a vague way the sinews and bone structure in these parts. The thin tail – knotted in the middle and tufted at the end –, the dragon handle, and the lion's snout are each engraved with the usual hatchings and dots. The dragon handle ends just above the haunches and before the tail with an especially well-modeled foliate palmette *(Fig. 5)*. The lion's eyes are lozenge or almond shape with double edging, the upper brow accentuated by parallel hatchings. The mane is rendered in regular falling locks, smooth on the outer surfaces and linear in the interstices. This enriched surface continues only part of the way around the neck and terminates just below and behind the ears. In all of these various details as well as in the overall aspects, the Cleveland lion is very similar to the other three lions of the von Falke-Meyer group. The Cleveland work is as fine as the finest of these – the Bremen aquamanile – especially admired by von Falke and Meyer. Indeed Meyer, in his letter, especially related the lion now in Cleveland to this particular example.

Meyer and Erica Cruikshank Dodd, in more detail, have indicated the probable Islamic origins for particular subjects and details continued in Western or European aquamanile.[7] The lion subject, of particular interest here, certainly seems to have such an ancestry as does also the use of elongated animals for handles found in so many European aquamanile. Interesting and valuable as these suggested connections may be, such observations are not much help in the search for the location of our workshop in western Europe and in the dating of its productions.

Von Falke and Meyer suggest that our workshop was at Hildesheim not only on account of the lion candlestick in the Cathedral there *(Fig. 1)* but also on account of their assumed dependence upon a presumedly earlier series of aquamanile of a stocky sort, but otherwise similar, which seem to derive in certain stylistic matters from the Baptismal fonts in the Cathedrals at Hildesheim and at Osnabrück. The best example of this series is an aquamanile in the Victoria and Albert Museum.[8]

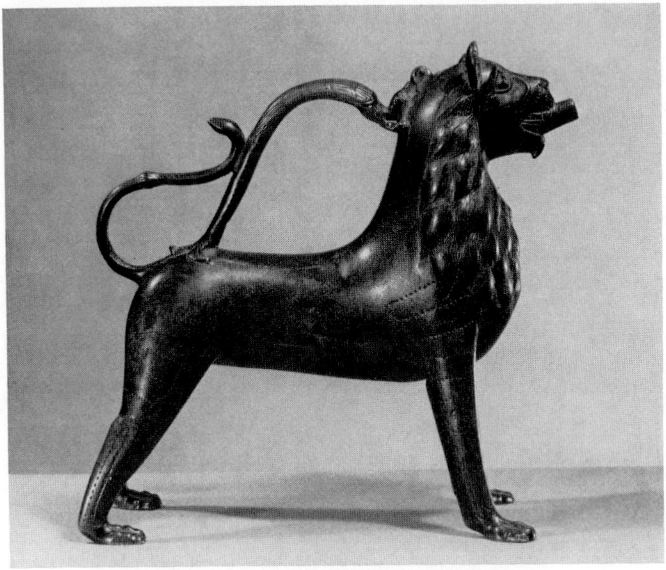

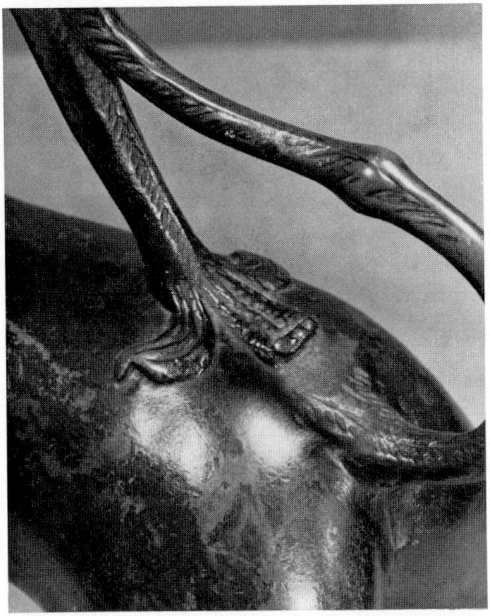

Fig. 4,5 Lion Aquamanile, bronze. The Cleveland Museum of Art, Cleveland, gift of Mrs. Chester D. Tripp

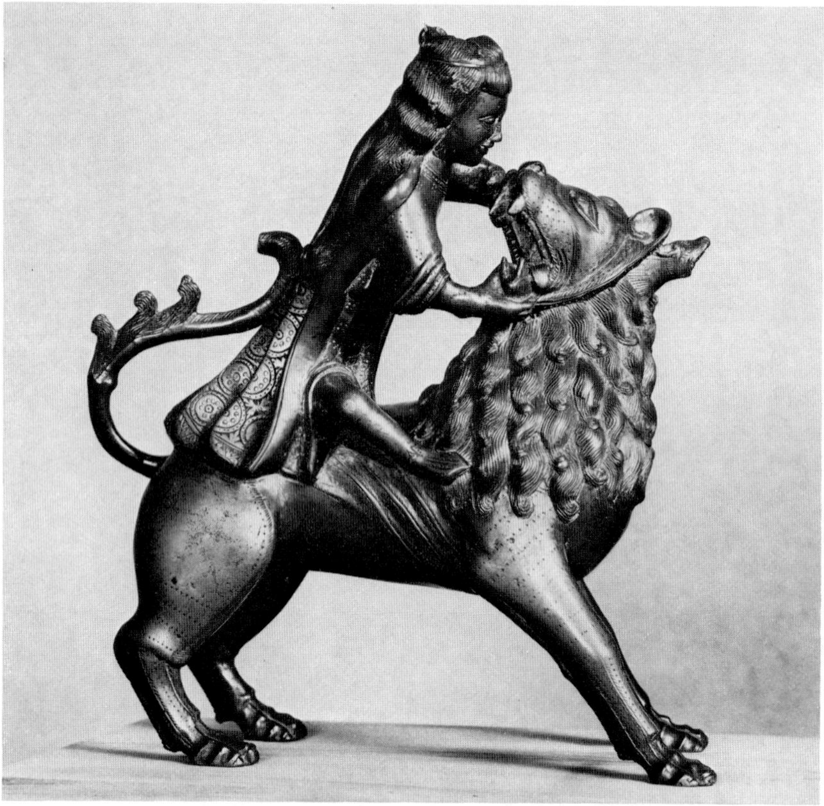

Fig. 6 Samson and the Lion, bronze. Boston Museum of Fine Arts, Benjamin Shelton Fund

The fonts have been reasonably dated around 1220 and 1235 respectively, because of the information we have on the donor Wilbernus.[9] However, we don't know for sure where these fonts were made; they could have been imported from one of the major workshops, in Lorraine. Stylistic similarities in the treatment draperies, the human figure, and physiognomic types recall certain elements to be found in the roughly contemporary stone sculptures associated with the Samson Master at Maria Laach and elsewhere.[10] Tenuous as such comparisons may seem because of the difference of materials and scale, we find a tentative confirmation in the incomparable Boston Samson aquamanile which has been independently attributed by Georg Swarzenski to a Lorraine workshop *(Fig. 6)*.[11] The similarities between the Samson aquamanile and the fonts, in the treatment of decorative details, physiognomic

type, hair, and drapery – emphasized in the successive plates in Hanns Swarzenski's book – are the same features which underscore a possible relationship to the works of the stone sculptor called the Samson Master.[12]
The Boston aquamanile, while being similar to our group of lion aquamanile as indicated by von Falke and Meyer, is far more dynamic in movement and has greater subtlety of formal expression. Rather than following our series in date as suggested by von Falke and Meyer,[13] it might just as plausibly be considered as preceding them in time and in fact be representative of the kind of model from Lorraine available to the Hildesheim bronze workers. Similarly the fonts of Hildesheim and Osnabrück may also derive from Lorraine if not as actual imports then as the work of a master originally from that area who shared many sculptural interests with the Samson Master of Maria Laach.
The series of lesser lion aquamanile which seem to continue out of our Hildesheim workshop emphasizes an aesthetic or qualitative progression from the presumed Lorraine works of the 1220's and 1230's *(Fig. 6)*, the best of two generations of Hildesheim bronzes – the Lion aquamanile in the Victoria and Albert and the Bremen and Cleveland examples – to the successively weaker variants which seem to follow. This progression would tend to support a refinement of von Falke and Meyer's dating of our particular group of four lions to the first part of the second half of the thirteenth century, even possibly mid-thirteenth century in relation to a presumed impact of the fonts on the Hildesheim workshops when they were set up. This sequence, if correct, provides additional evidence for Meyer's observation of a "close dependence of Saxon bronze utensils on those Lorraine."[14]
Just as a postscript one should note that the lion aquamanile from the Jitta and Schwartz collections represents a fine example of a type and workshop hitherto not represented in American public collections. In this sense it parallels an earlier acquisition, also for Cleveland, of a riderless but saddled horse, a North German work of circa 1300 formerly in the Castiglione collection and also unique to American museums.[15] Yet of even greater importance, one may observe that the superb Boston Samson aquamanile, probably a Lorraine work, now has a Lower Saxon offspring so to speak in Cleveland.

Notes

1 Otto von Falke and Erich Meyer, *Romanische Leuchter und Gefäße, Gießgefäße der Gotik* (Berlin, 1935), p. 71, cat. nos. 442–445 and figs. 415, 416, 419, and 420 respectively.
2 *Ibid.*, fig. 417.
3 *Ibid.*, cat. no. 444, fig. 419. See also cat. nos. 445, 446, 449, 450, 451, figs. 420–424.

4 The Cleveland Museum of Art, Gift of Mrs. Chester D. Tripp in honor of Chester D. Tripp, acc. no. 72.167: *Lion Aquamanile.* Bronze, H. 26.2 cm., W. 15 cm., L. 30.2 cm. Ex colls.: Josephus Jitta, Heiloo (1919–1966); Hermann Schwartz, Mönchengladbach-Hardt (1966–1972).

5 This will be comparable to the report by Donald F. Gibbons and Katherine C. Ruhl published as an appendix to William D. Wixom, "Twelve Additions to the Medieval Treasury," *The Bulletin of the Cleveland Museum of Art*, LIX, no. 4 (April 1972), pp. 101–103a.

6 *Ibid.*, p. 103, fig. 37; von Falke and Meyer, p. 86, cat. no. 560, fig. 514.

7 Erich Meyer, "Romanische Bronzen und ihre islamischen Vorbilder," *Aus der Welt der islamischen Kunst, Festschrift für Ernst Kühnel* (Berlin, 1959), pp. 317–322; Erica Cruikshank Dodd, "On the Origins of Medieval *Dinanderie*: The Equestrian Statue in Islam," *Art Bulletin*, LI, no. 3 (September 1969), pp. 220–232.

8 Von Falke and Meyer, p. 70, cat. no. 436, fig. 408.

9 *Ibid.*, p. 70, figs. 247, 248, 283, 284, 286.

10 Florens Deuchler, ed., *The Year 1200, II, A Background Survey* (New York 1970), pls. 76 and 77 of Samson and the Lion at Maria Laach by the Samson Master juxtaposed with a detail of the head of Gibon from the Hildesheim Font. Compare also the draperies of the Annunciation Angel in the Schnütgen Museum and of the Tympanum Angels at Andernach with those of the angels of the Hildesheim Font. Similarly the Samson Master's Fidler and Dancer reliefs, both also in the Schnütgen Museum, embody the draped human figure in ways echoed in the Font as seen in the supporting figure of Physon and in the relief figure of John the Baptist. Compare Karl-August Wirth, "Beiträge zum Problem des Samsonmeisters," *Zeitschrift für Kunstgeschichte*, XX (1957), pp. 25–51, figs. 14–18 and von Falke and Meyer, figs. 248, 283, 286. Furthermore, the leaf work of the inhabited capitals associated with the Samson Master in Cologne, Bonn, and Maria Laach may be compared with the leaf work on the knob and around the busts at the top op the Font, see Wirth, figs. 8, 9, 10, 11 and Walter Bader, "Der Bildhauer des Laacher Samson," *Bonner Jahrbücher*, CXXXIII (1928), pp. 169 ff., figs. 3, 18, and von Falke and Meyer, fig. 409, and Erwin Panofsky, *Die deutsche Plastik des elften bis dreizehnten Jahrhunderts* (Munich 1924), II, pl. 47. The figures of a Writing Angel and Devil groups at the Münster in Bonn should also be compared with the crouching figures at the Font, *Rhein und Maas* (Cologne 1972), p. 336, cat. no. LII repr.

11 Georg Swarzenski, "Samson Killing the Lion, A Medieval Bronze Group," *Boston Museum Bulletin*, XXXVIII (October 1940), pp. 67–74.

12 Hanns Swarzenski, *Monuments of Romanesque Art* (Chicago 1954), pls. 234–237, figs. 549–556.

13 Von Falke and Meyer, p. 72, cat. no. 453, fig. 425.

14 Meyer, "A Romanesque Aquamanile in the Form of a Dragon," *Burlington Magazine*, XCII (April 1950), p. 104.

15 *Bulletin* of the Cleveland Museum of Art, LIX, no. 4 (April 1972), pp. 101–103 a, figs. 33–37.

Anton Legner

Die Grabfigur des Erzbischofs Konrad von Hochstaden im Kölner Dom

Das Bronzebildwerk des Konrad von Hochstaden gehört zu jenen großen Denkmälern der Kunst, die oftmals genannt, aber selten untersucht werden. Es steht isoliert in Stil und Zeit und entspricht in der Klassizität der Züge und in der Glätte der Oberfläche nicht dem allgemeinen Vorstellungsbild von gotischer Skulptur. Mit mehr oder weniger Bestimmtheit wird seine Herstellung einer niederländischen Bronzegießerei zugeschrieben, obgleich aus den Bronzewerkstätten des Maasgebiets oder des weiteren niederländischen Bereichs keine einzige ähnliche monumentale Grabfigur aus dieser Epoche bekanntgeworden ist. Wegen der technischen Perfektion und wegen der Einheitlichkeit des Oberflächenaussehens erhob sich die in der kunstgeschichtlichen Literatur schon öfters gestellte Frage, ob die Grabfigur nicht etwa gar einen um die Mitte des vergangenen Jahrhunderts erfolgten Neuguß aus dem ursprünglichen Material der 1803 schwer beschädigten Bronze darstelle. Diese entgegen der im Dom vorherrschenden Auffassung und entgegen der Quellenlage publizierter und unpublizierter Dokumente des öfteren vertretene Ansicht konnte sich in den Diskussionen seit jetzt zwei Jahren weder beweisen noch beweiskräftig widerlegen lassen. So beschloß man eines Tages zur Klärung der Angelegenheit die Bronzefigur von der Tumba mit erheblichem Aufwand abzuheben und umzudrehen, um ihre inwendige Beschaffenheit kennenzulernen. Dies geschah am 20. März 1973[1]. Wurden, so die diskutierte Alternative, die nach schriftlicher Überlieferung von Ludwig Michael Schwanthaler neu modellierten Stücke gesondert gegossen und an den erhalten gebliebenen originalen Teil angesetzt oder besteht die Figur, wie sie heute existiert, aus einem einzigen Stück ohne angesetzte Teile, was bedeutet hätte: Die stark beschädigte Bronzefigur wäre für ein neues Modell abgegossen worden; nach der Verbindung der neu modellierten Ergänzungen mit dem Modell und einer glättenden Überarbeitung des Ganzen hätte man sie dann eingeschmolzen und nach dem neuen Modell aus dem eingeschmolzenen Material einen neuen Hochstaden gegossen.

Als die Figur umgedreht war, zeigte sich, daß zwar die abgeschlossene Wette verloren, gleichzeitig man aber vieles neu gewonnen hatte. Nicht nur den Zugang zu einem einzigartigen Bildwerk der Gotik, dessen Erscheinungsbild eben durch seine besondere Klassizität bestimmt wird; auch Indizien für eine

Entstehungszeit um 1300 ließen sich aus dem inwendigen Stilbild erbringen; zudem eröffnete sich ein verblüffender Einblick in den kunsttechnischen Entstehungsprozeß einer monumentalen Bronzefigur der Zeit um 1300, vom Zustand des Modells bis zur ausgearbeiteten Oberfläche; des weiteren lieferte eine spektralanalytische Untersuchung die genaue Kenntnis der Legierungsbestandteile der mittelalterlichen Substanz und der sich angleichenden neuzeitlichen Teile; dann ergab sich die Erfahrung von der erstaunlichen Befähigung einer perfekten Bronzerestaurierung in einer Kunstgießerei des 19. Jahrhunderts, und schließlich entstanden die aufschlußreichen, hier veröffentlichten Aufnahmen des Rheinischen Bildarchivs, die die Bronzefigur außen und inwendig, im Ganzen und im Detail wiedergeben.
Vielleicht lohnt, diese Sachverhalte zu einem berühmten Denk- und Grabmal einer zentralen Gestalt der Kölner und der deutschen Geschichte mitzuteilen. Viele Monographien sind Konrad von Hochstaden gewidmet[2], der Tumba und seinem Bronzebild noch keine. Aber fast parallel zu diesem Exposé legt Herbert Rode seine gesammelten Beobachtungen und Erkenntnisse zur Rekonstruktion des Grabmals und zur Bronzefigur vor[3]. Um so willkommener erscheint jeder Beitrag zur gotischen Kölner Skulptur, als sogar noch jüngste Äußerungen der Kunst nach 1250 »raschen Niedergang«[4] bescheinigten. Nur, der Rang eines Kunstwerks bestimmt sich allein aus seiner Qualität, nicht aus dem Beschäftigungsradius des Rezensenten.
Nachfolgend ein Sortiment zum angedeuteten Fragenkomplex, sortiert nach Belegen zur ästhetischen Beurteilung der Skulptur, zur Datierung des Werkes, zu seiner Besonderheit als Denkmal gotischen Bronzegusses und zur späteren Geschichte des Grabmals und der Grabfigur.
Jacob Burckhardt (1843): »Seine Grabstatue, ein Werk von wunderbarer Schönheit, findet sich in einer der hintersten Kapellen des Domes zu Köln«. An anderer Stelle heißt es: »Konrad war ein schöner, kraftvoller Mann mit beinahe griechischen Gesichtszügen.«[5] – Leonhard Ennen (1880): »Sein in Erz gegossenes Bild ist das hervorragendste von allen im Dome befindlichen Denkmälern. Der Kopf des Erzbischofs hat zwar noch einen leisen Anflug von typischem Charakter, zeigt dabei doch viel Ausdruck, Leben und Geist, überhaupt eine wahrhaft künstlerische Behandlung. Die Gestalt zeigt großartige Ruhe, Feier und Würde und ist hübsch gekennzeichnet. Das Gewand ist mit feinem Verständnis durchgebildet und zeichnet sich durch edlen, ja, musterhaften Stil aus.«[6] – Paul Clemen (1937): »Das Haupt jugendlich, von der typischen Schönheit der ersten Hälfte des 14. Jahrhunderts, aber bewußt ein bestimmtes geistiges Leben verratend, wohl kein gewolltes Porträt aus einer noch vorhandenen Tradition.«[7] – Hans Peters (1948): »Das Antlitz ist schlicht, doch atmet es hohen Adel. Es ist von knabenhafter Anmut, aber auch von einer festgefügten Klarheit des Willens. Zweifellos ist das Bildnis

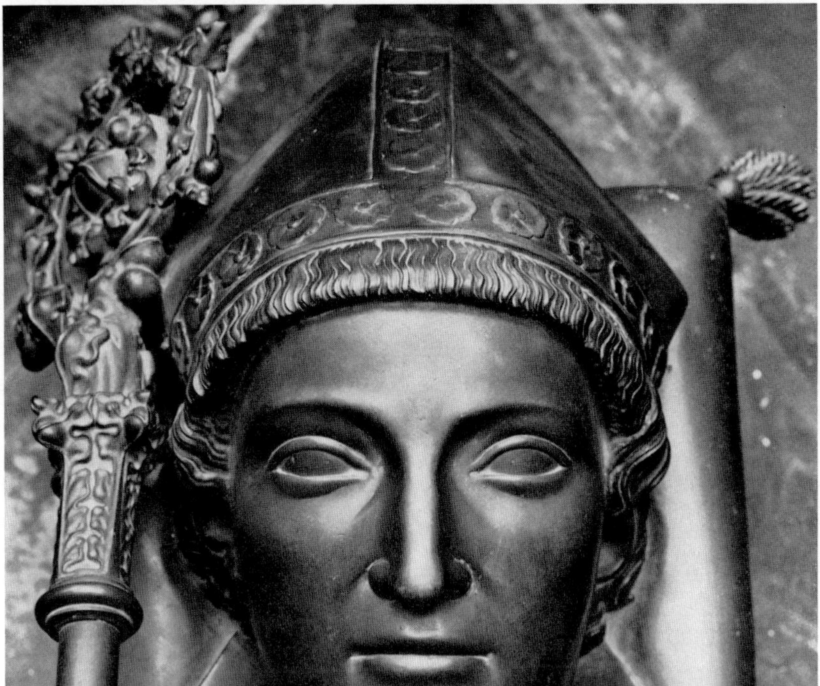

Abb. 1 Konrad von Hochstaden

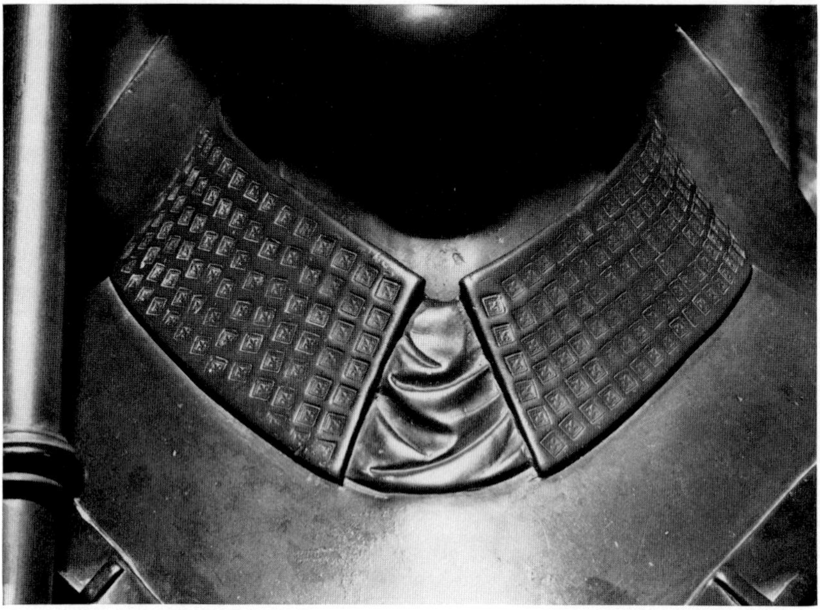

Abb. 2 Amiktkragen der Grabfigur des Konrad von Hochstaden

idealisiert. Es ist ein großes, ein klassisches Bildnis. Noch atmet es ungebrochen den großen Geist des 13. Jahrhunderts.«[8] – Joseph Hoster (1964): »Das Gesicht des in vollem erzbischöflichen Ornat Dargestellten ist fast ornamental dargeboten wie ein ›antiker Apoll‹, Jacob Burckhardt.«[9] – Ruth Schmitz-Ehmke (1967): »Die feingliedrige Bronzefigur des Verstorbenen mit edlem, antikisch anmutendem Haupt.«[10]

Stets finden in der reichen literarischen Beschreibung des Denkmals Epitheta Verwendung, die zur Kennzeichnung des Klassischen, besonders der griechischen Klassik gebraucht werden. Es ist die apollinische Schönheit des Antlitzes, die seit Jacob Burckhardt immer wieder hervorgekehrt wird und die doch als Merkmal so sehr im Widerspruch zu den gewohnten Kategorien hochgotischer Plastik zu stehen scheint.

Gewiß liegt in eben diesem Dilemma einer der Gründe für die unterschiedliche und oft im Unbestimmten verbleibende Datierung. Zudem fand sich bisher kein einziges wirklich stilparalleles Werk, das zur zeitlichen Eingrenzung der Grabfigur Konrad von Hochstadens überzeugend beigezogen hätte werden können. »Anfang des 15. Jhs.« datierte es Leonhard Ennen (1880)[11], »Mitte des 14. Jhs.« Arthur Lindner (1905)[12], in die zweite Hälfte des 14. Jhs. Dehio-Gall (1938)[13], um 1322 Paul Clemen (1937)[14]; Oskar Karpa fand bei

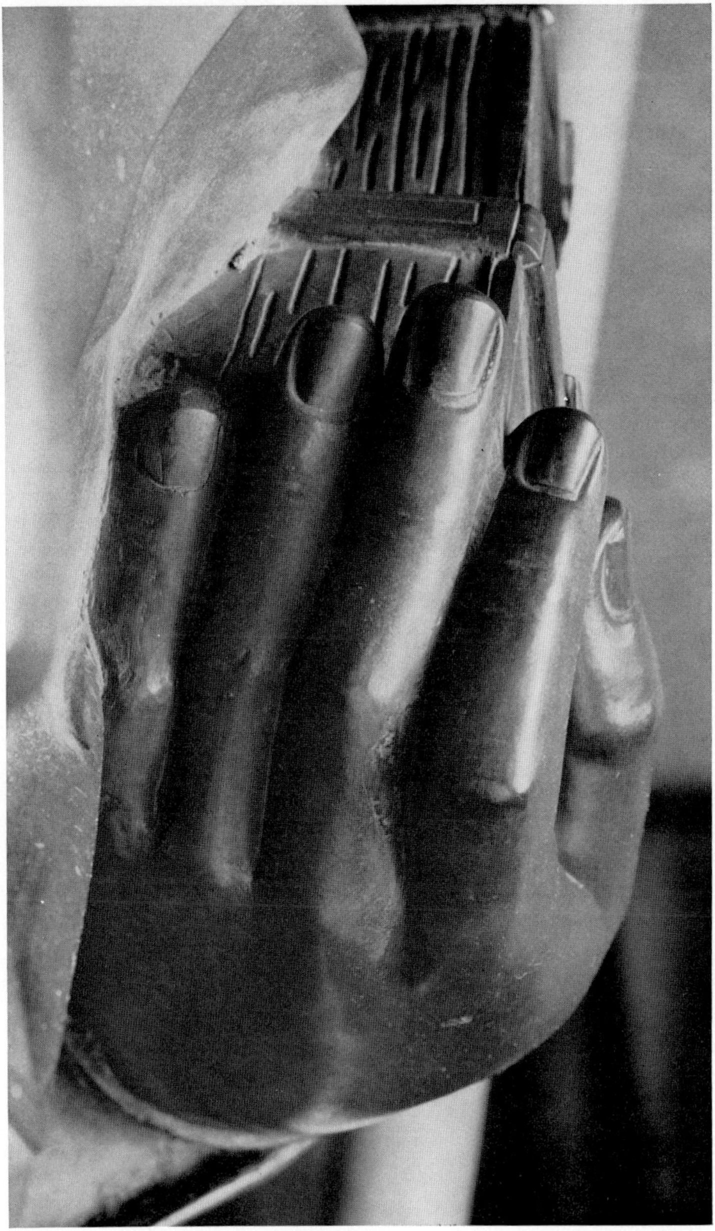

Abb. 3 Linke Hand der Grabfigur des Konrad von Hochstaden

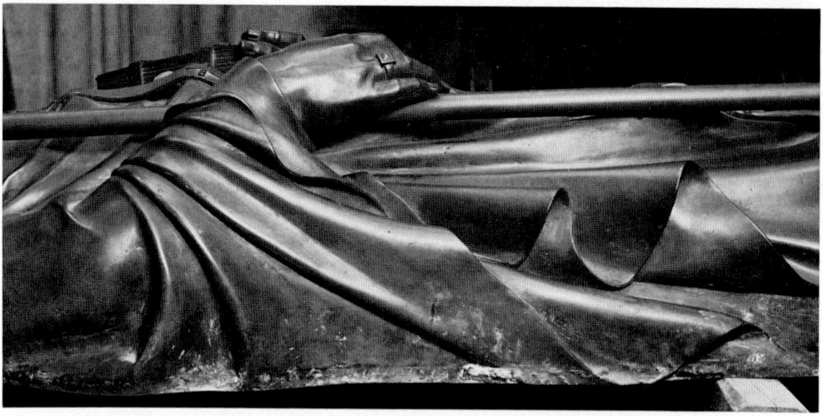

Abb. 4 Rechte Seite der Grabfigur des Konrad von Hochstaden

den steinernen Grabfiguren in Kappenberg, Marburg und Eberbach und an Büsten der Goldenen Kammer von St. Ursula eine ähnliche ornamentale und geistige Strenge und setzte auch unter Hinweis auf den weiten, den Hals freilassenden Amiktkragen sowie die niedrige Mitra eine Entstehungszeit vor 1322 an (1930)[15]. Im RDK schrieb unter dem Stichwort »Bronze, Bronzeguß, Bronzeplastik« Hans R. Weihrauch (1948): »Ganz vereinzelt steht die Grabfigur des Konrad von Hochstaden, † 1261, im Kölner Dom, die nicht erst anläßlich der Domweihe von 1322, sondern gleich nach dem Tod des Erzbischofs entstanden ist (mündliche Mitteilung von Hans Wentzel).«[16]
Gleichartig dagegen lauten die meisten Äußerungen (Oskar Karpa ausgenommen), sobald vom Entstehungsgebiet dieser Bronzefigur die Rede ist: »Von den beiden Bronzegrabmälern auf norddeutschem Boden« (die zweite: die Grabfigur des Bischofs Heinrich von Bocholt im Dom zu Lübeck) »ist Hochstaden noch hinsichtlich des Zusammenhangs mit flandrischem Erzguß zu untersuchen, der nicht nur gravierte Grabplatten, sondern auch solche mit vollplastischen Figuren exportierte«, so Albert Mundt (1908)[17]. Fried Lübbecke schreibt 1910[18], Hochstadens Idealbildnis sei »mit ziemlicher Sicherheit« von einem niederländischen Gießer gleich wie die Bronzestatue des Bischofs Heinrich von Bocholt, † 1341, dessen flandrische Herkunft durch die Gravierung der Platte bezeugt wird. Über eine Gießhütte in Köln, die ein so großes, von reicher technischer Erfahrung zeugendes Werk hätte liefern können, sei dagegen keinerlei Nachricht erhalten. »Eine flandrische Exportgießerei« nimmt auch M. Jos. Gürtler (1912)[19] an; Eugen Lüthgen (1917)[20] stellt fest, »daß die Bronzegrabmäler aus der heimischen Kunstübung herausfallen, daß sie fast mit Sicherheit als Versandware belgischer oder französischer Gießhütten auf-

zufassen sind«. Auch die Bronzefigur des Erzbischofs Friedrich von Saarwerden im Kölner Dom nähere sich den Bronzegrabmälern belgischen Ursprungs, die mit dem des Konrad von Hochstaden im Dom zu Köln begännen; »ein kennzeichnender belgischer oder französischer Guß.« Auch nach Paul Clemen (1937)[21] ist es »vielleicht von einem Niederländer gegossen«, nach Hans Peters (1948)[22] »in den Kölner Kunstkreis dieser Zeit kaum einzuordnen«, nach Hans Vogts (1950)[23] aus einer »auswärtigen Gießerei im Maastal«, nach Georg Troescher (1954)[24] »mit sehr hoher Wahrscheinlichkeit in den Niederlanden ausgeführt«, nach Joseph Hoster (1964)[25] »wohl in Lüttich gegossen«.

Allein das Wissen um die Existenz von Gießereiwerkstätten im Gebiet des heutigen Belgien suggerierte die stets in der Literatur vorgebrachte Mutmaßung einer niederländischen Entstehung. Doch sie ist ebensowenig belegbar wie ohne gute Gegengründe bestreitbar. Aber auch als Erzeugnis niederländischen Bronzegusses bliebe das Denkmal nach der heutigen Kenntnis der bekannten Produktion nicht minder isoliert. Denn die Produktionsskala der mittelalterlichen Kunstgießereien ist bekannt, und ihre Bereiche sind keine Terra incognita, in der jeweils angesiedelt werden kann, was im eigenen Stilbereich ausgeklammert scheint.

Zur späteren Geschichte des Grabmals und der Grabfigur: Im Jahre 1821 beschreibt A. E. d'H ***[26] das Grabmal folgendermaßen: »Vor demselben ist das Grab des 1261 hier in Cöln verstorbenen Erzbischofs Conrad, Grafen von Hochstaden; auf selbigem ruht sein in Lebensgröße gegossenes Bildniß in bischöflichem Ornat auf einer erhaben liegenden schwarzen Marmorplatte. In der räuberischen Zeit der Aufhebung, sind die bronzenen Verzierungen dieses Grabmals und selbst das bronzene Bildniß davon entwendet worden;

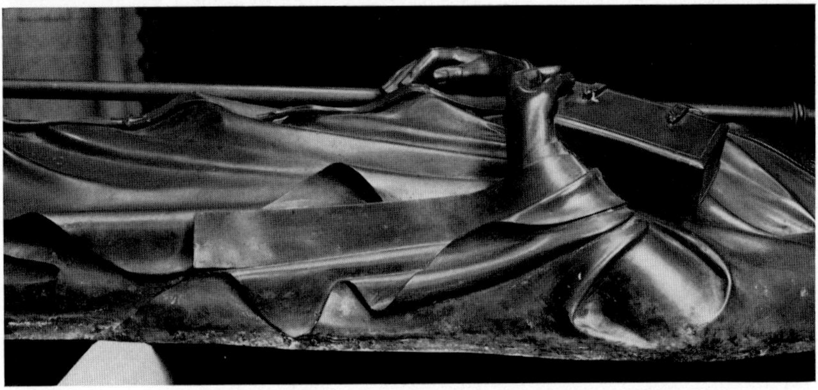

Abb. 5 Linke Seite der Grabfigur des Konrad von Hochstaden

daher selbiges noch in offenbarer Unordnung und das Bild verstümmelt, ohne Füße und nur mit einem Arm sich befindet, da selbiges, um diesen Raub zu verhehlen, in einen Keller war hingeworfen worden, wo selbiges in gegenwärtigem Zustande wiederum hiehin gebracht worden ist ... Sein Grab findet sich übrigens ohne alle Inschrift nur auf der Marmor-Platte oben seiner bronzenen Figur steht eingegraben: Conradus de Hochsteden.« Ähnlich, aber noch detaillierter in den Sachangaben lautet die Beschreibung von M. J. de Noel (1834)[27]: »Nun treten wir in die Johannis-Capelle. In ihr hat der Erbauer des Domes, Erzbischof Conrad von Hochsteden, seine Ruhestätte. Dessen $6^1/_3$ Fuß messende Abbildung von Erz ist zwar ihrer Stelle wiedergegeben, aber der Sarkophag sowohl, als die Statue selbst zeigt sich in einem schmählich verstümmelten Zustande. Auch hier übte der Vandalismus sein Unwesen. Ohne Füße und der rechten Hand mit dem Stabe beraubt, ruht der Erbauer des Domes auf der ursprünglichen, $8^1/_2$ Fuß langen und $3^1/_3$ Fuß breiten, schwarzen Marmorplatte, welche, mit der schlichten Inschrift Conradus ab Hochsteden versehen, die Reste des 1802 zerstörten und fast der Erde gleich abgetragenen Sarges bedeckt. Ehedem waren über dem Bildnisse ein architektonischer Thronhimmel, unter seinen Füßen der symbolische Hund und Löwe, am Sarge Bogenstellungen und Heiligenbilder, alles von Erz, angebracht. Das alles ist nun fort, und im Antlitze des Abgebildeten zeugen noch die Spuren der Hammerschläge von dem verübten Frevel. Wer, mit sinnendem Ernst bei diesem Sarkophage weilend, den Umfang der intellectuellen und materiellen Erfordernisse erwägt, welche der kolossale Bau unseres Domes erheischte, und nun die Ruhestätte des hochherzigen Unternehmers eines solchen Werkes aufgewühlt, sein ehernes Bild verstümmelt sieht, dessen Reste – nicht Achtung – nur der glückliche Zufall rettete, daß ein hochverdienter städtischer Ober-Beamter (auf den Wallraf's Eifer für die Erhaltung vaterstädtischer Urkunden und Denkwürdigkeiten überging) das Versteck des entführten Domerbauers ausmittelte: den mahnt ein wehmütiges Gefühl an die Hinfälligkeit alles Irdischen und an – den Undank der Welt.«

In diesem Zustand sieht auch noch Jacob Burckhardt 1843 die Grabstatue, »das Werk von wunderbarer Schönheit ... leider verstümmelt«[28]. Wohlgemerkt: trotz Verstümmelung und trotz Hammerschlägen im Gesicht, schon *vor* Wiederherstellung war das Antlitz Jacob Burckhardt wie das eines »antiken Apoll« erschienen. Die Geschichte des Denkmals erzählt auch Leonhard Ennen (1872)[29]: »Sein in Erz gegossenes Bildniss ist mit genauer Noth im Anfange dieses Jahrhunderts vandalischer Vernichtung entgangen. Der französische Architekt Wailly, der speciell für die Sequestrirung nach Köln gekommen war, hatte dieselbe aus dem Dom geschleppt und einem Kölner Bürger überlassen. Vom Domainen-Inspector Keck wurde die Statue im Keller des fraglichen Bürgers, der bereits die nunmehr wieder angegossenen

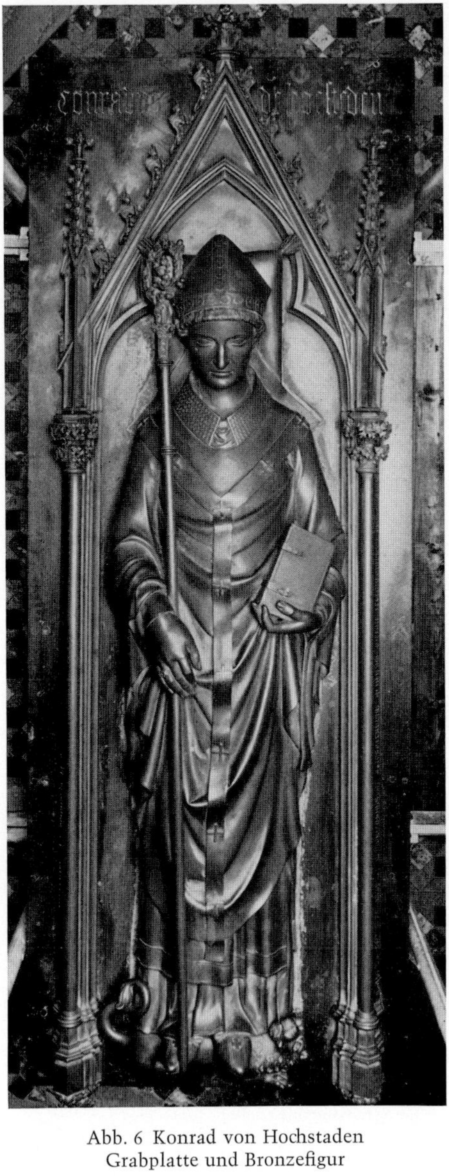

Abb. 6 Konrad von Hochstaden
Grabplatte und Bronzefigur

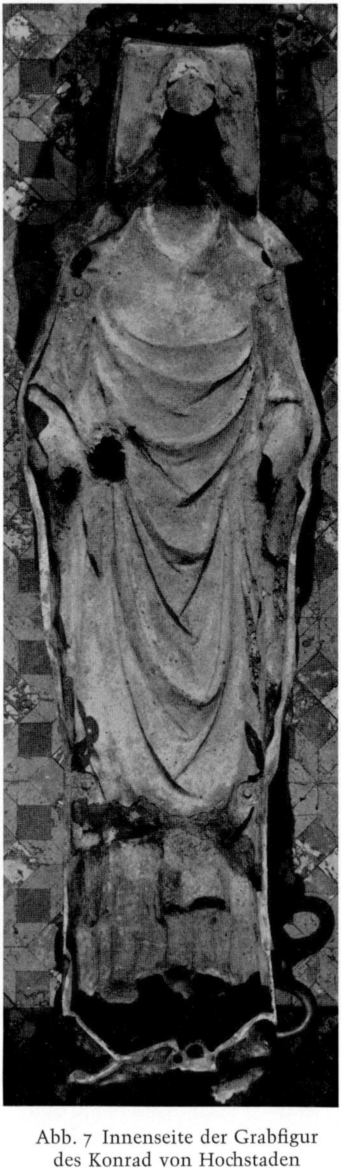

Abb. 7 Innenseite der Grabfigur
des Konrad von Hochstaden

Füße des Bildes heruntergehauen hatte, in letzter Stunde entdeckt und gerettet.« Später, 1842, »erbot sich der Inspektor Stichlmayr in München die Statue auf seine Kosten herzustellen, wenn die Dombau-Administration die Kosten des Transports bestreiten wolle. Die Sache verschleppte sich, bis die Herstellung 1847 durch Miller in München erfolgte.«[30] Auf Beschädigung und Wiederherstellung bezieht sich auch die Inschrift der neuen, von Dombildhauer Christian Mohr mit Figuren versehenen Tumba aus Kalkstein von Caen: MONUMENTUM SECULI IMPIETATE EVERSUM ET SPOLIATUM ANNO MDCCCIII, CAPITULI ECCLESIAE MAJORIS ET COLONIENSIUM AC MONACENSIUM ARTIFICUM PIETATE RESTAURATUM ANNO MDCCCXLVII[31].

In Ergänzung und Berichtigung der Passagen über die Restaurierungsarbeit an der Bronzefigur Hochstadens bei Frank Otten, Ludwig Michael Schwanthaler 1802–1848[32], teilt Herbert Rode in der Dombibliographie 1970–1972[33] interessante Einzelheiten aus dem Briefwechsel von Miller, Schwanthaler und Boisserée mit Zwirner mit. Nämlich, daß Schwanthaler 1844 die Modelle für die zu ergänzenden Teile geschaffen habe und daß die gleichfalls in der Königlichen Erzgießerei zu München gegossene Wimpergarkade, die in edlen Maßen die Figur des Erzbischofs auf der ursprünglichen schwarzen Marmorplatte umschließt, vom Dombaumeister Ernst Friedrich Zwirner entworfen und vom Kölner Bildhauer Christoph Stephan in Holz als Modell für den Guß gearbeitet worden war. So kunstreich aber zeigte sich die Wiederherstellung, so außerordentlich die Stilkonsonanz vom alten Bestand und neuer Ergänzung, daß immer wieder jene schon erwähnten Zweifel an der Originalität der Substanz aufzutauchen vermochten. Oskar Karpa (1930)[34] äußerte dazu: »Wenn auch das Kunstwerk viel an Originalwert verloren hat, so möchte man ihm diesen dennoch nicht völlig absprechen. Die edle, schlanke Gestalt, der feine, scharfgradige Duktus der Faltenbildung und vor allem der in scharfen, etwas ornamental durchgebildeten Zügen geformte Kopf, bei aller individuellen – aber nicht porträtmäßigen! – Ausprägung dennoch typischer Ausdruck einer stark geistigen Persönlichkeit, das alles verrät so viel an echtem gotischen Geist, daß man an völlige Einschmelzung und gänzlichen Neuguß bei der Wiederherstellung, wie vermutet wurde, nicht glauben möchte.« Nicht in München »umgegossen« ist das Denkmal Konrad von Hochstadens (so 1964 Joseph Hoster[35], so noch im »Dehio« Rheinland von 1967)[36], vielmehr bei Ferdinand von Miller meisterhaft ergänzt.

Noch vor der Umdrehungsaktion, vor der Kenntnis des aufklärenden inwendigen Zustands der Figur hat Otto Werner ihm übersandte Probemengen von der Bronzefigur des Hochstaden spektralanalytisch untersucht. Die Proben waren der rechten Hand, also einem der ergänzten und neugegossenen Stücke, der linken, originalen Hand und der gleichfalls zur ursprünglichen Substanz

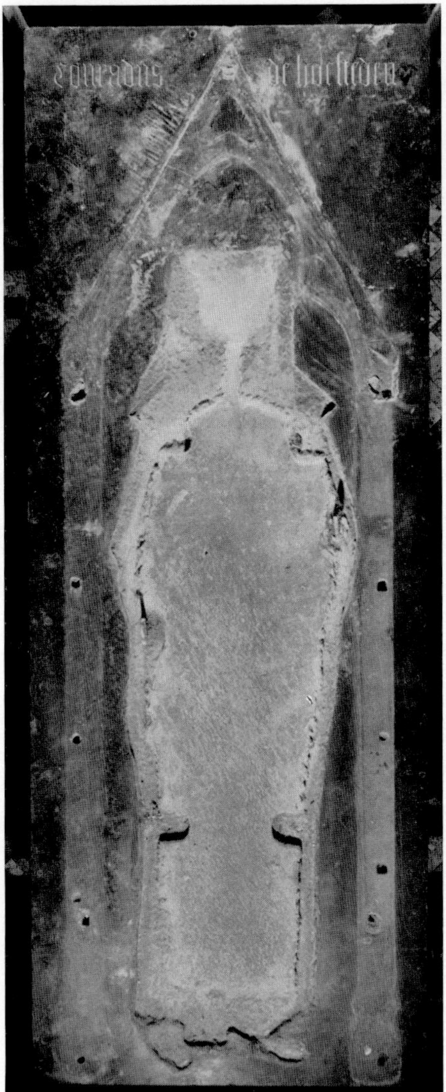

Abb. 8 Deckplatte der Tumba
des Konrad von Hochstaden

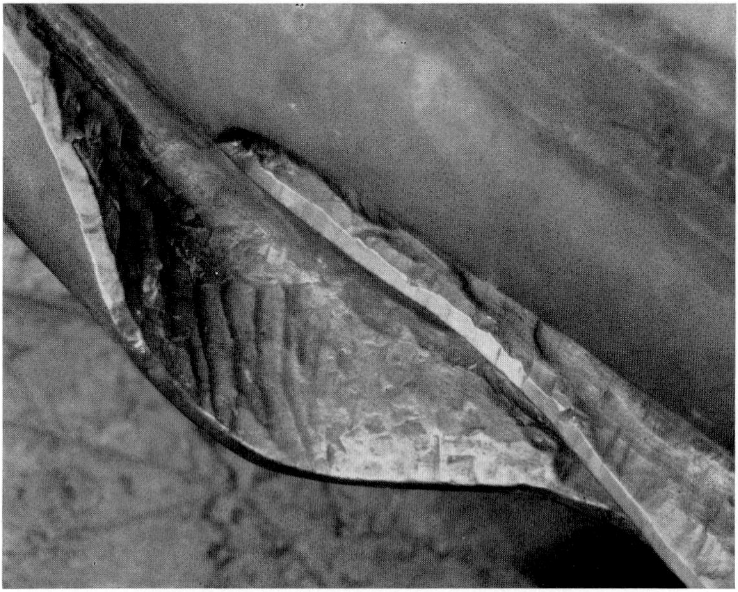

Abb. 9 Oberflächenstruktur der Bronzefigur des Konrad von Hochstaden

gehörenden Mitra entnommen. Die Analyse ergab folgende Zusammensetzung[37]:

	% Zn	% Pb	% Sn	% Fe	% Ni	% As	% Sb	% Bi	% Cd	% Ag
r. Hand	10,0	2,8	7,0	0,06	0,04	0,13	0,15	0,018	0,005	ca. 0,05
l. Hand	11,1	1,3	3,5	0,13	0,03	0,19	0,32	0,095	n. n.	ca. 0,2
Mitra	12,2	1,6	3,7	0,14	0,05	0,25	0,42	0,080	n. n.	ca. 0,15

Aus der Tabelle läßt sich eine weitgehende Übereinstimmung der beiden zum ursprünglichen Bestand gehörenden Teile ablesen. Bei der 1844 gegossenen rechten Hand ist der Zinkgehalt zwar fast ebenso hoch, aber die Blei- und die Zinnmenge doppelt so groß wie die der beiden anderen Proben. So kann die Legierung der mittelalterlichen Figur als Messing bezeichnet werden, die in München zur Ergänzung verwendete Legierung dagegen als eine Art Bronze. Im Nickelgehalt besteht kein Unterschied, aber bei Arsen, Antimon und Wismut zeigt sich, daß die entsprechenden Gehalte beim nachgegossenen Stück erheblich geringer sind. Besonders fällt auf: das neuzeitliche Material enthält auch Kadmium, das im Originalmaterial fehlt. Schließlich ist der Silbergehalt im nachgegossenen Stück bedeutend niedriger, der ziemlich hohe Silbergehalt aber – wie Otto Werner in seiner Analyse hervorhebt – für älteres Material charakteristisch.

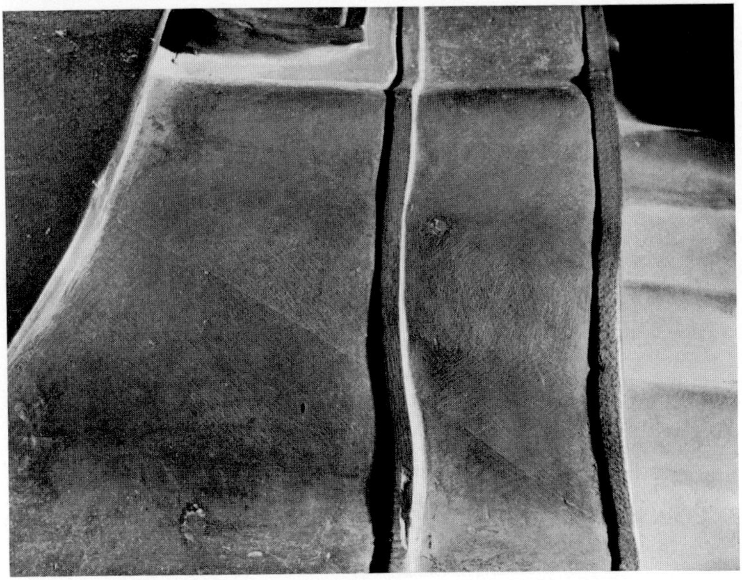

Abb. 10 Naht und Überarbeitungsspuren im Grenzbereich der originalen und der 1844 angesetzten Gußteile. Detail von der Bronzefigur des Konrad von Hochstaden

Der Gewinn solcher Legierungsanalysen für die Kunstwissenschaft liegt auf der Hand; er potenziert sich mit der Zahl vergleichbarer Untersuchungsergebnisse. So ist z. B. von großem Interesse, daß ein 1896 von der Fa. Haegemann in Hannover angefertigter Nachguß des Aquamaniles im Domschatz zu Minden fast dieselbe Zusammensetzung hat wie die in München gegossene rechte Hand des Hochstaden, nämlich 3,0 % Zink, 3,1 % Blei und 7,5 % Zinn. Eine solche typische Zinnbronze ist für das 19. Jahrhundert ungewöhnlich, wie die zahlreichen Vergleichsanalysen, die Otto Werner angefertigt, erweisen. Noch eine weitere Passage darf aus der im Zusammenhang mit der Bronzefigur des Hochstaden geführten Korrespondenz des Metallkunde-Spezialisten, der im Lauf seiner Arbeit eine ganze Anzahl Analysen von Nachgüssen mittelalterlicher Objekte sammeln konnte, zitiert werden: »Dabei ergab sich, daß die von den Firmen C. W. Fleischmann und von F. Ring in München um die Jahrhundertwende ausgeführten Nachgüsse sich in ihrer Zusammensetzung von der der mittelalterlichen Vorbilder erheblich unterscheiden. Die Nachgüsse sind typisch neuzeitliche Messinge mit ziemlich hohen Zinkgehalten zwischen rd. 25 % bis 33 % Zn. Auch der von der Fa. C. A. Beumers in Düsseldorf 1902/03 hergestellte Nachguß eines Drachenleuchters hat einen Zinkgehalt von rd. 31 %. In allen diesen Fällen sind Original und Nachguß in ihrer Zusammensetzung gut voneinander zu unterscheiden. Schwierigkeiten ergeben sich dagegen bei einigen von der Fa. Haegemann in Hannover hergestellten Nachgüssen. Bei dem 1903 hergestellten Nachguß des jetzt im Kestner-Museum befindlichen Kopfreliquiars aus dem Kloster Fischbeck stimmen Original und Nachguß in ihrer Zusammensetzung in allen wesentlichen Bestandteilen so gut überein, daß eine Unterscheidung an Hand der Analyse fast unmöglich ist (wenn man von dem auch hier höheren Silbergehalt des Originals absieht). Ferner hat bemerkenswerterweise der von der Fa. Beumers in Düsseldorf 1902/03 hergestellte Nachguß vom Annoschrein in Siegburg fast genau dieselbe Zusammensetzung wie der von der Fa. Haegemann in Hannover hergestellte Nachguß vom Kopfreliquiar. In beiden Fällen ist die Legierung für neuzeitliches Material vollkommen untypisch und paßt sich, wenn man von dem Unterschied im Silbergehalt absieht, dem alten Material vollkommen an.« Eine solche Materialanpassung neuzeitlicher an mittelalterliche Legierungen läßt besonders aufmerken. Hat die Erzgießerei Miller in München noch *vor* der Instandsetzung des Bronzebildwerks eine Analyse anfertigen lassen oder woher kannte sie die Zusammensetzung des Materials? Denn erst die Angleichung an die mittelalterliche Metallegierung bewirkte das fast einheitliche Aussehen von Original und Ergänztem.

Abbildung 7 zeigt das Inwendige. Der Unterteil mit Füßen und dem Löwen (ursprünglich waren es Löwe und Hund), für den Schwanthaler das Modell geliefert hat, ist in Sandform hergestellt und höchst kunstvoll mit der Figur verbunden. In Technik und Struktur unterscheidet sich dieser Teil von dem im Wachsausschmelzverfahren gewonnenen Original, das aus Körper, Kopf und Kissen, Armen, linker Hand und dem ganzen Pontifikalgewand besteht. Nur die rechte Hand, die den ebenfalls ergänzten Bischofstab hält[38], ist mittels einer Manschette eingesetzt. Von den Kissenquasten erweist sich die eine, beschädigte, als alt, doch neu verschraubt, die andere als nachgebildet und modern montiert.

Der aus dem Hohlkörper gewonnene Abguß, den in optischer Täuschung auch die Photographie des Inwendigen positiv wiedergibt *(Abb. 7)*[39], hat den Zustand eines Modells bewahrt, das gleichsam noch nicht »bekleidet« war. Struktur und Oberflächenbeschaffenheit rufen die Assoziation zu Steinmaterial hervor, zu bearbeiteter Steinskulptur. So stark ist dieser Materialeindruck, der etwa an die Oberfläche eines feinen Kalksteins, z. B. der Siegburger Madonna denken läßt, daß man vor dem jetzt in der Dombauhütte liegenden Abguß aus dem Hohlkörper eine gotische Steinfigur zu sehen vermeint. Wie erklärt sich dies? War dem Bronzebildwerk gar eine Steinskulptur als Modell

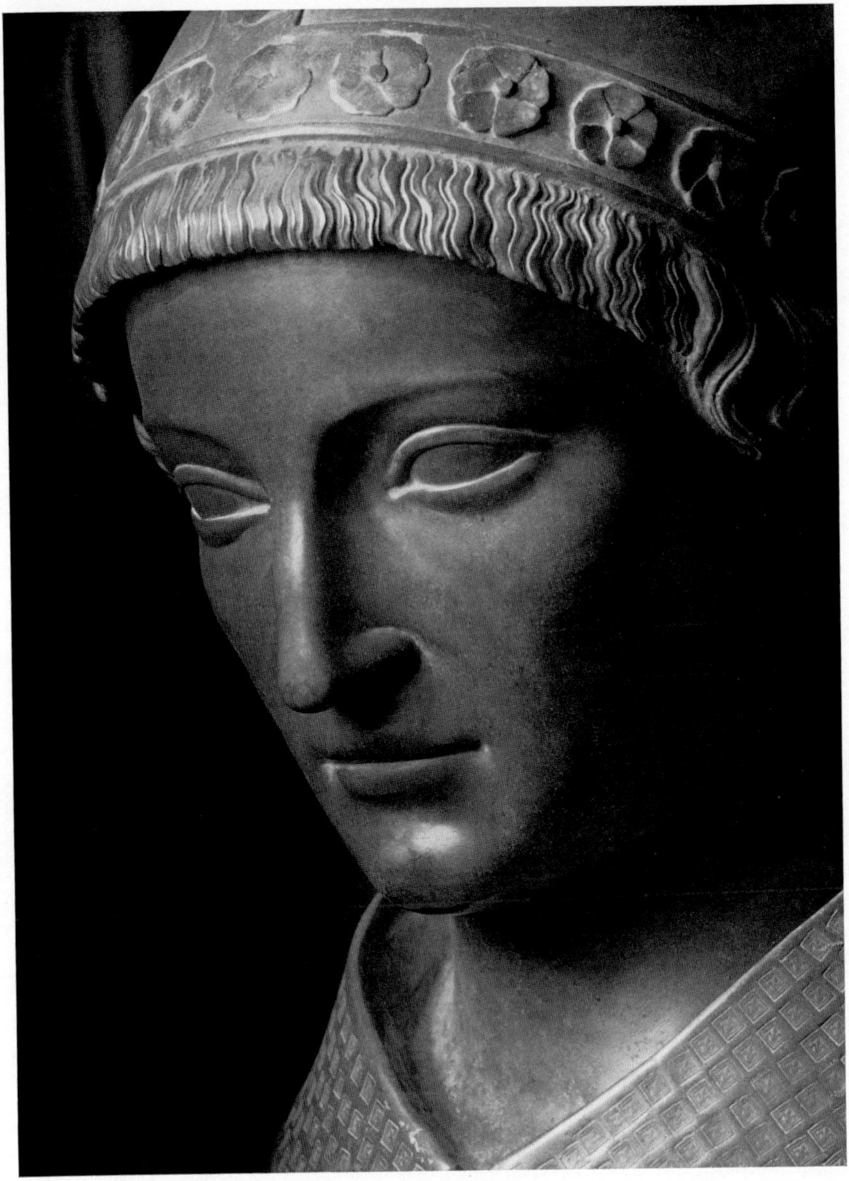

Abb. 11 Konrad von Hochstaden

voraufgegangen? War der Kern, in welcher Masse auch immer gefertigt, aus einer Form gewonnen, die man dem fiktiven Steinmodell abgenommen hatte? Auf diesen Kern wäre dann der Wachsaufbau aufgetragen und in Wachs wären auch alle Details der Oberfläche modelliert worden, das Pallium z. B. (das die oberste Gewandfalte des Steinmodells verdeckt und die übrigen Falten überschneidet)[40]. Am scharfen Knick und am Verlauf der einen Hängefalte an der Bronzeskulptur, im Vergleich mit derselben, unbestimmter fließenden Falte am genannten Abguß läßt sich beobachten, daß der Wachsbossierer beim Modellieren am Wachsaufbau auch kleinere Änderungen des Faltenverlaufs gegenüber dem Steinmodell vorgenommen hatte. Sie äußern sich im Sinne größerer Entschiedenheit und Spannkraft der Formen.

Das Innere zeigt eine im geschlossenen plastischen Volumen von Faltenzügen gegliederte Gewandfigur in einfacher, aber bestimmter Struktur. Es ist ein ruhiger Zustand und symmetrischer Umriß, belebt nur durch die leicht durchhängenden Querfalten und spitz zulaufenden Faltenstege. Von jener überpointierten Bewegung und Schwingung, die die Kölner Steinskulptur der Domchorpfeiler so sehr charakterisiert, ist nichts zu verspüren. Die außerordentlich delikat verfeinerte, geglättete Oberfläche der Bronzefigur ließ kaum eine Erinnerung an vergleichbare Bildwerke aufkommen, aber der Abdruck des Inneren, der die allgemeine Struktur einer Gewandfigur der Zeit um 1300 wiedergibt, deckt förmlich latente Zusammenhänge auf. Denn ein Besuch beim Grabdenkmal des Erzbischofs Philipp von Heinsberg, der in der benachbarten Maternuskapelle auf seiner Tumba von Mauerkranz, Zinnen, Türmen und Torbogen umgeben ruht – Abbild der unter seiner Regierungszeit begonnenen Stadtbefestigung *(Abb. 12)*[41] – erweist, daß Hochstadens Modellfigur so ganz außerhalb des »Kölner Kunstkreises«, wie vom Bronzebild stets behauptet, doch nicht zu stehen scheint. Gewiß hat erst die Metamorphose vom Steinbildwerk über die Wachsmodellierung zur Bronzeplastik das Singuläre des Erscheinungsbildes bewirkt.

Damit aber kehren wir zum Äußeren der Erzstatue zurück. Zunächst die Details im Bereich des Technischen und Künstlerischen im Zusammenhang mit der Restaurierung von 1844: Der ergänzte Löwe ist ganz im Stil von Schwanthalers Zeit, ohne Stilimitation gotischer Vorbilder, aber bei der Modellierung der rechten Hand *(vgl. Abb. 4)* hat sich der Bildhauer an die vorhandene buchhaltende Linke mit erstaunlicher Einfühlung angepaßt. Das kann jeder bestätigen, der um den Schwierigkeitsgrad der Ergänzung einer Hand an einem gotischen Bildwerk weiß. Dennoch bleiben Unterschiede erkennbar: organischer und vereinheitlichender ist die Rechte gegenüber der wie aus geometrischen Formen und Flächen zusammengesetzten und darin so typischen Hand der Gotik *(Abb. 3)*.

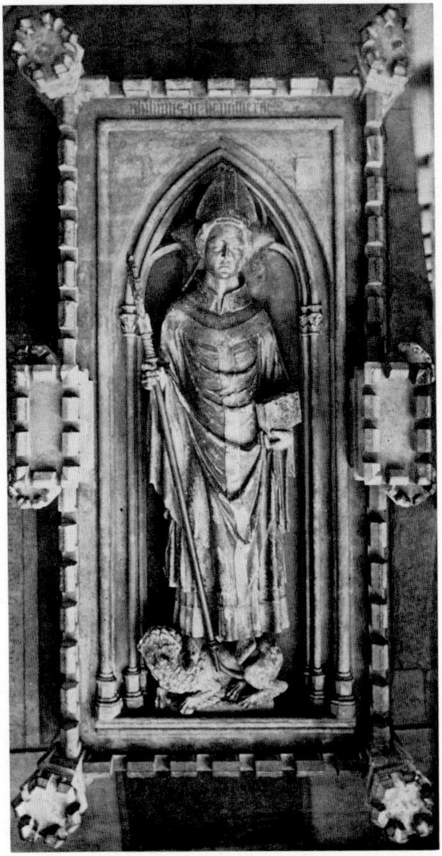

Abb. 12 Grabmal des Erzbischofs Philipp von Heinsberg, Köln, Dom

Die technische Perfektion der Verbindung eines angesetzten Teils an das Original wieder belegt die Abbildung 10. Sie zeigt die Naht im Grenzbereich von Original und Angesetztem. Nur an solchen und an ähnlichen Ausbesserungsstellen werden von der Überarbeitung herrührende Schleifspuren sichtbar. Diese Überarbeitungsspuren bleiben aber stets lokalisiert. Das heißt, die Bronzeskulptur hat ansonsten – Stellen wie die der Abbildung 10 ausgenommen – die originale Oberfläche vollkommen bewahrt. Auch im Gesicht finden sich Spuren nur partiellen Verschleifens. Es gelang also, beschädigte Stellen (man entsinne sich des Berichts von De Noel über Hammerschläge im Gesicht als besonderes Zeugnis der verübten Freveltat[42]) örtlich zu überarbeiten, ohne die Überarbeitung auf große Flächen, gar auf die ganze Figur auszudehnen. Dies ist das optimale Ergebnis einer künstlerischen Wiederherstellung.

Der Ausschnitt von der Unterseite eines Gewandstücks *(Abb. 9)* zeigt an kaum sichtbarer Stelle die Oberflächenbearbeitung noch im Zustand vor der Glättung der Bronze, deren Wandung übrigens verschieden dick, teilweise gar so dünn geriet, daß in manchen Partien mitunter das Metall geschwunden und Risse entstanden. Kein Guß von gleichmäßiger Dicke also, wie von erfahrener Bronzegießerei erwartet, mit Gußfehlern sogar behaftet, aber dafür von höchster Lebendigkeit. Die buchhaltende Hand *(Abb. 3)* – ohne Pontifikalhandschuhe übrigens[43] – ist ein kubisch angelegtes und so belassenes Gebilde, die einzelnen Finger aus Flächen und Rundungen sind kantig und additiv zusammengesetzt. Dieses »kubistische« Strukturprinzip, das so wesentlich die Facettenansichtigkeit einer mittelalterlichen Skulptur bestimmt, verrät sich in der linken Hand der Hochstadenfigur ebenso wie an den Wellengängen der casula und des Pallium *(vgl. Abb. 5)*. Folgt man aber dem Wellenzug der Linien, dann wird man erst vollends gewahr, wie lebendig die freigezogenen Konturierungen verlaufen. Sie begrenzen stereometrische Formen, reine plastische Gebilde.

Diese ästhetische Stilisierung von höchster Kultiviertheit der geglätteten Metalloberfläche äußert sich im Antlitz abermals auf die schönste Weise. Das rechteckige Kissen hinterlegt den Kopf, die gleichmäßig gelegten Penduli der Mitra begleiten Hals und Schultern als Folie im Dreieck. Frei und räumlich erhebt sich das Haupt aus dem den Hals umschließenden Amiktkragen. Von größtem Oberflächenreiz die Charakterisierung der stofflichen Werte, z. B. die organische Fältelung der Stoffpartie zwischen dem Kragenbesatz. Die niedrige Mitra, mit Rosettenreihen schön verziert[44], die gleichmäßigen Stirnfransen und das gewellte Haar, das lebendige Rauten-Lilien-Muster, das ganz unschematisch die Fläche des Kragens in Einzelstempeln überzieht[45], das alles bildet eine außerordentlich vornehm und erlesen dekorierte Umgebung des Antlitzes. Dieses aber mit den mandelförmigen Augen, den entspannten Lippen und der sehr schmalen, am Rücken gewölbten Nase, den edlen Wölbungen und Flächen einer ruhigen Gesichtslandschaft folgt denselben Stilprinzipien wie die ganze Gewandfigur. Je mehr man dieses Antlitz in der Binnenmodellierung und in der Konturierung betrachtet, um so stilisierter erscheint es in seiner idealen Vereinfachung, in seiner Diszipliniertheit der inneren Struktur und trotz der vornehm weichen Modellierung seiner Epidermis. Darin äußern sich Stilmerkmale, wie sie nicht anders bei bestimmten Reliquienbüsten der Zeit um 1300[46] wirksam geworden waren. Aber das Wunderbare und es von allem Unterscheidende am Antlitz des Hochstaden:

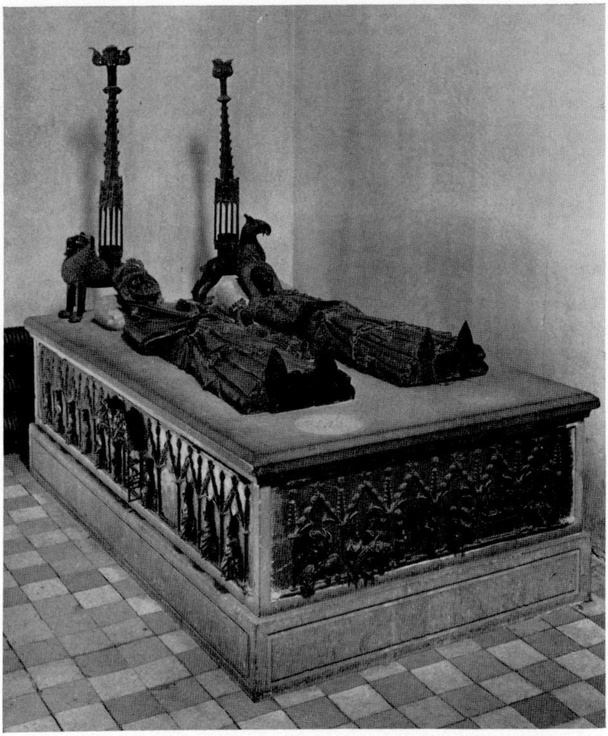

Abb. 13 Grabmal des Königs Christoffer II. und der Königin Eufemia in Sorø

die stilisierte Form erstarrt nicht als Maske (wie bei manchen der erwähnten Reliquienbüsten), sondern die Haut atmet und bleibt voll organischen Lebens.

Mittelalterliche Skulptur wird geprägt von der Bildhaftigkeit und Farbigkeit ihrer Erscheinung. Dazu steht die dunkle Patinierung der Bronze im Widerspruch. Als strahlend helle Messingfigur, immerfort vom Küster gepflegt und poliert, wie z. B. das Adlerpult in Tongern[47], nicht in der Schwärze etwa dessen im Kölner Dom[48], wird das Bildwerk des Konrad von Hochstaden erschienen sein. Für helle Farbigkeit des Metalls aber hatte das 19. Jahrhundert wenig Sinn[49]. Tatsächlich ist die dunkle, heutige Patinierung erst nach der Restaurierung erfolgt. Das beweist schon der Umstand, daß die ersetzten Teile von derselben Patina überzogen sind wie die originalen Flächen. Gewiß bedeutet dies nicht, daß vordem die Figur eine hellere Patina getragen hätte, aber ihr ursprüngliches Bild zeigte sich vielleicht doch in hellglänzendem, messinggoldenem Ton auf der Deckplatte schwarzen maasländischen Marmors.

Ähnlich wäre dann die Kontrastwirkung gewesen wie bei den nur partiell vergoldeten und gefaßten weißen Marmorstatuetten an der Domhochaltarmensa aus schwarzem Marmor von der Maas[50]. Zudem war die Hochstadentumba verziert mit »Bogenstellungen und Heiligenbildern[51]«. Wieder ergeben sich sogleich Assoziationen zum Aussehen der Hochaltarmensa, nur daß anstatt der weißen Marmorarkaden und -statuetten solche aus Erz angebracht gewesen wären. Es ist eine Seltenheit, daß »Bogenstellungen und Heiligenbilder« aus Bronze eine steinerne Tumba der Gotik umgeben, aber das Grabmal des Königs Christoffer II. in der Zisterzienserkirche von Sorø in Dänemark *(Abb. 13)*[52] ist immerhin als ein Beispiel anzuführen.
Hält man aber Umschau nach monumentalen Bronzegrabfiguren des 13. und 14. Jahrhunderts, so wird man über die geringe Zahl der erhaltenen Denkmäler erstaunt sein. Kaum auch, daß jeweils Verbindungen zu gleichzeitiger Bauhüttenskulptur erkennbar würden. Isoliertheit und Besonderheit sind geradezu symptomatisch für diese Gattung großer Einzel-, manchmal auch Doppel- und Gruppendenkmäler. Schon das Grabmal des Bischofs Evrard de Fouilloy, enstanden vermutlich bald nach 1222, dem Todesjahr des Bischofs von Amiens *(Abb. 14)*[53], zeigt einen auffälligen Gleichlaut mehrerer gemeinsamer Aspekte: Das »einzigartige Denkmal hochgotischen Bronzegusses« ist »ohne erkennbare stilistische Beziehung zu den Skulpturen der Amienser Westfassade«[54], so wie das Denkmal des Hochstaden kaum Vergleichsmomente zur Kölner Skulptur zugelassen hatte. Es ist das Grabmal des Grundsteinlegers der jetzigen Kathedrale von Amiens, so wie das Grabmal Hochstaden das des Gründers des gotischen Kölner Domes ist. Zwei Gründer hochgotischer Kathedralen des 13. Jahrhunderts erhalten ihre Bronzegrabmäler in ihrem Kirchenbau, der eine in Amiens, der andere in Köln. Kaum acht Jahrzehnte lagen vielleicht zwischen den so ähnlich erscheinenden Situationen, die noch durch die bekannten Zusammenhänge des Kölner Doms zum Amienser Vorbild an Interesse gewinnen. In Amiens erhielt auch der Nachfolger des Evrard de Fouilloy, Geoffroy d'Eu, gestorben 1237, ein Bronzegrabmal *(Abb. 15)*[55]. Im Kölner Dom wurde ebenfalls nicht nur Konrad von Hochstaden, sondern auch Erzbischof Rainald von Dassel ein Grabmal mit dessen Bronzefigur und mit reichem Bronzebildschmuck errichtet, das Gelenius ausführlich beschreibt[56]. Es hatte jenes im Alten Dom befindliche Grabmal mit der Steinfigur des großen Erzbischofs in der neuen gotischen Kathedrale ersetzt.
Auch in der Kathedrale von Burgos ruht der Gründer, Bischof Don Mauricio, gestorben 1237, auf seinem Grabmal inmitten des Chores, wieder ausgezeichnet durch besonderes Material. Das Grabbildnis ist aus Kupfer und emailliert, hervorragend betont durch Eigenartigkeit und Kostbarkeit von Material und farbigem Bildeindruck[57]. Wertschätzung und Rang der Persönlichkeit und des verwendeten Materials bedingen sich auch hier. Desgleichen erhielt Adam

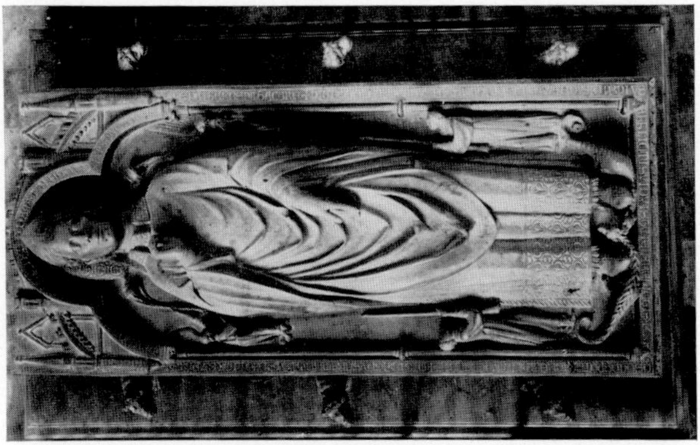

Abb. 14 Grabmal des Bischofs Evrard de Fouilloy, Amiens, Kathedrale

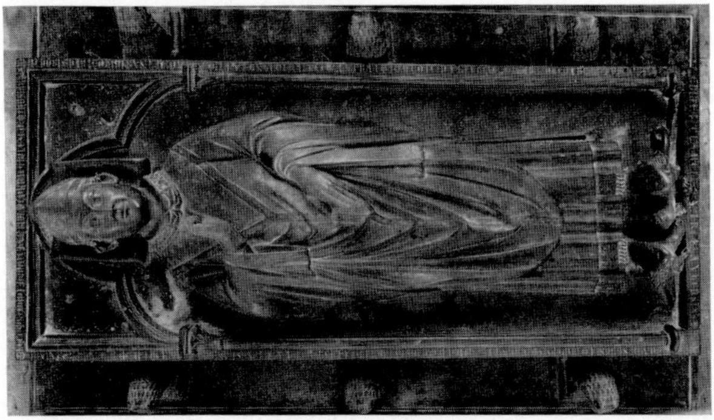

Abb. 15 Grabmal des Bischofs Geoffroy d'Eu, Amiens, Kathedrale

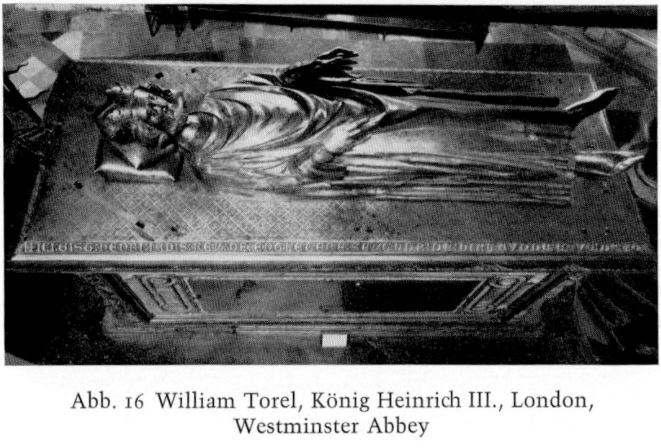

Abb. 16 William Torel, König Heinrich III., London, Westminster Abbey

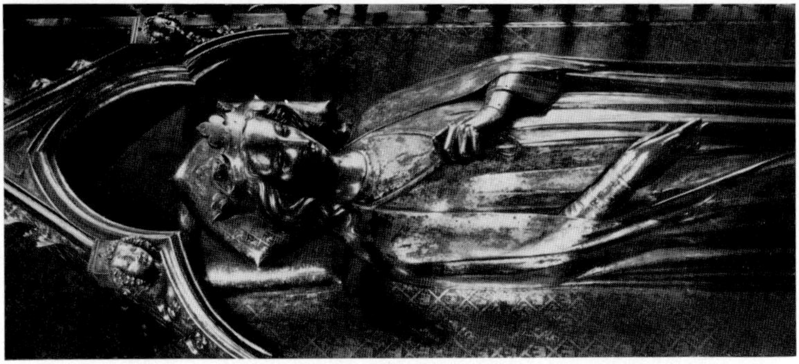

Abb. 17 William Torel, Königin Eleanor von Kastilien, London, Westminster Abbey

de Chambly, Bischof von Senlis, gestorben 1259, ein heute nicht mehr existentes Bronzegrabmal[58]. Dann aber ist hier an die metallplastischen Werke unter den französischen Königsgräbern von Royaumont und St. Denis[59] zu erinnern. Und am französischen Vorbild aus der Zeit des heiligen Ludwig orientiert, entstand in Westminster Abbey die Grablege als großes politisches Denkmal der englischen Krone. In diesem Zusammenhang hatte Edward I. im Jahre 1291 William Torel mit der Herstellung dreier lebensgroßer Bronzegrabfiguren beauftragt, eine mit dem Bild seines Vaters, Heinrich III. *(Abb. 16)*, und zwei mit dem Bild der Königin Eleanor von Kastilien für deren Grabmal in Westminster und für die Kathedrale von Lincoln[60].

William Torel war Goldschmied. Die ungewöhnliche Bronzedicke der Eleanorfigur *(Abb. 17)* in Westminster besagt deutlich, daß der Goldschmied im Bronzegießen großer Formate bronzewerkstattmäßig nicht erfahren war. In der Tat handelt es sich um ein frühes Beispiel lebensgroßfigurigen Bronzegusses in England. Das Bildwerk war vergoldet mit dem Gold eingeschmolzener Florine luccheser Kaufleute und reich geschmückt mit Schmelzen und Steinpasten. Zwei Jahre ist Torel tätig gewesen bei einer Entlohnung von £ 113 6s 8d. Die Gießerwerkstatt hatte er im Kirchhof von Saint Margaret's, im Bereich der Abtei errichtet. Die herrlichen Bildwerke des Goldschmieds folgen in manchem seit den sechziger Jahren des 13. Jahrhunderts verbindlichen Stilkonventionen der Steinskulptur. Will man Möglichkeiten der Entstehungsweise der Hochstadenfigur sondieren, so gewinnt die Entstehungsgeschichte der Bronzefiguren von William Torel erhöhtes Interesse. Ohne große Werkstatttradition einer Kunstgießerei wird ein Arbeitsschuppen nahe dem Bestimmungsort errichtet, und der Goldschmied, nicht ein gelernter Bronzegießer, ist mit dem besonderen Auftrag betraut. Ähnlich hätten auch die Voraussetzungen für die beiden Kölner Erzbischofsfiguren lauten können. Nicht

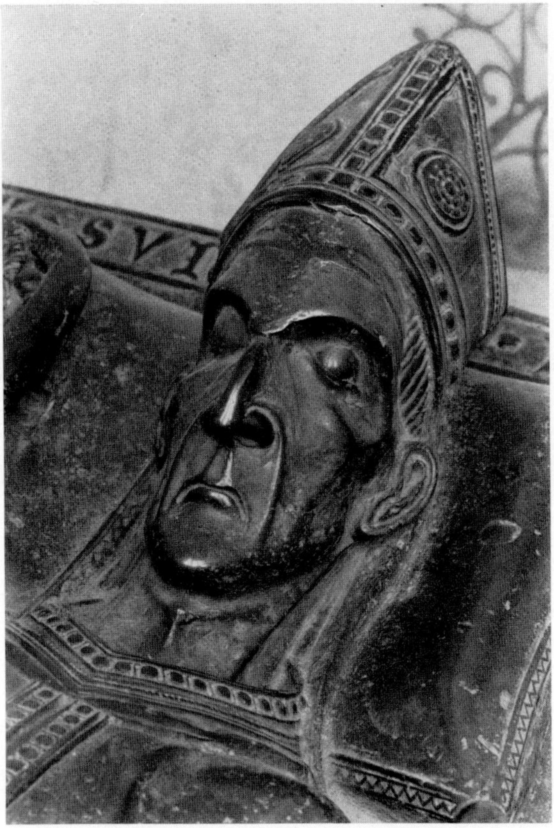

Abb. 18 Grabmal des Bischofs Wolfhart von Roth, Augsburg, Dom

als fertiges Kunstwerk aus einer immer postulierten westlichen Kunstgießerei hätte man dann das Bronzegrabmal des Hochstaden importiert, sondern es wäre im Dombereich entstanden, auf jenem gewaltigen europäischen Bau- und Werkplatz der Zeit um 1300, nicht anders als die gesamte Steinskulptur und feste Ausstattung. Im übrigen aber befinden sich die edlen Bildwerke von Westminster, schönste Dokumente des Age of Elegance, auf der hohen Ebene des Klassischen nach Geist und Auffassung der eleganten Gotik der Hochstadenfigur in naher Gemeinschaft. Auch durch die gedankliche Einbeziehung der Bischofsgrabmäler und Königsgrablegen französischer und englischer Kathedralen wird der besondere Anspruch bewußt, der dieses Grabmal im Kölner Dom so sehr auszeichnet.

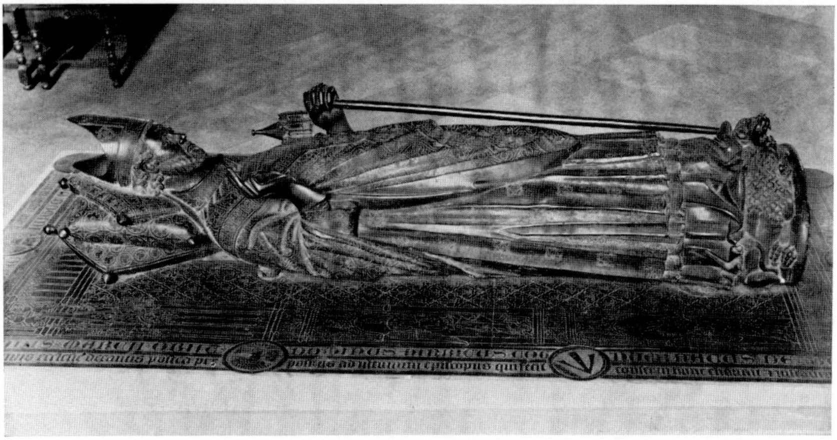

Abb. 19 Grabmal des Bischofs Heinrich Bocholt, Lübeck, Dom

Um die Zeit, als hier die Domchorausstattung schon im vollen Gange war[61], erhielt auch Augsburg sein wiederum ganz singuläres, außerordentlich merkwürdiges Bronzebildwerk. Die Inschrift auf dem Grabmal des 1302 verstorbenen Bischofs Wolfhart von Roth im Augsburger Dom *(Abb. 18)*[62] überliefert: Otto me cera fecit Cunratque per era. Wachsmodelleur und Erzgießer schufen gemeinsam das Werk. Eine solche Werkgemeinschaft und Arbeitsteilung traf vielleicht auch bei der Entstehung der Hochstadenfigur zu. Aber welch unerhörter Gegensatz dieser antiklassischen, expressiven Figur, gebunden im ornamentalen Zwang der Liniengrate und verkanteten Flächen, und der klassischen Idealität des Hochstaden.

Erheblich später schon entstand im deutschen Bereich die Bronzefigur des Bischofs Heinrich Bocholt, gest. 1341 *(Abb. 19)*[63], dem die Vollendung des Lübecker Domchors zu danken ist. Wieder werfen die überlieferten Entstehungsfakten und die an sie geknüpften kunstgeschichtlichen Hypothesen auf jene immer wieder vermerkte individuell gebundene Situation und »persönliche« Entstehungsgeschichte gotischer Bronzedenkmäler ein bezeichnendes Licht. Bocholt selbst hat ein Grab mit seiner vollplastischen Figur in Auftrag gegeben. Auf einer Messingplatte sollte sie liegen. Flandrisch-englischen Ursprungs ist dieses Denkmal keineswegs, wie oftmals angenommen worden war. Hans Wentzel brachte eine ganze Reihe von Gegenargumenten, erkannte die Lübecker Entstehung und gelangte zu dem Schluß: Die Grabfigur wurde nach einem älteren Modell gegossen, nach einer um 1310/20 geschnitzten Statue, die erst um 1341 in Erz ausgeführt werden sollte. Umformung einer Holzstatue in Metall in diesem Fall, vorgenommen in der Lübecker Gießer-

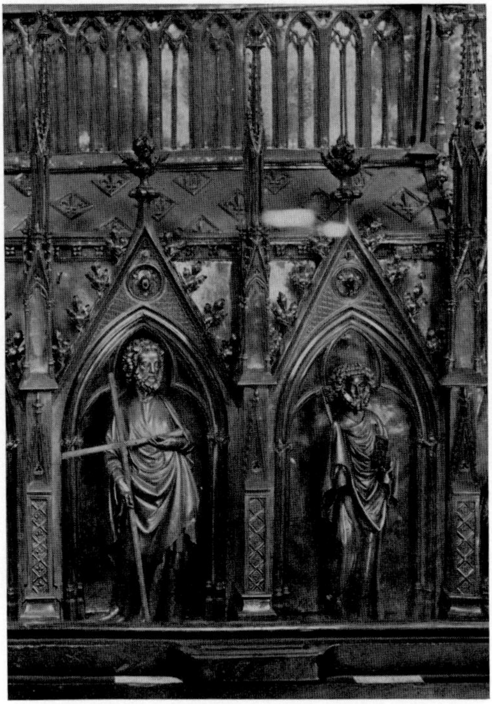

Abb. 20 Schrein der hl. Gertrudis,
Nivelles, Collégiale Sainte-Gertrude

werkstatt des Hans Apengeter, der sein Handwerk als Gießer wie als Modelleur wohl verstanden hatte. Es gab an der Ostsee noch andere Einzeldenkmäler dieser Gattung, so im Dom zu Schwerin, Bronzegrabmäler mit vollplastischen Grabfiguren[64]. Beschließt man diese kurze Umschau im cisalpinen Kreis der europäischen Gotik, so bleibt noch das Reiterstandbild des hl. Georg auf der Prager Burg zu erwähnen[65], ein originäres Werk der Gotik des 14. Jahrhunderts, obgleich charakteristischerweise diesem Kunstwerk die Originalität überwiegend abgesprochen worden ist. Der Streit währt noch immer, ob Neuguß des 16. Jahrhunderts oder Guß der Brüder Martin und Georg von Klausenburg aus dem Jahre 1373. 1562 nämlich wurde das Pferd – einzigartiges Renaissancewerk der Gotik – so schwer beschädigt, daß man im heutigen Exemplar einen völligen Neuguß vermutete. Man glaubte, Postament und Figur seien durch Abformung in die neue Komposition übernommen worden. So gleichen die Bilder und Geschichten späterer Schicksale berühmter Einzelwerke aus Bronze einander wie Legenden. Die Auswahl-

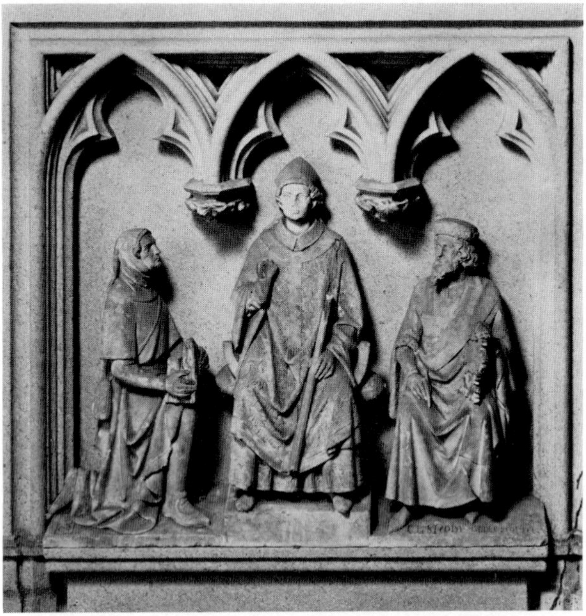

Abb. 21 Christian Mohr (1847), Überreichung des Dommodells an Konrad von Hochstaden am Grabmal des Erzbischofs

übersicht über monumentale Erzgußplastik von den Grabdenkmälern in der Kathedrale zu Amiens bis zum Anbruch der Parlerkunst zeigt, wie spärlich Dokumente hochgotischen Bronzegusses erhalten geblieben und – obgleich gewiß vieles eingeschmolzen – wie außerordentlich selten sie auch im 13. und 14. Jahrhundert immer gewesen.

Mit dem auszeichnenden Rang des Materials aber ist die Topographie des ausgewählten Platzes ebenso verbunden wie mit der Materialvorstellung des polychromen Gesamtbildes, das sich aus einer Vielzahl unterschiedlicher, aber jeweils in der farbigen Erscheinung in sich geschlossener Farbkomplexe zu jenem vornehm homogenen farbigen Kosmos zusammensetzte: die Verglasung, die gefaßte Steinskulptur, die weiße, nur partiell gefaßte Marmorplastik, die Chorschrankenwände, die Monochromie des Chorgestühls aus Eichenholz, die Mensa und die Grabtumben aus schwarzem Marmor und der helle Messington der Erzfiguren und des Bronzeschmuckes.

»Wo er als Bischof den ersten Stein legte«, wurde Hochstaden 1261 begraben, in der Achskapelle des Domes wohl, nicht in der Johanneskapelle, wo sein Grab heute liegt und wo sich das Grabmal befindet. Die Geschichte seiner Translation zeigt einen komplizierten Sachverhalt, den Arnold Wolff kürzlich durchleuchten konnte[66]. Rekonstruktionsvorstellungen des Grabmals mit seinem »architektonischen Thronhimmel« soll hier nicht vorgegriffen, vielmehr auf die oben erwähnte Abhandlung von Herbert Rode (s. Anm. 3) hingewiesen werden. Aber die Aufnahme der Deckplatte aus schwarzem Marmor, hergestellt in den Märztagen 1973, da die Bronzefigur abgenommen war, ist hier zur Dokumentation reproduziert *(Abb. 8)*[67].

Im Bereich zwischen Steinskulptur und Goldschmiedekunst ist das gegossene Bildwerk des Konrad von Hochstaden angesiedelt. Daß auf dem Gertrudenschrein von Nivelles *(Abb. 20)*[68], fertiggestellt in Douai im Jahre 1298, wieder jenes Rauten-Lilien-Muster begegnet, das bei aller Allgemeinheit des Motivs für den Amiktbesatz des Erzbischofs so charakteristisch schien, darf vielleicht weniger als bloßer Zufall gewertet werden, gewiß aber als Hinweis auf das Selbstverständnis der Himmelsrichtung, aus der die systemgebundene Figur im Schematismus und in der Idealität der Gotik ihren Stellenwert im neuen Kosmos des Kölner Domchors bezog.

Anmerkungen

1 Ein aufrichtiger Dank sei hier ausgesprochen Herrn Dombaumeister Dr. Arnold Wolff, seinen Mitarbeitern in der Dombauhütte und Herrn Dr. Herbert Rode für alle Bereitwilligkeit und Mühen, ebenso Herrn Dompropst Prälat Dr. Carl Gielen für sein verständnisvolles Plazet zum riskanten Unternehmen.

2 Aus dem Schrifttum zur Persönlichkeit: J. Burckhardt, Conrad von Hochstaden, Erzbischof von Kölln, 1238–1261, Bonn 1843; Jacob Burckhardt, Frühe Schriften, hrsg. von H. Trog und E. Dürr, Berlin und Leipzig 1930, S. 199 ff. – H. Cardauns, Konrad von Hochstaden, Köln 1880 – Konrad von Hochstaden, Erzbischof von Köln 1238–1261. Ausstellung im Historischen Archiv der Stadt Köln 1961 (Katalog) – E. Wisplinghoff, Konrad von Hochstaden, Erzbischof von Köln (1205–1261). In: Rheinische Lebensbilder Bd. II, hrsg. von B. Poll, Düsseldorf 1966, S. 7 ff.

3 Rhein und Maas 2, Köln 1973.

4 V. H. Elbern, Austellung »Rhein und Maas, Kunst und Kultur 800–1400« Köln: »Was nach dem Raum mit den großen Schreinen noch folgt, ist Abgesang, im raschen Niedergang von der Höhe sakraler Schatzkunst, sinnvoll vorbereitet in Seitenkabinetten, aber dennoch fast ein wenig deprimierend, bei aller künstlerischen Qualität etwa der Skulptur in Holz und in Marmor.« In: Das Münster 25, 1972, S. 280.

5 Jacob Burckhardt, Frühe Schriften, hrsg. von H. Trog und E. Dürr, Berlin und Leipzig 1930, S. 282, Anm. 2 – H. Peters, Der Dom zu Köln 1248–1948, Düsseldorf 1948, S. XXVII.

6 L. Ennen, Der Dom zu Köln von seinem Beginne bis zu seiner Vollendung, Festschrift gewidmet den Freunden und Gönnern aus Anlaß der Vollendung vom Vorstande des Central-Dombauvereins, Köln 1880, S. 68.

7 P. Clemen, Der Dom zu Köln, Düsseldorf 1937, S. 257 (Die Kunstdenkmäler der Rheinprovinz 6 III Die Kunstdenkmäler der Stadt Köln 1 III: Der Dom). Hier S. 256 Literaturverzeichnis zum Grabmal des Erzbischofs Konrad von Hochstaden. Weiteren Zugang zur neueren Literatur erschließt die perfekte Dombibliographie im Kölner Domblatt.

8 H. Peters, Der Dom zu Köln 1248–1948, Düsseldorf 1948, S. XXVII f.

9 J. Hoster, Der Dom zu Köln, Köln 1965, S. 47.

10 R. Schmitz-Ehmke, Rheinland (G. Dehio, Handbuch der deutschen Kunstdenkmäler, Nordrhein-Westfalen 1. Bd., Rheinland), München 1967, S. 316.

11 Ennen (s. Anm. 6), S. 68.

12 A. Lindner, Der Dom zu Köln und seine Kunstschätze, Haarlem (1905), Tf. 20.

13 Dehio-Gall, Handbuch der deutschen Kunstdenkmäler Bd. 2, Berlin 1938, S. 160.

14 Clemen (s. Anm. 7), S. 257.

15 O. Karpa, Die hochgotische Plastik des Kölner Domes. In: Der Dom zu Köln, Festschrift zur Feier der 50. Wiederkehr des Tages seiner Vollendung am 15. Oktober 1880 (Veröffentlichungen des Kölnischen Geschichtsvereins e. V. 5), Köln 1930, S. 102 f.

16 RDK II, Stuttgart-Waldsee 1948, Sp. 1194 f.

17 A. Mundt, Die Erztaufen Norddeutschlands von der Mitte des XIII. bis zur Mitte des XIV. Jahrhunderts, Leipzig 1908, S. 1.

18 F. Lübbecke, Die gotische Kölner Plastik (Studien zur deutschen Kunstgeschichte 133), Straßburg 1910, S. 81.

19 M. J. Gürtler, Die Bildnisse der Erzbischöfe und Kurfürsten von Köln (Studien zur deutschen Kunstgeschichte 146), Straßburg 1912, S. 15.

20 E. Lüthgen, Die niederrheinische Plastik von der Gotik bis zur Renaissance (Studien zur deutschen Kunstgeschichte 200), Straßburg 1917, S. 132 f., 143.

21 Clemen (s. Anm. 7), S. 257.

22 Peters (s. Anm. 8), S. XXVII.

23 H. Vogts, Köln im Spiegel seiner Kunst, Köln 1950, S. 180.

24 G. Troescher, Kunst- und Künstlerwanderungen in Mitteleuropa 800–1800, 2. Bd., Baden–Baden 1954, S. 224, Nr. 1469.

25 Hoster (s. Anm. 9), S. 47.

26 A. E. d'H***, Historische Beschreibung der berühmten Hohen Erz-Domkirche zu Cöln am Rhein nebst ihren Denkmälern und Merkwürdigkeiten, mit Vaterländischen Geschichten der Vorzeit begleitet. Cöln 1821, S. 125 ff.

27 M. J. De Noel, Der Dom zu Köln, Historisch-archäologische Beschreibung, 2. Aufl. Köln 1837, S. 101 f.

28 Burckhardt (s. Anm. 5), S. 282, Anm. 2.

29 L. Ennen, Der Dom zu Köln, Köln 1872, S. 140.

30 Ennen (s. Anm. 6), S. 68.

31 Clemen (s. Anm. 7), S. 257.

32 F. Otten, Ludwig Michael Schwanthaler 1802–1848. Ein Bildhauer unter König Ludwig I. von Bayern (Studien zur Kunst des neunzehnten Jahrhunderts 12), München 1970, S. 151.

33 H. Rode u. M. Kuhl, Dombibliographie 1970–1972. In: Kölner Domblatt 35, 1972, S. 178, Nr. 129.

34 Karpa (s. Anm. 15), S. 102.

35 Hoster (s. Anm. 9), S. 47.

36 Schmitz-Ehmke (s. Anm. 10), S. 316 – berichtigt von H. Rode in der Dombibliographie 1967–1969. In: Kölner Domblatt 31/32, 1970, S. 178.

37 Für die liebenswürdige Bereitschaft zur Durchführung der Spektralanalyse und für das Einverständnis, die Ergebnisse und Beobachtungen mitzuteilen, möchte ich Herrn Dr. Otto Werner ganz besonders danken. – Vgl. auch O. Werner, Spektralanalytische Untersuchungen antiker und neuzeitlicher indischer Bronzen. In: »Materialprüfung« Bd. 7, 1965, Nr. 12, S. 463 ff. – O. Werner, Spektral-

analytische und metallurgische Untersuchungen an indischen Bronzen, Brill, Leiden 1973.

38 Die Krümme des Bischofsstabes – vgl. Abbildung 1 – gibt übrigens nicht einen Typus dieser Realie um 1300 wieder, sondern imitiert dekorativ das vegetabilische Schnitzwerk vom Domchorgestühl, das ebenso im Dekor der neogotischen Beichtstühle der Chorkapellen wiederkehrt.

39 Größte Breitenausdehnung des Umrisses in der Ellenbogengegend (von Außenrand zu Außenrand der Wandung abgenommen) = 61 cm; Metalldicke am Figurenumriß = durchschnittlich 1,5 cm. Für die angegebenen Maße vgl. den Zustand der umgedrehten Figur in Abbildung 7. Die hier sichtbaren Ösen an der Figur Zutaten von 1844. Länge der Figur 218 cm.

40 Über die Herstellungsvorgänge wurde viel diskutiert. Im Schnütgen-Museum hat sich Friedrich Schwarz hierüber den Kopf zerbrochen. Ihm scheint folgende Abfolge möglich gewesen: Abformung einer angenommenen Steinfigur mittels Leimform; Abhebung dieser Leimform; Füllung des Inneren mit feuerfester Formmasse; nach Abbinden dieser Masse Abhebung der Leimform; Anfertigung des Wachsaufbaus über dem nun schon für den Guß geeigneten Kern; Einmantelung des Wachsaufbaus mit der gleichen Masse; nach dem Ausschmelzen des Wachses Eingießen der Bronze.

41 Clemen (s. Anm. 7), S. 253 f. – »Der Bronzegußtechnik näherstehend als dem reinen Steinstil«, so heißt es interessanterweise auf S. 254.

42 De Noel (s. Anm. 27), S. 101 f.

43 Zum Gebrauch der Pontifikalhandschuhe vgl. J. Braun, Die liturgische Gewandung in Occident und Orient, Freiburg im Breisgau 1907, S. 359 ff.

44 Zum Rosettenmotiv als Hinweis auf Gebetsdarbringung vgl. die Untersuchungen und Thesen von W. Krönig; z. B. W. Krönig, Ein Vesperbild im Schnütgen-Museum zu Köln mit einem Exkurs über die Bedeutung der Rosetten. In: Wallraf-Richartz-Jahrbuch 31, 1969, S. 7 ff.

45 Roswitha Kock ist dankenswerterweise dem Motiv des Lilienstempels nachgegangen: Das Ornament findet sich besonders zahlreich im 13. Jahrhundert in Frankreich, allerdings nicht in der vereinzelten Form wie auf dem Amiktkragen des Hochstaden, sondern hauptsächlich im durchlaufenden Rautenmuster. Einzelstempel befinden sich z. B. auf dem Gertrudenschrein von Nivelles (Rhein und Maas, Köln 1972, S. 356, M 12). Beispiele des 13. Jahrhunderts: Westrose und Fenster M in der Sainte-Chapelle (Corpus Vitrearum Medii Aevi, France I, Paris 1959, Pl. VIII, Pl. II); Westportal von Notre Dame in Paris (W. Sauerländer, Gotische Skulptur in Frankreich 1140–1270, München 1970, Abb. 144); Sockel des Westportals von St. Denis (J. Evans, Pattern – A Study of Ornament in Western Europe from 1180–1900, I, Oxford 1931, Abb. 18). Auch an den Gewändern der Statuen von Chartres spielt das Textilmuster der Lilie in Raute eine wichtige Rolle. Es zeigt sich z. B. am Gewandsaum des Vincentius und am Manipel Gregors des Großen (Sauerländer, Abb. 117, 121).

46 O. Karpa, Kölnische Reliquienbüsten der gotischen Zeit aus dem Ursulakreis. In: Rheinischer Verein für Denkmalpflege und Heimatschutz 27, 1934, S. 48 ff., Typus 5 und 6.

47 Rhein und Maas, Köln 1972, S. 72, IV 5.

48 gegenwärtig aufgestellt im südlichen Querschiff am Chorumgang.

49 Über den Geschmack der Schwärzung von Bronzen z. B. A. Legner, Anticos Apoll vom Belvedere. In: Städel-Jahrbuch N. F. 1, 1967, S. 103.

50 Zur Skulptur der Domhochaltarmensa zuletzt A. Legner in: Rhein und Maas,

Köln 1972, S. 371 ff., O 1; dazu H. Rode in der Dombibliographie 1970–1972, Kölner Domblatt 35, 1972, S. 177, Nr. 125.

51 De Noel (s. Anm. 27), S. 101 f.

52 P. Nørlund, Acta Archaeologica 6, S. 249 ff. – L. Balslev, Sorø Kirke, Nationalmuseet 1966, S. 29 ff. – E. Steingräber, Alter Schmuck, München 1956, Abb. 75.

53 W. Sauerländer, Gotische Skulptur in Frankreich 1140–1270, München 1970, S. 148 f., Tf. 174, Abb. 88.

54 Sauerländer (s. Anm. 53), S. 148 f.

55 Notre Dame d'Amiens »Les Grandes Cathédrales« Hachette 1960, S. 104.

56 Clemen (s. Anm. 7), S. 252 f.

57 A. Duran Sanpere – J. Ainaud de Lasarte, Escultura gótica, Ars Hispaniae VIII, Madrid 1956, S. 66, Abb. 47 – L'Europe Gothique XIIe XIVe Siècles, Paris 1968, S. 255, Nr. 395 (hier Literaturverzeichnis zum Denkmal).

58 G. R. Sommers, Royal Tombs at St-Denis in the Reign of Saint Louis, Columbia University, Ph. D., 1966, Fine Arts, Michigan 1969, Abb. 93.

59 Schrifttum bei Sommers (s. Anm. 58) und bei Sauerländer (s. Anm. 53), S. 170 ff.

60 E. S. Prior u. A. Gardner, An Account of Medieval Figure-Sculpture in England, Cambridge 1912, S. 658 ff. – L. Stone, Sculpture in Britain, The Middle Ages (The Pelican History of Art) 1955, S. 142 ff.

61 Eine dendrochronologische Untersuchung (E. Hollstein, Jahrringchronologien aus dem Chorgestühl im Kölner Dom. In: Kölner Domblatt 26/27, 1967, S. 57 ff.) erbrachte den Nachweis, daß das Domchorgestühl bereits 1311 fertiggestellt war; hierdurch verschiebt sich die Chronologie allen zur Chorweihe 1322 fertiggestellten festen Einrichtungsinventars beträchtlich. – Zur Chronologie von Chorpfeilerstatuen, Hochaltarmensa und Chorgestühl vgl. die wichtigen Bemerkungen von H. Rode in den Resumées seiner Dombibliographie 1970–1972 (s. Anm. 33), S. 177, Nr. 125, 126: Chorpfeilerfiguren 1270–80(!), Hochaltarmensa kurz vor 1309, Chorgestühl 1309–11.

62 W. Pinder, Die deutsche Plastik des vierzehnten Jahrhunderts, München 1925, S. 18 f., Abb. 13.

63 Alles über das Grabmal Bocholt Wissenswerte bei H. Wentzel, Lübecker Plastik bis zur Mitte des 14. Jahrhunderts, Berlin 1938, S. 113 ff., 167 f.

64 C. G. Lisch, Der Dom zu Schwerin. In: Jahrbücher des Vereins für Mecklenburgische Geschichte 35, 1870, S. 164 ff.

65 Literatur bei A. Kutal, České gotické sochařství 1350.1450, Prag 1962, S. 66 ff., Anm. 256 ff. – 1575 hat Wolf Hofprucker 15 Kop Groschen für Ausbesserungsarbeiten am Werk erhalten. Kutal (Anm. 259) betont, daß für diesen Betrag ein Neuguß unmöglich hergestellt werden konnte.

66 A. Wolff, Chronologie der ersten Bauzeit des Kölner Domes 1248–1277. In: Kölner Domblatt 28/29, 1968, S. 218 ff.

67 Das Bild zeigt den ungeschliffenen Zustand der Marmorplatte unter der Figur. Die Marmorplatte wurde also erst geschliffen, als die Bronzefigur angepaßt war. Die Umrißrille ist ca. 5,5 cm breit. Die Fläche unter der Bronzeskulptur ca. 1 cm höher als die geschliffene Platte ringsum. Vertiefungen für die Löwentatzen nachgehauen. Maße der Platte: 269 × 103 cm. Die oft unrichtig wiedergegebene Inschrift lautet: Conradus de Hocsteden.

68 Rhein und Maas, Köln 1972, S. 356, M 12.

Franz Winzinger und Theodor Müller

Eine Regensburger Skulptur des zwölften Jahrhunderts

Als spätes Opfer des letzten Krieges wurde die altehrwürdige Obermünsterkirche in Regensburg durch Bomben so stark beschädigt, daß nur mehr Reste des Bauwerks erhalten werden konnten. Es handelte sich um eine dreischiffige Pfeilerbasilika, die auf karolingischen Fundamenten ihre entscheidende Gestalt durch Kaiser Heinrich II. im ersten Viertel des 11. Jahrhunderts erhielt[1]. Bei der Konservierung des weitgehend erhaltenen Westwerks wurden Arkaden freigelegt, die in späterer Zeit – wohl im 18. Jahrhundert – roh mit unregelmäßigen Bruchsteinen zugemauert worden waren. Unter diesem Füllmaterial befand sich ein Christuskopf *(Abb. 1–3)*. Dieser ließ sich verhältnismäßig leicht aus dem Mörtelverband lösen. Auf der Rückseite befanden sich noch ältere steinharte Mörtelreste, mit denen der Kopf vielleicht einstmals an einer Rückwand befestigt war, oder die darauf schließen lassen, daß er bereits einmal an anderer Stelle eingemauert worden war.

Bei dem Bruchstück handelt es sich wohl um das bekrönte Haupt eines bärtigen Christus. Die Krone ist als eine Scheibe geformt, auf deren senkrechtem Rand wohl einst Zacken aufgemalt waren. Das Haupthaar ist in der Mitte gescheitelt und in dicken, weichen Strähnen über die Stirn bis hinter die Ohren geführt, wo es zu größeren Locken zusammengedreht senkrecht herabfällt. Am oberen Teil des Hinterhauptes ist das Haar nicht angedeutet. Die formelhaft gebildeten Ohren sind auffallend hoch angesetzt. Die Augen liegen flach in einer Ebene, wobei das linke Auge etwas nach unten abgesunken ist. Über dem schmallippigen Mund ist ein flacher Schnurrbart aufgesetzt, dessen Haare in schrägen Rillen angedeutet sind. Vom Ohr zum Untergesicht zieht sich ein straff zusammengefaßter Backenbart, der ähnlich wie das Haupthaar durch senkrechte, gedrehte Stränge belebt ist. Die Nase ist abgeschlagen, wobei auch Teile der Stirn, Augenbrauen und Wange beschädigt wurden. Auch der Rand des rechten Ohres und eine der herabfallenden Locken des Haupthaares sind abgebrochen. Der Kronreif ist an drei Stellen schartig ausgesprungen.

Die Bruchstellen, aber auch die ganze technische Behandlung des Bildwerks lassen erkennen, daß es aus einer knetbaren Masse geformt wurde. Besonders an den gedrehten Locken ist der Schnitt des Modelliereisens in dem käsigweichen Werkstoff zu erkennen. Auch die scharfen Ränder an Lippen, Augenlidern und Ohren verraten die Arbeit der Spachtel. Bearbeitungsspuren durch einen Meißel oder durch ein Scharriereisen sind nirgends zu finden. Es scheint, daß die Haarstränge im Nacken zuerst für sich ausgeformt und dann eingearbeitet worden sind. Auch die Ohren wirken wie »aufgeklebt« und der Bart ist offenbar ebenfalls aufgesetzt worden. Das wird besonders an der linken Seite des Kopfes sichtbar, wo der obere Teil des Bartes unter dem Ohr abgefallen ist. Dort sieht man noch die mit dem Modellierwerkzeug eingeritzte Vorzeichnung des Bartansatzes.

Die gelblich-weiße Farbe des Werkstoffes ließ zunächst eine Stuckmasse vermuten. Die ziegelrote Verfärbung an der Bruchzone der Krone und eine größere Härte des Materials lassen aber erkennen, daß das Bildwerk aus nicht sehr hart gebranntem Ton gefertigt wurde[2]. Geringe Spuren beweisen, daß das Bildwerk ursprünglich farbig gefaßt war. So waren Haar und Bart ockergelb angelegt, das Gesicht war, wie ein Farbteilchen auf dem rechten Augenlid zeigt, gelblich-weiß bemalt. Der Mund ist stellenweise schwarz verfärbt. Doch scheint es sich dabei um Spuren eines Brandes zu handeln.

Das Bruchstück ist 30,5 cm hoch, der Durchmesser der Krone beträgt 18 cm. Obwohl der Kopf nur etwas überlebensgroß gebildet wurde, erscheint er durch die Strenge seiner Form weit über menschliches Maß hinauswachsend. Die Augen haben durch den Verlust der Nase ihre Verankerung verloren, so daß sie seltsam schwebend, fast geisterhaft wirken. Der schmallippige, verhältnismäßig kleine Mund wird durch die Rahmung des Bartes so gesteigert, daß er in seiner Aussagekraft den Augen fast gleichwertig ist. Der in die geschwungenen Bögen der Augenbrauen auslaufende Nasenrücken muß die Steilheit des Kopfes einst noch entschiedener betont haben. Gleichzeitig verband die Nase diese bannenden Augen mit dem Mund zu einer Signatur von Verschlossenheit. Die Verstümmelung verleiht dem Antlitz einen sphingenhaften Ausdruck.

Alle Teile des Gesichtes sind auf der nur leichtgewölbten »Vorderfläche« des Formblocks in harter Zeichnung aufgetragen, so daß sich eine starre Frontalität einstellt. Dieses Gerichtetsein, vor allem aber die weitgeöffneten Augen, deren Wirkung einstmals durch dunkel aufgemalte Pupillen noch gesteigert war, geben diesem Kopf einen Ausdruck von Würde und Macht – eine fast mythische Gewalt.

Wahrscheinlich war dieser Christuskopf Teil eines thronenden Weltenrichters – einer »majestas domini«. Dann war wohl die Rechte richtend erhoben und das Buch auf den linken Oberschenkel aufgestützt, ähnlich wie bei der Darstellung des Weltengerichts in der Vorhalle von St. Emmeram in Regensburg. Hinter dem Kopf war dann ein kreisrunder Scheibennimbus und die ganze Gestalt war vielleicht in eine von zwei Engeln gehaltene Mandorla eingebunden. Es ist aber auch möglich, daß in den Zwickeln dieser Mandorla sich die Evangelistensymbole befanden.

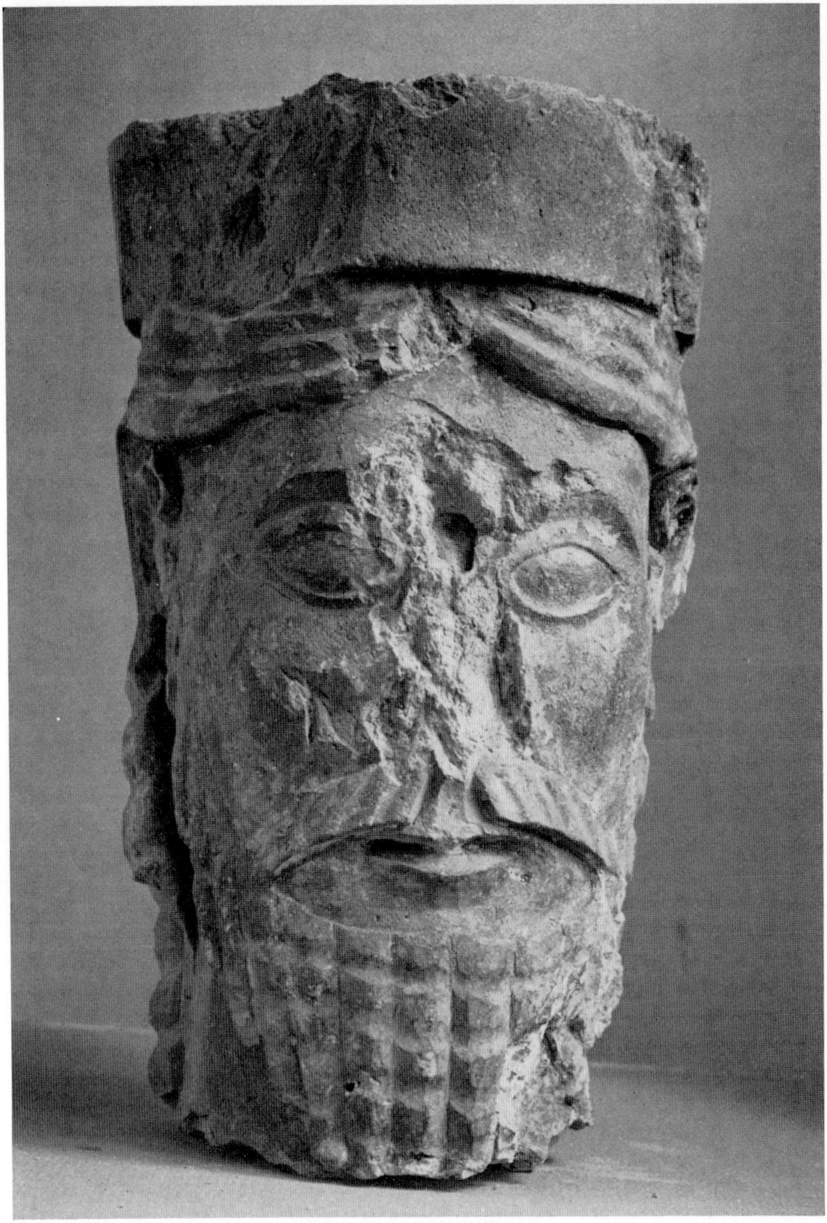

Abb. 1 Christuskopf, Fragment einer Tonskulptur, Regensburg, Mitte des 12. Jhs. Regensburg, Bischöfliches Ordinariat

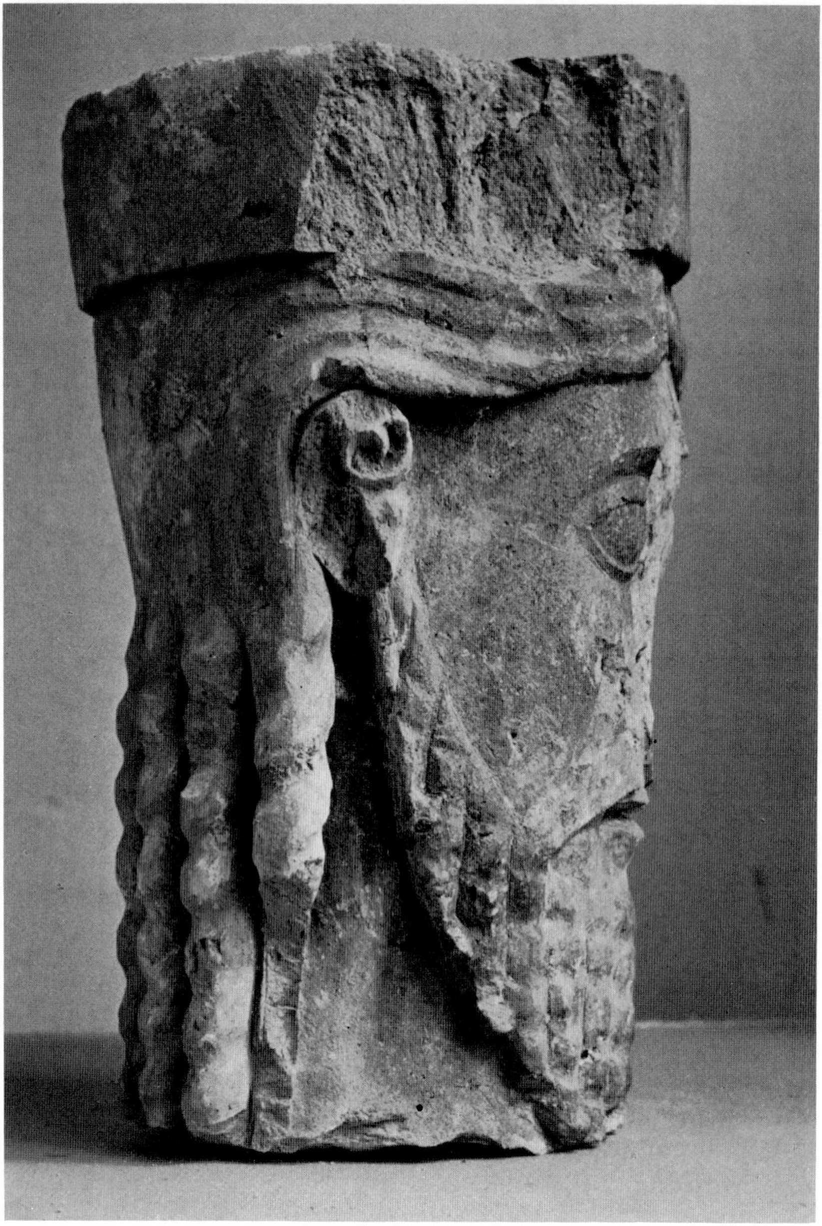

Abb. 2 Christuskopf, Fragment einer Tonskulptur, Regensburg, Mitte des 12. Jhs. Regensburg, Bischöfliches Ordinariat

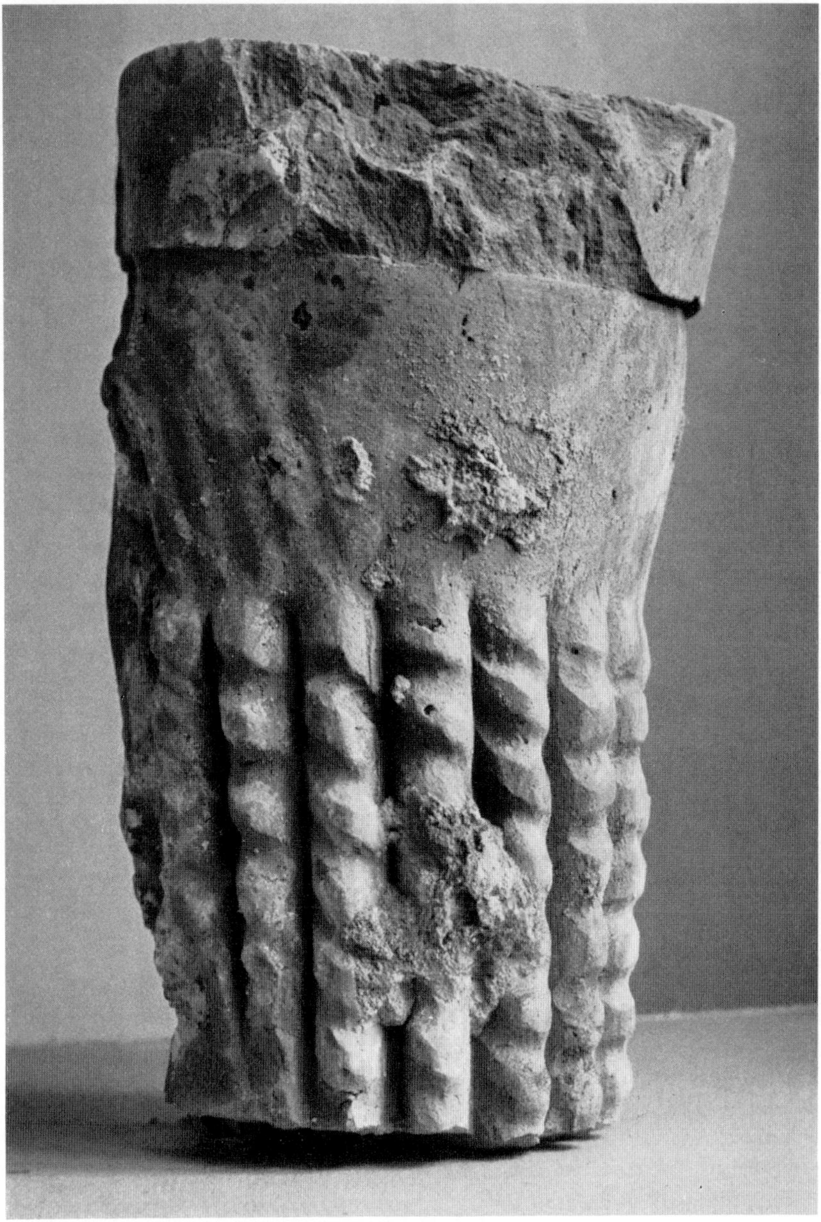

Abb. 3 Christuskopf, Fragment einer Tonskulptur, Regensburg, Mitte des 12. Jhs. Regensburg, Bischöfliches Ordinariat

Seine ganze Aussagekraft erhielt das Bildwerk erst durch die Bemalung in ungebrochenen Farben, von denen neben dem leuchtenden Ocker des Haares und den hellen Gesichtsfarben mit Wangenrot, Bergblau, Rebschwarz ein brennendes Zinnober und gellendes Kupfergrün vorstellbar sind. Auch dürften die Gewandsäume und die Krone einst vergoldet gewesen sein.

Aus technischen Gründen ist anzunehmen, daß der mindestens lebensgroße Körper in einzelnen Teilen gebrannt worden ist. Der vollrunde Kopf war vielleicht in eine Halsöffnung eingesteckt. Jedenfalls ist der Ansatz eines Gewandes am Kopf nicht mehr feststellbar.

Man hat vor dem Regensburger Christus nicht die Vorstellung einer Kunst aus zweiter Hand. Vielmehr strahlt das Werk eine selbstsichere schöpferische Kraft aus. Schon wegen der technischen Bewältigung einer so großen Tonskulptur muß eine spezifische Tradition vorausgesetzt werden, die wegen der leichten Zerstörbarkeit der Tonplastik nicht mehr nachgewiesen werden kann.

Die bisherigen Datierungsversuche weichen beträchtlich voneinander ab. So spricht in der ersten Fundnotiz[3] Andreas Trapp, der das Bruchstück sorgfältig und sachverständig aus der Mauer geborgen hatte, von einem »bedeutungsvollen Fund aus dem 12. Jahrhundert«. In einem Brief vom 18. August 1953 an Trapp bezeichnete Rudolf Kömstedt den Kopf dagegen als »die erste plastische Demonstration der spätkarolingisch-frühottonischen Anschauungsweise mit monumentaler Absicht«, von der er Kenntnis habe. In seinem Aufsatz von 1955 schließt sich Trapp dieser Ansicht an[4]. Er verglich den Christuskopf mit zwei Stuckplastiken aus Mals in Südtirol, die noch dem neunten Jahrhundert angehören. Er kam dabei zu dem Schluß, daß der »Regensburger Christus »durchaus bereits zur gleichen Zeit entstanden sein kann, wenngleich auch das frühe zehnte Jahrhundert für eine mögliche Datierung noch in Erwägung gezogen werden muß«.

Franz Winzinger

Das Fragment dieser Tonplastik aus der Obermünsterkirche in Regensburg eröffnet neue Aspekte. Über den Fund in einer Pfeilerfüllung wohl des 18. Jahrhunderts haben Andreas Trapp und Franz Winzinger berichtet. Aus diesen Angaben ist über das Alter dieser Spolie nichts zu entnehmen.

Das verwendete Material, nicht hart gebrannter Ton, ist im frühen Mittelalter ungewöhnlich. Wir wissen zwar, daß damals in Fortsetzung spätantiker Praktiken Bauplastik und Baudekor häufig in Stuck gearbeitet wurden. Dies weich modellierbare Material bot sich an, wenn man illusionistische, »klassizistische« Bildwirkungen erzielen wollte, wie es z. B. in dem Relief-Tondo aus der

Basilika in Solnhofen[5] geschehen ist. Auch ist typisch, daß Stuck in der deutschen Plastik des 12. und 13. Jahrhunderts verwendet wurde, wenn »malerische« Effekte der Reliefdarstellungen angestrebt wurden[6].
Die dem Stuck vergleichbare Verwendung von gebranntem Ton überrascht, weil wir dazu neigen, solche der Architektur dienende Produktionen unter der »Firma« der Bauhütte zu subsumieren. Sind der mittelalterlichen Bauhütte mehr Hantierungen zugekommen, als wir bisher erkennen konnten? Der vorliegende Fund nötigt zu der Annahme, daß auch Tonplastik im Bauhüttenverband schon frühzeitig geübt wurde[7].
Von der Regensburger Monumentalplastik des 11. Jahrhunderts sind relativ zahlreiche Zeugnisse erhalten geblieben: das Samson-Relief im Regensburger Museum, die Reliefs an dem durch Abt Reginward (1048 bis spätestens 1060) errichteten Portal des Westquerhauses von St. Emmeram, das Astrolabium aus St. Emmeram (vor 1069?), der Torso einer Statue der Kaiserin Agnes (um 1077?)[8]. Innerhalb dieser Werke sind aber, wie mir scheint, Kommunikationen im Sinne einer lokalen »Schule«, wie sie an einem Platz von der überragenden Bedeutung Regensburgs in dieser Zeit durchaus anzunehmen ist, nicht zu erkennen. Ebensowenig stilistische Tangenten zur Regensburger Goldschmiedekunst und Buchmalerei[9]. Charakteristisch sind die weiche Rundung der Körper, die schmiegsame Modellierung der Falten, die nichtdeterminierte Räumlichkeit. Eine gewisse Parallele zu dem eigentümlichen Stil der Portalreliefs von St. Emmeram meine ich in dem geschnitzten, 2 m großen Crucifixus des Museum of Fine Arts in Boston (Mass.), angeblich aus Reichenhall (St. Zeno?), zu erkennen[10].
Jedenfalls ist evident, daß von hier kein Weg zu der vergleichsweise magisch-dämonisch wirkenden Mächtigkeit des Tonkopf-Fragmentes aus dem Obermünster und zu der Wucht seiner prägnanten Bildhaftigkeit führt.
Hans Karlinger[11] hat schon betont, welche Kluft zwischen diesen monumentalplastischen Frühwerken in Regensburg und der romanischen Bauplastik in Altbayern besteht. Aus der zweiten Hälfte des zwölften Jahrhunderts sind in weiter Streuung Werke gemeinsamer Art in so großer Zahl erhalten geblieben, daß man sagen darf, dieser Spätstil der Romanik habe in den altbairischen und in den benachbarten österreichischen Landschaften eine ebenso starke, eigentümliche Resonanz gefunden wie die späteste Gotik und das späte Barock. Mit Recht hat Sauerländer[12] dargelegt, daß die wesentlichen Initiativen dieser Bauplastik von Oberitalien ausgegangen sind. Salzburg und Regensburg waren in diesen Kontakten wohl die wichtigsten »Umschlagplätze«. Es ist evident, daß die architekturplastischen Werke aus dieser Zeit in Altbayern und in den benachbarten österreichischen Landschaften[13] Derivate und keine schöpferischen Inventionen gewesen sind. Das Tonfragment aus dem Obermünster unterscheidet sich durch eine merkwürdige Indi-

vidualität von den Konventionen solcher Steinmetzarbeiten. Eben wegen seines materiellen Befundes scheint es primär lokal typisch zu sein.

Diese Tonplastik ist mit größter Konsequenz und größter Präzision geformt. Wir suchen durch Vergleiche nach einer Verankerung der möglichen Datierung. Auf Grund der Abstraktion der Bildwirkung bietet sich, wie mir scheint, zumeist der Cappenberger Barbarossakopf[14] als ein paralleles Phänomen an, entstanden zwischen 1155 und 1171. In dieser Abstraktion verwirklicht sich ein Stilwandel von europäischer Bedeutung, den wir ebenso in der gleichzeitigen französischen Kathedralplastik beobachten. Konfrontiere ich das Tonkopf-Fragment z. B. mit dem um 1160 entstandenen Kopf vom Grabmal Ogier des Dänen aus Saint-Faron in Meaux im dortigen Musée Municipal[15] *(Abb. 4)* oder mit dem Haupt einer Lotharstatue aus Saint-Rémi im Musée Lapidaire Reims[16], so wird die Gemeinsamkeit der stilistischen Situation deutlich, ohne daß wir aber die isolierte Stellung des Regensburger Fragmentes motivieren können. Auch gibt es für das Obermünster aus der Mitte des 12. Jahrhunderts keine Baunachrichten[17].

Wie bei einer archaischen Skulptur sind alle Formen der Oberfläche in einen »Schaft« projiziert. Die großen Pupillen der Augen sind von spitzovalen Lidern eingefaßt. Der Mund ist wenig geöffnet. Das gescheitelte Haupthaar ist in Strähnen über Stirn und Schläfen ausgebreitet. Die Ohren sind wie Ornamente gebildet. Die rückwärtigen Nackenhaare sind ebenso schematisiert wie die durch Rillen und Kerben artikulierten Haare des Schnurrbartes und des Kinnbartes. Die Krone wirkt wie ein markant abgesetzter breiter Reif. So sind dem materiellen Volumen Formen in äußerster Knappheit abgerungen.

Aber »der archaische Eindruck trügt« – so schreibt Sauerländer von dem Steinkopf in Meaux[15]. Vielmehr ist dieser Archaismus kennzeichnend für die Dominante der architektonischen Funktion in der plastischen Formgebung der Mitte des 12. Jahrhunderts.

So ist das Skulpturenfragment aus dem Obermünster in Regensburg ein wichtiges Dokument aus der Zeit vor der zumeist auf Grund lombardischer Initiativen erfolgten Ausbildung und Expansion jener »spätromanischen« Bauhüttenwirksamkeiten, an deren Anfang die Errichtung von St. Jakob II unter Abt Gregor I. († etwa 1194) zu stehen scheint[18].

Theodor Müller

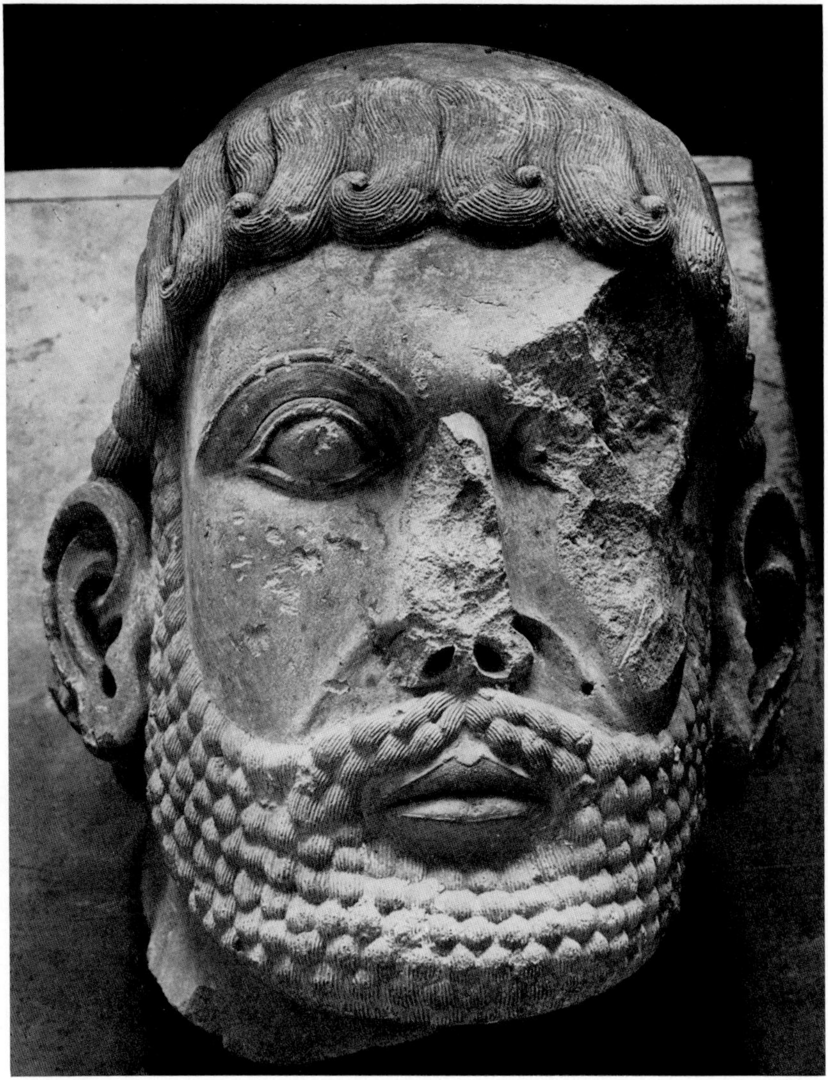

Abb. 4 Kopf vom Grabmal Ogier des Dänen aus Saint-Faron in Meaux, um 1160. Meaux, Musée Municipal

Anmerkungen

1 R. Strobel, Romanische Architektur in Regensburg, Kapitell, Säule, Raum, Nürnberg 1965, S. 15.

2 Dieser Befund wurde gesichert durch eine Untersuchung des Mineralogischen Institutes der ehem. Philos.-Theolog. Hochschule in Regensburg, jetzt Staatl. Mineralogisches Forschungsinstitut.

3 Dr. Andreas Trapp in: Mittelbayerische Zeitung Nr. 168, 1953, und Tagesanzeiger Regensburg Nr. 126, 1953.

4 A. Trapp, Obermünster Regensburg: Baufachnachrichten 25, Regensburg 1955, S. 18 ff.

5 H. Karlinger, Romanische Steinplastik in Altbayern und Salzburg, Augsburg 1924, S. 5. – G. de Francovich, Arte Carolingia ed Ottonica in Lombardia, Stucchi: Römisches Jahrbuch für Kunstgeschichte VI, Wien 1942/44, S. 116/147. – Atti dell' ottavo Congresso di studi sull'arte dell'alto Medioevo, I, Lo Stucco, Milano 1962, S. 21/215. – Chr. Beutler, Bildwerke zwischen Antike und Mittelalter, Düsseldorf 1964, S. 91, 115, 117, 143. – V. H. Elbern: Zeitschrift für Kunstgeschichte XXVIII, 1965, S. 268. – (W. Braunfels), Katalog der Ausstellung »Karl der Große, Werk und Wirkung«, Aachen 1965, Nr. 640. – G. de Francovich, Das chronologische Problem der Hochplastiken in S. Maria della Valle in Cividale: Universität Heidelberg, Colloquium über frühmittelalterliche Skulptur 1968, Vortragstexte, Mainz 1969, S. 21. – J. H. Forsyth, The Throne of Wisdome, Princeton 1972, S. 9, Anm. 1. – W. Sauerländer datiert das Solnhofener Stuckrelief im Katalog der Ausstellung »Bayern, Kunst und Kultur«, München 1972, S. 44, Kat. Nr. 64 in die zweite Hälfte des 11. Jahrhunderts. Ich halte eine Entstehung am Anfang dieses Jahrhunderts für wahrscheinlicher.

6 Ich nenne nur die Beispiele in Altbayern: die Sitzfiguren an der Emporenbrüstung der Burgkapelle der Trausnitz und die Bildwerke ehemals im Saal des Dollingerhauses in Regensburg.

7 H. Wilm, Gotische Tonplastik in Deutschland, Augsburg 1929, hat unterlassen, nach solchen architekturgebundenen Inkunabeln der Tonplastik zu fahnden. Ein Beispiel ist das Relief eines thronenden Christus (um 1182?) von St. Peter in Augsburg im Maximilians-Museum (Bayer. Kunstdenkmale: T. Breuer, Die Stadt Augsburg, München 1958, S. 40. – Ausstellungskatalog »Suevia Sacra«, Augsburg 1973, Nr. 45). Die merkwürdigen in Ulm gefundenen Tonrelieftafeln (Führer durch das Ulmer Museum 1958, Abb. S. 10), laut E. Kühnel Nachahmungen byzantinischer Vorlagen und nicht vor dem 10. Jahrhundert entstanden, waren dekorativ verwendet, ebenso die Tonrelieftafeln aus dem 12. Jahrhundert aus St. Emmeram in Regensburg (vgl. H. Brandl: Städel-Jahrbuch IX, Frankfurt 1935/36, S. 159).

8 Karlinger, a. a. O., S. 2/6; ferner: Münchner Jahrbuch der Bildenden Kunst N. F. XIII, 1938/39, S. 12/17. – K. A. Wirth, Ein neugefundenes ottonisches Steinbildwerk in Regensburg: Kunstchronik XII, 1959, S. 33. – R. Wesenberg, Das Regensburger Samson-Relief und die süddeutsche Skulptur des 11. Jahrhunderts: Mitteilungen des Oberhessischen Geschichtsvereins N. F. 44, 1960, S. 20. – Strobel, a. a. O. S. 23 ff., 44 ff. – Sauerländer 1972, a. a. O., S. 44, Kat. Nr. 77. Im Widerspruch zu Sauerländer halte ich an der Datierung des Astrolabium um 1060/70 fest.

9 H. Schnitzler, Zur Regensburger Goldschmiedekunst: G. von Opel, Forschungen zur Kunstgeschichte und Christlichen Archaeologie II, Wandlungen Christlicher Kunst im Mittelalter, Baden-Baden 1953, S. 171/188.

10 O. Schmitt und G. Swarzenski, Meisterwerke der Bildhauerkunst in Frankfurter Privatbesitz I, Frankfurt 1921, Nr. 5. – W. von Blankenburg: Jahrbuch d. Preuss. Kunstsammlungen LV, Berlin 1934, S. 139. – R. Hausherr, Der tote Christus am Kreuz, Zur Ikonographie des Gerokreuzes, Diss. Bonn 1963, S. 20/21. – R. Wesenberg, Frühe mittelalterliche Bildwerke, Die Schulen Rheinischer Skulptur und ihre Ausstrahlung, Düsseldorf 1972, S. 42/43. Ich kann nicht zustimmen, wenn Wesenberg erklärt, St. Gallen oder die Reichenau sei die stilistische Heimat dieser Skulptur.

11 Karlinger, a. a. O., S. 111.

12 Sauerländer 1972, a. a. O., S. 44.

13 P. Baldass, W. Buchowiecki, W. Mrazek, Romanische Kunst in Österreich, Wien 1962. – Katalog der Ausstellung »Romanische Kunst in Österreich«, Krems 1964.

14 O. von Falke und E. Meyer, Bronzegeräte des Mittelalters I, Berlin 1935, Nr. 319. – H. Swarzenski, Monuments of Romanesque Art, London 1954, Cat. nr. 165. – H. Grundmann, Der Cappenberger Barbarossakopf, Köln 1959. – G. Bandmann, rec. Grundmann: Historische Zeitschr. 192, 1961, S. 122. – H. Schnitzler in: Cat. der Ausstellung »El Arte Románico«, Barcelona 1961, Nr. 1157. – H. Fillitz: Münchner Jahrbuch der Bildenden Kunst III. F. XIV, 1963, S. 39.

15 Musée du Louvre, Chefs-d'Œuvres Romans des Musées de Province, Paris 1957/8, Cat. Nr. 81. – Cat. Barcelona 1961, a. a. O., Nr. 361. – W. Sauerländer, Gotische Skulptur in Frankreich, München 1970, S. 79, Tafel 29.

16 Musée du Louvre, Cat. 1957/8, a. a. O., Nr. 102. – Sauerländer 1970, a. a. O., S. 78, Tafel 28.

17 Kunstdenkmäler von Bayern, Oberpfalz, XXII, Regensburg II, München 1933, S. 248. – Trapp, a. a. O., S. 18/19.

18 Strobel, a. a. O., S. 111 ff.

Willibald Sauerländer

Zu dem romanischen Kruzifix von Moissac

Das Verhältnis zwischen der in Stein ausgeführten *Bauskulptur* und den *in Holz geschnitzten Bildwerken* bleibt im 12. und 13. Jahrhundert für uns weitgehend unklar. Waren es dieselben Werkstätten, welche die Gestalten an den Portalen und die Holzfiguren für Altäre und Triumphbalken lieferten oder müssen wir damit rechnen, daß die Schnitzer von den Hüttenbildhauern separiert gewesen sind? Die Schriftquellen sind für die Entscheidung dieser Frage nur in Ausnahmefällen ergiebig[1]. Der »Livre des Métiers« des Etienne Boileau scheint ziemlich eindeutig die Annahme spezialisierter, von der Bauhütte streng getrennter Werkstätten für die Herstellung der beweglichen Bildwerke zu bestätigen[2]. Es bleibt jedoch mehr als fraglich, ob diese erst in der zweiten Hälfte des 13. Jahrhunderts entstandenen und schon für ein stadtsässiges Handwerk bestimmten »Réglemens« Rückschlüsse auf die Verhältnisse an den Bischofs- und Klosterkirchen in der voraufgehenden Zeit erlauben. Ein Urteil in diesen Fragen wird zudem durch den Umstand erschwert, daß gerade in den wichtigsten und produktivsten Zentren – zumal in Frankreich – die Bildwerke in Holz fast völlig untergegangen sind, wogegen die Bauskulptur in großem Umfang erhalten blieb. Soweit hier ein stilkritisches Urteil überhaupt noch möglich ist, scheint es zu dem Schluß zu führen, daß sich eine durchgehende Regel für das werkstattmäßige Verhältnis zwischen Bauskulptur und Bildwerken in Holz nicht aufstellen läßt. Die herrliche, von Hanns Swarzenski erworbene Madonna des Bostoner Museums stimmt zwar in vielen Zügen mit nordfranzösischen Kathedralskulpturen überein, doch die Zuweisung an eine bestimmte Hütte geht bezeichnenderweise nicht völlig auf[3]: Manche Figuren am nördlichen Querhaus in Chartres stehen der Bostoner Madonna zwar überraschend nahe, bleiben von ihr aber doch durch eine größere Strenge und Sperrigkeit der Formenbehandlung getrennt[4]. Da keine Schriftquellen zu Hilfe kommen, ist es für uns nicht möglich zu entscheiden, ob solche generell ähnlichen, in der Einzelausführung aber divergierenden Arbeiten aus Stein und aus Holz in getrennten Werkstätten entstanden oder doch von den gleichen Künstlern geschaffen wurden. Jene bekannten hölzernen Engel in verschiedenen Sammlungen und Kirchen, die den Portal- und Strebepfeilerfiguren aus dem Umkreis des Reimser Josephsmeisters oft verblüffend ähnlich sehen, dürften wohl in spezialisierten Ateliers entstanden sein, die vielleicht nicht einmal in der Champagne zu lokalisieren sind[5]. Die hölzerne Maria Magdalena aus Kloster Adelhausen ist auf der Freiburger Ausstellung 1970 wohl zutreffend um 1240/50 datiert und in die unmittelbare Nachfolge der Straßburger Querhausskulpturen gerückt worden[6]. Wie aber hat man sich das werkstattmäßige Verhältnis zwischen der Hüttenskulptur in Straßburg und der Schnitzfigur in der oberrheinischen Nachbarstadt vorzustellen? Wahrscheinlich sind eben doch nur Typus, Motive und Darstellungsweise übernommen, während die nicht lokalisierte Werkstatt außerhalb eines Hüttenzusammenhanges stand – es spiegeln sich die Bildwerke am Straßburger Querhaus ja auch in Glas- und Buchmalerei[7]. Jedoch kann auch die andere Möglichkeit, nämlich die Entstehung von Holz- und Steinbildwerken unter der Hand *eines* Künstlers nicht ausgeschlossen werden. Über die Madonna aus der Halberstädter Liebfrauenkirche schrieb ein Kenner vom Range Adolph Goldschmidts: »Die holzgeschnitzte thronende Madonna der Liebfrauenkirche ist wie ein Vorläufer der Maria vom Freiberger Türfeld, es wäre nicht unmöglich, daß sie ein früheres Werk desselben Meisters darstellt«[8]. Die hier aufgezählten Beispiele gehören alle ins 13. Jahrhundert. Das Problem reicht aber in die erste große Epoche mittelalterlicher Bauskulptur, in die romanische Zeit zurück. Die aus lokalem Privatbesitz in die Cloisters gelangte thronende Madonna von Autun teilt so viele typen- wie stilgeschichtlich ungewöhnliche Züge mit den Bildwerken des Gislebertus an Saint-Lazare, daß auch hier ein unmittelbarer Werkstattzusammenhang mindestens in Betracht gezogen werden muß[9]. Die letzte große Arbeit über Autun stellt denn auch fest, die Figur sei »manifestement issu de l'atelier de Gislebertus«[10].

Hier soll von einem anderen geschnitzten Bildwerk die Rede sein, das anscheinend ebenfalls in direkter Verbindung mit einem der bedeutendsten bauplastischen Ensembles entstanden ist, die Frankreich in der ersten Hälfte des 12. Jahrhunderts aufzuweisen hat. Das Kruzifix, welches früher im Langhaus von Saint-Pierre in Moissac hing und vor einigen Jahren im Chor der ehemaligen Abteikirche aufgestellt wurde, ist der Forschung seit Ende des vorigen Jahrhunderts bekannt *(Abb. 1)*[11]. Seine ursprüngliche Bestimmung scheint freilich bis jetzt nicht geklärt und der Zustand des Stückes hat eine überzeugende stilkritische Einordnung bis heute verhindert. Das Schnitzwerk liegt unter einer dick aufgetragenen Ölfarbenfassung, die eine genauere Beurteilung der Oberfläche sehr erschwert[12]; Aussagen über den Erhaltungszustand können zur Zeit nur unter Vorbehalt gemacht werden. Das Corpus scheint weitgehend intakt zu sein, Arme und Hände sind vermutlich zugehörig. Ergänzt sind, wie schon bei Pattis/Syndicus angemerkt, das abstehende Ende des Lendentuches neben dem rechten Oberschenkel und – mindestens teilweise – der vom Perizonium herabhängende Strick. Weit mehr als die jetzige Fassung und diese Ergänzungen hat aber ein anderer Umstand die Beurteilung des Kreuzes in der älteren Literatur bestimmt und verunklärt. Das Corpus

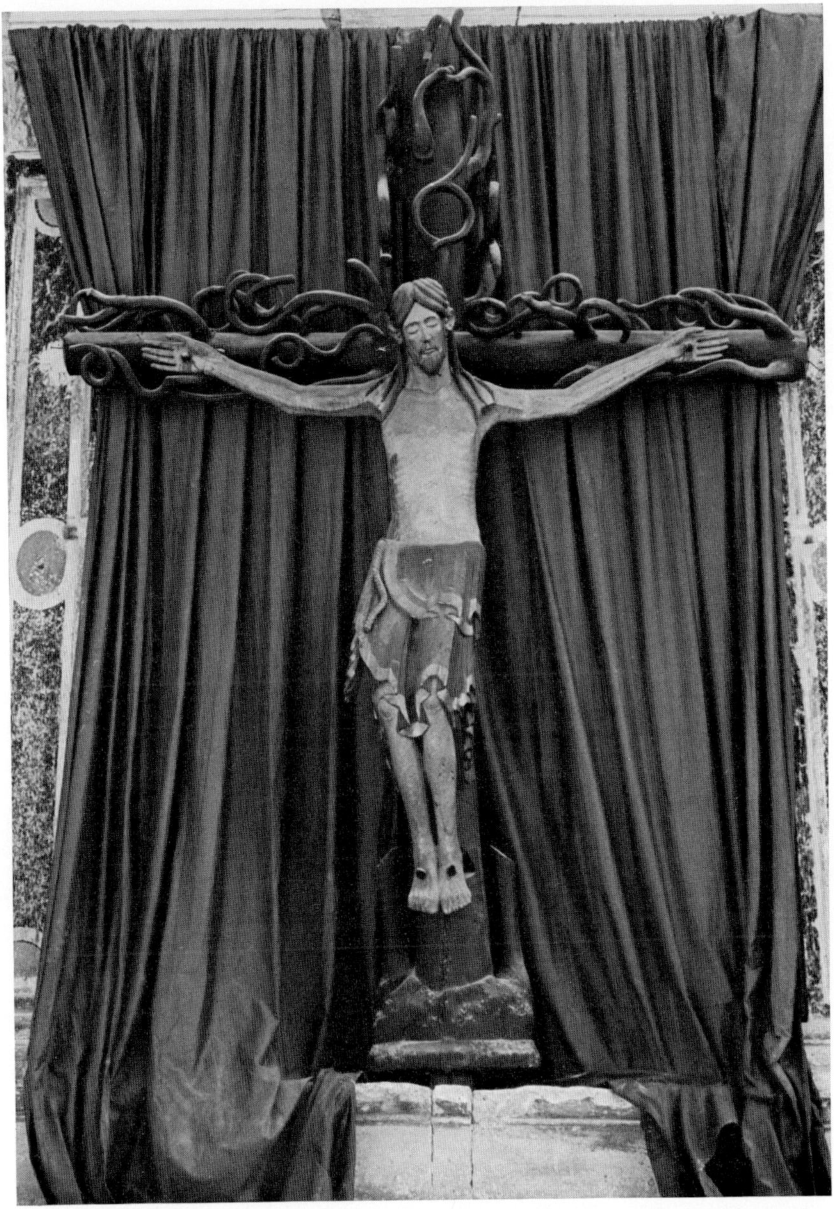

Abb. 1 Moissac, Saint-Pierre, Kruzifixus

hängt an einem Kreuz, dessen runde Balken in den oberen Partien – Querholz und Längsbalken über dem Haupt Christi – mit stark bewegten und verschlungenen Ranken besetzt sind; zwei Äste wachsen neben dem Kreuzstamm empor, sie sind – jetzt – in Fußhöhe des Kruzifixus schräg abgeschnitten. Offensichtlich handelt es sich dabei um eine eigentümliche Ausprägung des »Arbor vitae«, hier an einen Weinstock mit Reben erinnernd[13]. Ein formal genau entsprechendes Gegenstück scheint bis heute nicht bekannt geworden zu sein[14]. Die frühesten Veröffentlichungen des Stücks beschäftigen sich weniger mit dem Corpus als mit dieser sonderbaren Ausformung des Baumkreuzes und kommen dann ohne nähere Begründung zu einer Datierung in das 13. oder gar das 15. Jahrhundert, wobei gelegentlich eine spanische Provenienz vorgeschlagen wird[15]. Auch Francovich in seiner verdienstvollen Untersuchung über Ursprünge und Verbreitung des »Crucifixus dolorosus« interessierte sich für das Stück in Moissac vor allem wegen des Kreuzes und urteilt: »impronto a caratteri stilistici fortamente spagnoli e che opino eseguito nella prima metà del secolo XIII«[16]. Noch Vidal, die das Kreuz erstmals in das 12. Jahrhundert gerückt hat, legte bei ihrer Interpretation den Akzent ganz auf den Arbor vitae[17]. Pattis und Syndicus haben neuerdings die Frage aufgeworfen, ob denn Corpus und Kreuz zeitlich überhaupt zusammengehören und sogleich negativ entschieden[18]. Wahrscheinlich ist das Problem nicht so leichthin zu erledigen. Auch wenn man mit den Autoren und Vidal annimmt, das Corpus sei im 12. Jahrhundert geschaffen worden, kann die Möglichkeit gleichzeitiger Entstehung des Kreuzes nicht absolut ausgeschlossen werden. Für die Entstehungszeit wäre es zwar ungewöhnlich, ließe sich aber mit demselben Stilkreis vergleichen, dem hier auch der Kruzifixus zugeordnet werden soll. Man wird eine Entscheidung dieser Frage jedoch offenlassen müssen, bis eine dringend erwünschte technische Untersuchung und, falls möglich, Entrestaurierung des Stückes hier Klarheit geschaffen hat. Vorher ist es ratsam, Kreuz und Corpus gesondert zu betrachten. Ein Urteil über die Datierung des Kreuzes abzugeben fühlen wir uns nicht in der Lage und wenden uns daher im Folgenden ausschließlich der Betrachtung der Figur zu[19].

Vidal und Pattis/Syndicus haben den Gekreuzigten von Moissac in die Mitte des 12. Jahrhunderts datiert, ohne diese Ansetzung näher zu begründen[20]. Unter den bis jetzt bekannten Kruzifixen aus dem 12. Jahrhundert in Frankreich nimmt die Figur in Moissac nach Typus und Stil eine Sonderstellung ein[21]. Die Mehrzahl der erhaltenen romanischen Kreuze stammt aus dem Massif Central und scheint zeitlich der zweiten Hälfte oder sogar dem Ende des 12. Jahrhunderts anzugehören[22]. Sie zeigen mit einer Ausnahme eine streng frontale Haltung mit gerade nebeneinander stehenden Beinen. Das Lendentuch ist symmetrisch angeordnet und in der Mitte geknotet. Nur das

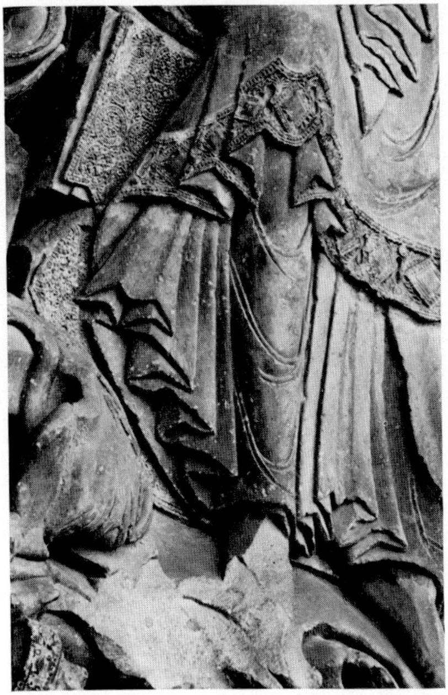

Abb. 2 Moissac, Tympanon, Ausschnitt aus der Christusfigur

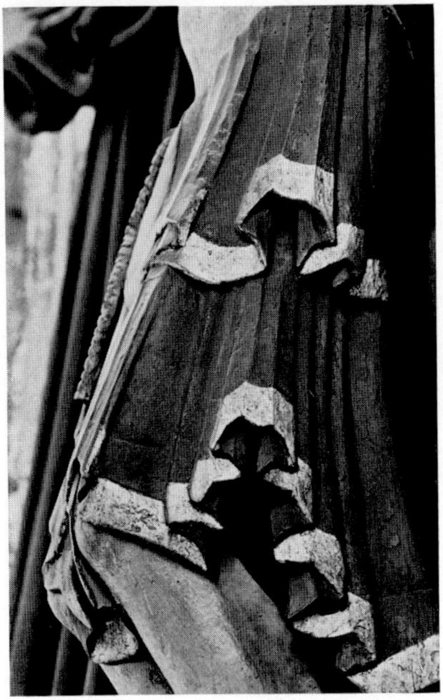

Abb. 3 Moissac, Kruzifixus, Lendentuch (linke Seite)

Haupt neigt sich zur rechten Schulter. Ehe diese Stücke systematisch gesammelt und im einzelnen untersucht worden sind, wird man sich vor generalisierenden Urteilen hüten. Man gewinnt jedoch den Eindruck, daß diese Kreuze ähnlich wie die romanischen Madonnen aus der Auvergne einem festen Typ folgen, wahrscheinlich einem kultisch bedeutenden Urbild[23]. Entsprechend sind sie in der Einzeldurchbildung ziemlich gleichförmig, weswegen die Chronologie besonders schwierig ist. – Auch die wenigen monumentalen Kreuze aus anderen Gegenden Frankreichs, die bis jetzt bekannt wurden, zeigen frontale Haltung und symmetrischen Aufbau[24].

Verglichen mit all diesen Stücken ist der Kruzifixus in Moissac durch eine ganz andere Beweglichkeit und Lebendigkeit charakterisiert. Seine Umrisse sind scharf und allgemein beobachtet man eine Vorliebe für zugespitzte, expressiv abknickende Formen. Sie verrät sich an dem schmalen, zierlichen Haupt *(Abb. 6 und 9)* ebenso wie an den kompliziert gefalteten Säumen des Lendentuches *(Abb. 3 und 5)* oder an den abgeknickten Beinen. Der Kopf ist leicht zur rechten Schulter hin gesenkt und deutlich nach vorn geneigt. Über einem kleinen, spitz zulaufenden Kinn spannen sich ohne Rundung die hageren Wangen, die Backenknochen treten hervor. Die weit abstehenden Ohren sitzen auffallend hoch, etwa neben den – geschlossenen? – Augen. Merkwürdig gegensätzlich ist die Stilisierung von Haupt- und Barthaar. Backen-, Kinn- und Schnurrbart liegen dem Antlitz flach, wie aufgeklebt, an und sind in sichelförmige Umrisse mit winzigen Voluten an den unteren Enden eingeschlossen. Die Strähnen des Haupthaares hingegen werden als kräftige, gerundete Wulste wiedergegeben, deren zugespitzte Enden sich bis zu den Achselhöhlen herabschlängeln. Auch wenn die ursprüngliche Fassung den Eindruck sicher differenzierte, wird das Nebeneinander von abstrahierter Darstellungsweise und sensibler Expressivität von Anfang an die Erscheinung dieses Hauptes geprägt haben. Unter den erhaltenen romanischen Monumentalkreuzen – und nicht nur Frankreichs – findet sich dergleichen nicht wieder. Immer zielt die Stilisierungsabsicht mehr auf das Repräsentative, Hieratische, Feierliche. Zumal wenn man den Kruzifixus von Moissac mit den oben erwähnten mittelfranzösischen Stücken vergleicht, tritt der Gegensatz zwischen Typisierung und individueller Formgebung in aller Schärfe hervor.

Bei dem Versuch einer bis jetzt nicht unternommenen stilkritischen Einordnung des Kruzifixus in Moissac muß zwischen dem im französischen 12. Jahrhundert ungewöhnlichen, sonst aber ziemlich verbreiteten Typus und der spezifischen Formgebung unterschieden werden. Für den Typus sind folgende Züge bestimmend: Das Haupt und die Beine sind in die gleiche Richtung – zur rechten Seite der Figur – gewendet. Die Arme sind nicht gerade am Kreuzesstamm ausgespannt, sondern abgewinkelt. Dargestellt ist also der am Kreuz *hängende* Heiland. Der Gekreuzigte in Moissac zeigt dabei nicht jene Haltung, wie sie etwa beim Kölner Gero-Kreuz zu sehen ist, wo das gesenkte Haupt und die zusammengeknickten Beine in verschiedene Richtungen gedreht sind. Hingegen kann man ihn mit einem anderen Typ vergleichen, wie er in Byzanz etwa in dem bekannten Elfenbein des Metropolitan Museum aus der sogen. malerischen Gruppe[25] und im Abendland verschiedentlich in der englischen Buchmalerei des 11. Jahrhunderts[26] begegnet; im näheren Umkreis von Moissac zeigt ihn das Sakramentar aus Saint-Etienne in Limoges[27]. Keines dieser Vergleichsstücke stimmt wörtlich mit Moissac überein: In der Schürzung des Perizonium oder der Stellung der Finger bestehen jeweils Unterschiede. Es kann jedoch festgehalten werden: Der Typus des am Kreuz hängenden Christus, wie er in Moissac zu beobachten ist, war schon im 11. Jahrhundert verbreitet. Die Fragen der näheren künstlerischen und zeitlichen Einordnung lassen sich jetzt nur noch mit Hilfe stilkritischer Vergleiche beantworten.

In seiner ausführlichen und noch immer unübertroffenen Analyse der Skulpturen im Tympanon von Moissac wies Meyer Shapiro auf die »patterned zigzags

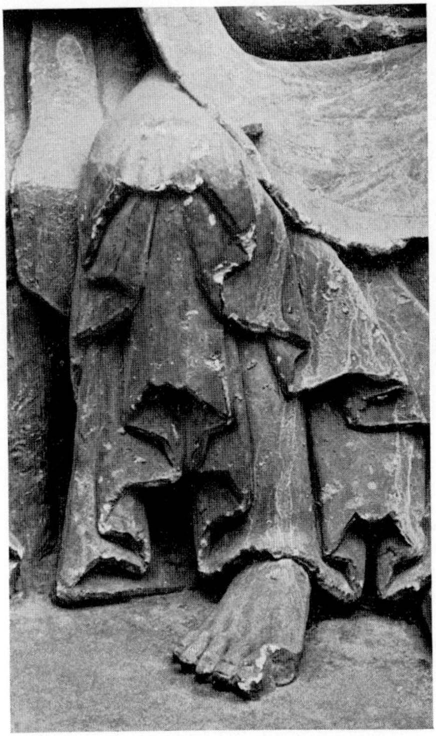

Abb. 4 Moissac, Tympanon, apokalyptischer Greis (Detail)

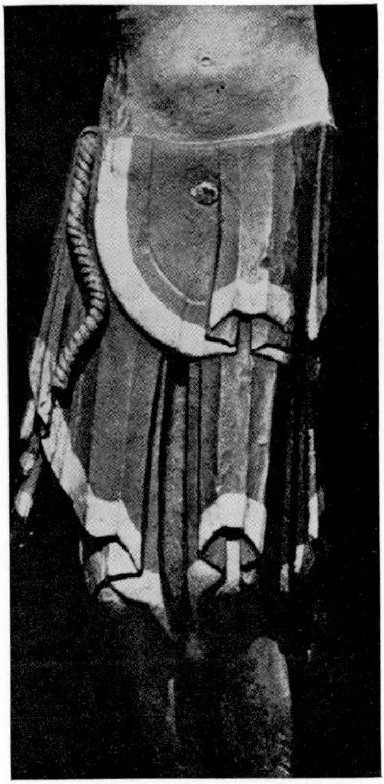

Abb. 5 Moissac, Kruzifixus, Lendentuch

of falling draperies« hin und meinte, sie seien »continually varied and attest to the ingenious fancy of the sculptor«[28]. Tatsächlich gibt es wohl kein zweites Werk der Skulptur im 12. Jahrhundert, das tradierte realistische Gewandmotive – etwa aufgebauschte, fallende Stoffbahnen – so konsequent zu einem ornamentalen und expressiven Lineament umbildet wie das am Tympanon von Moissac geschieht. Indem nämlich die Säume nicht räumlich entfaltet, sondern flächig auseinandergelegt werden, entstehen jene von Meyer Shapiro angesprochenen »zigzags«, deren eigenwillige Muster als eine »Morelli'sche« Signatur für die Formensprache des Tympanon in Moissac und der unmittelbar verwandten Werke in Souillac und Beaulieu gelten kann. Ein Ausschnitt von der Figur des thronenden Christus mag verdeutlichen, was gemeint ist *(Abb. 2)*. Vergleichen wir aber nun eine Seitenansicht unseres Kreuzes, die das Lendentuch neben dem linken Oberschenkel zeigt, so finden wir hier wörtlich dieselben, in einem expressiven Zickzack geknickten Saumlinien

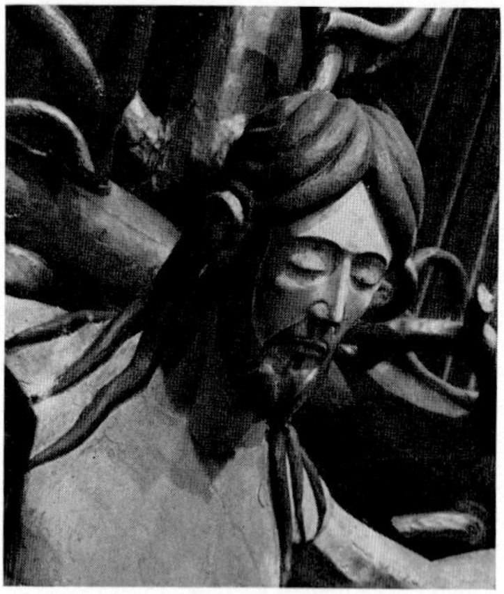

Abb. 6 Moissac, Kruzifixus, Kopf

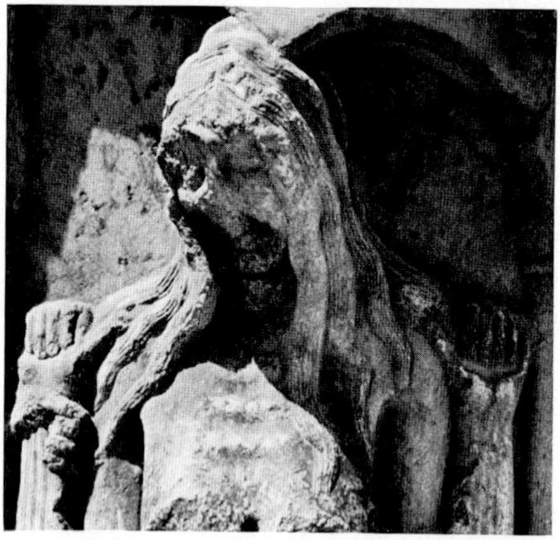

Abb. 7 Moissac, Vorhalle, Luxuria

(Abb. 3). Hier wie dort die gleiche Verbindung von flächiger Reduktion und manierierter Expressivität – eine Darstellungsweise, die zugleich primitiv und höchst kompliziert ist. Stellt man einen anderen Ausschnitt vom Tympanon (er zeigt den apokalyptischen Greis unmittelbar unter dem Lukasstier) neben eine Frontalansicht des Lendentuches, so treten abermals frappierende Ähnlichkeiten hervor *(Abb. 4 und 5)*. Man wird hieraus nur schließen können, daß die Bauskulptur an Portal und Vorhalle und der geschnitzte Kruzifixus in derselben Werkstatt und von denselben Künstlern geschaffen wurden – und zwar um so mehr als noch andere Gegenüberstellungen diesen Eindruck unmittelbarer Verwandtschaft bestätigen.

Schon Meyer Shapiro war die eigenwillige Wiedergabe von Haarsträhnen und Bärten an den Figuren des Tympanon in Moissac aufgefallen, er hatte zu Recht betont, daß sie sich rein motivisch nicht verstehen lasse[29]. So wird man auch bei dem Haupte des Kruzifixus nicht allein das weit verbreitete Motiv der auf den Schultern ausgebreiteten Haarsträhnen notieren dürfen, sondern auch auf ihre spezifische Formung achten müssen *(Abb. 6)*. Dann wird rasch erkennbar, daß die Wiedergabe der Haare als sich schlängelnde, flammende Linien mit spitzen Enden genau jener Stilisierung entspricht wie wir sie in der Bauskulptur von Moissac und Souillac wiederfinden. Man könnte als besonders ausdrucksmächtiges Beispiel den Jesaja von Souillac anführen, doch bietet sich in Moissac selbst ein noch eindrucksvolleres Gegenstück zum Vergleich an. Wir meinen das furienähnliche Haupt jener weiblichen Gestalt, die an der linken Wandung der Porticus als Personifikation der Luxuria steht *(Abb. 7)*. Sowohl der spitze, vogelähnliche Umriß des kleinen Kopfes wie die

Steigerung seiner emotionalen Wirkung durch die auf den Oberkörper herabzüngelnden Haarenden stimmen überein[30]. Die unruhevolle und komplizierte Formensprache dieser Bildhauerkunst bemächtigt sich aller Themenbereiche – sie steigert die garstige Erscheinung der »femina foetida« zu sonst nie begegnender Kraßheit und sie bricht das typisierte und hieratisch fixierte Bild des Gekreuzigten in eine singuläre Expressivität auf. Und hier ist noch einmal an das Rankenkreuz zu erinnern: Seine verschlungenen, flammenden Zweige sind im Duktus den Schlangenhaaren der Luxuria erstaunlich verwandt. Von der Anschauung her bleibt es, bis zum Beweis des Gegenteils, eine verlockende Annahme, daß auch dieser ungewöhnliche »Arbor vitae« aus der Bildhauerwerkstatt des Portals von Moissac hervorging. – Wenn der Kruzifixus von Moissac in der Forschung lange nicht als ein Werk aus dem ersten Drittel des 12. Jahrhunderts erkannt wurde, so mag dabei – außer der befremdlichen Form des Kreuzes – der Umstand eine Rolle gespielt haben, daß sich seine zierliche und lebhafte Erscheinung einer schematischen Vorstellung von »romanischem Stil« nicht einfügt.

An den Köpfen der Ältesten, die sich im Tympanon mit kuriosen Verrenkungen dem thronenden Christus im Zentrum zuwenden, fällt das Spitzige der Profile auf *(Abb. 8)*. Ihre Lebendigkeit beruht nicht auf einer mimischen Bewegung, physiognomisch sind sie wenig ausgeprägt. Aller Ausdruck geht vielmehr aus der ornamentalen Stilisierung hervor, welche die völlig unnaturalistischen Gesichtsformen, die sonderbar gebildeten Ohrmuscheln wie die an aufgerollte Filigrandrähte erinnernden Bartsträhnen gleichermaßen in ihrer

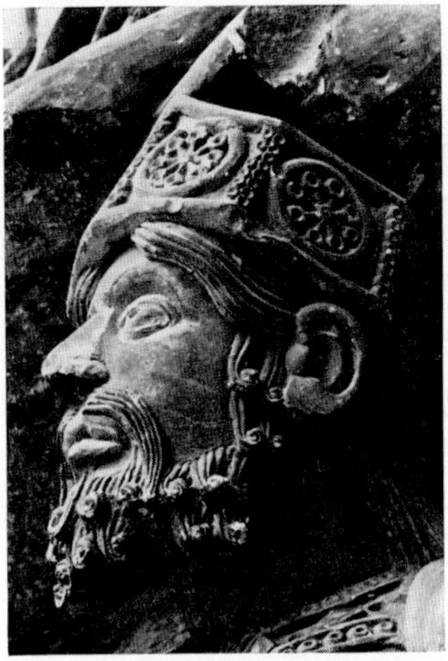

Abb. 8 Moissac, Tympanon, apokalyptischer Greis

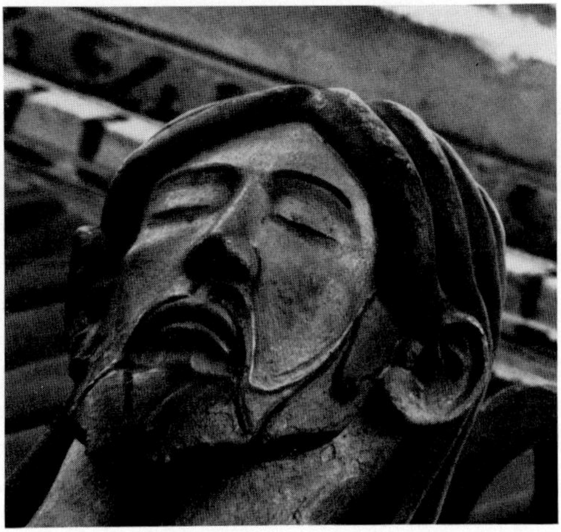

Abb. 9 Moissac, Kruzifixus, Kopf

Erscheinung bestimmt. Wieder ist unverkennbar, daß das Haupt des Kruzifixus – sieht man von den motivisch bedingten Differenzen ab – dieselben Züge aufweist *(Abb. 9)*. Ob man die scharfe, spitze Gesamtform ins Auge faßt oder die Zeichnung des Haares und die Gänge der Ohrmuschel, es bestehen unmittelbare Übereinstimmungen. So wird man abschließend sagen dürfen: Der Kruzifixus in der Abteikirche Saint-Pierre in Moissac, der lange als ein Werk des 13. oder gar des 15. Jahrhunderts mit spanischem Einschlag galt und erst neuerdings ohne nähere Begründung in die Mitte des 12. Jahrhunderts gerückt wurde, ist in Wahrheit ein Werk derselben Künstler, welche die Skulpturen von Portal und Vorhalle geschaffen haben.

Zeitlich ergibt sich hieraus wenigstens eine ungefähre Eingrenzung. Die Werkstatt, welche die Skulpturen des Tympanons, der Vorhalle und auch der Kapitelle im Untergeschoß des »clocher porche« ausführte, nahm ihre Tätigkeit frühestens in den letzten Amtsjahren des 1115 verstorbenen Abtes Asquilinus auf[31]. Andererseits sind diese Arbeiten wohl sicher unter Asquilinus' bis 1131 amtierenden Nachfolger Roger beendet worden, da dessen Statue bekanntlich an der Stirnseite der Vorhalle zu sehen ist[32]. So dürfte auch das Kruzifix von Moissac etwa im dritten Jahrzehnt des 12. Jahrhunderts entstanden sein. Seine ursprüngliche Bestimmung könnte sich allenfalls auf Grund eines hier nicht zu leistenden lokalen Quellenstudiums eruieren lassen. Sollte es von Anfang an in die Abteikirche gehört haben, so müßte es wohl noch für den alten, 1063 geweihten Bau bestimmt gewesen sein[33]. Denn die hochromanische Kuppelkirche wurde erst im Anschluß an die Westturmanlage, also nicht vor dem zweiten Viertel des 12. Jahrhunderts, erbaut[34]. Stilgeschichtlich aber bleiben auch nach diesem Zuschreibungsversuch alle Probleme offen. Die Herkunft der Werkstatt, welche die Arbeiten an den Westteilen der Abteikirche von Moissac ausführte, gehört einstweilen zu den großen Rätseln in der Kunstgeschichte des 12. Jahrhunderts. »The style of the tympanum in Moissac is entirely different from that previously practised by the sculptors of Languedoc«, so hat schon Porter richtig gesehen und in diese scharfe Trennung – völlig zutreffend, wie uns scheint – auch die älteren Bildwerke im Kreuzgang in Moissac miteinbezogen[35]. Porter's Versuch, diese plötzliche Stilwende durch Einfluß von Cluny zu erklären, vermag nicht zu überzeugen. Auch was sonst an möglichen Vorbildern und Vergleichsbeispielen aus der Malerei genannt wurde, führt nicht nah genug an die eigenwillige Formensprache der jüngeren Werkstatt von Moissac heran[36]. Der Kruzifixus ist nur ein weiteres Zeugnis für den ungewöhnlichen Rang wie die stilgeschichtlich isolierte Stellung dieses wohl genialsten Bildhauerateliers, das der französische Südwesten im 12. Jahrhundert gekannt hat.

Die folgenden Publikationen werden abgekürzt zitiert:

Anglès	A. Anglès, L'abbaye de Moissac, Paris o. J.
Aubert	M. Aubert, Moissac. Congrès archéologique de France XCII (1929), Paris 1930, S. 494 ff.
Aubert/Beaulieu	M. Aubert/M. Beaulieu, Musée Nationale du Louvre. Description raisonnée des sculptures du Moyen Age, de la Renaissance et des Temps Modernes, Paris 1950.
christs romans	christs romans, Zodiaque, les points cardinaux, 1963.
Doncoeur	P. Doncoeur, Le Christ dans l'art français, Paris (1939).
Durliat	M. Durliat, L'église abbatiale de Moissac des origines à la fin du XIe siècle, in: Cahiers archéologiques XV (1965) S. 155 ff.
Francovich	G. de Francovich, L'origine e la diffusione del crocifisso gotico doloroso, in: Kunstgeschichtliches Jahrbuch der Bibliotheca Hertziana 2 (1938) S. 145 ff.
Meyer Shapiro	Meyer Shapiro, The Romanesque sculpture of Moissac, Part I (2), in: The Art Bulletin XIII (1931) S. 464 ff.
Pattis/Syndicus	E. Pattis / E. Syndicus, Christus Dominator. Vorgotische Großkruzifixe, Innsbruck/Wien/München (1964).
Thoby	P. Thoby, Le Crucifix des Origines au Concile de Trente, 1959.
Vidal 1955	M. Vidal, Moissac et le Moissageais, Toulouse 1955.
Vidal 1959	M. Vidal, Moissac, in: Quercy roman, Zodiaque, la nuit des temps, 1959.

Anmerkungen

1 O. Lehmann-Brockhaus, Schriftquellen zur Kunstgeschichte des 11. und 12. Jahrhunderts für Deutschland, Lothringen und Italien, Berlin 1938, Nr. 1286 und 3007: Geistliche skulpieren in Holz und Stein, 11. Jh., Saint-Hubert bzw. Sazawa.

2 vgl. Réglemens sur les Arts et Métiers de Paris rédigés au XIIIe siècle et connus sous le nom du livre des métiers d'Etienne Boileau publiés par G. B. Depping, Paris 1837, besonders S. 155 ff. und S. 107 ff.

3 H. Swarzenski, A Vierge d'Orée, in: Bulletin Museum of Fine Arts Boston LVIII (1960) S. 65 ff.

4 vgl. H. Swarzenski (Anm. 3) Abb. 21 und 22.

5 vgl. hierzu u. a. W. Vöge, Romanische und frühgotische Holzstatuen, in: Amtliche Berichte aus den preußischen Kunstsammlungen XXIX (1907/08) Sp. 168 ff.– Aubert/Beaulieu Nr. 141/142 – L'Art en Champagne au Moyen Age, Paris 1959, Nr. 82 und 83 – J. Lestocquoy, Quelques anges artésiens du XIIIe siècle, in: Les Monuments Historiques de la France 5 (1959) S. 31 ff.

6 vgl. Augustinermuseum Freiburg. Kunstepochen der Stadt Freiburg. Ausstellung zur 850-Jahrfeier 1970, Nr. 23. – Vorher, noch mit späterer Datierung, s. W. Noack, Ein erstes Hl. Grab in Freiburg, in: Zeitschrift für Kunstgeschichte 23 (1960) S. 248 ff.

7 Für Scheiben im Straßburger Münster, die dem Vorbild der Querhausskulpturen folgen vgl. F. Zschokke, Die romanischen Glasgemälde des Straßburger Münsters, Basel 1942, S. 20 ff. – Für Ecclesia und Synagoge in den Fenstern der Ostkonche der Marburger Elisabethkirche, welche die Straßburger Statuen wiederholen und

abwandeln vgl. A. Haseloff, Die Glasgemälde der Elisabethkirche in Marburg, Berlin 1907, S. 17 – Für den Einfluß der Straßburger Querhausskulpturen auf die Buchmalerei, wie er in der Münchner Tristan-Handschrift cod. germ. 51 faßbar wird vgl. A. Stange, Deutsche Malerei der Gotik. Bd. I, Berlin 1934, S. 2 f.

8 A. Goldschmidt, Die Skulpturen von Freiberg und Wechselburg, Berlin 1924, S. 17.

9 vgl. V. Terret, La Sculpture bourguignonne aux XIIe et XIIIe siècles, Autun 1925, Bd. 2, S. 63 – R. Hamann, Die Salzwedler Madonna, in: Marburger Jahrbuch für Kunstwissenschaft 3 (1927) S. 77 ff. und besonders S. 104 – M. Freeman, A Romanesque Virgin from Autun, in: The Metropolitan Museum of Art Bulletin VIII (1949/50) S. 112 ff.

10 G. Zarnecki, Gislebertus, Sculpteur d'Autun, Editions Trianon (1960) S. 159 f.

11 Folgende Erwähnungen waren mir zugänglich: Rupin S. 347 f. – E. Rupin, Une croix en forme d'arbre à l'église Saint-Pierre de Moissac, in: Revue de l'art chrétien VIII (1897) S. 225 – Anglès S. 51 – Aubert S. 494 ff., besonders S. 513 – Francovich S. 150 – Doncoeur S. 37 – Vidal 1955 S. 53 – Vidal 1959 S. 33 ff. und besonders S. 106 – Pattis/Syndicus S. 61.
Nicht zugänglich waren mir: Pottier, Abbaye de Saint-Pierre de Moissac, in: Bulletin de la Société archéologique du Midi de la France 1895 – Pottier, L'abbaye de Moissac, in: Album des Monuments et de l'art du midi, Toulouse 1895, S. 49 ff.

12 Die Maße sind nach Pattis/Syndicus: »Höhe des Corpus 140 cm, Armspannweite 145 cm«.

13 Das Hymnar von Moissac aus dem 10. Jh. gehört zu der ältesten Quellengruppe für den Hymnus »Pange, lingua« des Venantius Fortunatus: Crux fidelis inter omnes, arbor una nobilis, / Nulla silva talem profert fronde, flore, germine ... Flecte ramos, arbor alta, tensa laxa viscera / Et rigor lentescat ille, quem dedit nativitas, vgl. Analecta hymnica 2, New York/London 1961, Nr. 40 und 41 bzw. 50, New York/London 1961, Nr. 66.

14 Zum Arbor Vitae vgl. F. Piper, Der Baum des Lebens, Berlin 1863 – H. Bethe, Astkreuz, RDK I Sp. 1152 ff. – Francovich 145 ff. und besonders S. 147 Premesse Iconografiche – R. Bauerreiss, Arbor Vitae. Der Lebensbaum und seine Verwendung in Liturgie, Kunst und Brauchtum des Abendlandes, München 1938 – Vgl. auch F. Mühlberg, Crucifixus dolorosus, in: Wallraf-Richartz-Jahrbuch XXII (1960) S. 69 ff. Mühlberg geht es allerdings hauptsächlich um die Ableitung des Gabelkreuzes, das er von einem zur Zeit Heriberts im frühen 11. Jh. entstandenen Vorbild herleiten will.

15 So Pottier laut Anglès S. 51 »un curieux crucifix que M. le chanoine Pottier croit d'être d'origine espagnole et qu'il date du XVe siècle«. Auch Rupin (Anm. 11) S. 225 ff. interessiert sich, wie schon der Titel seines Aufsatzes zeigt, hauptsächlich für die Form des Kreuzes. Er lehnt die Spanienthese ab und meint: »paraît d'être de fabrication française et remonter au XIIIe siècle«. Aubert S. 513 nimmt zu den Datierungs- und Lokalisierungsfragen nicht Stellung.

16 Francovich S. 145 ff., besonders S. 150.

17 Vidal 1959 S. 106 und Vidal 1955 S. 53.

18 Pattis/Syndicus S. 61.

19 Eine Beurteilung des Kreuzes als »jüngere Ergänzung (15. Jahrhundert?)« bei Pattis/Syndicus S. 61 ist, da wir keine Vergleichsstücke kennen, völlig unverbindlich.

20 Vidal 1955, S. 53 sagt: »A côté des orgues, le très beau et rare Christ roman du

milieu du XIIe siècle«. – Vidal 1959, S. 106: »l'admirable Christ, si peu connu, du milieu du XIIe siècle«. – Pattis/Syndicus S. 135: »Mitte des 12. Jahrhunderts«.

21 Nach Kunstchronik 24 (1971) S. 230 arbeitet Edgar Hürkey an der Universität Mainz bei Richard Hamann-MacLean an einer Dissertation über Kruzifixe des 12. Jahrhunderts.

22 Es sind folgende Stücke:
1. Saint-Flour, Kathedrale. Leicht erreichbare Abbildungen bei R. Hamann-Mac Lean, Zur Zeitstellung und Herkunft des Cappenberger Kruzifixus, in: Westfalen 33 (1955) S. 113 ff. Abb. 24 auf S. 115 oder bei I. Fouilheron, La cathédrale de Saint-Flour, Paris 1966, nach S. 64. Sowohl Hamann-MacLean wie Fouilheron neigen zu einer Datierung um oder nach 1200. Vielleicht ist eine etwas frühere Ansetzung zutreffender.
2. Lavoûte-Chilhac, Sainte Croix. Abbildung bei R. Fritz, Der Cruxifixus von Cappenberg. Ein Meisterwerk französischer Bildhauerkunst, in: Westfalen 31 (1953) S. 204 ff. und S. 215, Abb. 84. Hamann-MacLean a. a. O. S. 115 Anm. 4 hält den Kruzifixus von Lavoûte-Chilhac für eine Replik von Saint-Flour. Der Typus scheint aber weiter verbreitet zu sein.
3. Lavoûte-sur-Loire, Saint-Maurice. Abgebildet in christs romans Taf. 74. Gleicher Typus wie 1, 2 und 4.
4. Château de la Roche Lambert, Sammlung L. P. Bresset. Abgebildet in christs romans Taf. 59. Weitgehend mit 1–3 übereinstimmend. Jedoch ist hier nicht der lebende, sondern der tote Christus dargestellt.
5. Arlet, Saint-Pierre. Abgebildet in christs romans Taf. 54. Weitgehend mit 1–3 übereinstimmend.
6. Auzun, Saint-Laurent. Das Stück ist mir weder im Original noch aus Abbildungen bekannt. In christs romans Taf. 70 eine Detailabbildung der Füße, die kein Urteil erlaubt. Im Begleittext (S. 194) heißt es: »Il est d'ailleurs très voisin du suivant« – will sagen: Lavoûte-sur-Loire – »s'il n'en est pas une copie«. Bernard Craplet in Dictionnaire des églises de France II B 13/14 sagt zu diesem Kreuz: »fait partie de toute une série de crucifix de la région (Arlet, Vebret, Montsalvy)«. Die Stücke in Vebret und Montsalvy sind mir unbekannt geblieben.
7. Valléjuols, Saint-Saturnin. Stimmt mit 1–3 und 5 überein. Bericht mit schlechter Abbildung von M. de Rochemonteix in: Bulletin de la Société Nationale des Antiquaires de France 1899, S. 364 ff.
8. Paris, Musée de Cluny. Vgl. Musée des Thermes et de l'Hôtel de Cluny. Catalogue des bois sculptés et meubles, Paris 1925, Nr. 1. Hier wird das Stück »école d'Auvergne« genannt, eine genauere Provenienz aber nicht angegeben. Abbildungen bei Doncoeur Bd. 2 S. 7. Hamann-MacLean (a. a. O. S. 118) meint: »Die Draperie des Kruzifixes im Cluny-Museum schließt sich stilistisch eng an die älteren Teile der Porte Sainte-Anne der Notre-Dame in Paris an. Diese Formgebung erscheint ebenfalls als ein bewußter Archaismus, da der Kopf bereits auf der Stufe des nördlichen Westportals von Notre-Dame steht. Er wird kaum vor Anfang des 13. Jahrhunderts entstanden sein«. Diese Einordnung überzeugt nicht. Das Stück schließt sich m. E. besser mit der auvergnatischen Gruppe zusammen, auch wenn es nicht wörtlich dem Typus folgt wie ihn 1–3, 5 und 7 vertreten. Es wäre zu prüfen, ob sich Gesichtsbildung und Faltenbehandlung nicht mit manchen auvergnatischen Madonnenfiguren vergleichen ließen.
9. Paris, Louvre und New York, Cloisters. Fragmente von einem Kreuz aus Saint-André in Lavaudieu. Beste Abbildungen jetzt in christs romans Taf. 75–80. Vergleiche Aubert/Beaulieu Nr. 31. Um völlig sicher zu sein, daß das Corpus in

New York und der Kopf im Louvre zusammengehören, bedürfte es genauer Prüfung der Provenienz und einer zusätzlichen technischen Untersuchung. Die beiden Fragmente sind mit der hier zusammengestellten Gruppe nur bedingt vergleichbar. Das Haupt ist gekrönt, was bei allen übrigen Stücken nicht vorkommt. Die Schürzung des Perizonium zeigt nicht den charakteristischen großen Knoten in der Mitte.

10. Gargilesse (Berry), Notre-Dame. Der Kruzifixus – Abbildung Foto Marburg 49722 – zeigt verhärtet den gleichen Typ wie 1–3, 5 und 7. Schließlich folgt auch der metallüberzogene Kruzifixus in Saint-Sernin in Toulouse mehr oder weniger diesem streng symmetrischen Typus; für eine Abbildung vgl. Thoby Taf. LXXIV Nr. 168. – Bei dem von Hamann-MacLean a. a. O. S. 114 Anm. 2 erwähnten Stück im Castello Sforza in Mailand handelt es sich vermutlich um dasjenige Kreuz, welches Francovich S. 170/71 abgebildet hat. Dieses Stück hat m. E. mit der auvergnatischen Gruppe nichts zu tun. Francovich schrieb es einem Deutschen zu.

23 L. Bréhier, La cathédrale de Clermont au Xe siècle et sa statue d'or de la Vierge, in: La Renaissance de l'Art français VII (1924) S. 205 ff.

24 Vgl. etwa den Kruzifixus in Saint-Omer bei Thoby Taf. LXXIV Nr. 169 oder denjenigen in Notre-Dame in Varenne-l'Arconce. Anders steht es natürlich bei Gekreuzigten, die in szenischem Zusammenhang auf Bogenfeldern, Kapitellen oder Altären erscheinen, vgl. Thoby Nr. 180, 184, 186 oder R. Hamann, Die Abteikirche von Saint-Gilles und ihre künstlerische Nachfolge, Berlin 1955, Abb. 426.

25 A. Goldschmidt / K. Weitzmann, Die byzantinischen Elfenbeinskulpturen Bd. II, Berlin 1934, Nr. 6.

26 Vgl. Thoby Nr. 29 bis (seitenverkehrt abgebildet), Nr. 31.

27 Vgl. J. Porcher, Le sacramentaire de Saint-Etienne de Limoges, Paris o. J., Taf. IX und D. Gaborit-Chopin, La décoration des manuscrits à Saint-Martial de Limoges et en Limousin, Paris/Genf 1969, S. 127 ff.

28 Meyer Shapiro S. 470.

29 Meyer Shapiro S. 464 ff., besonders S. 485.

30 Wir vergleichen hier ohne nähere Unterscheidung sowohl mit Figuren aus dem Tympanon wie auch mit Bildwerken der Vorhalle. In der älteren Literatur wurden die Skulpturen der Porticus zuweilen erst um oder gegen die Mitte des 12. Jhs. datiert und zeitlich, aber auch stilistisch vom Tympanon getrennt. Vgl. etwa P. Deschamps, Die Romanische Plastik Frankreichs, Leipzig (1930) S. 28 oder Aubert S. 308. Heute wird wohl einhellig angenommen, daß sämtliche Skulpturen beim Tode des Abtes Roger, dessen Statue an der Stirnseite der Vorhalle steht, vollendet waren. Terminus ante quem also: 1131. Vgl. z. B. M. Durliat, Les crénelages du clocher-porche de Moissac et leur restauration par Viollet-le-Duc, in: Annales du Midi 78 (1966) S. 434 ff. und besonders S. 435. Gewisse Unterschiede qualitativer Art bestehen zwischen den Tympanonfiguren und manchen Reliefs der Vorhalle. Es ist jedoch nicht möglich, hieraus auf einen größeren zeitlichen Abstand oder gar auf einen Stilwandel zu schließen. R. Rey, La sculpture romane en Languedoc, Toulouse/Paris 1936, S. 171 betont die Differenzen zu sehr, trifft aber das Richtige mit dem Satz »Il est probable qu'il n'y eut guère de discontinuité depuis les premiers travaux jusqu'à la fin«. So fühlen wir uns berechtigt, bei der Einordnung des Kruzifixus von der Annahme eines einheitlichen Stiles an Tympanon, Türpfeiler, Türpfosten und Vorhallenwandungen auszugehen. – Am Rande sei angemerkt, daß die Beurteilung der Skulpturen offenbar durch die seit Rupin immer wiederholte Annahme belastet wird, das

Tympanon sei ursprünglich an der Westseite des »clocher-porche« aufgestellt gewesen und erst bei der Befestigung des Turmes an seine Südseite versetzt, dabei dann um die Porticus erweitert worden, vgl. Rupin S. 350 und 354 und oft noch nachdrücklicher in der späteren Literatur, so bei Aubert S. 508 f. Diese Annahme bedürfte dringend einer genauen archäologischen Überprüfung. Hat das Portal nicht immer an der jetzigen Stelle gestanden?

31 Bekanntlich heißt es in der Chronik des Aymeric de Peyrac: »Dictusque Asquilinus, secundum intersignia operis, fecit fieri portale pulcherrimum« und bezieht im gleichen Passus das Schuppenmuster an der Rückseite des Türpfeilers auf den Namen des Abtes, vgl. Rupin S. 66 Anm. 2. Es ist zweifelhaft, ob diesem Text eines Abtes von Moissac, der im späten 14. Jh. amtierte, ernsthafte Schlüsse abzugewinnen sind.

32 Vgl. die Abbildung in: Art Bulletin XIII (1931) S. 526 Fig. 137.

33 Vgl. für die Vorgängerbauten der hochromanischen Kuppelkirche Durliat S. 155 ff.

34 R. Rey, La cathédrale de Cahors et les origines de l'Architecture à coupoles d'Aquitaine, Paris 1925 und Durliat 155 ff., besonders S. 156.

35 A. Kingsley-Porter, Romanesque sculpture of the pilgrimage roads, Boston 1923, S. 135.

36 Das gilt für die Fresken von Saint-Martin in Fenollar, die sich allein wegen ihrer bescheidenen Qualität schwer mit Moissac zusammenbringen lassen. Der Zusammenhang zwischen dem Tympanon in Moissac und den Beatus-Apokalypsen, wie ihn Emil Mâle angenommen hatte, wird in der neueren Forschung zu Recht bestritten und bezog sich außerdem mehr auf den Inhalt als auf die Formensprache des Tympanon, vgl. E. Mâle, L'art religieux du XIIe siècle en France, Paris 1928^{3}, S. 4 ff. Dazu zuletzt L. Grodecki, Le problème des sources iconographiques du tympan de Moissac, in: Annales du Midi 75 (1963) S. 387 ff. Wie unklar unsere Vorstellungen über die Ausgangspunkte der Stilbildung des Tympanons von Moissac noch heute sind, zeigt am deutlichsten wohl die merkwürdig schillernde Beurteilung dieser Frage durch J. Beckwith, Early medieval art, London (1964) S. 206 f.

Verf. dankt seinen ehemaligen Freiburger Studenten, besonders Ursula Kriedte und Jürgen Page für die bei einer Exkursion im Oktober 1968 angefertigten Aufnahmen. Renate Kroos hat in bewährter kritischer Hilfsbereitschaft das Manuskript durchgesehen und durch Hinweise und Beobachtungen wesentlich zu seinem Inhalt beigetragen, wofür ihr auch an dieser Stelle herzlich gedankt sei.

Philippe Verdier

Le reliquaire de la Sainte Epine de Jean de Středa

Un chef-d'œuvre de l'orfèvrerie bohémienne du troisième quart du XIVème siècle fait partie des collections de l'art médiéval à la Walters Art Gallery de Baltimore[1] *(fig. 1–6)*. Il a été publié par Rudolf Berliner, mais daté par lui trop tard (vers 1387)[2]. Exposé à Vienne, en 1962, lors de la huitième exposition du Conseil de l'Europe[3], il fut reconnu comme ayant été éxécuté dans l'atelier de Prague, celui où fut restaurée en 1352 la croix-reliquaire, emblème du Saint Empire Romain Germanique, montée alors sur un pied décoré des écussons émaillés de l'Empire et du royaume de Bohème *(fig. 7, 8)*.

Sur le biseau de la base du reliquaire, au dessus de l'orbevoie, se lit l'inscription en lettres gothiques sur fond hâchuré: HANC MONSTRANCIAM CUM SPINA CHORONE DOMINI DNS IOHANNES OLOMUCZENSIS EPISCOPUS PREPARARI FECIT. Aux quatre angles sont soudés les blasons aux armes en émail de basse taille de l'Empire, de la Bohème, de la Moravie et d'Olmütz[4]. Les figures sont en ronde bosse. Le Christ, montrant ses cinq blessures, est debout, comme mort et vif, entre sa Passion et sa Résurrection, les yeux vitreux mais ouverts. Revêtu d'un pagne, il porte la couronne d'épines ornée d'un rubis[5]. Il est encadré par la croix et la colonne de la flagellation entourée d'une corde et sur le sommet de laquelle est perché le coq du triple reniement de s. Pierre, qui, ici, est peut-être aussi un symbole de la Résurrection. La croix et la colonne, en argent doré comme le reste du reliquaire, sont percés d'ouvertures à travers lesquelles étaient autrefois visibles des fragments du bois de la Vraie Croix et d'autres reliques de la Passion. Deux anges sont agenouillés sur des socles de forme ovale au pied de la croix et de la colonne. Celui de gauche porte le fouet, les verges et un marteau, celui de droite les trois clous; la main droite de cet ange est vide, mais sans doute y a-t-il eu des permutations entre les instruments de la Passion tels qu'ils sont actuellement présentés par les anges après quelques restaurations. Une petite épine[5 bis] de la couronne d'épines était autrefois enchâssée dans un receptacle avec deux pinacles à gargouilles et fleuron, dont la partie antérieure est manquante. L'épine était tenue par un ange plus petit que les deux autres, mais agenouillé de face et non plus de trois-quarts, sur un socle ovale troué d'ouvertures circulaires. Les deux ailes du petit ange, l'aile gauche de l'ange de gauche sont perdues. Les trois dés avec lesquels les soldats jouèrent sur le Calvaire la tunique sans couture du Christ, complètent l'ostentation des Arma Christi, reliques et insignes des instruments de la Passion du Christ.

La composition est ordonnée héraldiquement[6]: la croix, barrée de l'inscription: INRI, dexter, la colonne sinister, en chef, l'épine comme sous un chevron invisible. Sur les écus chargés héraldiquement des Arma Christi de quelques manuscrits enluminés, la croix occupe le centre. Sur le reliquaire de Walters Gallery, l'Homme de Douleur est accosté par la croix, «signe de l'homme», qui, devenue reliquaire et emblème, prend la place d'honneur parmi les insignes de la Passion et de la royauté couronnée d'épines du Christ[7]. L'excés de verticalité de la monstrance Walters est uniquement dû à la disparition de la partie inférieure du reliquaire. Peut-être y voyait-on agenouillé aux pieds de Maria Mediatrix le donateur. A gauche des volets qui ferment le triptyque de Mulhouse-sur-le-Neckar, œuvre de la peinture bohémienne vers 1385, le bourgeois de Prague qui commanda l'œuvre, se fit représenter agenouillé sous l'«Imago Pietatis» de l'Homme de Douleur, le Christ de Pitié, dont il implore la misericorde comme fils du Dieu vivant[8].

L'émail des quatre écus héraldiques du reliquaire Walters et les caractères paléographiques de l'inscription sont très proches d'œuvres d'orfèvrerie éxécutées à Prague; en dehors du pied de la croix du Reich, déjà mentionnée (à la Schatzkammer de Vienne *(fig. 7, 8)*[9], la coupe d'onyx, gemme vénitienne montée en or, donnée à la cathédrale de Prague par l'empereur Charles IV en 1350, au trésor de la cathédrale Saint-Guy *(fig. 9, 10)*. Il n'y a qu'une légère différence technique: les lettres de l'inscription du reliquaire se détachent non sur un guillochis, mais sur des hâchures burinées de haut en bas et de droite à gauche. Les pinacles à crochets et le fleuron du receptacle de l'épine ressemblent à ceux de la base et des arcs-boutants de la flèche de la monstrance à l'emblème émaillé de l'atelier de Pierre Parler *(fig. 11)* – le Winkelhaken – qui se trouve au trésor de la cathédrale Saint-Guy[10]. Ils rappellent aussi ceux de la base de la croix d'or sur la fresque de la chapelle de la Vierge à Karlstein[11], où l'on voit Charles IV déposer dans ce reliquaire les deux épines du trésor de la Sainte Chapelle de Paris que le dauphin Charles était venu apporter à l'Empereur à Metz pour les fêtes de Noël en 1356[12]. La croix – reliquaire en or (1357) peinte encore sur deux fresques à Karlstein a été fondue, mais ses reliques furent incorporées dans une autre croix ayant appartenue à Charles IV, de type français, aux extrémités fleurdelysées. Cette seconde croix d'or, dite du couronnement, fut conservée dans la chapelle de la Croix à Karlstein[13] jusqu'en 1645, et elle est exposée aujourd'hui dans la chapelle de la Croix du palais royal de Prague, en face de la cathédrale *(fig. 12, 13)*. Au revers de cette croix sont enchâssés sous une lame de cristal de roche avec les reliques de la Sainte Couronne, celles du clou, de l'éponge et des liens du Christ à

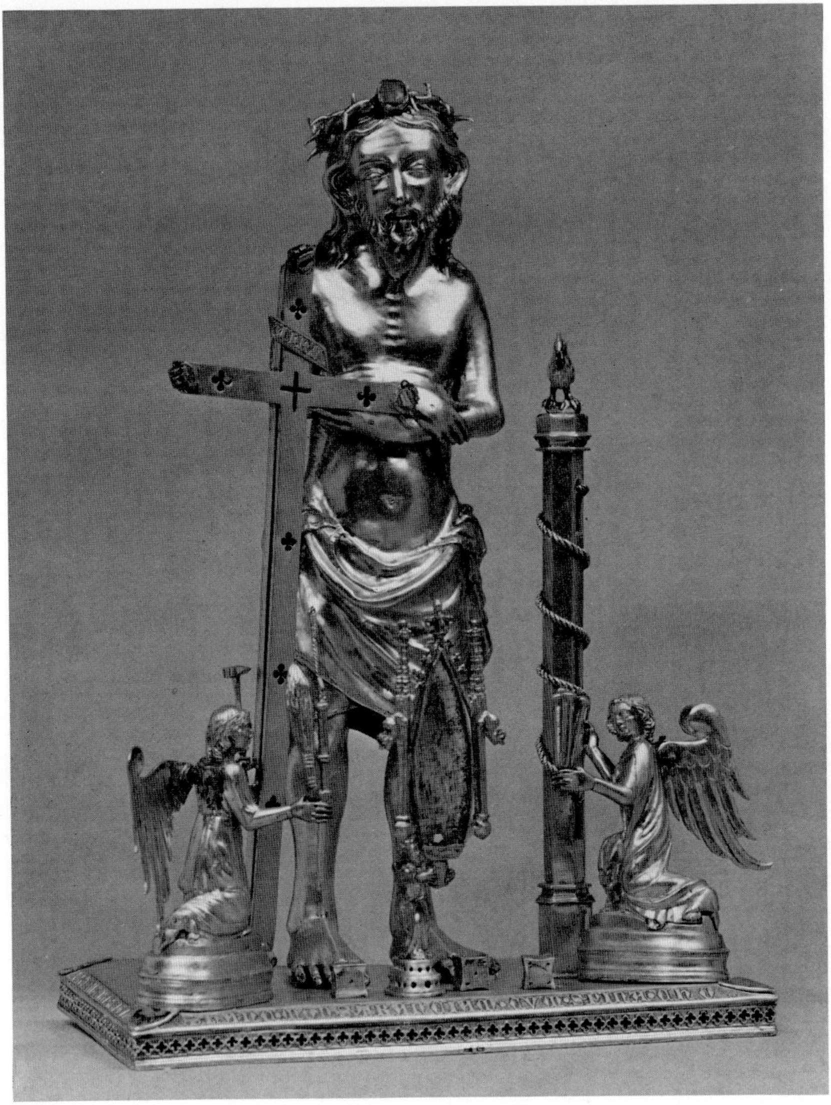

Fig. 1 Reliquaire-monstrance des Arma Christi et de la Sainte Epine, Baltimore, Md., The Walters Art Gallery

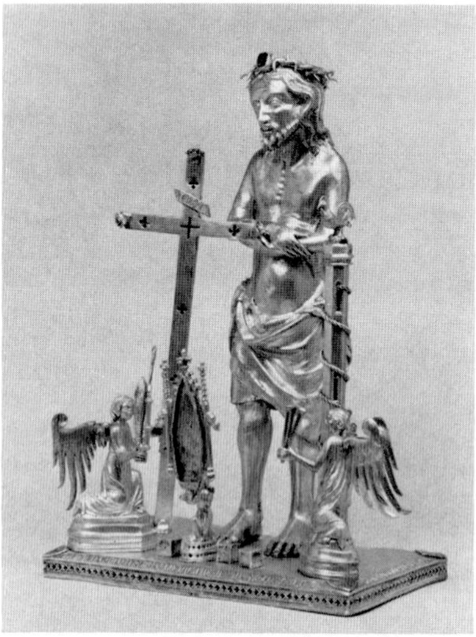

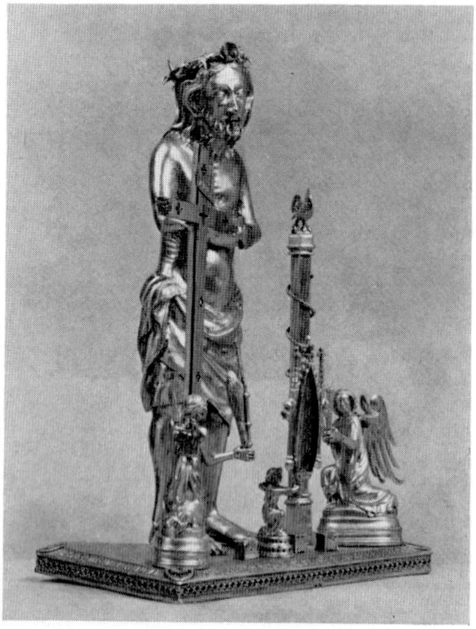

Fig. 2, 3 Reliquaire-monstrance des Arma Christi et de la Sainte Epine, Baltimore, Md., The Walters Art Gallery

la flagellation[13]. Parmi les reliques insignes de la chapelle de Paris étaient vénéré avec le bois de la Vraie Croix et la couronne d'épines un morceau du carcan qui avait attaché le Christ flagellé[14]. La croix, la couronne et la colonne de la flagellation sont les trois thèmes de la monstrance Walters. D'autre part, la chapelle royale de tous les saints à Prague avait été bâtie à partir de 1370 par Pierre Parler sur le modèle de la Sainte Chapelle de Louis IX que le roi de France avait fait construire de 1243 à 1248 pour servir d'écrin monumental aux reliques de la Passion qu'il avait acquises de Constantinople.

Avant même que la mort héroïque sur le champ de bataille de Crécy de Jean de Luxembourg, le 26 août 1346, n'eut donné à l'archevêque de Prague, Arnošt de Pardoubice, l'occasion de couronner et d'oindre Charles IV dans sa cathédrale, ce dernier, mu par sa dévotion pour saint Wenceslas, avait fait éxécuter par des orfèvres français un «preciosum regium diadema» pour orner le chef de saint Wenceslas. Cette couronne, propriété du saint patron de la Bohème et reconnue comme telle par une bulle d'Innocent VI en date du 6 mai 1346, ne devait être enlevée du chef que pour les couronnements des rois de Bohème et dans les circonstances où ils devaient porter la couronne[15]. Le diadème, décoré de quatre fleurs de lys, 91 pierres précieuses et 20 perles, fut complété plus tard par deux bandes se croisant au dessus de la coiffe et portant à leur intersection une croix avec son Corpus censé byzantin, en saphir, dans une monture d'or renfermant une épine et portant l'ins-

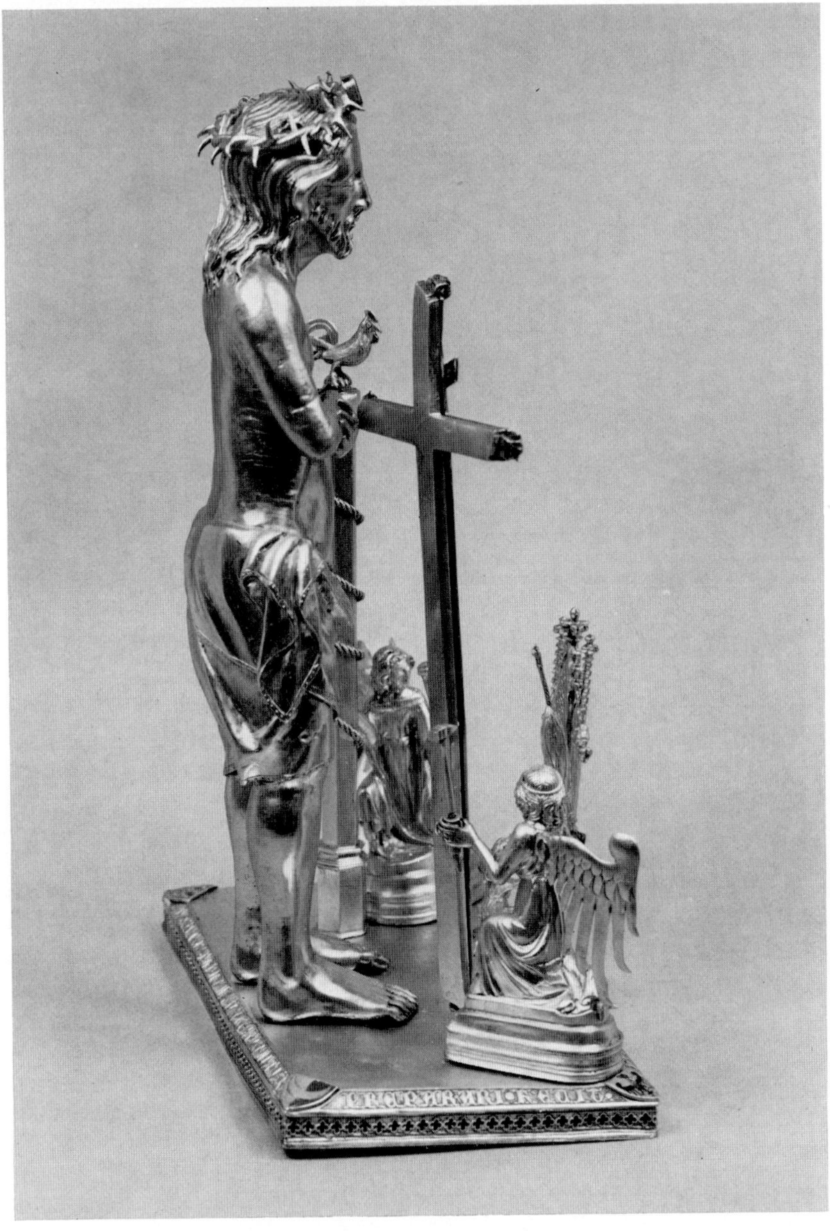

Fig. 3 a Reliquaire-monstrance des Arma Christi et de la Sainte Epine, vu de dos, Baltimore, Md., The Walters Art Gallery

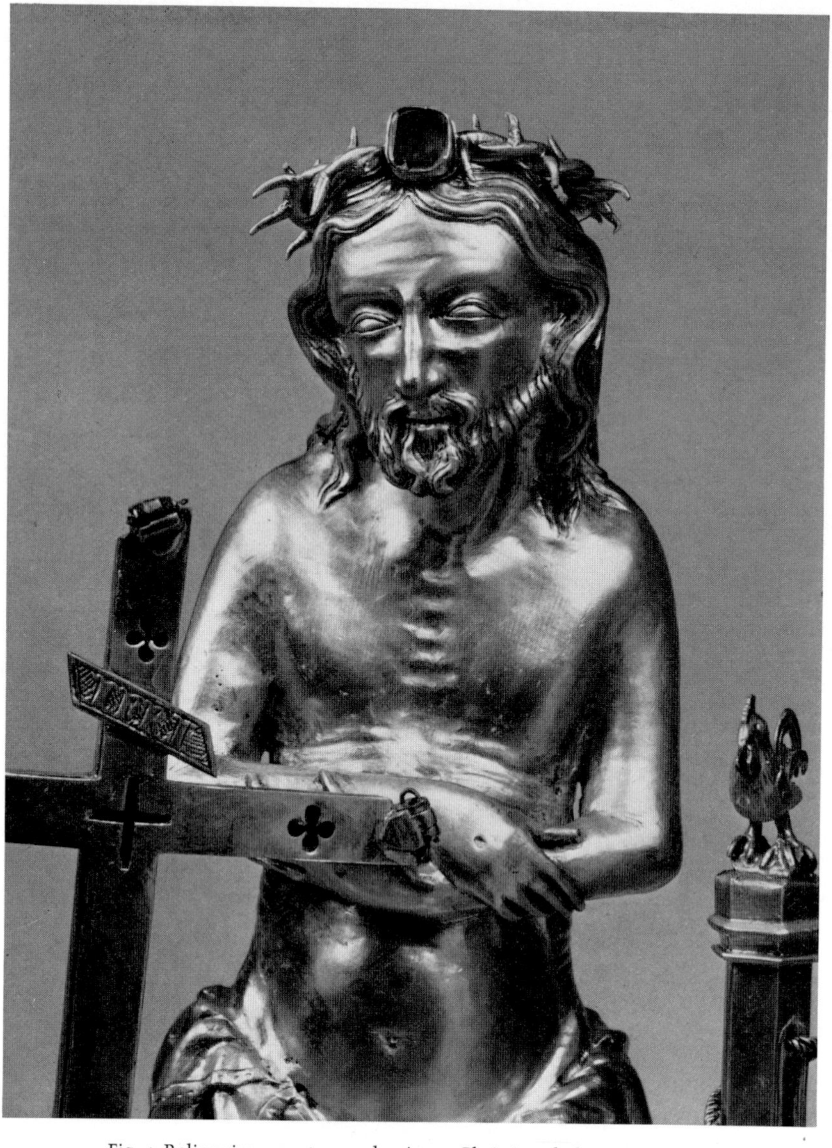

Fig. 4 Reliquaire-monstrance des Arma Christi et de la Sainte Epine, Détail. Baltimore, Md., The Walters Art Gallery

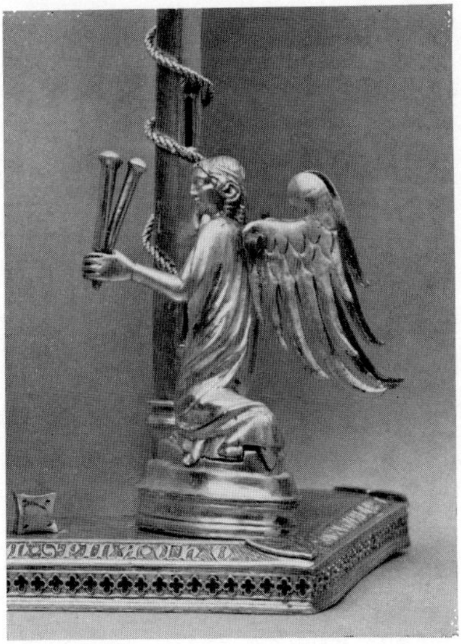

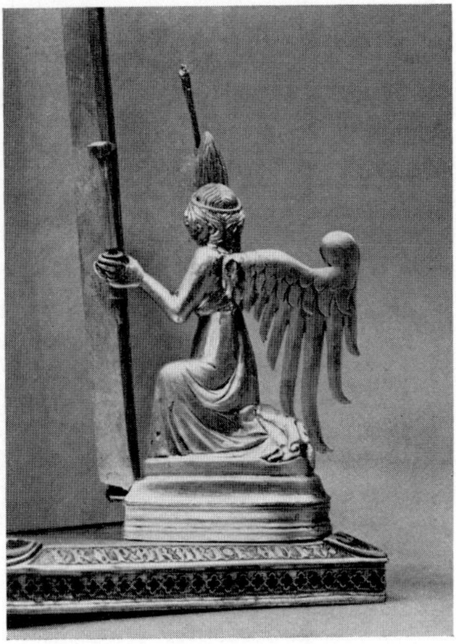

Fig. 5, 6 Reliquaire-monstrance des Arma Christi et de la Sainte Epine, Détails. Baltimore, Md., The Walters Art Gallery

cription: HIC EST SPINA DE CORONA DOMINI. Cette épine pourrait être celle que le dernier roi capétien, Charles IV, offrit en 1326 à Elisabeth, première femme de Jean de Luxembourg et dernière née de la famille des Přemyslids[16]. En 1353 Charles IV fit en Allemagne et en Suisse un voyage au cours duquel il recueillit de nombreuses reliques, dont des morceaux du manteau de pourpre du linceuil du Christ acquis au monastère bénédictin de Kempten. Ces reliques furent envoyées à l'archevêque de Prague, Arnošt de Pardoubice. Celui-ci, après avoir reçu aussi du bois de la Vraie Croix, désigna le 2 janvier pour être la fête des reliques de la Passion du Christ[17]. Une source incertaine, le *Magnum Chronicon Belgicum,* relate qu'en cette même année 1353, Charles IV obtint du roi Jean II une épine de la Sainte Couronne: « unde promeruerit a Papa Innocentio VI festum fieri per totam Alemanniam de corona et clavis Domini »[18]. En fait Charles IV avait déjà adressé à Innocent VI la requête d'étendre à l'Empire et au royaume de Bohème la fête des reliques de la Passion du Christ et de la faire célébrer le vendredi dans l'octave de Pâques. « Significat Sanctitatis Vestrae devotus filius vester Carolus Romanorum et Boemie rex quod, cum ipse habeat sub sua custodia, prout sui predecessores Romanorum reges seu imperatores habere consueverunt, sacratissimam lanceam, qua Salvatoris nostri latus sanctissimum extitit perforatum, et unum clavum, cum quo preciosissimum corpus ejusdem Salvatoris nostri cruci fuerit affixum, qui clavus et lancea tanquam prestantissime reliquie ac preciosissimus thesaurus Romani imperii reliquie imperiales vulgariter appelantur . . quod de dictis lancea et clavis quinta feria post octavam resurrectionis dominice festum sub lancee et clavorum vocabulo per totam Alemanniam et Boemiam in perpetuum celebretur . . »[19] Charles IV ne désignait expressément en tant que reliques de la Passion que la lance et les clous parcequ'eux seuls, de tous les Arma Christi, représentaient les armes et le palladium du Reich. Innocent VI, par la bulle *Redemptor Noster* du 13 février 1354, où le Christ, nouvel Adam, était désigné comme le rédempteur de l'Eglise, nouvelle Eve, acquiesça à la demande de l'Empereur, en permettant aussi la vénération des autres instruments de la Passion du Christ partout où des reliques en étaient conservées: « Licet igitur lancea et predicti (clavi) aliaque ipsius passionis salutifera instrumenta sint a cunctis fidelibus ubilibet veneranda »[20]. La fête prit ainsi le nom des Arma Christi, sous lequel elle est mentionnée dans un antiphonaire bohémien vers 1363[21]. Le 23 septembre 1354 Charles IV fit don à la cathédrale de Prague d'une staurothèque en or, contenant avec des reliques de la vie et de la Passion du Christ, de la Vierge et des saints, deux fragments du Vrai Bois. Ces reliques insignes provenant en partie du monastère du Pantocrator à Constantinople et dont la tradition faisait remonter à sainte Hélène celles de la croix, avaient été cédées par l'abbaye cistercienne de Pairis, en Alsace, filiale de Lützel en Suisse[22]. Urbain IV, 1362–1370, fit encore cadeau à l'empereur et à Wenceslas, son fils, corégent de Bohème, d'un morceau du pagne taché de sang du Christ. Cette

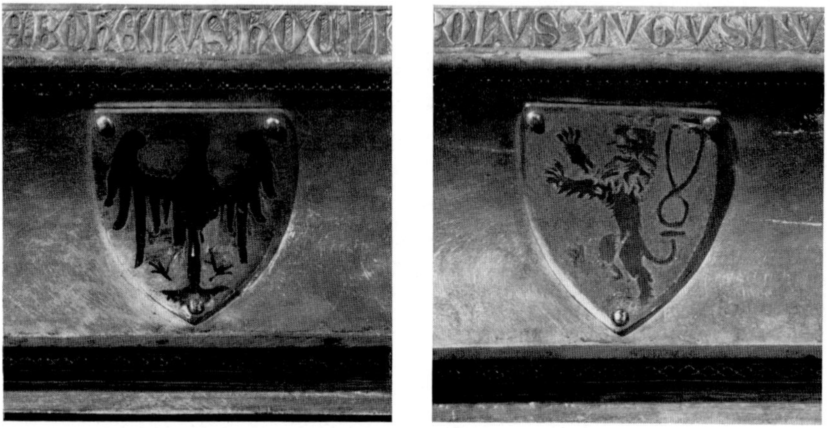

Fig. 7, 8 Blasons de la Croix du Reich (1352). Vienne, Schatzkammer

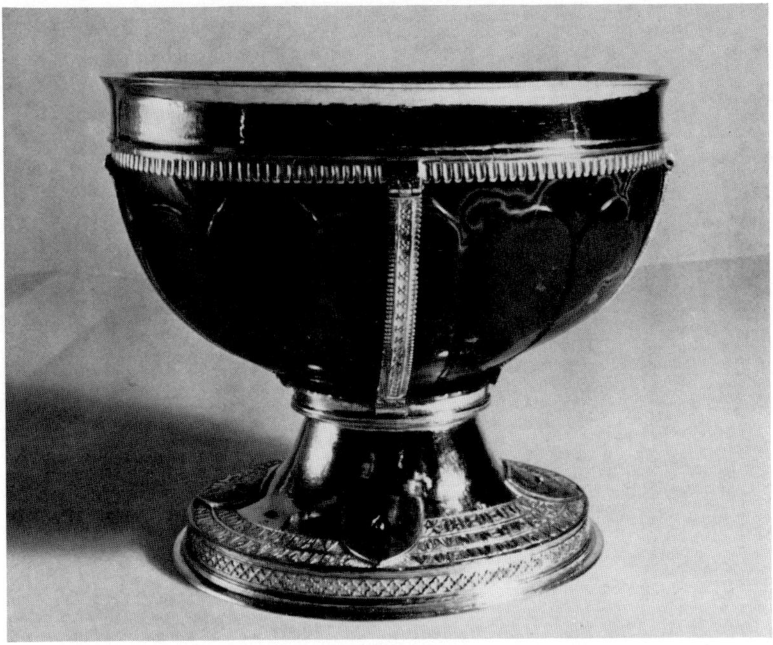

Fig. 9 Coupe d'onyx (1350). Trésor de la cathédrale Saint-Guy. Prague

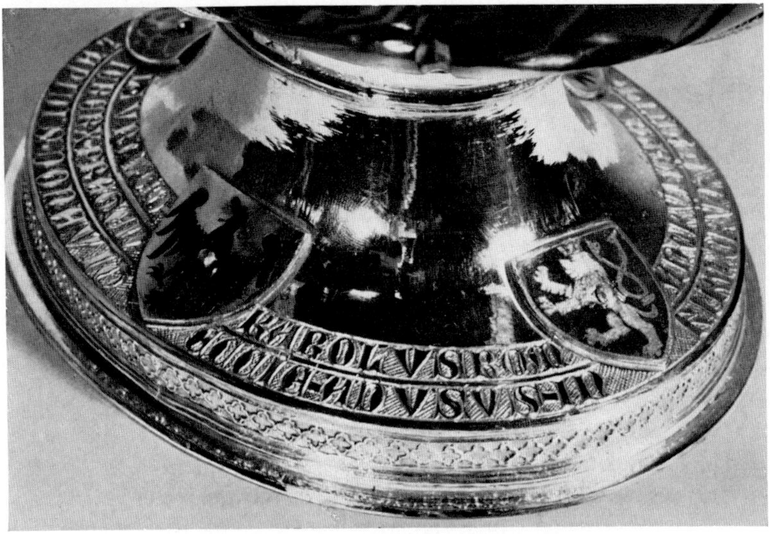

Fig. 10 Coupe d'onyx. Trésor de la cathédrale Saint-Guy. Prague

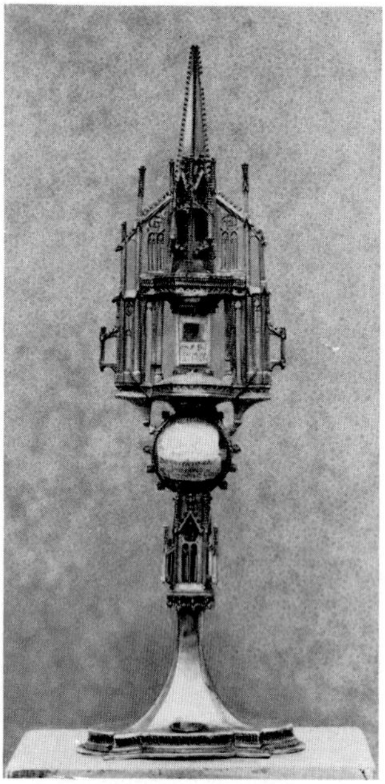

Fig. 11 Reliquaire-monstrance à l'emblème de l'atelier de Pierre Parler, XIVe siècle. Prague

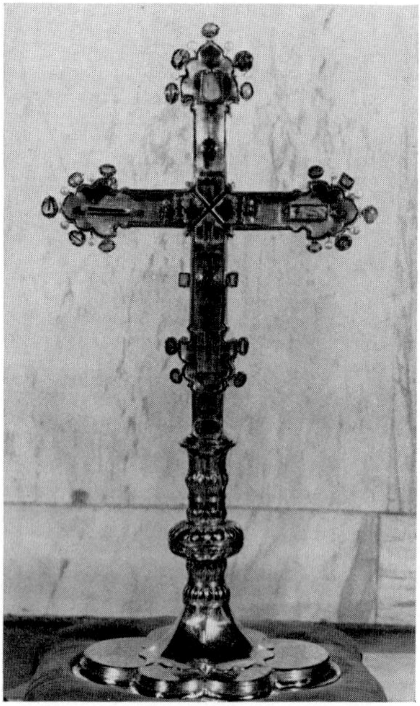

Fig. 12 Croix du Couronnement (1361?). Prague

relique fut enclose sous une ventouse de cristal de roche au centre d'une croix d'argent gravé et niellé d'émail, œuvre éxécutée par l'orfèvre Manuš (1368–1378, *fig. 14*)[23].

La chapelle fondée à Karlstein et consacrée le 27 mars 1357 en l'honneur et sous le titre de « la très glorieuse Passion du Christ et de ses insignes » devint peu après la chapelle de la Vierge. C'est celle de la tour basse, où sont peintes les fresques de l'Apocalypse et de la remise des deux épines à Charles IV. Une nouvelle chapelle fut construite dans la tour haute sous l'invocation de la Sainte Croix et dédiée le 9 février 1365. C'est la chapelle « unique au monde pour la splendeur de ses matériaux et sa prééminence, où étaient gardés les insignes impériaux et le trésor du royaume .. aux parois ceintes d'or et de gemmes », la chapelle apocalyptique de la cour céleste, où la Crucifixion et l'Homme de Douleurs dominent l'autel et où les instruments de la rédemption et les insignes du Christ étaient « la croix, le clou, l'éponge et la lance, symboles des souffrances du Christ, honorés pour toujours à sa louange et à la gloire des milices angéliques »[24]. Sur les parois extrêmes furent peints à fres-

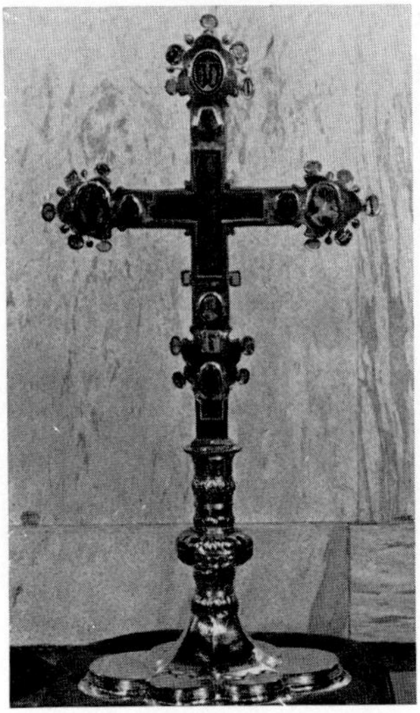

Fig. 13 Croix du Couronnement (1361?). Prague

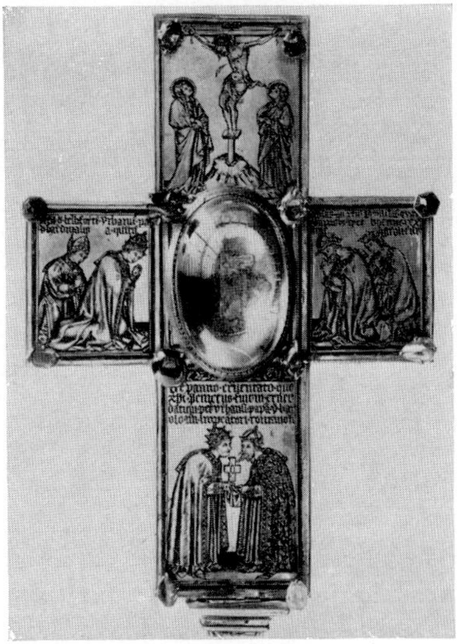

Fig. 14 Croix-reliquaire du pagne du Christ, 1368. Prague

que la Majestas Domini, les Vingt Quatre Vieillards adorant l'Agneau, l'Annonciation, la Visitation, l'Adoration des Mages, la fête dans la demeure de Marie et de Marthe, les trois Maries au tombeau, le Noli me tangere et le Couronnement de la Vierge. Sur les murailles déployant le plan cruciforme de la chapelle-reliquaire maître Théodoric peignit au dessus des croix gemmées les compagnons du Christ et la cour céleste: 127 panneaux de saints, d'anges et de prophètes. Tommaso da Modena peignit pour Karlstein un retable en forme de diptyque où une Vierge qui dérive du type byzantin de la Vierge de la Passion est en tête à tête avec l'Homme de Douleur. Deux anges revêtus d'ornements liturgiques, qui les associent au sacrifice de la messe, couronnent les panneaux. L'un tient la lance de la crucifixion et l'autre le fouet de la flagellation[25]. Sous l'Homme de Douleur peint par maître Théodoric au dessus de l'autel de la chapelle de la croix et de l'armoire des reliquaires impériaux entre deux anges revêtus d'étoles et les trois Maries portant des jarres d'onguents, fut encastré un tableau de Tommaso da Modena représentant la Vierge à l'Enfant entre saint Wenceslas et sainte Palmatia.

Le personnage désigné sur l'inscription de la monstrance Walters sous le nom de Dns. Iohannes Olomuczensis episcopus ne peut être qu'un évêque Jean ayant le droit d'utiliser les armes de l'Empire, de la Bohème, d'Olmütz et de la Moravie. L'héraldique exclut Jean VI, Jean Wolko qui occupa le siège de 1334 à 1351, ainsique son successeur, Jean VII, Ocko de Vlašim, qui fut transféré à Prague en juillet 1364. Mais aussi Jean IX, Jean Sobieslaw, retenu pourtant par Rudolf Berliner comme le seul candidat répondant à l'emploi des quatre écus émaillés du reliquaire Walters. Jean Sobieslaw était le fils de Jean Henri, frère de Charles IV, margrave de Moravie à partir de 1355. Mais à la mort de Jean Henri (1375), ce n'est pas Jean Sobieslaw, le fils cadet, mais le fils aîné, Jobst, qui devint margrave de Moravie. De plus, en tant qu'évêque d'Olmütz, Jean Sobieslaw n'assura qu'un interim. Intronisé le 27 novembre 1387, il fut promu dès le milieu de 1388 au patriarchat d'Aquilée. Il ne reste donc que l'évêque d'Olmütz dont le rôle fut considérable auprès de Charles IV dans la définition et l'application de ses dessins gouvernementaux et de sa politique religieuse et culturelle, Jean VIII, ou Jean de Středa, encore appelé Jean de Neumarkt ou Johannes Noviforensis (Neumarkt, dans la province de Breslau, *fig. 15*)[26]. Il avait été consacré le deuxième évêque de Litomyšl le 9 octobre 1353. La même année il devint le Hofkanzler de Charles IV, étant entré dans la chancellerie comme notarius en 1347 et ayant été promu au rang de premier notarius en 1352. La première mention de Jean de Středa dans sa charge de Hofkanzler est datée du 26 décembre 1353[27]. Il fut intronisé à l'évêché d'Olmütz le 12 juillet 1364 et nommé comes de la chapelle de Bohème en 1365[28]. Il resta évêque d'Olmütz jusqu'après la mort de Charles IV (29 novembre 1378) et mourut évêque de Breslau (20 ou 24 décembre 1380)[29]. Il demeura dans la fonction d'Hofkanzler jusqu'en 1374. Comme évêque de Litomyšl (évêché créé en 1350), puis d'Olmütz, Jean de

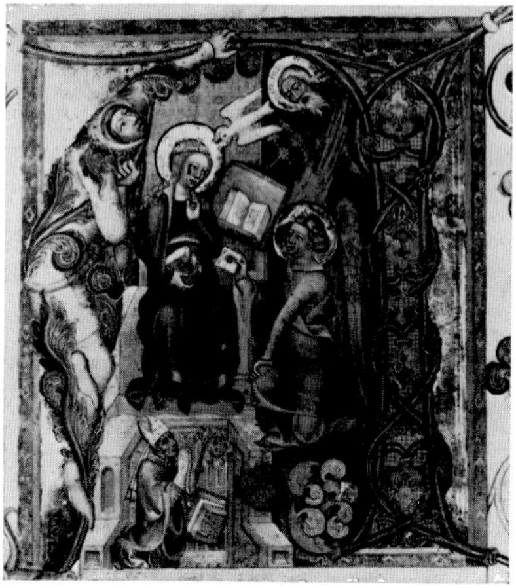

Fig. 15 Missel de Jean de Streda. Annonciation et portrait de Jean de Streda

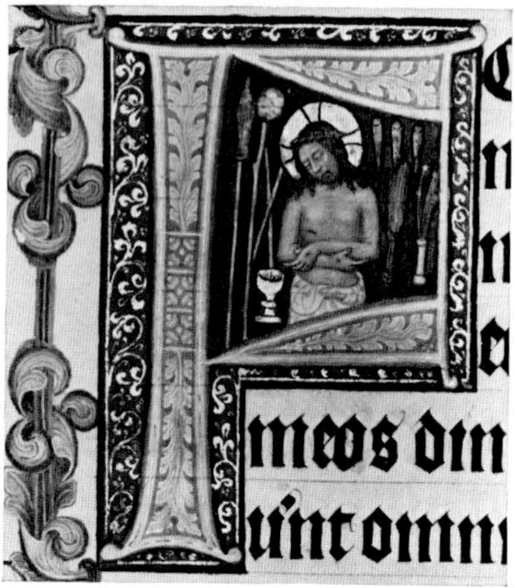

Fig. 16 Missel de Jean de Streda. L'Homme de Douleur entre les Arma Christi

Středa avait été le suffragant des archevêques de Prague. Prague avait été érigé en archevêché le 30 avril 1344 par Clément VI, le bénédictin Pierre de Rozières qui avait été le précepteur de Charles IV.
L'iconographie confirme pleinement l'attribution de la commande de la monstrance Walters à Jean de Středa et son éxécution dans l'atelier impérial de Prague. Dans le *Liber Viaticus,* bréviaire de voyage de Jean de Středa, qui date de 1364–1365, les Arma Christi sont peints au folio 308 et au folio 318 est inscrite la prière qui récapitule les insignes impériaux de la fête des instruments de la Passion du Christ: « In splendore fulgurantis hastae ... et in virtute clavorum suorum ». Au folio 165 la Trinité du type du trône de grâce est représentée sous les traits du Père tenant devant lui non la croix mais l'Homme de Douleur[30]. Dans le *Missel* de Jean de Středa *(fig. 15, 16)*, qui est postérieur au *Liber Viaticus* et où les caractères d'italianisme qui distinguent ce manuscrit sont fondus plus complètement dans le style de peinture propre à la Bohème[31], l'Homme de Douleur apparaît entouré des Arma Christi dans l'initiale des versets 17 et 15 du psaume 21 dont la récitation ouvre l'office in festo lancee domini et clavorum. « Foderunt manus meas et pedes meos, dinumeraverunt omnia ossa mea. Sicut aqua effusus sum et dispersa sunt omnia ossa mea ». Au dessus du Christ mort, mais surgissant à mi-corps les bras croisés, la tête tombant sur la poitrine, couronnée d'épines, s'ordonnent les instruments de la Passion: la lance à sa droite, le long de la haste du F de Foderunt, et après elle le roseau avec l'éponge et les bâtons qui servirent à enfoncer la couronne d'épines, à sa gauche les trois clous, les verges et le fouet. Il n'y a pas de croix derrière le Christ; la croix tachée de sang est remplacée par le calice du sang sacramentel *(fig. 16)*[32].
Les avant-bras de l'Homme de Douleur sur le triptyque de maître Théodoric au dessus de l'autel de la chapelle de la Croix, à Karlstein, sont relevés en forme de croix de saint André, faisant pleuvoir le sang des mains trouées. Ceux de l'Homme de Douleurs (Misericordia Domini) du volet gauche du diptyque bohémien (vers 1360), à Karlsruhe, que, sur le volet de droite, la Vierge de la Passion — ou de la co-Passion — contemple, abîmée dans sa souffrance anticipatrice, reposent parallèlement l'un sur l'autre, l'index de la main gauche se recroquevillant pour indiquer la plaie de la poitrine, par un trait d'étonnante précocité iconographique *(fig. 17)*[33]. Ceux du Christ d'argent de la monstrance Walters sont légèrement entrelacés, la main droite soutenant l'avant-bras gauche et réciproquement, comme on le voit sur l'enluminure du *Missel* de Jean de Středa, mais où toutefois la position respective des avant-bras est intervertie. Sur cette enluminure le Christ a perdu la petite mèche de cheveux retombant de la ligne médiane de la chevelure qui est usuelle dans l'art bohémien du XIVème siècle, sauf dans le *Passionnaire* de Cunégonde, écrit et enluminé entre 1314 et 1321[34]. Le modelé lisse et inaccentué du Christ du reliquaire est

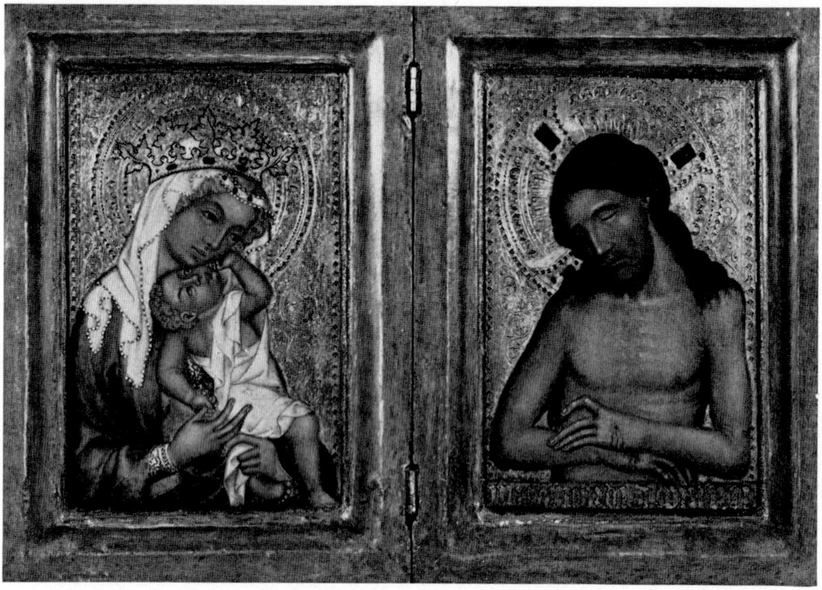

Fig. 17 Diptyque bohémien, vers 1360. Karlsruhe, Staatliche Kunsthalle

conforme au « weicher Stil » des années 60 en Bohème et se retrouve sur une console sculptée dans l'atelier de Pierre Parler et représentant la chute des premiers parents, derrière le maître-autel de la cathédrale de Prague vers 1370[35]. Mais le dessin nerveux des jambes est analogue à celui du Christ crucifié sur le reliquaire cruciforme d'argent contenant la relique donnée par Urbain V à Charles IV *(fig. 14)*. La plastique du reliquaire Walters est définitivement parlérienne et se rattache à celle des bustes sculptés dans le triforium inférieur à partir de 1374–6 et dans le triforium supérieur de la cathédrale de Prague quelque temps avant la consécration du 1er octobre 1385[36]. Les figures de Sigismond et de ses fils Gistal et Gondobald, martyrs de 522, qui demeurent seuls de l'œuvre commandée en 1365 par Charles IV pour St-Maurice d'Agaune marquent la première émergence de ce style parlérien dans l'orfèvrerie bohémienne en provenance de l'atelier impérial de Prague[37]. Mais le reliquaire Walters, parceque son originalité fondamentale est d'avoir été conçue ainsiqu'une œuvre plastique plutôt que décorative, soulève la question d'un rapport avec l'art italien, car il peut être comparé à cet égard avec le reliquaire-monstrance commandé en 1375 par les procurateurs de Venise, Michel Morosini et Pierre Corner, pour enchâsser un fragment de la colonne de la flagellation[38].

Le reliquaire Walters ne montre ni marque d'orfèvre ni les armes personnelles de Jean de Středa. Peut-être étaient-elles apposées sur la base ou l'encadrement de la monstrance qui n'existent plus. L'expression « preparari fecit » de l'inscription, au lieu du verbe factitif « fecit » suggère qu'il a été fait pour être inséré dans une structure complexe, dont le Rössli d'Altötting permet de se faire une idée, ou que, pars pro toto, il fut éxécuté en application des principes de la politique de prestige de Charles IV qui s'appuyait sur l'accumulation des reliques et tout particulièrement sur le culte des instruments de la Passion. Les armes semblent restreindre la chronologie à la période comprise entre 1364 et 1374, quand Jean de Středa sortit de sa charge de Hofkanzler. Il n'est pas entièrement exclu cependant qu'il ait contenu l'épine de la Sainte Chapelle de Paris que Charles V remit à Charles IV le 8 janvier 1378 à Paris. Cette troisième épine, comme les deux premières apportées à Metz en 1356 par le dauphin Charles, constituait un cadeau diplomatique renforcant les liens d'amitié entre la France et la Bohème et assurant la neutralité bienveillante de l'Empire dans la lutte entre la France et l'Angleterre[39]. Si cette hypothèse était démontrée, la commande du reliquaire Walters par Jean de Středa représenterait l'éxécution par l'ancien Hofkanzler de l'une des ultimes volontés de l'empereur. Il ne semble pas que l'œuvre ait appartenu à la cathédrale d'Olmütz[40]. A titre de dernière supposition, elle aurait pu être « préparée » pour le monastère des Augustins d'Olmütz où Jean de Středa devait avoir son tombeau.

La monstrance garde le reflet de l'humanité et du mysticisme humaniste de Jean de Středa. Le coq perché sur la colonne fait allusion, parmi les Arma Christi, au pardon accordé par le Christ à saint Pierre après son triple reniement[41]. Le Christ debout, figure incarnant la patience dans la souffrance, témoigne de la « tendance croissante vers une homogénéité réelle entre les adorateurs et les êtres adorés » qu'Auguste Comte décela dans le culte médiéval des saintes images[42]. L'Homme de Douleur n'est plus représenté à mi-corps et droit dans la tombe, comme sur le prototype grégorien et byzantin du « roi de gloire », l'icone de Sainte-Croix de Jérulasem à Rome, et sur les prédelles des retables peints en Italie où il est l'hostie sanglante détachée de la croix. Il est debout de toute sa stature et comme déjà sorti de la tombe avant la résurrection glorieuse. Ainsi apparaît-il déjà, vers 1360–70, tenant lui même le fouet et les verges, sur l'épitaphe gravée de Saint-Pierre d'Erfurt[43]. Deux fois le Christ se dresse sanglant sur les volets du triptyque de Sainte-Marie de Roudnice, vers 1410. A l'intérieur des volets, l'Homme de Douleur est debout entre les verges et le fouet, nu sauf un pagne, les bras croisés, en tête à tête avec la Vierge, qui, co-rédemptrice, croise ses bras enveloppés dans son manteau du même geste que le Christ. A l'extérieur, le Christ, drapé dans le manteau du Ressuscité, qui sera celui du Juge au Jugement Dernier, fait le geste sanglant de l'ostentatio vulnerum, face à la Vierge qui tient l'enfant

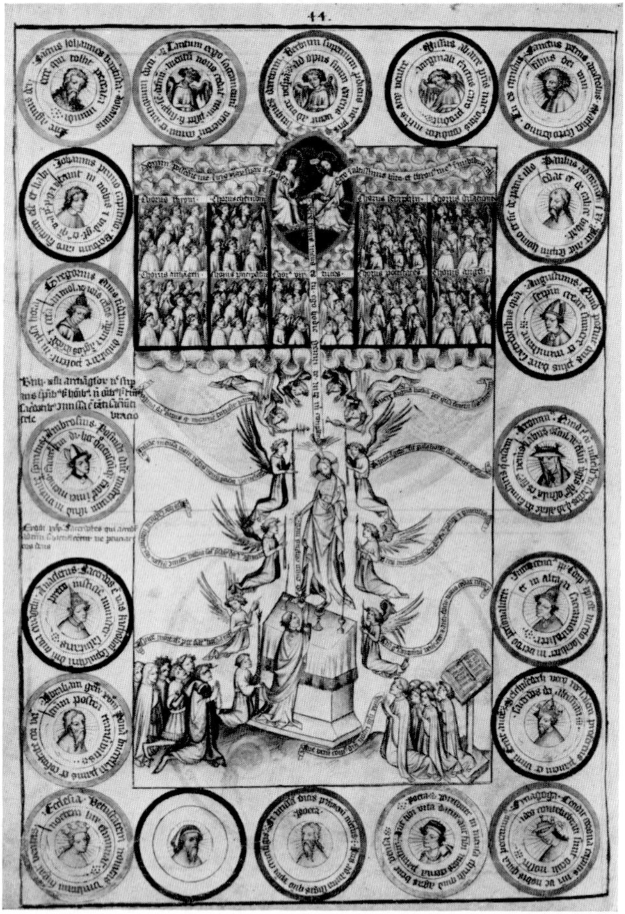

Fig. 18 La messe de S. Grégoire et la liturgie céleste,
Biblia Pauperum (1414.5). Munich, Staatsbibliothek, lat. 8201

dans ses bras. Sous les plis du manteau de cette Vierge de la Miséricorde sont agenouillés une femme et sept hommes, dont deux sont couronnés. Huit personnages sont agenouillés sous la pluie de sang et le manteau du Christ Mediator, dont un moine et un évêque. Les donateurs et leur huit enfants sont peints à l'extérieur[44]. A gauche des volets fermés de l'autel de Mulhouse, vers 1385, l'Homme de Douleurs, debout, baisse les yeux vers le donateur et semble lui prêter l'oreille. A droite, la crucifixion complète le sens de l'Annonciation et du Couronnement de la Vierge peints sur les volets, contrastant le

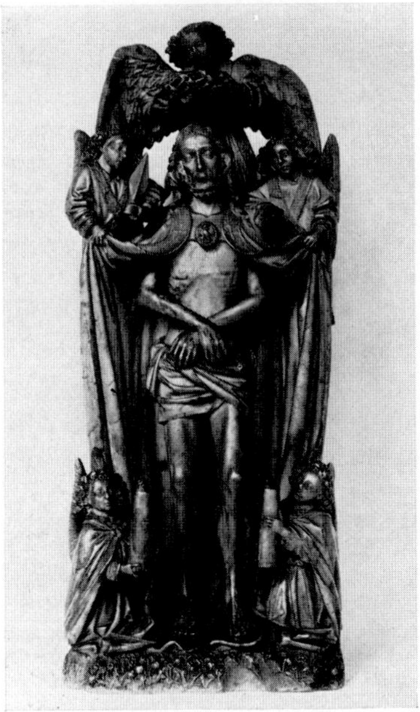

Fig. 19 L'Homme de Douleur grand-prêtre et victime, albâtre (ca. 1470) Anvers, Musée Mayer van den Bergh

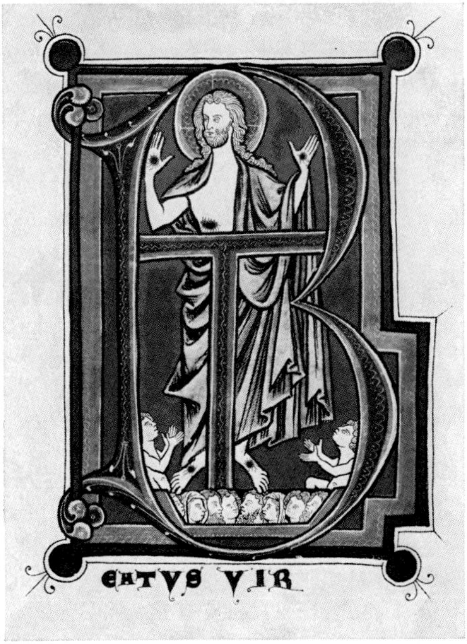

Fig. 20 Le Christ intercesseur. Psautier flamand, XIIIe siècle. New York, The Pierpont Morgan Library, Ms. 106

Verbe qui s'est fait chair souffrante au Verbe engendré de toute éternité[45]. L'Homme de Douleur debout a été peint aussi dans un manuscrit de la bibliothèque du chapitre à Prague[46].

Au XVème siècle l'ostentatio vulnerum s'intègre à l'imago pietatis du Jugement Dernier dans laquelle les anges ne portent plus les instruments de la Passion mais le lys de la miséricorde et l'épée de la justice[47]. Sur un *Livre d'Heures* au Fitzwilliam Museum de Cambridge, enluminé par un maître formé dans l'atelier du maître des *Heures de Rohan*[48], l'Homme de Douleur, Mediator, se tient debout à côté du Juge stigmatisé, assis sur l'arc-en-ciel, les pieds sur le globe du monde. Le Christ de la Miséricorde de l'hôtel de ville de Prague, statue en bois de tilleul du premier quart du XVème siècle, est sculpté comme Homme de Douleur debout, les mains levées[49]. Cette sculpture avait été placée dans la grande salle de l'hôtel de ville pour inciter les juges à tempérer la justice par les impulsions de la misêricorde. Cet équilibre dialectique, qui dictera les sentences au Jugement Dernier, est le thème fondamental des staurothèques dans l'art mosan du XIIème siècle[50]. Il a laissé son empreinte dans la sculpture gothique. Sur le tympan de Saint-Sulpice-de-Favières, le

Christ «sacerdos et redemptor» tient le calice et montre son flanc blessé. Au sommet des archivoltes du portail du Jugement Dernier de la cathédrale d'Amiens, deux épées sortent de la bouche du Christ apocalyptique qui domine le Juge en majesté sur le tympan[51]. A l'entrée, adossé contre le trumeau, le Christ, le «Beau Dieu», est debout, en «advocatus» compatissant. Sur le tympan de la cathédrale de St-Omer, qui fut remonté à la fin du XIVème siècle à l'extrémité des deux travées ajoutées au croisillon sud du transept, le Christ-Juge se tient debout, levant les bras et montrant ses mains stigmatisées, au dessus de la résurrection des morts, entre la Vierge et saint Jean qui l'implorent, escorté des anges portant ses Arma[52]. Sur la prédelle du retable en albâtre polychrome sculpté par Pierre Oller dans la cathédrale de Vich (1420–1427), l'Homme de Douleur flanqué de la Vierge et de saint Jean et supporté par un ange, comme dans l'iconographie française du Christ de Pitié, apparait sous les anges qui tiennent le signe de l'Homme au Jugement, la croix, et les autres instruments de la Passion[53].

Le thème de la Justice équilibrée par la Pietas – la Pietas des émissions monétaires de l'empire romain assimilée à la miséricorde chrétienne – était entrée assez tôt dans l'iconographie impériale de l'Allemagne, ainsi qu'en témoigne déjà la majesté d'Henri II dans l'Evangéliaire du Vatican où l'empereur siège au centre de représentations allégoriques de la Sagesse et de la Prudence, et des binômes antithétiques: Justicia-Pietas et Lex-Jus[54]. Sur les retables italiens du trecento, à l'Homme de Douleur peint sur la prédelle répond le Christ-Juge qui couronne l'encadrement[55]. Dans cette suprême réincarnation du style parlérien à Prague, le tympan de la porte nord de la Teynkirche, qui date de la première décennie du XVème siècle, la crucifixion est sculptée au centre sous les deux autres personnes de la Trinité, et la flagellation qui l'encadre à droite, le couronnement d'épines à gauche forment des groupes surmontés de bas-reliefs où sont respectivement sculptés les anges et les démons[56]. Le concept d'une justice tempérée par la miséricorde grâce aux souffrances du Christ était fait pour s'insérer dans le mysticisme si humain d'un chancelier qui au début de sa carrière avait contribué à épargner au Tribunus Augustus Cola di Rienzo, réfugié à Roudnice, le jugement immédiat à Avignon qui aurait pu entrainer sa mort au bûcher, en temporisant et en préchant la conciliation[57]. Dans ses dernières années à l'évêché d'Olmütz Jean de Středa, reprenant littérairement le motif de l'Homme de Douleurs environné des Arma Christi, écrivit pour Elisabeth, l'épouse de Jobst, margrave de Moravie (1375 à 1411) les *Tagzeiten vom Leiden Christi*[58].

Annotations

1 Inv. no. 57.700. Acquis par Henry Walters, en 1903, de Jacques Seligmann, Paris. Argent doré, technique dite à la coquille et ciselé; émaux sur argent. H: 29,3 cm. Base 20,3 × 11,4 cm (le pedigree avant 1903 a été détruit à Paris en 1940).

2 R. Berliner, « Arma Christi », *Münchner Jahrbuch der bildenden Kunst*, 3° série, VI, 1955, p. 63, fig. 16.

3 *Europäische Kunst um 1400, Kunsthistorisches Museum*, Vienne, 1962, no. 439. A la suite de l'exposition de Vienne, le reliquaire fut aussi exposé dans l'exposition complémentaire de Baltimore: *The Arts in Europe around 1400 The International Style, The Walters Art Gallery*, no. 125.

4 Argent, un aigle éployé sable; gueules, un lion rampant queue fourché, une couronne or; sable, un aigle éployé, échiqueté argent et gueules, une couronne or; mi-parti argent et gueules, un croissant or.

5 « Sa couronne est faite d'une branche de ronce, pourtant elle resplendit. Des pierres précieuses y brillent comme des étincelles, ce sont des gouttes de sang », lit-on dans une hymne du XIVème siècle, citée par Emile Mâle, *L'art religieux da la fin du moyen-âge en France*, Paris, 1908, pp. 98–9, n. 1, d'après le *Recueil* de Daniel, t. II, p. 348.

5bis Sur les dimensions très variables du jujubier: Zizyphus Spina Christi, montées dans de très nombreux reliquaires: Ch. Rohault de Fleury, *Mémoire sur les instruments de la Passion de NSJC*, Paris, 1870, pl. XXI.

6 Sur les Arma Christi distingués des signa et chargeant des écus, voir Berliner, *art. cit.* p. 62, fig. 15: Paris, Arsenal, ms. 212, fol. 9 v., français ou rhénan, deuxième moitié du XIVème siècle, et p. 52, fig. 8: Passionnaire de Cunégonde, abbesse du monastère Saint Georges à Prague et sœur du roi de Bohême, le Přemyslid Wenceslas II (1278–1305). Le manuscrit date de 1314–1321.
L'héraldique des Arma Christi marque un retour à la croix-trophée de l'art paléochrétien et du premier art byzantin. Le Christ de la société aristocratique de la fin du moyen âge est conçu ainsiqu'un chevalier invincible, portant sur son écu – le « scutum fidei » de s. Paul, Eph. 6,16 – les armes de la rédemption, couronné, appuyé sur la lance, blessé cinq fois. Cf. la parabole du dominicain Kolda, écrite en 1310, citée par J. E. Wocel, « Miniaturen aus Böhmen », *Mitteilungen d. kk. Central-Comm.*, 5, Vienne, 1860, pp. 77, 83, n. 2.

7 Le Christ debout près de la croix de la monstrance Walters annonce le Christ d'or, statuette de style international germanique, remployée dans la staurothèque offerte à la cathédrale de Cortone, en 1458, par Jacopo Vagnucci, évêque de Pérouse: Colin Eisler, « The Golden Christ of Cortona and the Man of Sorrows in Italy », *The Art Bulletin*, LI, 1969, pp. 107–8, fig. 1–4. Cf. fig. 14 et fig. 20–22, 24, 28, dans la deuxième partie de l'article, *ibid.* p. 233 sq. Dans tous ces exemples le Christ tient la croix dans le creux de son coude gauche, mais Michel Ange revint à l'implantation de la croix à droite dans le marbre de Santa Maria sopra Minerva, Rome.

8 Antonin Matějček et Jaroslav Pešina, *Czech Gothic Painting 1350–1450*, Prague, 1950, p. 55, pl. 85–87.

9 P. E. Schramm et Florentine Mütherich, *Denkmale der deutschen Könige und Kaiser*, Munich, 1962, nos 62, 145. Hermann Fillitz, *Die Schatzkammer in Wien*, Vienne, 1964, et *Katalog der weltlichen und der geistlichen Schatzkammer*, Vienne, 1968, 4ª nos 156–158. Du bois de la Vraie Croix était enchâssé dans la partie

inférieure de la croix. Dans le fer de lance que l'on croyait être celui de Longin et de saint Maurice, avait été incrusté sous Otto III un des clous de la crucifixion. Pendant les temps de paix cette relique était logée dans la traverse de la croix. Charles IV la fit envelopper d'une manchette d'or portant l'inscription: LANCEA ET CLAVVS DOMINI. Il fit aussi refaire la monture du Vrai Bois et il préleva sans doute un tiers du clou de la Passion pour l'enchâsser dans la croix du couronnement. La croix-reliquaire de l'Empire fut commencée sous Henri II et achevée sous Conrad III. Charles IV fit apposer sur la nouvelle base l'inscription: ANNO MILLENO TERCIO QUINQUAGENO SECUNDO K. AUGUSTUS ROMANUS REXQ. BOHEMUS HOC LIGNUM DOMINI TALI PEDE SIC DECORAVIT. Sur la fresque de la chapelle de la Vierge à Karlstein Charles IV tient le Vrai Bois dans sa nouvelle monture.

10 *L'art ancien en Tchécoslovaquie, Musée des Arts Décoratifs*, Paris, 1957, no. 224. Ce reliquaire en argent doré du dernier quart du XIVème siècle a toujours appartenu au trésor de la cathédrale. Il serait l'œvre du cousin de Pierre Parler qui était orfèvre et vraisemblablement l'auteur du calice (1398) au même trésor.

11 Cette fresque fut peinte par Nicolas Wurmser, natif de Strasbourg. A. Friedl, *Mikulas Wurmser, mistr kralovskych portretu na Karlsteyne*, Prague, 1956, pl. 1–3, 7–8. Dobroslava Menclová *Státní hrad Karlšteyn*, 1958, p. 27, fig. p. 33. Il y a trois sujets: Le dauphin Charles remet les deux épines à l'empereur; remise d'une autre relique à Charles IV par le roi de Hongrie ou le roi de Chypre et de Jérusalem ou plutôt par le duc de Mantoue (il s'agirait dans ce cas d'un fragment de l'éponge du calvaire); Charles IV dépose les reliques dans la croix d'or. La fresque peut être plus récente que la consécration de la chapelle: Louis Grodecki, « Les peintures du château de Karlstein et l'art français », *Bulletin Monumental*, CXV, 1957, pp. 212–3. La chapelle de la Vierge, dans la tour basse de Karlstein, avait été d'abord dédiée dans l'acte de fondation du 27 mars 1357 « in honore et vocabulo gloriosissimae Passionis et insigniorum ipsorum ». A cette chapelle de la Passion et de ses reliques, dont le titre passa quelques années après à la chapelle de la Croix dans la tour haute, était attenante la chapelle de la Vierge primitive, aujourd'hui chapelle sainte Catherine. Antonin Friedl, *Master Theodoricus*, Artia s. d., documents cités notes 26, 27. Les deux chapelles étaient à l'origine reliées par une reproduction – en termes d'iconographie architecturale – du tombeau du Christ au Saint-Sépulcre de Jérusalem: Zdeněk Bouše et Josef Myslivec, « Sakrální Prostory na Karlšteyně », Uměni XIX, 1971, p. 294.

12 E. Werunsky, *Geschichte Kaiser Karls IV.*, III, Innsbruck, 1892, p. 107, n. 3, pp. 168–9. R. Delachenal, *Histoire de Charles V*, I, Paris, 1909, pp. 268–281. Sur les raisons pour lesquelles le dauphin porte la couronne royale alors que Jean II était prisonnier des Anglais: le compte-rendu de Gerhard Schmidt du livre de Claire Richter Sherman, *The Portraits of Charles V of France*, New York University Press, 1969, dans: *Zeitschrift für Kunstgeschichte*, 34, 1971, pp. 86–7. Les deux épines avaient été déjà promises par Jean II dans une lettre du mois de mai 1356. Elle furent remises en même temps qu'une épée évaluée à 18.000 florins. Charles IV, qui avait signé un traité avec Edouard III en 1348, renouvela l'alliance avec la France. Mais le dauphin Charles acceptait le vicariat de l'Empire en Dauphiné contre paiement de 50.000 florins et Philippe de Rouvre reprenait en fief de l'Empire le comté de Bourgogne.

13 Anton Podlaha et E. d. Sittler, *Der Domschatz und die Bibliothek des Metropolitancapitels*, I, *Der Domschatz*, Prague, 1903, no. 25, p. 33 sq., fig. 30–35. Innocent VI accorda des indulgences attachées à la venération de ces reliques: *Acta*

Innocentii VI, ed. J. F. Novak, *Monumenta Vaticana res gestas Bohemicas illustrantia*, vol. II, Prague, 1907, p. 245, nos 617. Sur l'obcure question de la chronologie respective de la croix d'or aux extrémités quadrilobées, peinte sur trois fresques à Karlstein, et de la croix d'or aux extrémités fleurdelysées. cf. Emanuel Poche, «Einige Erwägungen über die Kameen Karls IV», *Sborník k sedmesátinám Jana Květa*, Prague, 1965, pp. 87,8 et «Kotázce ostatkových křížu Karla IV», *Sbornik Národního muzea v Praze*, XXI (1967), no. 4/5, pp. 239–46.

14 *Art and the Courts of France and England from 1259 to 1328, The National Gallery of Canada*, 1972, no 39, n. 1, p. 129.

15 *Regesta diplomatica necnon epistolaria Bohemiae et Moraviae*, vol. IV, *1333–1346*, ed. Joseph Emler, Prague, 1892, no 1698. *Monumenta Vaticana res gestas Bohemicas illustrantia*, vol. I, ed. Ladislaus Klicman, Prague, 1903, no 650. *Archiv pražske metropolitni kapituly*, vol. I, ed. Jaroslav Ersil et Jire Prazak, Prague, 1956, no 204. *Fontes Rerum Bohemicarum*, IV, 515.

16 *Chronica Aulae Regiae*, ed. J. Loserth: *Fontes Rerum Austriacarum*, vol. VIII, 1, *Scriptores*, pp. 440–441, Vienne, 1875. A. Gottlob, *Karls IV. private und politische Beziehungen zu Frankreich*, Innsbruck, 1883, p. 86.

17 *Francisci Pubitschka's Chronologische Geschichte Böhmens*, Vol. V, I, Prague, 1784, pp. 425, 429–430.

18 *Rerum Scriptores Germanicarum*, ed. Pistorius, cf. F. de Mély, «Reliques de Constantinople», *Revue de l'Art Chrétien*, 1899, p. 486; *Exuviae Sacrae Constantinopolitanae*, vol. III, Paris, 1904, pp. 344–345. Cf. Gosselin, *Notice historique sur la sainte couronne et les autres instruments de la Passion de Notre-Dame de Paris*, 1828, p. 120 sq.

19 *Acta Innocentii VI*, ed. Novak, vol. II, cit. p. 89, no 209. Sur la lance cf. A. Bühler, «Die heilige Lanze», *Das Münster*, XVI, 3/4, 1963, pp. 85–116. L'intérêt de Charles IV était, par le truchement d'une fête commune, d'étendre à la Bohême le prestige protecteur des reliques impériales de la Passion.

20 *Acta Innocentii, ibid.* p. 90, no. 210.

21 H. J. Hermann, *Beschreibendes Verzeichnis der illuminierten Handschriften in Österreich*, IV, Leipzig, 1923, p. 209.

22 A. Frolow, *La relique de la Vraie Croix*, Paris, 1961, nos 730, 457. Podlaha et Sittler, *op. cit.* p. 51 sq. Sur le portail de la chapelle de sainte Catherine, première chapelle de la Vierge, dans la tour basse de Karlstein, Charles IV et sa troisième femme, Anne de Schweinitz († 1362) tiennent la croix d'or reliquaire dans l'attitude de Constantin et d'Hélène: D. Menclová, *op. cit.* fig. p. 31. Charles IV, dans sa requête à Innocent VI du 21 décembre 1357, avait demandé l'octroi d'une indulgence extraordinaire pour ceux qui assisteraient à l'ostentation de la relique de la Vraie Croix enfermée dans la croix d'or: *Monumenta Vaticana* II, Prague, 1957, p. 273. La cathédrale de Prague reçut encore après 1350 une staurothèque en argent: Frolow, no 725; Podlaha, pp. 135–6. Elle possédait aussi une staurothèque en forme de tableau, plus ancienne et probablement originaire de Trèves: Frolow, no 560; Podlaha p. 73 sq.

23 Les sujets niellés en émail sont: la crucifixion, le Pape et le cardinal de Beaufort, Charles IV et Wenceslas, agenouillés de part et d'autre de la relique, la remise de la relique par le Pape à l'empereur: Podlaha et Sittler, *op. cit.* pp. 45–47.

24 Beneš Krabice de Weitmile, *Chronicon Regni Bohemiae, Fontes Rerum Bohemicarum*, III, 533, cf. A. Friedl, *Master Theodoricus*, n. 25 et p. 28.

25 D. Menclová, *op. cit.* fig. p. 21. Sur les rapports entre les saints peints par maître Théodoric dans la chapelle de la croix à Karlstein et les portraits à mi-corps

peints par Tommaso da Modena dans la salle capitulaire des Dominicains à St-Nicolas de Trévise, Friedl, *Master Theodoricus*, p. 61, et Julius von Schlosser, « Tommaso da Modena und die ältere Malerei in Treviso », *Jahrbuch der Kunstsammlungen des Allerhöchsten Kaiserhauses*, vol. XIX, Vienne, 1898, p. 240 sq. Théodoric se serait-il rendu à Modène, ou bien un peintre bohémien aurait-il collaboré au programme de Trévise? Cf. Luigi Coletti in: *Allgemeines Lexikon der bildenden Künstler*, ed. H. Vollmer, XXX, Leipzig, 1939, pp. 270–2. Sur les vêtements liturgiques des anges du diptyque de Karlstein, concélébrants du sacrifice de l'autel dans le symbolisme eucharistique: M. B. McNamee, S. J., « Further Symbolism in the Portinari Altarpiece », *The Art Bulletin*, XLV, 1963, pp. 142–3. C'est à Sienne – et non à Florence ou dans l'Italie centrale – qu'a débuté la vogue des diptyques de la Vierge à l'Enfant (thème dérivé des Vierges de la Passion byzantines) et de l'Homme de Douleur (formulation occidentale de l'icone byzantine du « Roi de Gloire »): James H. Stubblebine, « Segna di Buonaventura and the Image of the Man of Sorrows », *Gesta International Center of Medieval Art*, VIII/2, 1969, p. 8. Le « Roi de Gloire » byzantin est devenu presque sans solution de continuité l'Homme de Douleur dès la fin du XIIIe Siècle en Italie, cf. Stubblebine p. 7 et Carlo Bertelli, « The Image of Pity in Santa Croce in Gerusalemme », *Essays in the History of Art presented to Rudolf Wittkower*, Phaidon Press, 1967, pp. 40–55.

26 Sur Jean de Středa: les ouvrages de Konrad Burdach, *Vom Mittelalter zur Reformation*, vol. II, 1, VI, 1–4, VIII, Berlin, 1913–1937.

27 *Cancellaria Johannis Noviformensis, Episcopi Olomucensis*, 1364–1380, ed. F. Tadra, *Archiv für Österreichische Geschichte*, vol. 68, 1, Vienne, 1886, p. 2.

28 Pubitschka, *op. cit.* p. 540.

29 Il occupa le siège laissé vide par Dietrich élu le 27 avril 1376, « consecratus Avenion. et non admissus », Gams, *Series Episcoporum*.

30 Prague, Bibliothèque du Musée National, cod. XIII A 12. *L'art ancien en Tchécoslovaquie*, no 112. Comme dans le *Liber Viaticus*, le titre de possession du propriétaire est répété en bas de page sous toute la largeur du texte dans le codex grand folio en deux volumes des *Homélies* du dominicain espagnol Gorra *super Paulum – super epistolis canonicis* dans la bibliothèque des augustins d'Altbrünn. K. Burdach, *Vorspiel*, I, 2, *Reformation und Renaissance*, Halle, 1925, p. 154. Dans le courant de la mystique carthusienne la vision du Christ en croix pouvait être également interpretée comme celle de l'Homme de Douleur: Cl. Bohic, *Chronica Ordinis Carthusiensis*, Parkmonasterii, 1922, p. 244 ad annum 1367. Voir aussi le retable de Boulbon, au Louvre, où l'Homme de Douleur est associé à la trinité et aux Arma Christi.

31 Prague, Bibliothèque du chapitre de Saint Vit, Cim. 6, fol. 67 b. *L'art ancien en Tchécoslovaquie*, no 114.

32 Les singularités iconographiques abondent dans le *Missel* de Jean de Středa. Par exemple, l'ange de l'Annonciation remet à la Vierge un message scellé de la part de la chancellerie céleste (fol. 4 b, *fig. 15*). Au folio 15 b d'un manuscrit anglais où les Arma Christi sont disposés comme dans les cases d'un tableau reliquaire, la crucifixion domine l'image de l'Homme de Douleur qui occupe le centre de la composition. Au dessus du Christ en croix est perché le « gallus ter cantans » et au dessus du coq est peinte la vera icon « sputerunt in faciem Xri »: Un pape (Innocent VI?) accorda à ceux qui vénèreront la croix, la couronne d'épines, les clous, la lance « per que coronam glorie queramus » une indulgence de trois ans: London, British Museum, MS. 6 E VI, manuscrit anglais du milieu du XIVème

siècle; Berliner, *art. cit.* fig. 5 et p. 51. Jean de Středa rapporta de Rome en 1369 une copie de la vera icon, le voile dit de Véronique que Boniface VIII avait fait transférer à Saint Pierre du Vatican en 1298; cf. Pubitschka, 566.

33 Antonin Matějček et Jaroslav Pešina, *Czech Gothic Painting,* Prague, 1950, nos 20, 21. La Vierge à l'Enfant se rattache au type italo-byzantin de la Vierge Pelagonitissa mais dans une expression plus passionnée. L'Enfant se renverse et appuie sa tête contre le menton de la Vierge comme la Mère appuie sa joue contre celle de son fils descendu de la croix dans le threnos du maître de Vyssi Brod. Il essuie de sa menotte une larme, comme le fait l'Enfant dans le groupe en vermeil offert à Saint-Denis par Jeanne d'Evreux en 1339. Comparer le Christ faisant l'ostentation de la blessure de son flanc avec les peintures reproduites par Erwin Panofsky dans «Imago Pietatis». Ein Beitrag zur Typengeschichte des «Schmerzensmanns» und der «Maria Mediatrix» *Festschrift für Max J. Friedländer,* Leipzig, 1927, fig. 32–35, 36–38, cf. pp. 289–90. Sur le diptyque bohémien – vers 1360 – du musée de Bâle, une variante iconographique est introduite: l'Homme de Douleur à revêtu le manteau rouge de la résurrection.

34 Par exemple le baiser de paix donné par le Christ ressuscité à sa mère après la résurrection: *L'Art en Tchécoslovaquie,* pl. 15. Cette image inspirée par le *Miroir de la sainte vie du Christ* du pseudo-Bonaventure est la première apparition dans l'iconographie du thème «Et prima vidit»: James D. Breckenridge dans *The Art Bulletin*, XXXIX, 1957, pp. 18, 25. L'implantation d'une petite mèche à la racine de la raie médiane des cheveux tend à être omise dans les panneaux peints par maître Théodoric dans la chapelle de la croix à Karlstein. Cf. le dessin au lavis de l'un de ses élèves représentant la Trinité dans un manuscrit de la bibliothèque de l'Université d'Olmütz: A. Friedl, *Master Theodoricus*, fig. p. 95.

35 Vaclav Mencl, *Czech Architecture of the Luxemburg Period*, Prague, 1955, fig. 54.

36 Karl M. Swoboda, *Peter Parler*, Vienne, 1940, figuration en buste du Christ, pl. 65. Reiner Hausherr, «Zu Auftrag, Programm und Büstenzyklus des Prager Domchores», *Zeitschrift für Kunstgeschichte,* XXXIV, 1971, p. 25 et n. 41. Comparer en particulier le traitement de la tête du Christ du reliquaire Walters avec les portraits de Jean de Bohème, S. Sigismond et S. Wenceslas. Ces bustes sculptés traduisent dans la pierre les données représentatives et stylistiques du buste-reliquaire provenant de Jezěří, près de Roudnice, à la Galerie Nationale de Prague, du buste-reliquaire de Ste. Ludmila, au trésor de la cathédrale de Prague, et du buste-reliquaire de Charlemagne à Aix-la-Chapelle.

37 H. Reiners, «Ein von Kaiser Karl IV. gestifteter Reliquienschrein», *Pantheon,* XXXII, 1944, pp. 119–24. Le second exemple: la statuette de S. Wenceslas sur la face principale de sa tumba, dans la chapelle martyrium de ce saint patron de la Bohème dédiée dans la cathédrale de Prague en 1367, ne peut qu'être évoquée à travers les documents: E. Poche, «Einige Erwägungen über die Kameen Karls IV», *art. cit.* p. 84.

38 A. Pasini, *Il tesoro di San Marco,* vol. VIII de la *Basilica di San Marco,* pp. 31–32, pl. XXVI, no 32. Les rapports de Jean de Středa avec les héritiers du testament politique du Dante, Cola di Rienzo et Pétrarque, son goût pour la *Divine Comédie,* l'italianisme des manuscrits liturgiques qu'il commanda pour son usage personnel, ses contacts intimes avec la culture et l'art italiens de la cour d'Avignon, sont bien connus. Il accompagna Charles IV en Italie en 1354–55 et en 1367–69.

39 *Les grandes chroniques de France,* ed. Paulin, Paris, 1838, pp. 391–99.

40 D'après les inventaires de la cathédrale d'Olmütz les seuls reliquaires contenant

une épine qui correspondraient plus ou moins chronologiquement avec la monstrance Walters sont celui que donna un roi de Hongrie et celui qu'offrit le patriarche d'Antioche Wenceslas, chancelier de Wenceslas IV, vers 1398. Cf. F. de Mély, *Reliques de Constantinople* et *Exuviae Sacrae Constantinopolitanae*, III, pp. 112, 119 et 220–1.

41 Cf. H. Lindkvist, « Richard Rolle's Meditatio de Passione Domini », *Skrifter utg. af K. Humanistika Vetenskaps Samfundet i Uppsala*, 19.3, p. 39 sq. « I thank thee swete Jhesu for that merciful lokynge that thou turnynge azen bihelde Petir thi disciple that forsoke thee ... turne the eyze ot thi mercy towarde us synful ... so that we may come with seint Petir to thi mercy ».

42 Henri de Lubac, *Le drame de l'humanisme athée*, Paris 1945, p. 203. Sur une tapis- du XVème s. dans la cathédrale d'Angers, on lit à droite de l'ange agenouillé qui porte la colonne de la flagellation avec le fouet et les verges et qui est l'un des sept anges apocalyptiques montrant les Arma Christi: « Regarde en pitié et voy co͞me / benignement par la doulceur / tres dure angoisse por toi ho͞me / voulut souffrir ton createur / En ceste atache a grāt douleur / ou son benoilt corps longueme͞ / si quoy ne peult dire grēigneur / endura non pareil tourment ». Emile Mâle, *L'art religieux de la fin du moyen-âge en France*, Paris, 1908, fig. 39.

43 E. Panofsky, « Imago Pietatis », fig. 24, p. 283.

44 Matějček et Pešina, *op. cit.* p. 66, pl. 173–180. Roudnice était une résidence des archevêques de Prague et possédait un monastère d'augustins qui avait été fondé par une colonie de chanoines réguliers appelés d'Avignon par Jean IV de Drazice, devenu évêque de Prague en 1329 († 1343). Sur les rapports avec l'art d'Avignon du foyer d'art de Roudnice, K. Burdach, *Reformation und Renaissance*, 1925, p. 177. Le plus ancien exemple dans la peinture allemande d'une semblable confrontation entre l'Homme de Douleur et Maria Mediatrix ou Vierge de Miséricorde, est l'ensemble de fresques peintes dans les embrasures, au dessus et sur les côtés d'une fenêtre de l'église d'Oberwälden, dans le Wurtemberg, à la fin du XIIIème siècle: *Die Kunst- und Altertumsdenkmale im Königreich Württemberg, Donaukreis II*, Esslingen, 1924, p. 126 sq. Cf. Panofsky, *art. cit.* n. 56 et Berliner, *art. cit.* n. 227.

45 L'Homme de Douleur est représenté sous le couronnement de la Vierge sur un reliquaire d'or incrusté d'émail, œuvre parisienne vers 1400, au Rijksmuseum, Amsterdam (*Europäische Kunst um 1400*, no 466, pl. 40), et au folio 94b d'une *Biblia Pauperum* de 1414–5 à la Bibliothèque de Munich, Clm. 8201, *fig. 18*. Sur cette enluminure la liturgie célébrée par les anges à l'autel autour de la messe de saint Grégoire est complétée dans le ciel par celle des chœurs angéliques autour du Couronnement de la Vierge. Sur les exemples parallèles du Christ immolé sur l'autel et intronisé avec la Vierge sur le synthronos dans le ciel, cf. Lotte Brand Philip, *The Ghent Altarpiece and the Art of Jan van Eyck*, Princeton University Press, 1971, passim. Selon une ancienne croyance, la crucifixion eut lieu le jour anniversaire de l'annonciation. Dans l'église de la Trinité à Long Melford, Suffolk, le Christ en croix domine le lys de l'annonciation.

46 A. Podlaha, *Topographie der historischen und Kunst-Denkmale im Königreich Böhmen*, vol. 24, *Prag Hradschin II, 2*, Prague 1904, p. 191., fig. 217. Dans l'admirable groupe en albâtre du Musée Mayer van den Bergh à Anvers (*fig. 19*), œuvre néerlandaise de la fin du troisième quart du XVème siècle, l'Homme de Douleurs est revêtu d'une chasuble, décorée de croix sur les orfrois et du pélican au fermail, qui le désigne comme la victime célébrant son propre sacrifice. Des anges revêtus de chapes ou d'aubes avec des étoles portent, agenouillés, des cierges, ou,

debout, le fer de la lance et les trois clous (brisés), cependant que le cinquième tient la couronne d'épines, tel un regnum, au dessus de la tête du Christ, complétant l'ostentation des plaies du grand prêtre stigmatisé par la théophanie de sa glorification. Joz de Coo, *Museum Mayer van den Bergh, Catalogus 2 Beeldhouwkunst*, Anvers, 1969, no 2220, pp. 178–9.

47 Panofsky, « Imago Pietatis », fig. 32–34. Sur le tableau de Meister Francke à la Kunsthalle de Hambourg, le Christ la tête penchée et montrant la plaie de son flanc émerge à mi-corps d'un tombeau qui est devenu un tribunal recouvert d'un drap d'honneur. A. Stange, *Deutsche gotische Malerei*, Die Blauen Bücher, 1964, fig. p. 65. Sur le tableau du maître de l'autel des augustins, vers 1390, déjà le Christ se soulève dans la tombe, les yeux ouverts, et fait de ses deux bras le geste de l'ostentatio vulnerum: ibid. fig. p. 54.

48 Montague Rhodes James, *A Descriptive Catalogue of the Manuscripts in the Fitzwilliam Museum*, Cambridge, 1965, no 62, fol. 199, t. I, pp. 156–74. A. Heimann, « Der Meister der ‹ Grandes Heures de Rohan › und seine Werkstatt », *Städel-Jahrbuch*, VII–VIII, 1932, p. 10.

49 *L'art ancien en Tchécoslovaquie*, no 187, pl. 50.

50 Ce sont celles de la Sainte-Croix de Liège, les deux de la collection Dutuit au Musée de la Ville de Paris, et deux autres, l'une provenant de Liège aux Cloisters de New York et l'autre de la collection Soltykoff au Victoria and Albert Museum de Londres. Cf. André Grabar, « Orfèvrerie mosane – Orfèvrerie byzantine » dans *L'Art Mosan*, ed. P. Francastel, Paris, 1953, pp. 119–26. Sur la staurothèque-monstrance en forme de disque, du XIVème siècle, au trésor de la cathédrale d'Aix-la-Chapelle, une plaque mosane émaillée du XIIème siècle relevant de cette iconographie fut remployée. A. Frolow, no 807.

51 W. Medding, *Die Westportale der Kathedrale von Amiens und ihre Meister*, Augsbourg, 1930, fig. 10. Selon Innocent III le Christ apparaîtra au Jugement Dernier à la fois ainsi qu'un juge sévère et qu'un intercesseur compatissant: *Patrologia Latina*, CCXVII, col. 988. Dans le manuscrit 402 de la Bibliothèque de Chartres (détruit en août 1944), un chanoine de la cathédrale commentait en ces termes le verset de l'Apocalypse (5, 6): « agnum stantem tanquam occisum », « Et vidi agnum – Christum qui fuit victima – stantem – certantes adjuvantem – Et vidi et ecce Agnus – Christus pro nobis immolatus – stabat – ut adjuvans – supra montem Sion » (fol. 137). Cf. E. L. Lefèvre, *Le portail royal d'Etampes*. 2[a], Paris, 1908, p. 57. « Christus stans ut adjuvans supra montem Sion » est interprété ainsique le Christ crucifié pour l'Eglise qu'il racheta en mourant, dans la première *Apocalypse* écrite en français, vers 1200, cf. L. Delisle et P. Meyer, *L'Apocalypse en français au XIIIème siècle*, Paris, 1901, pp. 24, 70–1. « Si quis peccaverit, advocatum habemus apud Patrem, Jesum Christum justum », *Epistola beati Johannis prima*, 2, 1. Le Christ revêtu du manteau de la résurrection et faisant le geste de l'ostentatio vulnerum au dessus des vivants et des morts qui sortent de leurs tombes, se tient debout, derrière une croix en forme de tau, la lettre qui est le signe de la régénération dans le baptême et le sceau du salut dans *l'Apocalypse*, dans l'initiale B du mot Beatus qui ouvre le premier psaume dans un *Psautier* flamand du XIIIème siècle à la Bibliothèque Pierpont Morgan (ms. 106, *fig. 20*).

52 *Congrès Archéologique de France*, IC, 1936, Amiens, pp. 500–1.

53 *Congrès Archéologique de France*, CVII, 1959, Catalogne, p. 170.

54 Cod. Vat. Ottob. Lat. 74, fol. 193. St. Beissel, *Vatikanische Miniaturen*, Fribourg-en-Brisgau, 1893, pl. XVIII, p. 35. L'image de l'empereur, substituée à celle de

s. Jean, fut peinte après le couronnement d'Henri II: P. E. Schramm, *Die deutschen Kaiser und Könige in Bildern ihrer Zeit*, I, Leipzig, 1928, pp. 112–3, fig. 86.

55 Par exemple le polyptique de Simone Martini peint en 1320 pour Sainte Catherine de Pise. L. Dami, «Il polittico pisano di Simone Martini», *Dedalo*, Juin 1922. La prédelle est au Musée de Pise, la partie centrale avec le Christ et les archanges Gabriel et Michel, au Séminaire. Sur l'encadrement de l'icone du «Roi de Gloire», œuvre byzantine du XIVe siècle dans le trésor du Saint-Sépulcre à Jérusalem, sont remployés des émaux byzantines plus anciens montrant des anges tenant la lance et l'éponge, et, au sommet, le trône de l'Etimacie, symbole de Jugement Dernier: N. P. Kondakov, *Voyage archéologique en Syrie et en Palestine*, (en Russe), Saint-Pétersbourg, 1904, p. 277, pl. LXX; James H. Stubblebine, *art. cit.* fig. 3.

56 O. Fischer, *op. cit.* fig. 33 et p. 194.

57 K. Burdach, *Vorspiel*, I, 2, pp. 214–5.

58 K. Burdach, *Vom Mittelalter zur Reformation*, vol. VI, 4, *Gebete des Hofkanzlers und des Prager Kulturkreises*, Berlin, 1935, pp. viii, 1–15.

John Hunt

A silver gilt casket, and the Thame ring

Some thirty-two years ago Mr. E. T. Leeds, and Dr. Joan Evans published an account in the Antiquaries Journal of an interesting hoard of gold rings and silver groats found near Thame in Oxfordshire.[1] One of the rings was outstanding. It is a superb example of the goldsmith's art and is the most important and elaborate ring of the mediaeval period ever found in England, possibly indeed in Europe *(Fig. 1–4)*. It is of gold, the hoop formed as a series of rectangular cells containing a band of square cut cabochon amethysts carefully shaped to follow the curve of the shank. The bezel is of box shape: the top which forms the lid is pierced á jour, the centre containing a large amethyst cut en cabochon in the form of a double-armed cross. The corners and the spaces between the arms are occupied by "Lettres Bâtards" also á jour. More of these letters decorate the sides and ends of the box bezel, and the supporting shoulders of the shank have small rondels with letters and crowns with three fleurons. The inscription reads MEMANTO MEI DOMINE.

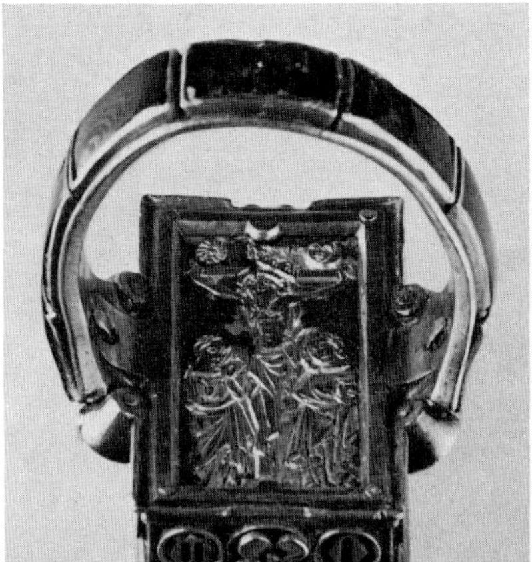

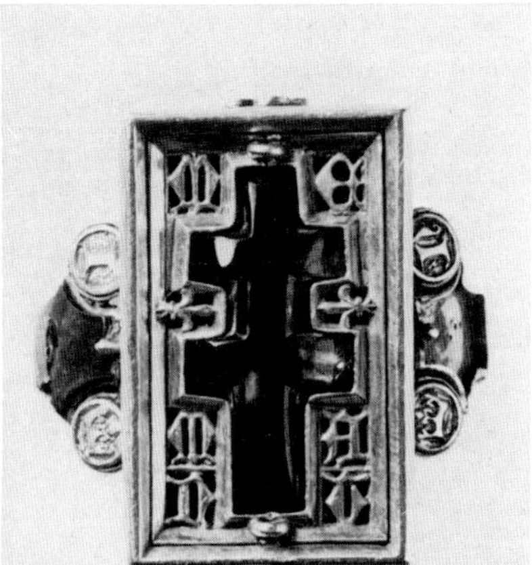

Fig. 1, 2 Thame Ring, French, late 14th century.
By courtesy of the Ashmolean Museum, Oxford

The skill of the lapidary work is remarkable, as is the delicacy and quality of the lettering and the goldsmith's work in general, which, allied to its strikingly bold architectural design, makes this one of the most outstanding jewels of the later Middle Ages.

The dating suggested for this ring, supported as it was by the associated coins and the other rings, seemed at the time of its discovery very cogent and convincing, in the light of the little evidence then available in so small an object. The discovery of a casket of similar workmanship, closely related in style and technique, and evidently from the same workshop, allows us to re-assess the evidence for the dating of the ring in the light of this newly recorded object.

The casket, which is in the Museum of Fine Arts, Boston,[2] *(Fig. 5–7)* and begins its modern history in England, takes the form of a miniature rectangular chest standing on four feet, formed as seated lions. The sides and top of the casket are of composite construction. The main decoration of each side and of the top takes the form of a rectangular silver-gilt frame of relatively heavy moulded section, having within it a panel of Gothic tracery pierced á jour and arranged as the mullions of a window. This is backed by a thinner

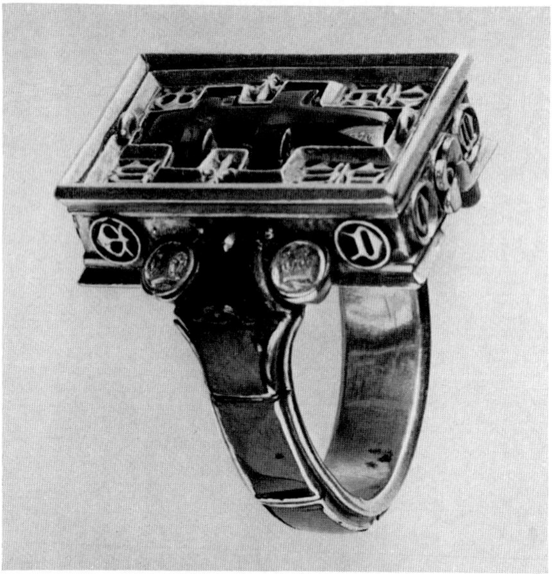

Fig. 3 Thame Ring, French, late 14th century.
By courtesy of the Ashmolean Museum, Oxford

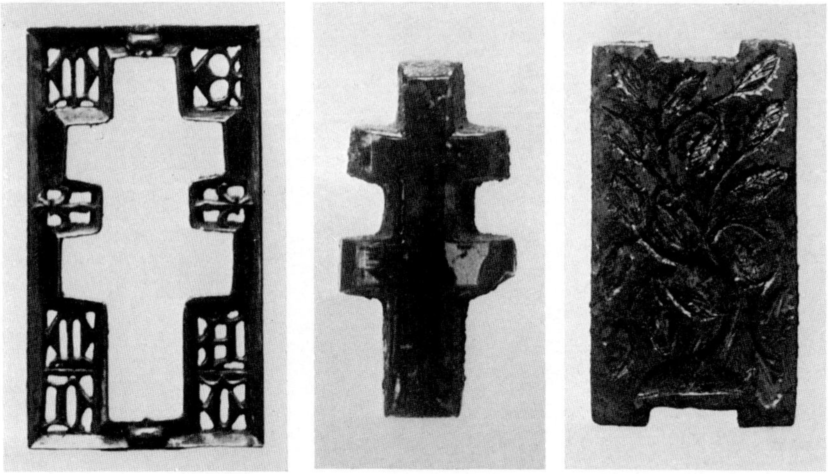

Fig. 4 a–c Thame Ring, French, late 14th century.
By courtesy of the Ashmolean Museum, Oxford

flat plate of silver, not gilded, also á jour, forming the secondary mullions and cuspings of the tracery design. This in turn is laid upon a sheet of tortoiseshell. The inner layer of tracery, not being much thicker than a sheet of notepaper, has been damaged and some fragments are missing. Those parts which occupy the heads of the fenestrations, and the smaller reticulations of the design however remain, and the piercings in this portion are formed as letters. These are in an elegant script of Lettres Bâtards. The top is made in a similar manner to the sides, but here the design takes the shape of a circular panel of flamboyant tracery skilfully arranged to fill the rectangular space. Some of the inner silver traceried plate remains. The decoration of the inner central circle consisted of three traceried compartments alternating with spandrels containing crowns of three fleurons. The edge of the lid is made of two hollow pearled members with a bead between them under a projecting cornice. The corners have a buttress on each face. These buttresses are crocketted and have small gablets, the lower ones over miniature cusped niches, the upper tier similar but on three sides of the buttress. The pairs of buttresses at each corner rest on the lower moulding of the casket which is supported on the backs of the four seated lions. There were evidently two similar buttresses in front, one on either side of the lock plate, and one in the centre of the back; these are now missing. The casket originally had an external hinged clasp in front to secure it. The interior is of copper gilt. The inside of the lid is of brass and is presumably of the same date as the present inner lock which is later than the

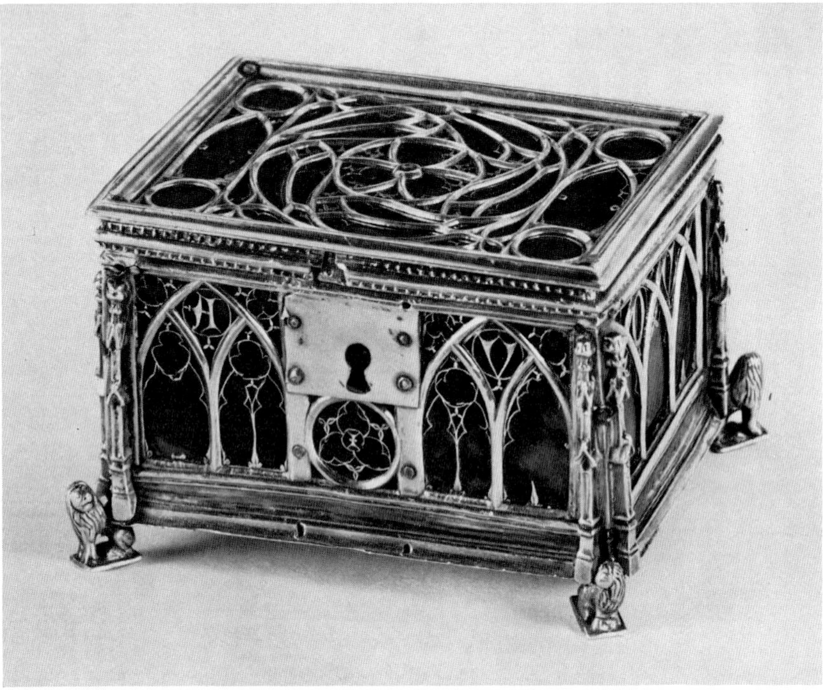

Fig. 5 Jewel Casket, French, late 14th century.
Boston, Museum of Fine Arts

outer lock plate and is probably a replacement of the last century. The bottom of the casket is of boxwood.

The most remarkable feature of the fashioning of the casket is that the inner plates of tracery were further enriched by many tiny stones cut «en cabochon" to fit the cuspings of the tracery. As the casket is on such a small scale this further enrichment seems almost incredible and in its pristine state the little casket must have been a tour-de-force of the stone-cutter's art. To give evidence of this enrichment one stone alone still remains in one of the cuspings of the fenestrations, that on the left of the central division of the back. It is apparently a sapphire.

A stone in each similar cusp alone would have been of little decorative value and meaning. It follows therefore that when complete, allowing for a jewel in each of the smaller spaces in the tracery while leaving the tortoiseshell backing visible in the larger opening of each lancet, and in the trefoil centre of each rondel, there would have been 180 minutely cut and shaped stones in the back, 64 on each side, 104 on the front, and perhaps upwards of 100 on the lid. The existing stone is only approximately 3/8ths of an inch by 1/8th of an inch, cut to cusped lunate form, and some of the settings are even smaller, all with curved or irregular outlines. This argues an astonishing dexterity and competence in the craftsman, as the art of gem cutting is a slow and tedious one even when working with larger stones than with those minute fragments called for in the design of the casket. Although the existing stone is a sapphire, the use of sapphires to fill all the suggested spaces in the design would have resulted in rather a dull and sombre object. It is possible that the stones enriching the design of the fenestrations and rondels would have been of divers colours, after the analogy of stained glass windows of the period.

The question of the inscription now arises. Arguing from the minuteness and delicacy of the central "I" of the front, there was sufficient space for 4 further letters in the trefoils in the heads of the arcade of the front, and of six letters in the similar trefoils of the back. Examination of the cusps which remain in some of the trefoils, however, show them to be complete and unbroken. There-

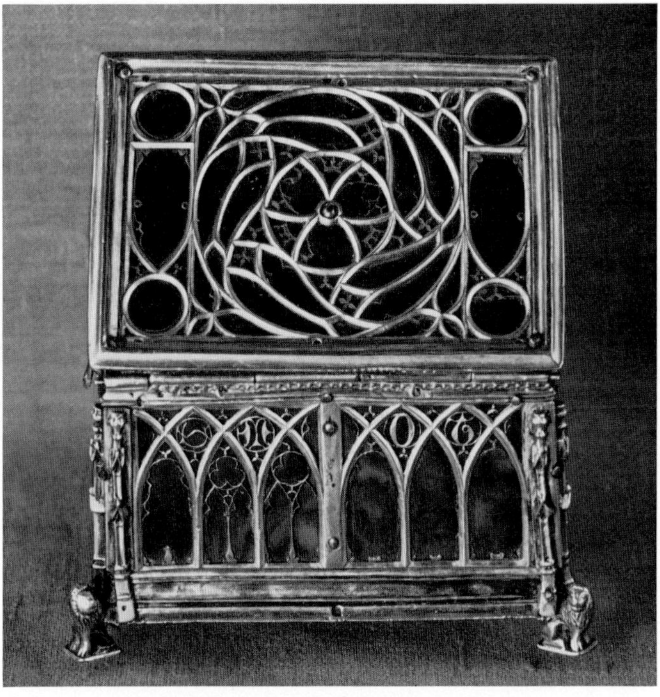

Fig. 6 Jewel Casket, French, late 14th century.
Boston, Museum of Fine Arts

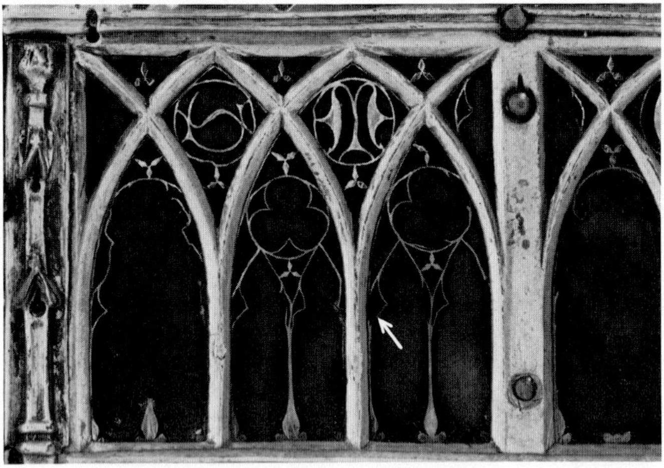

Fig. 7 Detail of Jewel Casket, showing
Position of stone, French, late 14th century.
Boston, Museum of Fine Arts

fore the "I" stood alone and there were no other letters on the front, back or sides than those which remain to-day. On the top there is sufficient space for letters in each of the circles in the corners and in the lancets on either side. From the evidence of the cusps which remain in the central circle there were no letters in the 3 central spaces between the three crowns. This would leave room for at most six letters on the top of the casket. It is improbable, however, that there were any further letters or inscription other than those that remain as the meaning of these is clear and complete.

This main inscription, beginning on the front of the casket, reads as follows: "A. V. O. V. S. M. O. T. R. I." The lock-plate intervenes between the first two letters.

Precisely the same inscription, also in Lombardic characters, occurs on an ornamented gold ring at Norwich.[3] Dr. Joan Evans notes that "tri" may be derived from "triage", giving the meaning, "To you, my choice".

In the circular piercing beneath the lock-plate is the letter "I". It is logical to suppose that this could be the initial of the person for whom the casket was intended, and this initial with the accompanying message clearly indicates that the casket was a secular one and intended as a love gift.

As to the dating and provenance of those pieces, the evidence of the architectural design on the sides and top of the casket should be of primary importance. The design of the fenestration at the sides, however, is of a type that was used over a relatively long period from the end of the thirteenth century onwards, and related windows are to be found in most countries of Northern Europe at that time. The more individual design of the lid, with its somewhat flamboyant rose, is fairly close to designs beginning to be used in Germany, particularly on the middle Rhine, from about the middle of the 14th Century onwards. The decorative use of Lombardic lettering was also very popular in the 14th Century. The delicate cuspings of the secondary plates of the tracery, the form of the buttresses and the enrichment of the moulding of the edge of the lid with beading, are all to be found upon Cologne silversmiths' work, for instance on the Reliquary of Charlemagne, and on the Reliquary with the Three Towers, at Aachen, of circa 1350–80. However, in view of the fact that the casket is evidently the production of some Court workshop where an eclectic collection of silversmiths' designs and patterns of several generations would be at hand, the Germanic characteristics seen in the top need not carry too much weight. The deciding factor in the question of the provenance is the use of the cut stones in both the casket and the ring. They argue a centre where such intricate and delicate work was a commonplace. Rock crystal vessels had been a Venetian speciality from about 1300, but there is little evidence of any small hand cutting there. Another centre which produced crystal vessels from the end of the 14th century was somewhere in Burgundy as yet undetermined, or in South West Germany. Sapphires and other precious stones were being cut in Prague from circa 1350, and the great Court centre of Paris at this period must have had many stonecutters, in which circle must have moved those master lapidaries who produced the ring with a cameo portrait of Jean sans Peur, formerly in the Gilhou Collection, and the great pendant with the portrait of a member of The Order of the Golden Fleece in the Residence at Munich. The use of tortoiseshell as a backing for the fenestrations might suggest a Mediterranean link such as Venice or Cyprus, were it not that the casket, a product of the flowering of the great European international style, seems to lean heavily towards Northern Europe. A date of circa 1400 seems to be clearly suggested after an analysis of the style of the casket.

Incidentally, it is curious that tortoiseshell, which must have been easily obtainable in mediaeval Europe, is extremely rare in inventories of that period. Gay, in his Glossaire Archaeologique only notes one mediaeval instance, from the Inventory of the Duc de Berry, sub anno 1416.[4] There is a manuscript case of ivory and tortoiseshell, in the Cloisters, New York.

The connection between the casket and the Thame ring is evident. The preferred use of an á jour technique, and more especially the masterly and assured manner with which cabochon stones are cut to fit spaces in metalwork (in contradistinction to the more usual technique of a metal surround to a naturally shaped cabochon) is common to both.

The type of lettering is the same on both objects and those letters which they have in common, A. O. M. T. and I, are almost identical. The type of crown of three fleurons found twice on the shoulders of the ring is repeated on the lid of the casket. Indeed, the resemblances are so close that the conclusion may be drawn that the two objects are the products of the same workshop, or even of the same artist.

In the light of the evidence afforded by the casket, the previously suggested dating for the ring to the early 16th century must be reconsidered.

The form of the letters of the inscription have been compared to those on the gates of Henry VIIth's chapel in Westminster Abbey. Although there appears a certain resemblance, those on the ring (and casket) appear to be earlier in feeling and treatment, and to be much more closely comparable to the "Lettres Bâtards" found plentifully in manuscripts and inscriptions of the late 14th and early 15th centuries.

The use of stones cut en cabochon also appears to be an early feature. Facetted stones were so much in vogue in the early 16th century that such an exceptional and princely object would presumably betray some trace of the ruling taste.

Again, the style of the drawing of the Crucifixion on the ring does not show any 16th century feeling or characteristics. Indeed, for the 15th century the drawing would be archaic and it has every appearance of a late 14th century date.

Only a few great nobles and princes could have commanded such precious objects as the casket and the ring. Indeed, it must be emphasized that the ring becomes the more precious when it is realised that the form of the cross, with its double traverse and the concealed crucifixion beneath it and its inscription with the plea of the penitent thief clearly points to the fact that this was a reliquary intended for a fragment of the True Cross.

In placing the date of these two objects at the end of the 14th century, at the time of the flowering of the international style, is to call to mind the name of Isabel of Valois, a daughter of Charles VI of France, the child second wife of Richard II of England. Richard was deeply devoted to her. They were married in 1396. That she had a great store of jewels is certain. Richard's will ordered that the rich jewels she brought from France should be part of her inheritance after his death. One of the matters that rankled in the mind of the King of France after his daughter's return to her family from England, was the fact that her jewels had been unjustly seized by Henry IV and divided amongst his children, the Prince of Wales receiving the greater part. Isabella's family made repeated requests for the return of the treasure, but the jewels were never recovered from the English King.

It may be noted that Richard II himself had a most precious ring which was kept among the relics in the Confessor's shrine in Westminster Abbey whenever the King was in England.[5]

It is pieces like these which very occasionally give a slight idea of the enormous wealth of objects of superb craftsmanship, of strange and unusual form and technique, which have irretrievably disappeared, while in general only plebian productions remain.

Notes

1 Antiquaries Journal, Vol. XXI. p. 197. "A hoard of gold rings and silver groats found near Thame, Oxfordshire". Joan Evans, D. Litt. F. S. A., E. T. Leeds, F. S. A., and Anthony Thomson.
The gold rings were found with some coins, during dredging operations at Thame in Co. Oxford. The coins date from 1351 to 1457, the last coin being in remarkably fresh condition. This gives a terminus post quem for the loss of the objects.

2 The box is 8 cm long × 5.7 cm wide × 4.7 cm high.

3 Norwich Museum No. 1042 "English Posies and Posy Rings, Joan Evans. Dr. Evans queries whethei "tri" is a mistake for "ami" or "dru", but this second occurrence of precisely the same inscription shows clearly that her reading is correct.

4 Inv. du Duc de Berry No. 856.

5 A. P. Stanley D. D. *Historical Memorials of Westminster Abbey* London, 1882 p. 124 and note 5.
In Richard II wardrobe accounts for 1397 is a payment to a goldsmith for repairs to a ring containing "LIGNUM DOMINICUM", for the sum of twelve pence. W. Pailey Baildon, in Archaeologia LXII, p. 499.

Erich Steingräber

Der Kelch des Gerhart Keleman in Osnabrück

Im Domschatz von Osnabrück wird ein Kelch verwahrt, der durch seine strenge architektonische Form und überragende künstlerische Qualität beeindruckt *(Abb. 1–3)*[1]. Fuß und Schaft sind massiv gegossen, die Kuppa ist aus Silberblech getrieben. Der sechseckige flache Fuß ist viermal abgetreppt und fein profiliert. Über einer Kehle mit zierlichen Kreuzrosetten verläuft eine in Vierpässen durchbrochene Bordüre. Den äußeren Rand der Fußfläche umzieht eine Inschrift in gotischen Majuskeln: »HOS VAS DAT CHRISTE GERHART TIBI KELEMAN ISTE QUEM CORPUS SANGUIS FOVEAT TUUS UT VETUS ANGUIS NON POSSIT PLENUM SIBI NUNC PREBERE VENENUM«. Sechs gestelzte Rundbogenfelder mit eingespannten Dreipässen zeigen in durchbrochenen Reliefs vor transluzid blau emailliertem Grund die Passion und den Triumph Christi: Gefangennahme, Ecce homo, Geißelung, Kreuztragung, Kreuzigung und Auferstehung. Auch die mit Eichenblättern (?) gefüllten Zwickel zwischen den Bogenfeldern und die Maßwerkrosetten darüber sind mit blauem Email hinterfangen; dasselbe gilt für die Nischen und Maßwerkfenster an Schaft und Nodus. In der unteren Zone des stockwerkartig aufgebauten Schaftes stehen sechs Propheten in Nischen mit Kielbögen, darüber – gewissermaßen »auf ihren Schultern« – in zwei durch den Nodus unterbrochenen Zonen die Apostel unter Baldachinen mit Spitzbogen.

Der Nodus unterbricht das vertikale Streben des architektonisch gegliederten Schaftes und durchdringt ihn mit seinen sechs Knäufen horizontal in drei Richtungen. Die runden Schnittflächen der Knäufe sind emailliert und zeigen die Evangelistensymbole sowie den Pelikan als Symbol des Opfertodes und den Phönix als Symbol der glorreichen Auferstehung Christi. In den Zwickeln der Knäufe sind Engel mit Schriftbändern angebracht. Mit der architektonisch reich gegliederten Einheit von Fuß und Schaft, die als Gußarbeit besonders solid wirkt, kontrastiert wirkungsvoll die glatte Kuppa, deren Kalotte die Form der Halbkugel nach oben zu nur wenig ausweitet.

Da in der Inschrift der Stifter Gerhart Keleman genannt wird, der von 1328 bis 1341 als »vicarius perpetuus ecclesiae Osnabrugensis« nachweisbar ist, hat man bisher einen Osnabrücker oder jedenfalls doch einen deutschen Goldschmied als Verfertiger des Kelches vermutet[2]. Man wird indessen vergebens nach vergleichbaren Arbeiten in den deutschen Kunstlandschaften suchen.

Dagegen verweist der betont rationale, »logische« Aufbau, in dem sich ein systematisch gegliedertes architektonisches System spiegelt, eindeutig auf das Mutterland der Kathedrale. Nur in der Isle-de-France zwingt die strenge Logik im Aufriß der Kathedrale alle anderen Künste in solchem Ausmaß in ihren Bann. Das wird unter den Kleinkünsten besonders in der Goldschmiedekunst und der Elfenbeinschnitzerei deutlich.

Der Kelch gleicht einer »mit Abbildsinn gesättigten Architektur« (Hans Sedlmayr), weil sein reiches figürliches Programm sinnvoll auf die Eucharistie und damit auf die Kirche bezogen ist. Der Goldschmied bediente sich dabei der »Baldachinfigur« als typisch französisch-gotischer Erfindung. Seit Anselm von Laon († 1117) und Wilhelm von Champeaux († 1121) setzte sich die Auffassung durch, daß im Sakrament nicht nur der Leib und das Blut Christi, sondern jedesmal der ganze Christus gegenwärtig ist. »Aus der Eucharistie ist eine Epiphanie geworden, ein Kommen Gottes, der unter den Menschen erscheint und seine Gnaden austeilt«[3]. Verkünder der neuen Frömmigkeit, die sich auch in dem Keleman-Kelch spiegelt, war Bernhard von Clairvaux. Christus ist nicht mehr der ferne unnahbare Weltenrichter, sondern der Mensch gewordene Erlöser. Die Propheten, Christus und die Apostel bilden das Fundament, auf dem die Kirche mit dem täglich erneuerten Opfer Christi ruht. Dieses von der Frühscholastik geschaffene typologische Kompendium, das für die Ausdeutung der Kathedrale so bedeutsam wurde, erscheint im Osnabrücker Kelch eingebunden in ein äußerst geistvoll gegliedertes, zuchtvolles System. Am Fuß ist es das architektonische Prinzip des Baldachins mit der »übergreifenden Form« (Hans Sedlmayr), am Schaft das der übereinanderstehenden Stockwerke. Die Rahmenmotive treten wie Dienste in der Architektur als erhöhtes Lineament ordnend hervor, während die Reliefs als »Füllungen« fungieren, so daß sich jene »diaphane Struktur« (Hans Jantzen) ergibt, die zu den stilistischen Wesensmerkmalen der Wand der gotischen Kathedrale gehört. Die mit blauem transluzidem Email hinterlegten Flächen wirken dabei, ähnlich wie farbige Glasfenster, als eigene Lichtquelle. Dieses Prinzip der diaphanen Struktur setzt sich entschieden gegen den plastischen Dekor ab, wie er für die romanische Goldschmiedekunst bis ins 13. Jahrhundert charakteristisch war.

Es gibt außerhalb Frankreichs keine europäische Kunstlandschaft, deren mittelalterliche Schatzkammern im Verlauf der Jahrhunderte in ähnlich grausamer Weise geplündert worden wären. Wir besitzen von der französischen Goldschmiedekunst heute nur noch membra disjecta. Dennoch läßt sich der Osnabrücker Kelch als Arbeit eines in Nordfrankreich geschulten Goldschmieds nachweisen. Derselbe Typus mit flachem Fuß und architektonisch gegliedertem Schaft begegnet u. a. im Kelch der hl. Gertrud von Nivelles[4], in dem 1333 datierten Pariser Kelch im Nationalmuseum in Kopenhagen und in einem

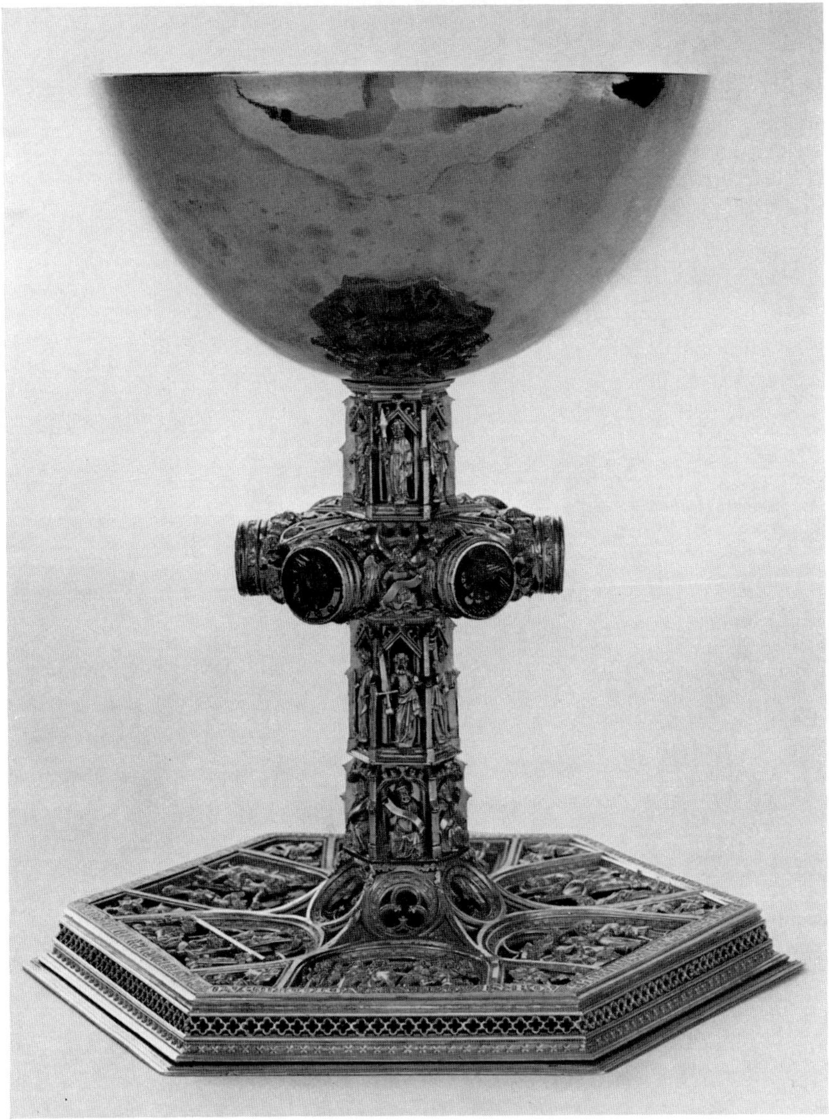

Abb. 1 Kelch des Gerhart Keleman. Isle-de-France (Paris?), um 1330–40. Osnabrück, Domschatz

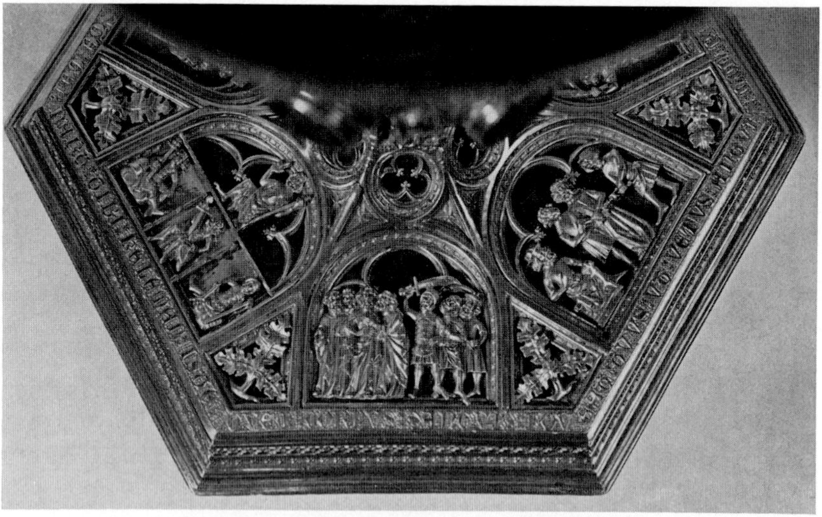

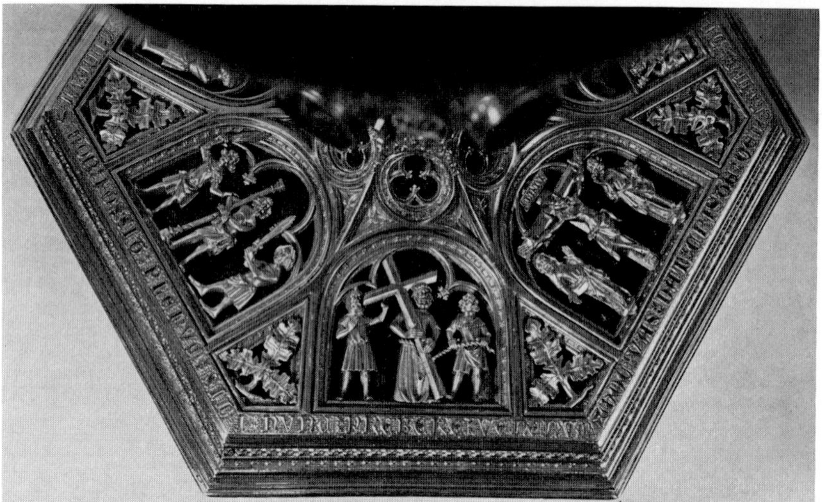

Abb. 2,3 Kelch des Gerhart Keleman. Isle-de-France (Paris?), um 1330–40. Osnabrück, Domschatz

Kelch, der das Wappen des Don Pedro Nuñez de Lara, Grafen von Majorca, trägt, im Musée du Louvre (aus der Sammlung Spitzer)[5]. Der Kelch in Kopenhagen zeigt am Fuß emaillierte Passionsszenen, die ebenfalls mit der Glorifikation Christi, mit Auferstehung und Himmelfahrt, abschließen. Die zu dem Kopenhagener Kelch gehörige Patene besitzt eine stilistisch eng verwandte Majuskel-Umschrift. Die Halbbogen-Arkade mit eingespanntem Dreipaß und Maßwerkrosette im Giebelfeld findet sich in dieser Logik und *clarté* nur an nordfranzösischen Goldschmiedearbeiten. Dasselbe gilt für die feinen Profile mit Kreuzrosettenmuster und durchbrochenen Vierpaßzierleisten[6]. Am überzeugendsten ist der Vergleich der Reliefs am Kelchfuß mit den eng verwandten Silberreliefs vor transluzid blau emailliertem Grund an einem viergliedrigen Klappaltärchen in Wien *(Abb. 4, 5)*[7] und an einem wahrscheinlich als Anhänger getragenen Diptychon in der Sammlung Blumka, New York[8]. Die Innenfelder des nur 9 cm hohen Wiener Altärchens, das aus dem Salzburger Dom stammt, zeigen in transluzidem Silberreliefschmelz Szenen aus der Passion Christi, vom Gebet am Ölberg bis zur Kreuztragung, und in den Außenfeldern in à-jour gegossenen Silberreliefs vor blauem Emailgrund die Kreuzigung, die Frauen am Grabe, die Auferstehung und Christus, der Maria Magdalena erscheint. Das New Yorker Diptychon zeigt innen in transluzidem Silberreliefschmelz Kreuzigung und Auferstehung Christi und außen in Silberreliefs vor transluzidem Emailgrund die Verkündigung und die Geburt Christi. Zu nennen wären ferner auch die Liebespaar-Reliefs vor blauem Schmelzgrund am Fuß des »Weltlichen Pokals« im Mainzer Domschatz, bei dem es sich ebenfalls um eine nordfranzösische, wahrscheinlich Pariser Arbeit handeln dürfte[9]. Der besondere Stil dieser Silberreliefs hat in nordfranzösischen Elfenbeinarbeiten aus dem fortgeschrittenen 14. Jahrhundert seine unmittelbaren Analogien[10]. Die Figuren haben ihre Dichte und innere Monumentalität verloren. Sie agieren als zierliche Statuetten in lockeren Gruppierungen vor dem Grund.

Die nordfranzösische Herkunft des Wiener Klappaltärchens und des Diptychons in der Sammlung Blumka wird insbesondere auch durch die transluziden Silberreliefschmelze belegt, die stilistisch den Buchmalereien des Maître Honoré und des Jean Pucelle nächstverwandt sind. Die wichtigsten Fixpunkte für das Pariser Silberemail sind der 1333 datierte Kelch mit Patene im Nationalmuseum Kopenhagen, die ebenfalls dort verwahrte Kanne aus Dittmarsheim mit fleur-de-lis-Marke und der Sockel der 1339 von Jeanne d'Evreux nach St. Denis gestifteten Silbermadonna im Louvre[11].

Es ist also anzunehmen, daß der Stifter Gerhart Keleman den Kelch in den Jahren um 1330/40 bei einem nordfranzösischen, wahrscheinlich Pariser Goldschmied in Auftrag gegeben hat. Natürlich wäre es auch möglich, daß dieser Goldschmied vorübergehend in Deutschland, vielleicht in Osnabrück tätig

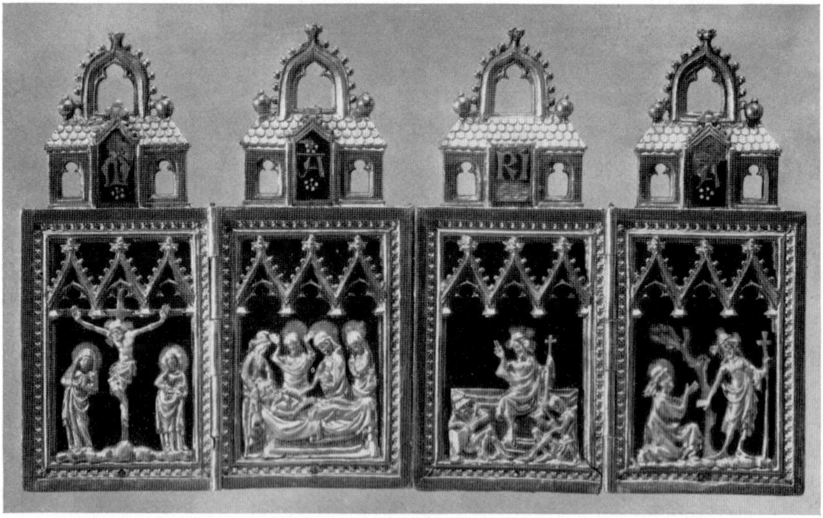

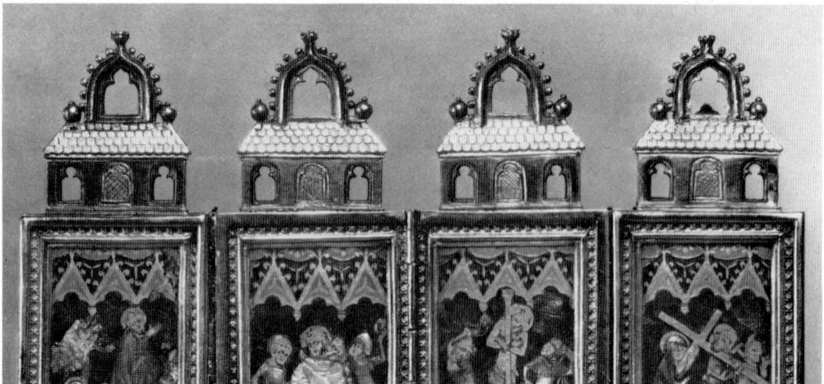

Abb. 4,5 Klappaltärchen (Außen- und Innenseite). Isle-de-France (Paris?), zweites Viertel 14. Jh. Wien, Kunsthistorisches Museum gewesen ist. Diese Frage spielt in unserem Zusammenhang keine wesentliche Rolle. Jedenfalls scheint es schon früher Beziehungen zwischen Osnabrück und der französischen Metropole gegeben zu haben, denn der etwa fünfzig Jahre ältere sogenannte Kaiserpokal im Osnabrücker Rathaus kann unserer heutigen Denkmäler-Kenntnis nach mit ziemlicher Sicherheit ebenfalls nach Paris lokalisiert werden[12].

Nachdem die schöpferischen Kräfte in den rheinisch-lothringischen Werkstätten im Verlauf der ersten Hälfte des 13. Jahrhunderts zunehmend erlahmt waren, erblühte seit der Zeit König Ludwigs des Heiligen im französischen Kronland eine für ganz Europa vorbildliche Goldschmiedekunst. Weil uns so wenig davon geblieben ist, lohnt es sich um so mehr, verborgenen und unerkannten Zeugnissen dieser hohen Kunst nachzuspüren.

Anmerkungen

1 Silber, vergoldet und teilweise emailliert. Hoch 23 cm.

2 F. Witte, Der Domschatz zu Osnabrück, Berlin 1925, S. 38ff. (»Vielleicht osnabrückisch, um 1340«); Chr. Dolfen, Der Keleman-Kelch des Domschatzes zu Osnabrück, in: Osnabrücker Volkszeitung 15. 9. 1929; Ausstellungskatalog EUCHARISTIA – Deutsche Eucharistische Kunst, München 1960, Nr. 81 (»Osnabrück [?] Mitte 14. Jahrhundert«); Ausstellungskatalog »L'Europe Gothique XIIe XIVe siècle«, Paris 1968, Nr. 474 (»Ecole allemande (?), milieu du XIVe siècle«).

3 Zitat bei H. Sedlmayr, Die Entstehung der Kathedrale, Zürich 1950, S. 306.

4 J. Babelon, L'orfèvrerie française, Paris 1946, pl. XXVI.

5 Kat. »L'Europe Gothique XIIe XIVe siècles«, a. a. O., Nr. 429, Abb. 124. – Aron Andersson, Silberne Abendmahlsgeräte in Schweden aus dem XIV. Jahrhundert, Stockholm 1956, S. 80ff., Abb. 19, 20, 24, 25. Andersson erwähnt im Zusammenhang mit der architektonischen Gliederung des Kelchschaftes als »wahrscheinlich französische Methode« auch den Keleman-Kelch, ohne sich allerdings auf eine Lokalisierung festzulegen.

6 Vgl. u. a. das Heiliggrab-Reliquiar in Pamplona, die emaillierten Arkaden am Kreuzreliquiar in Pamplona und an der Pariser Kanne in Kopenhagen sowie an einem Flügelaltärchen im Museo Poldi Pezzoli in Mailand (E. Steingräber, Beiträge zur gotischen Goldschmiedekunst Frankreichs, in: Pantheon 1962, S. 156ff., Abb. 1, 2, 7, 8, 10; Kat. »L'Europe Gothique XIIe XIVe siècles«, a. a. O., Nr. 430, Abb. 124).

7 E. Steingräber, A Silver Enamel Cross in the Carrand Collection, in: The Connoisseur Aug. 1957, S. 16, Abb. 11; Katalog der Sammlung für Plastik und Kunstgewerbe, I. Teil Mittelalter, Wien 1964, Nr. 84.

8 W. D. Wixom, Treasures from Medieval France, Ausstellungskatalog Cleveland 1967, S. 192f.

9 K. Guth-Dreyfus, Transluzides Email in der ersten Hälfte des 14. Jahrhunderts am Ober-, Mittel- und Niederrhein, Basel 1954, S. 86ff., Abb. 32 (Rezension von E. Steingräber, in: Kunstchronik, März 1955, S. 78). Als Nachahmung französischer Vorbilder erweist sich der 1341 datierte Kelch in Östra Ny (Schweden), der ebenfalls à-jour-Reliefs vor blauem Emailgrund aufweist: A. Andersson, a.a.O., S. 79f., Nr. 102, Taf. 48–50.

10 Vgl. u. a. R. Koechlin, Les ivoires gothiques français, Paris 1924, Nr. 812 pl. CXL.

11 Die wichtigste Literatur zum französischen Silberschmelz bei: E. Steingräber, A Silver-Enamel Cross in the Carrand Collection, a. a. O., S. 16; ders., Ein Frauengürtel des frühen 14. Jahrhunderts, in: Kunstchronik 1959, S. 89; ders., Artikel »Email« in: RDK Bd. V, 1967, Sp. 39 f.; M. B. Freeman, A Shrine for a Queen, in: Bulletin of the Metropolitan Museum of Art, June 1963, S. 327 ff.; Kat. »L'Europe Gothique XIIe XIVe siècles«, a. a. O., Nr. 429–431.

12 Die nordfranzösische Herkunft des 40 cm hohen Kaiserpokals ist nach der durch die Entdeckung des Pariser Stempels gesicherten Provenienz des Herckenrode-Ostensoriums von 1286 durch H. Landais so gut wie sicher (P. Verlet, Orfèvrerie mosane et orfèvrerie parisienne au XIIIe siècle, in: L'art mosan [Journées d'Etudes], Paris 1952, S. 213 ff.). Auffallend ist die Nähe der figürlichen Darstellungen zur Antike. In der Reihe von reliefgeschnittenen Heraklesbildern sind zwei Medaillons, die eine noch erhaltene römische Herakles-Kamee wörtlich kopieren. Der Pokal dürfte um 1280 entstanden sein, also etwa ein halbes Jahrhundert vor dem Kelch. Vgl. Chr. Dolfen, Der Kaiserpokal der Stadt Osnabrück, Osnabrück 1927; H. Wentzel, Der Augustalis Friedrichs II. und die abendländische Glyptik des 13. Jahrhunderts, in: Zeitschr. für Kunstgesch. 15, 1952, S. 185; ders. in: Festschrift für Henrik Cornell, Stockholm 1950, S. 67 ff.; K. Guth-Dreyfus, a. a. O., S. 88, Anm. 4; E. Steingräber, Ein Reliquienkreuz im Domschatz von Savona und die Anfänge des versenkten Goldschmiedereliefs, in: Pantheon 1960, S. 195 ff., Anm. 27; E. Panofsky, Renaissance and Renascences in Western Art, Stockholm 1960, S. 91, 95, 104, 155, Abb. 68–77.

Geneviève Souchal

Une tapisserie de la famille Robertet

A la fin de 1953, le musée de Cluny achetait à un antiquaire parisien une petite tapisserie[1], à trois bandes verticales chargées de motifs variés, ceux de gauche, d'allure héraldique, évoquant les armoiries d'une famille qui n'avait pas été identifiée *(fig. 1)*.

La partie gauche de cette tapisserie comporte une alternance de bandes obliques, bleues, à trois rangées d'étoiles gris blanc, et jaunes, semées chacune de cinq demi-vols noirs. La partie centrale, rouge, porte cinq cornes d'abondance remplies de fleurs et de fruits, liées de rubans bleu clair et tenues par des mains issant de nuages bleus; autour des deux du haut et des deux du bas, s'enroule une banderole avec les mots: «AVREA MEDIOCRITAS»; deux autres banderoles, à inscription greque: «ΚΕΡΑΣ . ΑΜΑΛΘΕΙΑΣ» («corne d'Amalthée», la chèvre nourricière de Jupiter), identifient la corne du centre qu'elles encadrent. La partie droite, à fond jaune ocre, est ornée de cinq sortes de branches à fruits bleus ou rouges.

On doit voir dans cette œuvre une tapisserie de la puissante famille Robertet, qui a donné à la France un grand nombre d'officiers royaux aux XVe et XVIe siècles; elle avait en effet pour armes *d'azur à la bande d'or chargée d'un demi-vol de sable, accompagnée de trois étoiles d'argent, une sur le canton senestre du chef et les deux autres en pointe*[2] (ce qui correspond parfaitement aux motifs de la bande gauche).

On est tenté aussitôt de penser au plus célèbre des Robertet, Florimond Ier (vers 1457–1527), baron d'Alluye, de Bury et de Brou, fils de Jean II Robertet (contrôleur général des eaux et forêts de France) et de Madeleine Bohier, qui fut secrétaire du roi Charles VIII, puis trésorier des finances – dont il devint le véritable maître, comme il le fut aussi de la diplomatie, à la fin du règne de Louis XII et au début de celui de François Ier; homme habile et travailleur infatigable, qui ne savait pas moins de quatre langues étrangères, il n'était pas désintéressé et l'inventaire de ses collections, dressé par sa veuve, Michelle Gaillard de Longjumeau, rèvèle une richesse princière[3]. Les tapisseries y sont nombreuses et l'une d'elles, intitulée «l'Armorialle», était certainement une tenture héraldique.

Il est peu vraisemblable, cependant, que la tapisserie du Musée de Cluny en soit un vestige.

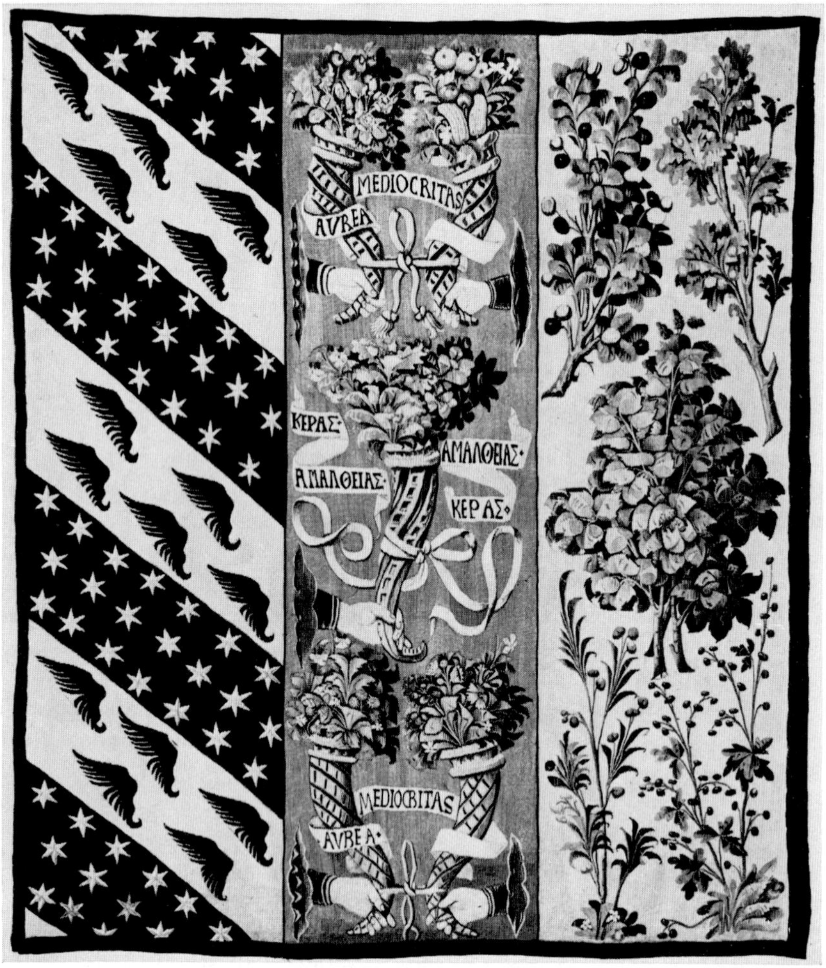

Fig. 1 Tapisserie aux armes de la famille Robertet. Paris, Musée de Cluny

Tout d'abord elle est tissée de laine seulement, sans grande finesse et sans soie ni fils de métal, ce qui, sans être une preuve, serait un peu étonnant chez le constructeur du château de Bury[4], qui possédait des pièces d'orfèvrerie extraordinaires, « trente ameublemens ... en broderie d'or, d'argent, de soye ou de laine » et, parmi les peintures et sculptures, une « Notre-Dame de Pitié » et un David de Michel-Ange.

D'autre part la tapisserie ne porte aucun « meuble » héraldique des Gaillard de Longjumeau, dont les armes étaient *d'argent semé de trèfles de gueules à deux taus du même en chef et deux papegais affrontés de sinople en pointe*[5]. Cela non plus n'est pas un argument probant, car Florimond Robertet pouvait avoir des tapisseries exclusivement à ses armes et celle-ci est peut-être antérieure à son mariage, célébré vers 1509. Cependant elle est probablement un peu plus tardive et les cornes d'abondance, placées à senestre des armes Robertet, pourraient évoquer la femme du propriétaire de la tapisserie.

... A moins qu'elles ne soient, ainsi que les devises, son emblème et son « mot » personnel. C'est ici que l'attribution à Florimond ne paraît guère possible. Son mot était en effet « FORS UNG »[6]. D'autre part, AUREA MEDIOCRITAS ne convient guère à un homme qui « gouvernoit tout le royaume », à partir de 1510 du moins, dont Claude de France et François Ier parrainèrent les enfants et qui, après sa mort (chantée par Clément Marot), aurait été transporté à Blois de Paris sur un char traîné par six chevaux, précédé de cent pauvres et des officiers et domestiques de sa maison, et suivi de deux cents ecclésiastiques et de ses proches[7].

Sans doute vaut-il mieux songer à un autre membre de cette nombreuse famille d'hommes de loi et de finances, qui, épris de culture classique, mais n'ayant pas porté sa fortune aussi haut que Florimond, voulait s'en consoler par une médiocrité dorée. Le recours à la langue grecque, qui manifeste une certaine connaissance des lettres antiques, peut dénoter un clerc; la tapisserie aurait alors appartenu à l'un des frères de Florimond, qui furent tous deux évêques d'Albi, le premier, Charles, de décembre 1510 au 9 août 1515, le second, Jacques (d'abord conseiller au Parlement de Grenoble), de 1515 à 1518[8]. Mais peut-être doit-on plutôt penser à d'autres membres de la famille Robertet, soit au frère aîné de Florimond Ier, François[9], seigneur des Buillons, bailli d'Usson en Forez, secrétaire du duc de Bourbon et du roi, mort après 1521, qui avait épousé Colette de La Loëre et fut poète comme son père Jean II et son fils Jean IV, soit à Jean IV lui-même[10], qui fut chevalier, vibailly de Vienne, conseiller du roi, secrétaire de ses finances, puis maître des requêtes, et mourut avant 1547; il avait épousé Jeanne Le Viste, fille d'Antoine et petite-fille d'Aubert (ce dernier, cousin de Jean IV Le Viste à qui l'on doit probablement la commande de la *Dame à la Licorne)*. L'un ou l'autre de ces «grands rhétoriqueurs» a pu faire exécuter la tapisserie héraldique de Cluny dans l'un des centres alors en vogue, peut-être celui qui avait fourni les le Viste.

Annotations

1 Cluny 22.613. H. : 1,83 m X L. : 1,625 m. Laine. 5 à 6 fils de chaîne au cm. Restaurations nombreuses, surtout dans la partie basse. Lisières brunes modernes. Description dans P. Verlet (qui la date des environs de 1520), *Les nouvelles acquisitions du département des Objets d'Art (Musée de Cluny)*, dans *Revue des Arts*, 1955[1], p. 54.

2 Pierre Palliot, *La vraye et parfaite science des armoiries*..., Paris, J. Guignard, 1660 (réimpr. en f.s., Paris, E. Rouveyre, 1895), p. 251. – Claude Le Laboureur, *Les Mazures de l'abbaye royale de l'Isle-Barbe*..., Paris, J. Couterot, t. II, 1681, p. 503.

3 E. Grésy, *Inventaire des objets d'art composant la succession de Florimond Robertet, ministre de François Ier, dressé par sa veuve, le 4e jour d'août 1532; précédé d'une notice*, dans *Mémoires de la Société impériale des Antiquaires de France*, 3ème série, t. X, 1868, p. 1–66, pl. I. Ce texte paraît cependant falsifié.

4 François Gébelin, *Les châteaux de la Renaissance*, Paris, Les Beaux-Arts (1927), p. 65–67.

5 E. Grésy, *art. cit.*, p. 33, n. 1. H. de la Vallière les décrit différemment (*Une simple remarque héraldique sur la famille Robertet*, dans *Bulletin de la Société archéologique, scientifique et littéraire du Vendômois*, t. XV, 1876, p. 314). Il semble qu'en tant que cadet Florimond Ier ait brisé les armes Robertet d'une filière engrêlée de gueules (La Vallière, *art. cit.* p. 313–317), mais, tels que les motifs sont disposés dans la tapisserie, cette filière pouvait ne pas apparaître.

6 A. Chassant et Henri Tausin, *Dictionnaire des devises historiques et héraldiques*..., Paris, J.-B. Dumoulin, 1878, t. I, p. 116. Selon Grésy, qui suit M. de la Saussaye, la devise était «FORS UNGNE» (*art. cit.*, p. 15, n. 2.).

7 E. Grésy, *art. cit.*, p. 12–15.

8 Le Laboureur, *ouvr. cit.*, p. 504. – L.-Pierre Gras, *Les fiefs du Forez, Le Buillon* dans *Revue forézienne*, t. III, oct. 1869, p. 181. – La Vallière, *art. cit.*, p. 316.

9 Du Plessis, *Les Robertet*, dans *Mémoires de la Société des sciences et des lettres de la ville de Blois*, t. IV, 1852, p. 536–543. – Gras, *art. cit.*, p. 181. – La Vallière, *art. cit.*, p. 316.

10 La généalogie des Robertet comporte nombre d'obscurités. Pour Jean IV, plutôt que Le Laboureur qui en fait, avec hésitation, le fils de Claude et le petit-fils de Florimond Ier, ce qui est invraisemblable, ce dernier s'étant marié vers 1509 et Jean étant mort avant 1547 (*ouvr. cit.*, p. 505–506 et 661), plutôt également que Du Plessis qui en fait le plus jeune frère de François et de Florimond (*art. cit.*, p. 535–536 et 543–566), on suivra Fauvelet du Toc, *Histoire des Secretaires d'Estat*, Paris, C. de Sercy, 1668, p. 111, Gras, *art. cit.*, p. 181–182 et A. et C.-M. Fleury, *Le château d'Arcy (Saône-et-Loire) et ses seigneurs*, Mâcon, Protat, 1917, p. 79, 81.

William H. Forsyth

A Burgundian Bishop at The Cloisters

There is an imposing figure of a sainted bishop *(Figs. 1 and 2)* among the Burgundian sculptures of the Metropolitan Museum of Art and its sister museum The Cloisters which is little known. It has not been published except for two brief references in the Museum Bulletin and in the Cloisters' handbook.[1] – Its high quality and its unusual style justify its inclusion in this *Festschrift* dedicated to my distinguished colleague. Let it also serve as a reminder, *von Haus zu Haus* as it were, of the close relationship which our sister museums, the Metropolitan Museum and the Boston Museum of Fine Arts, have enjoyed since their founding over a century ago.

Little is known of the source of the statue. It was bought in 1947 from the estate of Joseph Brummer with funds established by John D. Rockefeller Jr. Brummer's records indicate that he bought it in Paris in 1935 from his fellow antiquary Demotte and that it came from the region of the Vosges where Demotte had apparently acquired many objects after World War I.[2] Its style, however, is completely different from other sculpture in that area. According to another account it came from Poligny in the Franche-Comté, but again it is unlike the sculpture there, several pieces of which are now in the Metropolitan.[3]

At first sight some connoisseurs of medieval sculpture might hesitate to call the statue Burgundian, so different is it from the dynamic, turbulent style characteristic of much sculpture from that province. Even so eminent a specialist as Monsieur Henri David felt the need to qualify its attribution with the statement that it showed a strong stylistic infiltration from Champagne.[4]

Thanks to the recent regional studies of Monsieur Pierre Quarré one can now say with assurance that the style of this figure relates it to the region of Auxois in western Burgundy, named after Mount Auxois, the ancient Alesia where Vercingetorix and his Gallic troops made their last stand against the Roman legions of Julius Caesar. Just to the south of Auxois is Autun, the ancient capital. As David first suggested and as Quarré has since clearly shown, it was in the workshops of Autun, under the powerful patronage of the Rolin family, that during the second half of the fifteenth century, the revival of Burgundian sculpture took place. It was from the workshops of Autun that the new Burgundian style spread northward into Auxois.[5] This dependence

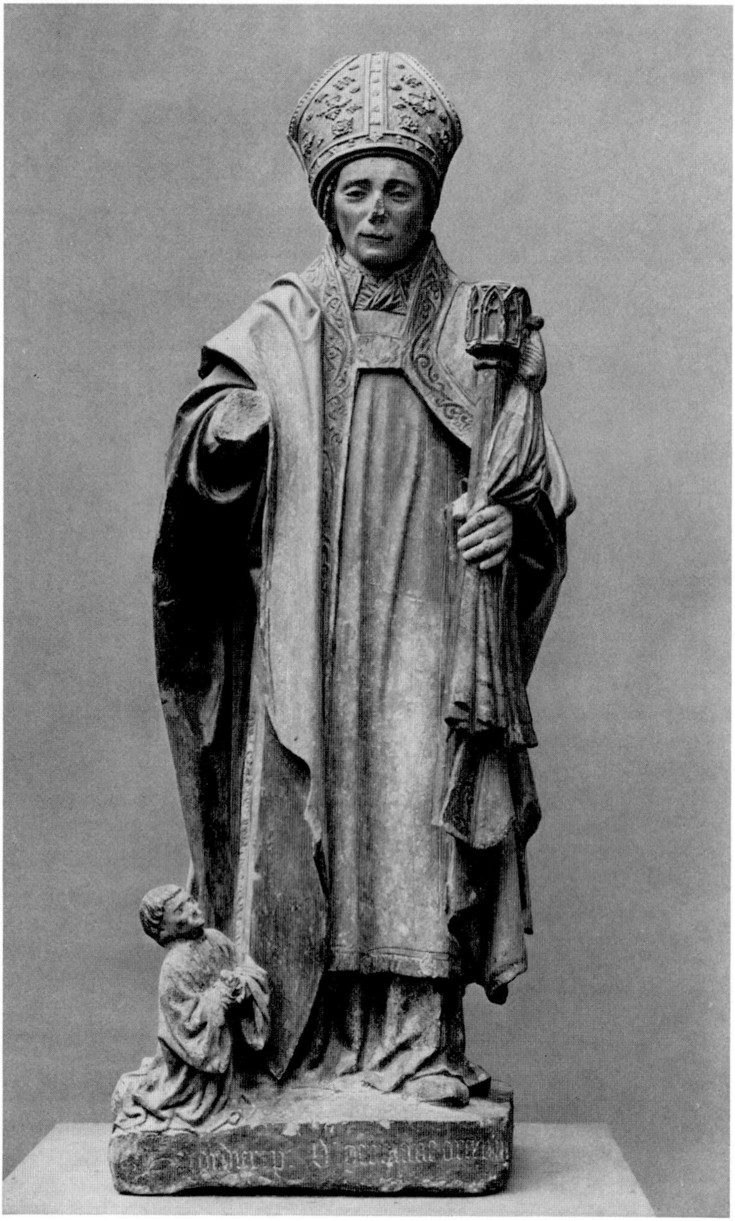

Fig. 1 Saint Germain. Burgundian, late XV Century. The Metropolitan Museum of Art, The Cloisters Collection. Purchase, 1947

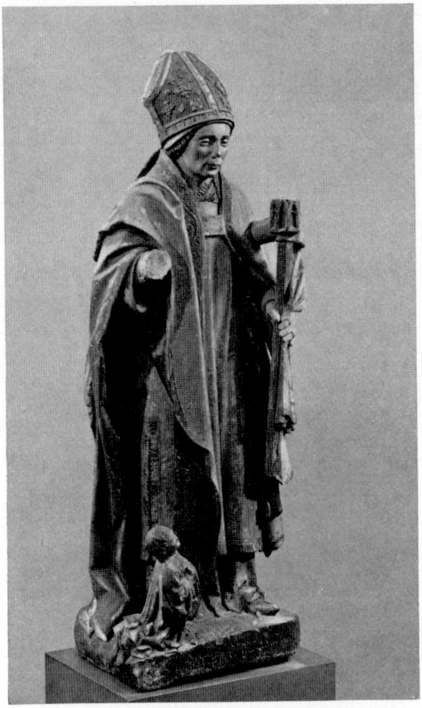

Fig. 2 Saint Germain, side view.
The Metropolitan Museum of Art,
The Cloisters Collection. Purchase, 1947

of Auxois upon Autun was made clear in an exhibition of sculpture from the canton of Pouilly-en-Auxois which was held at the Dijon Museum in 1969.[6] From the presence of a kneeling donor and from a reading of the inscription on the base of the statue we know that the figure represents Saint Germain and that it probably was a votive offering given to a church or chapel by a certain H. Cordier.[7] The donor's tonsure indicates that he was a cleric and his ample robe with its voluminous sleeves suggests that he was a personnage of some importance.

The bishop stands poised and alert, his head slightly inclined and his left foot slightly forward. He gives his blessing with grave dignity and easy grace, although his right hand is now missing.[8] His simple bearing is without the pomp and circumstance of earlier Burgundian sculpture of the first part of the fifteenth century; and the few sober folds of his garments are no longer like heavy ocean swells broken by criss-cross wavelets. Yet the statue is not without a certain majesty apparent in the sweeping folds of the cope which is thrown back over the right shoulder to allow the bishop to raise his right hand in blessing. This arrangement of drapery was already current in Burgundian sculpture; it is seen for example in a pleurant now at the Cleveland Museum of Art, a statuette which comes from the tomb of Jean sans Peur and is attributed to Jean de la Huerta. Another instance is found in a sculpture of an apostle at Dôle.[9] The plainness of the bishop's cope is relieved by carved orphreys, and the dalmatic is enriched by an intricate pomegranate design now hardly visible but originally gilded to imitate gold brocade. Sharply defined and delicate ornaments are carved on the miter to imitate metal mounts on a fabric background.

The sweet serenity of the face is ennobled by a trace of sadness *(Fig. 3)*. The mouth is drawn up a little more on one side than on the other and the eyes are slightly different, giving the face the look of a living portrait. The creases of the cheeks are well defined as well as those from mouth to chin. The corners of the mouth rise slightly and seem to terminate in dimples. The cheeks are slightly hollowed, adding a note of asceticism to the gentle expression of the face. Another face much like it is that of Saint Blaise at Eguilly in Auxois, a face which Quarré has described as "energetic but tempered by a profound sentiment of goodness".[10] There are other faces like these to be found in Auxois:[11] Saint Sebastian at Mont-Saint-Jean, Saints Anthony and Margaret at Thoisy-le-Désert, Saints Barbara and Margaret at Pouilly-en-Auxois, all in the canton of Pouilly-en-Auxois. There are also Saint James from Semur, now in the Louvre, the Virgin of the Annunciation in the hospital of Semur, Saint Seine at Mesmont, the Virgin of Mercy at Saulieu, and a holy abbess at Arconcey. Another one of Saint Syre is at Pontaubert between Avallon and Vézelay.[12] One has the impression that these sculptures, usually within a few kilometers of each other, were carved by the same or by closely related workshops.

There are two sculptures of Saint Barbara, whose faces are somewhat like these, at Moûtier-Saint-Jean and at Pontaubert. Both these sculptures are derived from another Saint Barbara in the Musée Rolin at Autun.[13] The Saint Barbara in the little church at Moûtier must have come from the former abbey church of Moûtier-Saint-Jean, the oldest and one of the most powerful abbeys of Burgundy.[14]

The most compelling reason for associating the Saint Germain with Auxois is its relation to another bishop also in the little church at Moûtier-Saint-Jean which, like the Saint Barbara, must have come from the former abbey church.[15] This sculpture is enough like the Saint Germain to be its twin *(Fig. 4, 5)*. Indeed the relationships between the two are so close that they must have been carved by the same hand or at the least have been the products of the same workshop. Their postures are practically identical. Their faces, their

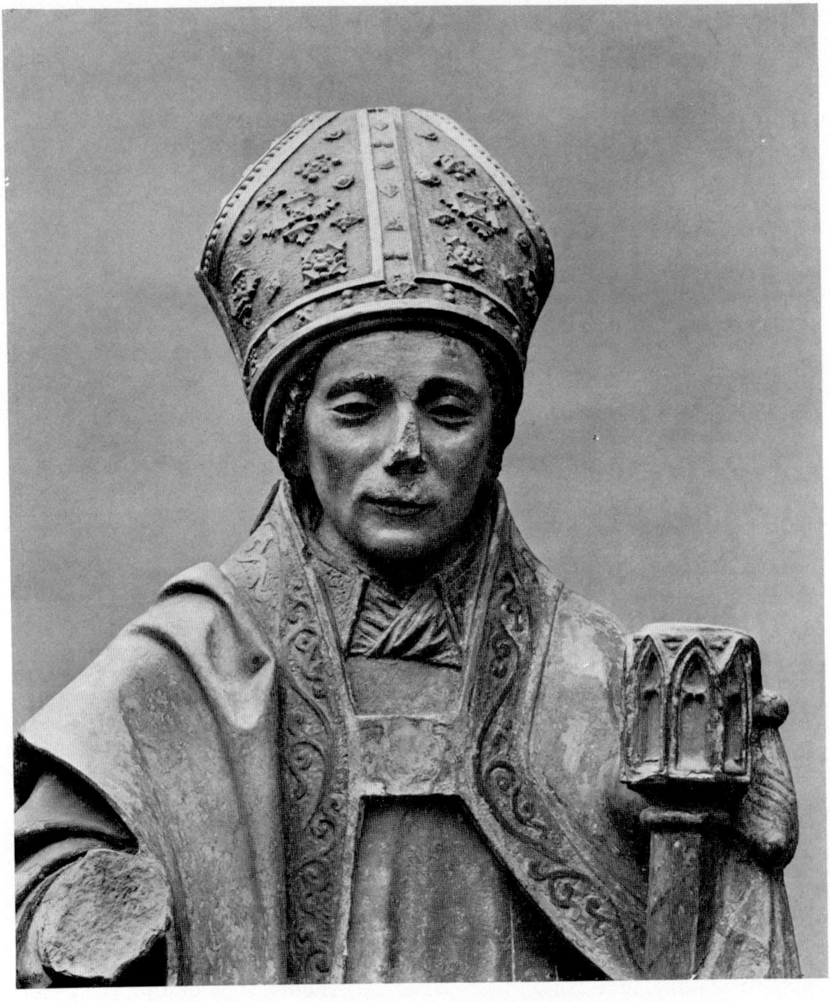

Fig. 3 Saint Germain, detail of head. The Metropolitan Museum of Art, The Cloisters Collection. Purchase, 1947

miters, including the type of mountings, their episcopal staves with the same kind of arcading decorating the knobs, and their liturgical garments, all are strikingly alike. Similarities extend to the decoration of their orphreys and even to the barely visible vertical bands lightly incised on their dalmatics. The straps holding the copes across the chests of both figures were apparently once decorated with the same kind of morse-like cabochons which have left

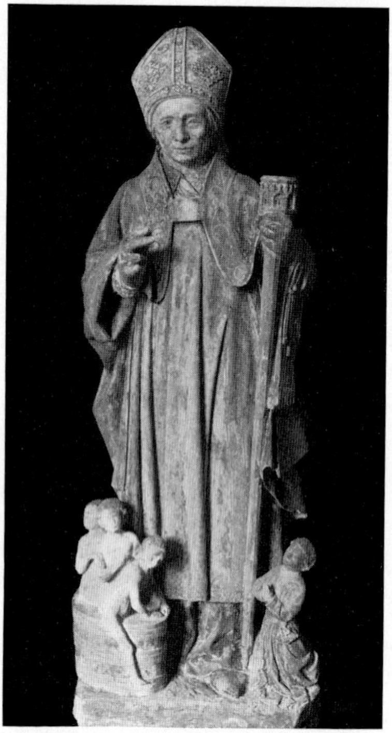

Fig. 4 Saint Nicolas. Burgundion, date
XV Century. Moûtier-Saint-Jean, church

similar outlines in the stone to which they were once affixed. The main vertical fold and the smaller diagonal fold on each dalmatic are essentially the same, and the miniature folds of the albs over the foot of each are also alike. The bodies of both kneeling donors have the same sweeping curve and their garments break into the same kind of folds around their feet.[16]

One can assume that the Saint Nicolas was modelled after the Saint Germain. In the first place it is a little less carefully done. The face is less subtle in modelling, and the dalmatic is not so rich *(Fig. 6)*. The vine pattern on the collar of the cope is incised in a simpler design and not elaborately worked out in relief. The decorative motives on the miter are also simpler and fewer in number. The collar of the alb and the foldings of the amice are more carelessly rendered.

The two statues differ from each other only where changes had to be made because of differences in iconography. Thus it was necessary to reduce the bulk of drapery on both sides of the Saint Nicolas in order to make room for the three children in a tub which had to be added to the base. The donor had to be moved to the other side of the statue so that the three children could be given the place of honor under the bishop's right hand raised to bless them. Because of the additional space required for the children the long folds of the cope could not hang from the shoulder but had to be tucked under the bishop's arm. New vertical folds were added to the dalmatic to supply the accent which the shoulder folds of the cope would have given.

On the other side the sudary which the bishop holds against his staff had to be omitted to allow clearance for the donor beneath, and the maniple had to be given greater prominence to help fill the awkward gap just below the bishop's hand created by the omission of the sudary. These adjustments were made so adroitly that they must have been wrought by a master, probably by the same hand which had carved the Saint Germain.

The statues are so nearly identical, in spite of slight differences in the quality of their carving and of a difference in height of 26 centimeters (almost a foot) in favor of the Saint Germain, that one wonders whether they could not have been made for the same church. Their bases, similar in shape and

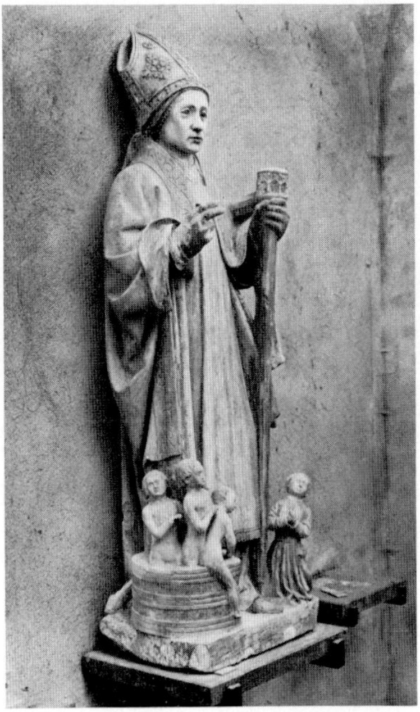

Fig. 5 Saint Nicolas, side view, Moûtier-Saint-Jean

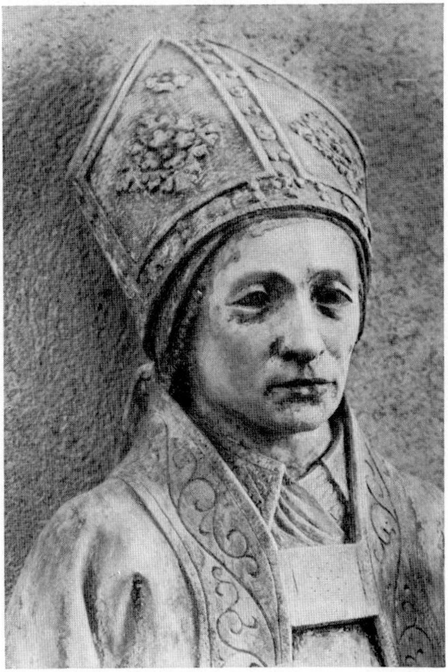

Fig. 6 Saint Nicolas, detail of head

thickness, suggest that they were part of the same series of sculptures. One can well imagine their being used *en suite*, perhaps paired off on twin corbels or placed in twin niches, each over his own altar or on either side of a portal. If they did come from the same church, it is likely that it was the abbey church of Moûtier-Saint-Jean, from which the Saint Nicolas almost surely came. Since Moûtier was then under the royal abbey of Saint Denis,[17] it is likely that the Cloisters bishop represents the Saint Germain who was bishop of Paris, having been born in Autun and having previously served as abbot of Saint Symphorien in Avallon. A second possibility is that he represents the Saint Germain who was bishop of Auxerre.

There is an additional reason for supposing that the Saint Germain could have been associated with Moûtier-Saint-Jean. The quality and the style of the statue, particularly of the head, relates it to a somewhat smaller statue of Saint-Jean-de-Réôme, the founder of the abbey, which is now housed in the church of Asnières-en-Montagne some 25 kilometers, or about 15 miles, north of Moûtier. The statue is said to have come originally from the former château of Rochefort at Asnières, the seat of the powerful family of that name who, around 1500, built an oratory in a court of their château and furnished it generously with sculpture.[18]

David believes that the Rocheforts who owned land adjacent to that of members of the Rolin family and who belonged to the same seigneurial rank with the same political attachments, could have obtained a sculptor to carve the Saint Jean from the Autun workshops through the help of the Rolins. Could the statue of Saint Germain have been carved by the same hand? At this point one wishes that one knew something about the donor of the statue, the cleric Cordier. Could the P after his name stand for "prior", "priest" or "presbyter"? If he were a prior he could hardly have been head of the house at Puits d'Orbe, which was a community of nuns, but he might have been prior of another depedency of Moûtier-Saint-Jean or even have been attached to the oratory of the Rocheforts.

However, because of its high quality and especially because of its intimate relation to the Saint Nicolas at Moûtier, it seems more likely that the figure came from the mother abbey itself, whatever the religious rank or attachment of the donor.

There is evidence in any case that the sculptor of the Saint Germain and of the Saint Nicolas may have carved these statues in Auxios at the very end of the fifteenth century. In describing the face of the Saint Margaret at Pouilly-en-Auxois, Quarré has observed that the features of her face "relate her to a group of statues extending from Sully near Autun as far as Pontaubert near Avallon and whose center of production could have been Semur-en-Auxois".[19] The face of the Saint Germain has already been compared to the Saint

Margaret and to those of several statues from Semur. The face of the Saint Barbara at Moûtier-Saint-Jean has already been compared to those of our two bishops. A prototype for this face is that of the Saint Barbara in the Musée Rolin at Autun, dated at the end of the fifteenth century.[20]

Another point links the Saint Germain to Auxois. Quarré has called attention to the unusual stance of the Saint Sebastian at Mont-Saint-Jean, whose face has already been compared to that of Saint Germain. Like our figure, he places one foot akimbo at the corner of the base, following "a workshop formula particularly widespread in Auxois toward the end of the fifteenth century".[21] The prototype of a series of statues of Saint John the Baptist in Auxois with this peculiar stance is actually at Semur.[22] It seems possible, therefore, that both the Saint Germain and the Saint Nicolas could also have been carved at Semur, only fifteen kilometers to the south of Moûtier.

By a curious coincidence the Cloisters possesses a thirteenth century doorway also from the former abbey church of Moûtier-Saint-Jean. This great abbey has been almost completely destroyed and its fame largely forgotten. All that now remains are a few farm buildings and dwellings in the middle of a sleepy village that keeps the name but scarcely the memory of what was one of the great monastic foundations of France, a thriving center before the days of its Burgundian sisters of Cluny and Cîteaux. Our Auxois bishop must surely have come from here or near here in the hilly upland country of Western Burgundy.

APPENDIX

After its acquisition by the Museum the statue was cleaned by Mr. Charles Langlais who removed most of the modern dark blue paint and was able to reveal much of the remaining old paint. The bishop's cope and dalmatic now appear as a dull yellow-orange, a tone resulting from the aging of the underpaint beneath the overgilding, traces of which can still be seen. There are traces of a pattern just above the feet of the alb, which probably was originally white. The border of the cope shows traces of the same gilding as on the cope itself. The reserved vine pattern of the border of the cope is in green. The same green is used alternating with red on the fringes of the dalmatic and on the miter, which also had gilding on the bands carved with the jeweled mounts. The flesh color of the face appears to be old and possibly somewhat retouched. The blue of the eyes and eyebrows is certainly new and so is the red and black of the maniple. A delicate pomegranate pattern of gesso in very low relief covers the dalmatic under the gilding which was evidently meant to represent a gold brocade textile. The outermost of the donor's three garments is maroon. It is gathered at the neck line. The middle garment has a low collar and flaring cuffs and hangs down the back below the outer garment to half cover the soles of the shoes. The tight sleeves of the innermost garment are visible at the wrists.

Notes

1 The museum accession number is 47.101.18. The height is 1.56 m. or 61½ inches. The statue is of painted limestone. See James J. Rorimer, "Late medieval sculpture from the highways and byways of Burgundy," *Bulletin* of the Metropolitan Museum of Art, 1951, IX, pp. 182–189, and James J. Rorimer, *The Cloisters. The building and the collection of medieval art.* Third edition revised in collaboration with Margaret B. Freeman, New York, 1963, p. 124, fig. 57.

2 This last information has been kindly supplied by Mrs. Ella Brummer, the widow of Ernest Brummer who was associated in business with his brother for many years.

3 Notably a Virgin and Child from the convent of the Poor Clares and statues of Saint James, Saint John the Baptist and Saint Paul from Moûtier-le-Veillard on the outskirts of Poligny.

4 This opinion was expressed in a letter from Monsieur David to Mr. Rorimer, dated January 26, 1948.

5 See Henri David, *De Sluter à Sambin. Essai critique sur la sculpture et le décor monumental en Bourgogne au XVme et au XVIme siècles. La fin du moyen âge.* Paris, Librairie Ernest Leroux, 1933, pp. 224–269, and Pierre Quarré, "La Sculpture autunoise à la fin du moyen âge" in the catalogue, *Statuaire autunoise de la fin du moyen âge. Exposition 1968* by Monsieur G. Vuillemot at the Musée Rolin, Autun.

6 See the exhibition catalogue *Canton de Pouilly-en-Auxois. Statues XIIIe au XVIIe siècles,* held at the Musée de Dijon in the Palais des ducs de Bourgogne, 1969, in particular the essay by Monsieur Quarré, "Statues du canton de Pouilly-en-Auxois" on pages 19 to 31. This regional exposition by cantons is the second in a series being held in connection with the survey of the province now being made by the Commission Régionale d'Inventaire de Bourgogne which is under the immediate supervision of its able secretary, Monsieur Yves Beauvalot, and is part of the Inventaire Général des Monuments et des Richesses de la France. The first exhibition in this series was also held in the Dijon museum in 1968. See the catalogue, *Canton de Sombernon Côte-d'Or. Sculptures XVe–XVIe siècles.*
The writer wishes to express here his warm thanks first of all to his friend and colleague Pierre Quarré and also to Yves Beauvalot as well as to their Burgundian colleagues for many courtesies shown him in his research on the Burgundian sculpture of the Metropolitan Museum, of which this paper is the first result.

7 The inscription reads: H. CORDIER: P: D[OMINUS?]: GERMANE: ORA: P[RO]: NOB[IS]. The top of the last letter is crossed, possibly a sign that the donor was then dead. I want to thank Miss Jane Hayward, Curator at The Cloisters, for her help with the study of the inscription.

8 Other missing parts are the crozier, the tip of the saint's nose and of the miter, the hands of the donor, and a few areas in the drapery. See the appendix for the paint.

9 See the exhibition catalogue, *Jean de la Huerta et la sculpture bourguignonne au milieu du XVe siècle.* Dijon, 1972, pl. 67.

10 See the Pouilly catalogue, no. 27.

11 See Marcel Aubert and Michèle Beaulieu, *Description raisonné des sculptures du moyen âge. Musée National du Louvre.* Paris, 1950, no. 347.

12 See the Pouilly exhibition catalogue, pls. VI, VIII, XII, XV, XVI, XVII, XX, and XXII. See also the Sombernon catalogue, pl. X, and a pamphlet by l'Abbé Bernard Lacroix and Henry Prévost entitled *Pontaubert*, Imprimerie Agica, Avallon, 1969, pp. 30, 31. See also David, pp. 255, 257, 259, and Quarré's introduction in the Autun catalogue, pp. 7, 8.

13 See the Autun exposition catalogue, fig. 6, and David, pp. 234, 261, with illustrations.

14 See David, p. 262, and fig. III.

15 See David, pp. 260, 261. Mr. Rorimer and Monsieur Quarré have also both noticed this relation.

16 A statue of the Virgin of Mercy at Saulieu has the same type of small kneeling figures. See David, p. 255, fig. 107.

17 See David, p. 260.

18 See David, pp. 248, notes 1 and 2, 250, 252, 260, 261, note 3.

19 See the Pouilly catalogue, p. 26.

20 See David, p. 234, fig. 94, and the catalogue of the Autun exposition of 1968, fig. 6.

21 See the Pouilly catalogue, pp. 27, 28.

22 See David, pp. 336, 337 and fig. 137.

Peter Bloch

Eine Marienverkündigung der Dunklen Zeit

Im Jahre 1972 wurde das Kölner Diözesanmuseum wiedereröffnet. Unter den bedeutenden Beständen, wie dem Kruzifixus aus Erp, der Cuppa im Stile des Nikolaus von Verdun und den vier Meistern der Dombauhütte von Konrad Kuyn ist auch jenes Tonaltärchen mit der Verkündigung an Maria wieder zugänglich, das hier in Erinnerung gebracht werden soll[1]. Es handelt sich um einen schlichten hochrechteckigen Schrein (78×61 cm) mit beweglichen Flügeln und der in Ton modellierten Gruppe einer spätgotischen Marienverkündigung in einem Innenraum *(Abb. 1)*. Die Jungfrau kniet vor einem Leseschrank, auf dessen Pult ein Gebetbuch aufgeschlagen ist und wendet sich zum Erzengel Gabriel zurück, der gleichfalls hingekniet das Schriftband mit dem »Maria gratia plena ...« vorweist. Links oben erscheint die Halbfigur Gottvaters über einem Wolkenband und entläßt aus geöffneten Händen die Taube des Heiligen Geistes.

Das Altärchen gelangte 1893 aus dem Nachlaß des Frankfurter Stadtpfarrers Münzenberger nach Köln, von dem auch sonst noch einige Schenkungen und Stiftungen an das Diözesanmuseum erfolgten[2]. E. F. A. Münzenberger (gest. 1891) war ein hervorragender Sammler und Wissenschaftler, der sich vor allem um die Erforschung der Geschichte mittelalterlicher Altäre verdient gemacht hatte[3]. Die Neuerwerbung wurde in den Jahresberichten des christlichen Kunstvereins für die Erzdiözese Köln mehrfach vorgeführt[4]. Der Kölner Domkapitular Alexander Schnütgen, eine Münzenberger verwandte Seele, feierte das Altärchen in der von ihm begründeten Zeitschrift für christliche Kunst[5] als »ein wahres Muster religiöser Plastik, welches unseren christlichen Künstlern zum Studium nicht angelegentlich genug empfohlen werden kann«. Im Kopf der Gottesmutter wie in der Gewandbehandlung erkennt Schnütgen die Eigenart Stephan Lochners, im Typus des Engels vermeint er schon Anklänge an den »Meister des Marienlebens« zu gewahren. Das Ganze wird als altkölnisches Werk der zweiten Hälfte des 15. Jahrhunderts bezeichnet.

Im Jahre 1929 taucht das – inzwischen als mittelrheinisch erkannte – Altärchen zweimal an prominenter Stelle auf. Wilhelm Pinder[6] ordnet es im Bereich der »Dunklen Zeit« ein: »... Daneben hat die Tonplastik versucht, einen Teil ihrer alten Reize in den neuen Ernst zu retten. Der Ölberg des Mainzer Domes ein gutes Beispiel. Noch Erinnerungen an Lorch, aber doch

Brechung und Längung. Ca. 1450. Noch holder und sanfter das Verkündigungsaltärchen des Kölner Diözesanmuseums ...«. Hubert Wilm[7] stellt als Fixpunkte der mittelrheinischen Tonproduktion den Meister der Lorcher Kreuztragung und den Meister der Muttergottes von Hallgarten vor. Dem ersteren weist er die Dernbacher Beweinung und den Darmstädter »Joseph von Arimathia« zu, in einigem Abstand auch das Altärchen mit dem Marientod in Kronberg/Taunus. Dem Meister von Hallgarten schreibt er die Muttergottes aus Eberbach im Louvre und die (im letzten Kriege verlorene) Muttergottes aus Dromersheim im Kaiser-Friedrich-Museum zu; seiner Nachfolge gehöre der Altar in Carden a. d. Mosel und »das reizende kleine Hausaltärchen mit der Verkündigung Marias, um 1435–1440, im Kölner Diözesanmuseum an«.

Dann wurde es still. Kriegsbedingte Auslagerung und langjährige Deponierung mögen Gründe dafür sein, hinzu kommt das deutlich nachlassende Interesse für spätgotische Skulptur in den letzten Jahrzehnten. Aber es steckt noch mehr dahinter. Auffallend ist ja schon, daß der wortgewaltige Pinder angesichts der Marienverkündigung nur die unverbindlichen Vokabeln »hold und sanft« verwendet und daß Hubert Wilm in seinem ganzen, der Tonplastik gewidmeten Buche dem Altärchen einen einzigen Satz gönnt, der es als »reizend« charakterisiert. Man meint Distanz, ja Unbehagen herauszuhören. So tauchten schließlich – meines Wissens zuerst von Rudolf Berliner ausgesprochen – Zweifel an der Authentizität des Stückes auf. Dabei war sicher nicht an eine Fälschung im strengen Sinne des Wortes gedacht, die ja eine betrügerische Absicht des Herstellers bedingt, wie sie etwa dem Bonner Maler Theodor Gansen nachzuweisen war, der in den dreißiger Jahren Tonfigürchen des Weichen Stils verfertigte, von denen übrigens einige auch in das Buch von Hubert Wilm Eingang fanden[8]. Es war wohl eher Un-Echtheit im Sinne einer spätromantischen Nachempfindung gemeint: Neugotik im weiteren Sinne und geschmacksgeschichtlich insofern von besonderem Interesse, als hier eine mittelrheinische Variante rezipiert worden wäre, bevor der Stilbegriff kunstgeographisch definiert war[9].

Man kann die Skrupel gegenüber dem »Holden und Sanften« der Gruppe nachempfinden. Das Interieur mit dem altdeutschen Schrank *(Abb. 4)* erinnert an Möbel des Kölner Dombaumeisters Christian Mohr von 1860, die Kissendrapierung hat biedermeierliche Züge, das (inzwischen abhandengekommene) Szepter in der Hand des Engels ist reinste Kölner Neugotik. Vor allem irritiert die schon von Alexander Schnütgen beobachtete stilistische Nähe der Figuren zu Stephan Lochner, dessen Bilder in der Geschichte der rheinischen Romantik eine besondere Rolle spielten. Dienten doch der ersten Generation der Neugotiker, um 1840–60, keineswegs die Skulpturen der Kathedralen zum Vorbild – Sulpiz Boisserée und August Reichensperger hielten

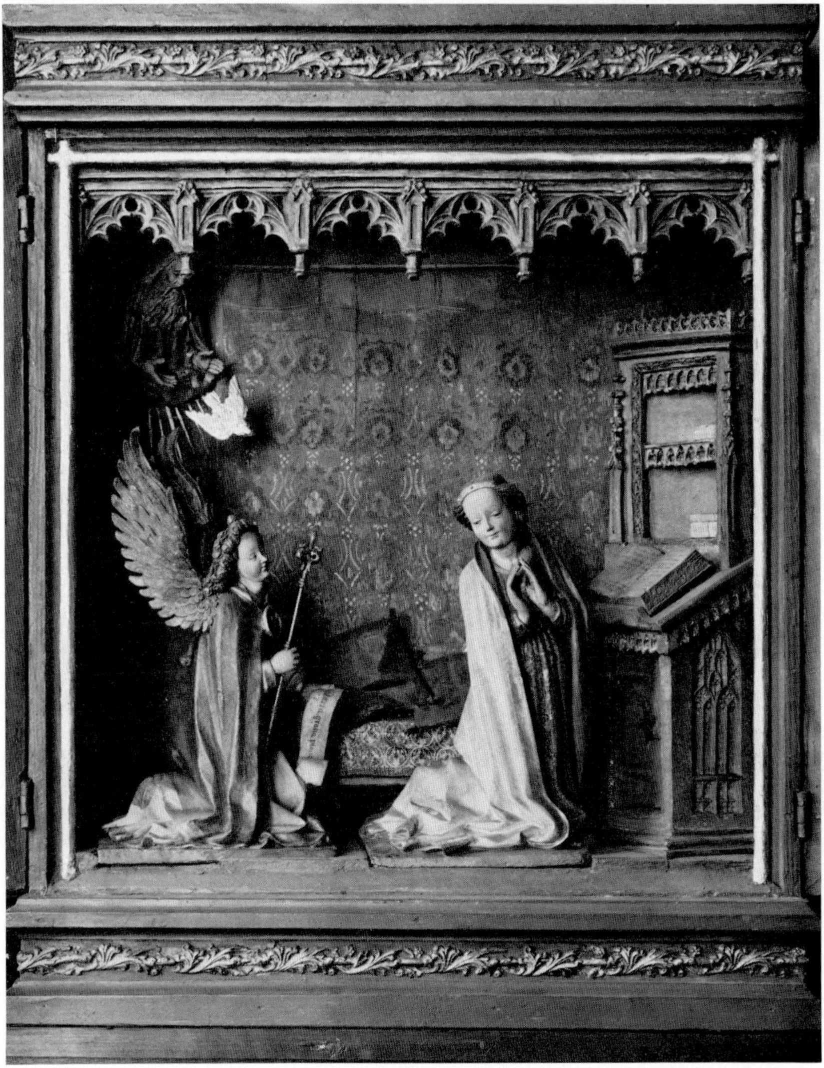

Abb. 1 Köln, Diözesanmuseum. Altar mit Marienverkündigung. Mittelrhein, um 1440

sie für dürftig, mangelhaft, »verschoben« und vermißten den »Reiz ewiger Jugend, wie die Wunderwerke hellenischer Plastik, an welche das trunkene Auge sich festsaugen möchte« –, sondern malerische Vorbilder, und hier vor allem Stephan Lochner, der von Friedrich Schlegel dem Perugino gleichgestellt

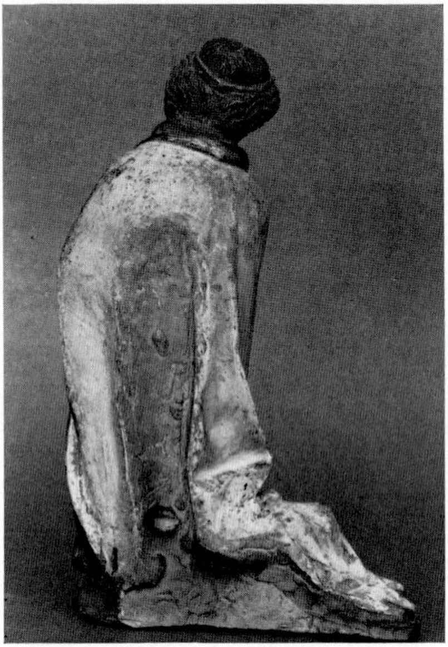

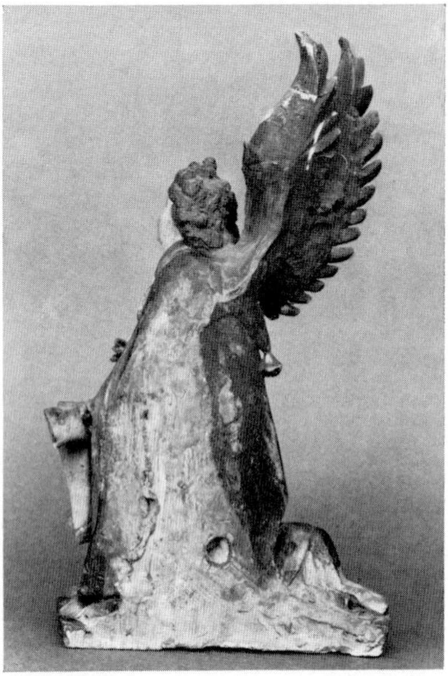

Abb. 2, 3 Köln, Diözesanmuseum. Altar mit Marienverkündigung. Mittelrhein, um 1440

wurde[10]. Reflexe dieser Vorliebe bietet die sog. kleinfigurige Lindenholzgruppe, die zwischen 1840–50 in Köln entstanden sein muß, wie auch die seitenverkehrte Kopie der Madonna aus Lochners Dombild von dem Bildschnitzer Kramer in Süchteln bei Mönchengladbach (1863)[11]. Gemeinsam ist dem Verkündigungs-Altärchen und der kleinfigurigen Lindenholzgruppe die malerische Komponente und das seltsam Unstrukturierte der »Dunklen Zeit«. Im übrigen aber liegen Welten dazwischen.

Mit freundlicher Unterstützung der Museumsleitung konnte kürzlich das Altärchen auseinandergenommen und im Detail photographiert werden. Die Untersuchung des technischen Befundes, der Fassung und des Figurenstils ergeben eindeutig, daß es sich um ein authentisches Werk von hohem Rang handelt. Die Figürchen bestehen aus einem grau-rötlichen Ton, der jenem der Lorcher Kreuztragung ähnelt. Ungewöhnlich ist die Tatsache, daß sie nicht ausgehöhlt, sondern massiv gebrannt wurden, doch hängt dies wohl mit dem zierlichen Format zusammen (Höhe des Engels bis zum Kopf 26,5 cm – die Flügel teilweise in Gips ergänzt; Höhe der Maria 29,8 cm), wo das Problem der gleichmäßigen Trocknung und dementsprechend das Risiko eines Fehlbrandes gering war. Das Marienfigürchen ist fast vollrund gearbeitet, der Engel rückseitig abgeflacht *(Abb. 2 u. 3)*; zwei Vertiefungen auf den Rückseiten

könnten der Befestigung im Brennofen gedient haben. Die Rückseite des Leseschrankes zeigt offenbar Spuren einer Holzunterlage *(Abb. 5)*.
Von besonderer Kostbarkeit ist die reich ornamentierte Fassung der Figuren in sog. Kalter Bemalung. Der Engel trägt über der weißen Albe ein von maßwerkgefüllter Schließe zusammengehaltenes braunrotes Pluviale mit einem schwarz gezeichneten Granatapfelmuster in der Art italienischer Samtbrokate, wie sie dem 2. Viertel des 15. Jahrhunderts geläufig sind, Maria unter ihrem weißen, blau gefütterten Mantel ein Kleid mit nur in Resten erhaltenem Preßbrokat in Gold auf Rot. Selbst die Kissen auf der Bank (mit kleinen Lederquasten) tragen ein exakt gezeichnetes zeitgenössisches Granatapfelmuster *(Abb. 6)*, lediglich der gleichfalls in Ton gearbeitete Behang der hölzernen Bank nimmt mit seinem Kreisscheibendekor einen älteren Typ auf[12]. Auch die Teppichgründe des Altarschreins und der Innenseiten der Flügel, sowie das Rankenornament der Außenseiten der Flügel sind in wesentlichen Partien alt und machen wahrscheinlich, daß es sich um das ursprüngliche Gehäuse handelt. Wieweit Sockel und Aufsatz zum alten Bestand gehören, ließ sich nicht mit Sicherheit feststellen. Zumindest bei der das Gehäuse oben abschließenden Maßwerkleiste dürfte es sich um eine Erneuerung handeln.

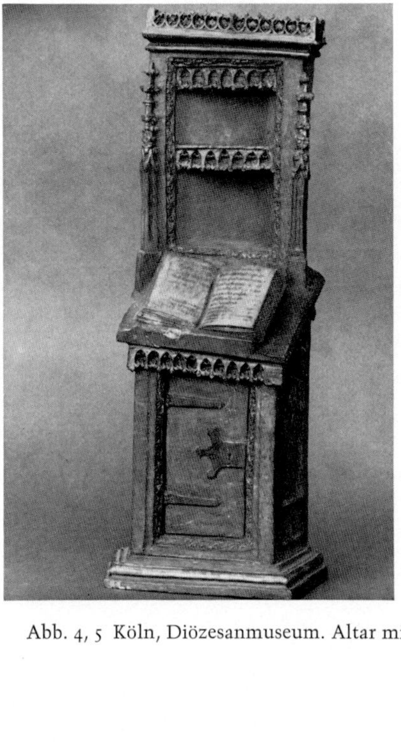

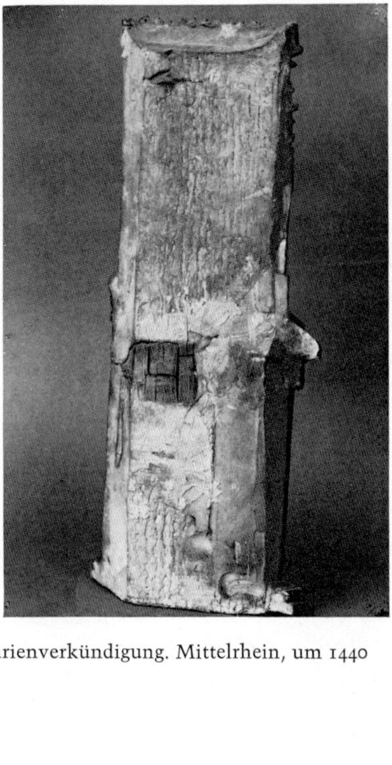

Abb. 4, 5 Köln, Diözesanmuseum. Altar mit Marienverkündigung. Mittelrhein, um 1440

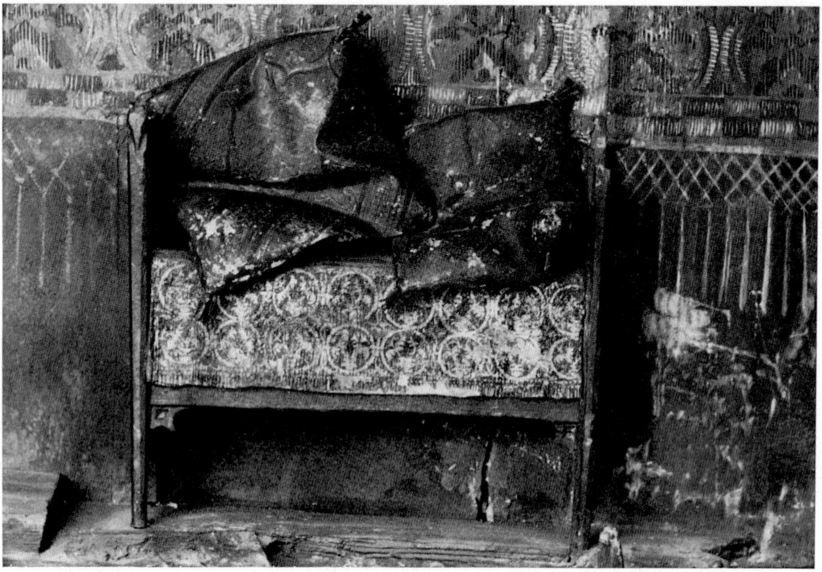

Abb. 6 Köln, Diözesanmuseum. Altar mit Marienverkündigung. Mittelrhein, um 1440

Ein reizvolles Detail ist der Text im Buche der Maria, der nach Schrifttyp, Schreibweise und Kürzungssystem mit rheinischen Andachtsbüchern des 15. Jahrhunderts übereinstimmt und damit ein weiteres Argument für die Authentizität des Altärchens bietet. Leider ist der Inhalt nicht komplett lesbar. Das rote Incipit auf dem Verso links gibt den Titel eines Traktates über Maria an, der nicht identifiziert werden konnte: »Incipit ... sive Cursus beatissime Marie virginis ...«. Links unten ist eine große Initiale I noch schwach zu erkennen; der zugehörige Satz zitiert den englischen Gruß nach Lukas 1, 28: »Ingressus angelus ad Mariam dixit: Ave gratia plena: dominus tecum«. Auf dem Recto rechts folgen Zeile 2–10 die Antiphon zum Magnificat der Vesper vom Feste Mariae Geburt: »Nativitas tua dei genetrix ... donavit nobis vitam sempiternam«, unmittelbar anschließend (Zeile 10–13) ein Text, der dem 9. Responsorium vom Feste Mariae Geburt oder dem 9. Responsorium aus dem Commune der Marienfeste (Matutin) entnommen ist[13].

Der Stil der Figuren gehört sicher nicht in die von H. Wilm beobachtete Schultradition des Meisters der Hallgarten-Madonna[14]. Deren scharfliniger, zügiger Faltenduktus verrät einen ökonomischen Modelleur, dem die malerische Idylle des Kölner Altärchens fremd ist. Dagegen knüpfen sich enge Fäden, wenn man die in den Abbildungen zumeist halb verdeckte Figur Gottvaters *(Abb. 7)* mit

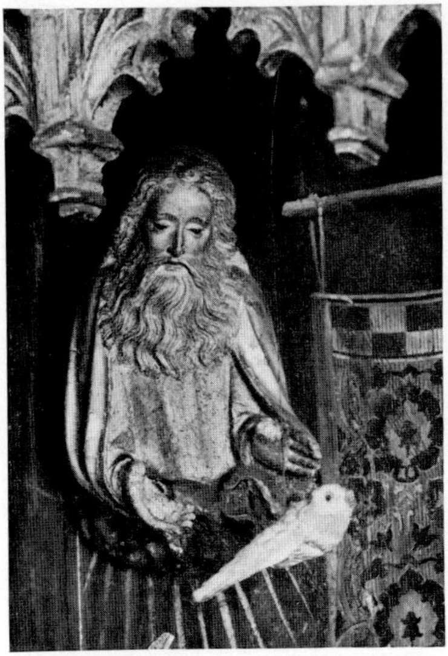

Abb. 7 Köln, Diözesanmuseum. Altar mit Marienverkündigung. Mittelrhein, um 1440

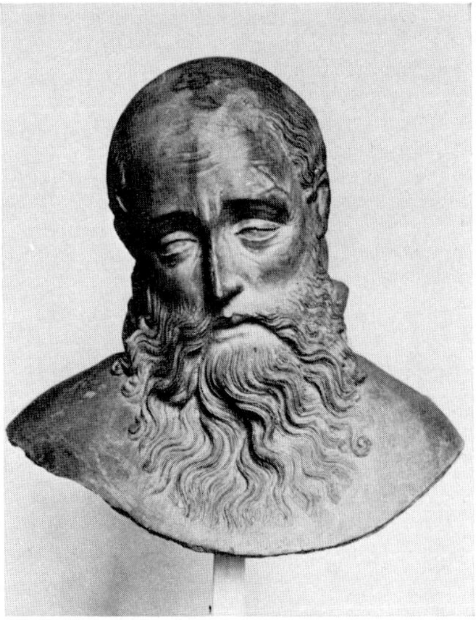

Abb. 8 Darmstadt, Hessisches Landesmuseum. Sog. Joseph von Arimathia Mittelrhein, um 1430

der (ungleich größeren) Büste des Joseph von Arimathia in Darmstadt *(Abb. 8)* vergleicht[15]: die elegische Physiognomie mit hoher Stirn und scharfer Nase, der Schnitt der Augen und Brauen, der rhythmisch gesträhnte, lockig gebreitete und unten gestutzte Bart verraten die gleiche Werkstatt. Die Darmstädter Büste wurde von jeher mit der Dernbacher Beweinung im Limburger Diözesanmuseum zusammengesehen und damit zeitweise einem sogenannten »Meister der Dernbacher Beweinung« zugeschrieben. Schon F. Back hatte diesen Meister mit jenem der Lorcher Kreuztragung identifiziert; A. Schädler hat diese Einheit bestätigt und eine Chronologie von der Dernbacher Beweinung, um 1410–20, über die Lorcher Kreuztragung, um 1425, bis zum Joseph von Arimathia, um 1430, überzeugend dargestellt[16]. Dies setzt allerdings voraus, daß die Stiftungsurkunde von 1404 für den Kreuzaltar der Pfarrkirche St. Martin in Lorch sich nicht auf die Lorcher Kreuztragung bezieht, wofür neben stilistischen auch ikonographische Gründe sprechen[17].

Die Verwandtschaft mit dem Darmstädter Joseph von Arimathia legt eine Datierung des Kölner Altärchens nach 1430 nahe. Die pralle Fülle paralleler oder gegenständiger Faltenschübe, wie sie etwa die Gruppe der Trauernden aus der Lorcher Kreuztragung vorführt, wird durch Abflachungen und Dellen unterbrochen, wodurch die Figuren an Kompaktheit gewinnen, an organischer

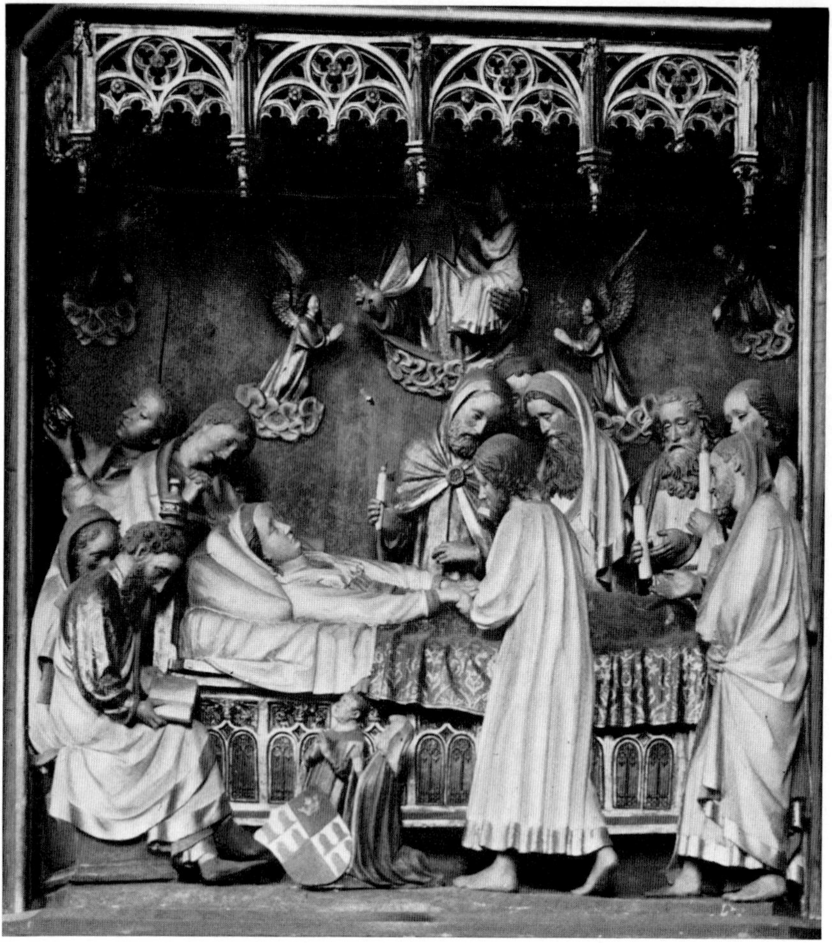

Abb. 9 Kronberg im Taunus, Pfarrkirche. Altar mit dem Marientod. Mittelrhein, um 1440

Logik verlieren. Hier spiegeln sich Tendenzen der Dunklen Zeit, gleichsam von außen her und ohne den schwerblütigen Ernst und die entschiedene Charakterisierung und Individualisierung, die zu den Neuerungen der Jahrhundertmitte gehören. Der lebensgroße Kopf des Darmstädter Joseph von Arimathia versucht solchen Forderungen in angestrengter Konzentration gerecht zu werden, der kleineren Idylle der Marienverkündigung fehlt dazu von vornherein der Spielraum.

Die wohl beste Parallele zum Figurenstil des Kölner Altärchens bietet der

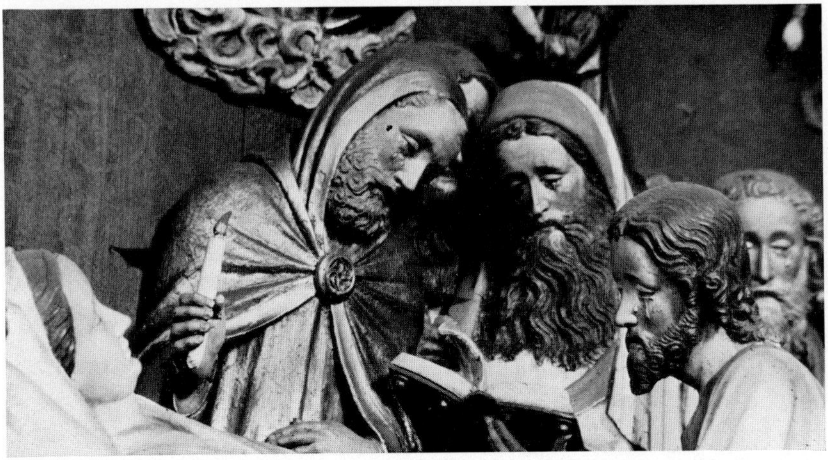

Abb. 10 Kronberg im Taunus, Pfarrkirche. Altar mit dem Marientod. Mittelrhein, um 1440

Altar mit dem Marientod in der Johanneskirche zu Kronberg im Taunus, größer im Format (Gesamthöhe ca. 116 cm) und figurenreicher in der Darstellung *(Abb. 9)*. Faltenduktus, Physiognomien, ja Einzelheiten, wie die Mantelschließe des Apostels in der Mitte *(Abb. 10)*, stimmen so weitgehend überein, daß über den Werkstattzusammenhang hinaus die gleiche Hand erkennbar wird. Unterhalb der Liegestatt der Gottesmutter befanden sich zwei Stifterfiguren mit Wappen (sie wurden 1967 gestohlen), weitere Stifterfiguren zu seiten einer Schutzmantelmadonna füllen die Malereien auf den Außenseiten der Altarflügel. Inschriften auf den Innenseiten der Flügel vermerken, daß der Altar 1896 entdeckt und die Malerei der Flügel restauriert wurde, ferner – aufgrund einer etwas willkürlichen Identifizierung der Stifterfiguren – eine Entstehungszeit um 1472. Die ältere Forschung hat dieses Datum übernommen, erst Frau Zimmermann-Deißler[18] hat 1924 klargestellt, daß die Wappen einer früheren Datierung nicht im Wege stehen. Als Stifter kommen am ehesten Frank IX. von Cronberg (gest. 1461) und seine Ehefrau Katharina von Isenburg in Betracht, die sich in besonderer Weise um den Neubau der bei einem Stadtbrand von 1337 beschädigten Marienkirche verdient machten. Der Tod des einzigen Kindes 1438 könnte der unmittelbare Anlaß zur Stiftung dieses Altares gewesen sein. Mit einer Datierung um 1440 ließe sich die Entstehung auch des Kölner Altärchens in stilgeschichtlich überzeugender Weise präzisieren.

Marienverkündigung und Marientod besitzen nicht den künstlerischen Rang der Dernbacher Beweinung und der Lorcher Kreuztragung. Sie sind kleiner

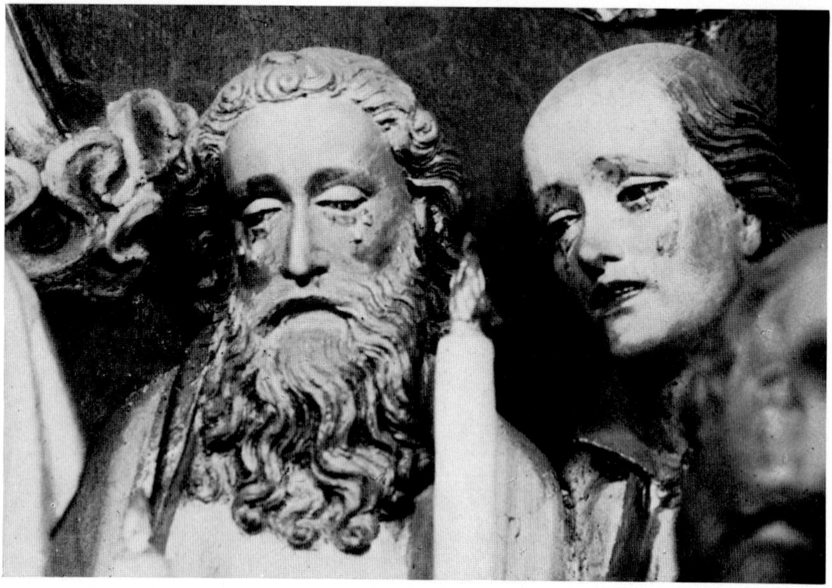

Abb. 11 Kronberg im Taunus, Pfarrkirche. Altar mit dem Marientod. Mittelrhein, um 1440

und kleinteiliger, sie suchen die neuen Forderungen der Zeit – etwa die Füllung eines in die Tiefe gestaffelten Raumes – in reizvoller Weise, aber letztlich mit unangemessenen Mitteln zu bewältigen. Man kann dem Meister der Lorcher Kreuztragung nicht auch einen »Meister« der Kölner Marienverkündigung anschließen. Beide späten Werke sind Schöpfungen der »Dunklen Zeit«, bleiben aber in den Grenzen eines Materials, dessen adäquates Ausdrucksmittel der Weiche Stil war. Und so stehen die Altäre in Köln und Kronberg nicht nur am Ende dieses Weichen Stils, sondern auch am Ende einer mittelrheinischen Tonplastik.

Anmerkungen

1 I. Eschweiler, Das Erzbischöfliche Diözesanmuseum Köln. Köln 1936, Nr. 10, 14, 268–271, 38.

2 I. Eschweiler, Nr. 72, 73, 81, 87, 316–328.

3 E. F. A. Münzenberger u. St. Beissel, Zur Kenntniß und Würdigung der mittelalterlichen Altäre Deutschlands. Ein Beitrag zur Geschichte der vaterländischen Kunst. Frankfurt a. M. 1895–1905.

4 Jahresbericht des christlichen Kunstvereins für die Erzdiözese Köln 1893, S. 1; 1894, S. 2 mit Abb.; 1912, S. 10 mit Abb.

5 A. Schnütgen, Altkölnisches Flügelaltärchen mit Thongrüppchen im erzbischöflichen Museum zu Köln. In: Zeitschrift für christliche Kunst 8/1895, Sp. 1 ff mit Abb.

6 W. Pinder, Die deutsche Plastik vom ausgehenden Mittelalter bis zum Ende der Renaissance II (Handbuch der Kunstwissenschaft). Wildpark–Potsdam 1929, S. 312 – Grundlegende Forschungen zur mittelalterlichen Tonplastik durch Chr. Rauch, in: Hessenkunst 1910, 1911, 1912, 1914.

7 H. Wilm, Gotische Tonplastik in Deutschland. Augsburg 1929, S. 60 ff., Abb. 109.

8 H. Wilm, Abb. 1, 181, 182.

9 F. Back, Mittelrheinische Kunst. Frankfurt/M. 1910.

10 P. Bloch, Kölner Skulpturen des 19. Jahrhunderts. In: Wallraf-Richartz-Jahrbuch 29/1967, S. 251 ff.

11 Dorts., S. 261 ff., Abb. 201–203.

12 Für freundliche Hinweise danke ich Frau B. Klesse, Köln.

13 Mitteilung von P. W. Schulten, Köln.

14 H. Wilm, S. 64 ff. – Zur Madonna von Hallgarten zuletzt: P. Metz, in: Festschrift Christian Rauch. Mitteilungen des Oberhessischen Geschichtsvereins 44/1960, S. 76 ff.

15 Kat. Europäische Kunst um 1400. Wien 1962, Nr. 382. – Th. Müller, Sculpture in the Netherlands, Germany, France and Spain, 1400 to 1500. London 1966, S. 32 f., Taf. 46 a.

16 A. Schädler, Zum Werk des Meisters der Lorcher Kreuztragung. In: Münchner Jahrbuch der bildenden Kunst N. F. 5/1954, S. 80 ff.

17 A. Schädler, a. a. O., S. 84 ff. verweist darauf, daß die bis zum letzten Kriege erhaltene Stifterfigur profanen Charakter hat, während die Urkunde von 1404 einen Priester Johannes Kützenkint als Stifter des Altars »zu Ehren des hl. Kreuzes, des Hl. Antonius des Abtes und Bekenners und der sel. Maria Magdalena« nennt. Die Zugehörigkeit einer vielfigurigen Kreuztragung zu einem Kreuzaltar ist unwahrscheinlich. Im übrigen wird zumeist übersehen, daß die einzelnen Figuren in ihrer Qualität erheblich differieren. Auch der kreuztragende Christus und die beiden Schächer sind 1945 verlorengegangen (P. Metz, Bildwerke der christlichen Epochen von der Spätantike bis zum Klassizismus, München 1966, Nr. 238).

18 Zimmermann-Deißler, Vier Meister mittelrheinischer Plastik um 1400. In: Städel-Jahrbuch 1924, S. 9 ff. – H. Wilm, S. 63, Abb. 83–86.

Alfred Schädler

Bronzebildwerke von Hans Multscher

Martin Weinberger hat 1940 in einer ausführlichen Studie den stilkritischen Nachweis erbracht, daß die bronzene Reliquienbüste einer Heiligen (Katharina?) in der Frick Collection in New York *(Abb. 1, 14, 15, 17)* ein Werk Hans Multschers ist[1]; bei der ersten Publikation 1910 im Katalog der Bronzen der Sammlung Pierpont Morgan war sie von Wilhelm Bode, wohl wegen der angeblichen Herkunft aus der Gegend von Zamosz in Westgalizien, Veit Stoß zugeschrieben worden[2]. Im neuen Skulpturenkatalog der Frick Collection übernehmen John Pope-Hennessy und Anthony F. Radcliffe mit gewissem Vorbehalt und unter Berufung auf die Zustimmung Theodor Müllers die Zuschreibung Weinbergers an Multscher[3], nachdem noch 1954 E. Maclagan für einen niederländischen Künstler des 15. Jahrhunderts plädiert hatte[4]. Die hier hervortretende Unsicherheit gegenüber einer ausschließlich stilistisch begründeten Attribution resultiert einmal aus der spärlichen Überlieferung der Quellen gerade bei Multscher. Nichts verlautet über eine Verbindung mit einer Gießhütte. Er wird in den Archivalien stets »Bildhauer«, einmal »Bildmacher und geschworener Werkhmann«, in den Sterzinger Rechnungen »Taffelmaister« genannt[5]. Trotz der beiden persönlichen Meisterinschriften, den zwei Meisterzeichen und stilistischen Übereinstimmungen mit dem bildhauerischen Werk[6] ist immer noch umstritten, ob Multscher die Altarflügel von 1437 aus Wurzach gemalt hat[7]. Zum anderen ist unsere Kenntnis von der figuralen Erzplastik in Süddeutschland vor Gründung der Vischer'schen Gießhütte in Nürnberg 1453 weithin fragmentarisch, nicht zuletzt aufgrund der sporadischen Erhaltung des Materials[8]. Die zum Grabmal bestimmten Bronzestatuen des Konrad von Weinsberg (gest. 1446) und seiner Frau Anna von Hohenlohe in der Klosterkirche Schöntal an der Jagst wurden laut archivalischen Quellen zwischen 1424 und 1428 in Nürnberg gegossen[9].

In Ulm war in der ersten Hälfte des 15. Jahrhunderts der Glockengießer Johannes Fraedenberger tätig[10]; seine signierten, zwischen 1429 und 1452 entstandenen Glocken zeigen Reliefs im Stil des frühen 15. Jahrhunderts. Von figürlichen Bronzebildwerken sind im Ulmer Münster die Grabmäler des Heinrich Neythart (gest. 1439), des Dr. Jodocus Clamer (gest. 1478) und des Heinrich Neithart (gest. 1500) – die beiden letzteren in flachem Relief – zu nennen, ferner als wahrscheinlich ulmisch das Grabmal des Ulrich II. von Rechberg in Donzdorf[11], während die Lokalisierung des künstlerisch überragenden Bronze-grabmals des Jörg Truchseß von Waldburg (gest. 1467, Ausführung wohl um 1480) in Waldsee innerhalb Oberschwabens ungewiß ist[12]. In Ulm darf man sich die in etwa 15 Exemplaren bekannte, bis in das 16. Jahrhundert verwendete Plakette des halbfigurigen Schmerzensmannes zwischen Maria und Johannes entstanden denken[13], deren Komposition von dem aus dem Ulmer Wengenkloster stammenden, 1457 datierten Tafelbild in München aus der Werkstatt Multschers übernommen ist[14]. Der Meinung von Tripps, es handle sich bei dem Bronzerelief um eine eigenhändige Arbeit Multschers, kann wegen der Schwächen schon gegenüber dem Werkstattbild keineswegs beigepflichtet werden[15]. Die Plakette fand noch bei einer Biberacher Glocke von 1509 in Walpertshofen als Model Verwendung[16].

Zumindest die gleiche Bedeutung wie Ulm kommt im 15. Jahrhundert Augsburg als Platz für Bronzeguß zu. Ein singuläres Einzelwerk wie die Grabplatte des 1302 verstorbenen Bischofs Wolfhart von Rot im Augsburger Dom, mit der Inschrift »Otto me cera fecit, Cunratque per era«, bezeugt die Tradition des figuralen Bronzegusses in Augsburg. So wird man wohl annehmen dürfen, daß ein nur mehr literarisch überliefertes »großes Weihwasserbecken mit Heiligenfiguren aus Erz gegossen«, das 1430 von den Zechleuten für St. Ulrich und Afra bestellt worden war[17], ebenso in Augsburg gefertigt worden ist wie das 1447 von Bischof Peter von Schaumberg gestiftete mächtige Bronze-Retabel mit der Kreuzigungsgruppe *(Abb. 10)* im Westchor des Augsburger Domes[18], zumal, wie noch zu zeigen sein wird, die stilistische Prägung der Kreuzigung durchaus für eine lokale Produktion spricht. In Augsburg könnten auch die kleinen Bronzereliefs der Geburt Christi und des Marientodes (um 1440/50) im Bayerischen Nationalmuseum entstanden sein, die zu einer in verschiedenen Materialien ausgeführten Serie von Marienszenen gehören[19]. Eine Reihe von Glockengießern läßt sich in Augsburg in der ersten Hälfte des 15. Jahrhunderts nachweisen: 1415 Bartholomäus Hartbronner aus Breslau, 1416 Ott, 1421 Thomas Geiger, 1427 Quirinus Schlecht aus Schlesien, 1444–1467 Hans Glockengießer. Signierte Glocken von 1419 und 1420 tragen den Namen Peter von Augsburg, der in den Steuerbüchern bis 1452 als Peter Kesselschmid aufgeführt wird. Sein gleichnamiger Sohn nennt sich auf einer Glocke von 1453 in Ziemetshausen Peter Zotmann[20].

Dieser knappe Überblick über die Glockengießer und die Erzplastik in Ulm und Augsburg im 15. Jahrhundert mag andeuten, welche Möglichkeiten für Multscher in seiner Heimat zur Realisierung von Bronzebildwerken bestanden. Ohne Zweifel überragt die Reliquienbüste der Frick Collection sowohl in ihrem künstlerischen Rang wie hinsichtlich ihrer gußtechnischen Perfektion alle erwähnten Beispiele zeitgenössischer schwäbischer Bronzeplastik. Gewiß hat Multscher das Holzmodell der Büste geschnitzt; daß er sich auch der Ausführung des Gusses angenommen hat, kann man nur aufgrund der

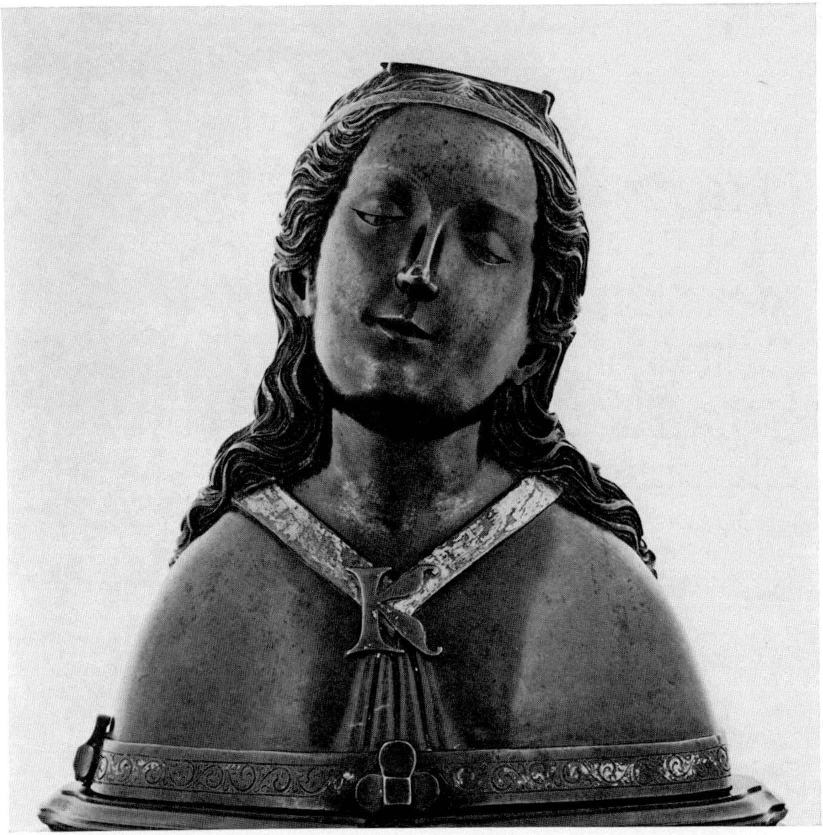

Abb. 1 Hans Multscher, Reliquienbüste um 1460. New York, Frick Collection

besonderen Qualität vermuten. Man müßte dann annehmen, daß er sich auf seiner Wanderschaft in den Niederlanden gußtechnische Kenntnisse angeeignet hat. Oder wäre eine Verschickung des Modells zum Guß nach Nürnberg, in die Niederlande denkbar? Beim Stand unserer Kenntnis führen alle Fragen nach dem Wie und Wo der Ausführung zu Spekulationen. Die Überlegung, daß die Nachbearbeitung, Ziselierung, Vergoldung wohl in der eigenen Werkstätte erfolgte, spräche eher für einen Guß am Wohnsitz – oder in Augsburg, für dessen Ulrichskloster Multscher 1456 den in Wettenhausen erhaltenen Palmesel geschnitten hat.
Die Reliquienbüste in New York ist jedoch nicht das einzige erhaltene Bronzebildwerk Multschers[21]. 1955 publizierte ich zwei Aufnahmen einer Madonnenstatuette aus der Fotosammlung des Bayerischen Nationalmuseums, aus

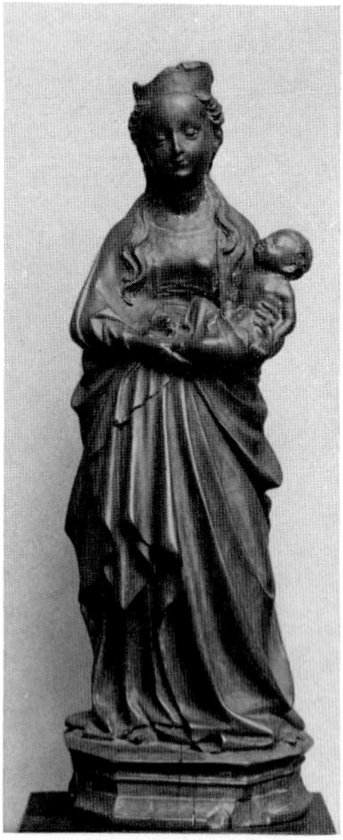

Abb. 2 Multscher-Umkreis, Muttergottes um 1430. Frankfurt a. M., Liebieghaus

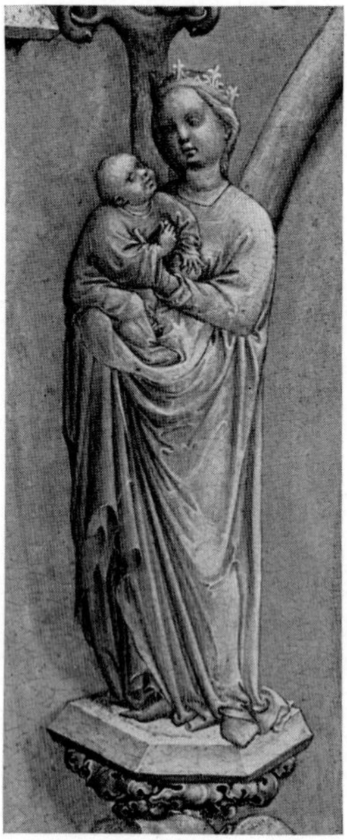

Abb. 3 Lukas Moser, Magdalenenaltar 1432, Ausschnitt. Tiefenbronn, Pfarrkirche

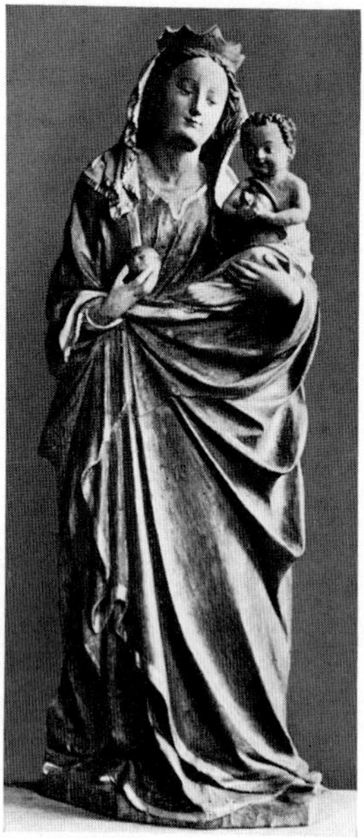

Abb. 4 Hans Multscher, Muttergottes um 1425/30. Reichenhofen, Pfarrkirche

deren Beschriftung lediglich hervorging, daß das Material wahrscheinlich Bronze sei, und bestimmte sie als Frühwerk Multschers aus der Zeit um 1430[22]. Alle Recherchen nach dem Verbleib der Statuette, die wohl um 1930 im Museum vorgezeigt oder ihm angeboten worden war, blieben ergebnislos. Der Zuschreibung stimmten Theodor Müller[23] und Manfred Tripps[24] zu. Überraschend wurde dann Ende 1971 die Statuette bei einer Auktion des Dorotheums in Wien – als anonyme Arbeit des 16. Jahrhunderts – angeboten[25] und konnte vom Bayerischen Nationalmuseum erworben werden *(Abb. 5–7, 9)*[26].

Es ist gewiß beglückend, daß das wiedergefundene Original die aus Fotos gewonnene Vorstellung seiner künstlerischen Bedeutung noch übertrifft und die früher gegebene Einordnung sich bestätigt. Ein Irrtum muß freilich zuerst korrigiert werden: Es handelt sich nicht um eine Darstellung der Maria lactans, wie das Foto suggerierte; der in Rückansicht gegebene Knabe versucht vielmehr, sich mit beiden Händchen am Kopftuch der Mutter hochzuziehen. Die Muttergottesfigur ist mit dem unregelmäßig sechseckigen Sockel aus einem Stück, ziemlich dickwandig, gegossen. Die originale Feuervergoldung hat sich

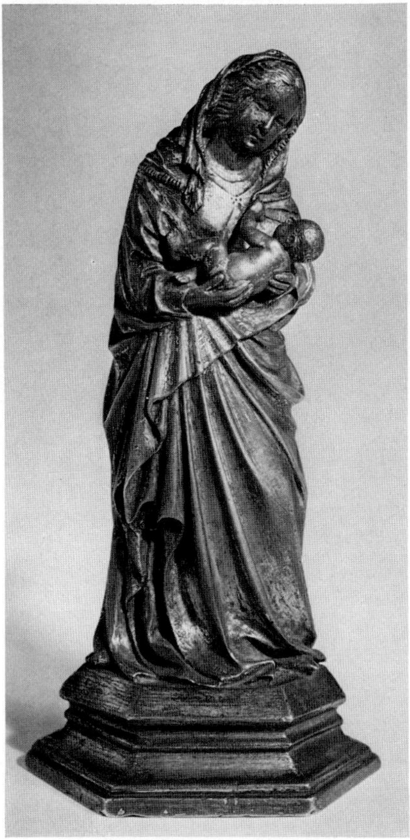

Abb. 5 Hans Multscher, Muttergottes um 1430
München, Bayerisches Nationalmuseum

vor allem am Sockel, in den Tiefen der Falten, an Hals und Brust in größeren Partien erhalten. Die ursprünglich vollständige Vergoldung der Statuette läßt überlegen, ob damit der Eindruck einer Goldschmiedearbeit erweckt werden sollte. Soweit ich sehe, sind nördlich der Alpen sonst keine Madonnenstatuetten der 1. Hälfte des 15. Jahrhunderts aus Bronze als autonome Bildwerke erhalten geblieben, wohl aber vergoldete Silberstatuetten dieses Themas[27]. Offenkundig diente die Statuette privater Andacht. Die gleichmäßig feine Ausarbeitung der Rückseite läßt auf eine ursprünglich freie Aufstellung schließen; die Zugehörigkeit zu einem Baldachinaltärchen kommt auch wegen des Sockels kaum in Betracht[28].

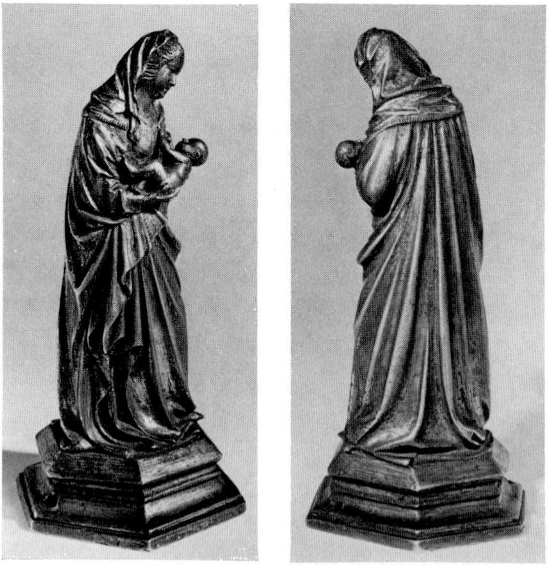

Abb. 6, 7 Hans Multscher, Muttergottes um 1430
München, Bayerisches Nationalmuseum

Nunmehr kann auch die Stellung der Muttergottesstatuette im Werk Multschers weiter präzisiert werden. Zweifellos gehört sie in die Jahre zwischen Multschers Bürgeraufnahme in Ulm 1427 und dem inschriftlich als eigenhändig gesicherten Kargaltar von 1433 im Ulmer Münster, dessen Hohlkehlenengel in der Art der Gewandbehandlung vergleichbar sind[29]. In der kontinuierlich schwingenden Führung der Faltengrate beim Lendentuch und bei dem zwischen den Beinen sichtbaren Mantelstück steht der Ulmer Schmerzensmann von 1429 noch näher[30]. Die Erscheinung der Marienfigur wird durch die spielerische Aktivität von Mutter und Kind bestimmt, wobei trotz der Negierung axialer Ausrichtung die Geschlossenheit des Umrisses und eine ruhige Statuarik gewahrt bleibt. Die Mariengestalt zeigt eine Art Ausfallstellung; das linke Bein ist seitlich vorgestellt, das Knie drückt sich durch den Stoff des Mantels, der Verlauf der Falten wird dadurch bestimmt. Das plastische Volumen wächst nach unten zu an. Das kompositionelle Zentrum bildet der obere Gestaltraum; beide Hände tragen das kompliziert bewegte, rundlich modellierte Kind, dem das Haupt Mariens zugeneigt ist. Es ergibt sich so der Eindruck einer leichten Krümmung der Figur, wie es für eine Reihe von frühen Bildwerken Multschers charakteristisch ist. Eine ähnliche Komposition zeigt die durch Restaurierung beeinträchtigte Holzfigur der Muttergottes in

Reichenhofen *(Abb. 4)*[31] besonders in der unteren Partie, ferner die Steinmadonna in Kanzach[32], beide wohl vor 1430 anzusetzen. Der Vergleich, der auch verschiedene einzelne Analogien wie z. B. die Kopfform, das zurückgeschobene, feingefältete Kopftuch ergibt, macht den besonderen Rang der Bronzestatuette noch mehr deutlich. Bei der aus Lindenholz geschnitzten, ursprünglich in Tirol beheimateten Thronenden Muttergottes im Bayerischen Nationalmuseum *(Abb. 8)*[33] findet sich eine geschwisterlich verwandte Typik des Physiognomischen, insbesondere des merkwürdig »unschönen« Knaben mit den großen Ohren, ferner in der Rückansicht die funktionelle, plastische Herausarbeitung des einen Armes, der Verlauf der Kopftuchfalten mit den Gabelungen. Gemeinsam ist vor allem die feine Beseeltheit und die unkonventionelle Phantasie der Formen. Die Bronze-Muttergottes scheint dabei noch mehr der Tradition einer »Paradiesgärtlein-Sphäre« verhaftet zu sein, zeigt bei aller Geweckheit noch stärkere Bindungen an die Kunst des frühen 15. Jahrhunderts als die Thronende, die formal sich eng mit dem Kargaltar von 1433 und dem Grabsteinvisier für Herzog Ludwig den Gebarteten von Bayern-Ingolstadt von 1435 im Bayerischen Nationalmuseum *(Abb. 11)* zusammenschließt. Macht man den gewiß nicht unproblematischen Versuch einer präzisen chro-

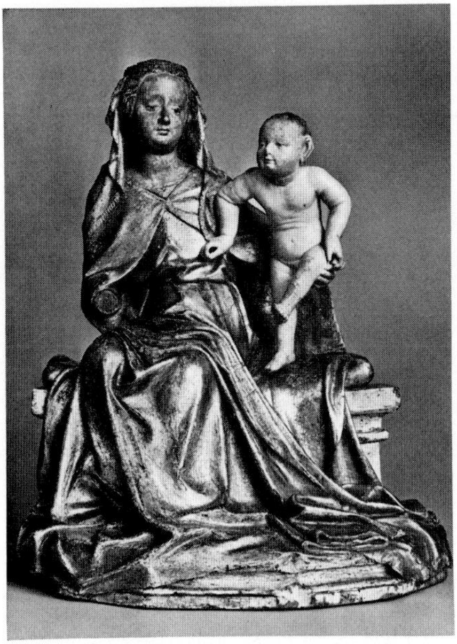

Abb. 8 Hans Multscher,
Thronende Muttergottes um 1430/35.
München, Bayerisches Nationalmuseum

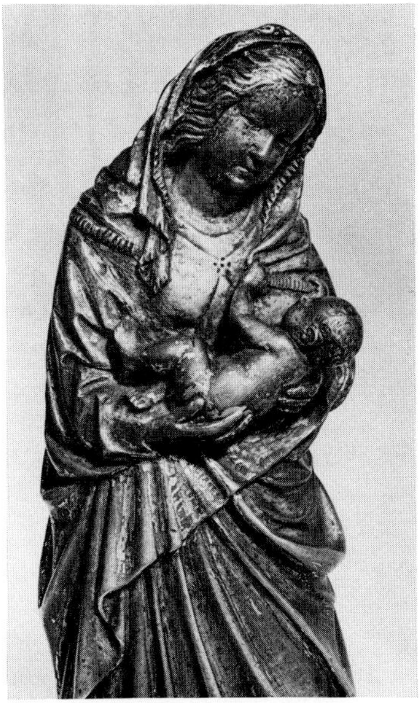

Abb. 9 Hans Multscher,
Muttergottes um 1430.
München, Bayerisches Nationalmuseum

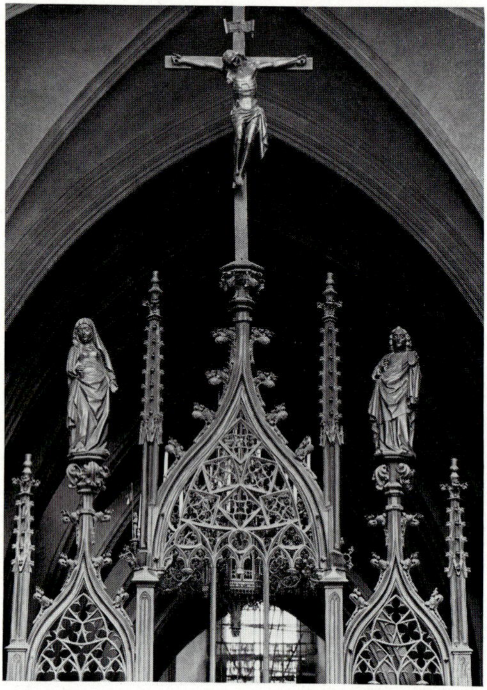

Abb. 10 Bronze-Retabel von 1447. Augsburg, Dom

nologischen Einordnung der Bronzestatuette in das Frühwerk Multschers, so scheinen die eben erörterten Beobachtungen für einen Ansatz vor 1430 zu sprechen.

1955 vermerkte ich den engen stilistischen und kompositionellen Zusammenhang der aus der Sigmaringer Sammlung stammenden kleinen Muttergottesstatuette im Frankfurter Liebieghaus *(Abb. 2)* mit der Kleinbronze[34]. Sie ist vollrund aus Buchsbaumholz geschnitzt und stimmt in der Höhe überein[35]. Die Hypothese von Manfred Tripps[36], die verlorene Marienfigur des Ulmer Kargaltars sei wegen ähnlicher Konturen auf der Nischenrückwand seitenverkehrt nach der Frankfurter Statuette zu rekonstruieren, wurde von Theodor Müller[37] und Hans Peter Hilger[38] mit Recht abgelehnt. Beide Autoren betonten deren kölnische bzw. niederrheinische Stilkomponente[39]. Ich kann in den von ihnen genannten niederrheinischen Bildwerken jedoch nur die gemeinsamen stilistischen Voraussetzungen in der niederländischen Plastik erkennen und möchte nach wie vor an der schwäbischen Provenienz der Frankfurter Statuette festhalten, da weder in Köln noch am Niederrhein stilistisch unmittelbar vergleichbare Skulpturen kleinen oder großen Formats nachweisbar sind, während ihre Stilbildung im Kreis Hans Multschers breit fundiert ist. Um kurz zu rekapitulieren[40]: Die Buchsstatuette wirkt gegenüber der Bronzemadonna zierlicher, kleinmeisterlicher; sie steht still, frontal, zeigt nicht die aktive Beziehung zum Kind; die Kopfform ist rundlich, nicht oval, mehr gewölbt. Die Faltenmotive des Mantels von der Hüfte abwärts stimmen nahezu wörtlich überein, erscheinen jedoch lockerer, etwas weniger straff und zügig. Wie der Vergleich der Kniepartien zeigt, ist die Buchsbaumstatuette nicht im gleichen Maße von der Funktion des Körpers her konzipiert, ihre stilistische Position ist »altertümlicher«, was natürlich nichts über das reale zeitliche Verhältnis besagt. Th. Müller wies auf die Ähnlichkeit der Muttergottes am Torbogen des Kommunionbildes von Lukas Mosers Tiefenbronner Magdalenenaltar von 1432 *(Abb. 3)* mit der Frankfurter Statuette hin. Nahe verwandt erscheint die puppenhafte, rundliche Kopfform, auch des Kindes, während die brüchigere, dünnere Faltenbildung auch über jene bei der Bronzemadonna hinauszugehen scheint. Ein weiteres Kleinbildwerk des Schnitzers der Frankfurter Muttergottes ist wahrscheinlich die Hartholzstatuette eines stehenden nackten Mädchens im Kunsthistorischen Museum in Wien[41]. Für eine Datierung um 1430/40 spricht das befangene Standmotiv, der wellige Fall des Tuches in der rechten Hand, vergleichbar mit den Faltenmotiven der Marienfigur, vor allem aber ist die Ähnlichkeit im Physiognomischen und in der Haarbehand-

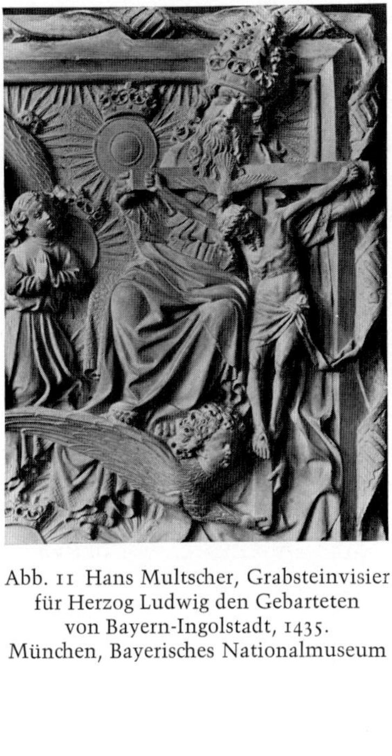

Abb. 11 Hans Multscher, Grabsteinvisier für Herzog Ludwig den Gebarteten von Bayern-Ingolstadt, 1435. München, Bayerisches Nationalmuseum

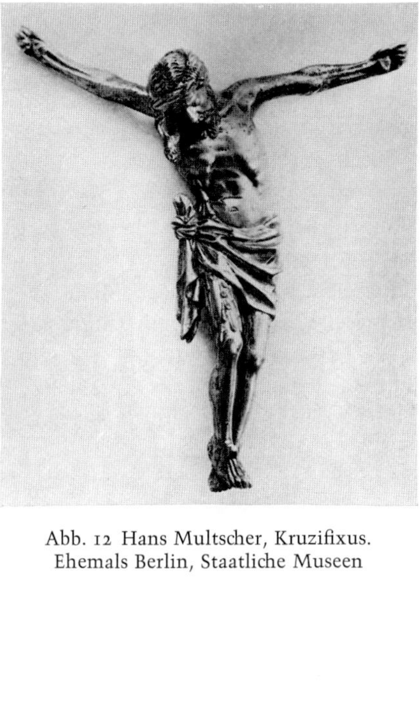

Abb. 12 Hans Multscher, Kruzifixus. Ehemals Berlin, Staatliche Museen

lung zu betonen. Wie früher dargelegt, gehört die Muttergottesstatuette in Frankfurt zu einer Gruppe von Skulpturen, die über Jahrzehnte hin eine zu Multscher parallel verlaufende Entwicklung zeigt[42]. Von ihnen steht der Johannes der vom Bodensee (nicht Überlingen!) stammenden Assistenzfiguren in Staufen bei Freiburg der Frankfurter Statuette am nächsten[43].

Multschers Verbundenheit mit der zeitgenössischen niederländischen Kunst läßt sich auch bei der Bronzestatuette belegen. Möglicherweise geht die Anregung zu dieser Kleinbronze auf Multschers Wanderjahre in den Niederlanden zurück, aber nichts Vergleichbares hat sich dort erhalten[44]. Trotz des unbestreitbar »westlichen« Stilcharakters der Marienfigur finden sich auch in der niederländisch-französischen Steinskulptur des frühen 15. Jahrhunderts kaum ähnliche Bildwerke. Im Darstellungstypus verwandt ist die ältere Steinfigur der Maria aus einer Verkündigungsgruppe in Écoùis[45]. Ponderation, Umrißführung, das strenge Oval des Gesichts (in weißem Marmor eingesetzt), das zurückgeschobene Kopftuch sind vergleichbar. Das Motiv des vom Beschauer abgewandten, kletternden Kindes kommt, wenn auch nicht so extrem, bei einer niederländischen Elfenbeinstatuette um 1420 im Victoria and Albert Museum in London vor[46]. Eine ähnliche Haltung des Kindes findet sich bei Darstellungen der Maria lactans[47]. Generell bedeutsam erscheinen die frühen Werke der Brüder van Eyck und des Meisters von Flémalle[48], letzterer ist ja auch für Multscher als Maler von hervorragender Bedeutung[49].

Als italienische Arbeit der Zeit um 1600 bezeichnete E. F. Bange 1922 in seinem Berliner Bronzekatalog einen kleinen Kruzifixus *(Abb. 12)*, der zu den Kriegsverlusten von 1945 zählt[50]. Banges Text stimmt weitgehend mit dem Katalog von 1904 überein[51], während in dem von Wilhelm von Bode und Hugo von Tschudi 1888 verfaßten Katalog der Kruzifixus als Werk eines norditalienischen Meisters aus der zweiten Hälfte des 15. Jahrhunderts aufgeführt ist[52]. Maßgeblich dafür scheint die Erwerbung 1884 in Florenz und die angegebene Herkunft aus Modena zu sein, stilistisch hat der Kruzifixus weder mit italienischen Skulpturen des Quattrocento noch der Zeit um 1600 etwas gemeinsam. Wiederum mit dem Vorbehalt mangelnder Autopsie möchte ich in dieser zerstörten, vielleicht nur verschollenen, in der Größe der Marienstatuette entsprechenden Bronze ein Werk Hans Multschers erkennen. Primärer Beleg dafür ist der Gekreuzigte des Gnadenstuhls vom Grabsteinvisier für Herzog Ludwig den Gebarteten von Bayern-Ingolstadt (1435) im Bayerischen Nationalmuseum[53], der bisher als einzige eigenhändige Kruzifixdarstellung gelten konnte[54] *(Abb. 11)*. Die Gemeinsamkeit zeigt sich nicht nur im Darstellungstypus, in einzelnen Motiven, sondern primär in der individuellen stilistischen Prägung. Beidesmal ein gedrungener Körper, der schwer lastend am Kreuz hängt, die unmittelbare Veranschaulichung des körperlichen Erleidens, das die Passio transparent macht. Der nicht reproduzierbare

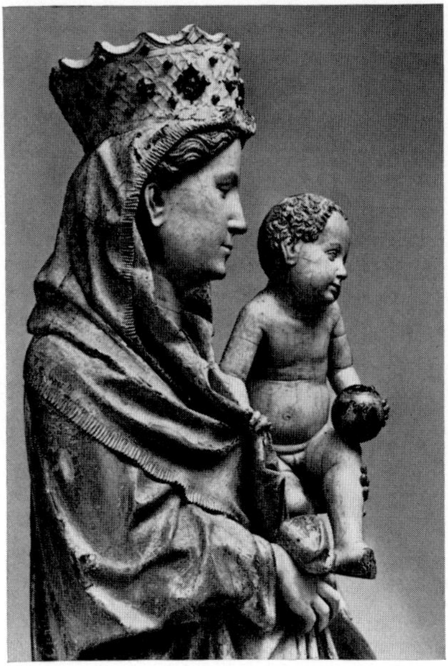

Abb. 13 Hans Multscher, Muttergottes um 1437. Landsberg am Lech, Pfarrkirche

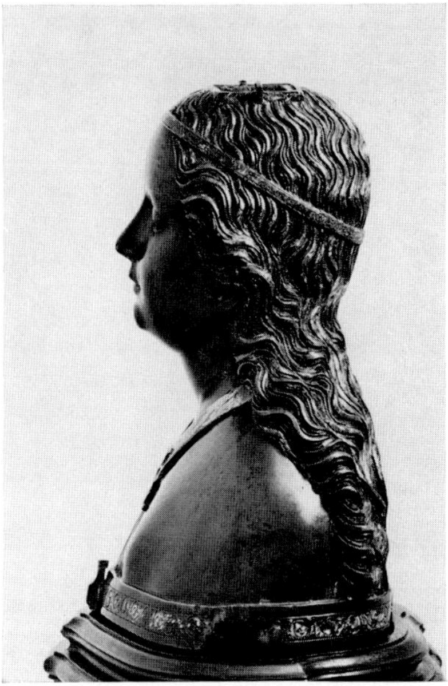

Abb. 14 Hans Multscher, Reliquienbüste um 1460. New York, Frick Collection

Lichtdruck im Berliner Katalog von 1888 verdeutlicht die dem Münchner Kruzifix adäquate Räumlichkeit: »das nach links vorn überfallende Haupt«, das weit vorgeschobene rechte Knie; der Fotoeindruck entspricht ganz dem des Grabsteinvisiers. Abweichend ist die mächtige Bluttraube von der Brustwunde bis zum rechten Knie, die Schürzung des Lendentuches mit einem großen Knoten an der rechten Hüfte, der in Röhrenfalten mit welligen Säumen fallende Zipfel des Lendentuches. Die Faltenmodellierung weist auf eine etwas spätere Entstehung, in die Zeit der Landsberger Muttergottes, wohl um 1440. Zum Vergleich lassen sich ferner der Christus des wohl zeitlich nächststehenden Gnadenstuhls aus Sandizell in Frankfurter Privatbesitz[55] und die Kruzifixe aus dem Umkreis Multschers in Wiblingen und Scharenstetten[56] heranziehen. Für die etwas spätere Datierung spricht auch der Kruzifixus des Bronzeretabels von 1447 im Augsburger Dom *(Abb. 10)*, der sich eng an Multschers Darstellungstypus anlehnt, besonders in der Neigung des Hauptes, der Modellierung des Brustkorbes, der Faltenführung des Lendentuches. Die formale Durchführung ist freilich schematischer und spröde. Die beiden Augsburger Assistenzfiguren entsprechen der Stilstufe des Scharenstettener Altars, zeigen aber durchaus eine eigene stilistische Prägung. Es scheint sich hier um Arbeiten einer Augsburger Werkstatt zu handeln, die nur in bescheidenem Maße

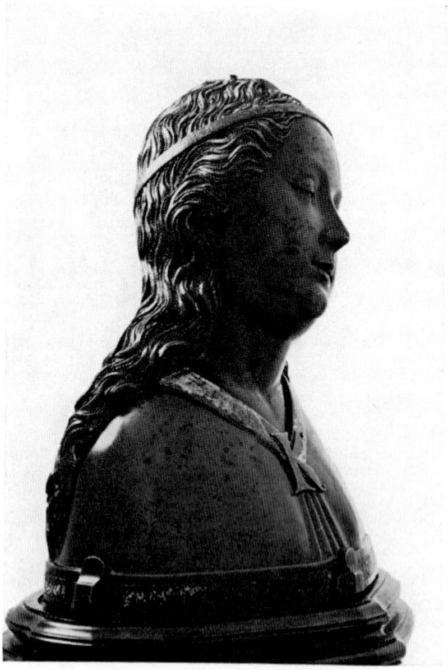

Abb. 15 Hans Multscher, Reliquienbüste um 1460. New York, Frick Collection

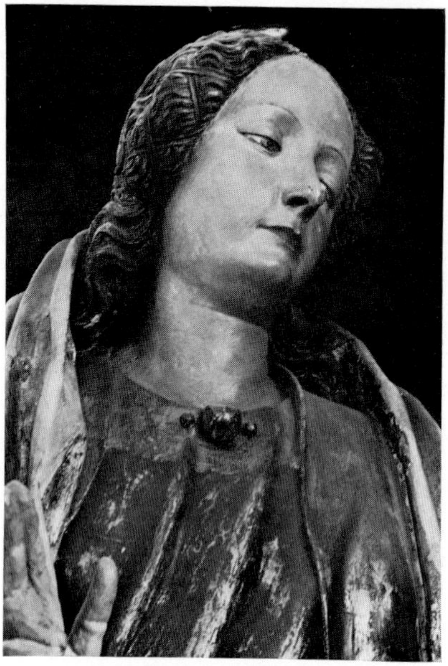

Abb. 16 Hans Multscher, Hl. Barbara, 1456/58. Sterzing, Pfarrkirche

den Einfluß Multschers rezipiert. Zu prüfen wäre, ob in diesem Atelier auch die oben erwähnte, etwa gleichzeitige Gruppe von Kleinbildwerken entstanden ist[57].

Aus der Frühzeit vor 1430, der mittleren Periode um 1440 und der Spätzeit um 1460 kennen wir nun Bronzebildwerke Multschers. Daraus mag man schließen, daß diese drei Stücke wohl kaum die einzigen gewesen sind, für die er die Modelle geliefert hat, vielmehr legt die bei Bronzeplastik stets besonders hohe Verlustquote nahe, daß Multscher während seiner ganzen Schaffenszeit Aufträge für Modelle zu Bronzeskulpturen ausgeführt hat.

Wenden wir uns nochmals der Reliquienbüste der Frick Collection zu[58]. An diesem vollendeten Werk von zierlicher Größe haften immer noch Rätsel. Da ist die dubiose Herkunft aus einer um 1840 zerstörten Holzkirche bei Zamosz in Westgalizien[59], die wegen der Unmöglichkeit der Nachprüfung den Verdacht erweckt, es sollte eine andere Provenienz verschleiert werden. Selbst wenn die Angabe zutreffen würde, müßte der Bezirk von Zamosz nicht der ursprüngliche Bestimmungsort gewesen sein. Die Zweifel gründen vor allem darauf, daß ein Export schwäbischer, insbesondere ulmischer Kunstwerke nach Polen nicht bekannt ist. Aufgrund dieser Provenienz überlegte Theodor Müller, ob der Majuskelbuchstabe K am Halsausschnitt der Büste auf den polnischen

König Kasimir IV. (1447–1492) zu deuten sei[60]. Nach Helmut Nickel ist vielleicht das in der Mitte einer hussitischen Pavese im Nationalmuseum Prag groß aufgemalte gotische Initial k auf Kasimir zu beziehen[61]. Mehr Wahrscheinlichkeit hat die schon immer erwogene Deutung als Monogramm der dargestellten Heiligen; bei dem Typus der heiligen Jungfrau ist dabei besonders an die hl. Katharina von Alexandrien zu denken[62]. Die verschiedentlich am Halsausschnitt von Marien- und Heiligenfiguren angebrachten Monogramme sind offenkundig stets als Initialen auf die Heiligen zu beziehen[63]; der Vorschlag Josef Zykans[64], das Monogramm der aus dem Passauer Dom stammenden Muttergottes (um 1300) im Germanischen Nationalmuseum Nürnberg auf Herzog Albrecht von Österreich zu beziehen, kann nicht akzeptiert werden, da nach Theodor Müller die Ligatur in MA = Maria aufzulösen ist[65].

Büstenreliquiare aus Bronze sind im 15. Jahrhundert selten, überwiegend handelt es sich um Goldschmiedearbeiten. Offenbar überwogen die technischen Schwierigkeiten des Bronzegusses die Verbilligung des Materials. Theodor Müller erwähnte als Gegenstück der Büste in New York das gleichfalls gegossene Kopfreliquiar der hl. Fortunade in Sainte-Fortunade (Corrèze)[66]. Wir

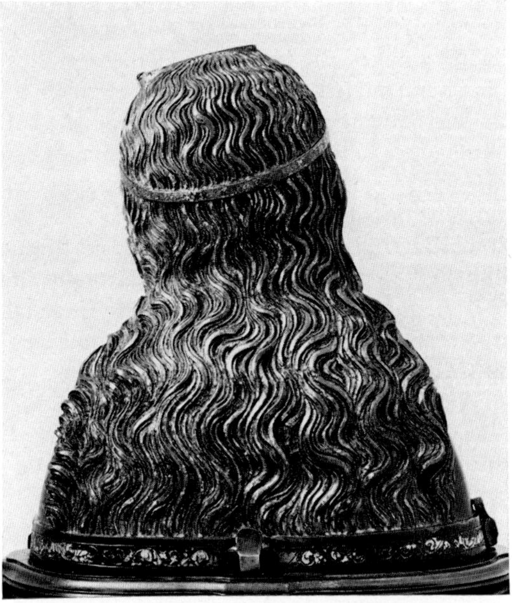

Abb. 17 Hans Multscher, Reliquienbüste um 1460.
New York, Frick Collection

können heute kaum mehr ermessen, welche Art von Korrespondenz zwischen Multschers Reliquienbüste und der niederländischen Bronzeplastik bestand, denn deren wichtigste Denkmäler wie die Grabmäler von Lodewijk von Mâle, Margarethe von Brabant und Margarethe von Flandern in St. Pierre in Lille und von Johann und Wilhelm I. von Brabant (1458/59) in der Karmeliterkirche Brüssel sind zerstört[67]. Die zum Bronzegrabmal der Maria von Burgund (1476) in der Kathedrale von Antwerpen gehörenden zehn historischen Kostümfiguren im Rijksmuseum Amsterdam erscheinen trotz aller Perfektion nicht als primäre Leistungen[68].

Ungewöhnlich in der Reihe der Büstenreliquiare des 15. Jahrhunderts, die zumeist in starrer Frontalität gegeben sind, ist bei Multschers Werk die zarte Seitenneigung des Hauptes; sie trägt wesentlich zur individuellen Lebendigkeit der Heiligen bei[69]. Ein Reflex davon wird noch bei der nach Hans Klockers Modell 1481/89 gearbeiteten silbernen Agnesbüste im Brixener Domschatz spürbar[70].

Martin Weinberger zitierte 1940 als Vergleichsbeispiele für die Büste die Sterzinger Figuren der hl. Barbara, Apollonia und Ursula, ferner die hl. Barbara und Magdalena in Rottweil. Nun gibt es auch in dem allgemein als »eigenhändig« akzeptierten Œuvre Multschers noch gewisse Unterschiede des künstlerischen Ranges. Als die hervorragendsten Leistungen ab den Wurzacher Tafeln von 1437 sehe ich die Landsberger Muttergottes, die Grabfigur der Gräfin Mechthild in Tübingen, die Heilige im Frankfurter Liebieghaus und die Sterzinger Schreinfiguren an. Jedoch schon bei den letzteren muß differenziert werden: Nur die Barbarafigur zeigt jene Feinheit der Ausarbeitung, die der Landsberger Muttergottes entspricht. Das wohl nie lösbare Problem der »Eigenhändigkeit« wird davon nicht berührt. Die Reliquienbüste gehört ohne Zweifel zu diesen ganz primären Werken Multschers. Dies dokumentiert beispielsweise auch die Gegenüberstellung der Profilansicht mit der Landsberger Muttergottes *(Abb. 13, 14)*, die eine weitgehende Übereinstimmung der differenzierten Formvorstellung und der künstlerischen Personalität ergibt, was jedoch noch nicht eine annähernd gleichzeitige Entstehung bedeutet. Ähnliches vermag die Gegenüberstellung mit der Barbara von Sterzing auszusagen *(Abb. 15, 16)*. Über ähnliche Einzelmotive hinaus finden wir die große klare Form des Gesichts, die Fülle des wellig rieselnden Haars, die in der Rückansicht der Büste unvergleichlich zur Geltung kommt *(Abb. 17)*. Die großzügige Vereinfachung der Form, die glatte Wölbung der Schultern, die abstrakten Motive des Dreieckskragens mit dem Monogramm und den vier radialen Falten darunter scheinen nicht so sehr vom Material bedingt, sondern dokumentieren primär Multschers Spätstil »um 1460«, d. h. der Jahre etwa zwischen 1455 und 1465. Auch das Gesicht der Sterzinger Muttergottes wirkt, ist man nahe vor ihm, wie »Bronze«[71]. Ähnliche glatt gewölbte Schulter-formen finden sich auf den Sterzinger Flügelgemälden beim Verkündigungsengel, der Maria des Geburtsbildes[72]. So erscheint durch den Komplex des Sterzinger Altars die Reliquienbüste der Frick Collection fest im Spätwerk Multschers verankert. Die Reife seiner Kunst zeigt sich darin, daß er hier alles Geräthafte eliminierte und lebendige Fülle, beseelte Verklärtheit in diesem Bildwerk einer Heiligen, wohl der Katharina, sichtbar machen konnte.

Anmerkungen

1 M. Weinberger, A Bronze Bust by Hans Multscher: The Art Bulletin, XXII, 1940, S. 186–189.

2 W. Bode, Bronzes in the Collection of J. Pierpont Morgan, Vol. II: Bronzes of the Renaissance and Subsequent Periods, Paris 1910, Nr. 206, Pl. CXLII, CXLIII.

3 J. Pope-Hennessy, A. F. Radcliffe, T. W. I. Hodgkinson, The Frick Collection, Catalogue Vol. IV, Sculpture, New York 1970, S. 3–6.

4 The Frick Collection Catalogue VI, 1954, S. 54 f.

5 M. Tripps, Hans Multscher. Seine Ulmer Schaffenszeit 1427–1467, Weißenhorn 1969, S. 33 ff., Quellen S. 239–250.

6 A. Schädler, Beiträge zum Werk Hans Multschers: Anzeiger des Germanischen Nationalmuseums 1969, S. 49 ff.

7 H. Landolt, Die deutsche Malerei. Das Spätmittelalter (1350–1500), Genf 1968, S. 76 ff. – A. Stange, Kritisches Verzeichnis der deutschen Tafelbilder vor Dürer, Bd. II, München 1970, S. 121 f.

8 H. R. Weihrauch, Europäische Bronze-Statuetten 15.–18. Jahrhundert, Braunschweig 1967, S. 254.

9 G. Himmelheber, Die Kunstdenkmäler des ehemaligen Oberamts Künzelsau, Stuttgart 1963, S. 335 f.

10 S. Thurm, Deutscher Glockenatlas, Württemberg und Hohenzollern, München–Berlin 1959, S. 34 ff. – Dieselbe, Deutscher Glockenatlas, Bayerisch Schwaben, München–Berlin 1967, S. 35.

11 O. Häcker, Schwäbische Erzbildnerei: Ulm–Oberschwaben, Mitteilungen des Vereins für Kunst und Altertum in Ulm und Oberschwaben 31, 1941, S. 12 ff.

12 A. Schädler, Deutsche Plastik der Spätgotik, Königstein i. T. 1962, S. 12, Abb. S. 49.

13 W. D. Wixom, Four Late Gothic Additions to the Medieval Treasury: The Bulletin of the Cleveland Museum of Art, Nov. 1963, S. 324 f. – J. Pope-Hennessy, Renaissance Bronzes from the Samuel H. Kress Collection, London 1965, Nr. 334.

14 C. A. zu Salm und G. Goldberg, Altdeutsche Malerei. Alte Pinakothek München, Katalog II, München 1963, S. 195 f.

15 Tripps a. a. O. (Anm. 5), S. 259, Abb. 252.

16 S. Thurm, Deutscher Glockenatlas, Württemberg und Hohenzollern, München–Berlin 1959, S. 44, Nr. 258, Abb. 195.

17 M. Hartig, Das Benediktiner-Reichsstift Sankt Ulrich und Afra in Augsburg (1012–1802), Augsburg 1923, S. 33.

18 T. Breuer, Die Stadt Augsburg (Bayerische Kunstdenkmale I), München 1958, S. 9 f. – An der Deckplatte der Grabtumba des Konrad und der Afra Hirn von

1425 im nördlichen Querhausarm des Augsburger Domes sind Bronzegriffe mit Händen und Tieren angebracht (Breuer a. a. O. S. 10).

19 H. R. Weihrauch, Die Bildwerke in Bronze und in anderen Metallen (Kataloge des Bayerischen Nationalmuseums Bd. XIII, 5), München 1956, Nr. 17. – Die vollständige Serie mit Reliefs aus Solnhofer Stein ist in ein Renaissance-Altärchen aus dem Daucherkreis im Maximiliansmuseum Augsburg eingelassen (vgl. Ph. M. Halm, Adolf Daucher und die Fuggerkapelle bei St. Anna in Augsburg, München–Leipzig 1921, S. 3, Abb. 95). Aus Batzenhofen bei Augsburg stammt ein zugehöriges Steinrelief der Verkündigung im gleichen Museum.

20 S. Thurm, Deutscher Glockenatlas, Bayerisch Schwaben, München–Berlin 1967, S. 21 f.

21 Die irrtümliche Angabe von Tripps (a. a. O. [Anm. 5], S. 263, Nr. 17), das Mechthildgrabmal in Tübingen sei aus Bronze, hat bereits Th. Müller in seiner Rezension (Kunstchronik 23, 1970, S. 11) korrigiert.

22 A. Schädler, Die Frühwerke Hans Multschers: Zeitschrift für Württembergische Landesgeschichte XIV, 1955, S. 418 f., 430, Abb. T. XII.

23 Th. Müller: Kunstchronik 23, 1970, S. 12.

24 Tripps a. a. O. (Anm. 5), S. 54, 257, Abb. 43–44. – Derselbe, Das dunkle Jahrzehnt in der Stilbildung Multschers: Zeitschrift für Württembergische Landesgeschichte XXIX, 1970, S. 8, Abb. 19.

25 Dorotheum Wien, 594. Kunstauktion 30. XI. – 3. XII. 1971, Katalog Nr. 741, Abb. T. 149.

26 Inv. Nr. 72/1. Dunkle, rötlichbraune Bronze, Hohlguß. Höhe mit Sockel 23,3 cm; Sockel Breite 11,6 cm, Tiefe 10,5 cm. – Zwei ältere, gemeißelte runde Öffnungen (Durchmesser ca. 5 mm) bei den mittleren seitlichen Kanten dienten wohl einer späteren Befestigung der Statuette; am Sockel und an den Falten darüber finden sich zahlreiche Schlagspuren. Am Sockel links vom Schuh ein Loch von ca. 3 mm Durchmesser.

27 Vgl. die wohl salzburgische Madonnenstatuette um 1420, Silber vergoldet der Slg. Carrand im Bargello (Europäische Kunst um 1400, Ausstellungskat. Wien 1962, Nr. 343). – Eine vergoldete Madonnenstatuette aus Bronze aus dem Kreis des Jacopo della Quercia mit flacher, gehöhlter Rückseite verwahrt das Victoria and Albert Museum in London (Inv. Nr. A 9-1914).

28 M. S. Frinta, The Closing Tabernacle – A Fanciful Innovation of Medieval Design: The Art Quarterly XXX, 1967, S. 103 ff.

29 Schädler a. a. O. (Anm. 22), S. 385 ff., Abb. T. X.

30 Schädler a. a. O. (Anm. 22), S. 389 ff. – Tripps a. a. O. (Anm. 5), Abb. 31–33.

31 Schädler a. a. O. (Anm. 22), S. 409 ff. – Tripps a. a. O. (Anm. 5), S. 256, Nr. 4, Abb. 37.

32 Schädler a. a. O. (Anm. 6), S. 42 ff., Abb. 2.

33 Schädler a. a. O. (Anm. 22), S. 414 ff. – Tripps a. a. O. (Anm. 5), S. 257 f., Nr. 6.

34 Schädler a. a. O. (Anm. 22), S. 418 f.

35 H. 23 cm. – A. Legner, Kleinplastik der Gotik und Renaissance aus dem Liebieghaus, Frankfurt a. M. 1967, Nr. 25 (mit früherer Literatur).

36 Tripps a. a. O. (Anm. 5), S. 79 f., Abb. 120, 121, 123.

37 Th. Müller: Kunstchronik 23, 1970, S. 12.

38 H. P. Hilger: Pantheon XXIX, 1971, S. 262.

39 Th. Müller, Sculpture in the Netherlands, Germany, France and Spain, 1400 to 1500, Harmondsworth 1966, S. 68. – Hilger a. a. O. (Anm. 38), S. 262.

40 Vgl. Anm. 34. – K. Gerstenberg, Hans Multscher, Leipzig 1928, S. 146 ff. – M.

Tripps, Unbekannte Mitarbeiter der Ulmer Multscherwerkstatt und die von ihnen erzeugten Schulströmungen: Ruperta-Carola XXII. Jhg., Bd. 48, Heidelberg 1970, S. 44. – Derselbe, Das dunkle Jahrzehnt in der Stilbildung Multschers: Zeitschrift für Württembergische Landesgeschichte, XXIX, 1970, S. 7 ff.

41 Inv. Nr. 3950; H. 15,4 cm. – J. von Schlosser, Werke der Kleinplastik in der Skulpturen-Sammlung des Allerhöchsten Kaiserhauses II, 1910, T. XVI, 3. – G. Habich, Die Kleinplastik der deutschen Renaissance: Zeitschrift für bildende Kunst 63, 1929/30, S. 58. – A. Kosegarten, Inkunabeln der gotischen Kleinplastik in Hartholz: Pantheon XXII, 1964, S. 316, Abb. 33/34.

42 Schädler a. a. O. (Anm. 22), S. 421.

43 Tripps a. a. O. (Anm. 5), Abb. 134–135.

44 In der Zeit von Multschers Wanderschaft vor 1427 ist als künstlerisch bedeutendes Bronzebildwerk allein die Tumbafigur des Erzbischofs Friedrich von Saarwerden, gest. 1414, von Eligius von Lüttich, im Kölner Dom zu nennen (Th. Müller a. a. O. [Anm. 39], S. 25 f., T. 31). – Die 47 cm hohen Bronzefiguren des 1406 datierten Marktbrunnens in Huy können nur als bescheidene Relikte einer einst blühenden, ausgedehnten Produktion gelten (vgl. J. Baum, Die Lütticher Bildnerkunst im 14. Jahrhundert: Belgische Kunstdenkmäler, hg. von P. Clemen, München 1922, S. 177 f., Abb. 165–168).

45 Müller a. a. O. (Anm. 39), T. 11 A.

46 M. H. Longhurst, Catalogue of Carvings in Ivory, Victoria and Albert Museum, II. 1929, S. 42 f. – Europäische Kunst um 1400, Katalog Wien 1962, Nr. 345. – Vgl. ferner Legner a. a. O. (Anm. 35), Nr. 9. – Zu dieser m. E. um 1420/30 in den Niederlanden entstandenen Gruppe von Elfenbeinskulpturen gehört als hervorragendstes Werk die Pax mit der Gruppe der Anbetung der Könige in der Sammlung Blumka, New York (Medieval Art from Private Collections, The Metropolitan Museum of Art, New York 1968/69, Katalog Nr. 82).

47 Steinmadonna um 1400 in Le Mesnil-Aubry, vgl. Müller a. a. O. (Anm. 39), T. 60 b. – E. Panofsky, Early Netherlandish Painting, vol. II, Cambridge/Mass., 1958, Abb. 222 (Madonna in Apsis, Kopie nach dem Meister von Flemalle, New York, Metropolitan Museum); Abb. 307 (Roger van der Weyden, Wien, Gemäldegalerie); vgl. ferner die Antwerpener Brunnenmadonna von Jan van Eyck, Panofsky a. a. O., Abb. 255.

48 Bereits 1955 wies ich auf die Madonna von der Tunikaborte des singenden Engels am Genter Altar hin, die mit den Statuetten in München und Frankfurt sich in der Komposition berührt (M. J. Friedländer, Die Altniederländische Malerei, Bd. 1, Die van Eyck. Petrus Christus, Leiden 1935, T. 5). – Die Faltenführung bei der Bronzemadonna entspricht mehr dem Turiner Stundenbuch (Panofsky a. a. O. [Anm. 47], Abb. 294), bzw. der Ecclesia am Thron des Gnadenstuhls vom Meister von Flemalle in Leningrad (Panofsky a. a. O., Abb. 210). Im Physiognomischen von Mutter und Kind steht die frühe Madonna des Meisters von Flemalle in Berlin nahe (Panofsky a. a. O., Abb. 198).

49 Schädler a. a. O .(Anm. 6), S. 52 f.

50 Inv. Nr. 247. Bronze, Rundfigur, vergoldet. H. 24,4 cm, B. 21,4 cm, Kreuz fehlt. – E. F. Bange, Die Italienischen Bronzen der Renaissance. Zweiter Teil, Reliefs und Plaketten. (Kataloge der Staatlichen Museen zu Berlin, 3. Auflage, Bd. 2), Berlin u. Leipzig 1922, S. 8, Nr. 47, T. XVIII. – Für freundliche Hilfe bei der Nachforschung danke ich Frau Dr. Edith Fründt und Herrn Dr. Peter Bloch. Offenbar sind alle Unterlagen, Fotografien, Negative vernichtet.

51 Die Italienischen Bronzen (Königl. Museen zu Berlin, Beschreibung der Bild-

werke der christlichen Epochen, 2. Auflage, Bd. II), Berlin 1904, S. 31, Nr. 455, T. XXXV.

52 Königl. Museen zu Berlin, W. v. Bode und H. v. Tschudi, Beschreibung der Bildwerke der christlichen Epoche, Berlin 1888, S. 60, Nr. 200, T. XVIII.

53 Ph. M. Halm u. G. Lill, Die Bildwerke in Holz und Stein vom XII. Jahrhundert bis 1450 (Kataloge des Bayerischen Nationalmuseums, Bd. XIII, 1), München 1924, Nr. 221. – Schädler a. a. O. (Anm. 22), S. 399 ff. – Tripps a. a. O. (Anm. 5), Abb. 40–42.

54 Schädler a. a. O. (Anm. 22), S. 422 f.

55 Th. Müller, Zur schwäbisch-bayerischen Plastik der Zeit Hans Multschers: Festschrift für Wilhelm Pinder z. 60. Geburtstag, Leipzig 1938, S. 301 ff. – Schädler a. a. O. (Anm. 22), S. 416 f. – Tripps a. a. O. (Anm. 5), Abb. 45.

56 Tripps a. a. O. (Anm. 5), Abb. 82, 83. – In der Komposition ist der Wiblinger Kruzifixus mit der Bronze am nächsten verwandt.

57 Vgl. Anm. 19. – Legner a. a. O. (Anm. 35), Nr. 7.

58 H. 31,8 cm, B. 29,3 cm. Im Scheitel rechteckige Öffnung (6×4 cm) für Reliquien; als Deckel wird ein gefaßter Kristall vermutet; ein Scharnier an der rechten Seite der Öffnung noch vorhanden. – Entsprechend den meisten Reliquienbüsten der Zeit stand auch die New Yorker Büste auf Füßen; heute sind noch die gesondert gegossenen, z. T. abgebrochenen Vierpässe vorhanden.

59 Bode a. a. O. (Anm. 2): »According to some accounts it was once in a wooden church near Zamosc in Western Galicia; the building was destroyed some 70 years ago.«

60 Th. Müller: Kunstchronik 23, 1970, S. 11.

61 H. Nickel, Böhmische Prunkpfeilspitzen: Sborník Národního Musea v Praze, Serie A, Vol. XXIII, 1969, S. 144, Anm. 69.

62 Pope-Hennessy a. a. O. (Anm. 3), S. 4 f.

63 Vgl. die Steinfigur der Muttergottes um 1319 in der Veitskapelle von St. Peter in Salzburg mit dem Monogramm MA (Österreichische Kunsttopographie 12, 1913, S. 103, Fig. 156); die Magdalena von Hans Leinberger im Bayerischen Nationalmuseum mit dem Monogramm M (Th. Müller, Die Bildwerke in Holz, Ton und Stein von der Mitte des XV. bis gegen Mitte des XVI. Jahrhunderts [Kataloge des Bayerischen Nationalmuseums München, Bd. XIII, 1] München 1959, Nr. 210); T. Riemenschneider, hl. Barbara, München, Bayerisches Nationalmuseum mit dem Monogramm B. A. R. B. (Müller a. a. O., Nr. 147).

64 J. Zykan, Die Plastik: Die Gotik in Niederösterreich, hg. von F. Dworschak u. H. Kühnel, Wien 1963, S. 126.

65 Th. Müller, Alte Baierische Bildhauer vom Erminoldmeister bis Hans Leinberger, München 1950, S. 30, Nr. 8.

66 Müller a. a. O. (Anm. 39), S. 75, T. 103 B.

67 Müller a. a. O. (Anm. 39), S. 61.

68 Müller a. a. O. (Anm. 39), S. 61 f., T. 107.

69 Bei der um 1410 zu datierenden Silberbüste der hl. Dorothea aus Breslau im Nationalmuseum Warschau ist wegen der gewissen Labilität der Form diese Wirkung nicht erreicht (Müller a. a. O. [Anm. 39], T. 34 A).

70 G. Scheffler, Hans Klocker (Schlern-Schriften 248), Innsbruck 1967, S. 30, 137, Abb. 17.

71 N. Rasmo, Der Multscher-Altar in Sterzing, Bozen 1963, T. 4.

72 Rasmo a. a. O. (Anm. 71), T. 57, 61.

Michael Baxandall

Rudolf Agricola and the Visual Arts

Rudolf Agricola, the first tramontane humanist in the full Petrarchan tradition – primus omnium aurulam quandam melioris litteraturae nobis invexit ex Italia (Erasmus)[1] – was also a Sunday painter:

"Pictura preterea mirum in modum delectabatur, atque haec res sola abunde argumento est, hominem ingenii fuisse prestantissimi et memoriae admirabilis. In eum namque hominem, quem cupiebat pingere clanculum et in sacellis quo homine ipso tanquam inscio uteretur quietiore, oculoque certiore ipsum intueri posset, spatio profecto haud longiore quam missa peragi potest oculos & cogitationis impetus figebat, atque domi postea universa hominis liniamenta tam mirabiliter et ad unguem (ut dici solet) carbone exprimebat, ut in illis mutis membrorum liniamentis vivum ac spirans corpus te cernere putares."[2]

The conjunction of humanist and painter is irresistible, and at one time it was usual to invoke Agricola as a potential Alberti, as a rather wraith-like precursor of the Renaissance interest in artistic theory we associate more firmly with Dürer.[3] But Agricola wrote relatively little, and in it there is even less about the visual arts: it is not clear what sort of humanist aesthetic he had brought back from the ten years, from about 1468 to 1479, he spent in Italy. Yet Agricola's importance for German humanism was so pivotal that even fragmentary remarks are valuable and demand analysis. How far can we re-construct his views?
Agricola's one big book was *De inventione dialectica* (1479), written mainly in Ferrara, and most of the indications of an attitude to art are in it. This raises a problem, for the first of its three Parts is a true treatise on dialectic, presenting an original and boldly drawn version of the classical system of *loci*. And because *loci* are inventive categories they represent a fresh categorisation, a new system of headings within which to talk and presumably think about, among other things, art. For example, (1) after restating the Aristotelian distinction between *matter* and *form*, Agricola takes the case of the human figure and breaks down its *form* into five parts:[4]

anima	life
color	colour
habitus corporis	condition
figura	shape
magnitudo	size

Later (2) he divides art in general into three parts:[5]

materia	matter
instrumentum	instrument
tractatus	handling

Materia, Agricola notes, is ambiguous. One meaning is *subiectum* or "subject-matter"; the other is the "medium":

"Dicimus etiam materiam artium id, in quod opus suum explicant, quemadmodum statuarii materiam dicimus aes, marmor, gipsum, caeram, omne id denique ex quo simulacrum aliquod aut imaginem effingere potest . . ."[6]

And previously, (3) in expounding a modified concept of the efficient cause, he has set up a hierarchy of execution and illustrated it with the case of architecture:

"Quaedam enim sunt (ut Graeci aiunt) κύρια, hoc est, praecipua & imperantia: quaedam obsequuntur & ministrant. Et horum, alia agunt, alia agendi sunt instrumenta: ut in domo faciendo, architectus imperat: qui quomodo fieri quicque debeat, iubet. Is qui lapidem sculpit, qui parietem extruit, qui caedit aptatque materiam, ministrat. Instrumenta sunt, secures terebra, mallei, & quaecunque sunt alia, quibus opus suum explicat."[7]

Thus a Principal (architect) is seen as controlling Agents, which are of two kinds: Assistants (masons and so on) and Instruments (tools). If one fits even these three sets of categories together one has the beginning of a substructure for criticism. It is not that the categories are particularly new in themselves, for they are not; it is rather that the emphasis and colour given them is fresh and Italianate. For instance, the hierarchy of architect, craftsmen and tools is the dialectical equivalent of Federigo da Montefeltro's famous patent to his architect Luciano Laurana of 1468, in which Laurana the architect is given comprehensive authority over all master craftsmen working on the Palazzo Ducale at Urbino.[8] The categories carry values and assumptions. And this is important because, like Alberti in his treatise *De pictura,* Agricola appealed explicitly to *pinguior Minerva,*[9] the cruder Muse comprehensible by simpler people; both in intention and in fact *De inventione dialectica* was more widely accessible than most logics. Therefore one begins with something rather elusive: such influence as Agricola's dialectic

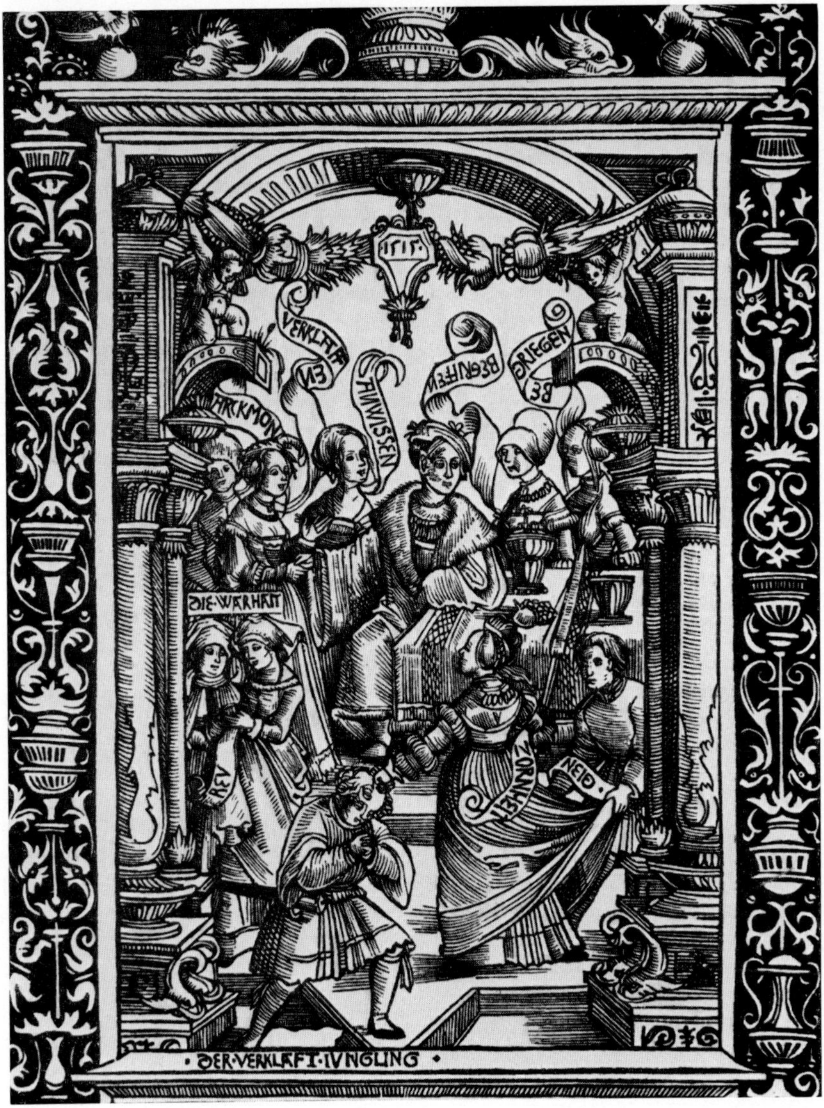

Fig. 1 Dietrich von Plenningen, Von Klaffern: Zway puechlein das ain Lucianus vnd das ander Poggius beschriben haben. Landshut, 1516. Woodcut on verso of titlepage

had on German thinking about art was first an influence on the terms in which art was thought about.

This is preliminary to, but continuous with Agricola's views on the visual arts in particular. He saw them within an orthodox humanist framework. Vision is, of course, the most precise and persuasive of the senses:

"Quanquam sint autem plura, quae audiendo possumus, quam videndo discere, latiusque aurium pateat sensus, certiora sunt tamen, quorum ipsi nobis oculis tradimus fidem."[10]

And the visual arts are not liberal arts, but arts *cognate* with the natural sciences:

"alius rem militarem, alius architecturam, alius pingendi, fingendique rationem conscripsit, quas artes tametsi non sum nescius, non intra partem eam disciplinarum claudi, quae rerum naturam scrutatur, tamen quia cognatae sunt illi, & ab eisdem fere prodeunt fontibus, non est quod nunc in eo magnopere sim sollicitus, quando ad eundem ordinem redigendas putem."[11]

What we enjoy in painting and sculpture is not the represented thing for itself, but the talent we recognize in the manner of its representation:

"... in pictura pleraque gratissima sunt propter solam imitationem, nec tam rem (quae pictura expressa est) quam ingenium miramur imitantis."[12]

Already we are reminded that, in so far as Agricola was an Italianate humanist, he was not least a Ferrarese humanist.

Agricola had spent the early 1470's at the university of Pavia, not a leading centre of humanism at that time; in 1475 however he moved to Ferrara[13] and stayed there until his return to northern Europe. Agricola's friends at Ferrara – particularly Battista Guarino, Tito Vespasiano Strozzi, Lodovico Carbone – were pupils of the great Guarino of Verona: Guarino himself had been a pupil and friend of Manuel Chrysoloras, who had first enabled the Italian humanists to address themselves to Greek studies. The intellectual heredity was firm, and what is presently relevant is that it involved a matured style of art criticism. Agricola's emphasis on the talent of the artist rather than the interest of the represented object is a first intimation that his sources lie partly here, for it reflects the argument of a famous letter on art by Chrysoloras himself:

"...οὐ σωμάτων κάλλη θαυμάζομεν ἐν τούτοις [i. e. statues and paintings], ἀλλὰ νοῦ κάλλος τοῦ πεποιηκότος."[14]

There is a trace of this still in Agricola, and the Ferrarese element will recur. It was characteristic of Italian rhetorical humanism to illustrate points of literary technique by analogy with the visual arts, as Cicero had done, and

Agricola acquired this habit too. For instance, in an oration on Petrarch he likened himself to the kind of crude painter who just draws outlines:

"Ego autem quando ornaturum me ipsius gloriam pro hac ingenii mei tenuitate sperare non ausim, annitar tamen (utcunque vires suppetent) recensendo explicare, sicuti rudiores solent pictores, extremis lineamentis designans."[15]

Or, again in the *De inventione dialectica,* the good orator must be like the good painter or sculptor, able to put together the good details and smaller units of his work into effective larger compositions:

"Quemadmodum enim nemo pictorem quempiam, aut fictorem consummatum dixerit, qui omnia quidem seorsum membra exacte exprimeret, iungere autem ea nesciret, & in eam habitudinem componere, ut motus aut actus alicuius quam vellet imaginem imitarentur: sic ne dialectici quidem nomen sibi vendicabit: qui omnia faciendae fidei... disponere, & in ordinem redigere... nesciat."[16]

To this habit of analogy one owes the most substantial fragment of Agricola's opinion on art. At the end of *De inventione dialectica* he makes the point that however much one studies the theory of writing, this is no use without practice, and illustrates it by a parallel with painting longer than a man uninterested in the art would have allowed himself:

"Nam & pictor quamvis multa vel legerit vel audierit de figurarum ratione: & quo linearum ductu eminentia, quo reducta, quo directa in aspectum, & ab oculis subsidentia, ipsaque velut in delitescentia: quoque transversa item & totam ostendentia magnitudinem suam exprimenda sint: quae luminum, quae umbrarum vis, quanta colorum varietas, materia, mixtura: quam multiplex in corporibus partium diversitas, quae forma, quis color cuiusque, quae omnium inter se commensio (si audebimus latine sic dicere, quod Graeci συμμετρίαν vocant), quis earum ordo, non modo ut nihil a natura distortum sit, sed ut dispositio earum motum quendam corporum animorumque repraesentet. Cuncta haec quamvis a praeceptore perceperit, nisi tamen ipse admoverit tabulae manum, & multa tentaverit, multam operam spe profectus perdiderit..."[17]

"A painter may have read or heard a great deal about the theory of forms, on how one represents with a configuration of lines projecting or receding forms, or objects seen from one end and foreshortened to the point of almost concealing themselves, or objects seen full-face and showing their full expanse; on the power of light and shade, and on the variety, consistency and mixing of colours; on the manifold diversity of the parts of bodies, what form and colour each has, and what commensurability (if we may thus translate what the Greeks call *symmetry*) they all have among each other, and what their arrangement should be – not only so as not to distort nature, but also so that their disposition expresses a certain movement of both body and mind. Even though he may have learned all these things from a teacher, unless he himself puts hand to panel and makes many trials, he will, however hopefully he began, waste much toil . . ."

"Dann der verstandt muss mit dem gebrauch anfahen zu wachsen / also das die hand kůn thon was der will im verstand haven wil",[18] as Dürer was later to explain. But the interest of the passage lies most in the list of kinds of visual interest – *luminum umbrarumque vis, colorum varietas, in corporibus partium diversitas, commensio* or *symmetria, ordo* and *dispositio, motus corporum animorumque.*

Here the influence of Alberti's treatise *De pictura* of 1435 is palpable. (1) *Luminum umbrarumque vis:* while Guarino of Verona had praised Pisanello for his *lucis ratio et tenebrae,*[19] it was Alberti who expounded the theory of *lumina et umbrae* and the *vis luminum,* corresponding to what was known in the vernacular Italian as *rilievo.*[20] (2) *Colorum varietas* was a phrase used by Alberti to cover the skilful alternation both of hues and of tones to produce the proper effect:

"Nam ea quidem coniugatio colorum et venustatem a varietate et pulchritudinem a comparatione illustriorem referet. Atqui est quidem nonnulla inter colores amicitia ut iuncti alter alteri gratiam et venustatem augeat. Rubeus color si inter coelestem et viridem medius insideat, mutuum quoddam utrisque suscitat decus . . . Obscuri autem colores inter claros non sine insigni dignitate assident, parique ratione inter obscuros clari belle collocantur. Ergo quam dixi *varietatem colorum* in historia pictor disponet."[21]

(3) *Multiplex in corporibus partium diversitas:* the importance and system of this is laid out by Alberti at length:

"... in omni historia cum varietas iocunda est, tamen in primis omnibus grata est pictura, in qua *corporum status atque motus inter se multo dissimiles* sint."[22]

(4) *Motus corporum animorumque:* movements of body and mind were for Alberti a special case of the general variety of bodily movement, and are also discussed by him at length:

"Res enim perdifficilis est *pro paene infinitis animi motibus corporis quoque motus variare.*"[23]

The directly Albertian quality of Agricola's view of painting in this passage is beyond doubt.

So far one has been concerned with general terms apt for descriptive criticism: nothing has been said of descriptive discourse and the criticism of particular objects. And indeed there is little enough to say. Two indications only point to the modes of descriptive criticism Agricola knew and might have practised. One is his Latin translation of Lucian's *Calumny*[24] with its description of Apelles's painting of *Calumny*, so often copied in Renaissance art. Agricola was not breaking new ground: Guarino had already provided a translation, and Alberti a summary paraphrase. But it was Agricola who brought it to Germany, and it was a pupil of Agricola, Dietrich von Plenningen, who then translated it into German itself, in a version printed in Landshut in 1516 with a woodcut[25] (Illustration). The other is a short poem of twelve lines apparently referring to the restoration of a medieval painting or carving of the Ascension by Johann von Dalberg, Bishop of Worms and Agricola's patron. The central quatrain has a genuine descriptive motif that is recognizably Italianate:

Summa petit Christus spectat pia turba suorum
  Hic stupet, hic lachrymas fundit, ac ille gemit.
Credas velle sequi, vellent, venientque, sed olim.
  Additus his praesul tuque Ioannes eris.[26]

"Christ is soaring to Heaven, and a devoted group of his disciples look on: one is benumbed, another dissolves in tears, another sighs". *Hic stupet, hic lachrymas fundit, ac ille gemit* recalls similar Ferrarese enumerations, such as Guarino's *cernas ... ridentem hunc, subtristem illum, securum alium, cogitabundum alterum ...;*[27] but it is also in key with Alberti's value of expressive variety:

"ita pro se quisque suum turbati animi inditium vultu et toto corpore preferens, ut in singulis affectionum motus appareant."[28]

Once again Agricola's background seems to include both Ferrara and Alberti.

What then is the status of Agricola in relation to later German art criticism? In Italy humanism had impinged on painting and sculpture at two main points: it greatly enriched the artists' subject-matter with new mythological and symbolic themes, of which the *Calumny* of Apelles was one; and it enriched and revised the concepts and words with which people thought and talked about art. Of these two kinds of enrichment in Germany, the first has been much studied; the second, more elusive but hardly less important, has not, and it is here that Agricola is particularly to the point. Clearly he did not leave a systematic body of doctrine,[29] as Alberti had in Italy; clearly also he is not to be discovered in the form of particular precepts echoed in the writers who followed him, as Alberti was too. But, though Agricola did not provide Germany with a humanist theory of art, he made a distinguished and attractive start in the process of putting together the categories and ideas with which theoretical activity could take place.

It was a common practice of Renaissance dialectics – including some printed editions of Agricola's own book[30] – to sum up the structure of their *loci* with diagrammatic schemata: indeed, such schemata tend to become a pattern of dialectical thinking in the 16th century. As long as one does not lay too much weight on it, it is proper and helpful to end by summarizing in this form some of the relationships of some of the categories met in Agricola's remarks on art:

(a)

- Efficient cause / *Causa efficiens*
  - Principal e. g. Architect / *Praecipuus et imperans*
  - Executives / *Obsequentes*
    - Assistant craftsmen / *Ministrantes*
    - Tools / *Instrumenta*

(b)

- Skill/art / *Facultas*
  - I.
    - Theory / *Ratio*
    - Practice / *[Exercitatio]*
  - II.
    - Material / *Materia*
      - Subject-matter / *Materia* I.
      - Medium / *Materia* II.
    - Instrument / *Instrumentum*
    - Treatment / *Tractatus*

(c)

- Painting / *Pictura*
  - representation of form e. g. man / *exprimere*
    - *anima*, *habitus corporis* → *motus animi et corporis*
    - *color* → *colores*
    - *figura*
      - *lineamenta* → *lineae*
      - *eminentia/reducta* → *lumina/umbrae*
    - *magnitudo* → *magnitudo*
  - arrangement / *disponere*
    - variety / *varietas*
    - order / *ordo*
    - symmetry / *commensio*

Notes

1 Letter of 1524 to Joannes Botzemus in *Opera* (Leyden, 1703), I, p. *** * 4 a r. For a recent bibliography of studies of Agricola, H. Rupprich, *Die deutsche Literatur vom späten Mittelalter bis zum Barock*, I, *Das ausgehende Mittelalter, Humanismus und Renaissance 1370–1520*, München, 1970, p. 780.

2 Johann von Plenningen's biography, ed. F. Pfeiffer, 'Rudolf Agricola', *Serapeum*, X, 1849, pp. 97 ff. and 113 ff., especially 113–14.

[3] The inflation of Agricola's interest in art seems to have grown out of a hint in A. von Zahn, *Dürer's Kunstlehre und sein Verhältnis zur Renaissance,* Leipzig, 1866, p. 28. For an extreme statement see F. Leitschuh, *Studien und Quellen zur deutschen Kunstgeschichte des XV.–XVI. Jahrhunderts,* Freiburg, 1912, pp. 131 ff.

[4] *Rodolphi Agricolae Phrisii De Inventione Dialectica,* ed. Alardus Aemstelredamus, Köln, 1539, pp. 53–4 (I. ix). This, the best edition, has been reproduced in facsimile *(Monumenta Humanistica Belgica,* II, Nieuwkoop, 1967), but since there are many other editions Book and Chapter references of *De inventione dialectica* are also given thus: (I. ix).

[5] ed. cit., p. 206 (II. vi).

[6] loc. cit.

[7] ed. cit., pp. 80–81 (I. xiv).

[8] for the text, P. Rotondi, *Il Palazzo Ducale di Urbino,* Urbino, 1950, I, 109–10.

[9] *De inventione dialectica,* ed. cit., p. 39 (I. vi) and again p. 53 (I. ix).

[10] ed. cit., p. 355 (II. xxvi).

[11] Letter to Iacobus Barbirianus (7. vi. 1484) in *Rodolphi Agricolae Phrisii Lucubrationes,* ed. Alardus Aemstelredamus, Köln, 1539, p. 195. This the second volume of Agricola's works is also reproduced in the facsimile edition cited in n. 4.

[12] *De inventione dialectica,* ed. cit., p. 397 (III. iv).

[13] for a discussion of Agricola's stay in Ferrara and its implications for his intellectual development, C. Vasoli, *La dialettica e la retorica dell'Umanesimo,* Milano, 1968, pp. 147–66.

[14] M. Baxandall, *Giotto and the Orators,* Oxford, 1971, p. 151 and (for Ferrarese art criticism in general) pp. 78–96.

[15] Vita Petrarchae, ed. L. Bertalot in 'Rudolf Agricolas Lobrede auf Petrarca', *La Bibliofilia,* XXX, 1928, p. 384.

[16] *De inventione dialectica,* ed. cit., p. 197 (II. iii).

[17] ed. cit., pp. 451–2 (III. xvi).

[18] *Vier Bücher von menschlicher Proportion,* Nürnberg, 1528, p. T. iv a.

[19] M. Baxandall, op. cit., p. 156.

[20] L. B. Alberti, *On Painting and On Sculpture: the Latin texts of De Pictura and De Statua,* ed. and trans. C. Grayson, London, 1972, pp. 44 and 87 ff.

[21] op. cit., p. 92.

[22] op. cit., p. 78.

[23] op. cit., p. 80.

[24] for which see *Lucubrationes,* ed. cit., p. 247.

[25] R. Förster, 'Die Verläumdung des Apelles in der Renaissance', *Jahrbuch der Königlich Preussischen Kunstsammlungen,* VIII, 1887, 29 ff. and 89 ff., especially 33–34 and 89–92.

[26] *Lucubrationes,* ed. cit., pp. 313–14. The poem is discussed by K. Morneweg, *Johann von Dalberg,* Heidelberg, 1887, p. 85.

[27] M. Baxandall, op. cit., pp. 91 and 158.

[28] L. B. Alberti, op. cit., p. 82.

[29] for some discussion of modulations of colour, hue and tone, see *De inventione dialectica,* ed. cit., pp. 161 (I. xxvii) and 303 (II. xxiii).

[30] *De inventione dialectica,* ed. J. M. Phrissemius, Paris, 1529, and, most exhaustively of all, *Della inventione dialettica,* trans. Oratio Toscanella, Venezia, 1567.

Charles Parkhurst

Camillo Leonardi and the Green-Blue Shift in Sixteenth-Century Painting

Students of sixteenth-century painting are generally agreed that emphasis was put upon the color juxtaposition red-green in Venetian painting around the year 1500, particularly as manifest in the work of Giovanni Bellini, Giorgione and the young Titian. However, within two decades there occurred a transformation in the color predilections of Titian, favoring the combination red-blue. Already in 1648 Carlo Ridolfi commented on Titian's later preference. In our own century, Theodor Hetzer has researched the switch from green to blue, and this topic has most recently received the attention of the late Erwin Panofsky.[1] By the opening decade of the seventeenth century the switch from red-green to red-blue was widely accepted in Europe, as we shall see.

Red and green, or red and blue, are rarely together without some other colors and, of special interest to us here, commonly are combined with either white or yellow to form a triad. There is some evidence to support the likelihood that the practical use of a triad of "principal" or "primary" colors from which an artist could derive most of the other colors he might need in painting enjoyed wide use by the opening decade of the seventeenth century.[2]

Documents concerning the history of color in the Late Renaissance and Baroque periods are found under a broad number of scientific or para-scientific headings, including chemistry, alchemy, optics, astronomy, physics and meteorology, as well as art criticism and also in painters' notes. Among other fields dealing with color the one which is our concern now is gemmology, for the earliest written document which includes the color green in a working triad of colors is a book by Camillo Leonardi, whose *Speculum Lapidum* was published by Sesta at Venice in 1502[3] *(fig. 1)*. Leonardi appears to be virtually unknown outside the pages of his little volume, which raises many questions for which we find few answers. From the evidence provided by the text of his dedication to Caesar Borgia, Leonardi was a busy physician of some eminence in Pesaro, an Adriatic port in the Marches, taken over in 1500 by Borgia. A learned man, Leonardi researched gemmological literature in his spare time. As an authority on gems his reputation had considerable persistence, for his book came out in the second edition at Augsburg in 1533,[4] in a Paris edition of 1610 (bound with a treatise by Petrus Arlensis on metals, stones and planets) and the present author has in his possession a similar combined volume published in Hamburg in 1717. Finally, a part of Leonardi's book was Englished as *The Mirror of Stones*, and published at London in 1750; the unknown translator in his preface speaks charmingly of the scarcity of the volume and of his long search for a copy. Moreover, two editions of an Italian translation by Lodovico Dolce appeared in 1565 and 1597, without credit to the original author.[5]

Leonardi divides his treatise into three books. In the first he discusses philosophically the matter and principles of stones, their generation and whence they derive their beauty, color, and virtues. The second book consists of alphabetically arranged descriptions of the various stones that had been taken notice of, over two hundred, specifying their properties and attributes. The third book (which the English translator omitted) gives an account of ancient sculptors most famous in this art and also cites a number of famous artists of Northern Italy at the end of the Quattrocento.

Occasional critical attention has been given to Book III,[6] but no art historians appear to have studied Leonardi's book in connection with his color comments, which appear in Book I, Chapter vi, "Of the Perspicuity and Opacity of Stones and of Their Color." Speaking of perspicuity ("transparency or a kind of brightness") and opacity ("accompanied with an obscurity and density"), two extremes he finds in stones, he relates them, or the gradation between perspicuity and opacity, to the hues in gems, which, as he puts it, "terminate the sight", and it becomes logically necessary for him to identify the extremes and the intermediate gradations according to hues, which he does as follows: "For white is given to the perspicuous, and black to the opaque ... But as these two colors, the white and the black, are put for the extremes, it is necessary that they should partake of the intermediate colors; and according to such participation, great or less, arise divers colors, which are of a triple kind, namely red, green and yellow", thus providing a simple color relationship system. Leonardi indicates the primary nature of these colors by analogy, for he says of the colors of stones, "And so all stones, excepting the above mentioned extremes, are reduced to one of these, and are contained in them as the species under its genus."[7]

A detailed study of authorities cited by Leonardi might prove worthwhile, but a cursory examination of several has so far revealed no red-green polarity, or color triad except Aristotle's and Avicenna's triad of colors in the rainbow.[8] References to various authorities are scattered throughout Leonardi's book, to whom he refers collectively as "Those most worthy Doctors from whose writings we have extracted it."[9]

As mentioned above, Leonardi refers to several ancient artists, but also in

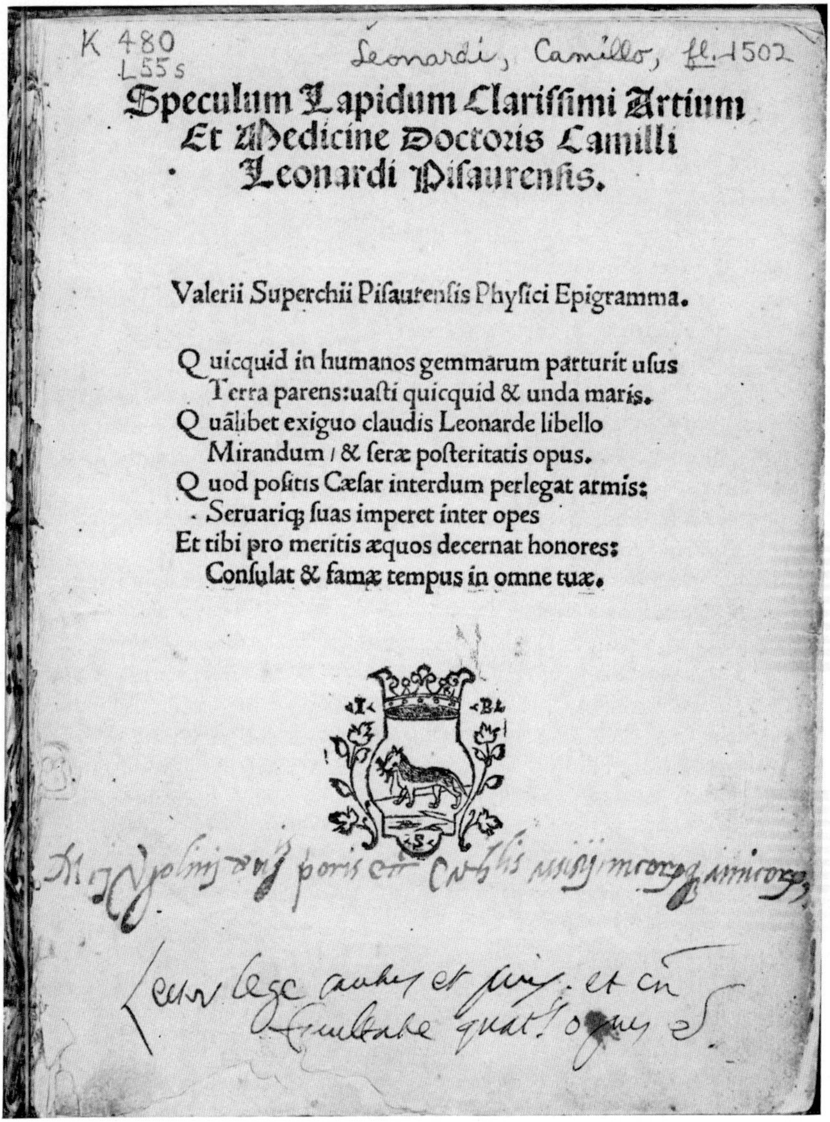

K 480 L55s Leonardi, Camillo, fl. 1502

Speculum Lapidum Clarissimi Artium Et Medicine Doctoris Camilli Leonardi Pisaurensis.

Valerii Superchii Pisaurensis Physici Epigramma.

Quicquid in humanos gemmarum parturit usus
Terra parens: uasti quicquid & unda maris.
Quālibet exiguo claudis Leonarde libello
Mirandum / & seræ posteritatis opus.
Quod positis Cæsar interdum perlegat armis:
Seruariq; suas imperet inter opes
Et tibi pro meritis æquos decernat honores:
Consulat & famæ tempus in omne tuæ.

Fig. 1 Titlepage of C. Leonardi's *Speculum lapidum*

Book III, Chapter ii, names ten late Quattrocento artists, some of whom are identifiable, as follows:

Joannes Maria Mantuanus. Leonardi identifies him as a contemporary sculptor in Rome (Giovanni Maria Mantovano, or Giovanni Maria Serbaldi da Pescia?).

Franciscus Nichinus Ferrarensis. Identified by Leonardi as a contemporary sculptor in Venice (Francesco Anichini).

Jacobus, aliter Taglicarne. Sculptor from Genoa (Giacomo Tagliacarne, gem cutter of Genoa active at this time).

Franciscum Bononiensem aliter Fraza. Described as a celebrated silversmith and niellist (Francesco Francia).

Petro Burgensi. Painter (Piero della Francesca).

Melozo Ferrariensi. Painter linked by Leonardi with Piero della Francesca as a specialist in geometry, arithmetic and perspective (Melozzo da Forli).

Joanne Bellino Veneto. Painter (Giovanni Bellini).

Petro Perusino. Painter (Pietro Perugino).

Andream Patavinum, cognominatium mantegnam. Painter in Padua, Rome and Mantua and many other places (Andrea Mantegna).

Leonardus Mediolanensis. Identified by Leonardi as a contemporary sculptor in Milan (Leonardo da Vinci?).

This list is significant because it demonstrates an active interest in contemporary artists, but also particularly relevant to Leonardi's color system is, of course, his mention of Giovanni Bellini, whose preference for the red-green (as opposed to the red-blue combination) we noted above. We would be more secure in this correlation had Leonardi mentioned Giorgione, or Titian. However, Leonardi's marked interest in Il Francia does tally well, given the latter's predilection for green. Moreover, there is some possibility that *Leonardus Mediolanensis* may be Leonardo da Vinci, whose presence in Pesaro at the very moment of Dr. Camillo Leonardi's writing is documented and both men are connected with the same Caesar Borgia. Did Dr. Camillo Leonardi meet his namesake, Leonardo da Vinci? It would have been possible. The latter was at the library in Pesaro on August 1, 1502, which Professor Carlo Pedretti tells me is shown by a note on the cover of MS. L, and, he adds, "MS. L bears witness to Leonardo's revived interest in color theory." [10] By August 1, 1502, Camillo Leonardi's book had perhaps not yet gone to press (the dedicatory letter to Borgia is dated *Idibus Septembris*; the colophon *Die primo Decembris*) *(fig. 2)*.[11]

This is the period when the young Titian, as Panofsky puts it, "slowly disengages himself from the tradition of Leonardo, Bellini and Giorgione ... In this phase color is still conceived as 'object color' (with particular emphasis on draperies and garments) and the Giorgionesque contrast between red and

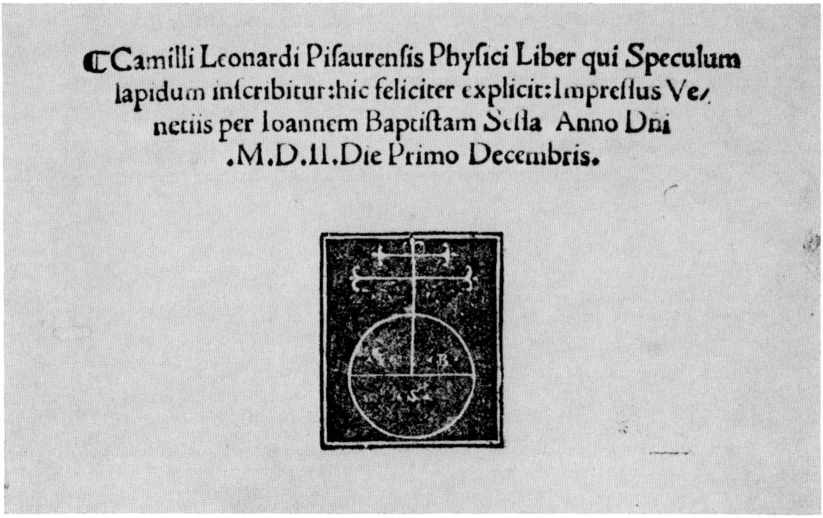
Camilli Leonardi Piſaurenſis Phyſici Liber qui Speculum
lapidum inſcribitur:hic feliciter explicit:Impreſſus Ve/
netiis per Ioannem Baptiſtam Seſſa Anno Dñi
.M.D.II.Die Primo Decembris.

Fig. 2 Colophon of C. Leonardi's *Speculum lapidum*

green is normally preferred to that between red and blue." Panofsky cites the Antwerp Altarpiece of Jacopo Pesaro of about 1503, as a case in point.

How and why Titian changed his color preference from red-green to red-blue remains to be discovered. Hetzer dates the change 1516 to 1530, beginning with Titian's *Assunta* (Venice, S. Maria Gloriosa dei Frari). No written documents of this change have yet been found, and may indeed not exist, if we are dealing with studio experiment or the personal preference of one man.

However, already about 1465 Il Filarete, in the last of his three books on drawing, speaking of color relationship or color harmony, lists red, yellow and blue as all looking well with green.[12]

Later in the sixteenth century color triads get a little attention from Jerome Cardan (1550) who puts forward a blue-yellow-green triad.[13] His arch-rival, Julius Caesar Scaliger, speaks of "four primary colors", consisting of green, blue and yellow, beside white.[14] Cardan appears to be compromised by (1) his reverence for Aristotle's seven-color system which they cite and (2) a confusion between colored bodies and colored light. We have already noted that Leonardi's text was perpetuated into the second half of the century by Lodovico Dolce's Italian language editions of 1565 and 1597.

It may be that the prevalence of Aristotelian texts and commentaries in the sixteenth century retarded the discussion of other possible color systems. His scientific influence began to wane after mid-century, but the earliest docu-

ments of the red-yellow-blue system of primaries does not appear until 1609, among them a gemmological work, Anselm de Boodt's *Gemmarum et lapidum historia,* based in part on Leonardi's text (in the Dolce translation).[15]
In any event, the green-blue change is complete. It took a hundred years and so far appears to be documented by texts only at the beginning and end, leaving the entire field in between to Titian, which is not inappropriate, but clearly there remains ample room for research.

Notes

1 Carlo Ridolfi, *Le maraviglie dell'arte, o vero le vite degl'illustri pittori Veneti ...,* Venice, 1648, part I, p. 189; Theodor Hetzer, *Tizian, Geschichte seiner Farbe,* Frankfurt am Main, 1935, especially pp. 93–98; Erwin Panofsky, *Problems in Titian,* New York, 1969, especially pp. 16 ff.

2 C. Parkhurst, "Red-Yellow-Blue. A Color Triad in Seventeenth-Century Painting," *The Baltimore Museum of Art Annual,* IV ("Studies in Honor of Gertrude Rosenthal"), 1972, pp. 33–39. The symbolic use of this triad is an entirely different matter.

3 I know of the following copies of this first edition: (1) British Museum Library; (2) U. S. Geological Survey Library; (3) the Library of Congress, Washington.

4 Reported by Julius Schlosser Magnino, in *La letteratura artistica* (3 ed, Otto Kurz, Ed.) Florence and Vienna, 1964, p. 118. I have not seen the 1533 edition, but a copy is reported to be in the Yale University Library.

5 Lodovico Dolce, *Libri tre ... della diverse sorti delle gemme,* Venice, 1565; and *Trattato delle gemme ...* Venice, 1597 (so dated in the colophon, although on the titlepage the date is given as MDCXVII, probably a typographical error in setting MDXCVII. I have previously mentioned this piracy in a short article on the color theories of another gemmologist, Anselm de Boodt. See note 15, below.

6 Besides Schlosser (pp. 109, 118) see a piece cited by him: E. Garin "Giudizi artistici de Cammillo Lunardi" in *Rinascimento,* II (1951) 191–192. Garin describes Leonardi as "un amico e collega del famoso Lorenzo Bonincontri," but does not give his source for this information.

7 The crucial passage reads, in the 1502 edition: *sed cum hii duo colores ut diximus. s. album & nigrum pro extremis habeantur, necesse est, medios colores hiis participare, & secundum majorem ac minorem participationem diversi colores resultant qui in triplici genere sunt v. In rubeo viridi ac flavo. Et sic omnes lapides ultra extrema iam dicta ad unum istorum reducuntur, ac sub eis continentur ut species sub genere.*

8 Leonardo da Vinci illustrates a triad of colors in Ashburnham MS I No. 1 (Richter 61) in connection with an explanation of the camera obscura. The colors are *giallo, bianche* and *rosso* (c. 1490). However, he does combine red, yellow, green *and* blue at a later date (Richter 272, about 1515 according to C. Pedretti) in a discussion of colored shadows.

9 After Aristotle, Leonardi seems to lean most heavily on Albertus Magnus (*in libro mineralium*), Salomon *(in libro lapidum preciosorum)* and Hermes *(de causa virtutis lapidum*). He also refers to (Book I, Chapter iv) "meo domino,"

Gaetano de Tienis (*in commento meteorum*) but he also lists (Book II, Chapter v) twenty-seven authors or sources as follows (the spelling is his):

Diascorides	Isidorus
Aristoteles	Arnaldus
Hermes	Juba
Evax	Dionysius Alexandrinus
Serapio	Albertus Magnus
Avicenna	Vicentius hystorialis
Johannes Mesue	Thetel Rabanus
Salomon	Bartholomeus de ripa Romea
Phisiologus	Marbodius episcopus
Plinius	Ortulanus
Solinus	*liber pandetarum*
Lapidarius	Cornucopiae
Helimandus	Kirandus
	liber de natura rerum

10 Richter S. 1053. *Di primo d'agosto 1502 in Pesaro la libreria.* All this was communicated in a letter from Professor Pedretti.

11 In a recent letter to the present author Professor Carlo Pedretti says "I have always thought that Camillo Leonardi could have met Leonardo. In fact he might even refer to him when he mentions a 'Leonardus Mediolanensis'." See C. Pedretti, *Documenti e memorie riguardanti Leonardo da Vinci a Bologna e in Emilia,* Bologna, 1953, pp. 193–196. Pedretti has pointed out to me that this possible identification was also noted by L. Cicognara, *Storia della scultura . . .,* Prato, 1824, V, pp. 454 ff.

12 Quoted by Axel Sjoblom in *Die koloristische Entwicklung des niederländischen Stillebens im 17. Jahrhundert,* (Diss. Würzburg) 1917, p. 7, and again in his *Die koloristische Entwicklung in der niederländischen Malerei des XV. und XVI. Jahrhunderts*, Berlin, 1928, p. 34.

13 Girolamo Cardanus, *de subtilitate rerum . . .*, Nuremberg, 1550, Book VII (*de lapidibus*) p. 167, "Colores igitur omnes ex tribus constant. . . ." Elsewhere, however (Book XVII, *de artibus artificiosque rebus*) perhaps following Aristotle, he puts forward seven generic colors and thirty species (pp. 168, 317–330).

14 J. C. Scaliger, *Exotericas exercitationes . . . de subtilitate ad hieronymum cardanum*, Lutetiae, 1557, f. 437 verso, Chapter 9, "*Colorum divisio in species. Quomodo albus, et niger sunt contrarii.*"

15 See C. Parkhurst. "A Color Theory from Prague: Anselm de Boodt, 1609," *Allen Memorial Art Museum Bulletin*, XXIX, No. 1 (1971): pp. 3–10.

Charles Mitchell

An Early Christian Model for the Tempio Malatestiano

Sigismondo Malatesta's reconstruction of San Francesco in Rimini[1] bears witness to an Early Christian revival in mid-fifteenth century Italian art of which Brunelleschi, Alberti and in some measure Michelozzo were leaders of architecture, while Donatello led the field in sculpture. It is now becoming clear that the projected design of the Tempio Malatestiano, with a circular choir abruptly attached to the body of the nave, was meant – like the SS. Annunziata in Florence, which Michelozzo planned and Alberti completed[2] – to imitate the church of the Holy Sepulchre in Jerusalem.[3] But that is not the topic of this paper. My purpose here is to suggest that the Tempio, as regards its interior, was also modelled on another Early Christian building which was chosen as an exemplar – as the Anastasis may well have been chosen also – at a time when Matteo de'Pasti was in charge of the reconstruction, some years before Alberti came on the scene. I shall first pose the problem; then lay out the circumstantial and chronological evidence; and then propose a solution. Finally, by way of coda, I shall say a word about the plausibility of the thesis in the context of the way in which antique models were commonly imitated in the art of the time.

The curious fact to be accounted for is that the decorative scheme of the interior of the Tempio has no obvious precedents in Renaissance or Gothic architecture *(Fig. 1)*. The general lay-out of the church is simple enough: its wide nave is flanked by a series of symmetrically opposed chapels and enclosed cells, each chapel being enframed by a high pointed arch, each having an altar against the exterior wall, each lit by twin windows *(Fig. 2)*. But it is not the regularity of the structure that immediately impresses us. What strikes and bewilders the eye, the moment we enter the church, is the extraordinary maze of stone and stucco heraldic, decorative and figurative sculpture, partly polychrome (originally probably much more so), that covers almost every facet of the building. Marble balustrades, some elaborately carved, enclose the chapels. Over a hundred figured reliefs, some of them set against sky-blue grounds, clothe the entrance-piers of all the fifteenth century chapels from top to bottom. Swags and heraldic shields are suspended from the great cornice that runs across the west wall and at intervals along the nave, while above

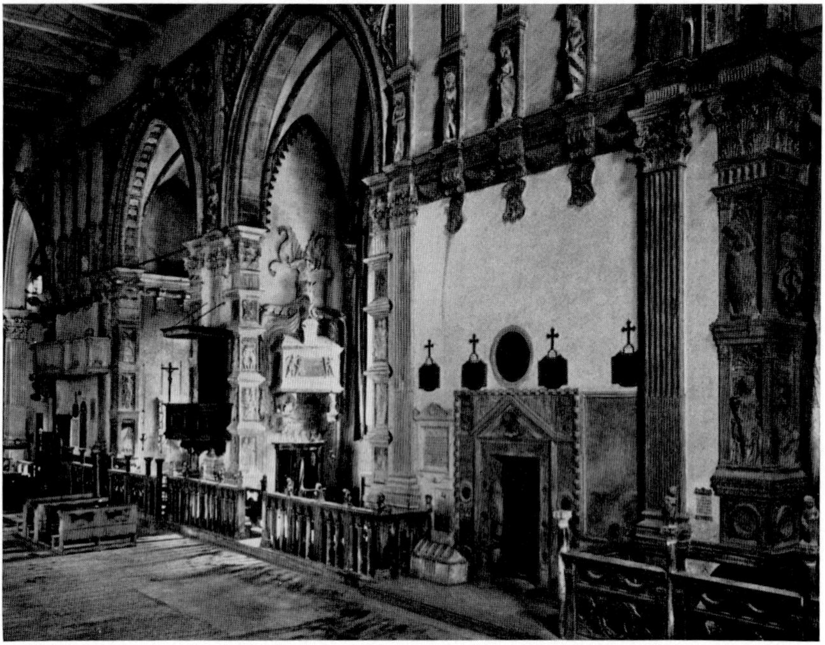

Fig. 1 The Tempio Malatestiano, facing south-east

it, posted like sentinals, stand rows of heraldic shield-bearers against shallow fluted pilasters. White carved images of titular saints – originally there were more than the present two, but all the niches survive – are enshrined in shell-headed aedicules high up above the altars of the chapels *(Fig. 3)*. And apart from the ubiquitous Malatesta blazonry that confronts us wherever we look, there is no more striking decorative feature of the interior than the system of luxuriant curling and sprouting relief vegetation, standing out white against alternating grounds of blue-green and faded brick-red (the polychromy of antiquity), that fills the spandrels of the great arches of the whole series of fifteenth century Sigismundan chapels *(Fig. 1 and 6)*. Where, in previous Renaissance buildings, are we to find parallels? There seem to be none.

Now for the history. Sometime well before May 1449, while he was campaigning near Ravenna, Sigismondo Malatesta sent troops to strip the walls of S. Apollinare in Classe – the scars are still visible – of their precious marble revetments, which he then carted off in waggon-loads, along with other antique stones torn from the basilica, to Rimini.[4] The purpose of these depredations (for which the Abbot of S. Apollinare was duly indemnified) was

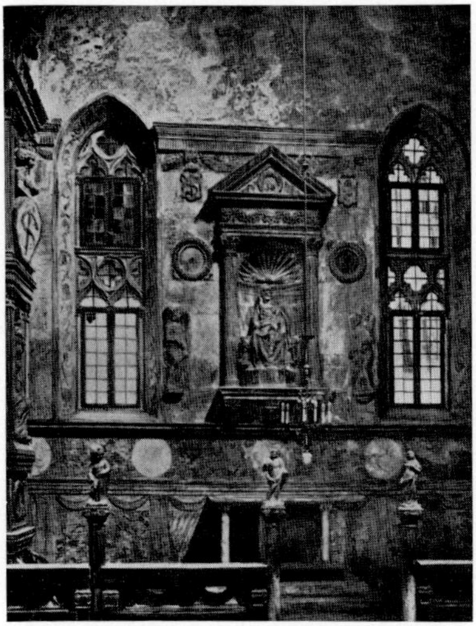

Fig. 2 St. Sigismund's chapel

to provide suitable fine building material for the entire reconstruction of the church of San Francesco, the traditional burial-place of Sigismondo's Riminese ancestors. This ambitious project, which was decided upon and planned most probably in 1448, involved the virtual demolition of the old Franciscan church in order to create, in the interior, a regular succession of balancing chapels and enclosed cells more or less on the lines of what we see today *(Fig. 8)*. Without serious question, the devising architect of the whole new scheme was Matteo de'Pasti.[5]

The scheme hinged around a new chapel of St. Sigismund, Sigismondo's name-saint, which Sigismondo had already begun to erect in the south-west corner of the church, as a separate project, in 1447,[6] before he embarked on the larger design; and we know from a document of April 1449 that all the projected chapels were not to be marble-faced, as the main present ones are, but were to have plaster walls adorned with frescoes.[7] By this time, as the document also tells us, some of the new chapels – no doubt St. Sigismund's chapel and the next one on the south side, the Angels' chapel, with an enclosed cell between them *(Fig. 8)* – were nearly ready to be painted; and Sigismondo was then seeking the services of an unfortunately unnamed painter to do the work. His intention was to pay this painter a bounteous annual salary and to keep him permanently settled in Rimini, which implies that the scheme of frescoes was a long-term project, not confined simply to the two chapels and the cell in the south-west part of the church.

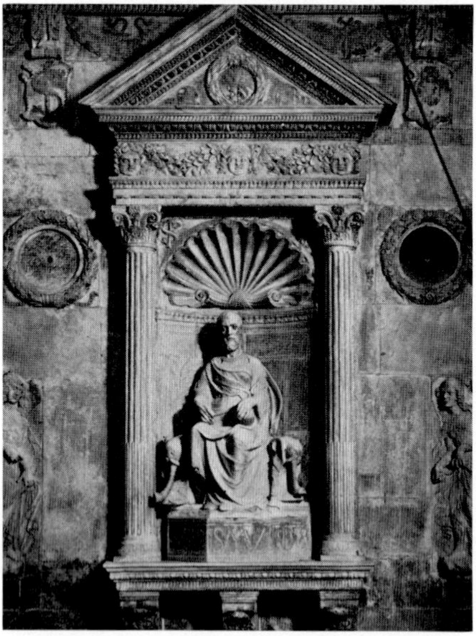

Fig. 3 Agostino di Duccio, St. Sigismund

Next we have record of a highly important symbolic event: in October 1450 twin elephants – Malatesta badges and emblems of their ancestral Fortitude – were installed like moral foundation-stones to support the projected entrance-piers of St. Sigismund's chapel *(Fig. 4)*. This act, attested by the chronicle of Rimini,[8] marked the inauguration of the Tempio Malatestiano proper, which is why the date 1450 is so often inscribed, retrospectively and commemoratively, on later-erected parts of the building – on the facade, on all the high arches of the chapels, and elsewhere. Then during 1451 – still more or less exclusively in St. Sigismund's and the Angels' chapels and in the intervening cell – work went on apace. In that year Piero della Francesca (probably the man Sigismondo had been angling for in 1449) completed, on the inner wall of the cell above the doorway, his famous fresco of Sigismondo venerating St. Sigismund *(Fig. 5)*;[9] and in September of the same year the renowned Florentine chancel-maker Maso di Bartolommeo was commissioned to deliver bronze gates for St. Sigismund's chapel by the following January.[10] All this was in anticipation of the substantial completion of St. Sigismund's chapel and its consecration, which took place with great solemnity, six bishops and two abbots assisting, on 1st March 1452.[11] The original altar of the chapel, which must have been in place for the consecration, still survives *in situ (Fig. 2)*. It is Early Christian in type, a simple *mensa* supported by simple columns, and it bears an inscription which significantly refers, not to the chapel alone ('aedes', as another inscription in the chapel terms it), but to the whole church ('templum'): 'Sigismundus Pandulfus Malatesta Pandulfi Filius Hoc Templum Fieri Fecit MCCCCL'. It is the earliest epigraphic allusion we have to the Tempio as such.

How far can we reconstruct de'Pasti's interior scheme? Here we must rely partly on the scanty documents already cited and also on extrapolation from what survives of the original scheme in St. Sigismund's and the Angels' chapels and the cell. All the chapels, as we have seen, were to be plastered and frescoed; and all, no doubt, were to be lit by a uniform series of twin windows, which still survive. They are all clearly of fifteenth century Venetian – i. e. typically de'Pastian – design; and those in St. Sigismund's chapel must have been completed in time for its consecration in 1452 *(Fig. 2)*. All the chapels, moreover, like St. Sigismund's chapel, were to have projecting entrance-piers to support their high arches; but there is no evidence, dating from this stage of the work, that they were to be encased by figured reliefs. The present reliefs belong to a later scheme.[12]

Further evidence for the reconstruction of the de'Pastian design is afforded by Piero's fresco of 1451, with its background – unprecedented in Piero's work – of shallow fluted wall-pilasters, suspended swags, and shield of arms

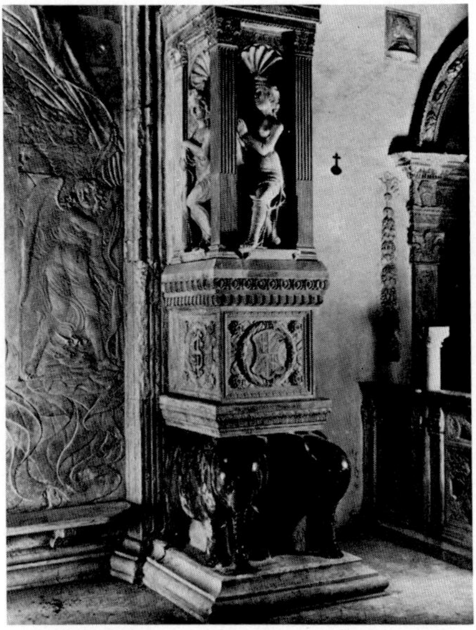

Fig. 4 West pier of St. Sigismund's chapel

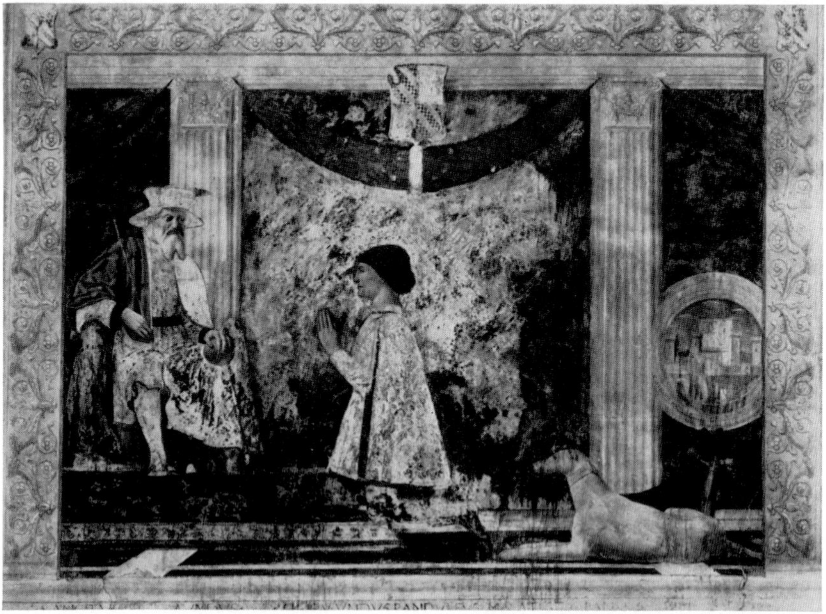

Fig. 5 Piero della Francesca, Sigismondo Malatesta venerating St. Sigismund

(Fig. 5). These features perfectly harmonize with the pilasters, swags and shields on the west wall and the nave-walls of the cells of the Tempio *(Fig. 1)*, which means – unless we perversely argue that the painter dictated the architecture, rather than receiving his directions from the superintending architect – that they too were part and parcel of de'Pasti's decorative scheme.

Finally, we have to consider the foliaged spandrels over the chapels, with their polychrome grounds, and the images of titular saints skied high over the altars in their shell-headed aedicules. Were these also elements in de'Pasti's design? The answer as regards the spandrels is certainly 'yes', because the distinctively curly leafage of the spandrels above both St. Sigismund's and the Angels' chapels, which were in hand around 1452, is quite different from the more stiffly sprouting and sometimes palm-like foliage which occupies the spandrels of all the other chapels, including those in the ostensibly matching chapels that stand opposite St. Sigismund's and the Angels' chapels on the north side of the church *(Fig. 6)*. These variant spandrels, it is true, represent a general continution of the de'Pastian scheme throughout the whole church, but they reflect, at the same time, an iconographical change of plan and they belong, in fact, to a later scheme.[13] About the enniched images over the altars we cannot be so definite. The wall surrounding the seated figure of St. Sigismund in his chapel is marble-faced *(Fig. 3)*. But the internal decoration of the chapel is much remanaged, and the image of St. Sigismund must be grouped stylistically among the earlier works in the church from the hand of Agostino di Duccio, who was already in Rimini by 1449.[14] The marble facing certainly, as we have seen, belongs to a later scheme, but it may well be that the statue was originally made to stand on the plastered wall, surrounded by frescoes – presumably representing the story of St. Sigismund and the Theban Legion, and by the hand of Piero. Who knows what paintings were once concealed, and may indeed still be concealed, behind the marble-revetment? A more compelling argument, however, can be drawn from the position of the windows of the chapel, which (as we have suggested) would surely have been in existence by the time of the consecration in 1452. Why are they double? And why, if some large sculptural feature matching the Early Christian type of altar below was not intended to be placed between them, is there such a wide gap between them? The most likely conclusion is that these images of titular saints in shell-headed aedicules – in St. Sigismund's chapel and in all the rest – were also integral to de'Pasti's original plan.

So much for the de'Pastian design. What of the one which, as we have indicated, superseded it? After March 1452, for a period of nearly three years,

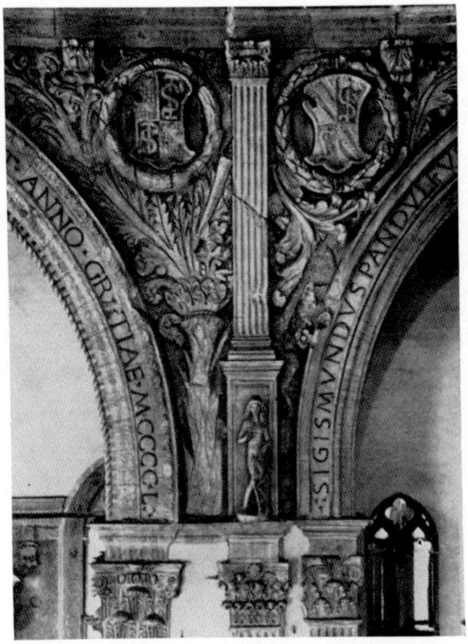

Fig. 6 Spandrels between the "Planets chapel" (left) and the Angel's chapel (right)

there is an almost total dearth of documents about what was going on in the Tempio. But then suddenly, for the later months of 1454, there is a spate of them; and these reveal a drastic change of affairs.[15] The roof was off, and the masons and sculptors were occupied with the first western chapel on the north side: the decoration of the easterly chapels had not yet begun. The next tasks, then under active discussion, were the erection of a roof and the erection of the great marble facade, the latter being scheduled to begin in the spring of 1455. But these are not the most important facts revealed by the documents. The crucial fact, now, was that de'Pasti was no longer the superintending architect. He was now working under the direction of Leon Battista Alberti, the most learned expert on antique architecture in the world, whom Sigismondo had called in to take supreme architectural charge of the work, and to transform de'Pasti's barely reconstructed brick church into one of marble. When did Alberti intervene? There is not a scrap of evidence to suggest that he took over in 1450, as is generally supposed. All he had built by the end of 1454 – say a year's work – was the lateral arcades; and all the documents go to show that, while he had planned the revised Tempio, its execution still had very far to go. He probably intervened in 1453; and in redesigning the interior he stuck in many respects to de'Pasti's already initiated decorative scheme – especially in the matter of the applied decoration of the walls, the foliaged spandrels above the chapels, and the titular saints in their shell-headed aedicules. At the same time, however, he gave up the idea of frescoed chapels, and planned instead to adorn them with an esoteric series of philosophical carved reliefs, which all belong to this later, not the earlier de'Pastian, phase of the reconstruction. But that is another story which does not concern us here.[16]

Where did de'Pasti find his model for his scheme of interior decoration, a scheme which Alberti did not abandon, but incorporated into his own? The answer can be given very shortly. He found it, as regards two of its most striking elements, in Ravenna, where Sigismondo collected such quantities of his antique building materials – Ravenna which also supplied the devisers of the Tempio with a wealth of late antique ornamental patterns for the details of their design.[17] The model was the Orthodox Baptistery, with its curly polychrome foliage in the spandrels of the arches in the lower register, its white stucco statues of prophets ennniched in shell-headed aedicules in the higher register, and its originally applied vegetable stucco ornament – since removed by inept restorers[18] – in the lunettes above the windows *(Fig. 7)*. And the reason for this choice of model was equally simple: it was because Sigismondo wanted his Tempio – a 'noble and holy memorial (as he declared in the Greek inscriptions flanking the facade) dedicated to God and the

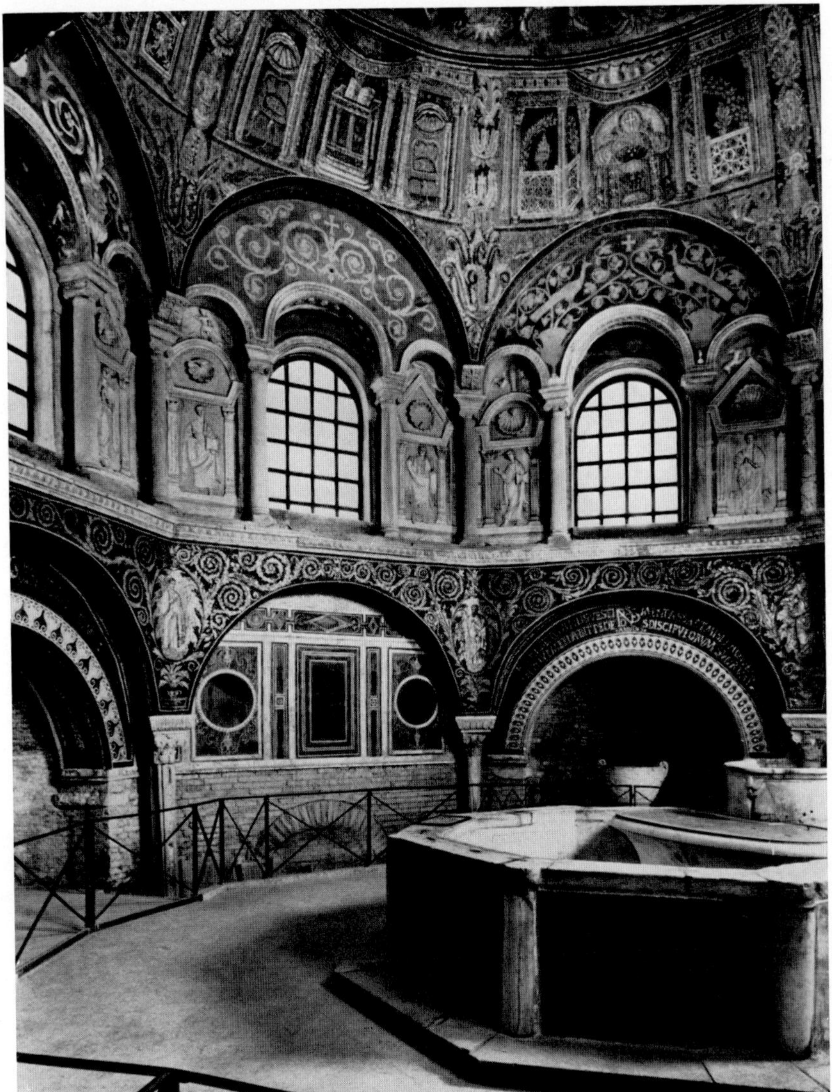

Fig. 7 Orthodox Baptistery, Ravenna

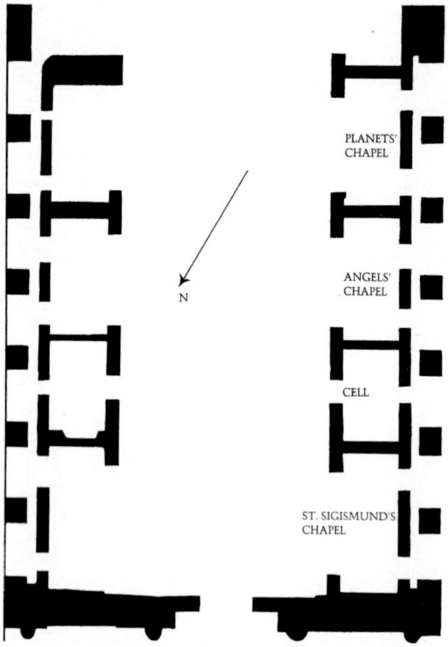

Fig. 8 Diagram of the fifteenth century chapels and cells

City'[19] – to look like an Early Christian church, the Orthodox Baptistery being one of the most splendid ones in his neighbourhood.

To this thesis it might be objected that the nave of the Tempio is rectangular, whereas the Orthodox Baptistery is octagonal; and that the Tempio artists and craftsmen did not copy their model very exactly. But these objections are not conclusive. In the first place, it is by no means certain that the idea of terminating the Tempio with a rotunda originated with Alberti. In reconstructing the traditional burial-place of his ancestors Sigismondo may well have intended from the beginning to imitate the Anastasis in Jerusalem, while at the same time instructing de'Pasti to go to Ravenna for authentic Early Christian decorative and other elements of the design. If this was the case, then the eastern rotunda, as de'Pasti originally planned it, would have been formally analogous to both the Anastasis and the Baptistery; and it would have been a Renaissance example of the 'typical' rather than literal fashion in which the Church of the Holy Sepulchre was so often imitated in the Middle Ages.[20] But this is only conjecture.

A more satisfactory explanation, however, can be drawn from contemporary practice in the imitation of the antique. Except for occasional literal quotations – as a humanist poet might borrow phrases or epithets from Virgil or Ovid – the exact reproduction of antique models is almost unknown among fifteenth or even sixteenth century Renaissance artists. The more deeply their imaginations were steeped in classic forms – and the same applies to the greath classicizing masters of the twelfth century 'renaissance'[21] – the less inclined they were to reproduce them exactly. Their recreative practice was obliquely to quote, to absorb, modify, conflate, assimilate and modernize their models: to make antiquity their own.[22] This was true of Brunelleschi, of Ghiberti,[23] of Donatello,[24] and of Alberti himself; and it was also true, I suggest, of de'Pasti, a lesser master, who in devising the pre-Albertian Tempio Malatestiano so genially varied on an Early Christian – but none the less classic – Ravennate model.

Notes

1 The substantive publication is still C. Ricci, *Il Tempio Malatestiano*, Milan-Rome, 1925.

2 See S. Lang, "The Programme of the SS. Annunziata in Florence", *Journal of the Warburg and Courtauld Institutes*, 17, 1954, 288–300.

3 Cf. C. L. Ragghianti, "Tempio Malatestiano, 2" *Critica d'Arte*, 12, N.S., Fasc. 74, 1965, 27–39, especially the Postilla on p. 39. Cf. also Alberti's Santo Sepolcro of c. 1460–67 in the Rucellai Chapel in Florence (W. and E. Paatz, *Die Kirchen von Florenz*, 4, 1952, 568–9). On the archaeology of the Anastasis see now J. Wilkinson, "The Tomb of Christ – An Outline of its Structural History", *Levant* (Journal of the British School of Archaeology in Jerusalem), 4, 1972, 83–97. I am greatful to Dale Kinney for this last reference.

4 Ricci, I, 210–14, and II, 586–7.

5 He frequented the Riminese court from about 1446 and was settled in Rimini by 1449 (Ricci, I, 38 ff.).

6 Ricci, I, 173.

7 Ricci, I, 214.

8 Ricci, I, 218–19.

9 Ricci, I, 221.

10 Ricci, I, 220.

11 Ricci, I, 221.

12 The elephants supporting the piers in St. Sigismund's chapel are manifestly too small for the massive bases and weighty reliefs now standing above them *(Plate 4)*. They were originally designed – in de'Pasti's taste for towering forms (cf. Isotta degli Atti's tomb) – to support tall slender piers matching those that still survive in the de'Pastian chapel of the Angels. If de'Pasti's original piers ever exhibited, or were meant to exhibit, figure-sculptures, these were not identical with the present bases and reliefs which were designed under the direction of Alberti later on (see below and note 13).

13 M. Gosebruch ("Florentinische Kapitelle von Brunelleschi bis zum Tempio Malatestiano und der Eigenstil der Frührenaissance", *Römisches Jahrbuch für Kunstgeschichte*, 8, 1958, 166 ff.) rightly distinguishes the style of the decorative features of the Angels' chapel and of the adjacent cell from that of the chapels and

cell on the north side of the church and that of the "Planets chapel" which stands eastward of the Angels' chapel *(Fig. 8)*. But I think he is wrong to restrict the work of his "Isotta chapel workshop" to the Angels' chapel and the cell, and wrong to argue that St. Sigismund's chapel, in this early campaign (which I would assign to de'Pasti), was decorated *after* the Angels' chapel. For the two chapels are interconnected, and distinguished from all the other chapels in the church, by the curly spandrel-decoration in both; and it is unreasonable to suppose that the subordinate Angels' chapel was more or less completed before St. Sigismund's in view of the fact that every effort was being made, on a tight schedule, to get the latter sufficiently completed (it was still in fact, not entirely completed) in time for the consecration of March 1452. The true facts of the case, I suspect, are that both St. Sigismund's and the Angel's chapels were more or less finished, according to de'Pasti's original design, before Alberti (see below) redesigned the interior of the church; and that Alberti later refashioned St. Sigismund's chapel to make it conform with his revised plan. Neither he nor his successors, however, managed (as he probably intended) to reform the Angels' chapel also, except for the application of figure-reliefs to its slender piers, so that it still retains many of its original de'Pastian decorative features. It is significant that the piers of the Angels' chapel are narrower than the ostensibly matching ones in the Albertian chapel opposite to it on the north side of the church.

14 Ricci, I, 101.

15 Ricci, I, 222 ff. and II, 587–90. Cf. also C. Grayson, *Alberti and the Tempio Malatestiano: an Autograph Letter from Alberti to Matteo de'Pasti November 18, 1454*, New York (The Pierpont Morgan Library), 1957.

16 On this cf., provisionally, C. Mitchell, "The Imagery of the Tempio Malatestiano", *Studi Romagnoli*, 2, 1951, 77–90.

17 Cf. Ricci, I, 279 ff.

18 S. K. Kostof, *The Orthodox Baptistery of Ravenna*, New Haven–London, 1965, 27.

19 Ricci, I, 217 and figs. 258, 259, 356.

20 Cf. R. Krautheimer, "Introduction to an 'Iconography of Mediaeval Architecture'", *Journal of the Warburg and Courtauld Institutes*, 5, 1942, 1–20.

21 Hanns Swarzenski demonstrated this in a lecture at the Warburg Institute some twenty years ago.

22 Cf. E. H. Gombrich, "The Style *all'antica*: Imitation and Assimilation", in *Norm and Form*, London, 1966, 122–129, and literature cited in note 4 (pp. 153–4), to which add A. von Salis, *Antike und Renaissance*, Erlenbach-Zürich, 1947.

23 Cf. R. Krautheimer and T. Krautheimer-Hess, *Lorenzo Ghiberti*, Princeton, 1956, 277–93 and the important Appendix A ("Handlist of Antiques") on pp. 337–52.

24 Cf. J. W. Janson, *The Sculpture of Donatello*, Princeton, 1957, II, 101–2; A. Minto, "Il sarcofago romano del Duomo di Cortona", *Rivista d'Arte*, 26, 1950, 1–22; E. Simon, "Dionysischer Sarkophag in Princeton", *Römische Mitteilungen*, 69, 1962, 136–58; U. Wester–E. Simon, "Die Reliefmedaillons im Hofe des Palazzo Medici in Florenz", *Jahrbuch der Berliner Museen*, 7, 1965, 14–91; H. W. Janson, "Donatello and the Antique" in *Donatello e il suo Tempo* (Atti dell'VIII Convegno Internazionale di Studi sul Rinascimento, Florence–Padua, 1966), Florence, 1968, 77–96 (with earlier literature); E. Simon, "Der sogenannte Atys-Amorino des Donatello", *ibid.*, 331–51.

Thanks are due to Dale Kinney and Charles Morscheck for information and discussion, and to Richard Tobin for kindly drawing the diagram in *Fig. 8*.

H. W. Janson

The Pazzi Evangelists

The glazed terracotta sculpture decorating the Pazzi Chapel attached to S. Croce, Florence, comprises thirteen roundels of the Apostles on the interior walls and above the entrance (St. Andrew, the patron saint of the Chapel, appears in the latter position and again as part of the cycle of twelve) as well as four roundels of the Evangelists in the pendentives of the dome *(Figs. 1–4)*. Art historically, the Apostle tondi present no difficulties; although undocumented, they have long been acknowledged as fine and characteristic works by Luca della Robbia, and the only lack of unanimity among scholars concerns their dating, which ranges from the 1440's to as late as the 1470's.[1] The Evangelists, in contrast, remain problematic with respect to both date and authorship. They are considerably larger than the Apostle series – with a diameter of 170 cm. (as against 134 cm.) their surface area is increased by fifty percent – and the figures are so vividly colored that their effect has been likened to stained-glass windows.[2] Their austere, angular, and realistic style contrasts so sharply with the lyrical classicism of Luca's Apostles that they cannot possibly be ascribed to the same master. Marquand, to whom we owe the most thorough study so far of Luca della Robbia and his successors, regarded the Evangelists as "designed by some other sculptor of different tastes and trained in another school," probably in the 1460's.[3] His, however, was a minority opinion; numerous other scholars, from Liphart and Bode to Venturi, Sanpaolesi, Argan, and Pope-Hennessy, have attributed the Evangelists, with varying degrees of certitude, to Brunelleschi.[4] Such a view rests, needless to say, on the traditional interpretation of the building history of the Chapel, according to which the structure was begun in 1429 and close to completion at the time of Brunelleschi's death in 1446. Pope-Hennessy still maintains this position in the recently revised edition of his *Italian Renaissance Sculpture*.[5] Meanwhile, however, the chronology of the Chapel has had to be thoroughly revised as a result of the findings of a team of Italian students;[6] according to Howard Saalman, who provides a summary of the current view in volume seven of the *Propyläen Kunstgeschichte*, Brunelleschi's design does indeed date back to about 1430, but construction did not get under way until after 1442, and by 1446 the walls, in all probability, had not risen beyond the level of the architrave.[7] The upper portion of the chapel, as well as the entrance hall, were built between 1446 and *ca.* 1470, the latter around 1460 by the Rossellino

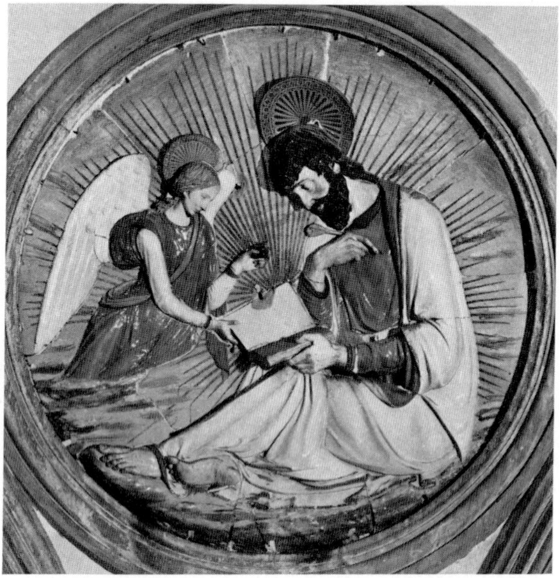

Fig. 1 St. Matthew. Pazzi Chapel, S. Croce, Florence

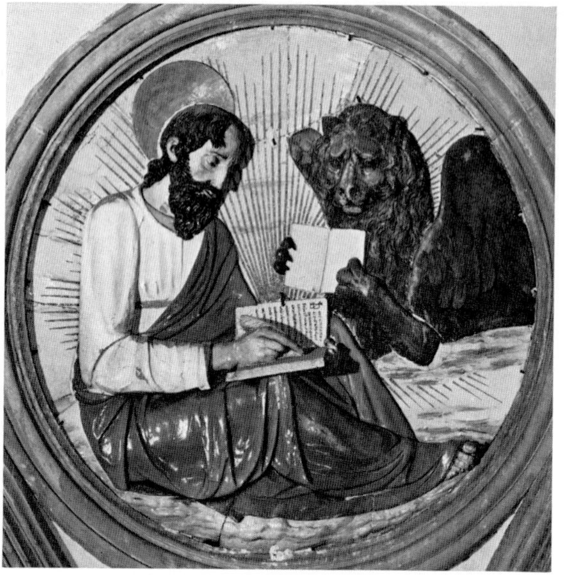

Fig. 2 St. Mark. Pazzi Chapel, S. Croce, Florence

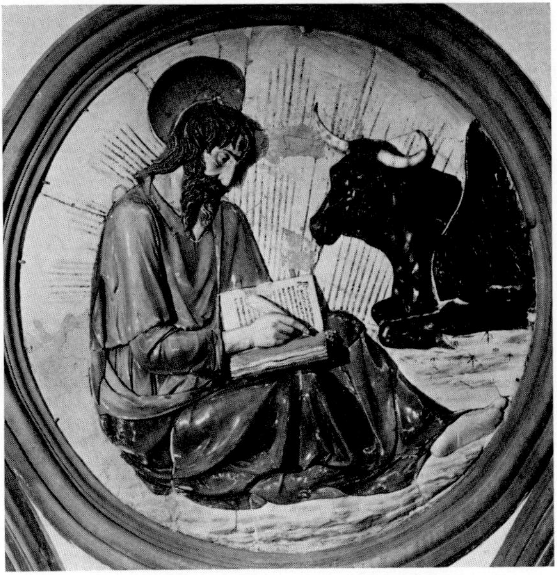

Fig. 3 St. Luke. Pazzi Chapel, S. Croce, Florence

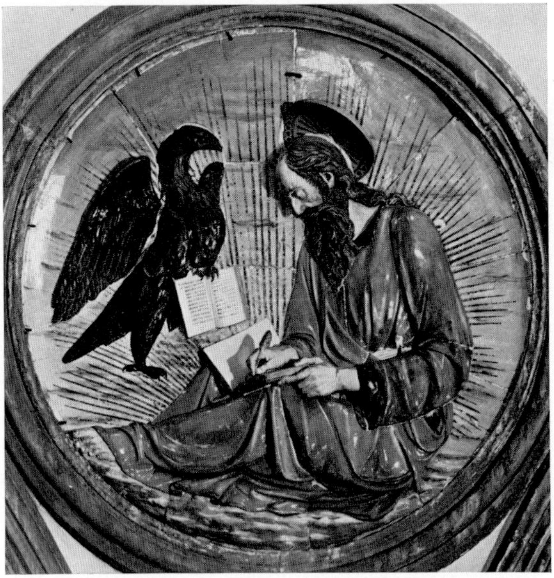

Fig. 4 St. John. Pazzi Chapel, S. Croce, Florence

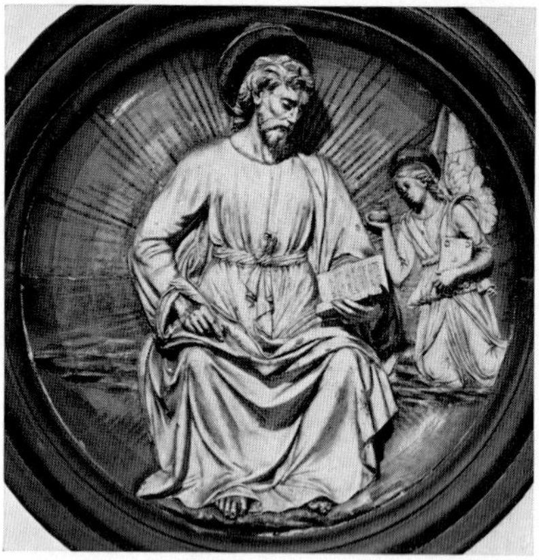

Fig. 5 Luca della Robbia, St. Matthew. Pazzi Chapel, S. Croce, Florence

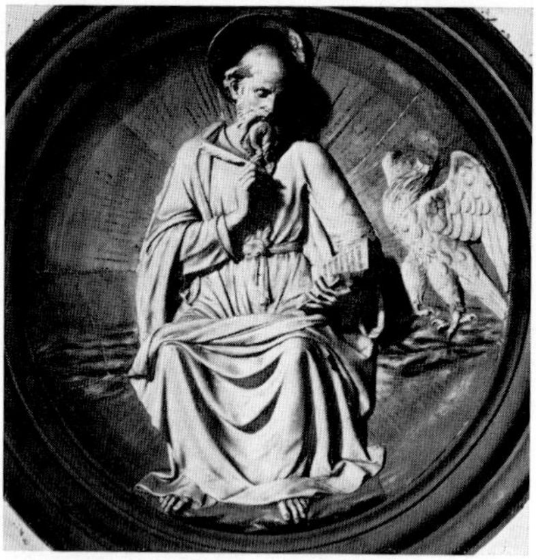

Fig. 6 Luca della Robbia, St. John. Pazzi Chapel, S. Croce, Florence

workshop. This chronological scheme still permits – even though it hardly encourages – a dating of the Apostle tondi about 1445. It seems almost impossible to imagine, on the other hand, that Brunelleschi should have produced the Evangelists at that time, when the vaulting of the structure had not even been begun. It would take some extremely persuasive arguments to convince us that Brunelleschi executed, or at least conceived, the four reliefs during the last years of his life so far in advance of the actual construction of the pendentives.

There are, in fact, no such arguments. The claim for Brunelleschi's authorship does not rest on stylistic comparisons with the artist's known sculptural works; how indeed could these large and massive figures be related to the tiny silver statuettes and reliefs on the silver altar of Pistoja or the competition panel for the Baptistery doors, from which they are separated by forty years or more? Even the wooden Crucifix in S. Maria Novella, more nearly comparable in scale and time, must have been carved at least two decades earlier.[8] The reasons given so far are either the contrast between the Evangelists and Luca's Apostle series or the supposedly Brunelleschian relationship between the four tondi and the architecture of the Chapel. To Sanpaolesi, they represent a cogent critique of Donatello's reliefs in the pendentives of the Old Sacristy, which show "una scala non misurata alla reale distanza dell'osservatore." Argan claims that the "origine prospettica" of the tondi is evident, and that Brunelleschi himself drew the figures in perspective, indicating the vanishing point in each panel by the converging rays of light behind the Evangelists.[9] Actually, this is true only of the St. Matthew tondo, where the rays issue

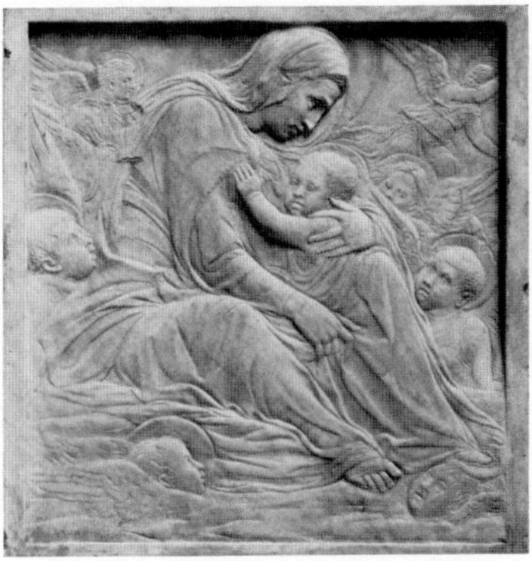

Fig. 7 Donatello, The Shaw Madonna. Museum of Fine Arts, Boston

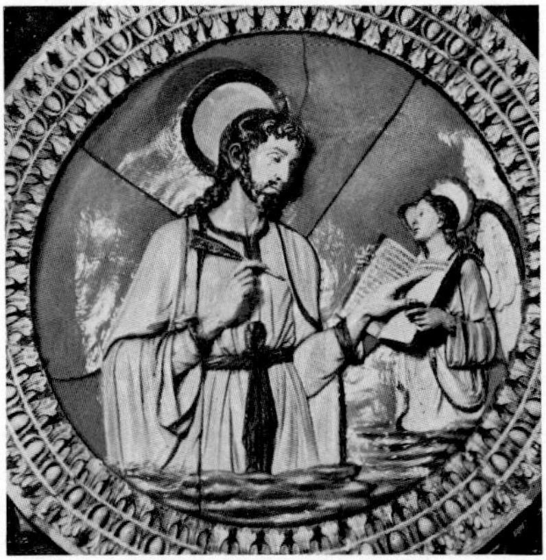

Fig. 8 Workshop of Luca della Robbia, St. Matthew. Cappella dei Martini, S. Giobbe, Venice

from the center of the circle, and perhaps of the St. Mark *(Figs. 1, 2)*. In the other two panels, the rays do not converge upon a common center. Moreover, it seems to have escaped Argan's attention that much the same arrangement of rays occurs on the Apostle tondi. Several of the latter also display open books rather like those of the Evangelist panels, yet Argan insists that the books of the Evangelists function as "un preciso modulo prospettico" and hence as yet another indication of Brunelleschi's authorship while those in Luca's panels do not *(see Figs. 5, 6)*. When he concludes that in the Evangelist tondi "la figura umana è la personificazione dell'idea di spazio" whereas in Luca's panels "lo spazio è soltanto la condizione della presenza e dell'azione della figura umana," one suspects that the author has become entangled in the coils of that ever-present enemy of scholars, Erwin Panofsky's "boa constructor."

If there is nothing specifically Brunelleschian in the Evangelist tondi, there are nevertheless profound differences between them and the Apostle series. Luca's figures are seated on strips of cloud as though on benches; their poses are essentially frontal. The Evangelists, in contrast, present near-profile views. They are, as Marquand puts it, "seated in the heavens as if on the ground," a pose far more effectively adapted to the circular field they occupy. Marquand's assertion that it does not occur in sculpture before the middle of the quattrocento is mistaken: there exists a well-known antecedent in Donatello's "Shaw Madonna" in the Museum of Fine Arts, Boston *(Fig. 7)*, dating from the mid-1420's.[10] This tiny *schiacciato* panel is the earliest known sculptural example of the "celestial version" of the Madonna of Humility.

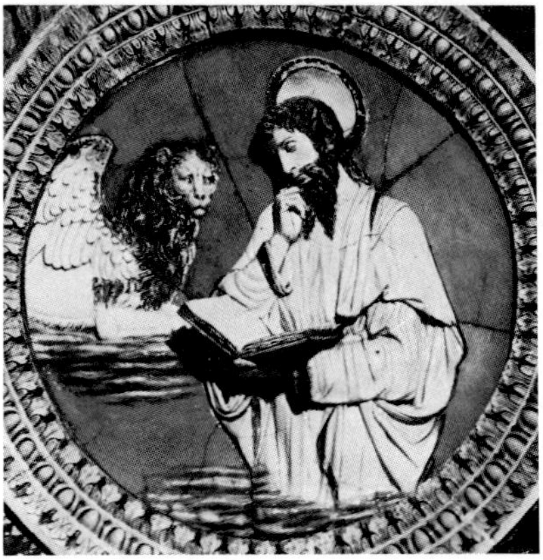

Fig. 9 Workshop of Luca della Robbia, St. Mark. Cappella dei Martini, S. Giobbe, Venice

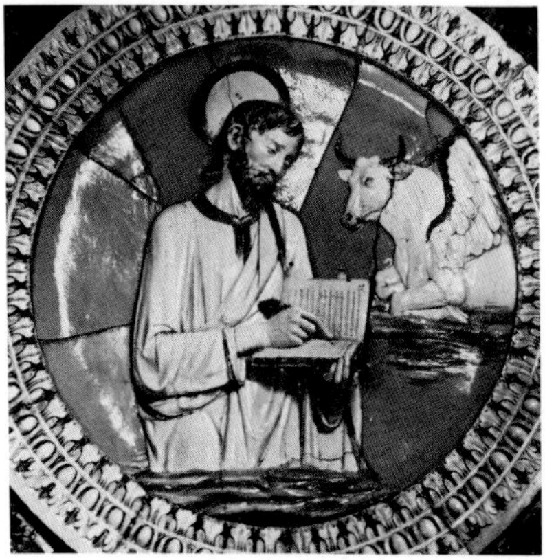

Fig. 10 Workshop of Luca della Robbia, St. Luke. Cappella dei Martini, S. Giobbe, Venice

That the author of the Pazzi Evangelists knew it can hardly be doubted – perhaps this is what Pope-Hennessy had in mind when he called his style "Donatellesque" – but adopting the pose for his purpose was a formal and iconographic innovation of considerable daring. Still, the kinship between the Pazzi Evangelists and the Shaw Madonna involves nothing more than the pose; in every other respect, the master of our tondi is as independent of Donatello as he is of Luca. His link with the Shaw Madonna, therefore, must not be taken as favoring an early date for the four tondi. The very fact that the figures are so vividly colored speaks against placing them in the 1440's. That was the time of Luca's earliest documented commissions in glazed terracotta, and we have no reason to assume that the process itself was much older. Luca seems to have maintained an effective technical monopoly for several decades, so that the glazing of the Evangelist tondi must have been done in his workshop, whether we date them in the 1440's or twenty years later. During those decades, the Robbia workshop remained faithful to Luca's aesthetic as demonstrated in his early works in the new medium: white figures against blue ground, with the use of other colors restricted to such details as eyes and hair, haloes and foliage. We do not know when Luca began to experiment with polychrome figures; the Madonna in the stemma of the Arte dei Medici e Speziali at Or San Michele, probably the earliest known example, would seem to date from the 1460's.[11] Only during the last quarter of the century did polychromy of the kind we see in the Pazzi Evangelists come into more general favor.

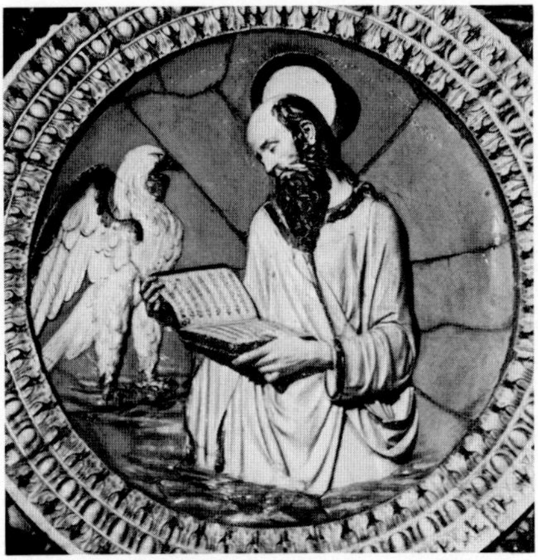

Fig. 11 Workshop of Luca della Robbia, St. John. Cappella dei Martini, S. Giobbe, Venice

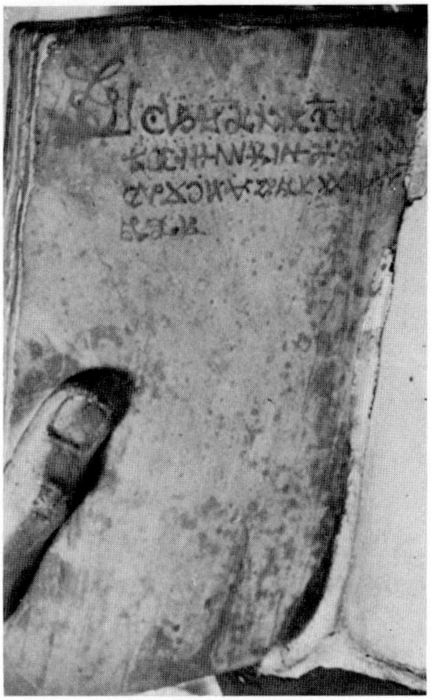

Fig. 12 Detail of Figure 1

That the Pazzi Evangelists must be dated in the 1460's or perhaps even a bit later is further indicated by their relationship, hitherto overlooked, to the Evangelist tondi on the domed ceiling of the Cappella dei Martini in S. Giobbe, Venice *(Figs. 8–11)*. The entire ceiling, a product of the Robbia workshop, is obviously modeled on that of the Chapel of the Cardinal of Portugal in S. Miniato, Florence, which thus provides a *terminus post* of 1462.[12] The architectural history of the church, although not known in detail, suggests a date of 1470–75.[13] Marquand ascribes the execution of the S. Giobbe tondi to an assistant of Luca's. Here the Evangelists are shown as half-length figures emerging from clouds, in analogy with the representation of God the Father in the central tondo. Since Luca's Apostle series in the Pazzi Chapel includes the Evangelists Matthew and John *(Figs. 5, 6)*, we might expect the S. Giobbe Evangelists to be adaptations of these two. In fact, however, the S. Giobbe master proves to have been equally impressed by the alien style of the "Brunelleschi" Evangelists. The link is particularly strong in the head and left hand of St. John *(compare Figs. 4 and 11)*, in the head and right hand of St. Luke *(compare Figs. 3 and 10)*, and in the ox and lion, which are directly patterned after their counterparts in the Pazzi roundels *(compare Figs. 2 and 9, 3 and 10)*. We may conclude, then, that the master of the S. Giobbe Evangelists

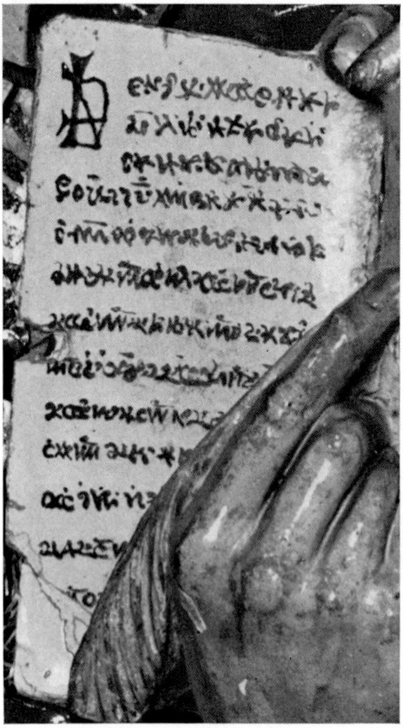

Fig. 13 Detail of Figure 2

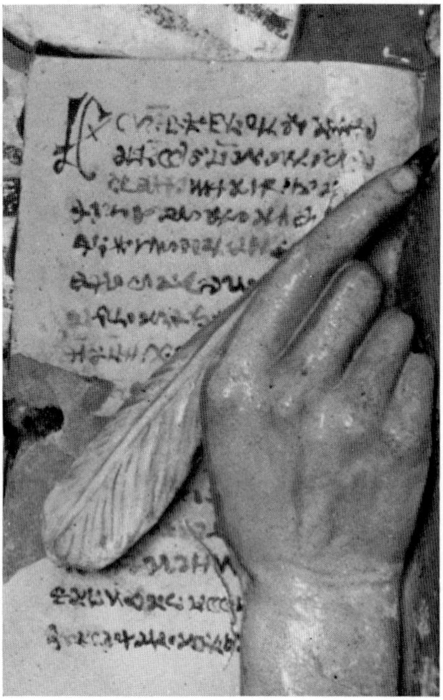

Fig. 14 Detail of Figure 3

must have had a close look at the Pazzi Evangelists – probably while they were still in the Robbia workshop rather than after their installation – shortly before he set to work on his own tondi, i. e. about 1470.

There is yet another element linking the Pazzi Evangelists with the Robbia workshop, notwithstanding their thoroughly non-Robbiesque style. The books in these tondi display a mysterious kind of writing, made up of clearly shaped individual letters that appear to be a conglomerate of Hebrew, Greek, and Latin *(Figs. 12–14)*. The same – or a closely related – pseudoalphabet is seen on the books in Luca's Apostle series, executed with equal precision *(Fig. 15)*, and again, though somewhat less carefully done, on those of the S. Giobbe Evangelists. Clearly, there must have existed a model for this writing in Luca's workshop that is reflected in all three cases. That the artists (or enamelers) should have gone to the trouble of putting these inscriptions on books to be placed so high above the head of the beholder that a mere squiggle would have sufficed to convey an impression of writing, is a fact as puzzling as the intended significance of the inscriptions themselves. Our pseudoalphabet has nothing to do with those Arabic letters or inscriptions that were copied in Byzantine and Western medieval art for their ornamental value from the eleventh century on.[14] Rather, it represents a separate tradition that seems to have originated in Florence about 1350; among the earliest examples I have been able to find are two half-length Prophets, fresco fragments from the circle of Nardo di Cione, on whose scrolls we find some of the same signs that recur on the books of our Evangelists *(Fig. 16)*. The problem of the origin and meaning of these articulate but illegible pseudo-inscriptions has never been investigated and is far too large a subject to enter into here. They may well be related to a phenomenon kindly brought to my attention by Professor Meyer Schapiro: even though St. Luke's account of the Crucifixion explicitly states that a tablet was affixed to the cross on which was written in Greek, Latin, and Hebrew, "This is the King of the Jews," the earliest examples of this trilingual inscription in Christian art occur in Florence in the middle of the trecento. Does this belated acknowledgment of the Gospel text betoken a sudden rise of interest in non-Western scripts as part of a greater awareness of non-Western civilizations, stimulated by the Crusades, a growing trade with the East, the travels of Marco Polo, and the missionary work of the Franciscans in Asia? Could it be that our pseudo-alphabet is intended to convey the idea of an unknown (and undecipherable) aboriginal script created by the Lord for the recording of His words? The question, "Quis primus litteras invenerit?," has been asked, and variously

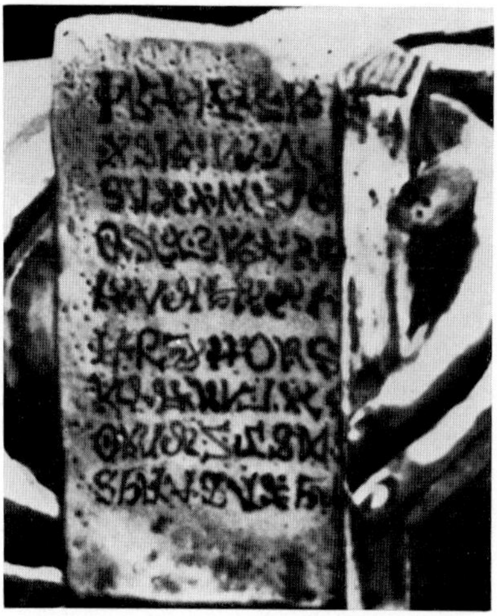

Fig. 15 Detail of Figure 5

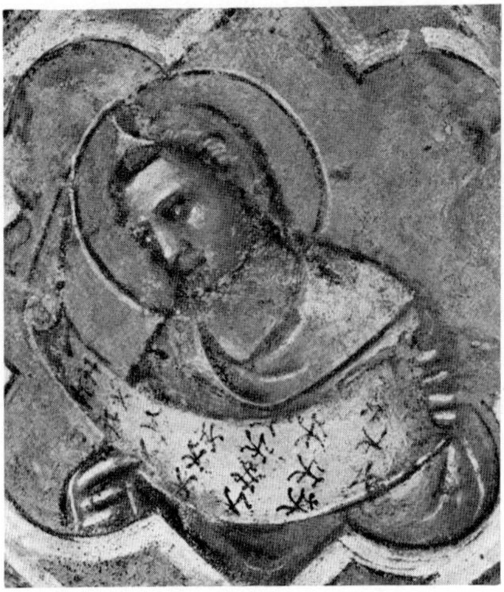

Fig. 16 Nardo di Cione (?), Prophet. Fondazione Salvatore Romano, Florence

answered, by grammarians from late classical times on. It was to be asked again by the humanists of the Renaissance, backed by an increasing fund of knowledge of non-Latin alphabets. By the end of the sixteenth century, this fund had grown so large that the Sala Sistina of the Vatican Library could be adorned with a fresco cycle celebrating the *Litterarum Inventores,* beginning with Adam as the divinely inspired creator of the first Hebrew alphabet. But this alphabet no longer bears any resemblance to the "aboriginal script" of our Evangelists' books.[15]

Notes

1 For a survey of opinions, see John Pope-Hennessy, *Italian Renaissance Sculpture,* rev. ed., London and New York, 1971, p. 275.

2 An observation by Paul Schubring, cited in A. Marquand, *Luca della Robbia,* Princeton, 1914, p. 252.

3 Op. cit., p. 253.

4 See Pope-Hennessy, op. cit., p. 245, for a review of the literature.

5 Loc. cit.

6 See G. Laschi et al., *Commentari,* 13, 1962, pp. 24 ff.

7 Jan Bialostocki et al., *Spätmittelalter und beginnende Neuzeit,* Berlin, 1972, p. 390 f.

8 See Margrit Lisner, *Holzkruzifixe in Florenz und in der Toskana* (Italienische Forschungen, herausgegeben vom Kunsthistorischen Institut in Florenz, dritte Folge, IV), Munich, 1970, p. 57.

9 Giulio Carlo Argan, *Brunelleschi* (Biblioteca Moderna Mondadori, 165), Verona, 1955, pp. 35 ff.

10 For the date and iconography, see H. W. Janson, *The Sculpture of Donatello,* Princeton, N. J., 1957, II, pp. 86 ff.

11 Marquand, op. cit., relates the molding of the arch framing the Madonna to moldings in the Chapel of the Cardinal of Portugal. For the date of the latter, see F. Hartt, G. Corti and C. Kennedy, *The Chapel of the Cardinal of Portugal at San Miniato in Florence,* Philadelphia, 1964.

12 See Marquand, op. cit., pp. 213 ff.

13 A convenient summary is provided in *Oberitalien Ost* (Reclams Kunstführer, ed. Manfred Wundram, Italien II), Stuttgart, 1965, pp. 877 ff.

14 Cf. Kurt Erdmann, *Arabische Schriftzeichen als Ornamente in der abendländischen Kunst des Mittelalters* (Akademie der Wissenschaften und der Literatur in Mainz, Abhandlungen der geistes- und sozialwissenschaftlichen Klasse, 1953, Nr. 9), Mainz, 1954.

15 The cycle and its background have been analysed by P. J. J. van Thiel, "Litterarum Inventores," *Nederlands Kunsthistorisch Jaarboek,* 1964, pp. 105–131.

Werner Gramberg

Das Kalvarienberg-Relief des Guglielmo della Porta

und seine Silber-Gold-Ausführung von Antonio Gentile da Faenza

Das Museum of Fine Arts in Boston besitzt ein 39,5 cm hohes Bronzerelief mit dem Kreuz auf Golgatha, unter dem die Gruppen der trauernden Marien und des Jüngers Johannes mit drei Begleitern stehen (Inv. Nr. 29 1026) *(Abb. 1)*. Den Hauptteil des landschaftlichen Hintergrundes nimmt die Stadt Jerusalem ein, und auf der Himmelsfläche darüber schweben in zwei kompakten Wolkenballen Seelen von Erlösten, die anbetend zum (fehlenden) Bilde des Gekreuzigten blicken; in den oberen Ecken der Tafel Sonne und Mond. Das Werk wird dem Antonio Calcagni aus Recanati (1536–1593) zugeschrieben – eine Zuweisung, die auf einen Aufsatz von Gualberto Gennari zurückgeht[1]. Dort wurde – ohne die Kenntnis des Bostoner Reliefs – eine Terracottareplik

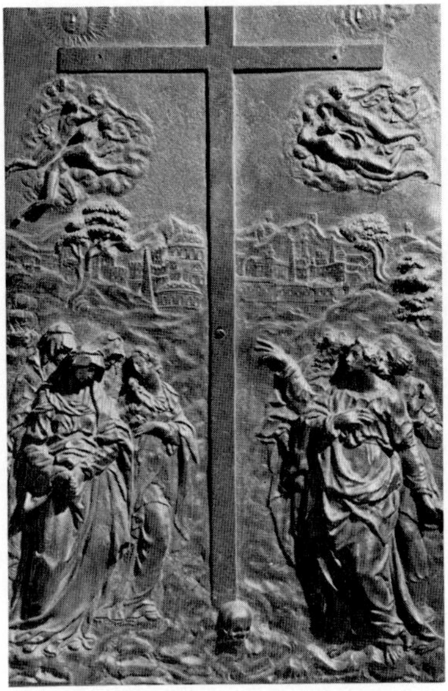

Abb. 1 Antonio Calcagni zugeschrieben.
Nach Guglielmo della Porta.
Boston, Museum of Fine Arts

veröffentlicht, die in Privatbesitz in Lugo di Romagna ist. Bis auf geringfügige, etwas unverständliche Abweichungen im vereinfachten Landschaftshintergrund der Terracotta (spätere Ausbesserungen?) gleichen sich beide Tafeln Zug um Zug. Die Bestimmung auf Calcagni erfolgt im Vergleich mit dem Relief der »Aufrichtung der ehernen Schlange« in Loreto, welches Adolfo Venturi als Werk des Antonio angesprochen hat[2]. Die stilistische Verwandtschaft von Loreto- und Bostonszene ist gewiß nicht zu leugnen, doch kann die Zuschreibung an Calcagni zu Fehlschlüssen führen. Weder Bronze- noch Terracottatafel sind selbständige Erfindungen. Die folgenden Ausführungen möchten den Nachweis erbringen, daß der Komposition eine bedeutende Arbeit des römischen Kunstkreises zugrunde liegt, deren Modell die Schöpfung des Guglielmo della Porta ist.

Die gleiche und gleichgroße Komposition ist in einem hervorragend ziselierten Relief aus vergoldetem Silber auf uns gekommen *(Abb. 2)*. Es steht heute im Escorial, im Schlafzimmer Philipps II. Nach mündlicher Auskunft der dortigen Leitung ist es ein Geschenk der Großherzogin von Toscana an den spanischen König. Hier ist auch der rundplastisch gearbeitete Corpus Christi vorhanden. Die Haltung des geneigten, aber nicht kraftlos herabgesunkenen Hauptes verrät das Noch-lebendig-sein des gekreuzigten Menschen, resp. das Immer-lebendig-sein des Gottessohnes. Soeben sind mit dem Blick auf Maria die den Jünger verpflichtenden Worte gesprochen: »Siehe, das ist deine Mutter«. Und auch die auf dem Wege nach Golgatha an die begleitenden Frauen gerichteten Worte klingen nach: »Ihr Töchter von Jerusalem, weinet nicht um mich, sondern weinet über euch selbst ...« Dem empfangenden, passiven Verhalten der Frauen gegenüber ist die Gruppe der Männer in aktiver Erregung. Der Devotionsgestus des Johannes bezeugt die Annahme des Auftrages, die Mutter zu beschützen; »aber der Hauptmann und die bei ihm waren, erschraken sehr«. Der auf den Herrn weisende Finger begleitet die Worte: »Wahrlich dieser ist Gottes Sohn gewesen«. Für alle aber – auch für die in der Höhe um das Kreuz schwebenden Seelen der Erlösten – gilt von diesem Augenblick an der zuvor den Jüngern wie ein Segen gegebene Trost: »Den Frieden lasse ich euch, meinen Frieden gebe ich euch. Nicht gebe ich, wie die Welt gibt. Euer Herz erschrecke nicht und fürchte sich nicht.« Der Blick auf die Stadt Jerusalem im Hintergrund und der Totenkopf des Adam am Fuße des Kreuzes betonen nachdrücklich die Örtlichkeit und damit das Thema »Kalvarienberg« im Unterschied zur »Kreuzigung« bei Darstellungen des historischen Ablaufes der Leidensgeschichte Christi.

Im Inventario de las alhajas, pinturas y objetos de valor y curiosidad donados por Felipe II al Monastero del El Escorial 1571–1598 ist das Werk unter der Nummer 1595 ausführlich beschrieben mit der Benennung: »un Calvario con Christo crucificado«. Nicht weniger genau ist der repräsentative Rahmen

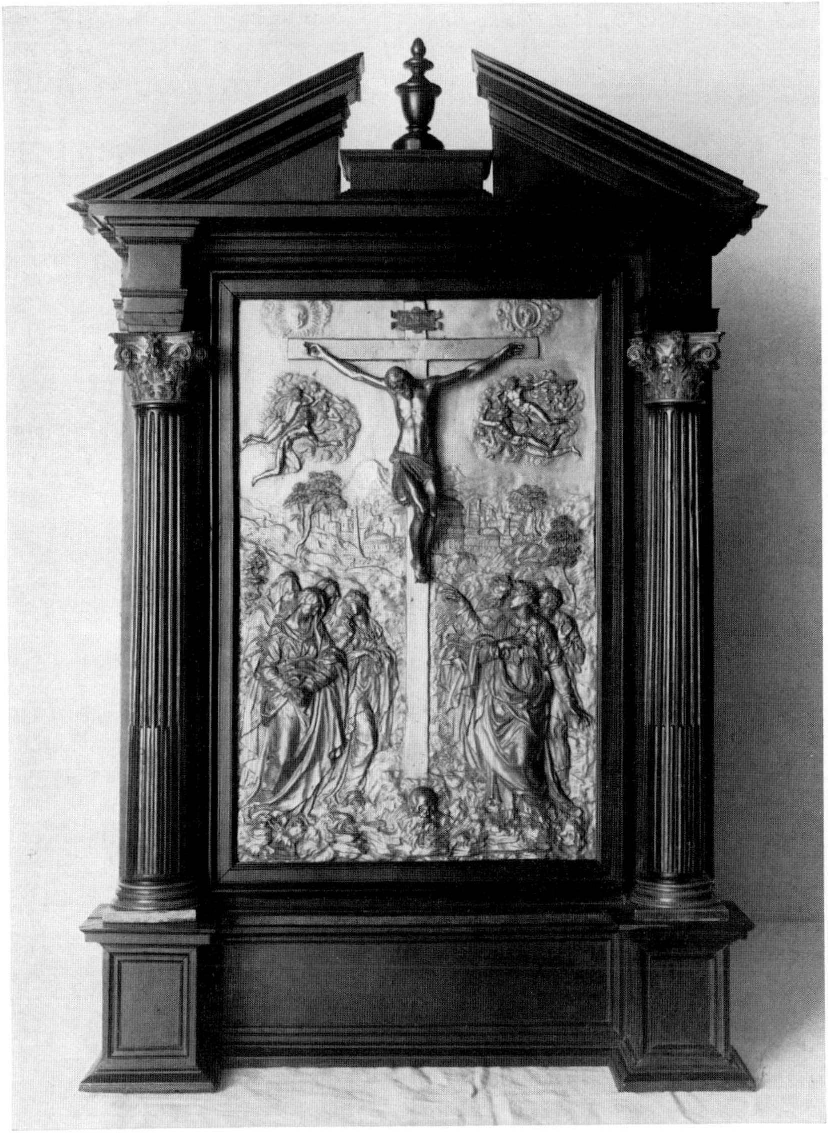

Abb. 2 Guglielmo della Porta. Guß von Antonio Gentile da Faenza.
El Escorial, Räume Philipps II.

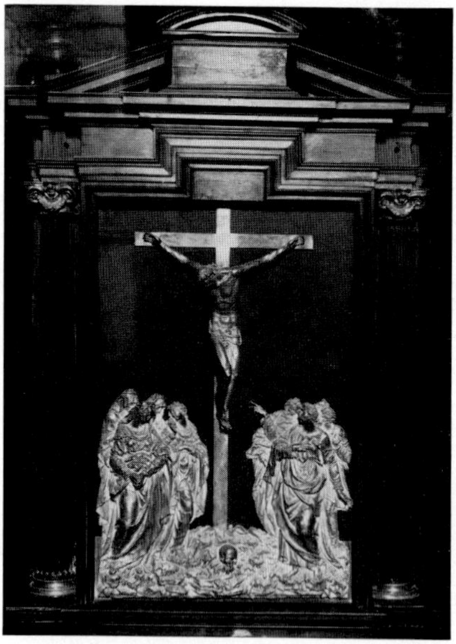

Abb. 3 Guglielmo della Porta. El Escorial, Kapitelsaal

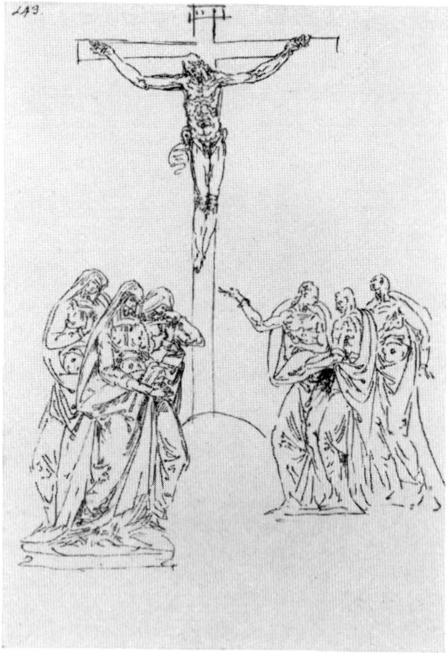

Abb. 4 Guglielmo della Porta. Düsseldorf, Zweites Skizzenbuch, Kat. Nr. 154

aus Ebenholz gekennzeichnet, der die Aufstellung des Reliefbildes als Hausaltärchen für eine intime Andacht ermöglicht. Er hatte reiches, skulptiertes Beschlagwerk aus Silber, dessen er heute (seit den Revolutionswirren des ausgehenden 18. Jahrhunderts?) beraubt ist. Diese Beschläge zeigten vor allem einmal das »Wappen des Papstes Gregor XIII. mit zwei Figuren, die es halten« und zum anderen »einen Pelikan mit drei Jungen im Nest«[3].

Ein weiteres Exemplar dieser Komposition ist ebenfalls im Escorial; es ist im Kapitelsaal ausgestellt, der heute Museumszwecken dient *(Abb. 3)*. Das in Silber gegossene Werk ist nicht weniger qualitätvoll als die vergoldete Fassung. Vom Geschenk der Großherzogin unterscheidet es sich in zwei Punkten: Es fehlt der Hintergrund; die Figuren und der Erdbodensockel sind konturiert. Sie sind, wie das Kreuz, auf eine Platte aus dunklem Stein montiert. Der zweite Unterschied ist wesentlicher: Der Kopf ist dem Gekreuzigten tief auf die Brust gesunken. Jesus ist tot.

Nun gibt es im zweiten Düsseldorfer Skizzenbuch des Guglielmo della Porta eine Federzeichnung, die sich als vorbereitende Skizze zum Relief des Kapitelsaales erweist *(Abb. 4)*[4]. Die schmalen Bodenleisten, auf denen die Figuren stehen, ihr nicht in gleicher Ebene gezeichneter Standplatz und der »Hügel«, auf dem das Kreuz errichtet ist, zeigen aufs deutlichste an, daß jedes Teil einzeln gedacht ist, um dann – wie im Relief des Kapitelsaales – konturiert auf eine neutrale Grundplatte gesetzt zu werden. Die Mariengruppen gleichen sich in allen wesentlichen Zügen. In der Skizze fehlt nur die vierte der Frauen, die dann pars pro toto für die »Töchter von Jerusalem« stehen wird. Ihre Gestalt mit der zur Mutter Jesu sich hinwendenden Bewegung ist aber auf anderen Skizzen des gleichen Zeichenheftes anzutreffen – etwa Düsseldorf, Kat. Nr. 74. Auch die Gruppe der Männer ist, bis auf den vierten, in ihren Grundzügen bereits konzipiert, und sogar das Motiv der auf den Herrn weisenden Armbewegung ist schon da. Nur die Gestalt des Gekreuzigten hat nicht die geschlossene Form der Stille und die Intensität der inhaltlichen Aussage der crocifissi der beiden Escorialtafeln.

Neben diesem auf den ersten Blick ersichtlichen Zusammenhang zwischen Zeichnung und Reliefkomposition zeugt dann auch die plastische Formgebung für Guglielmo della Porta. Ein Vergleich des vergoldeten Retabels *(Abb. 2)* mit Guglielmos mythologischen Plaketten zeigt hier wie dort die Relieffläche stets dicht gefüllt – ein horror vacui, der für den Meister charakteristisch ist. Auch die Art, Architekturmotive in die Landschaft einzubetten und plastische Formen, wie den Baumschlag, zu modellieren, sind durchaus wesensgleich *(Abb. 5)*[5]. Nicht nur ein gezeichneter Entwurf des römischen Bildhauers, sondern auch ein plastisches Modell seiner Hand muß der prunkhaften Ausführung in vergoldetem Silber zugrunde gelegen haben.

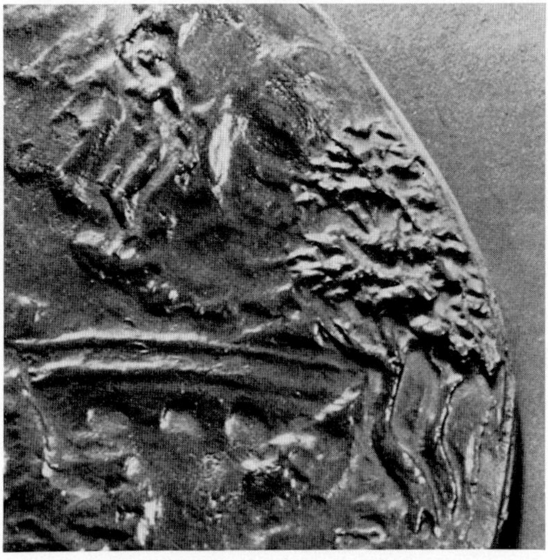

Abb. 5 Guglielmo della Porta. Teil der Perseus-Plakette. Hamburg, Museum für Kunst und Gewerbe

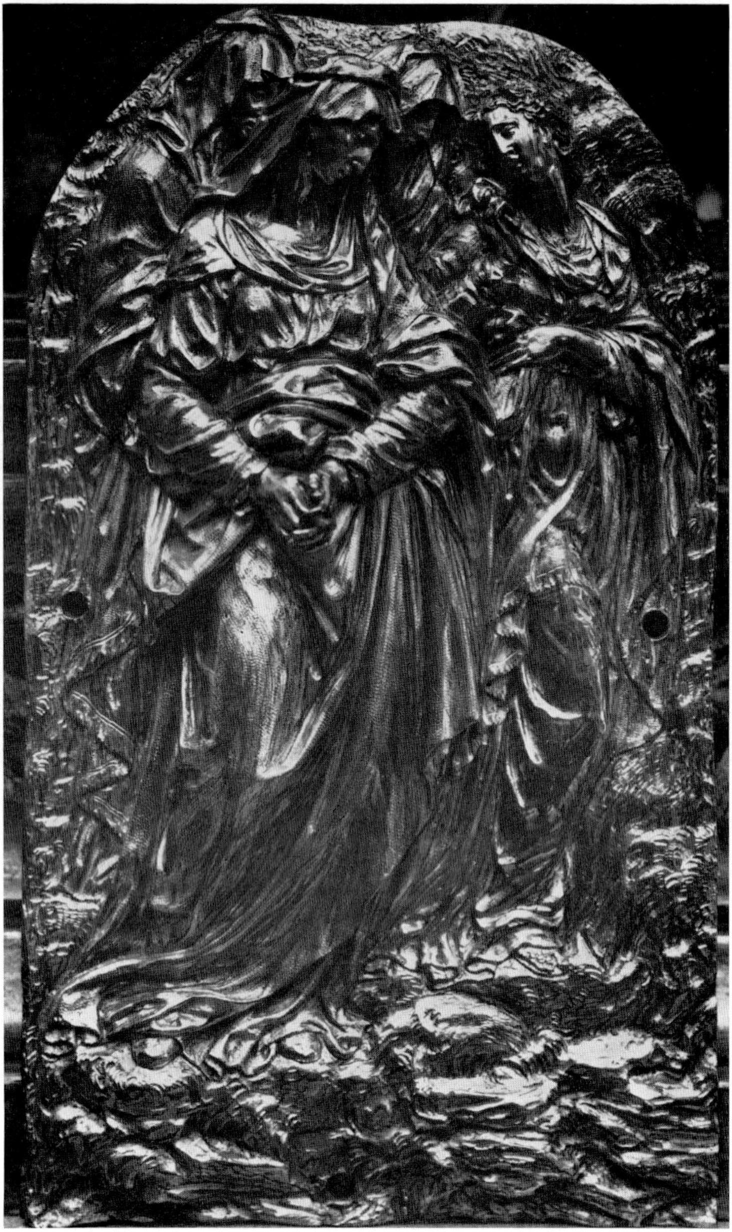

Abb. 6 Guglielmo della Porta. Madrid, Museo Lazaro Galdiano

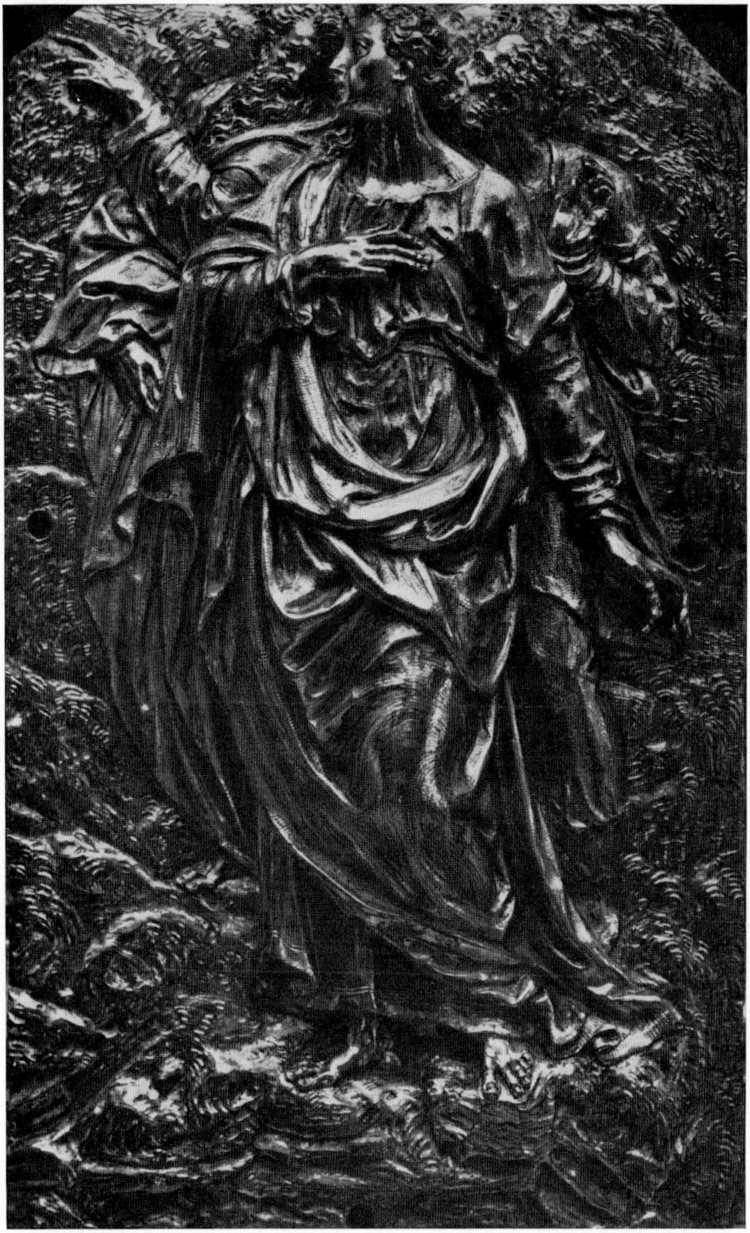

Abb. 7 Guglielmo della Porta. Madrid, Museo Lazaro Galdiano

Daß della Porta das Thema »Kalvarienberg« in der Tat gestaltet hat, ist auch aus schriftlichen Erwähnungen nachzuweisen. In dem nach seinem Tode aufgenommenen Inventar di ogni suo avere ist »un monte Calvario de metallo« aufgeführt[6]. Es liegt nahe, diese Notiz auf das hier besprochene Relief zu beziehen und in ihm das in dauerhaftes Material übertragene Wachs- oder Tonmodell zu sehen, wie der Frate es mit seinen Entwürfen auch in anderen Fällen – z. B. mit dem Porträt Pauls III. – zu tun pflegte[7]. Daß der Bronzeguß des Kalvarienberg-Reliefs die endgültige Fassung der Komposition gewesen sein muß, wird an anderer Stelle durch eine Bemerkung des Guglielmo erhärtet. Im Konzept eines Briefes nämlich, den er im Frühjahr an einen leider nicht mit Namen genannten Freund am spanischen Königshof richtet, sagt er, daß er ihm bei dessen Besuch in Rom unter den Werken »degne di Sua Maestà« die Passionsszenen »di metallo indorate« zeigen werde[8].
Als Ganzes scheint dieser vollendete Entwurf in Bronze verlorengegangen zu sein. Es gibt aber zwei Reliefs mit der Mariengruppe und der des Johannes, die Teile davon sind. Sie befinden sich im Museo Lazaro Galdiano, Madrid *(Abb. 6 und 7)*[9]. Ohne Zweifel sind es keine als selbständige Reliefs erfundenen Stücke, sondern sie sind aus einer ehemals größeren Tafel herausgeschnitten, wobei die Figurengruppen recht unsensibel unmittelbar über den Köpfen bogenförmig resp. mit abgeschrägten Ecken herausgetrennt wurden. Die menschlichen Körper, ihre Gewandung und der landschaftliche Hintergrund, soweit er stehengeblieben ist, sind bis in Einzelheiten hinein mit denen des vergoldeten Escorialreliefs identisch. Die Qualität der plastisch-formenden Modellierung ist ganz und durchaus die des Guglielmo della Porta. Sie setzt sich gegen die feinzügigere Subtilität in der Oberflächenbehandlung der Escorial-Kreuzigung ab – läßt hier die Handschrift des Bildhauers, dort die des Goldschmiedes klar erkennen. Die beiden Bronzereliefs des Museo Galdiano sind gewiß eigenhändige Arbeiten unseres Bildhauers.
Was den corpus des Gekreuzigten am Relief im Privatgemach Philipps II. betrifft, so ist auch seine Erfindung für Guglielmo nachzuweisen. Das Thema des Kruzifixus hat ihn Jahrzehnte hindurch beschäftigt[10], wie seine »richtige« Darstellung überhaupt eine Frage ist, der sich die Kunst der gegenreformatorischen Kirchenbewegung – besonders seit dem Gebot Pius' V. über die Ausstattung des Altars – mit erneuerter Intensität zuwendet. Und es ist ein Zeichen der grüblerischen Veranlagung des Frate del Piombo, daß er von den theologischen Problemen in dieser Zeit eines geistigen Umbruches so tief angerührt ist, daß er die Formfindungen seiner »diversi Christi in croce col parere e giuditio de buoni Teologi« durcharbeitet[11]. Dem Ablauf der Entwicklung seiner Kruzifixschöpfungen kann hier im einzelnen nicht nachgegangen werden. Nur soviel sei angemerkt: Der im Düsseldorfer Skizzenheft gezeichnete Gekreuzigte *(Abb. 4)* ist ein Beispiel der noch nicht ausgereiften Bemü-

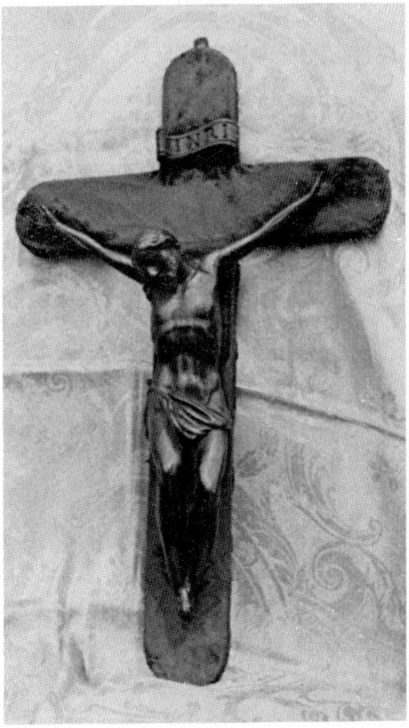

Abb. 8 Guglielmo della Porta,
Werkstatt.
Porlezza, Familie della Porta

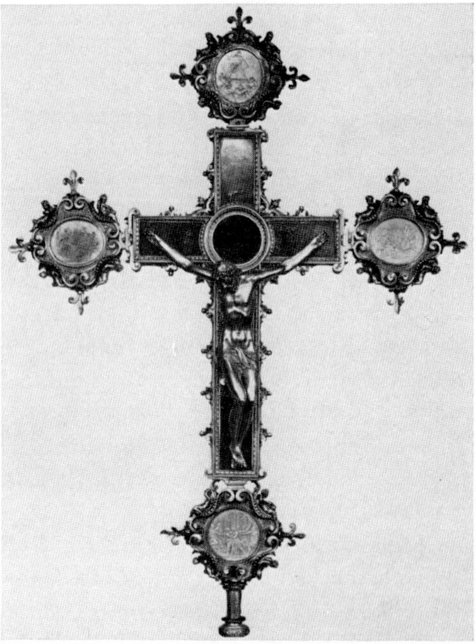

Abb. 9 Guglielmo della Porta (Corpus).
Antonio Gentile da Faenza (Kreuz).
Rom, Tesoro di S. Pietro

hungen – der Kruzifix des Kapitelsaalreliefs *(Abb. 3)* repräsentiert den Typ des gestorbenen Christus – der am vergoldeten Relief des Escorial *(Abb. 2)* den entschlafenden. Besonders vom letztgenannten Typus gibt es mehrere Varianten. Eine von ihnen wird durch das trefflich gearbeitete, aber nicht eigenhändige Exemplar in Nußholz belegt, welches bis zum heutigen Tage im Besitz der Familie della Porta geblieben ist *(Abb. 8)*. Die endgültige Formfindung, die vom vorgenannten Stück nur in der Anordnung des Lendentuches abweicht, ist der corpus des Entschlafenden an jenem Altarkreuz, welches Antonio Gentile da Faenza auf Bestellung des Kardinals Alessandro Farnese in den Jahren 1578–1582 fertigstellte *(Abb. 9)*. Er ist wesentlich früher entstanden als das Lapislazuli-belegte Kreuz; und es ist Guglielmo della Porta – nicht Antonio – bei dem sich der Kardinal am 18. 12. 1571 für seine Übersendung mit besonders lobenden Worten bedankt[12]. Eben diesen Kruzifixus hat dann auch Bastiano Torrigiano für jenes andere Altarkreuz verwendet, das später Gregor XIII. der Basilika von St. Peter schenkt[13] – ein weiterer Beweis dafür, daß die Erfindung dieser religiösen Kleinplastik dem Meister der Bildhauerwerk-

statt in der Via Giulia gehört. Mit beiden Plastiken in Rom ist der Kruzifixus am vergoldeten Escorial-Relief bis ins Detail hinein formgleich.
In der Malerei hat er seine inhaltliche Parallele im sog. »einsamen Kruzifixus«, wie ihn Tizian »nach 1562« gemalt hat (Sakristei des Escorial). Gleich jenem ist della Portas Bild des Gekreuzigten »um des ihm eigenen Empfindungsgehaltes und um der Herauslösung aus der historischen Golgathaszene willen unter dem Aspekt des Andachtsbildes« zu sehen[14].

Die Reinschrift des vergoldeten Monte-Calvario-Reliefs verrät im nachvollziehenden Arbeitsvorgang die Hand eines Goldschmiedes von hohen technischen Fähigkeiten. Sie muß für Antonio Gentile da Faenza in Anspruch genommen werden, mit dem Guglielmo della Porta »sehr befreundet« (amicissimi grandi) war[15].
In den Zeugenaussagen eines Prozesses des Jahres 1609, der den dreißig Jahre zurückliegenden Diebstahl von Entwürfen und Gußformen aus dem Hause des verstorbenen Guglielmo della Porta aufzuklären versucht und in dem es in der Hauptsache um das vielfigurige Relief der Kreuzabnahme von der Hand des Frate del Piombo geht, wird am Rande auch der »altare di figure di N. S. Jesu Christo sul Monte Calvario« erwähnt. Er war ca. anno 1589 in der Bottega des Antonio Gentile vom Erben Guglielmos beschlagnahmt worden[16]. Gentile hat also das Relief des Kalvarienberges in Händen gehabt und muß es (unrechtmäßig?) verwertet haben.
Außerdem belegen archivalische Funde von Herbert Keutner, Florenz, die Tatsache, daß Antonio Gentile in den Jahren 1575–1581 für den Medici-Hof gearbeitet hat, Werke der Goldschmiedekunst, die z. T. als Geschenke aus Florenz »al Catt° Re di Spagna« gesandt worden sind[17]. Mit einer an Gewißheit grenzenden Wahrscheinlichkeit wird unter ihnen auch das Hausaltärchen mit dem Relief des Monte Calvario gewesen sein, wenn auch in den bisher entdeckten Dokumenten dieses Stück weder mit dem Namen des Künstlers noch mit seinem Titel aufgeführt ist.
Die voranschreitende Forschung erweist mit zunehmender Deutlichkeit, daß der Faentiner nicht zu den Bildhauern mit schöpferischer Begabung gerechnet werden darf, wie früher angenommen worden ist[18]. Alle Arbeiten, die für ihn in Anspruch genommen werden dürfen, sind klare Werke der Goldschmiedekunst, wie ihn auch die zeitgenössischen Aussagen stets als »orefice« oder »argentiere in Urbe« bezeichnen. Nachdem am Lapislazuli-belegten Altarkreuz des Alessandro Farnese nun auch der corpus des Gekreuzigten (ebenso wie die Kristallschnitte an den Enden des Kreuzbalkens) aus seinem Werk auszuscheiden ist, kann seine Signatur an diesem Stück allein auf die Fassung als seine Erfindung bezogen werden. Aufschlußreich in diesem Zusammenhang ist eine eigene Aussage des Gentile vor dem römischen Gerichtshof im oben

genannten Prozeß von 1609: »In bottega mia io ... ho bene li molti gessi et forme di molti valenti homini e di Michelangelo et d'alteri, che saria longo a raccontare«[19].

Nach allem ergeben sich für den Entstehungsverlauf der Kalvarienberg-Reliefs im Escorial folgende Datierungen:

Die prima idèa (Abb. 4) ist für die zweite Hälfte der 1550er Jahre gesichert durch die Zeichnung im Düsseldorfer Skizzenheft, welches Guglielmo della Porta zwischen 1555/56 und 1559/60 benutzt hat. (Vgl. Düsseldorfer Skizzenbücher, Textbd. S. 561.)

Das konturierte Silberrelief mit dem toten Christus (Abb. 3) ist zeitlich nicht zu fixieren, doch werden plastische Entwürfe in nicht allzu weitem Abstand von der Zeichnung anzunehmen sein.

Der corpus des entschlafenden Christus, der zunächst als Altarkruzifix gedacht war *(Abb. 9)*, ist vor dem 18. 12. 1571 entstanden, wie durch das Dankschreiben des Kardinals Farnese gesichert ist (vgl. Anm. 12).

Das verlorene Bronzemodell Guglielmos, von dem zwei Ausschnitte im Museo Galdiani erhalten geblieben sind *(Abb. 6 und 7)*, und das die Vorlage für die Gold-Silber-Ausführung im Escorial gewesen sein muß, wird in der ersten Hälfte der 1570er Jahre entstanden sein, da die Passionsreliefs im April 1575 als vergoldet erwähnt sind (vgl. Anm. 8).

Die vergoldete Fassung des Kalvarienberg-Reliefs im Escorial mit dem Wappen Gregors XIII. (1572–1585) ist von Gentile da Faenza in den Jahren zwischen 1575 und 1581 – also möglicherweise nach dem Tode des Guglielmo della Porta († 1577) – ausgeführt. Es wurde 1582 oder 1584 nach Spanien versandt.

Die Bronzereplik in Boston von Antonio Calcagni (?) wird zwischen 1575 und 1590 zu datieren sein.

Anmerkungen

1 L'Arte 1938 pp. 299–300. Die Zuschreibung eines weiteren vergoldeten (?) Exemplares dieser Komposition, das für den Deutschen Hans Reichle in Anspruch genommen sein soll, ist für uns nicht nachzuprüfen, da uns der betreffende Aufsatz nicht zugänglich war: Bulletin des Musées hongrois des Beaux -Arts Bd. 24, 1964.

2 Storia dell'arte X, 2 fig. 620.

3 Die Kenntnis des Inventars verdanke ich Herrn Herbert Keutner, Florenz, der seine Notizen bisher nicht veröffentlicht hat und sie mir in kollegialer Hilfsbereitschaft überließ. Umso größer ist die Dankbarkeit für die Erlaubnis, sie auszuwerten. Das (vollständige ?) Inventar publizierte Julian Zarco Cuevas im Boletin de la Real Academia de la Historia Bd. XCVI–XCVII, Madrid 1930–1931.

4 W. Gramberg: Die Düsseldorfer Skizzenbücher des Guglielmo della Porta, 1964, Kat. Nr. 154.

5 Bozzetti in Wien: Abbildungen bei L. Planiscig: Die Estensische Kunstsammlung, 1919, Kat. Nr. 395 ff. (noch als «Perino del Vaga (?)» deklariert). Ziselierte Stücke in Hamburg, Museum für Kunst und Gewerbe. Siehe W. Gramberg: Vier Zeichnungen des Guglielmo della Porta zu seiner Serie mythologischer Reliefs, Jahrb. d. Hamburger Kunstsammlungen, Bd. 13, 1968, S. 69 ff.

6 Bertolotti: Artisti lombardi a Roma I p. 142.

7 Siehe z. B. Festschrift für Erich Meyer zum sechzigsten Geburtstag, 1957, S. 160 ff., besonders S. 164.

8 Düsseldorfer Skizzenbücher op. cit. Kat. Nr. 200, S. 108 l und Kat. Nr. 201, S. 108 r.

9 Inv. Nr. 576 u. 577. Marientafel: 214 × 127 mm. Johannestafel: 211 × 129 mm. Im Madrider Museum werden die Reliefs als Arbeiten des Toledaners Nicolas de Vergara d. Älteren († 11. 8. 1574) geführt, dessen Stil die Anlehnung an Italien (Leone Leoni) deutlich verrät. (José Camón Aznar: Guida abreviada del Museo Lazaro Galdiano, 1962, p. 51. Die zweibändige Katalogpublikation: La Coleccion Lazaro, Madrid 1926/27, war uns im Augenblick leider nicht zugänglich.)
Für die Angaben der Maße habe ich Herrn cand. phil. Volker Schierk, Madrid, sehr zu danken.

10 In seinem Testament: »... formas quinque representantes salvatorem d. n. Jesum Yptum in cruce diversimodo factas ...« (A. Bertolotti: Artisti lombardi a Roma I p. 304).

11 Brief an Ammannati vom Frühjahr 1569 (Düsseldorfer Skizzenbücher Kat. Nr. 128 S. 125 r. Vgl. dazu Kat. Nr. 230 S. 132/33).

12 Angelo Borzelli: Il Capolavoro di Guglielmo della Porta, Neapel 1920 p. 15.

13 Kreuz und zugehörende Leuchter im Tesoro di S. Pietro (Photo: R. Sansaini o. Nr.).

14 Erich Hubala: Peter Paul Rubens, Der Münchener Kruzifixus, Reclam Werkmonographien Nr. 127, 1967 / Gertrud Schiller: Ikonographie der christlichen Kunst Bd. II, 1968, S. 244.

15 Bertolotti op. cit. II p. 145.

16 Bertolotti op. cit. II p. 154.

17 Florenz: Guardaroba 5. Frdl. Mitteilung v. Herbert Keutner. Vgl. Anm. 3.

18 Vor allem: Ernst Kris, Dedalo IX, 1928/29, pp. 102 ff. / Rudolf Berliner, The Art Bulletin XXXIII, 1951, p. 51 ff. / Wolfgang Lotz, The Art Bulletin XXXIII, 1951, pp. 260 ff. / Werner Gramberg, Jahrbuch d. Hamburger Kunstsammlungen Bd. 5, 1960, S. 31 ff., besonders S. 35, S. 38, S. 48.

19 Bertolotti op. cit. II pp. 136/37.

Seymour Slive

Unpublished Paintings by I. Palmer and A. de Bray

High on the list of the many things I have learned from Hanns Swarzenski is the pleasure and profit which can be derived from leaving the superhighways of art history for excursions on its by-ways. Knowledge of this debt gives me consolation for offering him an essay on two unpublished paintings by artists whose names will hardly ever become household words. Nevertheless, I want to add that my offering is accompanied by the sentiment Charles MacArthur expressed when he handed Helen Hayes a bag of peanuts at their first meeting. He said: "I wish they were emeralds."

The first painting is *Venus and Adonis (Fig. 1)* now in the collection of Mrs. Benjamin Rowland, Jr., Cambridge, Massachusetts.[1] A generation ago the small panel would have been accepted with little question as a characteristic Cornelis van Poelenburgh (ca. 1586–1667). However, recent studies of seventeenth-century Italianate Dutch painting have sharpened our eyes to qualitative distinctions in works done by the generation of Netherlandish artists who discovered the beauty of the light and atmosphere of the Roman Campagna. Thinness in the painting of the ruins, the rather schematic treatment of the foliage, and a certain naïveté in the drawing of nude Venus would probably make some students of our time express reservations about a firm attribution of the panel to Poelenburgh. But, since the full range of Poelenburgh's achievement remains to be plotted, it is also possible that others would either be inclined to assign it to the little-known last phase of his long career or call it one of his Monday-morning efforts. Happily the attribution of the panel need not be debated. It is faintly but legibly signed at the lower right: I. Palmer *(Fig. 2)*.

Who is I. Palmer? The standard sources tell us nothing about his life and, to the best of my knowledge, the Rowland *Venus and Adonis* is his only existing signed work.

To judge from the painting, Palmer was active during the seventeenth century. His name suggests an English rather than a Dutch origin. Perhaps I. Palmer made contact with Poelenburgh when the latter visited England in 1637, 1638 (and again in 1641?). Could he be Sir James Palmer (d. 1657), one of the members of the court of Charles I who, Walpole tells us, aware of the King's taste, affected to be a painter and virtuoso? Walpole writes that Sir James Palmer "had lodgings in the Tennis-court, at Whitehall, and is often

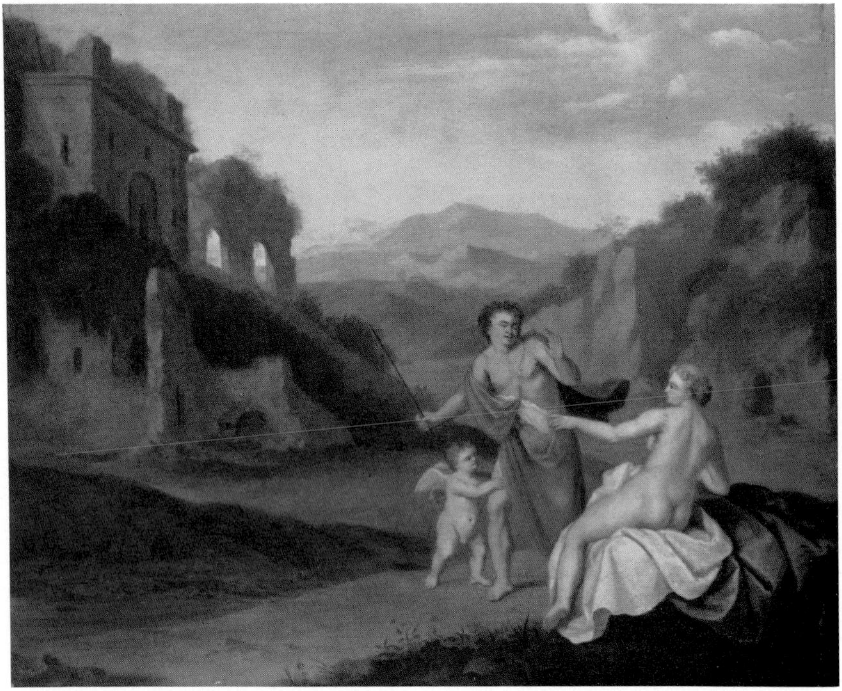

Fig. 1 I. Palmer, Venus and Adonis. Cambridge, Mass., Collection Mrs. Benjamin Rowland, Jr.

mentioned as a domestic servant" and appeared often "in the catalogue of the royal collection in which he sold, gave, and painted pictures. Of the latter, was a piece of Tarquin and Lucretia, copied from Titian." None of Sir James Palmer's efforts as a painter survives, but Walpole's remark that he was not one of the great ornaments of the list of painters active during the King's reign does not encourage us to propose that he painted the Rowland panel.[2]

There is, however, good reason to believe that I. Palmer is identical with "J. Palmer" whose paintings passed through a handful of early sales. This scrap of information is gleaned from Thieme-Becker where "J. Palmer" is noted, with understandable caution, as a Dutch painter of the seventeenth (?) century who depicted landscapes and mythological genre scenes. The brief Thieme-Becker entry is solely based on references to paintings which appeared in Amsterdam sales in 1739, 1759, and 1879, and four landscapes by "J. Palmers" (sic) which were auctioned at Utrecht in 1757. The latter group was sold again in The Hague in 1759 as works by "Kornelis Palmer, discipel van Polenburg."[3] Why the compiler of the 1759 sale catalogue dubbed the artist "Kornelis" remains a mystery (was it Palmer's patronym? or was it simply an error?). However, we are grateful for the compiler's comment that Palmer was a follower of Poelenburgh. It enables us to propose that J. Palmer and the painter of the Rowland panel are most likely identical.

Wurzbach only knew the 1759 sale catalogue reference, and on the basis of it concocted "Cornelis Palmer, Maler, angeblich Schüler des C. Poelenburg, sonst gänzlich unbekannt" and added that "das Monogramm Poelenburgs: C. P., dürfte nicht selten dem Cornelis Palmer gehören."[4] Since the cataloguer of the 1759 sale was referring to paintings done by J. Palmer when he listed four landscapes by "Kornelis Palmer," Wurzbach's supposition regarding the possibility of confounding Poelenburgh's monogram with one belonging to a follower who had the same initials is probably pure fancy. But there can be no question that the Rowland panel establishes that I. (or J.) Palmer was one of Poelenburgh's close imitators and that their unsigned works could be confused. A fresh examination of Poelenburgh's *œuvre* may diminish the canon of his work and increase the miniscule number which can currently be assigned to I. Palmer.

A. de Bray is also a shadow figure. As far as I know his only existing painting is *Ships Wrecked in a Tempest* at the Fogg Museum, which is signed and dated on the cliff at the lower right:

A DE BRAY/in[v?] Fecit/ 1676 *(Fig. 4)*.[5] But it is hard to believe that De Bray did not paint many more pictures. The effective contrast of large passages of streaming brushwork with impasto touches and the clever use of the red ground as a middle tone indicate that the Fogg's painting was not De Bray's first effort. Moreover, its neutralized hues, relieved by the ghostly greenish-white of the breaking mountainous waves and the yellow, pale blue, rose and gray accents which give a foretaste of Magnasco's palette, strike a distinct personal note. However, the conception of the spectacular stormy scene is a familiar one. The dramatic burst of light in the dark sky, the fantastic cliffs,

Fig. 2 Detail of signature from Fig. 1

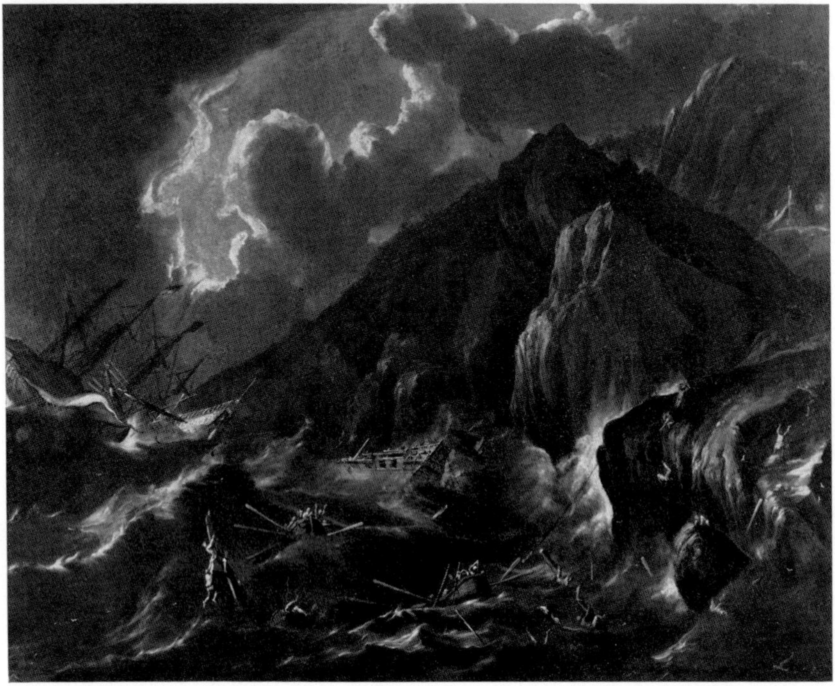

Fig. 3 A. de Bray, Ships Wrecked in a Tempest, 1676. Cambridge, Mass., Fogg Art Museum

the gigantic waves, wrecked galley and ships, tossed boats and spars, and hordes of tiny half-drowned figures are all found in the repertoire of Haarlem-born and trained Pieter Mulier the Younger, who painted tempests by the dozen from the time he settled in Rome by 1656 until his death at Milan in 1701. Tempests of this type earned Pieter Mulier his Italian nickname, one he adopted and by which he is known today: Tempesta.

No documentary evidence has been found to support the supposition that A. de Bray had contact with Tempesta. He is not mentioned in Roethlisberger's exhaustive monograph on Tempesta and his followers.[6] My search for references to him elsewhere has been fruitless. However, the visual evidence offered by the Fogg painting strongly suggests that when A. de Bray painted his 1676 marine, he faithfully followed a course Tempesta had charted and frequently used. Although Tempesta's earliest dated stormy-sea piece is inscribed 1696, his Palazzo Colonna frescoes done in the late 'sixties and the seascapes which can be assigned to his Roman phase (ca. 1656 to 1668) as well as those which he did after he moved to Genoa in 1668 show that he

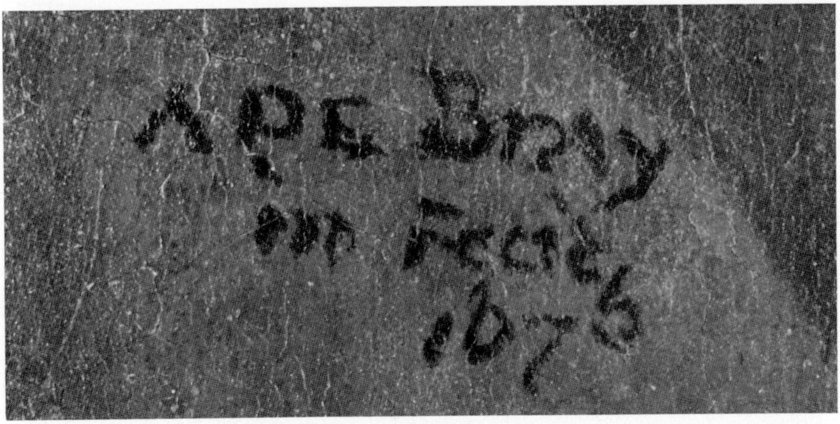

Fig. 4 Detail of inscription from Fig. 3

must be given credit for popularizing if not inventing the theme.[7] Additional proof that Tempesta had won a name for storms at sea long before De Bray painted his 1676 picture is offered by the inscription "PML Alias Tempesta fc. Rome A. 1659" on his drawing now at the Kupferstichkabinett, Berlin-Dahlem (no. 13471). Use of the nickname at this early date indicates that Tempesta had already found his metier.[8]

There is a slim chance that A. de Bray may be identical with Aelbert de Bray and an even slighter one that he may be Anthonie de Bray. The case for their candidacy is offered to complete the record.

Aelbert de Bray was a Haarlem artist whose works have not been identified. It will be recalled that Tempesta was also a Haarlemer. Before pouncing on this fact and conjecturing that they shared boyhood memories of their hometown as they painted seascapes and drank wine in sunny Italy, two points should be emphasized. First, Aelbert was older than Tempesta. Aelbert's birth year has not been established but we know he began his training before Tempesta saw the light of day. He was a pupil of his uncle Salomon de Bray in 1635; Tempesta was born in 1637. Secondly, young Tempesta left Haarlem about 1655, settled in Italy by 1656 and never returned to his native land. There is no documentary evidence to prove that Aelbert ever travelled to Italy. The rest that is known about Aelbert de Bray can be recited quickly. He was listed as a member of the Haarlem guild in 1643, and in October of the same year he went to France. If it could be established that he made contact in France with the Fleming Matthieu van Plattenburg (b. 1608), who was in Italy for a brief time before 1630, and then lived in Paris until his death in 1660, the case for Aelbert would gain strength. Van Plattenburg's dashing marines served as the principal point of departure for Tempesta's stormy seascapes.[9] Aelbert was back in Haarlem by 11 August 1647 when he married Gerritgen Pauwels Pieters. In the following year he was a member of one of Haarlem's civic guard companies. Nothing more is known about him.[10]

The French artist Anthonie de Bray is another artist without a single signed or attributable picture to his name. His only credentials are the initial of his Christian name and the period of his activity. Anthonie received payments for tapestry cartoons prepared for patrons in Paris and Rennes, in 1667 and 1669 respectively.[11]

Notes

1 Oil on panel, 31.5 × 38.2 cm. Provenance: Capt. Eric Palmer, London; purchased on the London art market about 1965 by Benjamin Rowland, Jr., Cambridge, Massachusetts.

2 Horace Walpole, *Anecdotes of Painting in England*, ed. J. Dallaway and R. N. Wornum, II, 1888, pp. 22–23; also see *Dictionary of National Biography*, XLIII, New York–London, 1895, p. 132: Vertue does not mention a word about Sir James Palmer's activities as a painter, but he is probably referred to in a passage which vouches for King Charles' ability as a connoisseur; see George Vertue, *Note Books*, IV, *The Walpole Society*, XXIV, 1935–36, p. 153.

3 Thieme-Becker, XXVI, 1932, p. 179 (with the assistance of H. Schneider). The Amsterdam sales are: 16 September 1739, no. 183; J. Clockener, 15 January 1759, no. 40; Isendoorn-Blois, 19 August 1879, no. 24. The other auctions are: Richard, Utrecht, 26 April 1757, no. 28–32 (J. Palmers) and Nic. Selhof, The Hague, 28 March 1759. According to A. von Wurzbach, *Niederländisches Künstler-Lexikon*, II, Vienna–Leipzig, 1910, p. 300, the four landscapes by "Kornelis Palmer, discipel van Poelenburg" are also listed in Terwesten, p. 214, n. 60.

4 Wurzbach, *op. cit.*, p. 300.

5 Oil on canvas, 105.5 × 130.5 cm. Provenance: Gift of the estate of Miss Elizabeth Bartol in 1927 to the Fogg Art Museum, Cambridge, Massachusetts (no. 1927.210). The painting was attributed to "School of Salvator Rosa?" until the signature was discovered in 1959.

6 Marcel Roethlisberger-Bianco, *Cavalier Pietro Tempesta and His Time*, University of Delaware Press, 1970. Professor Roethlisberger has kindly informed me that his subsequent research on Tempesta's followers has not turned up a reference to A. de Bray and that he does not know another work by his hand.

7 *Ibid.*, p. 44. Tempesta's *Sea Storm*, Geneva, Musée d'Art et d'Histoire, is dated 1696, *ibid.*, p. 95, no. 116, repr. plate III.

8 *Ibid.*, p. 27; p. 99, Cat. no. 148, repr.

9 *Ibid.*, p. 28; p. 90, Cat. nos. 74–80, repr.

10 The main source for the bits and pieces known about Aelbert de Bray remains A. van der Willigen, *Les Artistes de Harlem*, 2nd ed., Haarlem, 1870, pp. 29, 98. Nothing new is offered in Wurzbach, I, 1906, p. 173; Thieme-Becker, IV, 1910, p. 554; G. W. von Moltke, 'Salomon de Bray,' *Marburger Jahrbuch für Kunstwissenschaft*, XI–XII, 1938–39, p. 310, note 7.

11 Thieme-Becker, IV, 1910, p. 554.

Lise Lotte Möller

Krieg und Frieden
Über zwei Barockbildwerke in Hamburg

Pax

Das Bildwerk »Pax« des Hamburger Museums[1] *(Abb. 1)* kann aus Stilgründen dem Meister einer mit dem Monogramm I.C.H. bezeichneten Heiligenfigur in London *(Abb. 2)* zugeschrieben werden[2].
Max Sauerlandt betrachtete »die armlose Figur« »als plastische Studie eines Bildhauers, vielleicht als Entwurf, der die Ausführung in größeren Abmessungen vorbereiten sollte«[3]. Wenn der Studien- oder Entwurfscharakter der Figur nicht aus ihrer Armlosigkeit abgeleitet wird, so ist diese Ansicht einleuchtend. Die abgeflachte Rückseite mit etwas summarischer durchkomponierter Gewandpartie spricht für den Entwurf einer Nischenfigur von größeren Abmessungen.
Ob aus dem Stil des Bildschnitzers im Falle der »Pax« auf ein Modell für eine Stuckfigur zu schließen ist, oder ob wir lediglich die Einwirkung des Stukkatorenstils auf die Übung eines Holzbildhauers anzunehmen haben, muß vorderhand offen bleiben.
Sowohl der Gesamtaufbau als auch das Detail spricht für Entstehung der Figur in den ersten Jahrzehnten des 18. Jahrhunderts. Der Zusammenhang mit der Überlieferung des 17. Jahrhunderts ist eng. Der aus schräg angeordneter Gewandmasse schlank aufsteigende Oberkörper, der vertikale Gegenzug vom linken Oberarm herab, das seitwärts emporgewandte Gesicht, der Gegensatz der nervösen, knitterigen Untergewandbewegung zu den abgekanteten Schichtungen des mit einem breiten Schmucksaum versehenen Manteltuches, der über die Plinthe vortretende schwere Fuß, der bewegte Umriß gehören zu den charakteristischen Zügen z. B. der 1695/97 entstandenen hl. Katharina von Marx Schokotnigg am Hochaltar des Mausoleums Ferdinands II. in Graz[4].
Das C-Schnörkel-Ornament des Mantelsaums würde den Schluß auf ein Datum vor 1730 für die Pax-Figur nahe legen – es sei denn, daß es altmodisch gebraucht wurde. An der Kanzel des Passauer Doms, 1722, begegnet an dem Kapitellwulst unterhalb des Evangelisten Lukas ein ähnliches — auch ähnlich einfaches — Ornament[5], an Balthasar Permosers Augustinus-Statue in Bautzen[6], 1725, ist es reicher ausgelegt; an dem Gewandsaum der knienden Gestalt des

»Heiligen Römischen Reiches« von Matthias Steinls Elfenbeingruppe Kaiser Karl VI., wahrscheinlich um 1713–1715/16[7], sind die Schnörkel noch mit Resten von Akanthus behaftet.

Die eigenartigen Gesichtszüge der beiden Figuren des Monogrammisten I. C. H., das lange Oval und die Profillinie des »Pax«-Kopfes scheinen ebenso wie der übertriebene Ausdruck des Heiligen auf die Einflußsphäre des Stukkators Diego Francesco Carlone (1674–1750) zu deuten. Während die Stuckmarmor-Büste Carlones in den Sammlungen des Stiftes Einsiedeln, um 1730/40[8], und eine Carlones Wirkung verratende Stuckbüste von Joseph Anton Feuchtmayer im Benediktiner-Kloster Engelberg, 1734/38[9], für die »Pax«-Statuette auf einen Gefolgsmann des wandernden Stukkators[10] in seinem südschwäbischen und nordschweizerischen Tätigkeitsfeld hinweisen, ist die Heiligenfigur in London enger mit einer älteren Arbeit des Diego Carlone auf österreichischem Boden zu verknüpfen. In der Gewandbewegung folgt sie der um 1712 entstandenen Papst-Statue in der Linzer Karmeliter-Kirche[11]. Das Saumornament der Linzer Statue könnte als Vorstufe des (vereinfachten) Musters an den beiden Statuetten des Monogrammisten I. C. H. aufgefaßt werden.

Die schlitzmäßige Augenbildung und besonders der Lidschnitt, ferner die gesträhnten, zum Teil in welligen Bahnen angeordneten, zum Teil in isolierten Lockenbüscheln hochstehenden Haare der »Pax«, in verwandter Manier an Bildwerken aus den Jahren 1723/38 von der Hand des Carlone-Schülers Joseph Anton Feuchtmayer, wie z. B. an zwei Büsten in Salem und Mainau[12] bzw. an einem Engel des Weingartener Chorgestühls[13] zu beobachten, machen es wahrscheinlich, daß unsere Statuette des Monogrammisten im südwestlichen Deutschland, etwa gleichzeitig mit jenen Feuchtmayerschen Arbeiten entstand – später also, als zunächst gedacht. Die Erinnerung an eine österreichische Arbeit von etwa 1712 des D. F. Carlone, die in der Heiligen-Statuette anklingt, und die ungeschmeidige, verschränkte Bewegung der »Pax«-Statuette, die bei Gegenüberstellung mit der 1715 entstandenen, in Gewandordnung, Faltenbrechungen und Umriß recht ähnlichen, aber höchst elegant im Stil des 18. Jahrhunderts ausgeführten Statue der »Keuschheit« des D. F. Carlone in den Kaisergemächern von St. Florian[14] ganz deutlich altertümlich wirkt, führen zu der Vermutung, daß der Monogrammist I. C. H. ein lange Zeit dem Carlone-Gefolge angehörender Bildhauer der älteren Generation war. Die schwergliedrige Gestalt, der an eine alpenländische Figur des späten 17. Jahrhunderts gemahnende Bewegungsrhythmus und das ernste Pathos der »Pax«, die mimische Extravaganz und die Reduktion des Körpers auf eine Ausdruckschiffre an dem Heiligen lassen auf deutsche Arbeiten schließen[15]. Der Vergleich mit der oberitalienischen »Taciturnitas« in Hamburg *(Abb. 3)*[16], die gleichfalls das Gepräge des Stukkatorenstils zeigt, bekräftigt diesen Eindruck. Die Kunstlandschaft nahe dem Bodensee, in der Manieris-

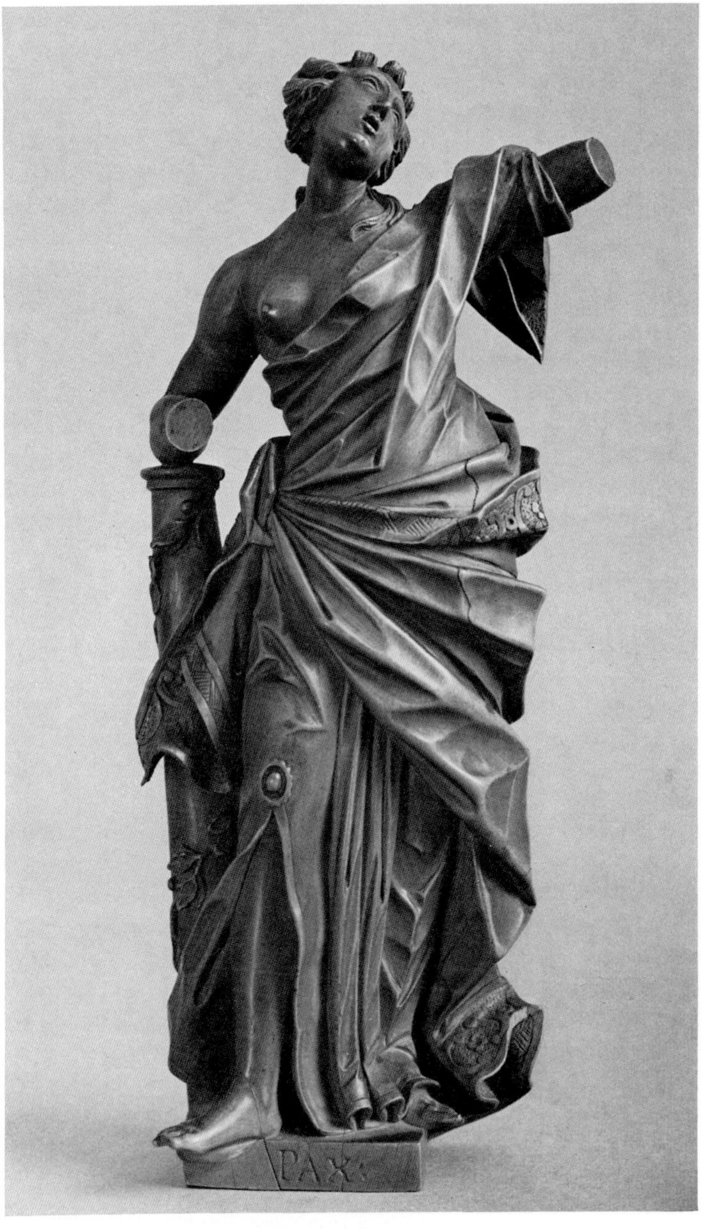

Abb. 1 Monogrammist I. C. H. »Pax«, Buchsbaumholz,
1. Hälfte des 18. Jahrhunderts

men und mimische Extravaganz von Jörg Zürn über Caspar Daniel Schenck bis zu Joseph Anton Feuchtmayer und Johann Georg Dirr vortrefflich gediehen, könnte bei dem Monogrammisten I. C. H. ein Weiteres zu dem Carloneschen Überlieferungsgut gefügt haben.
Mainzer Herkunft der Pax- und der Heiligenfigur, von Christian Theuerkauff auf Grund des Monogramms zur Erörterung gestellt, ist als Alternative zu der südwestdeutschen ernstlich zu erwägen. Während dieser Aufsatz gesetzt wurde, stieß ich auf eine um 1748 entstandene, J. C. Hiernle zugeschriebene St. Sebastian-Leuchterfigur in Camberg und auf drei Statuen Hiernles von 1752 auf dem Portal des St. Quintinsfriedhofs, Mainz, die solche sehr manierierten Stilzüge aufweisen wie die beiden Figuren des Monogrammisten I. C. H. Ist diese Sondererscheinung in der Mainzer Skulptur um 1750 daraus zu erklären, daß Johann Caspar auf den Nachlaß seines Vaters zurückgriff? Franz Matthias Hiernle, 1705 zum kurfürstlichen Hofbildhauer in Mainz ernannt, kam aus Landshut in Bayern. Ihm werden die Stuckfiguren des Giovanni Battista Carlone in Passau (1680 begonnen) bekannt gewesen sein, deren eine die kleine Heiligenfigur des Monogrammisten I. C. H. in Erinnerung ruft*. Es nimmt wunder, daß die Armstümpfe der »Pax« von Max Sauerlandt als Abkürzung in einer plastischen Studie aufgefaßt und nicht auf Anhieb ikonologisch verstanden wurden, doch zeigt sich, daß seine Deutung aus der Einsicht in das vorherrschende Torso-Verständnis im 17. Jahrhundert hervorging.

Diese Pathosformel für die Ohnmächtigkeit des Friedens (oder der Friedensehnsucht), mit den Mitteln der Skulptur vorgetragen ungemein eindrucksvoll, ist im Barock offenbar eine Seltenheit. Die Iconologien boten Anweisung für die Pax-Darstellung nach antiken Quellen[17]. Wir finden also den Frieden allegorisch in der Regel als eine Frauengestalt wiedergegeben, unter deren Attributen der Ölbaum- und Palmenzweig, der Lorbeerkranz, Getreide, die am Boden verlöschende Kriegsfackel die geläufigsten sind. Manchmal finden wir »Pax« allein, und dann sinnend, nicht unbesorgt und auch nicht ungewappnet[18], wir finden sie triumphierend auf einem Wagen, und dann auf Victoria angewiesen – victoriam pax sequetur[19], sie begegnet häufig in der (biblisch begründeten) Umarmung mit Justitia[20]. Wenn der Friede in tatkräftige Auseinandersetzung mit Mars oder Bellona eintritt, so verkleidet er sich als Minerva, die eigentlich Fürsprecherin und Beschützerin der im Frieden gedeihenden Wissenschaften und Künste ist, und nicht den Frieden selbst sollte verkörpern dürfen[21]. Ikonographisch ungewöhnlich ist der in einem süddeutschen Statuettenpaar aus der zweiten Hälfte des 17. Jahrhunderts vorgetragene Dialog zwischen »Pax« und »Discordia-Invidia«, einer aus spätbarocken Kompositionen zur Verherrlichung siegreicher Herrscher bekannten abstoßenden und furchterregenden Gestalt *(Abb. 4)*[22]. In tiefer Betrübnis, mit

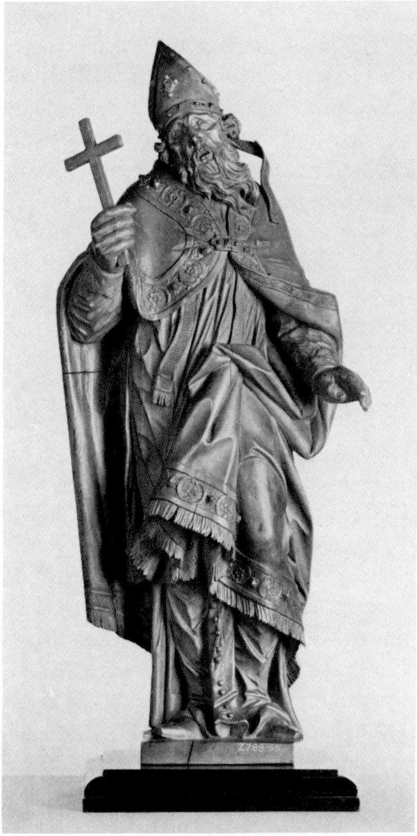

Abb. 2 Monogrammist I. C. H. Heiliger Bischof, Buchsbaumholz. London, Victoria and Albert Museum

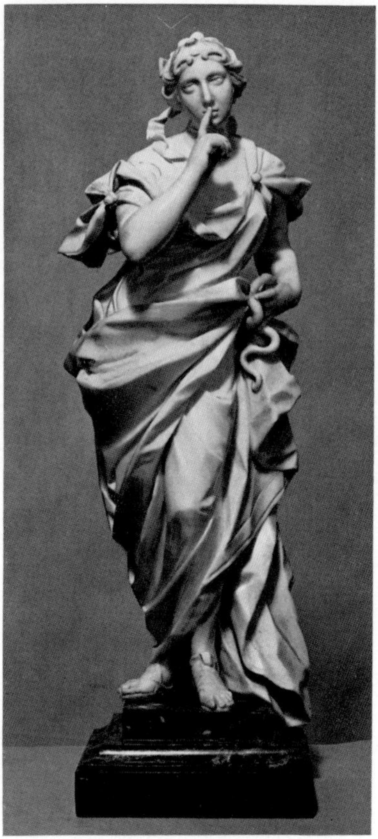

Abb. 3 Oberitalienischer Meister. Die Verschwiegenheit, Alabaster, 1. Hälfte des 18. Jahrhunderts. Hamburg, Museum für Kunst und Gewerbe

zum Himmel weisender Gebärde beschwört die bekränzte »Pax« das Gegenüber, von seiner finster vor sich hin brütenden Wut abzulassen.
Die Beschäftigung der Künstler mit dem Torso – fast selbstverständlich gleichfalls Antiken-orientiert – verlief größtenteils in einer Richtung[23], die dessen Gebrauch zu negativer Sinngebung nicht nahelegte.
Wer erfand das pathetische Friedensbild in Torso-Gestalt? Gewiß nicht unser Monogrammist I. C. H. Daß die Bildformel entstand, als das Volk im Heiligen Römischen Reich Deutscher Nation seine schlimmste Leidenserfahrung unter einer langen Kette vergeblicher Friedensverhandlungen machte, ist vermutlich ein Kurzschluß.

Eine bislang nicht hinreichend erklärte, um 1670–1680 datierte Zeichnung von Joseph Werner d. J. *(Abb. 5)* zeigt das vergebliche Bestreben zweier Wissenschaften (?) und der einander umarmenden Justitia und Pax (?) durch ihr Hantieren mit amputierten Armen an[24]. Als Ausdrucksformel für Ohnmacht sind die amputierten Arme in entsprechender Bedeutung wie an unserem Bildwerk also im 17. Jahrhundert eingesetzt worden. Außerhalb der Architekturplastik und vor der Moderne ist die »Pax« in Hamburg indessen das einzige bisher bekannte Bildwerk von thematisch begründeter Torsoform[25]. In der kleinen Figur ist die Vorstellung leidgeprüfter Generationen vom Frieden ausgedrückt. Erst das Zeitalter der Erleuchtung sollte diese realistische und ziemlich pessimistische barocke Auffassung durch die moderne ersetzen[26].

Janus, Mars und Minerva

Die Bronzegruppe »Janus, Mars und Minerva« des Museums für Kunst und Gewerbe Hamburg[27] *(Abb. 6)*, an deren Herkunft wir lange herumgerätselt hatten, schien mir auf der Ausstellung »Europäische Barockplastik am Niederrhein, Grupello und seine Zeit«, in Düsseldorf, 1971[28], in der Nachbarschaft von deutschen, niederländischen, französischen und italienischen Bildwerken des späteren 17. und frühen 18. Jahrhunderts aufgestellt, mit einem Male augenfällig ihre Zugehörigkeit zu dem höfischen Florentiner Kunstkreis zu bekunden. Die individuellen Kompositionsprinzipien und Stilzüge verweisen auf Giovanni Battista Foggini (1652–1725)[29].

Auf florentinische Herkunft unserer Gruppe deuten mit großer Bestimmtheit die Tönung der Bronze und der auf einen schmuckhaften Untersatz berechnete Zuschnitt des Erdbodensockels[30]. Die Zusammensetzung aus mehr oder weniger zahlreichen Hohlgußstücken – bei französischen Arbeiten der späteren Periode Louis XIV geläufig – ist ebensowohl bei florentinischen dieser Zeit anzutreffen. Die Ziselierung der Gruppe wurde mit der von französischen Bronzen her bekannten Sorgfalt – »a total' perfezione« – ausgeführt[31].

Was Aufbau und Stil einer Gruppe und den physiognomischen Typus der Figuren betrifft, so haben die Hauptmeister der Florentiner spätbarocken Bronzekunst, Giovanni Battista Foggini und Massimiliano Soldani, vieles gemeinsam. Bei der in Frankreich wie in Florenz beliebten räumlichen Gruppierung von zwei oder mehr Figuren stellen die Florentiner in der Regel reichlicher Platz zur Verfügung und erlauben ihnen, sich ziemlich frei und mit ausgreifender, ungezwungener Gebärde darauf zu bewegen. In den Kompositionen des M. Soldani geht die – strömende – Bewegung meistens eher gleichlaufend zum Vorderplan, statt, wie in denen des G. B. Foggini, mit mehr oder

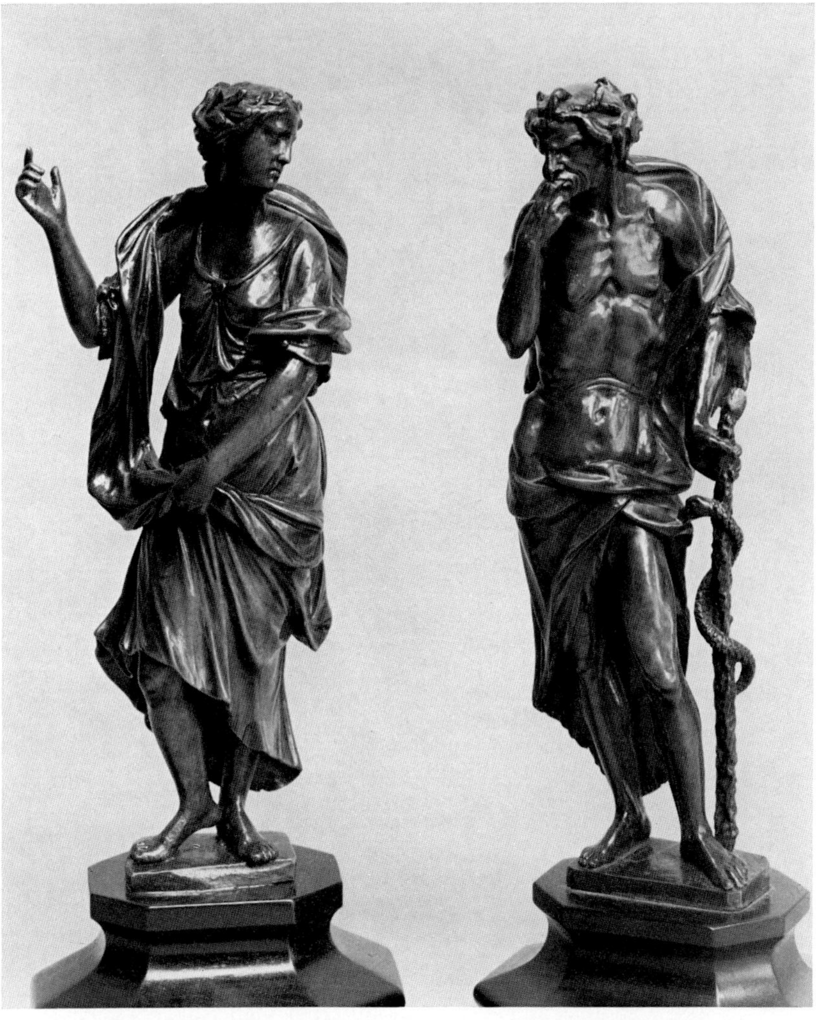

Abb. 4 Süddeutscher Meister. Pax und Discordia-Invidia, Buchsbaumholz, 2. Hälfte des 17. Jahrhunderts. New York, Kunsthandel

weniger betont diagonaler Stoßrichtung aus der Tiefe heraus oder in die Tiefe hinein zu gehen. Der Marschschritt des Kriegsgottes in der Janus-Mars-Minerva-Gruppe entspricht also Fogginis Art, mit spürbarer Mäßigung des barocken Impetus sowohl gegenüber seinen vermutlich um 1690 entstandenen mythologischen Zweifigurengruppen in Florenz, München, Rom und Dres-

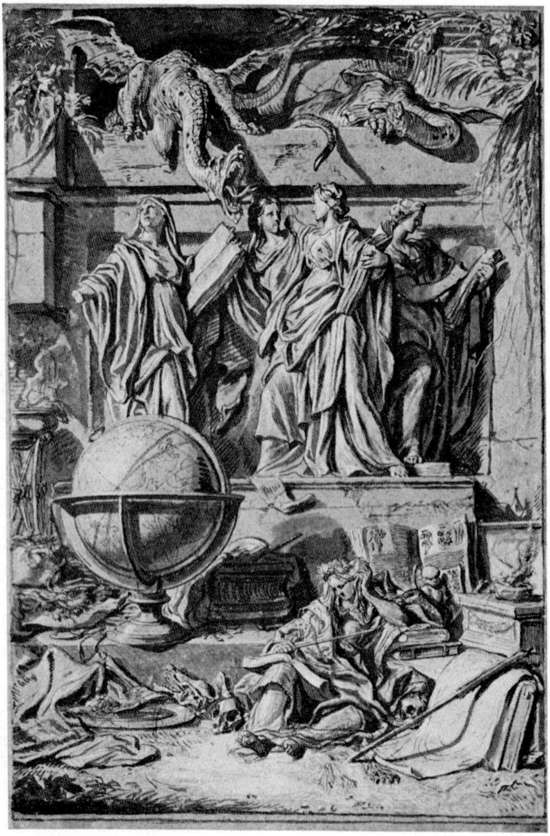

Abb. 5 Joseph Werner d. J. Allegorische Darstellung, Pinselzeichnung, um 1670/80. Berlin, Staatliche Museen, Preußischer Kulturbesitz, Kupferstichkabinett

den[32], als auch gegenüber den »vor 1716« datierten, vielleicht aber schon gegen 1700 modellierten und zum ersten Male in Bronze gegossenen Zweifigurengruppen in München, London und Sunningdale[33].

Die Florentiner Hauptmeister – und zwar Soldani mehr als Foggini – frönen in ihren mythologischen und religiösen Darstellungen einem merkwürdigen Realismus bei den Requisiten der Szene: künstliche Sitzmöbel und schwere, sorgsam profilierte Sockel stellen sie, gerade oder schief, wie es sich ergibt, auf ein unebenes Naturgelände und verstreuen kreuz und quer darauf Artefakte. Für dieses bei einer höfischen Kunstrichtung etwas desillusionierende Verfahren

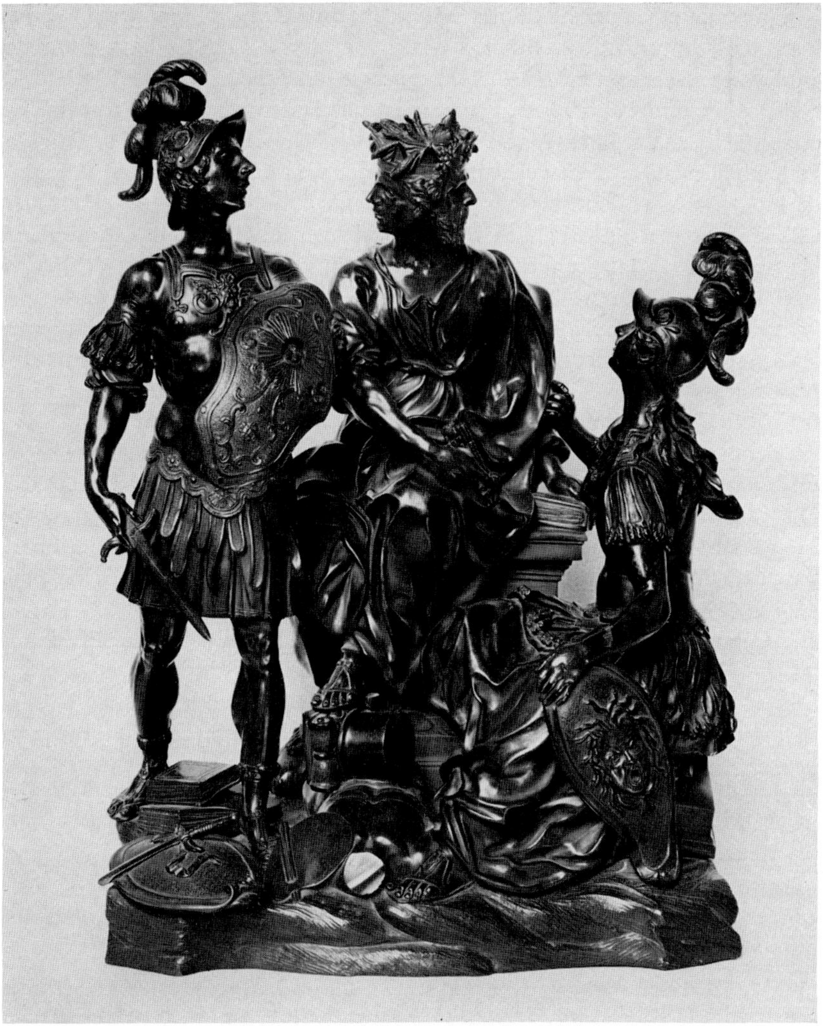

Abb. 6 Giovanni Battista Foggini. Janus, Mars und Minerva, Bronze, um 1713/16(?). Hamburg, Museum für Kunst und Gewerbe

bieten die Reliefs »Der Frühling« und »Der Winter« von Soldani im Bayerischen Nationalmuseum, München, beide von 1711[34], die besten Vergleichsbeispiele zu der Gruppe in Hamburg.

Die physiognomischen Typen der Bildwerke der Foggini und Soldani ähneln einander manchmal zum Verwechseln. Es sei auf Mars in Soldanis Relief

»Winter« zum Vergleich mit dem Mars der Janus-Gruppe hingewiesen. Unter Fogginis Gruppen ist das Minerva-Gesicht am ähnlichsten in der vor kurzem entdeckten Bacchus- und Ariadne-Gruppe wiederzufinden[35].

Neben der kompositionellen Eigenart ist der Faltenstil ausschlaggebend für die Zuweisung der Janus-Mars-Minerva-Gruppe an Giambattista Foggini. Der Faltenstil Fogginis, recht verschieden von der weitläufig fließenden, hier und da rapide strömenden Bewegung von Soldanis Faltenwerk, blieb sich in den Grundzügen erstaunlich gleich von den siebziger Jahren des 17. Jahrhunderts bis ins frühe 18. Jahrhundert hinein. Was die Gewandbewegung der Janus- und Minerva-Figuren betrifft, so ist ein Einklang sowohl mit Maria und Johannes in dem Kreuzigungsrelief von 1675/77 als auch mit den gelagerten Frauengestalten an dem 1709 vollendeten Prunkschrein der Kurfürstin Anna Maria Luisa von der Pfalz, beide in Florenz, Museo degli Argenti[36], festzustellen. Auch die blechhafte Beschaffenheit des Gewandstoffs stimmt überein.

An dem »stipo dell'elettore«, wie der Schrein in den Florentiner Akten heißt, finden sich auch in dem Helm und dem einen Schild der bekrönenden Trophäe die größten Ähnlichkeiten mit der Bewaffnung unserer Marsfigur. Das Medusenhaupt auf dem Schild zur Linken des Kurfürsten und das Medusenhaupt auf Minervens Schild sind fraglos Entwürfe eines und desselben Meisters.

Das Ornament an der Gruppe in Hamburg ist indessen einen entschiedenen Schritt weiter zu »Régence«-Formen hin entwickelt als an dem Prunkschrein. Das Akanthus-Element ist beinahe ausgeschieden. Danach ist diese Gruppe später zu datieren. Die enge Anlehnung an die physiognomischen Typen in den zu Geschenken an den Kurfürsten Johann Wilhelm in Düsseldorf bestimmten Soldani-Reliefs »Frühling« und »Winter« ergibt als weiteren terminus post quem das Jahr 1711. Leider fehlen uns Arbeiten von G. B. Foggini aus dem zweiten Jahrzehnt des 18. Jahrhunderts, an denen die Entwicklung des Ornaments unter seiner Hand abzulesen wäre[38].

In solcherart mythologischen Gruppen mit allegorischer Bedeutung ist in der höfischen Kunst des 17. und 18. Jahrhunderts in vielen Fällen Bezug auf eine Person und auf eine besondere Situation genommen worden.

Ein terminus ante quem für die Entstehung der Janus-Mars-Minerva-Gruppe wäre gewonnen, wenn die im folgenden mitgeteilte Hypothese den aktuellen Sinn derselben betreffend sich als stichhaltig erweisen sollte.

Wir haben vor uns Janus, in einem langen, gegürteten Gewand auf einem gestuft profilierten Sockel sitzend, sein rechtes jugendliches Antlitz mit angespannter Aufmerksamkeit Mars zuwendend, das andere Gesicht mit den Zügen eines älteren Mannes in die Ferne richtend, ohne der bittflehend zu ihm aufblickenden Minerva zu achten. Eine Zackenkrone, zur einen Hälfte mit Ähren, zur anderen mit Weinlaub und Trauben gefüllt, umschließt beide

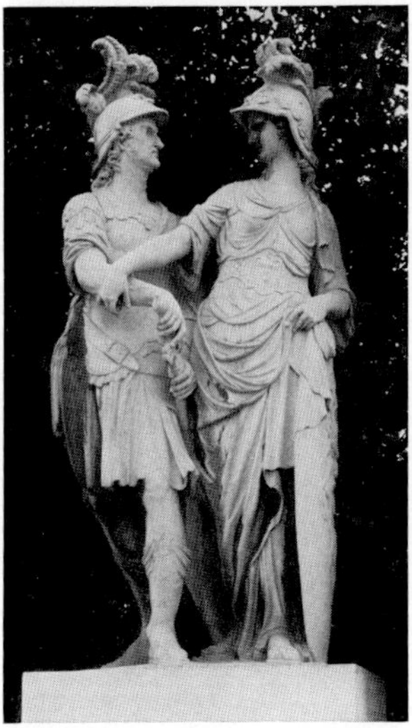

Abb. 7 Veit Kininger. Mars und Minerva, Marmor, zwischen 1773 und 1780. Wien, Park Schönbrunn

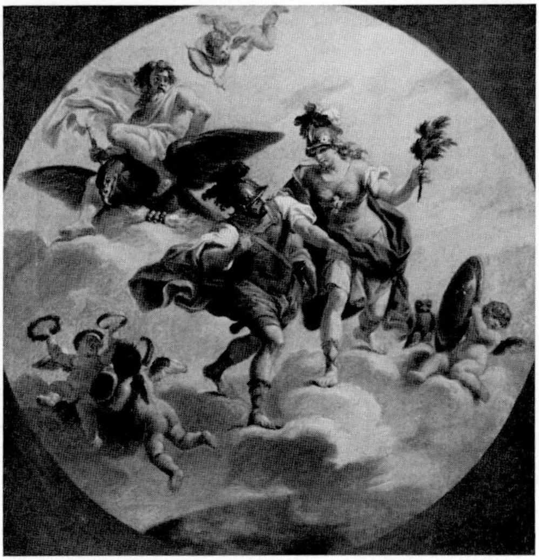

Abb. 8 Österreichischer Meister. Mars und Minerva, Fresko-Modello, Öl auf Leinwand, um 1700/10. Salzburg, Sammlung Kurt Rossacher

Gesichter. Sein rechter Fuß ruht auf einem Kopf neben seinem Sitz, der linke auf einem liegenden ionischen Kapitell über dem Torso einer Statue, an den eine Palette gelehnt ist. Die auf dem linken Oberschenkel ruhende Rechte hält den Schlüssel, die Linke ist auf ein Buch am Ende des Sitzes gelegt. Mars, in halblangen Sandalen, kurzem Waffenrock, römischem Panzer und Helm, tritt mit herrischer Gebärde, über Minerva hinweg in die Ferne blickend, in der gesenkten Rechten den blanken Dolch, mit der Linken den mit einer Strahlensonne geschmückten Schild vor der Brust haltend, achtlos über gestapelte Bücher. Vor ihm auf dem Erdreichsockel ein Kurzschwert auf einem Schild mit Volutenschmuck. – Minerva, bekleidet mit langem Gewand, Waffenrock, Panzer und Helm, sitzt auf einem niedrigen Sockel zu Füßen des Janus, die Linke auf ihren Schild mit dem Medusenhaupt gelehnt, und erhebt die Rechte mit einer Anklopfgebärde, das Gesicht eindringlich zu dem älteren Janus-Antlitz emporwendend. Vor ihren Füßen die Sinnzeichen der drei bildenden Künste *(Abb. 6)*.

Den Anknüpfungspunkt für die höfisch-politische Erklärung dieser mythologischen Gruppe bietet der Schild in der Hand des Kriegsgottes. Die allgemeinen Voraussetzungen für die folgende Interpretation geben die engen familiären, politischen und künstlerischen Beziehungen zwischen den Höfen von Toscana und Kurpfalz.

Die Strahlensonne auf dem Schild ist ein allzu bekanntes Zeichen für den «roi soleil», um nicht als Hinweis auf König Ludwig XIV. von Frankreich genommen zu werden, doch das hochnäsig auftrumpfende Benehmen des göttlichen Schildträgers paßt nicht für eine Huldigung an den Sonnenkönig, abgesehen davon, daß die Ausführung einer solchen Arbeit mit Versailler Adresse durch einen Hofkünstler des Großherzogs Cosimo III. wenig Wahrscheinlichkeit für sich hat.

Der gegen den französischen König zielende Ton würde dem kaisertreuesten unter den deutschen Reichsfürsten, Johann Wilhelm von der Pfalz, zugesagt haben, dessen Land und dessen persönlicher Fürstenehrgeiz von den Kriegstaten Ludwigs XIV. unmittelbar betroffen waren[39], und der Gehalt der Gruppe würde zu den Enttäuschungen stimmen, die Johann Wilhelm in seinen politischen Erwartungen nach dem Jahre 1711 erlebte[40].

Johann Wilhelm war den Künsten über die Maßen zugeneigt, und fraglos hätte er gerne noch mehr für sie getan, wenn der doppelgesichtige Gott, der »den Frieden und Krieg in seiner Hand« hat[41], anders mit seinem Schlüssel verfahren wäre.

Kunstgeschenke aus Florenz an den Kurfürsten, von Mitgliedern des Hauses Medici, mit dem er seit seiner Vermählung mit Anna Maria Luisa de'Medici (1691) eng verbunden war, aus politischem Beweggrund oder aus familiärer Zuneigung gegeben, sind in Düsseldorf häufig eingetroffen[42].

Die in unserer Bronzegruppe bekundete einsichtsvolle Teilnahme gegenüber einer durch widrige Kriegsgewalt zurückgedrängten Kunstpflege wäre wohl dem durch Kunstverstand ausgezeichneten und auch selbst in den Künsten dilettierenden Erbprinzen Ferdinando zuzutrauen. Ferdinando war es auch, der die Huldigungsgeschenke an den deutschen Schwager zu den glücklichen Daten 1708 und 1711 in Auftrag gegeben hatte[43]. Ferdinando beantwortete auch das Dankschreiben der Kurfürstin für den 1709 übersandten Kunstschrein[44]. Gran Principe Ferdinando starb 1713, der Kurfürst von der Pfalz 1716. Die letzte Ehre erwies ihm Florenz mit einem Trauergerüst, das G. B. Foggini zu entwerfen hatte[45].

Die Figuren Mars und Venus in Gegenüberstellung gehören zum Repertoire der barocken höfischen Allegorese im allgemeinen, der florentinischen und der Düsseldorfer[46] im besonderen; der in unserer Bronzegruppe auf höherer Warte zwischen Mars und Minerva gesetzte Janus ist eine ikonographische Besonderheit, die als ganz speziell auf den Kurfürsten von der Pfalz gemünzt wirkt. An der Pyramide von Gabriel Grupello, 1709–1716, heute auf dem Paradeplatz in Mannheim, steht Johann Wilhelm, (voreilig) bekrönt mit der spanischen Königskrone, als Personifikation des »gerechten Regiments«, ursprünglich mit zugeordneter Janus-Trophäe. An dieser Stelle erscheint die zwiegesichtige Gottheit, Vermutungen nach, um der »weisen Könige hohen

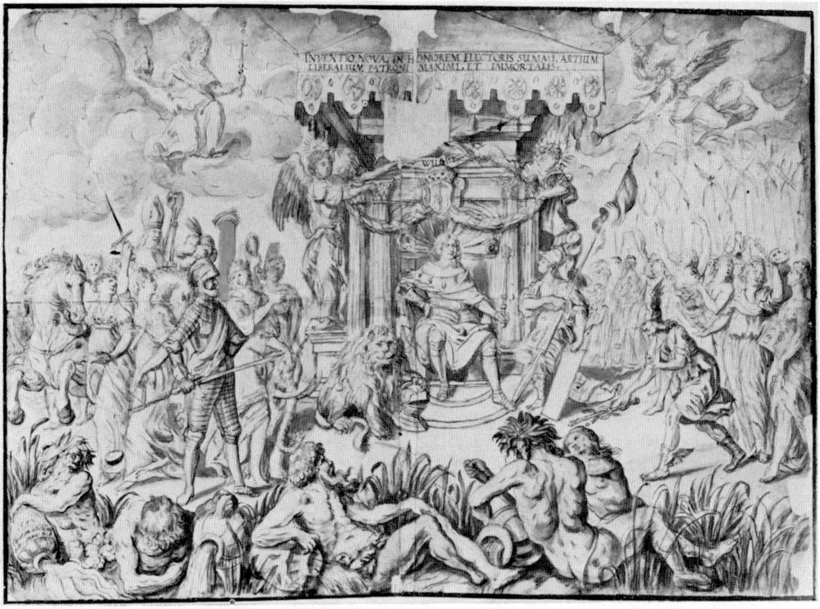

Abb. 9 Christian Schiebling. Invention zu Ehren des Großen Kurfürsten, Federzeichnung, 1652. Berlin, Staatliche Museen zu Berlin, Kupferstichkabinett

Verstandt« anzuzeigen, so wie es der Hochfürstl. Pfaltz-Neuburg. Rath Joachim von Sandrart formulierte[47]. Die Janus-Darstellung des Florentiner Künstlers ist wohl auf Cartari[48] zurückzuführen.

In den florentinischen Schriftquellen[49] ist die Gruppe nicht erwähnt, in dem »Giornale« des G. B. Foggini[50] sind vorwiegend die größeren Projekte aufgezeichnet. Das charakteristische Übereckssitzen des Janus wiederholt sich in Fogginis Entwurf für ein Denkmal des Erbprinzen Ferdinando, um 1713[51]. Gleichviel, ob die Hypothese die Bestimmung der Janus-Mars-Minerva-Gruppe für den Kurfürsten von der Pfalz betreffend sich als richtig erweist oder nicht, aus den Stileigentümlichkeiten geht ohne allen Zweifel hervor, daß diese Bronze Giovanni Battista Foggini zuzuschreiben ist[52].

Klassizistische Bildhauer, die den Wunschgedanken der Aufklärer von der Durchsetzungskraft des Friedens anschaulich darstellen wollten, bedienten sich dafür der in der höfischen Kunst von Renaissance und Barock ausgebildeten allegorisch-mythologischen Bildersprache. Sie vertauschten bloß das Gewicht für die beiden Hauptfiguren Mars und Minerva. In der Marmorgruppe von Veit Kininger im Park von Schönbrunn, Wien[53] *(Abb. 7)*, legt Minerva – wie so häufig auch im Barock für den Frieden selbst stehend –

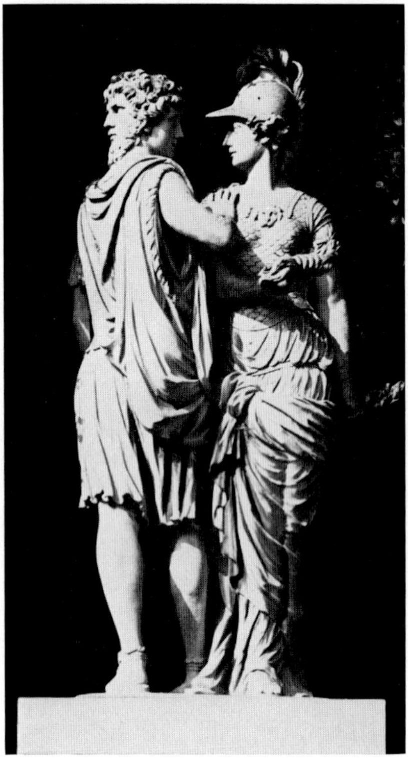

Abb. 10 Wilhelm Beyer. Janus und Bellona, Marmor, zwischen 1773 und 1780. Wien, Park Schönbrunn

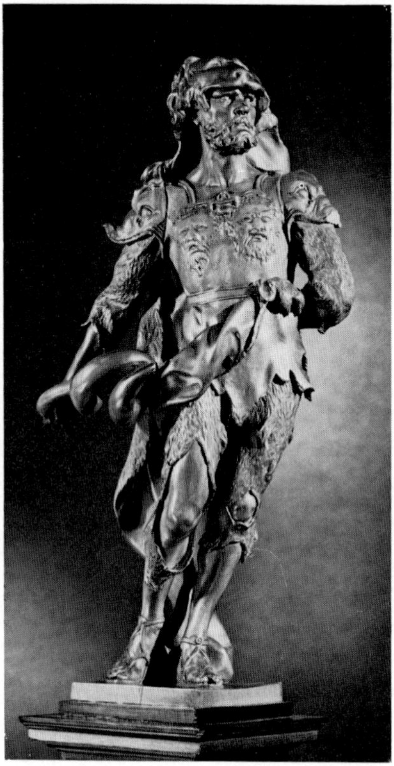

Abb. 11 Süddeutscher Meister. Die Courage, Buchsbaumholz, 1. Viertel des 18. Jahrhunderts. London, Victoria and Albert Museum

Mars die Hand auf den Arm, der das Schwert zieht, und es ist kein Zweifel daran gelassen, daß ihre Gebärde bewirkende Macht hat. Die Intervention Minervens bei Mars, auf älteren Bildern auch hier und da anzutreffen, wurde früher selten als erfolgreiches Unterfangen vorgestellt – und sehr selten von dem voranstürmenden Kriegsgott so höflich mit argumentierender Gebärde abgelehnt wie auf dem um 1700–1710 entstandenen Fresko-Modello eines österreichischen Meisters in Salzburg[54] *(Abb. 8)*. Wo nicht der Wechselverkehr unter Göttern die Sprache reguliert, überrennt Mars die den Frieden symboliserende Gestalt rücksichtslos, wie auf einem der vierzehn Wandbilder, auf denen Kurfürst Johann Wilhelm 1713/14 durch Gianantonio Pellegrini Ereignisse seines Lebens in Schloß Bensberg darstellen ließ[55].

Insgemein gilt für die höfische barocke Kunst die Darstellung von Krieg und Frieden betreffend, was Joachim von Sandrart in der Widmungsrede an den Kurprinzen Friedrich von Brandenburg seiner »Iconologia« erklärt: »Der Krieg / ist des Friedens Vatter. Das Krieger-Eisen muß den güldnen Zepter aufstützen / wann er soll stehen bleiben. Wer in Ruhe sitzen will / der muß seinen Nachbaren zeigen / daß er kriegen / daß er siegen könne. Es kan auch niemand länger Frieden haben / als sein Nachbar will. Wirft der den Frieden über haufen: der Krieg muß ihn wieder aufrichten / und den Feind ruhen lehren«[56]. Diese Auffassung illustriert treffend eine Zeichnung des sächsischen Malers Christian Schiebling, »Inventio« zu Ehren des Großen Kurfürsten, 1652, in Berlin[57] *(Abb. 9)*.
In Wilhelm Beyers Marmorgruppe »Janus und Bellona« im Park von Schönbrunn *(Abb. 10)*[58] ist das in unserer Foggini-Gruppe *(Abb. 6)* angeschlagene Thema aufgegriffen, mit der gleichen zeitgemäßen Umkehrung des Vorzeichens zugunsten des Friedens, wie in Kiningers »Mars-und-Minerva«-Gruppe. An Mars' Stelle steht hier die Kriegsgöttin Bellona; das junge Janus-Antlitz ist ihr zugewandt, wie dort dem Kriegsgott, aber die Gottheit verwehrt ihr die Aktion.
Der Umwertung der barocken Kriegs- und Friedenauffassung im Zeitalter der Aufklärung, das den modernen rhetorischen Friedensoptimismus einläutet, geht eine denkwürdige Karikierung des marsischen Typus in der ersten Hälfte des 18. Jahrhunderts vorauf. Die süddeutsche Statuette »Die Courage« *(Abb. 11)* in London und die Ares-Statuette des Ferdinand Dietz in Nürnberg[59] sind hervorragende Zeugnisse von einer humorvoll eingeleiteten Götterdämmerung.

Anmerkungen

1 Museum für Kunst und Gewerbe Hamburg, Inv.-Nr. 1922.127. Buchsbaumholz, H. 27,9 cm.

2 London, Victoria and Albert Museum, Inv.-Nr. 2788-1856, Buchsbaumholz, H. etwa 47 cm. – H. D. Molesworth, Baroque, Rococo and Neo-classical Sculpture, London, 1954, Nr. 37, als süddeutsch um 1750. – Christian Theuerkauff, Berlin, erkannte, daß die Statuette in London und die in Hamburg ein und demselben Meister zuzuschreiben sind, den er hypothetisch mit Johann Caspar Hiernle in Mainz identifizieren wollte. Eva Zimmermann, Karlsruhe, neigt dieser Hypothese zu, möchte aber bezweifeln, daß die Pax-Statuette, die auch ihr Carlone nahe erscheint, ebenfalls von dem Mainzer Bildhauer sei. (Briefe vom 4. und 6. April 1973. Mit der Mitteilung, daß Ludwig Baron Döry, Bearbeiter der Mainzer Skulptur des 18. Jahrhunderts, »mehrere Fragezeichen« hinter die Hiernle-Zuschreibung setze.) – Kleinplastik von J. C. Hiernle ist nicht bekannt.

3 Justus Brinckmann-Gesellschaft, Hamburg, Max Sauerlandt, Bericht über die Neuerwerbungen des Jahres 1921/22, Seite 39–40 mit Abb.

4 Hermann Decker, Barockplastik in den Alpenländern, Wien, 1943, Abb. 245, Seite 66 u. Seite XI. – Der Entwurf dieser Heiligen-Statue wurde hypothetisch Johann Fischer von Erlach zugeschrieben.

5 Decker, Barockplastik, Seite 81, Abb. 60.

6 Sigfried Asche, Balthasar Permoser und die Barockskulptur des Dresdner Zwingers, Frankfurt/Main, 1966, Abb. 76.

7 Leonore Pühringer-Zwanowetz, Matthias Steinl, Wien–München, 1966, Abb. 178, 179, 183.

8 Oskar Sandner, Barock am Bodensee, Plastik, Ausst.-Kat., Bregenz, 1964, Nr. 9, Abb. 46/47.

9 Ausst.-Kat., Bregenz, 1964, Nr. 55, Abb. 59.

10 Über das Itinerar des Diego Francesco Carlone siehe Wilhelm Boeck, Joseph Anton Feuchtmayer, Tübingen, 1949, Seite 77–82: 1704 u. 1707 Salzburg; 1707/08 Lambach; 1707/09 Rattenberg, Tirol; 1712 Linz; seit 1714 Ludwigsburg; 1715 St. Florian; 1718–1723/25 Kloster Weingarten; 1719/20 Kremsmünster; 1730–1742 Einsiedeln.

11 Boeck, Feuchtmayer, 1949, Abb. 78 und S. 80f. – Vgl. auch die Bischofsstatue von Giovanni Battista Carlone im Passauer Dom, 1693 (Boeck, Abb. 79 u. S. 80f.).

12 Boeck, Abb. 97 und S. 115 bzw. Sandner, Ausst.-Kat., Bregenz, 1964, Nr. 58, Abb 54.

13 Boeck, Feuchtmayer, 1949, Abb. 13. – Weniger pointiert findet sich die beschriebene Haarfrisur an einigen Engeln der Bekrönung des Hochaltars der Klosterkirche Weingarten von D. F. Carlone selbst, 1723/25.

14 Decker, Barockplastik, 1943, Abb. 27 u. S. 48.

15 Über deutsche Gesellen, Mitarbeiter, Konkurrenten der welschen Meister im Falle Ottobeuren siehe Tilman Breuer, Die italienischen Stukkatoren in den Stiftsgebäuden von Ottobeuren, Zeitschrift des Deutschen Vereins für Kunstwissenschaft, XVII, 1963, S. 231–259.

16 Museum für Kunst und Gewerbe Hamburg, Inv.-Nr. 1967,225; St. 257. Alabaster, H. 73 cm. Vermutlich Piemont, 2. Viertel des 18. Jahrhunderts. – Stiftung zur Förderung der Hamburgischen Kunstsammlungen, Erwerbungen 1967, S. 30–33 (L. L. Möller); Jahrbuch der Hamburger Kunstsammlungen, 14/15, 1970, S. 337f. (B. v. Rützen-Kositzkau).

* Zu der Leuchterfigur und den (im 2. Weltkrieg vernichteten) Portalfiguren J. C. Hiernles siehe L. Döry, Ein Mainzer Kronleuchter von 1748, Mainzer Zeitschrift, 60/61, 1965/66, S. 146 und Taf. 24 bzw. S. 146 und Taf. 26. – Über einen Rückgriff des J. C. Hiernle auf eine Arbeit des F. M. Hiernle siehe Döry, S. 146f. – Zu G. B. Carlones Passauer Figuren siehe oben, Anm. 11.

17 Siehe z.B. Cesare Ripa, Iconologia, Paduaner Ausgabe von 1611, S. 399–402. (Einige Pax-Bilder nach Ripa: Erna Mandowsky, Untersuchungen zur Ikonologie des Cesare Ripa, Phil. Diss., Hamburg, 1934, S. 79). – Pierre Dinet, Cinq livres des Hieroglyphiques . . ., Paris, 1614, S. 168, 188, 207, 285, 528, 519, 536. – Joachim von Sandrart, Iconologia Deorum oder Abbildung der Götter, Nürnberg, 1680, S. 111–113.

18 Simon Vouet, Allegorie des Friedens, ca. 1648, Chatsworth (Anthony Blunt, Art and Architecture in France 1500–1750, 1953, S. 168 u. S. 214, Anm. 111, Taf. III A).

19 »Triumphus Pacis« von Filippino Lippi, 1494 (Eve Borsook, Decor in Florence for the Entry of Charles VIII of France, Mitteilungen des Kunsthistorischen Institutes in Florenz, X, 2, 1961, S. 106–122. – »Pacis triumphantis delineatio" von Pieter II Claeissens, ca. 1584 (W. S. Heckscher, Shakespeare in His Relationship

to the Visual Arts: A Study in Paradox, in: Research Opportunities in Renaissance Drama, XIII–XIV, 1970–71, Evanston, Northwestern University Press, 1972, S. 5–71, Fig. XI.

20 »Misericordia et Veritas opviarunt sibi, Justitia et Pax osculatae sunt.« (Psalm 84, 11). – A. Pigler, Barockthemen, Budapest–Berlin, 1956, I, S. 206–209.

21 Als Fürsprecherin und Beschützerin der Künste begegnet Minerva in zahllosen allegorischen Darstellungen zur Verherrlichung der Friedenstaten barocker Fürsten. Im späteren 18. Jahrhundert sind von der Fürstenverherrlichung gelöste Gruppen der Künste mit Minerva als Patronin häufig. – Minerva in energischem Vorgehen gegen Mars in Rubens' Gemälde »Krieg und Frieden«, 1628/29, London, National Gallery (Klassiker der Kunst, V^4, S. 312). Hier schützt Minerva den Frieden, d. i.: das friedliche Leben.

22 Buchsbaumholz-Statuetten, H. 18,4 cm, im Kunsthandel New York. Ausst.-Kat. »Central Europe 1600–1800«, Ringling Museum of Art, Sarasota, Florida, 1972, S. 14, Nr. 16, Abb. S. 55. – Zu dem Gegenüber der »Pax« vgl. Cesare Ripa, Iconologia, s. v. »Discordia« und »Invidia«, ferner: Lorenz Seelig, Zu Domenico Guidis Gruppe »Die Geschichte zeichnet die Taten Ludwigs XIV. auf«, Jahrbuch der Hamburger Kunstsammlungen, XVII, 1972, S. 81–104, besonders S. 82. – Vgl. auch die verwandte Personifikation des »Furor« nach Ripa in spätbarocken Bildwerken: Christian Theuerkauff, »Kaiser Leopold, im Triumph wider die Türken ...«, Hamburger mittel- und ostdeutsche Forschungen, IV, S. 60–93, Abb. S. 61 und S. 69; Leonore Pühringer-Zwanowetz, Matthias Steinl, Wien-München, 1966, S. 44–54, Abb. 79 und 87.

23 Heinz Ladendorf, Antikenstudium und Antikenkopie in der neueren Kunst, Berlin, 1953, S. 31–32, S. 36–37, S. 55, S. 57–58. – Herbert von Einem, Der Torso als Thema der bildenden Kunst, Zeitschr. für Ästhetik und allgemeine Kunstwissenschaft, 29, 1935, S. 331–334, S. 159. – J. A. Schmoll gen. Eisenwerth, Der Torso als Symbol und Form, Baden-Baden, 1952. – Das Unvollendete als künstlerische Form. Ein Symposion, herausgegeben von J. A. Schmoll gen. Eisenwerth, Bern und München, 1959.

24 Joseph Werner (1637–1710) aus Bern, der kurz nach dem Dreißigjährigen Krieg nach Frankfurt in die Lehre kam, und sich in Rom weiter ausbildete, war als Maler und Zeichner in Paris, Augsburg, Bern und Berlin tätig – dort von 1695 bis 1707 als Akademie-Direktor. (Biographische Notizen in: Augsburger Barock, Ausst.-Kat., Augsburg, 1968, S. 153.) – Berlin-Dahlem, Kupferstichkabinett der Staatlichen Museen Preußischer Kulturbesitz, Pinselzeichnung, Inv.-Nr. KdZ. 6218. Die Zeichnungen alter Meister im Kupferstichkabinett Berlin, Bd. I, Elfried Bock, Die deutschen Meister, Berlin, 1921, S. 359, Taf. 188. – Deutungsversuche: H. Möhle, Deutsche Zeichnungen des 17. und 18. Jahrhunderts, Berlin, 1947, S. 43, Abb. 21. – Augsburger Barock, 1968, S. 277, Nr. 404, Abb. 190. – Den Hinweis auf diese Zeichnung verdanke ich Jörg Rasmussen, Hamburg. – Allem Anschein nach ist auch in Michael Willmanns lavierter Federskizze zum Thema »Negligentia« in Berlin-Dahlem, Kupferstichkabinett, KdZ. 16676 (Deutsche Maler und Zeichner des 17. Jahrhunderts, Ausst.-Kat., Berlin, 1966, S. 146, Nr. 215, Abb. 221) eine Figur handlos wiedergegeben.

25 Vgl. J. A. Schmoll gen. Eisenwerth, Zur Genesis des Torso-Motivs ..., in: Das Unvollendete als künstlerische Form, 1959, S. 121, Abb. 41. Über die Torso-Architekturplastik siehe J. A. Schmoll gen. Eisenwerth, Der Torso als Symbol und Form, Baden-Baden, 1955, S. 37 ff., insbesondere S. 45.

26 Noch Winston Churchill, in seiner Jugend Kavallerist in dem Treffen von Om-

durman, ausgefochten »as in the days of old« (Winston Churchill, The Cavalry Charge at Omdurman, in: Men at War, Ed. by Ernest Hemingway, New York, Neue Ausgabe, 1960, S. 402–412), soll erklärt haben, der Friede sei nur eine Atempause zwischen zwei Kriegen.

27 Museum für Kunst und Gewerbe Hamburg, Inv.-Nr. 1961. 207, H. 55,5 cm, Erdsockel 38,8 cm: 31,2 cm. Campesche Historische Kunststiftung, Ausst.-Kat., Hamburg, 1964, Nr. 83. – Angeblich aus dem Besitz des Hauses Hohenzollern stammend; seinerzeit angeboten als Arbeit des Pierre Legros (1629–1714).

28 Europäische Barockplastik am Niederrhein. Gabriel Grupello, Ausst.-Kat., Düsseldorf, 1971, S. 255 f., Nr. 187, Taf. 100: »Frankreich oder Deutschland unter französischem Einfluß, 1. Drittel des 18. Jahrhunderts«.

29 Foggini ging nach seiner ersten Lehrzeit in Florenz 1673 für drei Jahre als Stipendiat an die florentinische Akademie in der Villa Madama, Rom, wo er sich bei dem Cortona-Schüler Ciro Ferri und dem Algardi- und Bernini-Mitarbeiter Ercole Ferrata weiter ausbildete; von 1676 bis 1725 wirkte er in Florenz, seit 1687 als »primo scultore«, seit 1694/95 außerdem als »architetto primario« des Großherzogs der Toscana. – Siehe Klaus Lankheit, Florentinische Barockplastik, München, 1962, S. 47–109.

30 Sehr ähnlich die Abschrägung der vorderen Ecken und die Ausschwingung der vorderen Mitte an Gruppen zweier Foggini-Schüler, deren bronzegeschmückte Untersätze aus geflecktem Paragone noch erhalten sind: Guiseppe Piamontini, Szene aus dem Leben des hl. Ludwig von Frankreich, sign. und 1723 dat., H. 42 cm, Florenz, Museo Nazionale; Giovacchino Fortini, Unterweisung Mariens, sign. und 1723 dat., H. 57,5 cm, Köln, Kunstgewerbemuseum (Lankheit, Florentinische Barockplastik, Abb. 133 u. S. 167, S. 217, Anm. 73, S. 376 bzw. Abb. 134 und S. 178, S. 376). Diesen von der verwitweten Kurfürstin von der Pfalz Anna Maria Luisa de' Medici in Auftrag gegebenen Bronzegruppen verwandt im Zuschnitt des Erdsockels das ebenfalls aus Anna Maria Luisas Besitz stammende »Opfer Abrahams« von Piamontini, 1722, im Palazzo Serristori (Lankheit, Abb. 136 u. S. 167, S. 376).

31 Vgl. z. B. Nicolas Coustou, Julius Caesar, Museum für Kunst und Gewerbe Hamburg (H. R. Weihrauch, Europäische Bronzestatuetten, Braunschweig, 1967, S. 410, Abb. S. 411). – Über die Frage französischen Einflusses auf den Stil der Hauptmeister des florentinischen Spätbarock siehe Erica Tietze-Conrat in: Jahrbuch des Kunsthistorischen Institutes der K. K. Zentral-Kommission für Denkmalpflege, XI, 1917, S. 76 und K. Lankheit, Florentinische Barockplastik, S. 121.

32 Lankheit, Florentinische Barockplastik, Abb. 122; Abb. 125–126. – Weihrauch, Die Bildwerke in Bronze, 1956, Nr. 211, 214. (Die von Düsseldorf nach München gelangte Gruppe »Venus und Adonis«, Nr. 214, hier noch unter »Soldani« aufgeführt.) – Lankheit, Florentinische Barockplastik, Abb. 127.

33 Weihrauch, Bildwerke . . ., 1956, Nr. 216, 222. – John Pope-Hennessy, Foggini and Soldani, Some Recent Acquisitions, Victoria and Albert Museum Bulletin, III, 1967, S. 135–144. – Jennifer Montagu, »Hercules and Jole« and some other bronzes by Foggini, Apollo, März 1968, S. 171–175. – Europäische Barockplastik . . ., Ausst.-Kat. Düsseldorf, 1971, Nr. 368, Taf. 235. – Lankheit, Florentinische Barockplastik, S. 80–83, Abb. 118–121.

34 Weihrauch, Bildwerke . . ., 1956, Nr. 211 u. 214. – Lankheit, Florentinische Barockplastik, S. 131 u. 133, Abb. 95–99.

35 J. Montagu, Apollo, März 1968, S. 171–175, Abb. 7.

36 Lankheit, Florentinische Barockplastik, Abb. 88 u. S. 374 bzw. Abb. 248–250 u. S. 380, S. 65–67, S. 323 f.: Dokumente Nr. 615–617.

37 Lankheit, Florentinische Barockplastik, Abb. 249.

38 Das »Giornale« des Foggini, worin der Siebzigjährige kurz vor seinem Tode Entwürfe von etwa 1713–1718 skizzierte, ist für die Lösung dieser Frage nicht zu gebrauchen. – K. Lankheit, Il Giornale del Foggini, Rivista d'Arte, XXXIV, 1959 (1961 erschienen), S. 55 ff. – Lankheit, Florentinische Barockplastik, S. 51–58.

39 Johann Wilhelm, Schwager Josephs I., wurde für seine Kaisertreue mehrfach belohnt: 1708 wurden das Erztruchsessenamt und die Kurwürde in Bayern auf ihn übertragen. 1711 wurde er Reichsvicarius. – In einem der Raubzüge Ludwigs XIV., dem sogenannten Pfälzischen Erbfolgekrieg (1688–1697), wurde die Pfalz von französischen Truppen planmäßig verwüstet. – Der Ehrgeiz des Kurfürsten von der Pfalz war auf ein spanisches Königreich gerichtet. Wie gering die Aussichten auf die Erfüllung dieses Wunsches auch gewesen sein mögen – sie hing von dem Erfolg der französischen Waffen und der französischen Diplomatie ganz wesentlich ab.

40 Johann Wilhelms Hoffnungen auf ein Mittelmeerreich aus früher spanischen Besitzungen, auf ein Königreich Sardinien oder der Niederlande, auf die Erbschaft des Hauses Medici wurden in den Utrechter Friedensverhandlungen von 1711/12, im Frieden von Utrecht (1713) und von Rastatt (1714) nicht erfüllt.

41 Sandrart, Iconologia Deorum, 1680, S. 19. – Zu Janus siehe auch R. Kanutz, Das Rätsel des Janus, Basel, 1930.

42 Lankheit, Florentiner Bronze-Arbeiten für Kurfürst Johann Wilhelm von der Pfalz, Münchener Jahrbuch, 3. F., VII, 1956, S. 185–210. – Über die Bedeutung des Kurfürsten als Fürsprecher für die Toscana in den politischen Händeln der Zeit siehe Lankheit, Florentinische Barockplastik, S. 133, S. 214, Anm. 58.

43 Über die Jahreszeiten-Reliefs von 1708 und 1711 von Massimiliano Soldani, jetzt in München, siehe Weihrauch, Die Bildwerke ..., 1956, Nr. 211–214 und Lankheit, Florentinische Barockplastik, S. 131 f., S. 232 f., Dokument Nr. 47.

44 Lankheit, Florentinische Barockplastik, S. 65 f.; S. 323 f., Dokumente Nr. 614–617, betreffend den »stipo dell' Elettore palatino«, mit Beschreibung der Bronzen von der Hand des G. B. Foggini.

45 Über die Skizzen zu einem Castrum Doloris im »Giornale« siehe Lankheit, Florentinische Barockplastik, S. 54 und Abb. 214.

46 Kurfürst Johann Wilhelm mit marsischem Habitus: Kunstschrein, 1709, Lankheit, Florentinische Barockplastik, Taf. 248–249; Johann Wilhelm als Mars, Silberstatuette, 1704, München, Schatzkammer der Residenz, Kat. 3, 1970, Nr. 1091; Europäische Barockplastik, Ausst.-Kat., Düsseldorf, Nr. 129, Taf. 75. – Kurfürstin Anna Maria Luisa als Minerva oder als Minerva-Bellona: Europäische Barockplastik, Ausst.-Kat., Düsseldorf, Nr. 9, Taf. 5; Abb. 12 und S. 47 f., S. 54. – Minerva-Statuetten, die zwar nicht mythologische Portraits sind, doch wahrscheinlich im Hinblick auf Anna Maria Luisas Vorliebe für diese mythologische Gestalt entstanden, siehe im Ausst.-Kat., Düsseldorf, 1971, Nr. 40, Nr. 44–47. – Minerva-Statuette, Silber und kostbare andere Materialien, München, Schatzkammer der Residenz, Kat. 3, 1970, Nr. 1092.

47 Sandrart, Iconologia, 1680, S. 18. – Über die Pyramide: Lutz Tittel, Zur Deutung der Pyramide auf dem Paradeplatz in Mannheim; Jörg Gamer, Das Portrait im Werk Gabriel Grupellos, in: Europäische Barockplastik am Niederrhein. Gabriel Grupello, Ausst.-Kat., Düsseldorf, 1971, S. 65–72 bzw. S. 48 f. – Die Janus-Trophäe wurde in der Folgezeit verkehrt eingesetzt.

48 Vincenzo Cartari, Imagines Deorum, Moguntiae, 1687, Imago 5.

49 Lankheit, Florentinische Barockplastik, S. 323, Dokumente Nr. 613 ff. (Schriftquellen 1709 ff.); S. 225 f., S. 233–238 (Viten Foggini); S. 272–275 (Briefe 1708 ff. Foggini betreffend).

50 Lankheit, Rivista d'Arte, XXXIV, 1959, S. 55 ff. – Lankheit, Florentinische Barockplastik, S. 51–59.

51 Lankheit, Florentinische Barockplastik, Abb. 208 u. S. 52.

52 Vgl. Chr. Theuerkauffs Diskussion der Zuschreibungs- und Datierungsfrage in »Europäische Barockplastik ..., Ausst.-Kat., Düsseldorf, 1971, Nr. 187. – Zur Frage des Ornaments auf dem Schild des Mars ist auf die in Florenz frühzeitig einsetzende Rückbildung des Akanthus zugunsten des Bandwerks hinzuweisen. Die florentinische Neigung zur Volute klingt noch nach. – Klaus Lankheit teilte auf eine Anfrage (im Hinblick auf den demnächst in Druck gehenden Katalog der Bildwerke des 18. Jahrhunderts des Museums für Kunst und Gewerbe Hamburg) in einem Schreiben vom 7. August 1972 mit: Stilistisch deute vieles wirklich auf Florenz. Die sehr »additive« Komposition und die ein bißchen manieristische Haltung des Mars schienen ihm einer jüngeren Generation zugehörig zu sein. Er denke hier weniger an G. B. Foggini, als an einen seiner Schüler, etwa Cornacchini. Er schlüge vor, vorerst »Florenz, Anfang 18. Jahrhundert« zu schreiben. – Zu Cornacchini siehe Lankheit, Florentinische Barockplastik, S. 189, 225, 361, 376; Ausst.-Kat., Düsseldorf, 1971, Nr. 367, Taf. 242; Nr. 375.

53 Entstanden zwischen 1773 und 1780. – Erica Tietze-Conrat, Österreichische Barockplastik, 1920, Abb. 85, S. 31 und S. 143.

54 Visionen des Barock, Sammlung Kurt Rossacher, Ausst.-Kat., Darmstadt, 1965, S. 45–46, Nr. 45.

55 Jetzt in Schleißheim, Neues Schloß. – Ausst.-Kat. Barock in Deutschland, Residenzen, Berlin, 1966, S. 142, Nr. 223, Abb. S. 148.

56 Sandrart, Iconologia, 1680, Widmung.

57 Staatliche Museen zu Berlin, Kupferstichkabinett, Kat. Die Zeichnungen alter Meister im Kupferstichkabinett Berlin, I, E. Bock, Die deutschen Meister, Berlin, 1921, Nr. 15.333; Werner Schade, Dresdener Zeichnungen 1550–1650, Dresden, 1969, Nr. 93, Abb. S. 83.

58 Entstanden zwischen 1773 und 1780. – E. Tietze-Conrat, Österreichische Barockplastik, 1920, Abb. 84, S. 30 f., S. 143.

59 London, Victoria and Albert Museum, Inv.-Nr. A 1-1948, H. 24,6 cm. H. D. Molesworth, Baroque, Rococo and Neo-classical Sculpture, 1954, Nr. 38 mit Taf.; M. Baxandall, German wood statuettes 1500–1800, London, 1967, Nr. 11 mit Taf. – Nürnberg, Germanisches Nationalmuseum, H. 23,5 cm., Max H. von Freeden, Kleinplastik des Barock, Stuttgart, 1951, Taf. 28 und S. 7.

Kurt Rossacher

Pietà und Deposition als »Requiem« des Barockbildhauers

In Gesprächen mit Hanns Swarzenski über Phänomene der Kunst klingt immer wieder ein besonderer Ich-Bezug auf, der – über die wissenschaftliche Fragestellung hinausreichend – Werk und Künstler am eigenen Welterlebnis mißt.
Ein solches Gespräch war der Selbstidentifizierung des Künstlers mit der Thematik besonderer »Schicksalsbilder« gewidmet. Es gab den Anlaß zu diesem Beitrag.

Ein kleiner Tonbozzetto der Pietà im Niederösterreichischen Landesmuseum[1] *(Abb. 1 und 2)* von der Hand des in Wien heimisch gewordenen Venezianers Giovanni Giuliani trägt rückseitig eine ungewöhnlich ausführliche Signatur: »Jo. Giulliani Fecit in S. + An^{0}. 1741 Me : 7bris Ætatis suae 77 A. Me 4«.

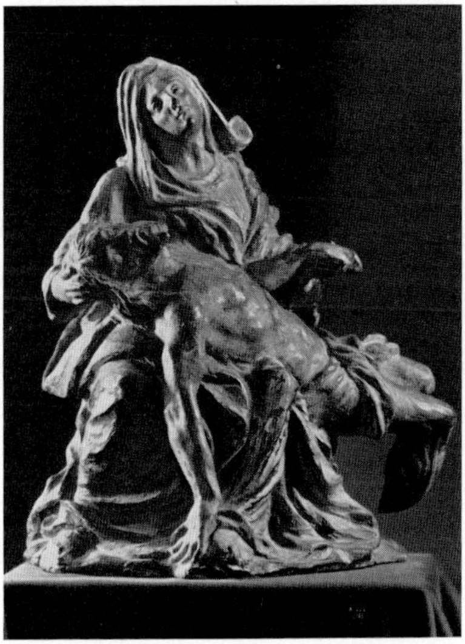

Abb. 1 Giovanni Giuliani, Pietà, Terracottabozzetto, 1741. Wien, Niederösterreichisches Landesmuseum

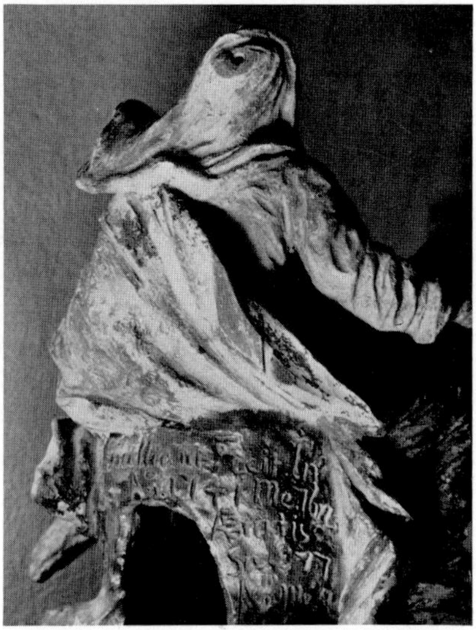

Abb. 2 Rückseite von Abb. 1 mit Signatur Giovanni Giulianis

Daß der Künstler in der Signatur nicht nur Jahr und Monat der Entstehung – den September 1741 –, sondern auch noch die genaue Bilanz der Jahre und Monate seines Lebens – 77 Jahre und vier Monate – vorlegt, scheint ungewöhnlich. Die Tonskizze, welche einen häufigen Typus des Vesperbildes wiedergibt, ist von fließender Weichheit der Bewegung. Im skizzenhaften Tocco der Oberfläche spüren wir den ersten Erfindungsaugenblick. Das Werk steht in keinem Zusammenhang mit einem Auftrag, es ist die einzige bekannte Darstellung der Pietà in Giulianis Lebenswerk[2].

Im Rahmen unserer Argumentation interessiert vor allem die Bedeutung des Vesperbildes im Spätwerk des Barockbildhauers, die persönliche Aussage, die uns der Künstler damit hinterlassen wollte. Die ungewöhnliche Signatur kann hier nicht anders gedeutet werden denn als Hinweis, daß Giuliani damit ein letztes Werk vorlegt, das er mit den schwachen Kräften des hohen Alters geschaffen, bevor er – wie sein Erlöser – im Mutterschoß geborgen zur letzten Ruhe eingeht.

Die Deutung des Vesperbildes als Ruhen des Toten im Schoße des Weibes ist uns seit Wilhelm Pinders grundlegender Untersuchung geläufig[3]. »Das nordische Vesperbild, als Darstellung der leidenden Maria konzipiert« (Panofsky)[4], wird umfunktioniert zur Identifizierung des Betrachters – und des Künstlers – mit dem Toten, der in den Mutterschoß zurückfindet. »An die Stelle einer idealistisch-dogmatischen Handlung ist eine realistische, an allgemein-menschliche Gefühle und Erlebnisse urtümlichster Art anzuknüpfende Darstellung getreten.« (Rosenfeld)[5]

Für den Skulptor des Barock, insbesondere aber für den gebürtigen Italiener Giuliani mag dazu noch die bewußte – durch die Signatur an die Nachwelt gerichtete – Anspielung auf den großen Michelangelo und dessen unvollendete letzte Pietà hinzutreten.

Wenn Giuliani auch in seinen darauffolgenden drei letzten Lebensjahren noch einige bemerkenswerte kleinere Arbeiten schaffen konnte[6], so hat er uns doch mit der Pietà eine besonders artikulierte künstlerische Nachricht hinterlassen, eine für den Bildhauer des Spätbarock spezifische Handlung vollzogen.

In gleicher oder verwandter Thematik und in ähnlicher Lebensbezogenheit haben andere große Bildhauer des 18. Jahrhunderts diese künstlerische Botschaft in monumentalster Weise verwirklicht.

Nur wenige Monate, bevor Giulianis bescheidene kleine Tonskizze im Kloster Heiligkreuz entstand, war sein einstiger Schüler, Georg Raffael Donner, vom allzufrühen Tode dahingerafft worden, kaum ein Jahr nach Vollendung seiner größten Schöpfung, der Pietà des Domes von Gurk.

Raffael Donner hat sich in seiner kurzen Schaffenszeit ständig mit der Gestaltung des Vesperbildes auseinandergesetzt. Schon seine früheste gesicherte

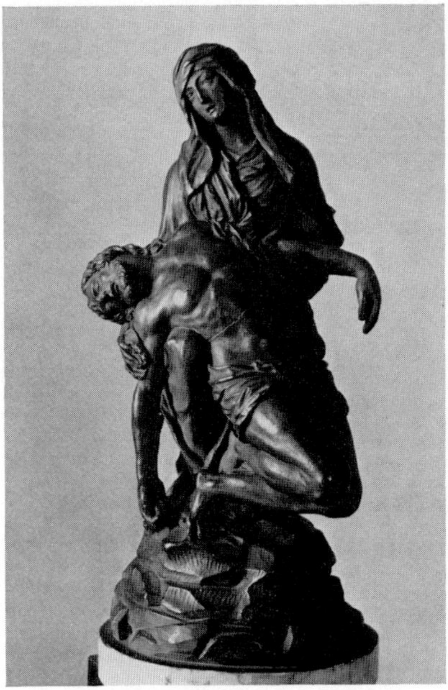

Abb. 3 Georg Raffael Donner, Pietà, Terracottamodell, 1721. Prag, Nationalgalerie

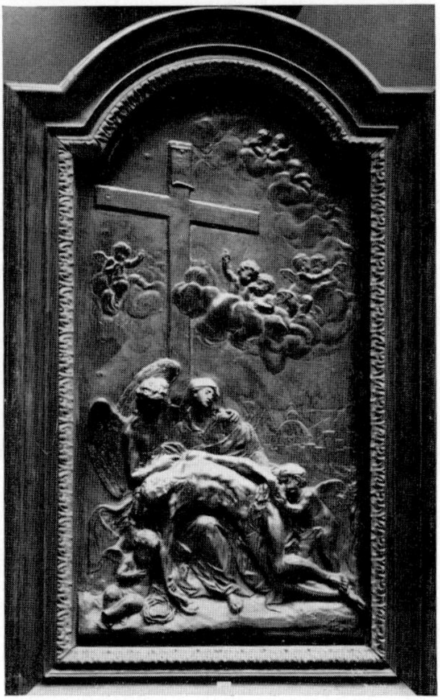

Abb. 4 Georg Raffael Donner, Pietà, Wachsrelief. Wien, Sammlung des Münzamtes

Arbeit war eine Pietà. Das 1721 datierte Werk – aus dem Waldsteinschen Schlosse in Dux stammend – ist im Besitze der Prager Nationalgalerie[7] *(Abb. 3)*. Das sorgfältig durchgebildete Tonmodell sollte in seiner schwarzgetönten Oberfläche die Wirkung eines Metallgusses wiedergeben. Mag dieses frühe Meisterwerk Donners stilistisch auch noch manche traditionelle Züge des österreichischen Spätbarock aufweisen, in seiner Komposition ist es neu erfunden. Stehend, mit tief gebeugten Knien, weist Maria den Toten vor. In dieser Schmalheit erinnert die Gruppe an frühe italienische Beispiele des »Imago Pietatis«[8], bei welchen der von Maria gestützte Schmerzensmann dargestellt ist. Wer denkt vor solch aufgesteilter Komposition nicht zugleich an Michelangelos Pietà Rondanini[9]?

Donners Pietà-Darstellungen der folgenden Jahre sind ausschließlich Reliefs. Das Tabernakel-Relief der Elemosynarius-Kapelle in Preßburg[10], dessen Budapester Replik[11] und das Wachsrelief des Wiener Münzamtes[12] *(Abb. 4)* erscheinen alle als funktionelle Vorstufen des abschließenden Gurker Werkes. Sie stellen sämtlich jenen zutiefst dramatischen Augenblick nach der Kreuzabnahme dar, in welchem Maria unter dem Kreuze den Toten umfängt und Abschied nehmend festhält. Auf die italienische Wurzel dieser Komposition, welche szenisch die Deposizione abschließt, wurde schon mehrfach hingewiesen[13].

Wir nützen den Anlaß, um in solchem Zusammenhang einen kleinen Hausaltar aus vergoldetem Holz im Cleveland-Museum of Art einzufügen[14] *(Abb. 5)*. In einer Altarrahmung, deren Ornamentik in präziser Schärfe den Stil der Wiener Hofkunst vor 1740 repräsentiert, ist Donners Relief eingelassen. Das Clevelander Altärchen ist – unbeschadet der offenen Frage des Ausführenden – in seinem gesamten Disegno als Invention Raffael Donners zu bezeichnen und repräsentiert die Vorstufe für Gurk, wo das Motiv in monumentaler Größe und dreidimensionaler Räumlichkeit erweitert ist *(Abb. 6)*.

Dürfen wir das Phänomen der Gurker Pietà nur dem glückhaften Zufall des plötzlich auftretenden großen Auftrages zuschreiben? Sicherlich war der Auftrag das auslösende Moment. Im Wirkungsbereich des Künstlers selbst liegt es jedoch, was er schließlich aus solchem Auftrag bewirkt, wie sehr er diesen – den Auftraggeber mitreißend – zum Höhepunkt seines Schaffens erhebt, seine ganze Lebenskraft darin verströmend.

Es ist hier nicht unsere Aufgabe, den ausführlichen Beschreibungen der Gurker Pietà eine neue zuzufügen. Uns interessiert wiederum die Frage der Bedeutung des Werkes im Leben Donners. Andreas Pigler[15] nennt die Gruppe »die Missa solemnis des Meisters«. E. Ilg schrieb schon 1893: »Mir ist, als habe der Meister seine ganze leidensvolle Seele in diesem Werk ausgesprochen.«[16] – Donners Signatur lautet: ME UT EXSTO RAPHAEL DONNER ELABORABAT VIENAE EXSTRUEBAT GURCAE.

Es ist ein Verdienst Zdenka Volarkovà-Skorepkovàs, in jüngster Zeit wieder auf Zusammenhänge zwischen der Kunst Michelangelos und dem Werk Raffael Donners hingewiesen zu haben[17]. In ihrer Untersuchung, welche Übereinstimmungen von Teilmotiven feststellt und eine Reise Donners nach Italien zu begründen sucht[18], vermissen wir den Hinweis auf die entscheidenden Gemeinsamkeiten der beiden Künstler, die uns vor allem bewußt werden sollten: zum ersten die tiefe Trauer, die sie verbindet über die Jahrhunderte hinweg und ihre sämtlichen Gestaltungen umhüllt (die spärlichen Quellen zum Leben Raffael Donners geben keine Anhaltspunkte, ob wir als Ursache solcher Seelenhaltung Freud'sche Erlebniskomponenten oder Krankheit vermuten sollen); zum anderen verbindet beide Künstler das gemeinsame Ringen um die Gestaltung der Pietà als das große zentrale Thema, welches beider Lebensbogen beschließt.

Der Gedanke an Michelangelo als Vorbild Raffael Donners mündet in der gemeinsamen Botschaft der letzten Vesperbilder beider Künstler: Gleich Christus herabgesunken vom Kreuze dieses Lebens, umfängt sie noch einmal abschiednehmend die Mutter (Erde), bevor sie eingehen in die Ewigkeit.

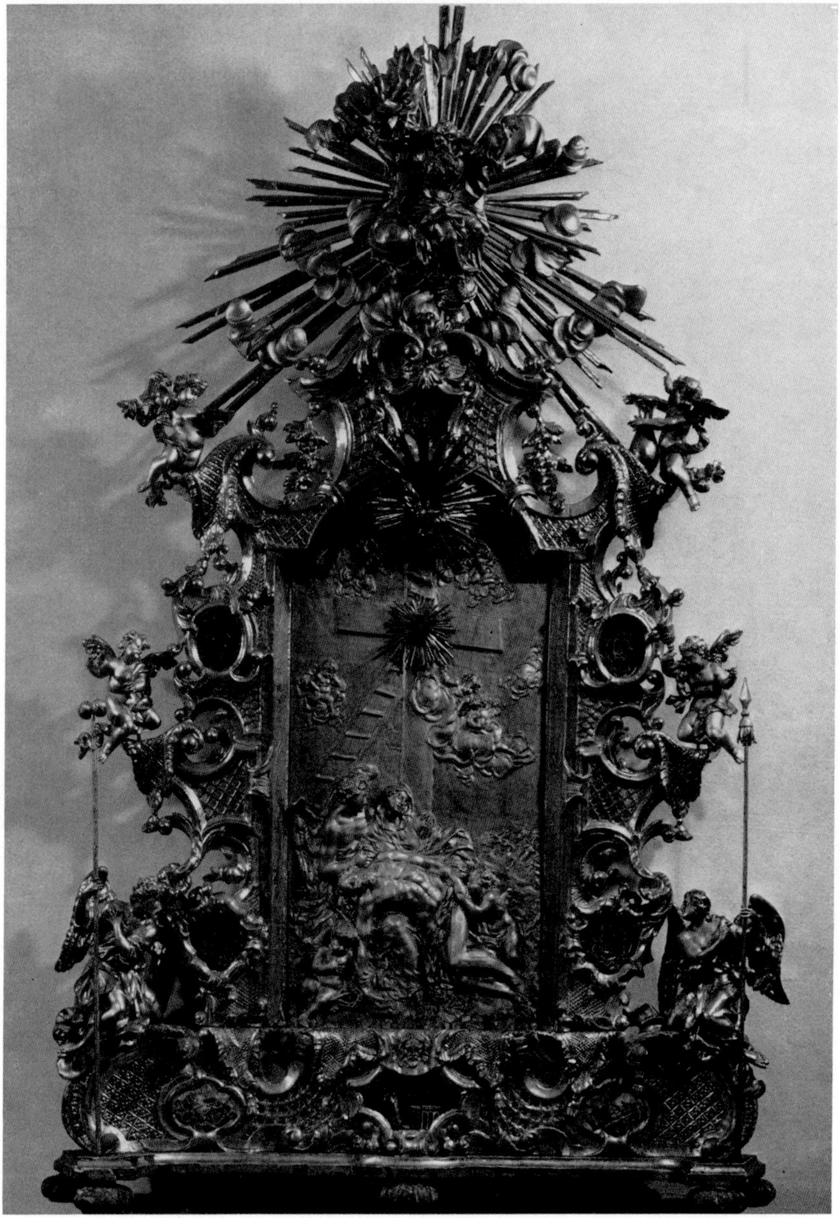

Abb. 5 Georg Raffael Donner und Atelier, Hausaltärchen, vor 1740, Holz vergoldet. The Cleveland Museum of Art

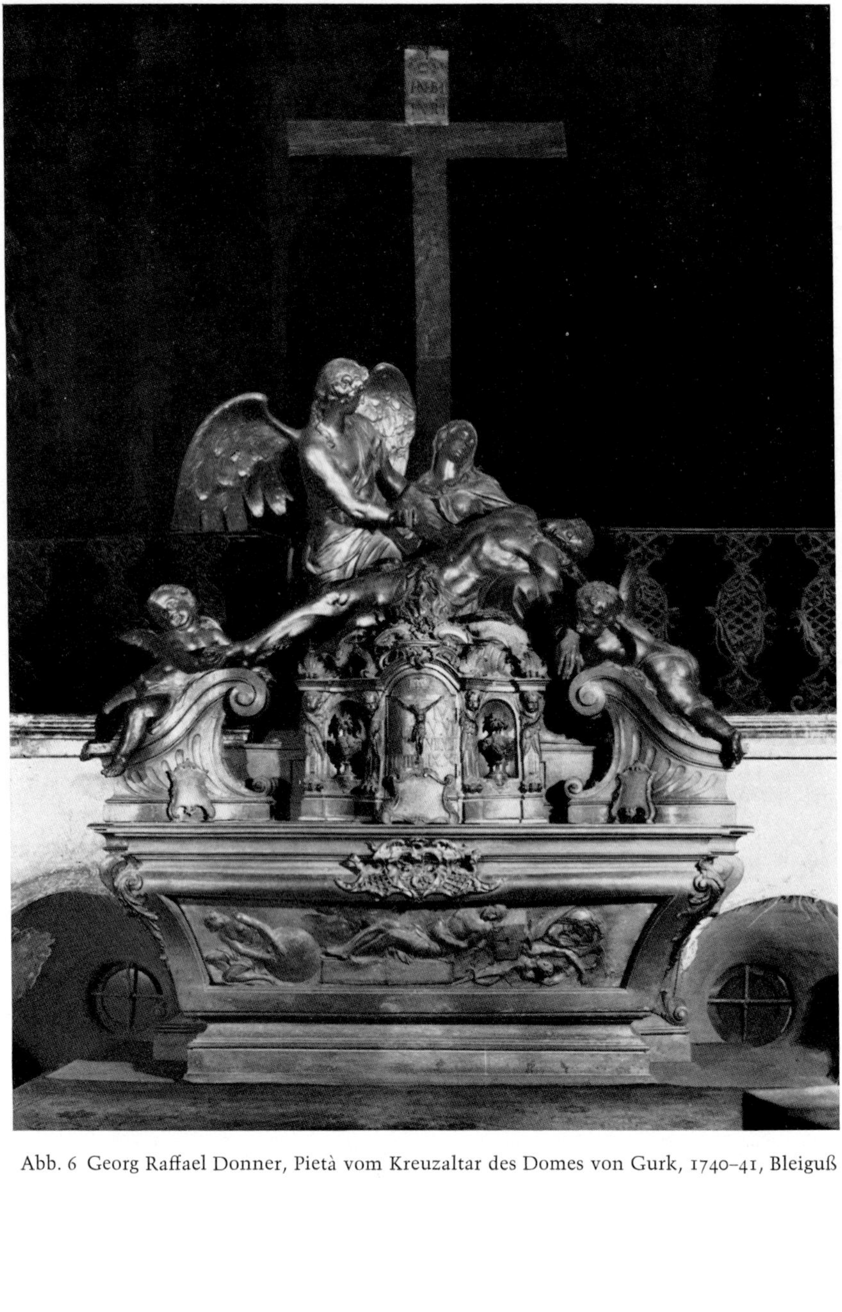

Abb. 6 Georg Raffael Donner, Pietà vom Kreuzaltar des Domes von Gurk, 1740–41, Bleiguß

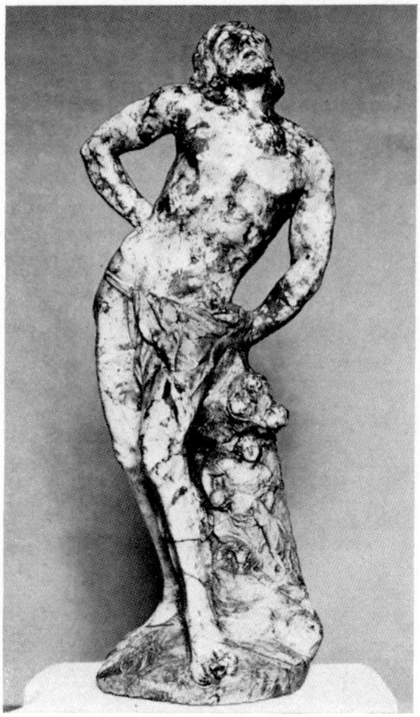

Abb. 7 Balthasar Permoser, Der Gegeißelte, Salzburger Marmor. Dresden, Kapelle des Palais am Taschenberg

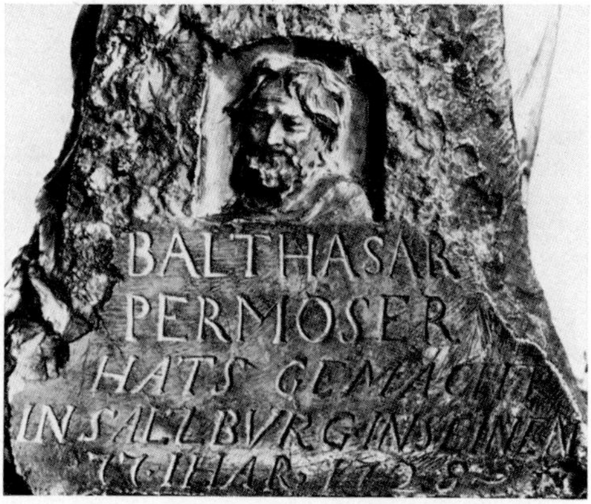

Abb. 8 Rückseitiges Detail von Abb. 7 mit Signatur und Selbstbildnis Permosers

Heftiger und dramatischer hatte ein anderer großer Bildhauer des zentraleuropäischen Barock sein persönlichstes Bekenntnis artikuliert.
Balthasar Permosers Schicksalsbild erkennen wir in der Statue eines gegeißelten Christus der Kapelle des Palais am Taschenberg zu Dresden[19] *(Abb. 7, 8, 9)*. Die Statue aus rotbraun und rosa geflecktem Salzburger Marmor gibt eine erschreckend veristische Darstellung blutenden Leidens. Als bedeutsames Begleitmotiv trägt der Baumstumpf ein Relief mit der Ölbergszene: Christus, vom Engel gestützt, blickt vorübergebeugt in den geleerten Kelch. Auf der Rückseite schaut der Künstler im Selbstporträt aus einer fensterartigen Öffnung, darunter lesen wir die ausführliche Signatur: BALTHASAR PERMOSER HATS GEMACHT IN SALZBURG IN SEINEN 77 JHAR 1728.
Das Jammerbild des Gegeißelten im Taschenbergpalais mit dem deutlich artikulierten Lebensbezug des Künstlers ist die dritte Variante dieses Motivs, welches Permoser in seinem 8. Lebensjahrzehnt sieben Jahre lang beschäftigt hat. Während die erste Lösung, der Christus an der Säule in der katholischen Hofkirche in Dresden (1721)[20], noch in still duldender Leidensstellung verharrt, ist das zweite Werk, der Gegeißelte von Schloß Moritzburg[21] *(Abb. 10)*,

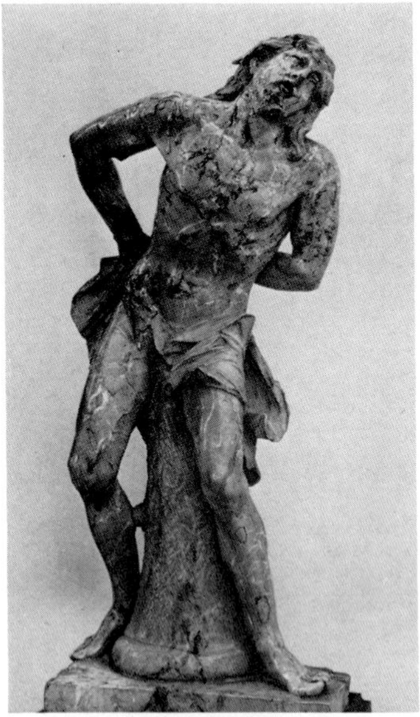

Abb. 10 Balthasar Permoser, Der Gegeißelte, Salzburger Marmor. Jagdschloß Moritzburg

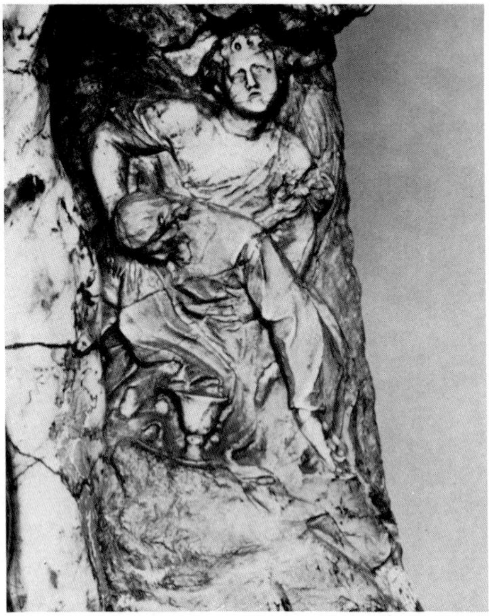

Abb. 9 Detail von Abb. 7 mit der Ölbergszene als »Imago Pietatis«

schon von grauenerweckendem Verismus. Die raffinierte Verwendung des rot gefleckten Materials steigert die Wirkung der von Blut und Wunden starrenden Erscheinung aufs äußerste. Es ist überliefert, daß Permoser ein solches Werk im Jahre 1725 in Salzburg anläßlich eines Aufenthaltes auf einer Romreise dem Bildhauer Matthias Wilhelm Weißenkirchner geschenkt hat[22]. Ob das Moritzburger Werk damit identisch ist oder ob in der Quelle der kleinere signierte Christus des Taschenbergpalais' gemeint ist – wie Sigfried Asche vermutet[23] – ist heute schwer zu entscheiden. Vielleicht existierte noch ein weiteres Exemplar in Salzburg.
Der kraftvolle Balthasar Permoser hinterließ uns in dieser Version eines »Imago Pietatis«[24] sein Bekenntnis. An der Schwelle des Alters, den geleerten Kelch des Lebens vor Augen – wie auf dem Relief –, gebeugt in jahrzehntelangem sächsischen Hofdienst fern der salzburgischen Heimat, identifiziert er sein Schicksal mit dem Gegeißelten. Die beschwerliche Fußreise, die der 74jährige 1725 nach Rom unternahm, hatte wohl nichts mehr gemein mit den früheren Fahrten des Künstlers. Wir verstehen sie als letzte Pilgerreise.
Aus Permosers Gegeißeltem dringt eine andere Botschaft an uns als aus den Gruppen der Pietà bei Donner und Giuliani. Wir glauben, darin noch einen

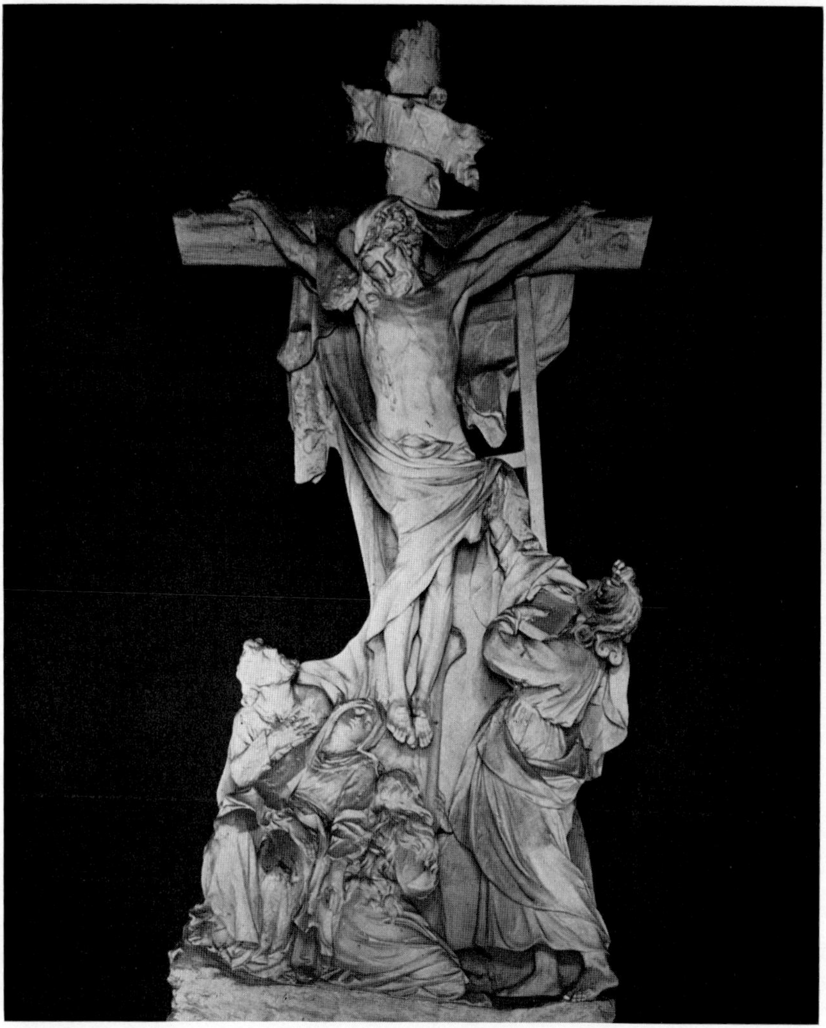

Abb. 11 Balthasar Permoser, Kreuzabnahme, Sandstein. Dresden, Friedrichstadt, Grabmal des Künstlers

lauten klagenden Schrei nach dem WARUM zu vernehmen. Der Künstler hat sich noch nicht ergeben. Erst in seinem letzten Werk, der Kreuzabnahme des Friedhofs Dresden-Friedrichstadt[25] *(Abb. 11)*, einer Sandsteingruppe, die Permoser 1731 für sein eigenes Grabmal schuf, vollzieht er den letzten Schritt: Der tote Christus gleitet vom Kreuze des Leidens herab zum Schoß der dar-

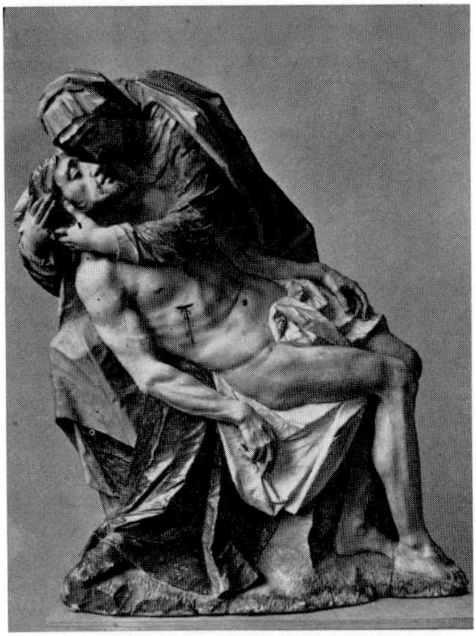

Abb. 12 Ignaz Günther, Pietà, 1750.
Kircheiselfing

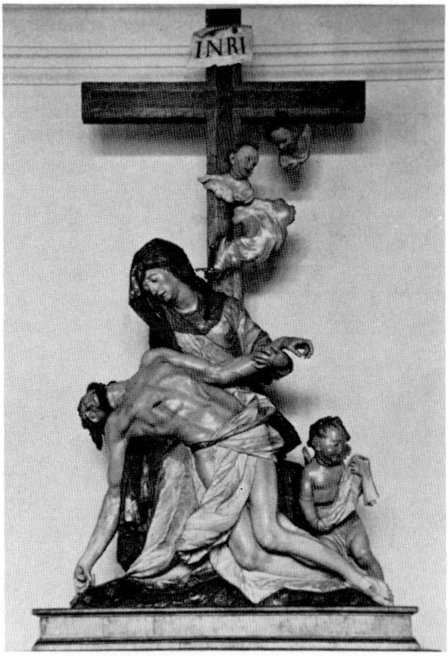

Abb. 13 Ignaz Günther, Pietà,
1764. Weyarn

unter niedergesunkenen Mutter. Die Szene ist genau auf jenen Augenblick konzipiert, der im Bild der Pietà mündet. Die Haltung der hingesunkenen Mutter ist zur letzten Umarmung des Toten vorbereitet[26].

Im Rahmen dieser Studie soll nur auf einige große Beispiele eingegangen werden. Gerade bei bedeutenden Bildhauern kann die Stellung des Vesperbildes als Abschluß des Lebenswerkes besonders eindrucksvoll sichtbar werden. Die Beispiele begegnen uns in verschiedenster Art. Als nicht ausgeführte Bildidee wie in der kleinen Tonskizze Giulianis ebenso wie als Monument für das eigene Grabmal bei Balthasar Permoser oder als letztes großes Auftragswerk wie bei Raffael Donner oder Franz Ignaz Günther. Diesem großen Meister des deutschen Rokoko sei unsere abschließende Betrachtung gewidmet.

Ignaz Günthers letztes Werk ist die Pietà der Friedhofskapelle von Nenningen[27]. Es ist kein nur auftragsbedingter Zufall, daß auch sein Lebenswerk mit einem Vesperbild endet. Aus dem vorhandenen Auftragsbestand hat der Künstler gerade dieses Werk ausgewählt, um seine ganze Lebenskraft noch einmal für die größte Aufgabe des Barockbildhauers aufzubieten. Wenn wir Günthers Vesperbilder vergleichen, empfinden wir die monumentale frühe Pietà von Kircheiselfing[28] *(Abb. 12)* von 1758 als betont nordisch-»gotische« Komposition. Sie wird beherrscht von der engen Beziehung zwischen Mutter

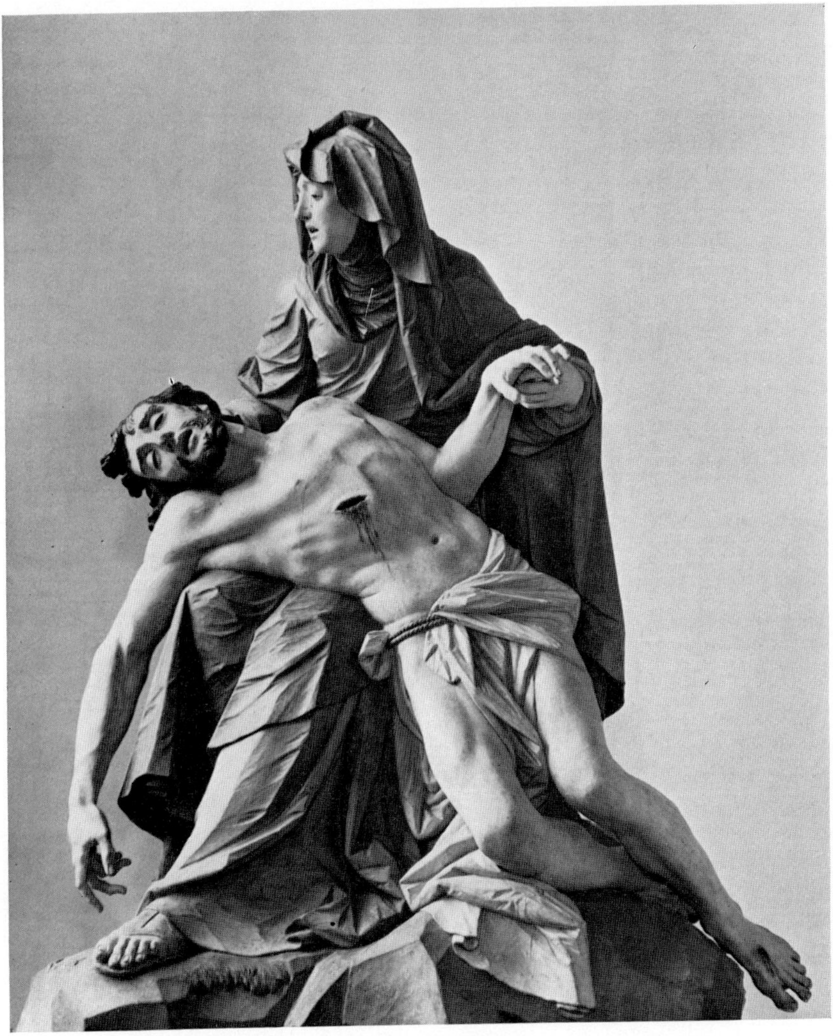

Abb. 14 Ignaz Günther, 1774. Pietà, Friedhofskapelle in Nenningen

und Sohn. Die vom Kreuze überhöhte Weyarner Gruppe[29] *(Abb. 13)* ist kompositionell Raffael Donners Gurker Pietà nahestehend und aus der italienischen Tradition der Deposizione abzuleiten. Der weinende Engel, der auf den Sohn gerichtete Blick der Mutter verleihen dem schönen Werk lyrisch-elegische Züge.

Die Nenninger Pietà *(Abb. 14)* hingegen ist von klarster Absolutheit, von innerer und formaler Abgeschlossenheit. Jeder dekorative Effekt ist weggelassen, ebenso fehlt jede Gefühlsbetontheit. Der Blick der Mutter ist in zeitlose Ferne gerückt. Die unglaubliche Virtuosität und Nervosität der vibrierenden Oberfläche ist konsequent bis ins letzte Detail der monumentalen Komposition untergeordnet. So entsteht eine vollkommene Einheit von Großartigkeit und meisterlicher Finesse.

Die knappe Signatur »1774 F. I. Güntter« ist in strengen Minuskeln auf der Rückseite der Pietà eingeschnitzt. Sie bleibt dem Beschauer in der Nische der 1774 gleichzeitig erneuerten Kapelle »Ad Beatam Mariam Virginem Matrem Dolorosam« völlig verborgen. Diese Signatur ist somit ein Epigraph, das einzig und alleine dem intimen letzten Dialog Günthers mit seinem Schicksal, mit Gott, geweiht ist. Gerhard Woeckel[30] verweist auf die Parallele mit Michelangelo, dessen einzige Signatur erst 1972 als Initiale »M« verborgen in der Höhlung der linken Hand Mariens in der Pietà des Petersdomes entdeckt wurde.

Auch bei Günther liegen die Ursachen des frühen Todes im Dunklen. Wenn wir die Fülle seiner Werke und die unvergleichliche Sorgfalt ihrer Ausführung betrachten, scheint uns diese Leistung von fünfzig Lebensjahren kaum menschenmöglich. Ignaz Günthers Generation war besonders gefährdet. Im Spätbarock geboren und geschult, trotz des Bewußtseins eines kulturhistorischen Endpunktes im Rokoko noch eine letzte Steigerung vollziehend, standen diese Künstler an der Schwelle des Alters vor großen, kaum überbrückbaren Umwälzungen. Der frühe Tod Günthers ist ebenso wie das Sterben seines großen schwäbischen Zeitgenossen Joseph Anton Feuchtmayer schicksalhaft mit der kulturhistorischen Schwelle zum Klassizismus verbunden.

In ihrem besonderen Bezug auf den Tod des Künstlers sind die Motive der Pietà und der Deposition in der Bildhauerkunst des Barock somit durch einige bedeutende Beispiele belegt worden. Die Pietà war auch im Mittelalter wichtig, jedoch mehr im mariologischen Sinne. Erst im Barock wird die Selbstdarstellung des Künstlers im toten Christus so deutlich. Der Mensch der Neuzeit manifestiert sich in dieser Einstellung. Dabei wirkt in höchstem Maße das Beispiel Michelangelos mit. Sein Künstlertum hat vor allem durch die neuen Akademien im 18. Jahrhundert eine wahre Apotheose erfahren. In erster Linie finden wir das Phänomen dieser Selbstidentifizierung mit dem Christus der Pietà im Spätbarock des deutschen Sprachraums, wo ursprünglich das mittelalterliche Bildmotiv seinen Ausgang genommen hatte.

Die Verwendung des Begriffes »Requiem« im Titel möge die kunsthistorische Problemstellung durch den Hinweis auf Wolfgang Amadeus Mozarts vergleichbares letztes Werk erweitern.

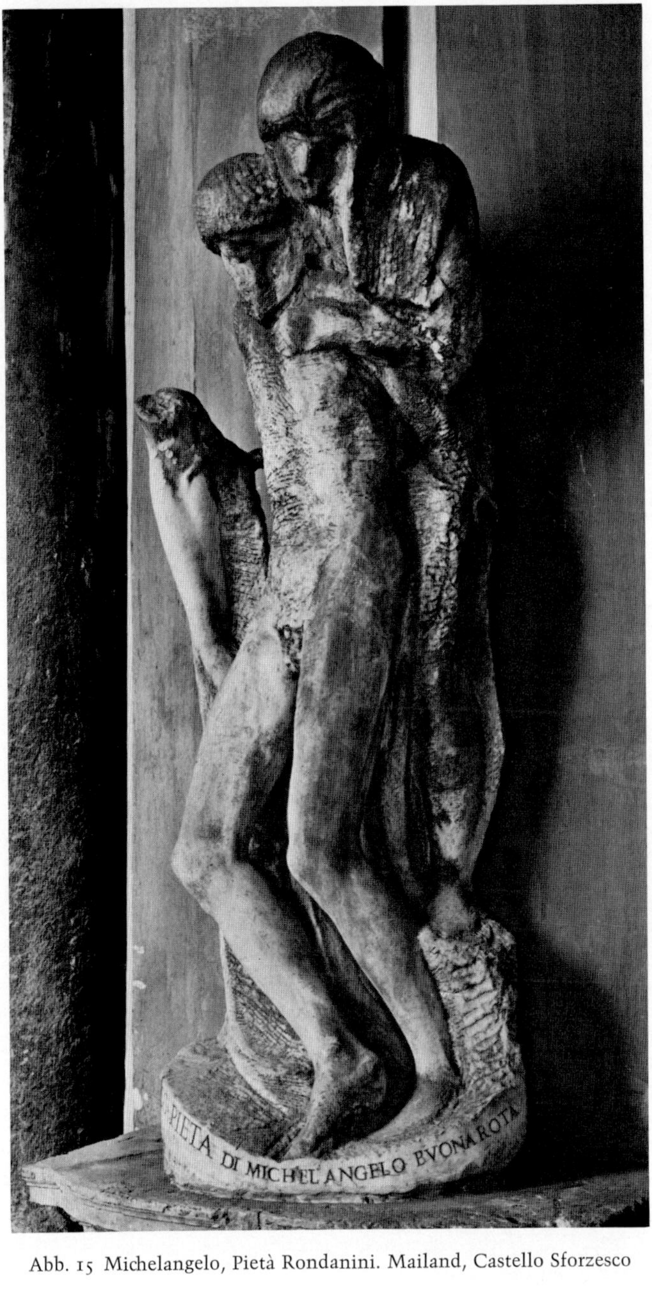

Abb. 15 Michelangelo, Pietà Rondanini. Mailand, Castello Sforzesco

Anmerkungen

1 Inv. Nr. 6021, H. 25 cm, unveröffentlicht.

2 Eine Variante des Wiener Volkskundemuseums, farbig gefaßt, ebenso signiert, ist vergleichsweise härter im Duktus, wohl ein eigenhändiges Zweitmodell; Elfriede Baum, Giovanni Giuliani, Wien 1964, S. 36, 70, B 149, Abb. 68.

3 Wilhelm Pinder, Die dichterische Wurzel der Pietà, in: Repertorium für Kunstwissenschaft 42 (1920), S. 145–163.

4 Erwin Panofsky, Imago Pietatis, ein Beitrag zur Typengeschichte des Schmerzensmannes und der Maria Mediatrix, in: »Festschrift für Max Friedländer zum 60. Geburtstag«, Leipzig 1927, S. 261 ff.

5 Helmut Rosenfeld, Pietà und Jesus-Johannesgruppe, ihre geistigen Grundlagen, ihre Bedeutung, München 1965, S. 3.

6 Die beiden nach der Pietà entstandenen Tonmodelle der hl. Petrus Martyr und Franziskus Borgia sind ebenfalls – wohl aus dem Gefühl des Künstlers, ein letztes Werk zu schaffen – sehr ausführlich signiert. Die Angabe des Lebensmonates tritt bei Giuliani erstmals 1732 in der Signatur des Tonmodells einer Madonna auf. E. Baum, a. a. O., S. 37, 67, B 74/75.

7 H. 41 cm, erstmals veröffentlicht von E. W. Braun, Eine unbekannte Pietà aus dem Jahre 1721 von Georg Raffael Donner, in: Kirchenkunst, Jg. V, Wien 1933, S. 163.

8 Erwin Panofsky, a. a. O., S. 172, Abb. 17, bildet eine Zeichnung Giovanni Bellinis im Museum von Rennes ab, welche eine verwandte Komposition zeigt.

9 Kurt Blauensteiner, Georg Raffael Donner, Wien 1941, S. 12, weist erstmalig auf die Kompositionsverwandtschaft der Prager Pietà mit Michelangelos Pietà Rondanini hin.

10 52 × 25 cm. – Andreas Pigler, Georg Raffael Donner, Leipzig und Wien 1929, S. 37.

11 A. Pigler, a. a. O., S. 53.

12 71 × 38 cm, aus dem Nachlaß Matthäus Donners. – A. Pigler, a. a. O., S. 54.

13 Erica Tietze-Conrat verweist auf eine Pietà Massimiliano Soldanis im Bayerischen Nationalmuseum. – A. Pigler, a. a. O., S. 68/69.

14 Henry Hawley, An Austrian Altarpiece, in: The Bulletin of The Cleveland Museum of Art, 1966, December, S. 361–366. Der Dekor entspricht vergleichbaren Ornamenten nach Entwürfen der Galli-Bibienas in Preßburg, Wien und Gurk.

15 A. Pigler, a. a. O., S. 69.

16 E. Ilg, Georg Raffael Donner, Gedenkschrift zum 200. Geburtstage, Wien 1893, S. 53.

17 Zdenka Volarkovà-Skorepkovà, Michelangelos Einfluß auf die mitteleuropäischen Bildhauer des 18. Jahrhunderts, in: Michelangelo heute, Berlin 1965, S. 193–203.

18 Daß diese nicht gesicherte, aber stets diskutierte Reise Donners nach Italien stattgefunden hat, ist auch die Ansicht des Autors.

19 H 81 cm. – Ernst Michalski, Balthasar Permoser, Frankfurt 1927, S. 22 f., 28, Abb. 92, 93, Detail Abb. 1. – Sigfried Asche, Balthasar Permoser und die Barockskulptur des Dresdner Zwingers, Frankfurt/M. 1966, S. 300, P. 82.

20 Hans Beschorner, Permoser-Studien, Dresden 1913, S. 75, A 7 fα. – E. Michalski, a. a. O., S. 22, 27, Abb. 72. – S. Asche, a. a. O., S. 298, P. 73.

21 H 114 cm, jetzt im Kunstgewerbemuseum Dresden. – H. Beschorner, a. a. O., S. 90, A 19c. – E. Michalski, a. a. O., S. 22, 28, Abb. 88, 89. – S. Asche, a. a. O., S. 299, P. 79, Abb. 78.

22 Sohn Wolf Weißenkirchners, des Lehrers Permosers, in Salzburg, Griesgasse 31 wohnhaft. – Beschorner, a. a. O., S. 41.

23 S. Asche, a. a. O., S. 300. – Auf der Münchener Ausstellung »Bayern, Kunst und Kultur« 1972, Kat. Nr. 895, war ein weiterer Gegeißelter aus gelbem sächsischem Marmor, Höhe 32 cm, aus dem Besitz des Tiroler Landesmuseums Ferdinandeum (Inv. Nr. P 162), als Werkstattarbeit bezeichnet. Auch dieses Werk, auf welches der Verfasser durch Herrn Dr. G. Woeckel, München, hingewiesen wurde, hat die Qualität eines eigenhändigen Werkes.

24 Der mit dem Schmerzensmann verwandte Gegeißelte ist aus der Geißelungsszene entwickelt (Panofsky, a. a. O., S. 266 ff.). Er wurde damit ein neues Andachtsbild, das der Barock aus einem szenischen Historienbild heraus geschaffen hat. Die Gestalt des Engels im Relief der Säule vertritt Maria und erweitert Permosers Darstellung voll zur »Imago Pietatis«.

25 H 342 cm. – Beschorner, a. a. O., S. 76, A 7β. – E. Michalski, a. a. O., S. 23, 28, Abb. 93. – S. Asche, a. a. O., S. 300, P 85.

26 Die Kreuzabnahme ist hier noch als szenisches Historienbild verwirklicht (Panofsky, a. a. O., S. 264 ff.). Die Komposition ist noch in Bewegung, der Endpunkt des abschließenden Andachtsbildes im Vesperbild ist jedoch schon vorbereitet. Beide Werke Permosers, der Gegeißelte ebenso wie die Kreuzabnahme, fügen sich damit in einem freieren Sinne voll in unsere Argumentation ein.

27 H 163 cm. – Arno Schönberger, Ignaz Günther, München 1954, S. 87, 88, Abb. IV, 148–152.

28 H 120 cm. – A. Schönberger, a. a. O., S. 29, 30, Abb. 8, 9.

29 H 197,5 cm. – A. Schönberger, a. a. O., S. 48, 49, Abb. II, 62–64.

30 Gerhard Woeckel, Die Handzeichnungen des kurbayerischen Hofbildhauers F. I. Günther, Kat. Nr. 75 (in Vorbereitung, mit frdl. Genehmigung des Autors).

Hans Huth

Roentgen und Gluck

Es war nicht nur die hohe künstlerische und technische Qualität seiner Möbel, die David Roentgen aus Neuwied als einzigem Ebenisten des 18. Jahrhunderts europäischen Ruf verschaffte. Mindestens ebensoviel trug dazu ihre Ausstattung mit »mechanischen Künstlichkeiten« bei, so daß etwa bei einem Schreibtisch, wie Goethe im »Wilhelm Meister«[1] erklärt, »mit einem Zug ... Federn und Ressorts in Bewegung kommen. Pult- und Schreibzeug, Brief- und Geldfächer sich auf einmal oder kurz nacheinander entwickeln«. Eine ganze Reihe von Schreibschränken und Uhren waren zu allem Überfluß noch mit Planetenläufen und Musikwerken ausgestattet, zu deren Bespielung eine Reihe von auswechselbaren Walzen dienten.

Nun waren mechanische Spielereien uralte Künste, an denen sich hohe Herren und Kunstliebhaber seit jeher erfreut hatten. Zu Roentgens Zeit sprach alle Welt von Jacques de Vaucanson (1709–1782) in Paris, dessen Automaten sprechen, flöten und trommeln konnten und auch sonstige Kunststücke produzierten. Ebenso bekannt machten sich die Schweizer Vater und Sohn Pierre Jacquet Droz (1721–1790) und Henry Louis Droz (1752–1791)[2]. Ihre Figuren und Gruppen führten ganze Szenen vor, in denen sie aktiv waren, einige konnten sogar Zeichnungen ausführen. Noch heute produziert eine Kinderfigur im Museum in Neuchâtel einige durchaus ansprechende Zeichnungen *(Abb. 1)*. Wie es Georg Christoph Lichtenberg[3] 1780 beschrieben hat, macht sie »mit einem Bleystift den Entwurf zu einem Gemählde [Portrait Louis XVI. und Marie Antoinette], und zwar mit starken und schwachen Strichen, darauf die Schattierung, verbessert und retouchiert das Unvollkommene, bläst den Bleystift sauber, betrachtet die Zeichnung«. In Wien stellte ein gewisser Wolfgang von Kempelen (1734–1804) einen Schachspieler vor, der an den heutigen Computer-Schachmeister erinnert. Doch beide verfehlten ihren Beruf: 1838 entdeckte man, daß Kempelens Mann ein Betrug war, zum Spielen wurde jedesmal ein Mensch in den umständlich gebauten Apparat gesteckt. Was den Computer betrifft, so verneint der Schachweltmeister Dr. Max Euwes[4] aus grundsätzlichen Überlegungen die Möglichkeit einer Steigerung der derzeitig ungenügenden Spielstärke des ohnehin programmierten Computers.

Roentgen und der geniale Mechaniker Peter Kinzing (1745–1816), mit dem er zusammenarbeitete, schufen nur ein Musikwerk[5] mit einer mechanisch be-

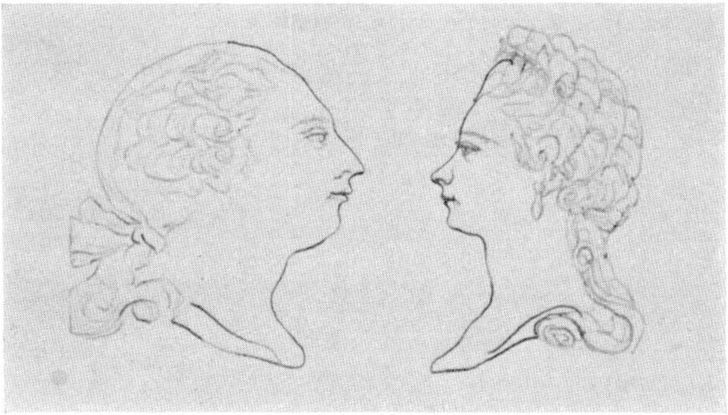

Abb. 1 Bleistiftzeichnung eines Automaten
von P. Jaquet-Droz, 1773. Neuchâtel, Musée Historique

wegbaren Figur, nämlich eine Dame, die eine Zimbel spielt, das im Gehäuse eines Flügels eingebaut ist *(Abb. 2, 3)*. Diese Zimbelspielerin (Joueuse de Timpanon), heute im Conservatoire des Arts et Métiers in Paris, führt noch immer acht Musikstücke vor und bewegt dabei Hände, Kopf und Augen. Königin Marie Antoinette kaufte das Stück 1785 und sandte es noch im gleichen Jahr der Akademie der Wissenschaften mit einem Begleitbrief ihres Arztes Lassone, in dem es heißt: »La reine a depuis peu de temps fait acquisition d'une petite figure de femme automate de dix huit ou vingt pouces de hauteur qui joue et exécute très bien différents airs de musique sur une espèce de timpanon en forme de petit clavecin«. Dieser Automat wurde zu seiner Zeit wenig bekannt, da er damals nicht öffentlich ausgestellt wurde.
Seit dem Ende des 18. Jahrhunderts hörte man nur noch wenig von Figuren dieser Art, die einst die elegante Welt in Staunen gesetzt hatten. Man hatte begonnen, solche Erscheinungen skeptischer zu betrachten, da man doch im Jahrhundert der Aufklärung an Maschinen die Forderung der Nützlichkeit glaubte stellen zu müssen. So hatte zwar Lichtenberg 1780 im Göttinger Taschenbuch einen Artikel über die »Kunstwerke« der beiden Droz geschrieben, welche »die berüchtigten (sic) Arbeiten des Vaucanson weit hinter sich gelassen haben sollen«. Doch 1786 lehnte er es in einem Brief[6] an den mit ihm befreundeten Arzt Christoph Girtanner ab, sich noch einmal mit diesen »sublimen Nürnbergereyen«, also Spielzeugen, zu befassen. Immerhin gab er zu, daß die Bilder des französischen Königspaares »sehr artig« gezeichnet seien. Auch Goethe äußerte sich in seinem Aufsatz »Der Sammler und die Seinigen« (1798/99)[7] über Automaten. Als eine reisende vornehme Engländerin den Sammler besuchte, zeigte dieser ihr seine Kunstschätze, doch den künstlichen Trommelspieler »den er längst in eine Nebenkammer verbannt hatte«, läßt er durch seinen redegewandten Diener vorführen, und zwar nur den Be-

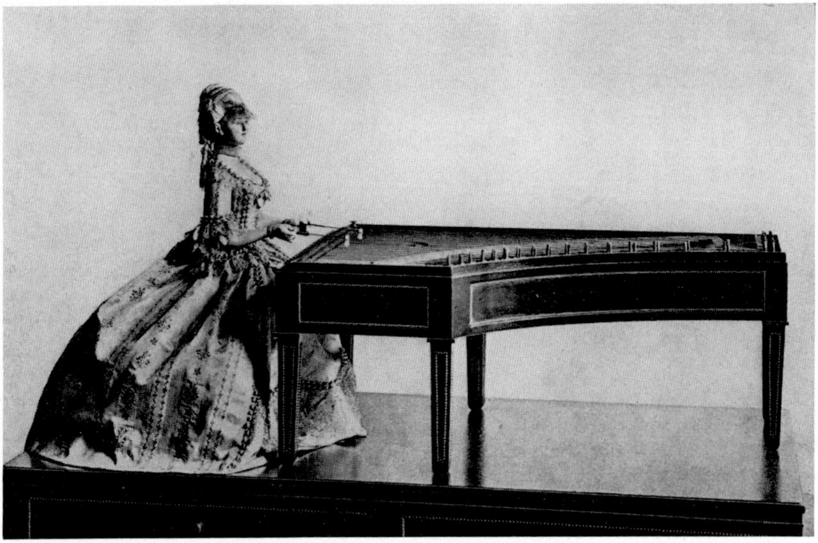

Abb. 2 Zimbalspielerin. David Roentgen und Peter Kinzing, 1784. Paris, Conservatoire des Arts et Métiers

diensteten der Dame. Freilich versammelt sich dann doch die übrige Gesellschaft dabei und »das Abgeschmackte versetzte jedermann in einen behaglichen Zustand.« Natürlich hat sich E. T. A. Hoffmann mit dem Phänomen der Wiedergabe von Musik durch Automaten in seinen Arbeiten des öfteren beschäftigt. So läßt er z. B. in der »Automate« eine der Personen sagen »das Tote, Starre der Maschinenmusik [war mir] von jeher zuwider«, und »eine große Harfenuhr, welche stündlich ihr Stückchen abspielte erregte ein recht quälendes Mißbehagen«. Für wichtiger als diese »widrigen Spielereien« hielt er, nach Vervollkommnung der Tastinstrumente zu streben, hier sei »noch manches zu tun«. Er erwähnt aber auch eine Anzahl von neuen und alten Instrumenten wie »Äolsharfen«, die zum Teil bloß durch Wind in Bewegung gesetzt würden, alles Anregungen, die der romantischen Bewegung ganz entsprechen. Auch in diesem Zusammenhang gewinnt die Vervollkommnung der Spielwerke durch Kinzing an Bedeutung[7a].

Als Goethe 1805[8] den als Sonderling bekannten Professor Beireis der Universität in Helmstedt besuchte, zeigte ihm dieser in einem »Alten Gästehaus« »einen angeblich von Vaucanson verfertigten Flötenspieler«, obwohl er »durchaus paralysiert war und nicht mehr flötete«. Da dessen Walze nur für ein paar primitive Musikstücke eingerichtet war, hatte sich Beireis, wie er bemerkte, eine andere machen lassen wollen, doch seien die damit beauftragten

Orgelspieler darüber gestorben. Von diesen »veralteten und halb zerstörten Dingen« sprach Beireis mit solchem Behagen und so wichtigem Ausdruck, »als wenn seit jener Zeit die hohe Mechanik nichts frisches Bedeutendes hervorgebracht hätte«.

Dem Verlangen von Beireis nach »besserer« Musik entspricht die Tatsache, daß Roentgen 1785 seine Spielerin mit einer Walze ausgestattet hatte, die ganz ansehnliche Kompositionen produzierte. Von den acht Musikstücken, die sie spielt, glaubte man bis vor kurzem, daß eines eine Arie aus Glucks Armida (erste Aufführung 1777) wiedergibt[9]. Über die Möglichkeit, daß die Musik tatsächlich mit Gluck zusammenhängt, wird gleich noch zu sprechen sein. Einem Versuch, festzustellen, was für Kompositionen auf den Walzen, die aus der Roentgen-Kinzing Werkstatt hervorgingen, geboten wurden, steht die Tatsache gegenüber, daß die meisten Musikwerke ganz oder teilweise durch Vernachlässigung und Zerstörung unbrauchbar geworden sind. Soviel bisher zu erfahren war, befinden sich – neuerdings in der Werkstatt[10] des Museums Schloß Köpenick wiederhergestellte – Musikwerke in einer Uhr im Schloß-Museum in Weimar und in einem Schreibschrank im Schloß Köpenick. Von den sechs Walzen der Weimarer Uhr ist eine spielbar und produziert, wie angegeben wird, ein Stück in der Art von Zigeunermusik. Die Köpenicker Uhr besaß einst vier Walzen. Nur eine ist heute brauchbar und zeigt an, daß sie folgendes spielt: Andante, Menuett Polonaise, Allegro. Auch die Verfasser der Kompositionen, die eine 1928 aus russischem Staatsbesitz erworbene Uhr im Kreismuseum Neuwied sowie die Zimbalspielerin in Paris wiedergeben, sind bisher nicht ermittelt worden.

Infolge der Vielseitigkeit der Musik, die von den Roentgen-Kinzing-Musikwerken vorgeführt wurde, drängt sich die Frage auf, ob man sie zu ihrer Zeit in Anspruch nahm, um Musik zu hören, oder eher um die Tatsache zu bestaunen, daß eine Maschine solche Übertragungen möglich machen konnte. Man wird kaum zweifeln können, daß die erste Annahme die richtige ist, wenn man von einem Briefwechsel[11] Kenntnis nimmt, der 1779 zwischen dem in Paris beglaubigten österreichischen Botschafter Florimund Reichsgrafen Mercy d'Argenteau und David Roentgen stattfand.

Hier ist von einer Standuhr die Rede, die der Botschafter bei Roentgen gekauft hatte und für deren Musikwerk er zwei neue Walzen in Neuwied bestellen wollte. Diese sollten Stücke aufnehmen, die »Herr Gluck trotz seiner überhäuften Geschäfte soeben komponiert hatte«. Gleichzeitig bestellte sich Mercy d'Argenteau eine Mechanik für seine Uhr, die es möglich machen sollte, die Kompositionen hintereinander zum Vortrag zu bringen und nicht, wie sonst vorgesehen, jeweils zu den Viertelstunden. Dazu mußte die Uhr – ohne Zifferblatt und Pendel – nach Neuwied geschickt werden. Das geschah vermutlich Ende Juli und Roentgen versprach, die Arbeit bis zum Oktober oder

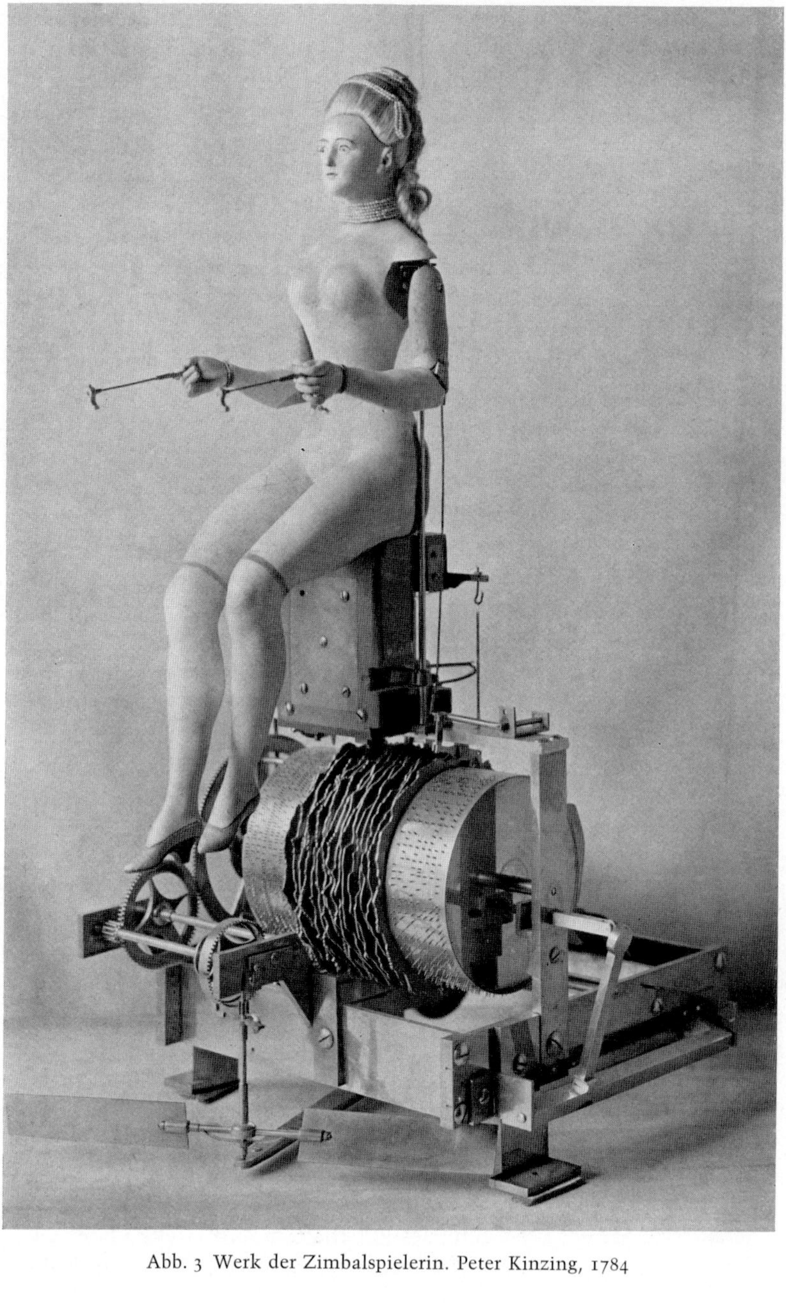

Abb. 3 Werk der Zimbalspielerin. Peter Kinzing, 1784

November fertigzustellen. Von Wichtigkeit sind die Anweisungen, die Mercy d'Argenteau gab: »Obschon Gluck das Verhältnis des Flötenspielers und des Klaviers genau untersucht und den Satz eingerichtet hat, so könnte es doch möglich seyn, daß ein oder die andere Stelle dieser neuen Stücke der Mechanik nicht angemessen seyn könnte. Der Kapellmeister, welcher bis jetzo die diesfälligen Aufsätze geliefert hat und dem ich diese neuen Stücke zur Untersuchung zu schicken bitte, wird wegen genauer Kenntnis der Mechanik den sichersten Ausspruch desfalls geben können. Sollte nun derselbe finden, daß durch kleine Änderungen, zum Beyspiel Übersetzung einiger Töne von einer Stimme zur anderen die Stücke gebraucht werden können, so will ich es gern geschehen lassen, nur müssen diese Veränderungen nicht auf das Wesentliche der Melodie und des Acompagnements fallen. Ein anderer Fall wäre, daß ein Stück oder mehrere des Satzes wegen gar nicht angewandt werden können, alsdann bliebe kein anders Mittel übrig – um die Walzen nicht leer zu lassen – als, die noch erforderlichen Stücke von ihrem Kapellmeister auf eine Art anfertigen zu lassen, daß solche mit den übrigen in der Folge der Tonart und des Taktes harmonierten. Doch dieses müßte nur in dem Fall geschehen, wenn die Unbrauchbarkeit der Stücke des Herrn Gluck erwiesen und derselben auf keine Art abzuhelfen wäre. Nun wünsche ich, daß durch den Zusatz einer neuen Mechanik die Stücke jeder Walze erstens ununterbrochen fortspielen und zweytens bis zum Ablauf des Gewichtes nach ihrer aufgetragenen Ordnung fortdauern könnten. Schließlich bittet Mercy d'Argenteau, Kinzing seine Empfehlung zu machen und ihn daran zu erinnern, daß er alles mit Fleiß und seiner bekannten Geschicklichkeit ausführe. Er möge auch »das Flötenspiel und die Flageolets genau untersuchen, ob da einige Unrichtigkeiten zu bemerken wären«. Wie Roentgen wisse, lege der Schreiber »besonderen Wert auf das Musikwerk« und er werde es nicht eher »den Kennern und Liebhabern zeigen, bis das Werk nicht durch die angebrachten Zusätze zu der möglichsten Vollkommenheit gebracht worden sey«. Roentgen solle alle Sorge darauf verwenden, so daß man seine vortreffliche künstlerische Arbeit in Paris loben könne und die Fabrik dadurch Ehre und Ruhm gewinne.

In der Bestätigung des Auftrages verspricht Roentgen, alles nach Vorschrift zu machen, bittet aber, die Walzen für die Königin duplizieren zu dürfen, da er gerade ein Stück für sie in Arbeit habe. Sicherlich wurde diese Erlaubnis gegeben, daher ist es durchaus wahrscheinlich, daß die Walze der Zimbalspielerin ein Duplikat einer derjenigen ist, die für Mercy d'Argenteau angefertigt wurden, wenn auch die Spielerin erst sechs Jahre später abgeliefert wurde. Es wäre also zu untersuchen, ob die Musikstücke mit dem Stil Glucks in Einklang zu bringen sind.

Die detaillierte Art der Bestellung des Botschafters zeigt, welche hohen künstlerischen Ansprüche man glaubte, an ein mechanisches Spielwerk stellen zu können. Keinesfalls handelte es sich mehr um »sublime Nürnbergereyen« oder um die mäßige Musik eines Trommlers, bei denen seine Bewegungen mehr interessierten als die Qualität der Musik. Schon Beireis war auf dem Weg dazu gewesen, sich »gute« Musik zu verschaffen, doch erst Kinzings Genie gelang es, die musikalische Übertragung auf eine höhere Stufe zu bringen und dabei Musikwerke von Rang zu verwenden. Sowohl Mercy d'Argenteau als auch Gluck müssen – trotz gewisser notwendiger Beschränkungen – die Spieluhr als einen durchaus legitimen Ersatz für den menschlichen Musiker anerkannt haben. Man wird also die Spieluhr – in ihrer besten Ausführung als Neuwieder Fabrikat – durchaus als einen bisher nicht genügend beachteten Vorläufer unserer Möglichkeiten, Musikstücke mechanisch wiederzugeben, ansehen dürfen.

Die Pariser Zimbalspielerin wurde nach der 1865 erfolgten Übersendung von der Akademie an das Conservatoire des Arte et Métiers von dem berühmten Mechaniker und Zauberkünstler Jean Eugène Robert-Houdin (1805–1871) überholt. Wie dieser damals bemerkte, stellte der »état de délabrement de l'automate, ses mouvements saccadés, bruyants et peu naturels« eine schwere Aufgabe, da er sich bemühte, nur als »réparateur« zu arbeiten, »tout en corrigeant les défauts de la machine, je me suis attaché à lui conserver, quant au fond, son organisation primitive, afin qu'elle restât l'oeuvre des ses auteurs«. Man wird also damit rechnen können, das Werk in relativ originalem Zustand vorzufinden.

Sowohl die Neuwieder Uhr wie das Werk des Köpenicker Schreibschrankes mußten weitgehenden Reparaturen unterworfen werden, die zum großen Teil auf sehr komplizierten Überlegungen und Versuchen basierten. Die Resultate sind aber so überzeugend, daß sie dazu einladen, die musikalischen Leistungen im Zusammenhang mit denen der anderen Neuwieder Werke zu untersuchen. Dazu würden Tonbänder – in Neuwied ist eins vorhanden – gute Gelegenheit bieten.

Bei der Neuwieder Uhr, deren Wiederherstellung durch den Musiker *F. H. Giesbert*[12] geleitet wurde, mußte das ursprüngliche Saiteninstrument ersetzt werden, das geschah in Anlehnung an das der Zimbalspielerin. Die zur Bearbeitung nötigen dreißig Hämmer werden von der durch das Uhrwerk getriebenen Walze gesteuert, die auch die Hebel der vierzig Flöten reguliert. Abweichend von der sonst üblichen Art, bei der die Flöten – vom basso continuo des Saiteninstruments begleitet – die Melodie zum Vortrag bringt, sind hier die Tonfolgen, die sich auf »Klavier« und Flöte verteilen, in Einzeltöne aufgelöst, so daß beide Instrumente gleichberechtigt sind.

Die Spieluhr Mercy d'Argenteau's ist verschollen. Die hier besprochenen Musikwerke sind die einzigen, die zur Zeit bekannt sind. Es ist durchaus möglich, daß mehr existieren.

Anmerkungen

[1] Goethe, Werke, Jubiläumsausgabe, Cotta, Bd. 20, S. 122.
[2] A. Chapuis-Ed. Gélis, Le monde des automates, Paris, 1928, Vol. II.
[3] Taschenbuch zum Nutzen und Vergnügen, Göttingen 1780, SS. 66–73.
[4] Die Zeit, Nr. 41, 17. Oct. 1972, S. 14.
[5] Hans Huth, Abraham und David Roentgen, 1928, S. 69, Nr. 60. Eine erweiterte Auflage wird in München + London im Herbst 1973 erscheinen.
[6] G. Christoph Lichtenberg, Briefe, Leipzig 1902, Bd. 2. S. 265.
[7] Goethe op. cit. Bd. 33, SS. 188–193.
[7a] E. T. A Hoffmann, Sämtliche Werke, Hrsgb. C. G. von Maassen, München 1912, Bd. 6 S. 111. In den sehr ausführlichen Anmerkungen wird das Gebiet der Automaten weitgehend erörtert.
[8] Goethe op. cit. Bd. 30, SS. 163–164.
[9] Auskunft des Conservatoire des Arts et Métiers, Paris, 1972.
[10] Manfred Becker, Restaurierung des großen Berliner Kunstschrankes von David Roentgen, Holzrestaurierung, Neue Museumskunde, Berlin-Ost, 1. 1971, SS. 22 bis 39. – Wolfgang Gummelt, Metallrestaurierung, Neue Museumskunde, Berlin-Ost, 3. 1972, SS. 205–212. – Hans Michelsen, Un Capolavoro renato, Arte Illustrata, April 1971, SS. 47–51.
[11] Madame C. Lemoine – Isabeau in Brüssel hatte die große Freundlichkeit, mich auf diesen Briefwechsel im Österreichischen Staatsarchiv Wien (N. 623) aufmerksam zu machen.
[12] F. J. Giesbert, Die Wiederherstellung der Roentgen-Kinzing-Uhr, Heimatkalender des Kreises Neuwied, Neuwied 1966, SS. 41–45.

Eleanor A. Sayre

Goya's Titles to the *Tauromaquia*

Goya was seventy years old when he offered to the public a set of prints: *Treinta y tres estampas que representan diferentes suertes y actitudes del arte de lidiar los Toros, inventadas y grabadas al agua fuerte en Madrid por Don Francisco de Goya y Lucientes* (Thirty-three prints which represent different manoeuvres and positions in the art of contesting with bulls, invented and etched in Madrid by Don Francisco de Goya y Lucientes). In 1816 they could be bought at a print shop facing the Conde de Oñate's house on the Calle Mayor, for 300 reales the set, or 10 reales the single print – no more than the average price for which any uncolored etching of comparable size then sold in Madrid.[1]

This was not the first set of Spanish prints on bullfighting. It had as its important predecessor a series of twelve hand-colored etchings, designed executed and published by Antonio Carnicero in 1790, together with the title *Coleccion de las principales Suertes de una Corrida de Toros* (Set of the principal manoeuvres in a bullfight).[2] Carnicero showed the pent-up bull suddenly freed and charging into the ring in his full force (No I); the mounted *picador* (pike man) against whose *pic* (pole with a very short steel point) a brave bull is willing to hurl himself repeatedly, straining with the powerful muscles of his neck to lift and toss both horse and rider; and often succeeding (Nos. II–V); the occasional bull who proves an unworthy adversary killed by dogs (No. VI); the *torero* (fighter on foot) running to the bull and placing pairs of *banderillas* (harpoon-pointed darts ornamented with banderols) in the crest of his neck from which the bull tries to free himself, thus further tiring his neck muscles (Nos. VII–VIII); and then the *matador* (full-fledged fighter who will kill the bull), or to use an eighteenth-century term, the *primera espada* (first sword). Carnicero showed him inducing the bull to bend his head down low; then reaching with his sword across the murderous horns to pierce through the spinal column into the aorta with one thrust, so that the bull will die instantly (Nos. IX–XI). The set ends with the animal's body dragged from the ring by mules (No. XII).

Simple, graphic and enormously popular, these plates were many times copied and recopied. For foreigners they served as an easy introduction to the art of bullfighting. As early as 1803 there was a French version; that same year an Italian; and in 1808 an English one. Nor were they neglected in Spain. Printmakers elaborated or expanded the set, while artisans adapted the compositions to porcelain, to the decoration of furniture and to fans.[3]

Three of Carnicero's subjects – No. II, the picador provoking the bull's attack; No. V, the brave, powerful bull capable of bringing down a mounted picador; and No. VI, the cowardly bull set upon by dogs – recur in Goya's set respectively as Nos. 27, 26 and 25. It is illuminating to compare the two men's work. In Carnicero's hand-colored etchings both fighters and animals have the wooden simplicity of gaily painted toys, while the compositions are unstructured and episodic. Goya, using only the sober tones of etching and aquatint, manages to suggest not only the confused color of an actual bullfight, but also that every protagonist is filled with individual vitality and tense emotion. His compositions are controlled, complex patterns of strong dark and light masses precariously balanced against each other.

During Goya's lifetime his 1816 set of prints was to attain virtually none of the wide popularity of Carnicero's earlier uncomplicated work. Probably it was not so much the great sophistication of style in Goya's thirty-three prints which kept them from a similar public acclaim but the difficulty of their content. For his work could not then, nor can it now, be understood without a considerable knowledge of the beginnings of bullfighting and of its development into an art.

Where Carnicero portrayed nothing more than what routinely took place in the ring during a fiesta, Goya's project was far more ambitious. In the *Diario de Madrid* for October 28, 1816, he advertised his etchings as *Colección de estampas inventadas y grabadas al agua fuerte por D. Francisco Goya, pintor de Cámara de S. M., en que se representan diversas suertes de toros y lances ocurridos con motivo de estas funciones en nuestras plazas, dándose en la serie de las estampas una idea de los principios, progreso y estado actual de dichas fiestas en España, que sin explicación se manifiesta por la sola vista de ellas...* (Collection of prints, invented and etched by Don Francisco Goya, Court Painter to His Majesty, wherein are represented diverse manoeuvres with bulls and passes which occurred by reason of these festivals in our plazas an idea being given in the series of the prints of the origin, the growth and the present state of the said fiestas in Spain, which will be self-evident without an explanation solely by looking at the plates ...).[4]

Even in the section concerned with "the present state of the said fiestas", the content of his set differs from Carnicero's. For one thing Goya does not withhold the tragedies which may occur to humans: the spectator who dies when a bull leaps into the bleachers (No. 21), or the matador, Pepe Hillo, who in Goya's print lies caught under the horns of the bull, Barbudo, who a moment later will lift him up and kill him (No. 33).[5] But there is a second and far more striking difference between the two sets. Where Carnicero's bullfighters are in every case typical, Goya's are not. What he depicts is a series of various extraordinary individuals who performed their brilliant feats during his lifetime and added their own bravura to an art.

In the October advertisement Goya had claimed that his plates were self explanatory and needed no titles, but he must have sensed almost immediately that this was by no means true since a sheet with a title for each subject was printed and sold with the set. The history of bullfighting has been well explored in Spain and is the subject of José María Cossío's monumental compendium on the subject. It is chiefly through this work that it is possible for us to know something of the fighters identified by Goya's titles: the female picadora, Nicolasa Escamilla, "La pajuelera", for example, whose total lack of nerves was a marvel to her contemporaries (No. 22);[6] or Antonio Ebassun, "Martincho", who not only used dwarf banderillas but performed an exceptionally dangerous suerte (manoeuvre) when he placed them in the bull's withers (No. 15);[7] or the almost legendary university student, Bernardo Alcalde y Merino, "El estudiente de Falces", who used his body rather than a cape to play the bull (No. 14);[8] or "Martincho" again, who is not taking advantage of the foundation of his profession – the swift, pragmatic acquisition of knowledge of how a bull will react — but is sitting instead on a chair, hat in one hand, sword in the other, legs fixed in irons and waits to kill a fresh bull as it charges into the ring or himself to die (No. 18);[9] or the matador, Pedro Romero, who learned to kill bulls classically and so perfectly that not one of the five thousand he faced in his long career ever managed to mark his body with a single scar (No. 30).[10]

Goya's selection of contemporary fighters seems to be a very individual one. He omits such prototypal figures as Francisco Romero and Joaquín Rodríguez, "Costillares", who gave to bullfighting the particular form it was to have during the painter's life.[11] Conversely a picador, Manuel Rendón, whose fame rests almost exclusively on Goya's aquatint, is included (No. 28).[12] Here it must be admitted that we are confronted by the problem of how much we should rely on the artist's printed titles; for, as will be shown, these titles were not written by Goya.

Goya's own titles, pithy, straightforward, personal, are preserved as pencil captions in his handwriting on the lower margins of a set of the thirty-three plates owned by the Boston Public Library.[13] Only in Nos. 30 and 31 are the printed titles identical with his written ones. In No. 28, where the printed version reads *El esforzado Rendon picando un toro, de cuya suerte murió en la plaza de Madrid* (The valiant Rendon picing a bull, from which manoeuvre he died in the Madrid ring), Goya's blunt pencil title is simply *Cornada en el pecho* (Horn wound in the chest), an occurrence which was frequent enough

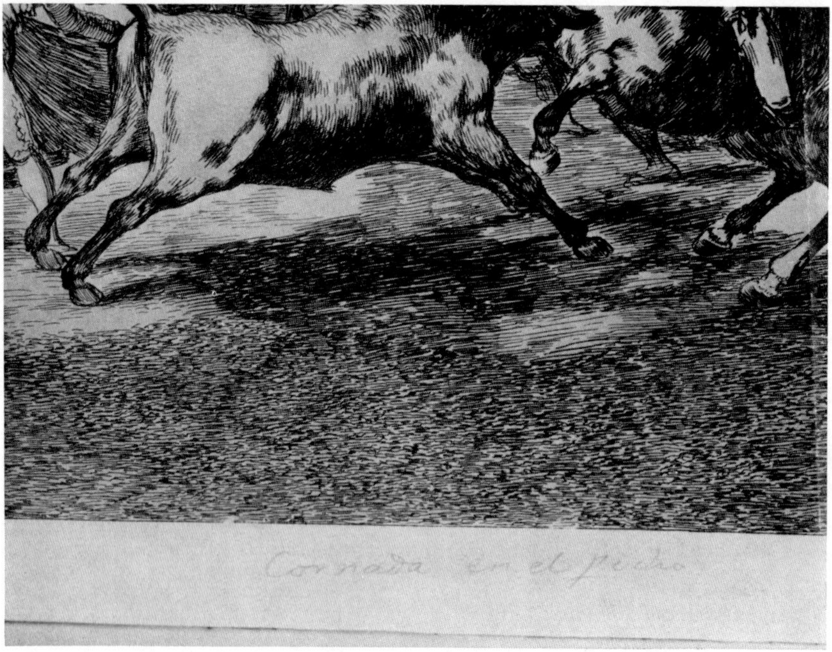

Fig. 1 No. 28, detail. Wiggin Collection, Boston Public Library

that no identity needed to be asssigned to the picador whose horse was thus gored *(Fig. 1)*.

On the first plate Goya gives his title for the series: *Origen de delas [sic] fiestas de toros. / Grabadas a la aguafuerte p^{r}. D^{n}. Franc^{o} Goya, Pintor de Cam^{a} del Rey* (The origin of fiestas of bulls. Etched by Don Francisco Goya, Court Painter to the King).[14] Below plate No. 3, which was to appear with the didactic printed title *Los moros establecidos en España, prescindiendo de las supersticiones de su Alcorán, adoptaron esta caza y arte, y lancean un toro en el campo* (The Moors, settled in Spain, disregarding the superstitions of their Koran, took over this hunt and skill and spear a bull in the countryside), Goya himself wrote *De los Moros* (Of the Moors).[15]

The printed title for No. 15 is *El famoso Martincho poniendo banderillas al quiebro* (The celebrated "Martincho" feinting to place banderillas), but in the pencil version Goya writes with characteristic pride in his native province, *El famoso Aragones Martincho* (The famous Aragonese, "Martincho"[16] *(Fig. 2)*.

No. 21, *Desgracias acaecidas en el tendido de la plaza de Madrid, y muerte del alcalde de Torrejon* (Unhappy accident in the bleachers of the Madrid ring and death of the mayor of Torrejón), is inscribed *Salto el toro al tendio, y mato à dos. Yo lo vi* (The bull jumped into the bleachers and killed two. I saw it)[17] *(Fig. 3)*.

Fewer individuals are identified in the handwritten titles than in the printed ones, probably because Goya still clung to the idea that anyone who knew bullfighting would recognize the man from the exploit: Apiñani, for example, pole vaulting up and over the length of a charging bull (No. 20),[18] or Ceballos killing one wild bull as he rides another (Nos. 23 and 24).[19] In plate 16, however, where a bull is forced to make a circular turn by a fighter, the printed title identifies him as "Martincho", mentioned above, whereas the pencil inscription describes him as *El famoso Mamon* (The famous "Mamón"), who would often divert the public with various clownish acts as he fought[20] *(Fig. 4)*.

The Boston set of prints raises various questions. To take No. 16 as an example, how did it happen that "Mamón" with his love of buffoonery was transformed at the last moment into the more serious fighter, «Martincho"?

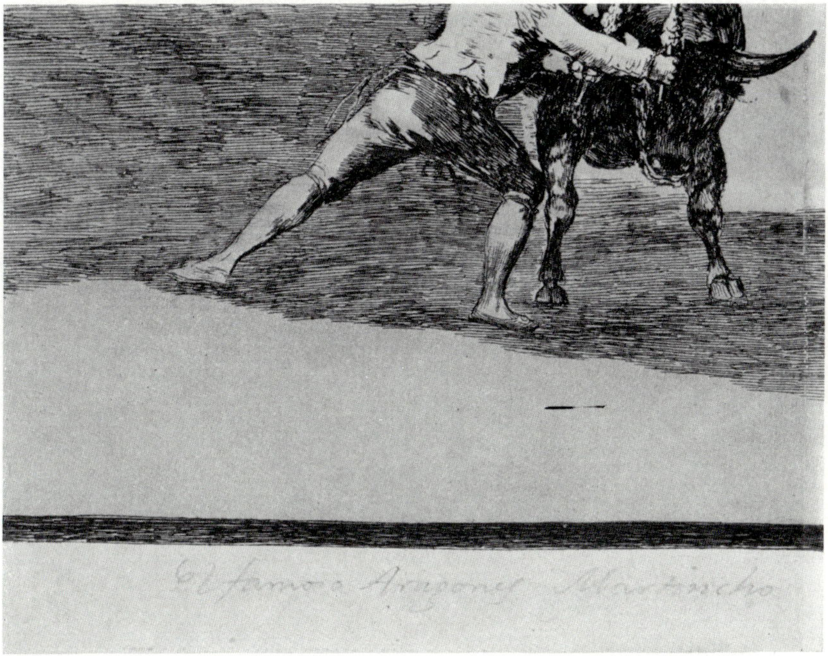

Fig. 2 No. 15, detail. Wiggin Collection, Boston Public Library

And who rewrote Goya's succinct titles, turning them into the wordy but instructive text which was sold with the set of prints?

There exists documentary evidence as to how the changes occurred. Between these two versions Goya had taken a sheaf of the thirty-three plates, to which was added a thirty-fourth, *Modo de volar* (The way to fly) to his friend Juan Augustín Céan Bermúdez and asked him to edit the title and the inscriptions. This set was acquired by Carderera, the famous collector of Goya's graphic work, and is now privately owned in Madrid. It contains in manuscript, carefully, almost professionally written in pen and dark brown ink, the title *Treinta y tres Estampas, / que representan diferentes suertes y actitudes / del arte de lidiar los Toros, / y una el modo de poder volar los hombres con alas. / Inventadas, diseñadas y grabadas al aguafuerte / por el Pintor original / D. Francisco de Goya y Lucientes / En Madrid* (Thirty-three prints which represent different manoeuvres and positions in the art of contesting with bulls and one of the way in which men can fly with wings. Invented, drawn and etched by the original painter, Don Francisco de Goya y Lucientes. In Madrid).[21] This heading is directly followed by yet another set of titles for the prints which lie between Goya's pencil inscriptions and the printed explanation of subject matter. Carderera added his own note to the set, and it is he who tells us that "Este egemplar es el que Goya entregó a D. Ag^{n}. Cean Bermudez p^{a}. redactar el titulo y epigrafes . . . " (This copy

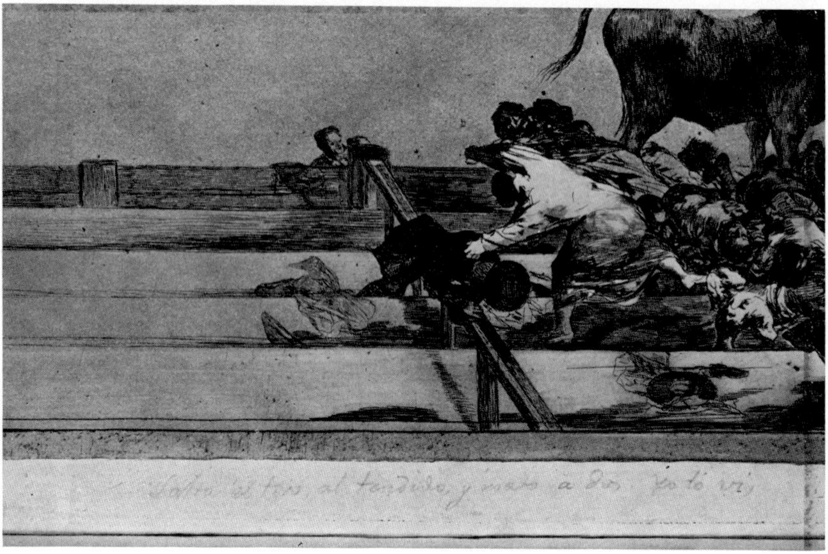

Fig. 3 No. 21, detail. Wiggin Collection, Boston Public Library

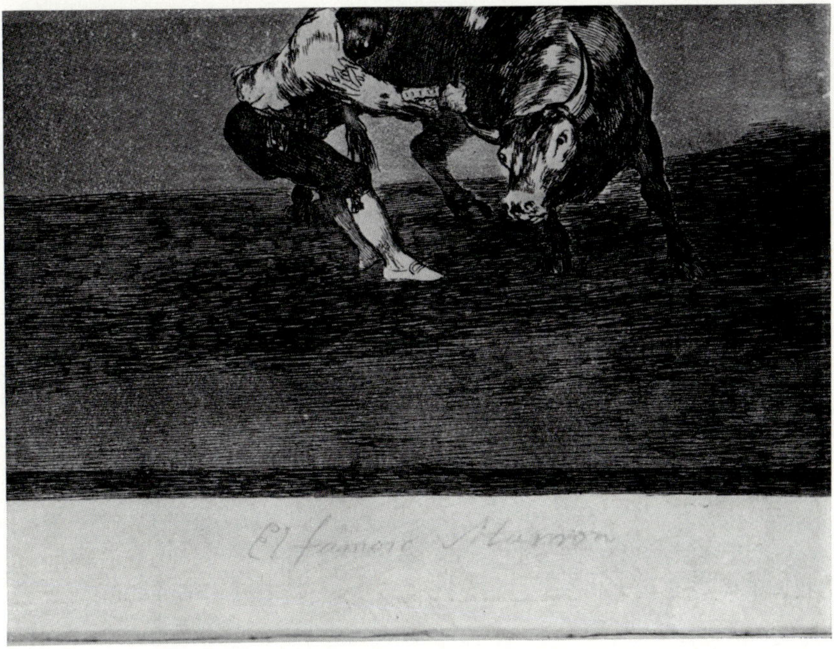

Fig. 4 No. 16, detail. Wiggin Collection, Boston Public Library

is the one which Goya gave to Don Augustín Céan Bermúdez to edit the title and the inscriptions); and further on describes these intermediary titles as "la explicac^{n}. escrita por el hijo de Cean Bermudez segun le dictaba su Padre (the explanation written down by the son of Céan Bermúdez as his father dictated it).

One may well believe Carderera. They are not the concise titles with many implications that Goya characteristically gave his prints and drawings. On the other hand the literary style of the second text, alien to Goya, is what one might expect from the art historian Céan Bermúdez. To cite various examples, Goya's No. 5, *El famoso Moro Gazul* (The famous Moor, Gazul), has become *El valiente moro Gazul lanzeó con galanteria y destreza* (The courageous Moor, Gazul, used a spear with elegance and skill.)[22] No. 10, *Carlos quinto, en la plaza de Valladolid* (Carlos the fifth in the Valladolid plaza), was expanded to *Carlos V mata un Toro de una lanzada en la plaza de Valladolid en las fiestas de Toros, que se celebraron allí por el nacimiento de su hijo Felipe II* (Carlos V kills a bull with one spear thrust in the plaza at Valladolid at the fiestas of bulls which were celebrated there at the birth of his son, Felipe II).[23]

In No. 16, *El famoso Mamon* retained its identity for the time being, although the title was made more descriptive: *El esforzado Mamon vuelca un Toro en la de Madrid* (The valiant Mamón makes a bull turn in the [ring] at Madrid). Goya's title for the female picadora, No. 22, is *La pajuelera picando* (The "Pajuelera" picing). This was changed, as were many of the titles, to the form in which it would be published, *Valor varonil de la celebre Pajuelera en la de Zaragoza* (The virile courage of the celebrated "Pajuelera" in the [ring] at Zaragoza).

In addition to rewriting all but two of Goya's titles, Nos. 30 and 31, Céan Bermúdez, with his respect for history, did not confine his editing to the titles but in addition gave the plates a different order. Throughout the set the etched numbers were scraped from the paper, and new numbers were pasted neatly onto the sheets in the center of the upper margins. He seems to have had two objectives. The first was to give Goya's sequence of "the origin" and "growth" of bullfighting the accuracy it lacked. Thus, it is scarcely surprising to find that Céan Bermúdez put Goya's No. 11, *El Zid Campeador*, Ruy Díaz de Vivar, the legendary "Champion Lord" who died in 1099,[24] well before Goya's No. 10, *Carlos quinto*, Emperor of the Holy Roman Empire, who died in 1558. The second objective was to give the prints concerning "the present state of the said fiestas" a more logical order of subject matter.

There is no indication that Goya raised any objection to Céan Bermúdez's changes in the titles. The artist also dropped his thirty-fourth print, *Modo de volar* (The way to fly), presumably at the urging of his friend and editor. But as to the original numbering, Goya proved adamant. He would not change it, possibly because he was unwilling to go to the trouble or the expense of burnishing his own numbers from the copper plates and replacing them with new ones. Prior to printing the explanation, further textural refinements were made, and one change of subject matter. Probably for the sake of conformity the identity of "Mamón" in plate No. 16, falling as it does in the midst of a group of three prints representing "Martincho", was altered to that of the latter. In this form the set and explanation were sold.

Yet, at least two persons seem to have preferred the plates in Céan Bermúdez's more logical order. One such set, with a copy of his intermediary titles is in the Ashmolean Museum at Oxford. A second is in a private collection in Boston.

Goya	Céan Bermúdez	Published
—	Treinta y tres Estampas, que representan diferentes suertes y actitudes del arte de lidiar los Toros; y una el modo de poder volar los hombres con alas. Inventadas, diseñadas y grabadas al aguafuerte por el Pintor original D. Francisco de Goya y Lucientes. En Madrid. Asuntos de las Estampas	Treinta y tres estampas que representan diferentes suertes y actitudes del arte de lidiar los Toros, inventadas y grabadas al agua fuerte en Madrid por Don Francisco de Goya y Lucientes
1 Origen de delas [sic] fiestas de Toros. Grabadas a la agua fuerte p^{r}. D^{n}. Fran^{co} Goya, Pintor de Cam^{a} del Rey	1 El modo con que los antiguos españoles cazaban los Toros á caballo en el campo	1 Modo con que los antiguos españoles cazaban los toros á caballo en el campo
2 Lo mismo	2 Otro modo de cazarlos á pie	2 Otro modo de cazar á pie
3 De los Moros	3 Los Moros establecidos en España, prescindiendo de las supersticiones de su Alcoran, adoptaron esta caza y arte	3 Los moros establecidos en España, prescindiendo de las supersticiones de su Alcorán, adoptaron esta caza y arte, y lancean un toro en el campo
4 Principio de torear los	4 Comienzan los Moros á capear los Toros en cercado con el albornoz	4 Capean otro encerrado
5 El famoso Moro Gazul	8 El valiente moro Gazul lanzeó con galanteria y destreza	5 El animoso moro Gazul es el primero que lanceó toros en regla
6 Suerte de capa p^{r}. detras	5 Otro capeo de Toros, hecho por los Moros en plaza	6 Los moros hacen otro capeo en plaza con su albornoz
7 Clabar dardos, Origen de las banderillas	6 Los Moros torean con harpones ó banderillas	7 Origen de los arpones ó banderillas
8 Cogida de un Moro	7 Un Moro es cogido del Toro, lidiando con banderillas	8 Cogida de un moro estando en la plaza
9 Suerte de caballeros Españoles	10 Otro Caballero español, despues de haber perdido el Caballo, mata el Toro á pie con suma gallardia	9 Un caballero español mata un toro despues de haber perdido el caballo

Goya	Céan Bermúdez	Published
10 Carlos quinto, en la Plaza de Valladolid	12 Carlos V mata un Toro de una lanzada en la plaza de Valladolid en las fiestas de Toros, que se celebraron allí por el nacimiento de su hijo Felipe II	10 Carlos V. lanceando un toro en la plaza de Valladolid
11 El Zid campeador	9 El Cid campeador, el primer Caballero español que alanceó los Toros con esfuerzo	11 El Cid Campeador lanceando otro toro
12 Desgarretar	14 Desjarrete de la Canalla con lanzas, medias-lunas, banderillas y otras armas	12 Desjarrete de la canalla con lanzas, medias-lunas, banderillas y otras armas
13 Quebrar rejones	13 Un Caballero en plaza quebrando rejoncillos	13 Un caballero español en plaza quebrando rejoncillos sin auxilio de los chulos
14 El famoso estudiante de Falzes	15 El diestrisimo y famoso Estudiante de Falces, embozado burlando al Toro con sus quiebros	14 El diestrísimo estudiante de Falces, embozado burla al toro con sus quiebros
15 El famoso Aragones Martincho	16 El insigne Martincho poniendo banderillas al quiebro	15 El famoso Martincho poniendo banderillas al quiebro
16 El famoso Mamon	19 El esforzado Mamon vuelca un Toro en la de Madrid	16 El mismo vuelca un toro en la plaza de Madrid
17 Palenque con Borricos	11 Palenque que hacia la Canalla con burros para defenderse de los Toros	17 Palenque de los moros hecho con burros para defenderse del toro embolado
18 Matar sentado, con grillos	17 Temeridad del mismo Martincho en la plaza de Madrid	18 Temeridad de Martincho en la plaza de Zaragoza
19 Saltar el toro con grillos	18 Otra locura del propio Martincho en la de Zaragoza	19 Otra locura suya en la misma plaza
20 Saltar el toro con palo	20 Ligereza y atrevimiento de Juanito Apiñani, alias el de Calahorra tambien en la de Madrid	20 Ligereza y atrevimiento de Juanito Apiñani en la de Madrid

Goya	Céan Bermúdez	Published
21 Salto el toro al tendido, y mato à dos. Yo lo vi	21 Desgracias acaecidas en el tendido de esta plaza, y muerte del Alcalde de Torrejon	21 Desgracias acaecidas en el tendido de la plaza de Madrid, y muerte del alcalde de Torrejon
22 La pajuelera picando	22 Valor varonil de la celebre Pajuelera en la de Zaragoza	22 Valor varonil de la célebre Pajuelera en la de Zaragoza
23 Matar à caballo	23 Mariano Ceballos, alias el Indio mata el Toro desde su caballo	23 Mariano Ceballos, alias el Indio, mata el toro desde su caballo
24 Montar el toro	24 El mismo Ceballos quiebra rejones montado sobre otro Toro, en la de Madrid	24 El mismo Ceballos montado sobre otro toro quiebra rejones en la plaza de Madrid
25 Suerte de Perros	28 Perros	25 Echan perros al toro
26 Suerte de Picador	25 Caida de un Picador de su caballo debaxo del Toro	26 Caida de un picador de su caballo debajo del toro
27 Picador puesto en Suerte	26 El celebre Fernando del Toro barilarguero obligando á la fiera con su garrocha	27 El célebre Fernando del Toro, barilarguero, obligando á la fiera con su garrocha
28 Cornada en el pecho	27 El esforzado Rendon que murió en esta suerte en la plaza en Madrid	28 El esforzado Rendon picando un toro, de cuya suerte murió en la plaza de Madrid
29 Recortar el toro	32 Pepe-Illo haciendo al Toro el recorte	29 Pepe Illo haciendo el recorte al toro
30 Pedro Romero Matando à toro parado	31 Pedro Romero matando á Toro parado	30 Pedro Romero matando á toro parado
31 Vanderillas de Fuego	29 Vanderillas de fuego	31 Banderillas de fuego
32 Suerte de Picador	30 Dos grupos de Picadores arrollados en el suelo de seguida por un solo Toro	32 Dos grupos de picadores arrollados de seguida por un solo toro
33 La muerte de el famoso Pepillo	33 Su desgraciada muerte en la plaza de Madrid	33 La desgraciada muerte de Pepe Illo en la plaza de Madrid
—	34 Modo de volar	—

Notes

1 Goya concluded his advertisement for the set in the *Diario de Madrid*, Oct. 28, 1816: *Véndese en el almacén de estampas Calle Mayor, frente a la casa del Exmo. Sr. Conde de Oñate, a 10 rs. vn. cada una suelta y a 300 íd. cada juego completo, que se compone de 33.*; quoted by P. Beroqui, "*La fecha de 'La Tauromaquia' de Goya*", *Archivo Español de Arte y Arqueología*, V, 1929, p. 287.

2 The thirteen plates are reproduced by José María de Cossío, *Los Toros*, Madrid, II, 1961, pp. 852–8.

3 Ibid., pp. 860–8.

4 The advertisement was repeated in the *Gaceta de Madrid*, Dec. 31, Beroqui, *op. cit.*, p. 287.

5 Cossío, *op. cit.*, II, pp. 816–20.

6 Ibid., I, 1960, pp. 750–1; II, p. 802.

7 Ibid., II, pp. 789–91; III, 1960, pp. 257–8.

8 Ibid., II, p. 789; III, pp. 18–20.

9 Ibid., II, pp. 793–6.

10 Ibid., II, pp. 810–14; III, pp. 825–34.

11 Ibid., III, pp. 819–20 and 793–800, respectively.

12 Ibid., II, p. 808; III, p. 770.

13 The set has a nineteenth-century binding with the title *Las Fiestas de Goya* stamped on the spine. No watermarks are visible in the plates, and the printing ink is black. Colls.: Mc Donald Smith; Albert Henry Wiggin.

14 Cossío, *op. cit.*, II, p. 768.

15 Ibid., II, pp. 770–2.

16 Ibid., II, pp. 789–91.

17 Ibid., II, pp. 799–802.

18 Ibid., II, pp. 796–99; III, pp. 47–8.

19 Ibid., II, pp. 802–5; III, pp. 186–7.

20 Ibid., III, p. 210.

21 The print *Modo de volar* (Loys Delteil, *Francisco Goya. Le peintre graveur illustré*, XIV–XV, Paris, 1922, no. 214) remained unpublished during Goya's lifetime. In 1864 it was published as part of the first edition of the series *Disparates* (Follies), Delteil, nos. 202–19. Its title and its initial context suggest that Goya intended to represent man's conquest of the air as an epilogue to his account of how man learned to dominate a wild animal.

22 Cossío, *op. cit.*, II, p. 775.

23 Ibid., II, pp. 779–83.

24 Ibid., II, p. 783.

Wolf Stubbe

Sinnpflanze und Paradiesgarten

Philipp Otto Runges »Vignetten« zu Ludwig Tiecks Sammlung: »Minnelieder aus dem Schwäbischen Zeitalter«. 1803

Das Leben nie verschwindet,
Mit Liebesflamm und Licht
Hat Gott sich selbst entzündet
In der Natur Gedicht.

Clemens Brentano: Wenn der Sturm das Meer umschlingt.

Bestimmung: »Hinterlassene Schriften von Philipp Otto Runge, Mahler, herausgegeben von dessen ältestem Bruder«, so nennt Daniel Runge die zweibändige Sammlung von schriftlichen Zeugnissen, die er im Jahre 1840, dreißig Jahre also nach dem Tode des jung verstorbenen Romantikers, erscheinen ließ. Daniel Runge hat darin Briefe und Aufzeichnungen des geliebten Bruders mit kluger Sorgfalt zusammengestellt, wie auch seine Kommentare zu des Malers Äußerungen nicht allein durch zustimmendes Verständnis, sondern zugleich von der einsichtsvollen Erkenntnis bestimmt werden, daß Philipp Ottos künstlerische Absichten gegebene Grenzen überschreiten und nicht in vollem Umfang erfüllbar sind. Dennoch beginnt die Sammlung zu Recht mit einer »Bestimmung« genannten »Abtheilung«, denn, um mit Ludwig Tieck zu sprechen, Philipp Otto war »einer der wenigen Menschen, bey denen Vorsatz und Wille mehr wert ist, als bey vielen Andern ein geräuschiges und unermüdetes Thun«[1]. Für Runge waren »Vorsatz und Wille« notwendige Folge seiner wie eine Mission empfundenen »Bestimmung« als Künstler, und so besteht seine großartig kühne, früh unterbrochene Lebensarbeit in erster Linie in dem Versuch, diese »Bestimmung« durch Wort und Werk zu rechtfertigen.

Schon früh, nämlich im einundzwanzigsten Lebensjahr des Künstlers, deutet sich diese »Bestimmung« an. Damals im Juni 1798 – Philipp Otto lebte bereits seit längerem in Hamburg bei dem Bruder Daniel – fühlte er sich wie noch nie zuvor so stark im Innersten seiner Seele ergriffen wie von Ludwig Tiecks im gleichen Jahre erschienenen Buch »Franz Sternbald's Wanderungen«[2]. Was ihn so tief bewegt hat, so kann man aus Runges späteren Äußerungen schließen, sind Ansichten wie die, »der Schöpfer habe sich heimlich durch die Natur unserem schwachen Sinn offenbart« und Feststellungen wie »in jedem Moose, in jedem Steine ist eine geheime Ziffer verborgen", Ansichten, die das

Werk von Tieck bestimmen. Später in Dresden, wohin Daniel seinen Bruder im Jahre 1801 reisen ließ, da die künstlerischen Ausbildungsmöglichkeiten weder in Hamburg noch in Kopenhagen genügten, vollzieht sich an Philipp Otto ein »inneres Ereignis«, das weit aufwühlender noch als die Lektüre von Tiecks Roman, jedoch in die gleiche von Runges »Bestimmung« gewiesene Richtung wirkt. Es ist die schon bald nach seiner Ankunft in Dresden erwachende Liebe zu Pauline Susanna Bassenge, der Tochter eines Dresdner Handschuhfabrikanten. Heftige Leidenschaft beschwingt nun den Wunsch, sich auf ähnliche und, wie er meint, allein zur Wahrheit führende Weise äußern zu können wie Ludwig Tieck. So findet sich in einem aus tiefstem Selbst hervorbrechenden Bericht an Daniel der schmerzlich-sehnsüchtige Ausruf »... wäre es denn nicht möglich, auf irgendeine Weise der Sprecher (mehr noch durch die That als durch Worte) der wahren Kunst zu sein?«[3]

Inneres und äußeres Schicksal verknüpften sich vielfach in der »Bestimmung« von Runge. Mit Zeichnungen zu einem »Triumph des Amor« zog er die Aufmerksamkeit von Tieck auf sich und aus einer ersten Begegnung am Anfang des Dezembers 1801 wird bald eine enge Freundschaft. »Mit der Liebessehnsucht, die sich in ihm, besonders durch das öftere Sehen des Mädchens (Pauline) unaufhörlich steigerte, ging in seiner erregten Seele zugleich die höchste Ahnung von dem Wesen und der Bestimmung der Kunst auf, und beide Triebe waren in ihm in lebendigster Wechselwürkung aufeinander«, schreibt Daniel[4]. Zur Bewußtwerdung seiner besonderen künstlerischen Bestimmung trug aber ebenso der gleichzeitig beginnende Gedankenaustausch mit Tieck bei. Tieck hatte schon seit längerem »beständige Studien« in den Schriften des Naturmystikers Jakob Böhme (1575–1624) gemacht, und wie er es im Juli 1801 getan hatte, »ich bekehre hier alle Leute zu ihm, ich bin sein Prediger«, so tat er es am Ende des Jahres auch mit Runge, der, durch den weitgehend von Böhmes Gedanken bestimmten »Sternbald« innerlich aufgeschlossen, bereit war, sich widerstandslos dieser, seiner »Bestimmung« sozusagen von Anfang zugehörenden Gedankenwelt des Mystikers hinzugeben. Böhme, der die Welt als eine Selbstoffenbarung Gottes sah, der die Leiblichkeit des Geistigen postulierte und damit die Bedeutung der Sinne für das Erahnen des Göttlichen nahelegte, erweckte in Runge den Gedanken, über eine bestimmte Weise der Darstellung von Gegenständen in der Natur den Bildbetrachter fühlen zu lassen, daß dieser wie der Künstler, wie die Menschheit überhaupt ein Teil von Gott, daß er in Gott sei[5]. Runge ist sich dieser Zugehörigkeit bewußt, er betont gerade in den ersten Monaten der überraschend schnellen und folgerichtigen Entwicklung seiner Kunstansichten immer wieder diesen »Zusammenhang«. »Mir ist seit einigen Tagen alles gewesen, als wenn ich es noch nie so empfunden hätte, so im Zusammenhang, als wenn ich den Odem der Welt hörte«, und nur wenige Zeilen weiter heißt es: »Tieck war es die vorige Woche und in der vorher auch so ...«[6]. Nur wenige Tage später beschreibt Runge, wie dieses Gefühl des Zusammenhangs in ihm aufsteigt. »Wenn der Himmel über mir von unzähligen Sternen wimmelt, der Wind saus't durch den weiten Raum ... da jauchzet die Seele laut auf, ... ich höre und fühle den lebendigen Odem Gottes, der die Welt hält und trägt, in dem alles lebt und würkt«[7]. Heftig ist der Drang, dieses aus den Kräften der Empfindung in der »ewigen Seele« erwachsene Gottesbewußtsein mitzuteilen. »Diese Empfindung des Zusammenhanges des ganzen Universums mit uns, ... dieser einige Accord, der im Schwunge jede Saite unseres Herzens trifft, ... dies treibt und presst uns in der Brust, uns mitzutheilen, ...«[8]. Kein Zweifel kann also an der Aufgabe der Kunst bestehen, sie muß diese Ahnung des Zusammenhanges im andern erwecken, sie muß »unsere allerhöchste Ahnung des Zusammenhanges darstellen«. Als er vernahm, welche hohe Bedeutung Philipp Otto der Kunst zumaß, fürchtete Daniel, daß sein Bruder dem »Einflusse romantischer Philosopheme« erlegen sei, »welche die Kunst und Poesie überschätzen und an die Stelle der Religion setzen möchten«[9]. Doch ist für Runge Kunst nicht Religion, er bemerkt es ausdrücklich, sie kann allerdings die »Religion deutlicher aussprechen«. Die Religion, das ist fraglos die geoffenbarte christliche Religion, denn es ist sein fester und heiliger Wille, sein Leben daran zu setzen, ob sich nicht ergründen ließe, wie auf dem festen Grund *unserer* Religion eine neue Kunst gebaut werden kann[10]. Mit dieser Bibeltreue unterscheidet er sich von anderen zeitgenössischen Deutungsversuchen des Unfaßlichen. Aber die bildliche Darstellung biblischer Legenden, Bilder mit biblischen Figuren, die religiöse Historienmalerei also kann auch für ihn nicht länger zur Verdeutlichung der geoffenbarten Religion dienen. Eine neue Kunst ist vonnöten.

Runge ist sich bewußt, was er mit dieser radikalen Ablehnung der Tradition auf sich nimmt. Gerade darüber macht er sich viele Gedanken. Er findet es verwunderlich, daß die meisten Künstler seiner Zeit, daß die klassizistischen Maler sich unterfangen, etwas Neues durch das Figurenrepertoire und die Allegorien der Antike auszusprechen. Denn alles müsse sich »ewig verjüngen« und ständig verwandeln, und nicht umgekehrt das Neue sich alter Gestalten bedienen[11]. Das Studium der Antike und eine allzu große Belesenheit seien für den Künstler nicht wünschenswert, weil sie dessen ursprünglichen Impetus ummauern, so daß er schließlich glaubt, es sei aus seinem Inneren, aus seinem genuinen Empfinden hervorgegangen, was letztlich nur angelernt ist. »So kommt's denn, dass, wenn würklich einer sich nichts daraus macht, dumm (gemeint ist akademisch unausgebildet, unwissend) zu seyn«, dieser unter Umständen gerade das wahrhaft Große schafft[12]. Nur sein unabweisbares Missionsgefühl vermag eine solche betont absolute Aussage zu erklären, diesen bewußten Affront gegen die Akademien, diese heftige Ablehnung der von Goethe vertretenen und verteidigten Kunstansichten. Er ist schon jetzt darauf gefaßt, daß ihn viele nicht verstehen werden, er hat an der Ausbildung seiner Ideen ja noch »selbst zu käuen«[13]. Doch will er sich die Verständnislosigkeit anderer schon gefallen lassen[14], nur bei seinen Angehörigen möchte er, »allem Systematischen« zutiefst abgeneigt, »nicht weichen und nicht wanken, bis ihr mich versteht, wie ich die Welt liebe – nicht die Welt, aber die Kraft, die alles lebendig macht, ...«[15]. Runge ist zum Äußersten entschlossen, seiner »Bestimmung« zu folgen, und den Kampf gegen die Aufklärung unerschrocken zu führen, denn »es ist ein Jammer, wie viel herrliche Menschen dem erbärmlichen Sinn der sogenannten Aufklärung und Philosophie haben erliegen müssen und wie elend und auf welch schlechtem Grund (daher) die ganze Kunst heutiges Tages steht«[16].

Die Sinnpflanze: In weniger als eineinhalb Jahren, seit dem Dezember 1801 bis etwa zum Frühsommer 1803, entwickelten sich in Runge die Grundvorstellungen von seiner Aufgabe. Natürlich haben dabei die erregten Gespräche mit Ludwig Tieck, haben die Bücher von Jakob Böhme großen Einfluß gehabt, das erweist sich bis in einzelne Wendungen von Runges Darlegungen. Ganz allgemein gesehen gehört er zu jenen von Goethe in seinem Propyläen-Aufsatz: »Der Sammler und die Seinigen« als Poetisierer und Phantomisten bezeichneten Kreisen, steht also im Bann der von Wilhelm Schlegel nachdrücklich artikulierten Auffassungen, die für Ramdohr, den Kritiker von Friedrichs Tetschener Altar, dagegen ein Zeichen des Verfalls sind, ein strikt abzulehnender allegorischer Mystizismus, der von »neuplatonischen Sophisten und gnostischen orphischen Schamanen« in der Welt gesetzt worden sei.

Bei diesen kosmologischen Konzepten, die, wie Clemens Brentano formuliert, das verlorene Paradies durch die »Wahrheit der Phantasie« wieder herstellen wollen, spielt die Blume des Paradiesgartens eine große Rolle[17].

Runges Auffassung charakterisiert sich darüber hinaus durch die Ausschließlichkeit, mit der er in Blumen Mitteilungsträger überirdischer Botschaften sieht. »Mir ist der Mensch wie eine schöne Blume, die, wenn sie aufgeblüht in ihrer vollen Kraft steht, und die Sonne bescheint sie, nimmt sie den fruchtbaren Blüthenstaub auf ... und bringt dann Früchte; so ist es mit dem Menschen, ... der dann das himmlische Licht ergreift ... und es zu verstehen sucht[18].« Auch diese Analogie wird in dem entscheidenden Jahr 1802 festgestellt. Eingehendes Studium der Blume, wovon die überaus lebensnahen Blumensilhouetten ebenso wie seine Zeichnungen zeugen, brachte Runge dazu, in der Blume auch das Geschlechtswesen zu sehen. Dies ist zu beachten, will man seine vier Zeichnungen der »Tageszeiten« *(Abb. 1)* und die »Vignetten« zu den Minneliedern ihrem Prinzip nach verstehen.

Die Ahnung von Gott zu erwecken, müßte durch Landschaftsbilder möglich sein, »– freylich müssen wir hier unter Landschaft etwas ganz anderes ver-

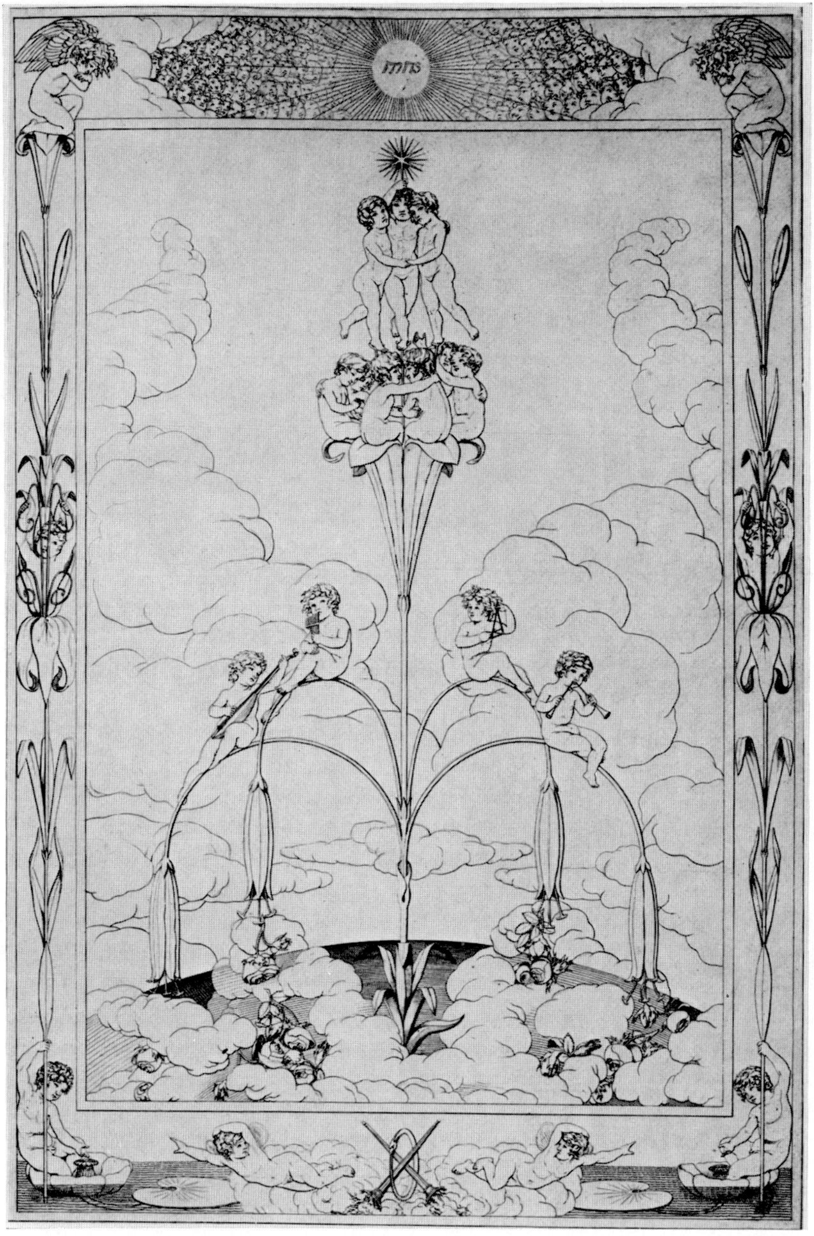

Abb. 1 Der »Morgen« aus der Folge der »Vier Jahreszeiten«. Radierung von Krüger, Darmstedt und Seyffert nach Runges 1802/03 ausgearbeiteten Zeichnungen. Die Erleuchtung des Universums

stehen«[19]. Das ganz Andere wäre eine Landschaft, die nicht als Ansicht in ihrer Gesamtheit Gefallen oder Stimmungen erweckt, die ganz andere, neue Landschaft bestünde vielmehr aus der Komposition eines Ensembles von Blumen und Pflanzen (auch Bäumen), deren jede eine menschliche Empfindung symbolisiert. Denn Runge wird es »bey allen Blumen und Bäumen vorzüglich deutlich und (ebenfalls in diesem entscheidenden Jahr 1802) immer gewisser, wie in jedem ein gewisser menschlicher Geist und Begriff oder Empfindung steckt und es wird mir so klar, dass das noch vom Paradiese her sein muß; es ist gerade so das reinste, was noch in der Welt ist und worin wir Gott, oder sein Abbild ..., erkennen können«[20]. Und weiter: »so sehen wir oder sollten wir sehen in jeder Blume den lebendigen Geist, den der Mensch hineinlegt, und dadurch wird die Landschaft entstehen . . .«[21]. So gesehene Natur also läßt die wahre (religiöse) Landschaft entstehen als völlig entgegengesetzt der figuralen Komposition bisheriger religiöser Malerei. Wenn Runge also im Winter 1802 von einem Bilde berichtet, »das jede bekannte (gemeint in ihrer symbolischen Bedeutung allgemein bekannte) Blume enthalten soll, ...« so mag er füglich dieses Bild als »eine Quelle im weitesten Sinn des Wortes« bezeichnen, auch als Quelle aller Bilder, die er je machen werde[22].

Bei diesen Meditationen über die neue religiöse Landschaft bewegt ihn zugleich eine entscheidende Frage. Es ist die Frage nach der Mitteilungsfähigkeit so gearteter »Landschaften«. Wie wenig er an seiner »Bestimmung« und deren Gültigkeit für die Kunst zweifelt, geht aus der sicheren Überzeugung hervor, mit seiner Antwort auf diese Frage eine praktikable Lösung gefunden zu haben. Jede seiner »Sinnpflanzen« soll vorerst durch eine menschliche, puttoartige Gestalt, durch einen Genius, durch einen »Knaben« oder einen »Jungen« erklärt werden. Dabei ist eines »freylich« nötig, daß man mit den Figuren auch den Charakter der Blumen trifft, »sodass sie uns ordentlich körperlich den Begriff von den Blumen geben«[23]. »Auf solche Weise lassen sich hernach durch Blumen gar herrliche Gedanken angeben, aber immer so, dass man die Jungen dabey macht ...«[24]. Auf solche Weise, das heißt, wenn bei den Blumenkompositionen zuerst »menschliche Empfindung« hinzugemalt würde, müßte mit der Zeit in den Betrachtern auch der Anblick einer Blume ohne beigefügten Genius die jeweils »charakteristisch« zu ihr gehörende Empfindung wachrufen. Wie die »große« Idee, also ein durch bildnerische Mittel erwirktes Ahnenmachen unseres Zusammenhanges mit Gott sichtbar gemacht werden soll, wird im Juni 1803 dem Bruder Daniel dargelegt[25]. Runge denkt sich, durch eine Zusammensetzung solcher einzelner Symbolmotive diesen, seinen ganz neuen, ausgesprochen komplexen Bildinhalt visibel machen zu können. Zwar meint er einschränkend, eine solche Verwendung der Symbole würde zunächst mehr zur Arabeske und zur Hieroglyphe führen, allein es müßte schließlich doch die eigentliche Landschaft daraus hervorgehen[26].

Hieroglyphe – hier taucht das damals keineswegs von Runge allein gebrauchte Wort auf, das im Sinne der Romantiker verstanden den Präsentationscharakter andeutet, mit dem Runge seine Ideen bildnerisch mitzuteilen beabsichtigt. Im wesentlichen gilt für Runges »Hieroglyphen« die Definition Goethes, wonach das Wort Hieroglyphe eine andeutende Darstellung bezeichnet, die den Betrachter nur die Hälfte erraten läßt[27]. Schon bei Böhme sind die Rose und die Lilie feierliche Sinnpflanzen von geheimnisvoller Art. Die Lilie weist auf das überirdische, göttliche Prinzip, ja kann sich ihrer Bedeutung nach erheben zum Symbol der Gottesoffenbarung in der Welt. Die Rose weist zumeist auf die Schönheit des Paradieses. Solche Elementarbedeutungen hat Runge neben anderen mit Blumen verknüpften Vorstellungsgehalten aus Böhme übernommen. Doch deutet der Romantiker für seine Sinnblumen auf Sinnbereiche aus eigener Erfindung, auf die hinzuweisen ist, soweit sie zur Entzifferung der »Vignetten« beizutragen vermögen. So kann die rote Rose, wie es in Runges Gedichtfragment »Zur Begleitung der Tageszeiten« geschieht, auch als »Verkünderin« der Lilie aufgefaßt werden, da die irdische Liebe die Ahnung der himmlischen hervorrufe[28]. Bei inniger Betrachtung einer Blume erschließt sich seinem Gemüt »die Liebe und Einigkeit selbst alles Widerspruchs in der Welt«. Man kann bis auf den Grund in sie hineinsehen wie das linke Paar auf dem Lilienkelch des radierten »Morgen« *(Abb. 1)*. Nie kommen wir mit der Betrachtung einer Blume zuende, »und wir werden zuletzt selbst zu einer großen Blume, wo sich alle Gestalten und Gedanken wie Blätter in einem großen Stern um das tiefste unsrer Seele, um den Kelch wie um einen tiefen Brunnen drängen, ...«[29]. Sah das links auf der Lichtlilie des »Morgen« sitzende Kinderpaar in den Kelch der Sinnblume hinab, so heftet das rechte Paar den Blick auf die Staubfäden, »auf welchen drey stehen und das Pistill (den Stempel) der Lilie in die Höhe halten ...[30]«. Sie erkennen, wie das aus dem ewigen Licht und der Liebe hervorgehende irdische Leben durch Befruchtung erhalten wird. Durch seine meditierende Betrachtung der Blumen nimmt Runge ein deutliches, bewegtes Leben an ihnen wahr vom ersten Keimen bis zur reifen Frucht, das Epos des Blumenlebens, wie er es nennt. Ein Leben, ein Wachsen und durch die Frucht zu neuem Leben führendes Dasein, das unserem eigenen Leben analog ist. Daher soll in der Folge der Vier Tageszeiten dieser Zusammenhang »wie eine einzige Blüthenentfaltung« dargestellt werden[31]. Diese Absicht, in den »Vier Tageszeiten« Werden und Vergehen zum Hauptthema zu machen, legt es nah, auch in den »Vignetten« auf ein dynamisches Prinzip zu achten. Die Herzen der Menschen fühlen zwar nach der Dunkelheit des Winters im Aufblühen der Blumen die Geburt einer neuen Welt, doch bleibt ihnen deren Bedeutung »unverständlich«, »bis uns die Rose durch die Seele glüht«[32].

Schon Zeitgenossen wiesen darauf hin, daß Runge selbst seine naturmystischen

Symbole verschieden deute, und die Erklärungsversuche der »Vier Tageszeiten«, die bedeutende Vertreter romantischer Vorstellungen wie Görres und Milarch unternehmen, werden unter ständig wiederholten Vorbehalten gegeben und weichen schon deshalb notwendigerweise voneinander ab, weil Runge Unbestimmtheit und Vieldeutigkeit als Voraussetzung jeder echten künstlerischen Mitteilungsform ansah. Nur durch »Hieroglyphen« und nicht durch diskursives Erklären lassen sich poetische Botschaften von überirdischen Wahrheiten bewirken. »Es entfernt sich der Mensch durch das platte Aussprechen seiner Empfindungen ... vom Gemüth, ... denn indem die Welt anfängt, es zu verstehen, ist schon das Gemüth in's Wort übergegangen. ... Darum meyne ich, liegt in der Symbolik, oder der Poesie, oder musikalischen oder mystischen Ansicht (= Weise) der drei Künste die Erhellung des Geistes der Liebe, das Paradies[33].« Ein grundsätzlicher – romantischer – Verzicht auf Deutlichkeit, der verbunden mit der erwähnten, keineswegs zur Eindeutigkeit führenden Methode, den symbolischen Sinn der Pflanzen durch »Genien« zu verdeutlichen, den Künstler daran hinderte, von seinen kosmischen Vorstellungen mehr als nur das Allgemeinste in die Sichtbarkeit zu heben.

Die Arabeske: Formal gesehen hat Runge eine von ihm selbst richtig eingeschätzte, große Fähigkeit für seine – vorläufigen – »Landschaften« eingesetzt. Er weiß, daß er ein sehr fruchtbarer Erfinder von Arabesken ist, daß er in »Zimmerverzierungen« viel leisten kann. Damals schon, als sich ihm die Ideen zu der neuen »Landschaft« erst entwickelten, im Jahre 1802, hatte er bereits erfahren, daß diese ornamentalen Stücke, die ihm gerade dann gelingen, wenn er ohne Anstrengung arbeitet, und »recht fröhlich und ruhig« ist, allgemein gefallen. Überdies sind »tausend Gestalten und heitre, komische Handhaben und liebliche Bilder in mir, die nur durch Arabeske können ausgeführt werden«[34]. Und da der Geschmack des Tages zum leichten, spielerischen Ornament neige, so will er »in dieses Luftige das Allersolideste einpacken«[35]. Leichtes Zierwerk als Vehikel letzter Gedanken über Gott und die Welt zu gebrauchen, hat nach Runges von freudiger Erregung fortgerissenen Spekulationen den Vorteil, daß er, obwohl bildnerisch noch nicht fähig, die eigentliche Landschaft zu gestalten, mit diesem zwar begrenzten, aber gutem Können zunächst eine Interimslösung für die Verkündung seiner Ideen anbieten kann. Darüber hinaus aber, so meint er weiter, könne er gerade durch anmutiges Zierwerk den durchschnittlichen Betrachter verlocken, die Darstellung genauer zu betrachten und über ihren Sinn nachzudenken: »... die Zimmerverzierungen sind ja bloß die Leimruten, womit ich sie – aber in aller Ehrlichkeit – fangen will, daß sie nur erst glauben, es wären bloß die Zimmerverzierungen, hernach aber davon nicht wieder loskommen können«. »Wer kann der Anmuth widerstehen?«[36] Von Anfang an bis in unsere Gegenwart hat man die phantasiereiche Anmut seiner Arabesken als eine besondere Qualität seiner Ornamentik empfunden und im Stil der letzteren mit Recht eine genuine Erfindung von Runge gesehen. Denn der schon aus äußeren Gründen viel weiter verbreitete Ornamentstil, der von Strixners Lithoreproduktionen der Randzeichnungen Dürers im Gebetbuch Kaiser Maximilians ausging, hat Runge in keiner Weise beeinflussen können, weil dessen Arabeskenform bereits voll ausgebildet war, als 1808 Strixners Gebetbuchausgabe erschien. So sind auch in formaler Hinsicht die »Vignetten« zu Tiecks Minneliedern völlig selbständige Erscheinungen.

Diese besonderen formalen Fähigkeiten von Runge und die höchst eigenständige Weise, mit der er gerade jene Gedanken, die sich ihm aus den erregenden Gesprächen mit Tieck als Offenbarungen hoher Wahrheiten entwickelten, bildnerisch gestalten will, nämlich als eine Komposition aus einzelnen ornamental gebildeten Symbolmotiven, schaffen denkbar günstige innere und äußere Voraussetzungen für die Ausgestaltung eines Buches des Freundes Tieck, das in eben der Zeit entstand, in der Maler und Dichter in grundsätzlichen Gesprächen vielfache Übereinstimmungen feststellten. Wenn auch eine Nebenarbeit von Runge, so sind die fünf Vignetten in den von Tieck herausgegebenen und bearbeiteten »Minnelieder aus dem Schwäbischen Zeitalter« doch wesentlich zur gegenseitigen Erhellung von Textbedeutung und Bildmeinung.

Tieck und Runge: Es war im September 1802, als Runge begeistert feststellen konnte: »Ich habe Keinen gefunden, der mich so ganz versteht, und den ich so wieder verstehe, wie Tieck«[37]. Das tiefe Einverständnis der Freunde, das festigende Gefühl, sich im anderen bestätigt zu finden, bewegt Tieck, schon im ersten Vierteljahr ihrer Bekanntschaft, Runge anzubieten, eine *poetische* Beilage zu dessen »Vier Tageszeiten« zu dichten. Man verabredet, das Gedicht gemeinsam zu verfassen[38]. Und zwei Wochen darauf ist Runge entschlossen, die bereits zum Abdruck fertigen, »ganz göttlichen« Minnelieder von Tieck mit einigen Vignetten zu versehen[39]. Wenn Runge meint: »Tieck gelingt nichts besser, als die alten Dichtungen und Sachen, wieder treu und rein herauszubringen«[40], so darf man schließen, daß er durch seine Gespräche mit dem Dichter erfahren hat, in welchem Sinne »treu und rein« Tieck die Dichtungen neu aufleben lassen wollte. Übrigens in einem Sinne, dessen Grundtendenz – wie es anders bei Freunden, die sich über den Sinn der Kunst grundsätzlich einig sind, nicht zu erwarten ist – der Kunstauffassung Runges weitgehend entsprach. Der Maler schrieb für die geliebte Pauline zwölf Lieder aus der Sammlung heraus. Wir wissen nicht, welche er wählte, nur daß sie ihm auf ihren beiderseiten Zustand zu passen schienen[41].

Die Vignetten: Als Runge sich im April 1803 an den Vignetten »quälte«, befand er sich in großer Liebesnot. Er ist dabei, einen Brief an den Vater von Pauline zu verfassen, einen Brief, von dessen Wirkung auf den Schwiegervater in spe Glück oder Unglück abhängt. So macht er die Vignetten eigentlich »aus Desperation«[42]. Das aber tut der Arbeit keinen Abbruch, da Erfindung und Form der die Minnelieder deutenden Bildsymbole längst feststehen. Sie stehen fest, weil sie aus dem Ideenkomplex der Tageszeiten kommen. Ohne die erwähnten, wenngleich vagen Erklärungen der Tageszeiten wäre die Bedeutung der »Vignetten« kaum noch zu erschließen. Da die »Vignetten« geradezu Botschaften aus dem Themenkreis der Tageszeiten sind, können sie nach Runges Meinung »allenfalls schon als Vorahnung oder Prolog für das Publicum zu den großen Radierungen (der Tageszeiten) gelten«[43]. Auch Daniel betont in seiner Erklärung der bildnerischen Entwürfe des Bruders zu den »Vignetten« ausdrücklich, »auf den letzten drei Zeichnungen (zu den Radierungen von Köbcke, die dann in Tiecks Buch erschienen) befindet sich alles auf dem Abschnitte einer Erdkugel wie man solche in den Figuren in Jacob Böhme's Schriften zu finden pflegt«[44]. Und, so dürfen wir ergänzen, wie sie sich auch auf den »Tageszeiten« finden.

Da er, wie wir sahen, seine großen Kompositionen wie einen Satz aus Vokabeln aus hieroglyphischen Einzelsymbolen zusammensetzte, so fühlte sich Runge legitimiert, umgekehrt solche einzelnen Symbolmotive auch als selbständige Kunstwerke gelten zu lassen. Er bietet daher dem Professor Schildener in Greifswald, der sich Zeichnungen von ihm wünscht, an, »Auszüge aus den größeren Compositionen ... durch sorgfältige Contoure« zu verfertigen, wie er es schon aus Freude daran für sich selbst getan habe[45]. Daß Runge dieses Verfahren nun auch bei den »Vignetten« zu den Minneliedern anwendet, ist nicht allein eine mehr äußerliche, sozusagen routinemäßige Ausnutzung seiner Kompositionsmethoden, vielmehr resultiert aus diesem Verfahren, »Hieroglyphen« wie Chiffren zu gebrauchen, eine Buchillustration, die sich ihrem inneren Wesen nach von den zahlreichen bis dahin üblichen Weisen, ein Buch bildlich zu schmücken, grundsätzlich unterscheidet.

Die sinnliche Liebe ist nur ein schwacher Abglanz der alles umfassenden geistigen und göttlichen Liebe. Sie erregt die »ewigen Seelen« und macht sie fähig, die höhere geistige Liebe zu erkennen. Auch die Kunst entspringt aus der von Liebe erregten, ewigen Seele. Es war diese Auffassung vom Ursprung der Kunst das Grundthema von Runges »Brautbild« der »Lehrstunde der Nachtigall«, auf deren Rahmen Eros (Rose) und Anteros (Lilie) als gemalte Reliefs erscheinen, in dem farbigen Bilde der Mitte aber Pauline als Psyche dem Künstler als Amorknaben – durch seine Liebe zu ihr gelehrig und fähig – das Flöten lehrt. Dieses Bild von der Entstehung der Kunst aus dem Empfinden der liebenden Seele wurde im Herbst 1802 begonnen und veranlaßte eben seines Themas wegen Ludwig Tieck, die Begegnung mit Runge zu suchen.

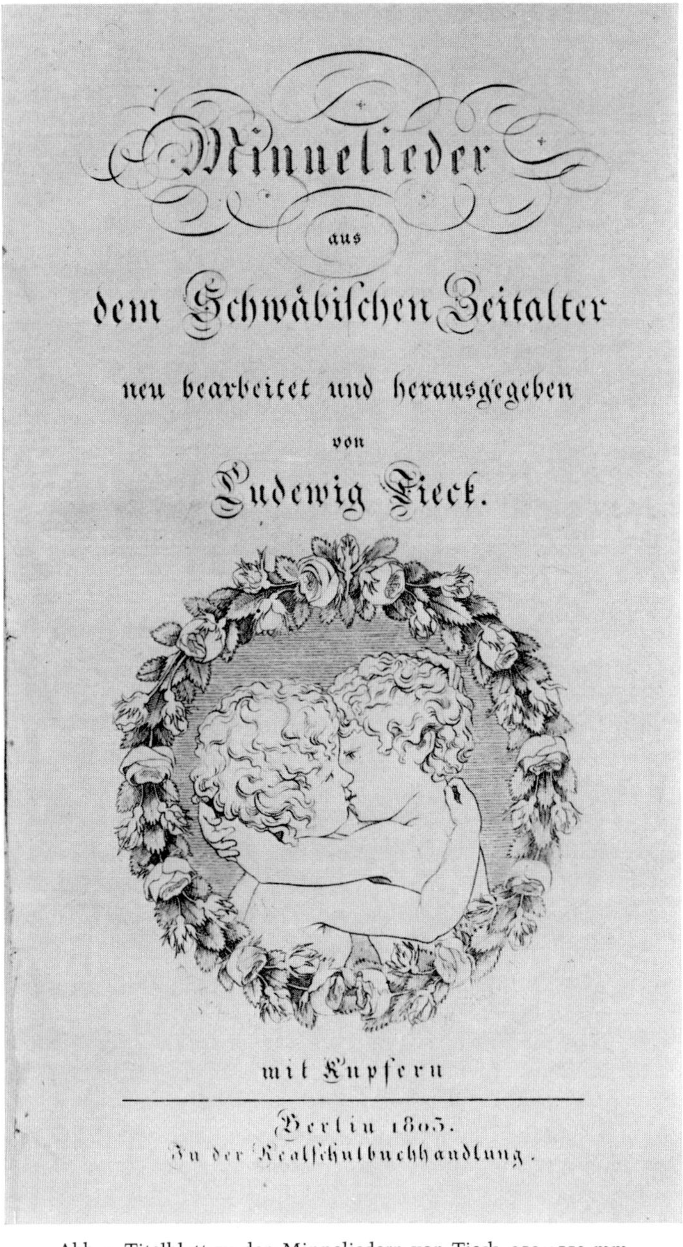

Abb. 2 Titelblatt zu den Minneliedern von Tieck. 219 × 112 mm

Anders als bei Illustrationen konventionellen Charakters handelt es sich bei Runges »Vignetten« nicht um bildliche Begleitungen einzelner Gedichte, nicht um visuelle Paraphrasen bestimmter Texte. Sie zielen vielmehr darauf ab, in hieroglyphischen Andeutungen den poetischen Geist, den Tieck aus den Minneliedern »wieder treu und rein herauszubringen« imstande war, fühlbar zu machen. So ist auch die Verteilung der »Vignetten« im Buche sehr unregelmäßig: Eine runde Vignette auf dem Titelblatt *(Abb. 2)*, ein Kopfstück über dem ersten Lied *(Abb. 5 unten)*, nach dem letzten, dem 220. Lied, auf besonderem Papier und ohne Text zwischen ihnen zwei Einzelsymbole im hochrechteckigen Rahmen *(Abb. 3 und 4)*, die man nicht eigentlich Vignetten nennen kann, und schließlich ganz am Schluß, hinter den Strophen von Tieck selber ein Schlußstück *(Abb. 5 oben rechts)*.
Was Tieck dazu bewog, eine solche Auswahl zu treffen, »dass man in diesem Auszuge die schönsten Stücke der Poesie besitzt, welche die Manessische Handschrift besitzt«[46], und worum er sich dabei bemühte, wird in seiner Vorrede zu den Minneliedern dargelegt. Der Ton, die Poesie der Lieder, wie sie jeder der Sänger auf seine Weise ausbildete, sollen vor allem wieder aufklingen, denn die Poesie ist »das menschliche Gemüt selbst in allen seinen Tiefen, jenes unbekannte Wesen, welches immer ein Geheimnis bleiben wird, das sich aber auf unendliche Weise zu gestalten sucht«[47]. Tieck begrüßt deshalb lebhaft die Einführung des Reimes in die Poesie »aus dem Schwäbischen Zeitalter«, weil sich darin die Liebe zu Ton und Klang verwirkliche und das Bestreben offenbare, die Poesie in Musik, in etwas Bestimmt-Unbestimmtes zu verwandeln[48]. Schlechthin identisch mit Runges Auffassung vom Wesen der »wahren« Kunst, die sich vom historischen, erzählenden Bilde zum allgemeinen, Ahnungen auslösenden Symbol wenden müsse, erscheint das wesentlichste Prinzip der editorischen Maßnahmen von Tieck, das er selbst so erläutert: »Ich habe alles weggelassen, was nur den Gelehrten interessieren kann, alles, was sich auf die Geschichte der Zeit bezieht, und ich habe lieber einige Male den Nahmen von Städten und Ländern unterdrückt, um das Gedicht *allgemeiner zu machen*«[49].
Eben das Gleiche bestimmt die Rungeschen Vorstellungssymbole, die »Hieroglyphen« im allgemeinen, und seine Vignetten zu den Minneliedern im besonderen. Der mit Fr. Köbcke sc.(ulpsit) bezeichnete Vignettentondo auf dem Titelblatt, darstellend einen männlichen und einen weiblichen Genius, die umrundet von einem Rosenkranz sich küssen, ist jedoch, um das Ganze gleich anfangs unmißverständlich zu charakterisieren, noch durchaus konventionell, da die Rose von altersher als Blume der Liebe gilt *(Abb. 2)*. – Anders jedoch das Kopfstück, das mit P. O. Runge del signiert über dem ersten Minnelied von Kaiser Heinrich erscheint *(Abb. 5 unten)*. In ihm wird der Grundgedanke der »Nacht«, als dunkle Traumwelt hier wie in den »Tageszeiten« durch eine

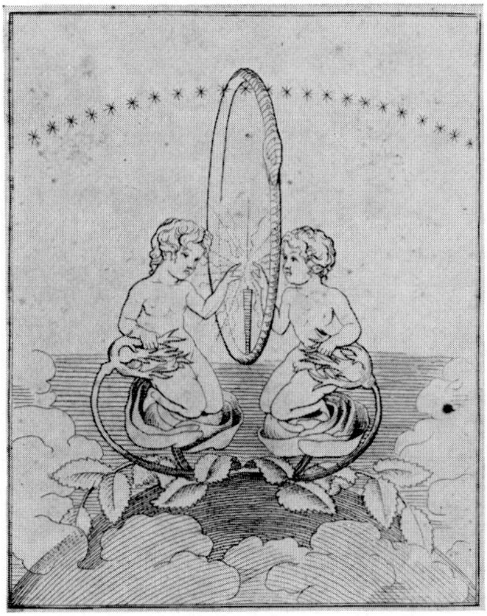

Abb. 3 Vignette: Das ewige Licht. 104 × 84 mm

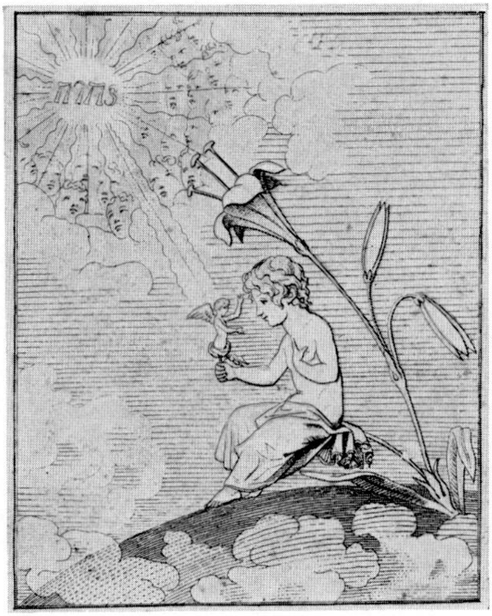

Abb. 4 Vignette: Verkündigung der ewigen Liebe. 104 × 83 mm

mittels paralleler Linien angedeutete Schattenzone gekennzeichnet, aufgenommen. Er deutet auf das noch nicht zum Licht und zur Liebe erweckte Leben, das in der »unvertilgten Existenz in Gott« schlummert[50]. Rose und Lilie wachsen noch nicht ins Dasein hinauf, sie sind im Gegenteil zur Tiefe hin geknickt, andere Blumen liegen in der Tiefe mit der Blüte zum Grunde. Das Kind aber, die Seele, der Genius mag ruhig in frommer Beterhaltung schlafen, es kann wie die beiden Paare in der »Nacht« in himmlischer Ruhe und unirdischem Frieden auf seine Erweckung warten. – Deutlicher das dritte Bildchen mit dem »Abschnitte einer Erdkugel« unten und dem Sternenhimmel oben *(Abb. 3)*. Da erscheint wie auf dem »Morgen« das Zeichen der Ewigkeit, schwebt im kosmischen Raum die sich in den Schwanz beißende Schlange, und in diesem von ihrem Leib gebildeten Ring brennt als Zeichen des ewigen Lichtes eine Kerze. Rosenknospen wollen in diesem Licht zum Leben erblühen. Doch wie das ewige Licht zu hell ist, als daß unsere Augen es ertragen könnten, weshalb aus der Lichtlilie des »Morgen« die milder leuchtende rote Farbe der Liebe als Rosenblüten ins irdische Dasein hinabsinkt, so müssen auf unserem Blatt der männliche und der weibliche Rosengenius, wenn sie das ihre Verbindung belebende Feuer aus dem ewigen Glanze ziehen wollen, sich davor hüten, die Gottesflamme selbst zu berühren. Liebeskraft strömt jedoch in ihre Zeigefinger, da sie deren Spitzen vorsichtig der Flamme nähern, so wie Lebenskraft von den Zeigefingern der Genien auf der unteren Rahmenleiste des »Morgen« ausgeht. Im »Morgen« wird die belebende Kraft von den geöffneten Händen der auf Lotosblüten sitzenden Genien empfangen. – Auch im gegenüberstehenden Bild ist es »Morgen«, ist es Anfang, ist es Frühling, denn Minnelieder sind Maienlieder *(Abb. 4)*. Sie besingen die reine Empfindung, die sich im Sinne von Tieck als »Poesie«, als Botschaft aus höheren Bezirken charakterisiert, gerade durch den Umstand, daß sie noch nicht ins Dasein wirkte, noch zu keiner Manifestation im »Mittag« gelangte. Die Glorie des Gottes, deren Licht auf die Lilie herabstrahlt, ist, wie die Namensinschrift verkündet, der Glanz Jehovas, des schaffenden Gottes. Die Lichtlilie der reinen Liebe, der Liebe zu Gott, streckt sich mit ihren Staubgefäßen der Glorie entgegen. Auf einer noch nicht entfalteten Lilienblüte sitzt ein Genius, die Rose der irdischen Liebe in der Hand. In der Unschuld des Anfangs erkennt er die Rose als Verkünderin der Lilie; der Künstler läßt aus der Rosenblüte einen Verkündigungsengel emporsteigen, der auf die zur Glorie strebende, entfaltete Lilienblüte weist, andeutend, daß die irdische Liebe aus der himmlischen entspringt. – Das Schlußstück hinter dem ans Ende der Sammlung gesetzten Gedicht von Tieck symbolisiert abschließend den Augenblick vor dem Eintritt der eben erblühten Liebe ins Dasein *(Abb. 5 oben rechts)*. Die Genien berühren, wie auf dem »Morgen«, die Staubgefäße der Lichtlilie, die Organe des irdischen Fortlebens der hieroglyphischen Sinnpflanzen. Der Genius zur Rechten soll in der irdischen Existenz als Mann den Daseinskampf bestehen, über seinem Haupte schwebt der Lorbeerkranz des Siegers. Ein Rosenkranz über dem weiblichen Genius deutet ebenso auf die diesseitige Aufgabe des weiblichen Prinzips als liebende Frau und Mutter.

Von lauter Klage über die rasche Vergänglichkeit des unschuldigen Beginns wandelt sich das mit sehr besonderem Ton erklingende Gedicht von Ludwig Tieck schließlich zu leiser Umschreibung des unvergänglichen Lebens poetischer Ideen, was der Dichter eben durch die besondere Form seiner Edition der Minnelieder offenkundig machen wollte. Aus heutiger Mentalität und dem gegenwärtigen Vorstellungsrepertoire sind seine schönen Verse nur schwer zu verstehen. Ihr Sinn erhellt sich jedoch eben durch die »Vignetten« von Runge, wie diese umgekehrt durch die Zeilen des Dichters zwar keineswegs kommentiert, indessen in ihren hieroglyphischen Hinweisen unterstützt werden. Tieck beklagt, daß der duftende, farbige Frühling zu schnell vorüberzieht und Blumen, Lichter und Farbe erbleichen, »wenn die Hochzeit ist vergangen«. »Lebend in der eigenen Schöne« sind dagegen einzig die *Liebes*gedanken, die wie Blumenkelche in Wehmut, Sehnsucht und Andacht schwanken. Es bleiben Wunsch und Ahnung als die nicht verwelkenden Blumen, die der Dichter in Gesängen gewinnen kann.

Zustimmung und Ablehnung: Clemens Brentano, in seinem Titelentwurf zu den »Kinderliedern« aus »Des Knaben Wunderhorn« (1806/08) deutlich von

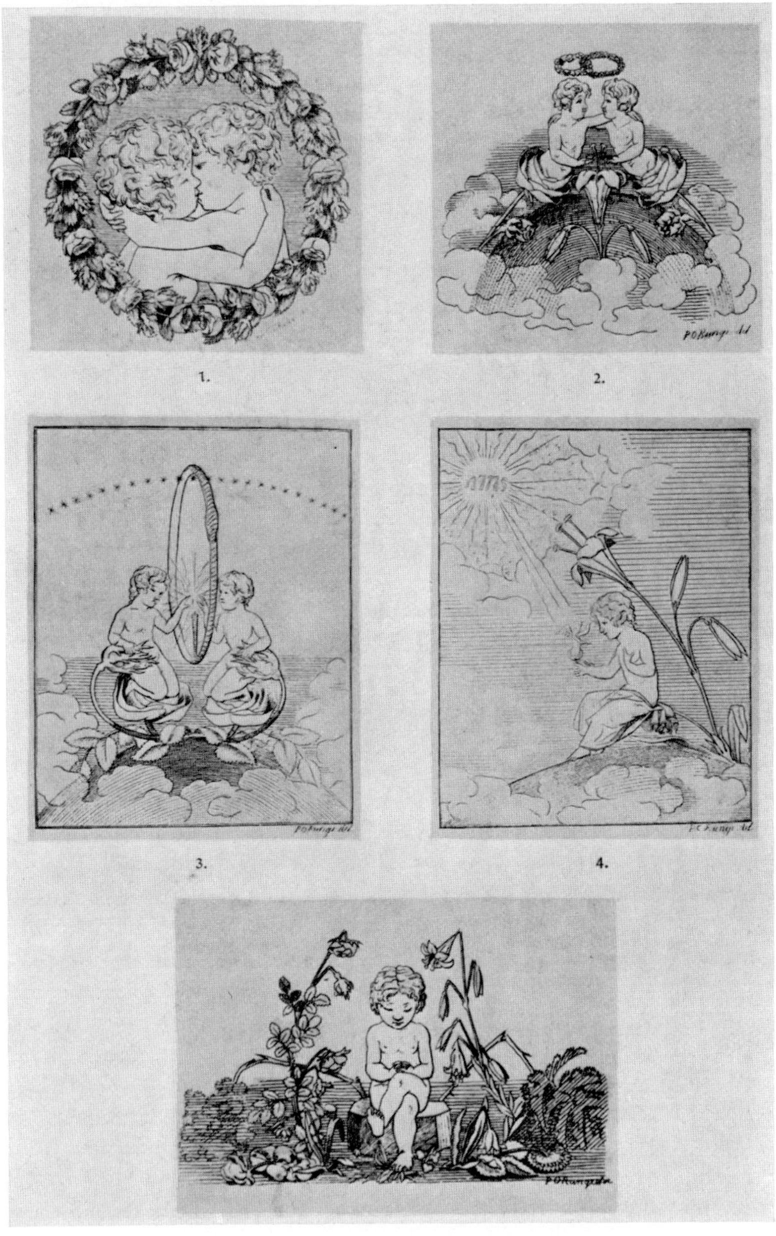

Abb. 5 Probedrucke der Radierungen von F. Köbcke nach Runges »Vignetten«.
Unten: Das Kopfstück über dem ersten Lied. Die unvertilgte Existenz in Gott.
Oben rechts: Das Schlußstück

Runges »Morgen« beeinflußt, wünschte sich Runge als Illustrator. Er erklärt dem Maler in einem dicht vor dessen Tod geschriebenen Brief, daß seine eigenen »Rosenkranzromanzen« einer Folge »mit Arabesken verflochtener Gemälde« gleiche. Brentano wollte sich bei der Gestaltung eines neuen Textes nunmehr ganz durch den Zeichner bestimmen lassen. Er rechtfertigt diese Umkehrung im Verhältnis von Text zu Illustration 1810 im Nachruf auf Runge. Dieser habe nämlich »zuerst gezeigt, daß die Arabeske eine Hieroglyphe ist, und ihre Verknüpfung eine ebenso tiefsinnige Bildersprache der stummen mahlenden Poesie, als das Werk der Poesie selbst eine gesprochene seyn soll«[51]. Auch Görres glaubt in seiner Erklärung von Runges »Zeiten« 1808 an eine entscheidende Erweiterung künstlerischer Aussagemöglichkeiten durch dessen neues Konzept. »Und wie nun sollen wir die Weise nennen, in der diese Bilder gedacht erscheinen? Sollten wir sie Arabeske heißen? Wir würden ihnen Unrecht thun, indem wir, was tiefer Ernst und Sinn gebildet, vergleichen wollten mit dem, was bloß aus spielendem Scherz einer heiteren Phantastik hervorgegangen, ... Nennen wir sie lieber daher Hieroglyphik der Kunst, plastische Symbolik!«[52]

Indessen war es gerade der Dichter, für den er die Vignetten gezeichnet hatte, der schon bald die Mitteilungsschwäche, die aus Runges Hieroglyphen-Konzept resultiert, erkannte und zum gravierenden Einwand erhob. Die geplante poetische Beschreibung der »Tageszeiten« wurde nie in Angriff genommen, leicht erklärbar, wenn man erfährt, daß Tieck bereits 1804 seinem Freund von der Veröffentlichung der Folge abriet. In jenem Jahr übertragen bereits im Auftrage Runges gewerbsmäßige Radierer seine vier Zeichnungen auf die Kupferplatte. Vielleicht auf den Rat Tiecks und wohl auch beeindruckt von dem Ausspruch des ihm befreundeten alten Wilhelm Tischbein, der, selbst ein »literarischer« Idyllenmaler, meinte, da täte das Wort doch mehr, hat Runge lange gezögert, die um die Mitte des Jahres 1805 gedruckten Radierungen zu veröffentlichen. Auch Goethes Brief vom Juni 1806 mit dem ausdrücklichen Einwand, daß er nicht wünsche, der von Runge eingeschlagene Weg würde von der Kunst im ganzen verfolgt, war wenig ermutigend. »Wir glauben Ihre sinnvollen Blätter nicht eben ganz zu verstehen, aber wir verweilen gern dabey und vertiefen uns öfter in Ihre geheimnisvolle, anmuthige Welt«, heißt es weiter[53]. Drei Jahre später sendet Runge einen aus konventionellen Allegorien gestalteten Umschlagentwurf zu einem Theateralmanach an Goethe mit dem ausdrücklichen Hinweis: »Sie werden eben keine Gedanken darin durchgeführt finden«. Goethe bedankt sich im Oktober 1809 in einem freundlichen Brief. Doch aus dem Lob, das er dem Entwerfer spendet, klingt deutlich der Vorbehalt, den er wiederholt gegen Runges »Weg« geltend machte: »Die mir zugesendete kleine Bücherdecke hat meinen ganzen Beyfall. Sie ist gut gedacht, deutlich ausgesprochen und in allen ihren Teilen leserlich[54].«

Aus dem Erlebnis der Mitteilungskraft von Caspar David Friedrichs Landschaften artikuliert sich in Ludwig Tieck präzis die Unwirksamkeit von Runges Landschaftskonzept, das er zunächst mit dem Freunde begeistert diskutiert und enthusiastisch begrüßt hatte. Unter dem 19. Juni 1803 schreibt Tieck in seiner Novelle: »Eine Sommerreise« 1834 über Runge: »Es war eine Freude, diesen gesunden Menschen diese Zeichnungen selbst erklären zu hören, und zu vernehmen, was er alles dabei gedacht. Ich suchte ihn im vorigen Jahr, ... darauf aufmerksam zu machen, daß er, besonders in den Randzeichnungen, die die Hauptgestalten umgeben, mehr wie einmal aus dem Symbol und der Allegorie in die willkührliche Bezeichnung, in die Hieroglyphe, gefallen sey[55].« Zu wenig Rücksicht also habe Runge auf die durch einen consensus omnium zu gewährleistende Lesbarkeit seiner symbolisch gemeinten Figurationen genommen, zu viel ihnen an »willkührlichen«, das heißt aus alleiniger, persönlicher Entscheidung gesetztem Bedeutungsgehalt zugemutet. Diesen Einwand erwartete Runge von Anfang an, und beanspruchte, sich verteidigend, dagegen die Vieldeutigkeit als ein Essentiale wahrer Kunst. Auch gegenüber dem Dr. J. G. Quistorp in Greifswald, der voller Interesse für Runges Arbeiten den noch nicht aus Dresden Heimgekehrten in Wolgast vergeblich aufgesucht hatte. Die Ablehnungen, die Runge erfuhr, wurden aus Achtung vor dem glühenden Streben des jungen Romantikers zumeist äußerst zurückhaltend formuliert. Quistorp jedoch entscheidet in seinem Brief vom 28. August 1803 apodiktisch, »dass der tiefe, mystische und nach Ihrer eignen Erklärung so vieldeutige Sinn, der darin liegt, das Höchste der Kunst seyn soll wie Sie meynen, will mir nicht einleuchten, weil ich fest glaube, dass jedes Bild eben soviel an Kraft und Würkung verliert, als der Sinn darin dem Beschauer vieldeutig und folglich auch dunkel ist«[56]. – Quistorp meint also, sicher zu wissen, was unter seinen Zeitgenossen nicht allein Runge bezweifelte, sondern was auch späterhin bis in unsere Gegenwart hinein immer wieder in Frage gestellt werden sollte.

Anmerkungen

1 Hinterlassene Schriften. Bd. II, S. 437.
2 H. S. II, 9.
3 H. S. II, 91.
4 H. S. II, 460.
5 Über die Bedeutung der Vorstellung Böhmes für Runges Kunstkonzept handelt eingehend Siegfried Krebs in: Runges Entwicklung unter dem Einfluß von Ludwig Tieck. Heidelberg 1909.
6 H. S. II, 115/116.
7 H. S. I, 9.
8 H. S. I, 11.
9 H. S. II, 459.

10 H. S. II, 175.
11 H. S. I, 45.
12 H. S. I, 46
13 H. S. I, 196.
14 H. S. I, 180.
15 H. S. II, 222.
16 H. S. II, 179.
17 Dazu Frühwald in Wiese: Deutsche Dichter der Romantik. 1971, S. 290 und Curt Grützmacher, Novalis und Philipp Otto Runge. Drei Zentralmotive und ihre Bedeutungssphäre. Die Blume – Das Kind – Das Licht. München 1964.
18 H. S. II, 182,
19 H. S. I, 15.
20 H. S. I, 24.
21 H. S. I, 16.
22 H. S. I, 19.
23 H. S. I, 20.
24 H. S. I, 21.
25 H. S. I, 47.
26 H. S. II, 27.
27 Dazu Ludwig Volkmann, Die Hieroglyphe der deutschen Romantiker, in: Münchner Jahrbuch der bildenden Kunst, 1926, S. 157.
28 H. S. I, 53.
29 H. S. II, 220.
30 H. S. I, 31.
31 H. S. I, 239.
32 H. S. I, 53.
33 H. S. I, 44.
34 H. S. II, 187.
35 H. S. I, 29.
36 H. S. II, 200/201.
37 H. S. II, 182.
38 H. S. II, 203.
39 H. S. II, 204.
40 H. S. I, 38.
41 H. S. II, 204.
42 H. S. II, 208.
43 H. S. I, 236.
44 H. S. I, 236/237.
45 H. S. I, 195.
46 Tieck, Minnelieder, Vorrede S. XXIX.
47 Tieck, Minnelieder, Vorrede S. II.
48 Tieck, Minnelieder, Vorrede S. XIII.
49 Tieck, Minnelieder, Vorrede S. XXV.
50 H. S. I, 82, die vierte von Runges »Rubriken zu den vier Tageszeiten«.
51 H. S. II, 472.
52 H. S. II, 523.
53 H. S. II, 307.
54 H. S. I, 355.
55 H. S. II, 359.
56 H. S. II, 235.

Alfred Hentzen

Spiegelungen

Als ich im amerikanischen Pavillon der Biennale in Venedig 1972 zum erstenmal Werke eines der Photo-Realisten – Richard Estes – im Original sah und bald darauf Arbeiten anderer Maler dieses Kreises in der documenta V begegnete, wurde ich durch bestimmte Elemente in diesen Bildern an die mit verblüffender Exaktheit gegebenen Darstellungen des Berliner Malers Johann Erdmann Hummel erinnert. Die Bezugspunkte waren für mich die Spiegelungen, sowohl die Durchdringung von realen und gespiegelten Dingen in Schaufenstern wie die verzerrten Reflexe auf gewölbten, glänzenden Oberflächen, sei es nun die von Automobilen oder von der Granitschale in Berlin. Ich glaubte, daß durch solche Vergleichbarkeit die Bilder des Biedermeier-Künstlers, die mir seit meiner ersten Museumstätigkeit an der National-Galerie in Berlin vor mehr als vier Jahrzehnten immer sehr bemerkens- und liebenswert erschienen sind, eine neue, unerwartete Aktualität gewinnen könnten: Photo-Realismus vor der Erfindung der Photographie. Jedenfalls scheint es der Mühe wert, diesen heute kaum beachteten und außerhalb Berlins und seiner Vaterstadt Kassel vergessenen Maler in das Bewußtsein einer wieder an realistischer Kunst interessierten Gegenwart zurückzurufen.

Mir schien das Thema für diese Festschrift besonders geeignet. Hanns Swarzenski und ich haben zu Anfang der dreißiger Jahre in Berlin Freundschaft geschlossen und vor und nach dem Kriege gemeinsam viele Male New York durchstreift. Ich wollte von den Bildern junger amerikanischer Maler, die Ausschnitte aus der Weltstadt in neuer Sicht geben, eine Brücke schlagen zum biedermeierlichen Berlin, das wir beide lieben. Als es ans Schreiben ging, zeigte sich jedoch bald, daß die Ähnlichkeiten, die mich frappiert hatten, doch nur Äußerlichkeiten sind und man dem einen wie dem anderen durch einen Vergleich nicht gerecht würde. So ist denn eine kleine Studie über einen Ausschnitt aus dem Werk von Hummel daraus geworden, mit einigen Ausblicken auf die heutige New Yorker Kunstszene[1].

In Hummels reizendem Bild einer »Modewaren-Handlung an der Schloß-Freiheit« in Berlin *(Abb. 2)* ist die Wiedergabe der exakt berechneten Reflexe und Spiegelungen ein Musterbeispiel für das, was der Künstler in diesen Jahren erstrebte. Das Gemälde war 1830 in der Akademie ausgestellt, wo König Friedrich Wilhelm III., der nach Schadows Bericht die Ausstellung eingehend besichtigte, es wahrscheinlich erwarb. Jedenfalls befand es sich später

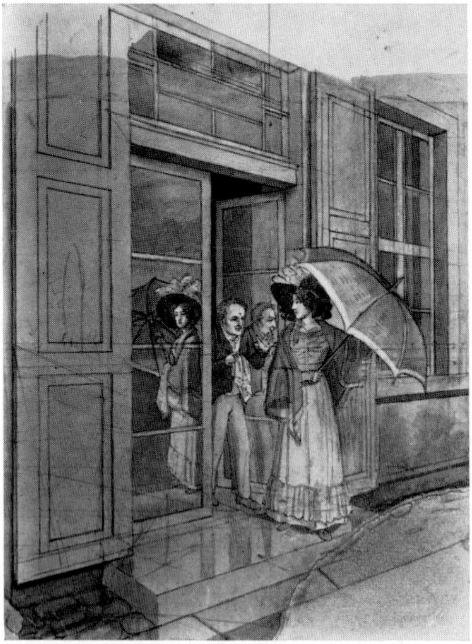

Abb. 1 J. E. Hummel, Entwurf zum Bilde »Modewaren-Handlung an der Schloß-Freiheit«

im Besitz Kaiser Wilhelms II., verblieb nach dessen Abdankung 1918 im Schloß und zierte bis zum zweiten Weltkrieg einen Raum des dahin umgezogenen Kunstgewerbe-Museums (Schloß-Museum). Nach dem in Ost-Berlin aufgestellten Verzeichnis der Kriegsverluste ist es wohl leider untergegangen.
Von einem nach Norden hinter dem Zeughaus abziehenden Gewitter sind im Kopfsteinpflaster kleine und größere Pfützen zurückgeblieben. Die Granitstufe vor dem Laden und der Plattenweg für Fußgänger sind spiegelnd naß. Aus dem Geschäft tritt die damals gefeierte Sängerin Henriette Sontag mit weißem Kleid, übergeworfenem, kostbarem Schal und großem, mit Schleifen verziertem Hut. Den Berlinern war sie wohlbekannt und man konnte sie in der gleichen Ausstellung von 1830 noch einmal porträtiert sehen, auf der großen »Parade auf dem Opernplatz« von Franz Krüger (1829)[2], neben dem Geiger Paganini auf einem Wagen stehend – bei besserem Wetter. Hier spannt sie eben ihren Regenschirm auf, um sich gegen die letzten Tropfen zu schützen und wendet sich dem ihr folgenden Ladeninhaber zu, der ihr noch einen Schal anbietet. In dem geschlossenen, linken Flügel der Glastüre erscheint ihr Spiegelbild und hinter ihr, unter den dunklen Wolken, der alte Dom in der Form,

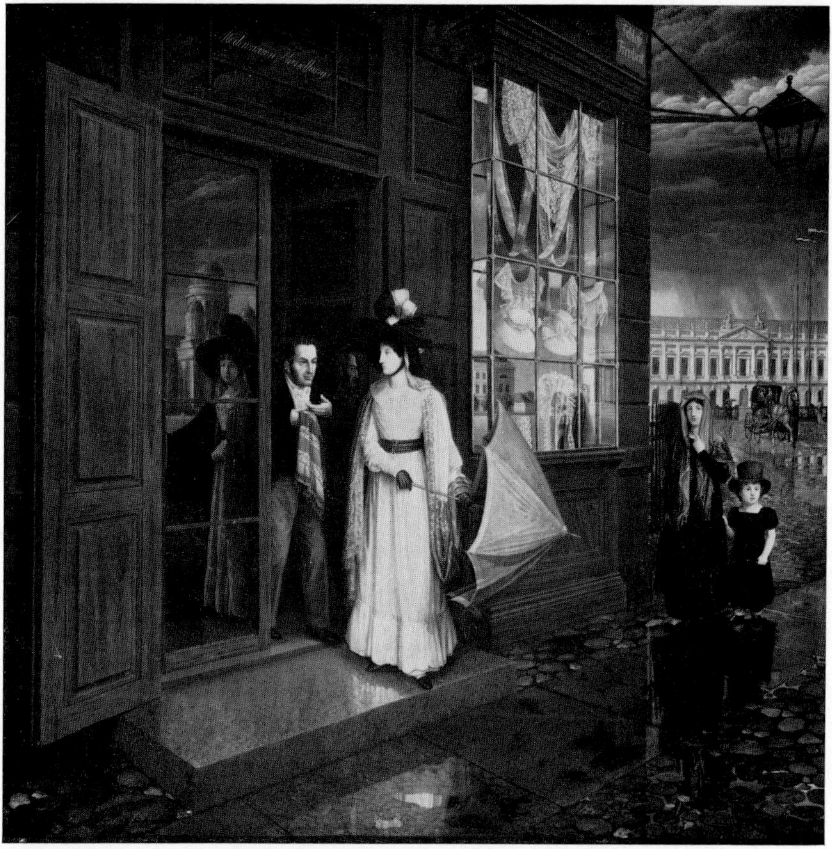

Abb. 2 J. E. Hummel, Modewaren-Handlung an der Schloß-Freiheit in Berlin

die ihm Schinkel gegeben hatte, während der beflissene Kaufmann von dem nach innen geöffneten Flügel zurückgeworfen wird – wir sehen dort sein verlorenes Profil. Das helle Kleid der Sängerin wird aber auch nach unten von der nassen Granitstufe und dem Plattenweg reflektiert, und es ist genau unterschieden, wie sich da, wo sich eine Wasserlache gebildet hat, das Spiegelbild deutlicher zeigt. Dasselbe ist ebenso exakt durchgeführt bei der Frau mit Kopftuch, die ein Kind mit hohem Kutscherhut und Peitsche an der Hand führt, bei der Kutsche im Hintergrund, bei den Fenstern des Zeughauses usw. Am überraschendsten ist das Schaufenster, in dem die ausgestellten Spitzen, Bänder und Hüte genau wiedergegeben sind, sich aber zugleich mit dem Spiegelbild der dunklen Wolken und der hellen Bauwerke durchdringen. Man sieht die Auslage und simultan das, was die Sängerin sehen wird, wenn sie den Laden endgültig verläßt.

Solche Durchdringung von Realität und Spiegelung, mit der Kamera festgehalten und in Malerei übertragen, ist ein bevorzugtes Motiv einiger Photo-Realisten, vor allem von Richard Estes, Don Eddy, Robert Bechtle, Ralph Goings[3].

Der Spiegel im Bild hat seit dem Konvex-Spiegel in Jan van Eycks Arnolfini-Porträt, über »Las Meninas« von Velasquez bis zu Manets »Eine Bar in den Folies Bergère« – um einige Höhepunkte der abendländischen Malerei zu zitieren – die Funktion, das mit einzubeziehen, was hinter dem Maler und Betrachter ist oder gedacht ist, dem Bildraum eine weitere Dimension hinzuzufügen. Um in räumlicher Nähe von Hummel zu bleiben, kann auch an Menzels »Balkonzimmer« oder sein »Ballsouper« erinnert werden[4].

Aber die Spiegelung in einer zugleich durchsichtigen Glasscheibe, die wir täglich erleben – wenn wir in der Dämmerung aus einem schon erleuchteten Zimmer durch das Fenster sehen, bei nächtlichen Eisenbahnfahrten oder in der Straße vor Schaufenstern – die Simultaneität des Wirklichen und des Gespiegelten, die in Hummels Werken verschiedentlich begegnet, ist soweit ich sehe, vor ihm in der Malerei nicht festgehalten worden.

Zum erstenmal hat er diese Erscheinung 1818 in dem Bild »Die Schachpartie« der National-Galerie (West) dargestellt, ausführlicher noch in der zweiten, größeren Fassung des gleichen Themas im Landesmuseum Hannover. In diesem letzteren stellt er, in wohlberechnetem Kontrast, die ungebrochenen Spiegelbilder in einem großen Stand- und einem leicht geneigten Wand-Spiegel den blasseren Reflexen im Fenster gegenüber, durch das man in eine mondbeschienene Landschaft sieht, in der die von Kerzen beleuchteten sechs Herren – Hummel selbst mit fünf Freunden – zum zweitenmal erscheinen.

Ich kenne sonst nur wenige Darstellungen dieses Motivs. In der deutschen Kunst des 20. Jahrhunderts gibt es vereinzelte Beispiele. Ich erwähne »Großes helles Schaufenster« (1912) von August Macke im Landesmuseum Hannover[5], wo in kubistischer Übersetzung die hinter der die Auslage betrachtenden Dame vorbeiziehenden Wagen und Passanten im Spiegelbild erscheinen, und das grausige Bild von Otto Dix »Prager Straße« (1920)[6], auf dem die schrecklich verstümmelten Krüppel unter einem Schaufenster hocken, in dem Arm- und Bein-Prothesen ausgestellt sind und in das der Künstler, als Photo-Collagen, achtlos an den Unglücklichen Vorübergehende hineingeklebt hat.

Die Photo-Realisten haben weder die formalen Probleme Mackes noch die soziale Anklage von Dix im Sinn, wenn sie ähnliche optische Phänomene in ihren Bildern zeigen. Hier sei nur als herausgegriffenes Beispiel ein Bild von Richard Estes herangezogen *(Abb. 3)*[7]: Durch eine parallel zur Bildfläche stehende und diese fast ganz ausfüllende Scheibe – durch eine von innen auf-

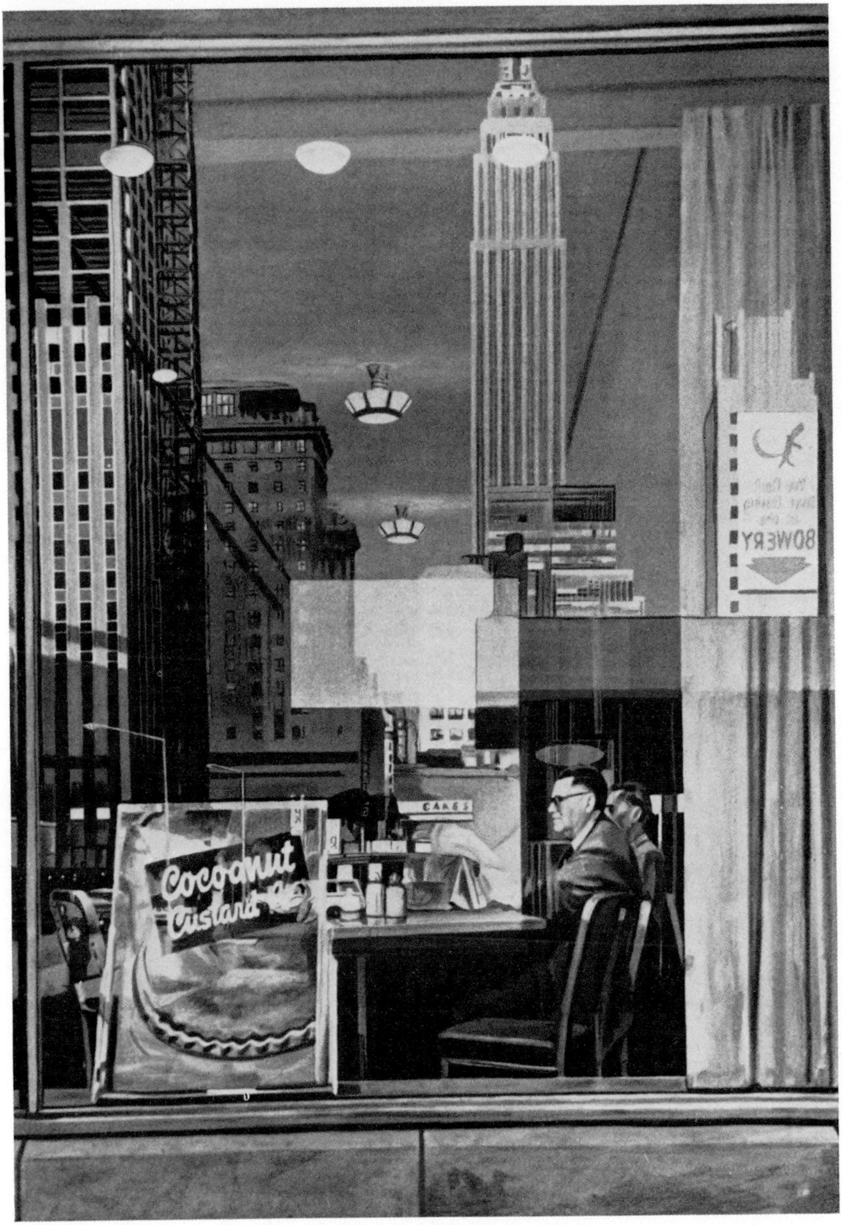

Abb. 3 Richard Estes, Ohne Titel, 1967

geklebte Speisekarte als Fläche erkennbar – sehen wir in ein Restaurant, das Cocoanut Custard Pie anbietet. Am Tisch zunächst dem Fenster einige leere Stühle und zwei sitzende Männer. Auf dem Tisch die üblichen Dinge zur Selbstbedienung. Die Gäste scheinen auf der Straße zu sitzen, in der die Lampen des Restaurants wie in der Luft schwebende Laternen zu hängen scheinen – so stark ist der Eindruck der Spiegelung der von der tief stehenden Sonne hell beleuchteten Hochhäuser von Manhattan, deren ehemals höchstes, das Empire State Building, vom oberen Rand der Scheibe abgeschnitten erscheint. Die imponierende Größe der Weltstadt-Architektur spielt hinein in das Bild des billigen Restaurants und macht es noch trostloser. Der Verlorenheit der Menschen in der Umwelt der Geschäftspaläste – auf die sie keinen Blick zu verschwenden scheinen – ist das eigentliche Thema, das Ausgeliefertsein an eine teilnahmslose Außenwelt hinter der blankgeputzten Scheibe, die nichts Schützendes hat, wenn der Vorhang – wie hier – zur Seite geschoben ist. Es ist – im Gegensatz zu Dix – ein Bild ohne Aggressivität, aber hoffnungslos traurig.

Doch sehen wir eine solche »Stimmung« vielleicht nur in das Bild hinein. Im Grunde scheint die Absicht der Photo-Realisten nichts anderes zu sein als eine wertfreie Feststellung dessen, was uns umgibt. Sie erstreben das, um größtmögliche Objektivität und Genauigkeit zu erzielen, mit Hilfe der Photographie, die sie selbst ausüben. Dabei wird einigen von ihnen offenbar die Spiegelung in der durchsichtigen Scheibe zu einem Motiv von besonderer Faszination: das simultane Sehen des Drinnen und Draußen, eine Erweiterung der Bilddimension, die in ihrer Eindrücklichkeit weit über das hinausgeht, was etwa Macke oder Dix vor sechzig oder fünfzig Jahren in ihren Schaufensterbildern sichtbar gemacht haben. Sie weisen uns in der Tat auf ein Phänomen hin, das zum Bilde der modernen Großstadt gehört, das wir täglich in den Straßen erleben können, das wir vielleicht beim Betrachten von Schaufenstern als störend empfinden oder an dem wir, als an etwas Selbstverständlichem, achtlos vorübergehen.

Es hat den Anschein, als ob die Photographie eine notwendige Voraussetzung dazu gewesen wäre, daß man ohne ihre Hilfe diese Beobachtung nicht so exakt hätte wiedergeben können. Es ist in der Tat schwer vorstellbar, daß Estes in einer belebten Straße New Yorks seine Staffelei aufgestellt hätte, um das eben beschriebene Bild zu malen oder auch nur eine Vorzeichnung dazu zu machen. »Meine Kamera nimmt den Platz des traditionellen Skizzenbuches ein«, hat Ralph Goings festgestellt[8].

Aber zurück zu dem Bild von Hummel, von dem wir ausgingen. Er kannte noch keine Photographie. Hat er mit seinem Skizzenbuch auf der regennassen Straße die Szene festgehalten, wie die Sängerin aus dem Laden tritt? Weit gefehlt!

Die »Schloßfreiheit«, eine Häuserzeile zwischen der Fassade des Schlosses und dem Kupfergraben (Eduard Gärtner hat sie 1855 von der Wasserseite her liebevoll und genau gemalt)[9] wurde für das 1898 vollendete, sogenannte »National-Denkmal« von Reinhold Begas abgerissen, das der Berliner Volksmund spöttisch »Wilhelm in der Löwengrube« nannte. Nach dem letzten Krieg ist auch dieses verschwunden, wie – immer noch unfaßlicherweise – das ganze Schloß, eines der großen Denkmäler deutscher Baukunst, in dem Hanns Swarzenski Anfang der dreißiger Jahre als Assistent der Schlösser-Verwaltung seinen »Amtssitz« hatte. Auf dem Bilde der »Aufstellung der Granitschale« *(Abb. 8)* bilden Schloß und Schloßfreiheit den Hintergrund, aber das Erdgeschoß des Eckhauses, in dem sich die Modewaren-Handlung befunden haben soll, ist durch den Kapotthut der jungen Dame am rechten Bildrand überdeckt.

Der Laden, der mit so außerordentlicher Genauigkeit geschildert ist, daß wir geneigt sind, in dem Bild ein Dokument für eine vergangene Wirklichkeit zu sehen, hat überhaupt nicht existiert. Das ist überraschend, aber unbestreitbar. Im Katalog der Akademie-Ausstellung von 1830 ist es deutlich ausgesprochen. Dort steht: »Professor Erdmann Hummel, Mitglied des Senats der Akademie 219. Ansicht von der Ecke der Schloßfreiheit nach dem Zeughause hin. Eine perspektivische Aufgabe nach dem Grundriß von Berlin gezeichnet, worin bedingt ist: daß in dem Eckhause ein Putzladen mit Spiegelscheiben sich befinden soll und der Moment nach einem Platzregen gewählt ist.«

Eine Darstellung von »photographischer« Treue von einer nicht vorhandenen Wirklichkeit, eine reine Konstruktion also, ein Realismus des »Als ob«. Der Künstler hat sich eine »Aufgabe nach dem Grundriß von Berlin« gestellt und mit verblüffender Folgerichtigkeit gelöst. Während der Arbeit hat er sich die Aufgabe noch komplizierter gemacht, durch die Einfügung des großen Schaufensters, an dessen Stelle in einem vorangehenden Entwurf *(Abb. 1)*[10] noch ein schlichtes Erdgeschoß-Fenster zu sehen ist. Das Bild muß damals viel Beachtung gefunden haben. Nagler erwähnt es in seinem Künstler-Lexikon (1838) als eins der Bilder Hummels, die »zur öffentlichen Sprache« kamen und denen man »stets das gehörige Lob angedeihen« ließ.

Johann Erdmann Hummel (1769–1852) war, als dieses Bild entstand, bereits 61 Jahre alt. Man ist zunächst und nicht ohne gute Gründe geneigt, ihn mit den Malern des frühen Berliner Realismus zusammen zu sehen, die eben in dieser Zeit ihre wichtigsten Werke schufen: Franz Krüger, dessen erstes großes Paradebild von 1829 schon erwähnt wurde, und Eduard Gärtner, dessen großartiges sechsteiliges Panorama Berlins vom Dach der Friedrichswerderschen Kirche von 1834[11] Hummels Bild in der liebevollen Genauigkeit der Wiedergabe des Einzelnen am nächsten steht, die aber, erst 1797 bzw. 1801 geboren, eine ganze Generation jünger waren als er. Hummel gehörte, wie Wilhelm von Kobell (1766–1853), dessen Entwicklung der seinen in vielen Punkten vergleichbar ist, zur Altersschicht der deutschen Klassizisten. Er hatte – im Gegensatz zu den genannten Berlinern – die obligaten Studienjahre in Rom verbracht (1792–99), wo er mit Asmus Jakob Carstens, Joseph Anton Koch, Johann Christian Reinhart und dem Karlsruher Architekten Friedrich Weinbrenner befreundet war. Klassizistische, mythologische Kompositionen der römischen Jahre zeigen mehr ernstes Bemühen als glückliches Gelingen. Für seine, schon von Berlin aus, zum Weimarer Preisausschreiben von 1801 eingeschickten Zeichnungen zur Geschichte des Achill wartete er vergebens auf Goethes Urteil. Seiner auf Wirklichkeitserfassung ausgerichteten Begabung gelangen Landschafts-Aquarelle, oder ein Ölbild »Blick auf Rom« von seinem Atelier-Fenster aus, sehr viel besser. Auch seine Bildnisse haben bei aller Trockenheit etwas recht Liebenswertes. Aber er strebte lange nach »Höherem« in nun romantischen Einflüssen unterworfenen Zeichnungen und Bildern mit Betenden, Pilgern, Kapellen. Auch das in königlichem Auftrag entstandene große »Abendmahl« für die Potsdamer Garnisonkirche (1816) würde ihm keinen Platz in der Kunstgeschichte sichern. Erfolgreicher war er in Genre-Darstellungen, von denen eine, »Gesellschaft in einer Locanda« (1814, Neue Pinakothek, München), keinen Geringeren als E. Th. A. Hoffmann zu seiner Novelle »Die Fermate« anregte. Zwei andere: »Harfenspielerinnen auf der Schlackenburg bei Teplitz« (1820) und »Herbstvergnügen bei Neapel« (1822, Landesmuseum Kassel), machten in der Berliner Jahrhundert-Ausstellung von 1906 auf den lange vergessenen Maler wieder aufmerksam. Den Figuren dieser Bilder eignet eine naive Ungeschicklichkeit und Steifheit der Bewegungen, ein angenehmes Fehlen jeglicher Routine, was ihnen etwas nahezu »Archaisches« verleiht.

Für die Durchbildung des Wirklichkeitsstiles innerhalb des Schaffens von Hummel, auf dem sein heutiges Ansehen beruht, sind zwei Faktoren von Bedeutung gewesen: einmal die Hinwendung der jüngeren Generation zu einem frischen Realismus, die ihn ermutigte, die klassizistischen und romantisierenden Wege zugunsten seiner eigentlichen Begabung zu verlassen, und – noch wichtiger – seine Berufung als Lehrer für Architektur, Perspektive und Optik an die Berliner Akademie im Jahre 1809[12].

Die Perspektive, die im Spätbarock noch eine so große Rolle zur Darstellung illusionistischer Räume gespielt hatte, war in der Malerei des Klassizismus zunächst mehr oder weniger zu einer bloßen Hilfswissenschaft geworden. Hummel, mathematisch begabt und schon in seiner römischen Zeit an perspektivischen Aufgaben interessiert, erreichte, daß an der Berliner Akademie ein Lehrstuhl für dieses Fach errichtet wurde, dessen erster Inhaber er war. Die Blüte der Architekturmalerei in Berlin zur Biedermeierzeit ist wohl nicht zum geringsten Teil auf Hummels Lehrtätigkeit und auf die Vorbilder, die er ausstellte, zurückzuführen, auch wenn der bedeutendste Maler dieses Faches, Eduard Gärtner, keineswegs sein Schüler war. Im schon zitierten Artikel in Naglers Künstlerlexikon heißt es: »Es gibt wohl keinen in Berlin gebildeten Maler, Architekten, Bildhauer, der nicht von ihm die construierende Architektur, Perspective, Optik gelernt hätte.« Der alte Gottfried Schadow, als Direktor der Akademie (seit 1816) Vorgesetzter des nur wenig jüngeren Hummel, betont in seinen Erinnerungen »Kunst-Werke und Kunst-Ansichten« (1849) bei der Besprechung der Akademie-Ausstellungen immer wieder, daß »das Fach der Perspectiv-Malerei ... damals wohl die gelungensten Bilder lieferte« (1830), »Dieses Kunstfach liefert zur Zeit wahre Meisterstücke« (1834); »Das Fach der Malerei, welches mit am mehrsten zur Reife gekommen, die Perspective ...« (1836) und so ähnlich an verschiedenen Stellen bis 1846. Er erwähnt auch wiederholt Hummels Bilder, so 1830 das hier besprochene, mit besonderer Anerkennung.

1832 stellte Hummel in der Akademie drei Bilder aus, die er im Katalog folgendermaßen beschrieb:

»Die große Granitschale in drei verschiedenen Momenten dargestellt:

301. Im Atelier, wo sie, vermittels einer Dampfmaschine geschliffen und polirt, jetzt vollkommen fertig ist.

302. Wie sie am Kupfergraben auf dem neuen Packhofe, der im Bau befindlich ist, aufgerichtet und umgelegt wird, um ihr die rechte Lage wieder zu geben.

303. Wie sie im Lustgarten einstweilen aufgestellt ist. Die Ansicht vom Museo her gegen das Schloß hin genommen.

Anmerkung: Es wird vielleicht Einigen auffallen, dieselbe Schale in jeder der drei verschiedenen Ansichten in einer anderen Farbe dargestellt zu sehen; ich mache daher darauf aufmerksam, daß dieselbe polirt ist und folglich die Farbe der Gegenstände annimmt, welche sie umgeben. E. H.«

Hier also wird, anders als im Schloßfreiheit-Bild, eine tatsächlich gesehene Wirklichkeit dargestellt, drei Phasen eines Ereignisses, das damals die Berliner sehr beschäftigte[13]. Das erste Bild *(Abb. 4)* zeigt die umgekehrt liegende Riesenschale in der dazu am Kupfergraben, dort wo sich heute der Hof des Pergamon-Museums erstreckt, errichteten provisorischen Werkstatt, die Hummel »Atelier« nennt[14]. Kein Zweifel, daß der Maler gesehen hat, was er malte, kein Zweifel aber auch, daß er seine Beobachtungen durch exakte Konstruktion der Perspektive – für die sich bei den Balken und Gestängen viele Möglichkeiten boten – berichtigte. Erstaunlich, wie sachlich genau er den Rost an den Eisenteilen, die durch Abschabung heller gewordenen Stellen der Holzbalken wiedergibt, keine Photographie, kein Photo-Realist vermöchte das genauer darzustellen. Besondere Betonung gibt er den verzerrten Spiegelungen der Fenster in den gewölbten, polierten Flächen des Granits.

Das zweite Bild, »Die Umwendung der Granitschale« *(Abb. 5)*[15] ist nächst dem

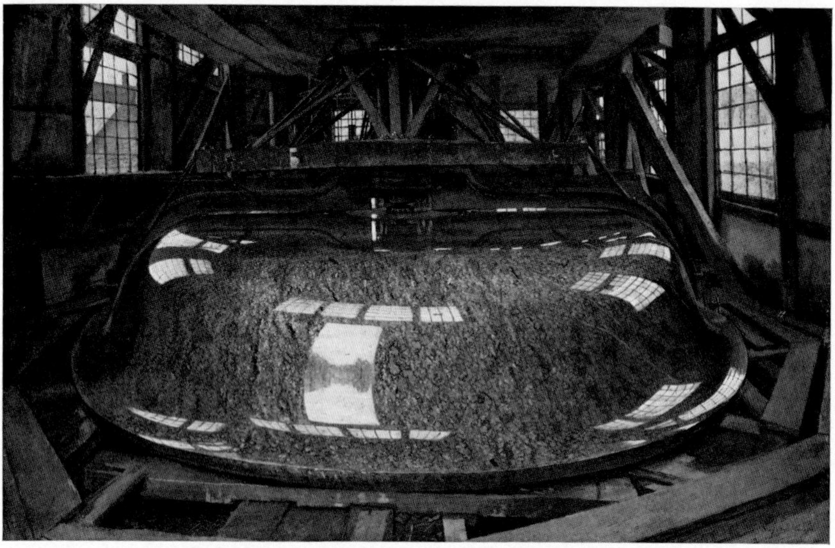

Abb. 4 J. E. Hummel, Das Schleifen der Granitschale

schon erwähnten Abendmahlsbild, Hummels größtes Gemälde (135 × 150 cm). Rechts sieht man das »Atelier« von außen, links, noch eingerüstet, den Neuen Packhof, der zu Anfang unseres Jahrhunderts für den Museums-Neubau abgebrochen wurde, im Hintergrund die Häuser der Straße Am Kupfergraben. In der Mitte das große Gerüst, innerhalb dessen die schwere Schale (7 m Durchmesser) mit der Kraft von vier, von je zwölf Arbeitern betätigten Winden gewendet wird. Vor der Schale mit erhobenem Arm der das Ganze leitende Baurat Cantian.

In der polierten, flachen Unterseite der Schale spiegeln sich der helle Himmel und die Seile der Winden, überschnitten einmal von den Schatten des Gerüstes und zweitens von den Balken, die die Schale halten – eine Überlagerung dreier Realitäts-Schichten! Die geometrische Schattenkonstruktion war eins der Gebiete, die Hummel in den akademischen Unterricht eingeführt hatte, und in der Schilderung des komplizierten, technischen Apparates und der vielen Menschen, die zur Umwendung der Schale notwendig waren, hatte er – neben der Perspektive – alle Möglichkeiten, zu zeigen, wie man dieses Fach zu handhaben hätte.

Nichts beweist stärker als diese Bilder, daß Hummel in seiner späten Reife ein Maler von beachtlichen Graden war, der in der eigenwilligen Wahl der Gegenstände, in der Sicherheit und Klarheit der Komposition wie vor allem in der feinen Stufung der Farben durchaus neben Krüger oder Gärtner bestehen konnte. Aber wenn wir einmal von diesen künstlerischen Fähigkeiten absehen, so ist unverkennbar, daß er mit der mathematischen Konstruktion der Perspektive und der Schatten, mit der Anwendung der Gesetze der Optik und der von ihm besonders in den Vordergrund gestellten Katoptrik (der Lehre von der Spiegelung der Lichtstrahlen) eben das erstrebte, was bald die Photographie würde leisten können.

Otto Stelzer hat in seinem Buch »Kunst und Photographie«[16] »Die Umwendung der Granitschale« als Beispiel dafür herangezogen, daß in der Biedermeier-Malerei Gemälde auftauchen, die »in der Schwarz-Weiß-Reproduktion den Eindruck einer wohlgelungenen Photographie machen«. Er fährt fort: »Dieser Status mußte offenbar erreicht sein, um den ›Heureka-Akt‹ der photographischen Erfindung auszulösen oder doch, zum mindesten, ihren Triumphzug in die Zukunft zu bewirken.«

Für das dritte Bild, »Die vorläufige Aufstellung der Granitschale *(Abb. 8)*, haben sich – wie für mehrere andere Gemälde, die hier außer Betracht bleiben – zwei Vorzeichnungen erhalten, die wenigstens einen ungefähren Begriff von Hummels Konstruktionsweise vermitteln[17]. Die große Schale, die während der Neugestaltung des Lustgartens 1934 auf einen Platz nahe der Spree, links

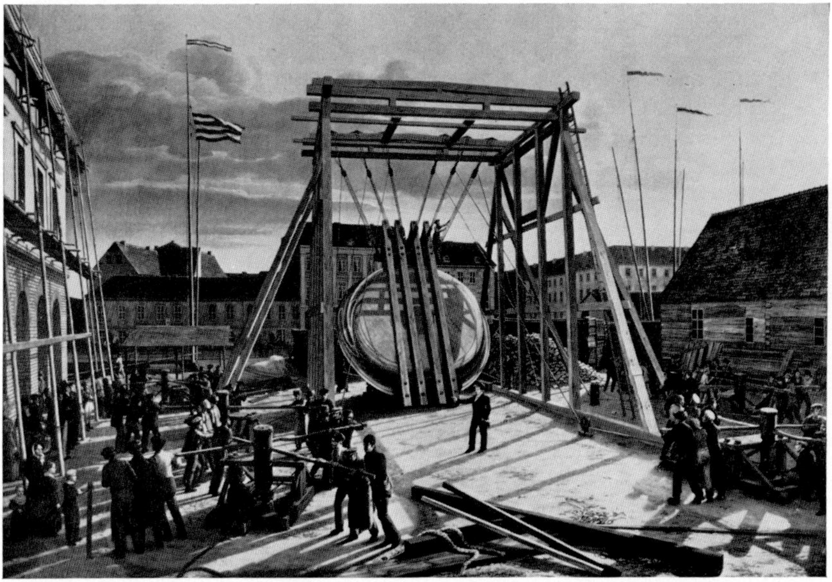

Abb. 5 J. E. Hummel, Die Umwendung der Granitschale

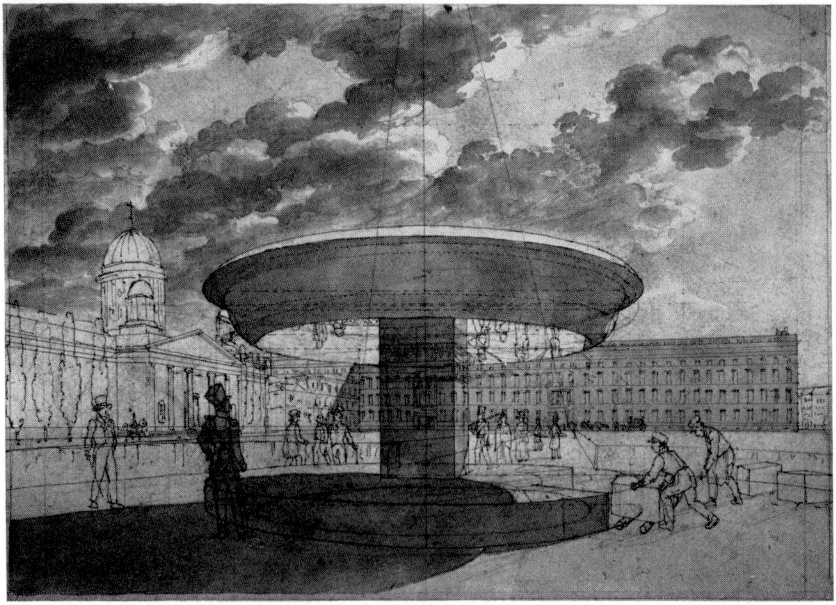

Abb. 6 J. E. Hummel, Aufstellung der Granitschale, Konstruktionszeichnung

von der Hohenzollerngruft neben dem Dom, verbracht wurde, wo sie sich heute noch befindet, hatte ursprünglich ihren Platz vor der Mitte der Fassade von Schinkels 1830 vollendetem Museum. In der provisorischen Aufstellung, die Hummel festhielt, stand sie höher, als es später der Fall war – vermutlich weil Baurat Cantian noch hoffte, daß die von ihm entworfenen Bronze-Adler darunter Platz finden würden[18]. So ergab sich die Möglichkeit für den Maler, die Spiegelungen in der Unteransicht zu zeigen, was später nicht mehr gegeben war, zumal neben der Mittelstütze statt der Adler vier Unterlager aus Granit angebracht wurden.

In der ersten Konstruktionszeichnung *(Abb. 6)* hat Hummel einen Standort etwas weiter rechts und niedriger als im vollendeten Bild angenommen, etwa so, als ob er auf der untersten Stufe der Freitreppe des Museums gesessen hätte, und der Stand der Sonne ist etwas südlicher gedacht, so daß der Garde-Ulan, der die Schale aus der Nähe bestaunt, ganz im Schatten steht, während der Herr im Zylinder – Baurat Cantian – hier von der Sonne beschienen wird. Rechts sind zwei Arbeiter mit dem Transport eines Steinblocks beschäftigt, die später fortgelassen wurden. Die Schale überschneidet in der Zeichnung die rechte Nebenkuppel des Domes, und das Schloß – noch ohne die Stülersche Kuppel über der Schloßkapelle, die erst 1845–53 entstand – ist weniger verdeckt als im Gemälde. Feine, z. T. punktierte Linien verraten die perspektivische Konstruktion.

Die zweite, sehr viel größere und bildmäßigere Zeichnung *(Abb. 7)* ist vom endgültigen Standort des Malers aus aufgenommen – etwas höher und weiter nach links – und sie hat, abgesehen vom Himmel, genau die Maße des Gemäldes. Es handelt sich um eine unmittelbare Vorarbeit, die für die Konturen der Schale und der Architektur zum Durchpausen benutzt wurde. Anderes ist noch verändert: die Sonne ist zwar weiter nach Westen gewandert, aber der Ulan steht noch im Schatten der Schale, der Baurat in der Sonne u. a. Zur Übertragung auf die Leinwand ist rechts – in der Reproduktion kaum wahrnehmbar – eine Zollskala eingezeichnet, und von ihr aus gehen einige Hilfslinien, die von der Durchpausung feine Nadellöcher aufweisen. In dem zart lavierten Blatt sind die Spiegelungen in der Schale schon eingezeichnet. Anstelle der Arbeiter sind jetzt zwei promenierende Damen und weiter zum Bildrand hin, in ganz dünnen Linien angedeutet, auch die im Bild ganz rechts erscheinende Gruppe der drei Kinder des Malers nachträglich eingefügt.

Im ausgeführten Gemälde[19] ist die Sonne noch weiter westlich stehend angenommen, so daß der Ulan von ihr beschienen wird und einen eigenen Schatten wirft. Der Baurat dagegen ist etwas näher an die Schale herangerückt und steht nun im Schatten. Hinter ihm, innerhalb des den Bauplatz umziehenden Netzes, ist die Figur eines knickebeinig daherstolzierenden jungen Mannes

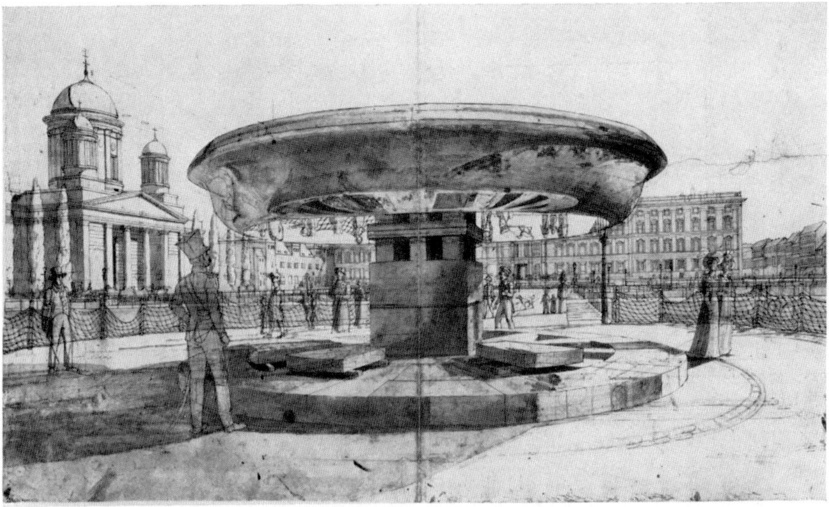

Abb. 7 J. E. Hummel, Aufstellung der Granitschale, Maßstabgerechte Vorzeichnung

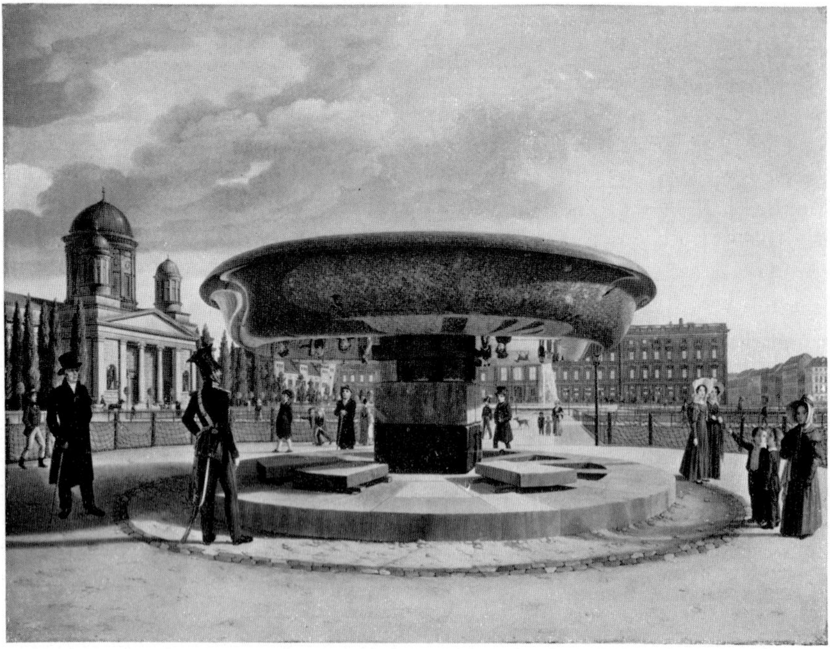

Abb. 8 J. E. Hummel, Aufstellung der Granitschale

hinzugefügt. In der klaren Luft eines Berliner Sommerabends zeichnen sich alle Einzelheiten deutlich ab, und Hummel hat sie mit »photographischer« Genauigkeit wiedergegeben: links der Dom, der sich in der Glastür des Modewarenladens spiegelte, im Hintergrund die majestätisch ruhige Front des Schlosses, rechts die Häuserzeile der Schloß-Freiheit. Genau in der Bildmitte, aus der Nahsicht riesenhaft wirkend, die Granitschale. Die Arbeit ruht – es ist Sonntag oder jedenfalls Abend – aber die noch nicht fertig verlegten Platten im kreisrunden Sockel geben beste Gelegenheit, perspektivische Konstruktion und exakte Schattenwürfe zu demonstrieren. Bewundernswert die täuschende Wiedergabe der Körnung des Steins. Die Menschen, die die Schale umgeben, scheinen in erster Linie dazu da zu sein, ihre Spiegelungen in der polierten Oberfläche zu zeigen. Die im Hintergrund erscheinen in der glatten Unterfläche auf dem Kopf stehend, die seitlich stehenden reflektiert die Wölbung in lustigen Verzerrungen. Manche Einzelheit erkennt man erst, wenn man nahe an das Bild herangeht. Ein Ausschnitt *(Abb. 9)* zeigt das deutlicher: der Ulan und der Baurat erscheinen im konvexen unteren Teil miniaturhaft verkleinert, der eine in der Sonne hell, der andere in der Schat-

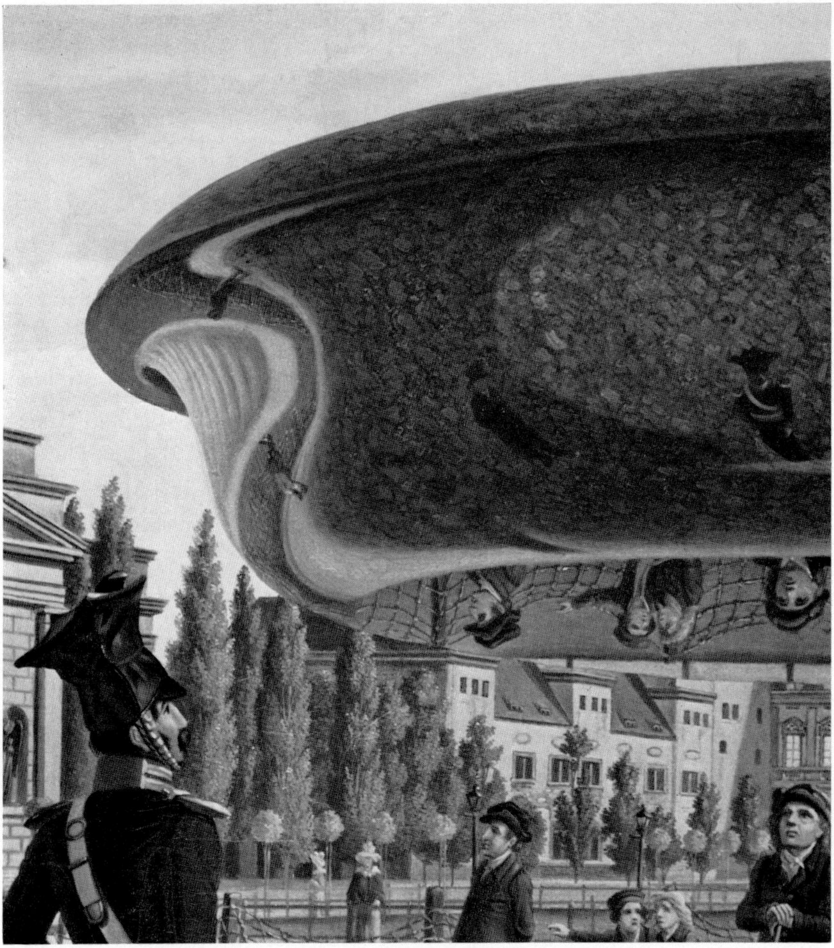

Abb. 9 J. E. Hummel, Aufstellung der Granitschale, Ausschnitt

tenpartie dunkel, und der Junge hinter dem Baurat wird zweimal gespiegelt – im konvexen und konkaven Teil des Schalenrandes, einmal aufrecht, einmal kopfüber. Entsprechendes ist er auf der anderen Seite geschildert.

Das Ganze ist ein Kabinettstück der Wirklichkeitswiedergabe mit Hilfe der Perspektive, der Schattenkonstruktion, der Optik und Katoptrik, von einem Maler mit wachen Augen und sensiblem Farbsinn.

Es kann darauf verzichtet werden, diesem in seiner Weise und nach seinen Absichten vollendeten Werk eines bescheidenen Meisters zum Vergleich die

Arbeit eines der Photorealisten gegenüberzustellen, in denen ähnliche, verzerrte Reflexe z. B. im Lack von Automobilen erscheinen, schon weil die Photographien nach diesen Bildern zwangsläufig wieder so aussehen wie die Photographien, von denen sie ausgingen. Was Hummels Werk von solchen Gemälden unterscheidet, ist – negativ ausgedrückt – eine gewisse, wenn auch reizvolle Ungeschicklichkeit, positiv ausgedrückt: Stil. In seinen Bildern der Zeit um 1830 lebt die Freude einer neuen Entdeckung der Wirklichkeit, trotz aller Konstruktionen ein frisches Sehen der Umwelt, das ihn die klassizistischen und romantisierenden Bemühungen früherer Jahre beiseite schieben ließ. Das verband ihn mit seinem Altersgenossen Wilhelm Kobell, den er sicher nicht kannte, so wenig wie den jüngeren Wiener Ferdinand Waldmüller, der mit Krüger und Gärtner und vielen anderen jüngeren Berlinern – deren Bilder ihm vor Augen waren – zur gleichen Generation gehörte.

Noch etwas sollte erwähnt werden: Hummel war 1817 nach einem Besuch bei Goethe und mit dessen Empfehlung, zusammen mit seinem Freunde Friedrich Bury, in Heidelberg bei den Brüdern Boisserée gewesen und hatte von deren Sammlung einen starken Eindruck mitgenommen, der sich auf einer anschließenden Reise in die Niederlande weiter vertiefte. Man darf auch daran erinnern, daß in dem Museum, auf dessen Stufen er saß, um die Granitschale zu zeichnen, seit 1830 die Flügel des Genter Altars hingen, neben vielen anderen Meisterwerken altniederländischer und altdeutscher Malerei. Gewiß kann man nirgends in seinen Bildern etwas von Nachahmung solcher Vorbilder erkennen, aber die liebevolle Sorgfalt für das Einzelne, das ehrfürchtige Studium des Details hat in seinem Werk seit diesen Begegnungen einen neuen Auftrieb erfahren.

Hummel hat die hier besprochenen vier Gemälde in seinem späteren Werk nicht übertreffen können. Die hübschen Ansichten des Parkes und Schlosses Buch, eine große Landschaft mit Regenbogen erreichen nicht die gleiche Höhe, erneute Bemühungen mit »Historien« fielen nicht glücklicher aus als die älteren. Aber die Spiegelungen haben ihn auch später noch beschäftigt. 1839 entstand ein Bild eines zehneckigen Raumes, den er »Tribunal« nannte, aus dessen Spiegelwänden zwei Staffagefiguren und ein Hund in immer wechselnden Stellungen kunstvoll reflektiert werden. Die Zeichnung dazu hat sich erhalten, das Bild selbst ist untergegangen[20].

1846 erschien in der Akademie ein leider verschollenes Bild, in dem der 77jährige das Thema der »Schachpartie« noch einmal aufnahm, nun mit noch komplizierteren Spiegelungen und Reflexen. Im Katalog heißt es: »Schachspieler in einem Zimmer mit zwei Fenstern und zwei Spiegeln, der eine einfach, der andere doppelt gegen die Bildfläche geneigt, in welchen Spiegeln die Schachspieler und auch das Zimmer sich reflectiren. Nach den Regeln der Perspective, Optik und Katoptrik entworfen[21].«

Wenn auch der alte Schadow »die Auflösung einer der schwierigsten Lectionen der Perspective« anerkannte, so wurde das Bild von der Kunstkritik nur noch ironisch kommentiert. Die Erfassung der Wirklichkeit mit Hilfe der mathematischen Konstruktion hatte sich überlebt. Ein Jahr zuvor war Menzels »Balkonzimmer« entstanden. Die jüngere Generation realistischer Maler verließ sich nur noch auf ihre Augen.

Anmerkungen

1 Die wichtigste Quelle für die hier folgenden Ausführungen war das inhaltsreiche und mit liebevoller Sorgfalt geschriebene Buch von Georg Hummel, einem Enkel des Malers: Der Maler Johann Erdmann Hummel, Leben und Werk, Leipzig 1954.
Georg Hummel, zuerst aktiver Offizier, hatte sich als Major a. D. nach dem ersten Weltkrieg der Kunstgeschichte zugewandt und war in den zwanziger Jahren Assistent am Museum in Erfurt. Von da aus hat er die erste, große Gedächtnis-Ausstellung seines Großvaters, die Ludwig Justi 1924 in der National-Galerie in Berlin veranstaltete, zusammengestellt. Im gleichen Jahr veröffentlichte er einen Aufsatz über den Maler in den »Mitteilungen des Vereins für die Geschichte Berlins«. Auch der Artikel in Thieme-Beckers Allg. Künstler-Lexikon Bd. 18 (1925) beruft sich auf seine Informationen. Die Briefe und anderen Quellen in Familienbesitz, die er für seine Darstellung benutzt hat, waren mir nicht zugänglich, jedoch ist der größte Teil der im Buch als »Privatbesitz« bezeichneten Zeichnungen, Aquarelle und Skizzenbücher inzwischen vom »Kupferstichkabinett und Sammlung der Zeichnungen der Staatlichen Museen Berlin« (Ost) erworben worden, wo ich besonders Herrn Dr. Riemann für freundliche Unterstützung zu danken habe.
Weitere, hier benutzte Literatur über Hummel:
Die Kataloge der Berliner Akademie-Ausstellungen 1786–1850, bearb. von Helmut Börsch-Supan, Berlin 1971. – G. K. Nagler, Neues Allgemeines Künstler-Lexicon, München, Bd. 6 (1838). – Joh. Gottfried Schadow, Kunst-Werke und Kunst-Ansichten, Berlin 1849. – Hans Rosenhagen, J. E. Hummel, ausgestellt in der Berliner National-Galerie, Zeitschrift f. Bild. Kunst XXXIV, 1924/25, S. 5–13.

2 Heute in der National-Galerie, Berlin (Ost).

3 Siehe auch für die weiteren Erwähnungen dieser Maler: Katalog der Ausstellung documenta V in Kassel, 1972, Abt. 15: Realismus. – Udo Kultermann, Radikaler Realismus, Tübingen 1972. – Peter Sager, Neue Formen des Realismus – Illusion der Wirklichkeit – Wirklichkeit der Illusion, Magazin Kunst 11, Nr. 44, 4. Quart. 1971. – Kat. der Ausstellung Amerikanischer Fotorealismus, Württemberg. Kunstverein, Stuttgart u. a. 1972/73.

4 Beide in der National-Galerie, Berlin (West).

5 Gustav Vriesen, August Macke, Stuttgart 1953, S. 221.

6 Düsseldorf, Privatbesitz, Abb.: Fritz Löffler, Otto Dix, Dresden 1960, Taf. 15.

7 Mit frdl. Genehmigung des Verlages Ernst Wasmuth entnommen dem Buch von Udo Kultermann, Radikaler Realismus.

8 Kat. der Ausstellung Amerikanischer Fotorealismus S. 62.

9 Kat. der Ausstellung Eduard Gärtner, Berlin-Museum 1968, Taf. 16.

10 Wie die in Abb. 6 und 7 wiedergegebenen Blätter im Kupferstichkabinett Berlin (Ost).

11 Verwaltung der Staatl. Schlösser und Gärten, Berlin (West). Neuerdings ausgestellt im sog. Schinkel-Pavillon im Charlottenburger Schloßpark.

12 Im Akademie-Kat. von 1818 steht in den einleitenden Bemerkungen: Zu Mitgliedern des akademischen Senats wurden innerhalb der Jahre 1805–1818 aufgenommen: . . . 1809 der Professor der Perspective Erdmann Hummel . . .
B. Zu ordentlichen Mitgliedern . . . 1811 . . . Erdmann Hummel, Prof. und Geschichtsmaler zu Berlin.

13 P. O. Rave hat in seinem Aufsatz »Zur Aufstellung der Granitschale vor dem Alten Museum in Berlin« in der Festschrift für Friedrich Winkler, Berlin 1953 S. 346 ff. die Geschichte der Entstehung und Aufstellung eingehend dargestellt, auch auf Goethes Notiz in »Über Kunst und Altertum, sechsten Bandes zweites Heft« 1828 hingewiesen. Ideales Vorbild war die Porphyrschale aus dem »Goldenen Haus« des Nero im Vatikan. Schinkel dachte sich eine solche Schale in der Rotunde des Museums, wo sie von bronzenen Adlern oder Löwen getragen werden sollte. Baurat G. Chr. Cantian gelang es aber, einen so großen Granitblock zu beschaffen und zu bearbeiten, daß die Schale für diesen Zweck zu groß wurde. Auf Schinkels Vorschlag wurde ihr deshalb schon 1828 der Platz vor dem Museum bestimmt.

14 Es existieren zwei in Einzelheiten wie in den Maßen verschiedene Exemplare. Das hier wiedergegebene in der National-Galerie (West) ist auf Pappe gemalt (75 × 47 cm), das zweite im Märkischen Museum auf Leinwand (85 × 45 cm). Vermutlich war dieses 1832 in der Akademie ausgestellt.

15 Märkisches Museum.

16 Otto Stelzer, Kunst und Photographie, München 1966.

17 Hummels Lehrbücher »Die freie Perspective, hauptsächlich für Maler und Architekten«, zwei Teile mit Kupfern, 1824. – »Geometrisch-praktische Construction der Schatten für Architekten«, mit 24 Kupfern, 1830. – »Die Säulenordnungen nach Vitruv«, 1840. – »Anleitung zum Projections- und geometrischen Zeichnen«, 1844, habe ich leider nirgends auftreiben können.

18 Rave, a. a. O., Abb. 1.

19 Auch von diesem Bild existieren zwei Exemplare, im Format fast gleich und bis auf geringe Einzelheiten identisch. Auf dem Exemplar des Märkischen Museums (65,5 × 87,5 cm) fehlt die Fontaine vor dem Schloß, die vermutlich im sparsamen Preußen nur an Sonn- und Feiertagen sprang, und die Tochter Hummels am rechten Bildrand wendet den Kopf weiter nach links. Das abgebildete Exemplar der National-Galerie (West) (66 × 89 cm) war 1973 in der Europarat-Ausstellung »The Age of Neoclassicism« in London ausgestellt.

20 76,5 × 101 cm. Das Bild befand sich im Besitz der Akademie, altes Inv. Nr. 42. Im Inventar der Akademie der Künste in Berlin (West) ist vermerkt: Beschädigt. Dieses Bild ist bei der Restaurierung durch den Maler (Name unleserlich) vollständig zerstört worden (12. 1. 1951).

21 Nach Angabe des Katalogs befand sich das Bild 1846 im Besitz der Akademie, wo es jedoch nicht mehr nachweisbar ist. Daß es sich – wie u. a. im Kat. der National-Galerie (West) von 1968 angenommen wird – um das erwähnte Bild in Hannover handelt, ist schon deshalb auszuschließen, weil dieses mit Hummels Beschreibung nicht übereinstimmt (nur ein Fenster und kein doppelter Spiegel). Außerdem erscheint es unwahrscheinlich, daß der Maler nach 28 Jahren die gleichen Personen im gleichen Alter (drei waren 1846 schon verstorben) noch einmal dargestellt hätte.

Alfred Neumeyer †

Hans von Marées' Arcadia

Ever since the Hitler regime declared the best German artists of their time as "degenerate," the world attention, hitherto exclusively under the spell of French art, began to take notice of contemporary German art. Today one can hardly find a major museum abroad which does not have examples of German expressionist painting and sculpture or of artists related to the problems and formal solutions of this movement. From there it was only a logical step to expand this interest to the 19th century in general. The recent exhibition of the work of Caspar David Friedrich at the Tate Gallery in London or the Ferdinand Hodler exhibition circulating in the United States since November 1972 are demonstrating this change of attitude.

Yet Hans von Marées whom one might consider the greatest monumental artist Germany has produced during the last century is practically unknown abroad. This is, to a large extent, due to the fact that no pictures of his are to be found outside of his own country, but also because of the exalted character of his art. It, therefore, seems appropriate to honor a colleague and fellow student of former days who has done so much for narrowing the cultural gap between the two continents in conjuring the world of an artist who created ever valid standards for the pictorial interpretation of our existence.

Hans von Marées was born into the limited but sharply defined milieu of a Prussian government official and his cultured wife of Jewish extraction.

He absorbed at home and in school the world of classical humanism and saw in his father the epitome of the classically educated Protestant as well as the embodiment of the Prussian honor code. He never revolted against any of these formative cultural molds but made them his own, permeated them with the uniqueness of his personality, and painted his pictures in the framework of these values. Yet, with the ultimate consequence of his nature he felt that the classical spirit could be realized only in Italy and, therefore, he spent the largest part of his mature life in Rome. There alone he could develop what his student Karl von Pidoll called "der innige Zusammenhang seines Naturells mit griechischer Bildnerei und griechischem Geiste"[1]. Insofar Marées can be called a traditionalist, just as Cézanne thought in some ways to be one. Milieu and education explain to some extent the iconography of Marées' picture.

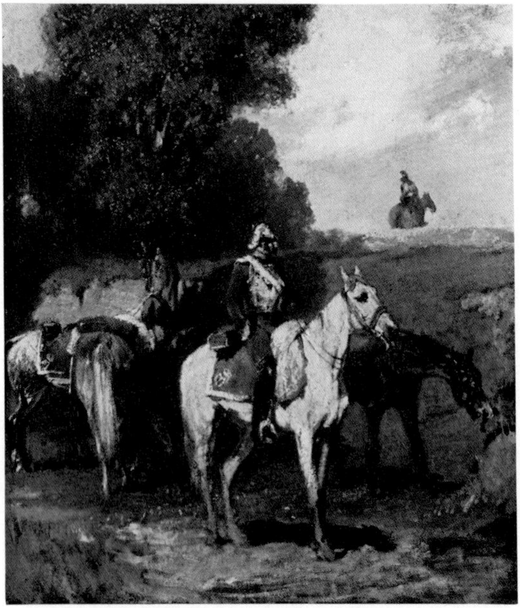

Fig. 1 Hans von Marées, Cuirassiers at rest, 1861/62.
Berlin, Nationalgalerie

Young Marées decided in his days of apprenticeship for the military milieu as the field of his artistic endeavor. He became a student of the Berlin horse- and military painter Carl Steffeck (1818–1890), and as a result his early iconography is of an extremely small diameter: cavalry at rest, the crossing of a river by soldiers, etc. Yet a peculiar feature emerges: with the one exception of a historical battlescene – "Schill's Death" (1860) – a scene from the Napoleonic war of Prussia – all the pictures show stilled action, life at rest. Here the point has been reached where subject matter becomes one with its form or, better still, where form begins to bend subject matter to its own purposes. Military life and military historical scenes deal with action, e. g. with the transitory. Marées, although turning toward soldiers and horses, was from the beginning unconcerned with the most typical aspects; the charms of the accidental or the dramatic element of the transitory. The inner needle pointed toward the typical, the general, the timeless. His freshly painted, technically impeccable pictures, exchanging the glossy surface of his teacher's Biedermeier scenes for broader, painterly surfaces, show a strong emphasis on the basic directions of horizontal and vertical. In "Cuirassiers at rest" (1861/62 Berlin, Nationalgalerie. *Fig. 1*) for the first time the simply

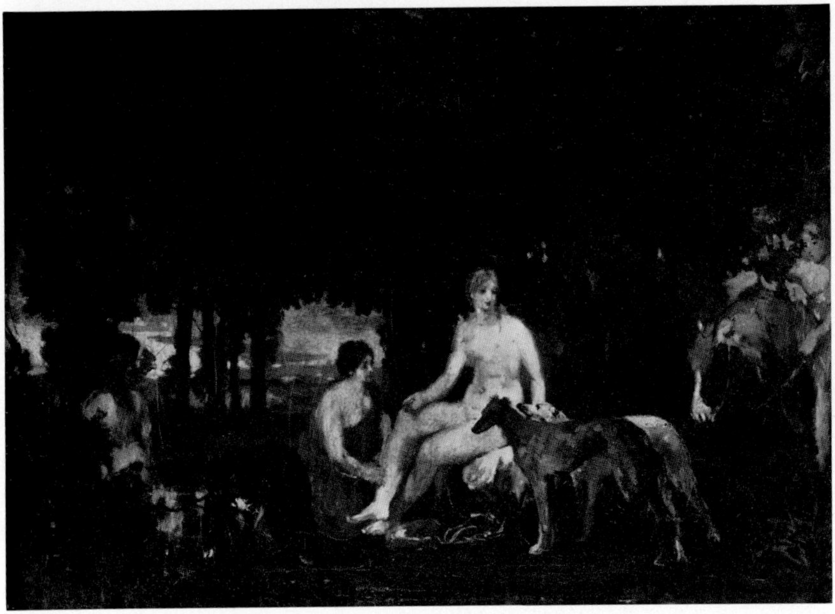

Fig. 2 Hans von Marées, The Bath of Diana, 1863.
Munich, Bayerische Staatsgemäldesammlungen

and clearly structurized form becomes connected with a color application in broad spots. Color and line begin to draw together.

The theme of the future is opened. Military spirit as an expression of the young painter's aristocratic predilections, is turning into something more universal – the spirit of order, of organization.

Exchanging the sober atmosphere of Berlin for the robust Bohemianism of Munich in 1857 he transformed now his military iconography but retained the formal aspects of a timeless, static picture organization which had already shown its singular character in the recent past.

In that year he painted "The Bath of Diana" (Munich, Neue Pinakothek, *Fig. 2*) to which there is no rival in painterly and compositional perfection among his German contemporaries. The topic is classical, the style is eclectic and owes its character to his absorbing understanding of Van Dyck, Poussin, and Venetian painting. But, different from Domenichino and all the Baroque interpreters of this scene, Diana is not frolicking in the water, but is resting, surrounded by her companions, her horses and dogs. Action is stilled, individuation disappears, color is not any longer descriptive of matter, line does not delineate reality.

With the "Bath of Diana" the door opened for Marées into a sphere which, from then on, he should never leave. The iconography with which we are concerned at the moment has rarily specific themes but may be described as paraphrases of the arcadian idyl. This turn toward "the classical" is, as such, neither individually nor historically unusual. At the same time Anselm Feuerbach, with whom Marées entertained friendly relations, filled the iconography of his teacher Couture with the spirit of German idealism. Yet, while he painted "Iphigenia," "Medea" and the "Banquet of Plato," noble but coloristically anemic recreations of specific topics, Marées painted "The Three Ages," "The Three Saints," "The Hesperides," generalized topics without action but with a peculiar nostalgia for a never-never-land of classical perfection. The oneness of subject matter and form is contained in the word "perfection." As to the meaning of Arcadia, Werner Hofmann has given the following interpretation for it:

"Man spürt, wie dieses letzte Jahrhundertdrittel dem irdischen Paradies eine neue Wendung gibt: es identifiziert das natürliche, vegetabile Dasein des Menschen mit dem natürlichen, elementaren Ausdruck der Form ... Hebt man die Idee des irdischen Paradieses von ihren literarischen und mythologischen Einkleidungen ab und faßt man zusammen, was den verschiedenen Schauplätzen gemeinsam ist, so erhält man etwa folgende Wesensmerkmale: Vegetabiles Dasein, sinnliche Wärme, Stillstand der Zeit, unvergängliche Dauer, seßhafter Naturzustand, handlungs- und konfliktlose Geselligkeit, Gleichgewicht."[2]

One notices how some of the terms describe, at the same time, formal aspects: "Natural expression of form, arresting of time, without action and conflict, equilibrium." This means that a pictorial rendition of Arcadia asks for a form which in itself is the equivalent of the timeless idyl. In this sense, form becomes the symbol of its specific content, as it would in any work of art that is more than illustrative. This identity of the Hesperidian existence with "equilibrium" or complete harmony appears more clearly in the name which Heinrich Woelfflin has applied to Italian Renaissance pictures of the type of Signorelli's "School of Pan" (formerly Kaiser-Friedrich-Museum, Berlin, destroyed 1945) as well as to the paintings of Marées – "Existenzbild." The word "existence" or existential gives us the key for Marées' symbolism. Existence in this sense means reduction to the basic but also ultimate condition of human life viewed from a Goethean and not a Darwinian angle. Instead of struggle for survival – uncontested presence; instead of desire – stilled harmony of the sexes, instead of death and decay – eternity or timelessness. While such a dream may be deeply rooted in the human mind in general, for the artist such a state of being has a specific connotation. In using the word "being" I am already approaching Marées' specific interpretation. The second level of art as a symbolic expression has been reached. "Being" for Marées the painter means obtaining the highest degree of visual presence. If definition ideally stands for the ultimate precision in the fixation of meanings, visible shapes ideally mean the ultimate clarification of dim perception and vague concepts. Seeing, in the sense of Marées, is a mode of knowing, composed visible shapes are the experience of expressive relationships revealing previously unknown, e.g. not yet visible, structures. Or in the words of Marées' friend, Konrad Fiedler:

"So hat es die Kunst nicht mit Gestalten zu tun, die sie, von ihrer Tätigkeit unabhängig, von derselben vorfindet, sondern Anfang und Ende ihrer Tätigkeit liegt in der Schaffung der Gestalten, die durch sie überhaupt erst zum Dasein gelangen. Was sie schafft ist nicht eine zweite Welt neben einer anderen, die ohne sie existiert, sie bringt vielmehr überhaupt erst die Welt durch und für das künstlerische Bewußtsein hervor."[3]

This "having nothing to do with forms that are found ready made prior to its activity" Marées expresses in his fundamental statement that:

"Der Grund, daß selbst so künstlerische Menschen wie Böcklin, doch so wenig befriedigend in ihren Leistungen sind, liegt wohl vorzüglich darin, daß fast alle Modernen, oder alle, von der Erscheinung ausgehen ... Die Erscheinung muß, scheint mir, das letzte Resultat der künstlerischen Arbeit sein und bedingt werden durch die Gegenstände, die dargestellt werden. Ich bin überzeugt, daß alle wahrhaft befriedigenden Kunstwerke wie der Mensch aus dem Fötus entstanden sind, erst mit dem letzten Strich war die Erscheinung da."[4]

And finally the master explained to his students that the child represented a horse in profile, because it showed best the specific build of the animal, while foreshortening brings about confusion. "Und Kinder", he added, "sollten wir in unserer Anschauung alle wieder werden."[5] With these statements Marées-Fiedler opposed not only the naturalistic current of his time but also the illustrative idealism of Feuerbach and Boecklin. In the voice of a member of his circle, Karl Hillebrand: "Übrigens wird heute schon bei allen, die über den Parteien stehen, ein Realismus à la Courbet als ein Wahngebilde angesehen."[6]

Yet, seen from the historical distance of nearly a century, there is among the so-called "realists" one who in his later work aims similarly at an art of "pure visibility" – Edgar Degas. He too informs himself in the manner of a sculptor about the elementary relations of body structure to movement and to appearance: stance, position on the ground, articulation of the joints predetermine the total shape, the design, as they do in Marées. In both of them the "image" is the result of body action moved from within. In both of them expression, based on nature analysis, precedes the visual image, the impression.

Some of Degas' bathing women and ballet dancers are in their own way "Existenzbilder" as those of Marées. Yet theirs is a contemporary existence, in fact through them we learn to understand what contemporary people are, while Marées' are timeless paradigmata of humanity. Surprising as this comparison first may appear, it should be remembered that Degas was educated in the classical tradition of Ingres. The turn toward the contemporary life and the fleeting action is fused after 1880 in a unique symbiosis with the classical concept.

Before we can discuss why Marées' pictures take on the character of symbolic language, we have first to establish how his arcadian configurations are constituted. Ever since the frescoes in the Naples Zoological Institute of 1873 *(Fig. 3)* the motives remain unaltered: people standing, seated, resting on the ground – the same basic vocabulary that Greek classical art of the 5th century has to offer. Children, young men and women, old age in peaceful coexistence, a minimum of action and gesticulation, hardly foreshortening, but overlapping, upright trees, rarely architecture – yet in their togetherness offering us the experience of a geometry of the visible which is, through and through, based on the sensory. Mathematical relationships speak in terms of distance, weight and support in terms of trunks resting on columnar legs, decrease of matter in terms of motion centrifugal to a core, backward and foreward motion of the eye in terms of overlappings and color intensities. Parallel to the Greek temple, demonstration of its structural nature through its architectural members, Marées' paintings demonstrate proportionate relations through living bodies.

As in the case of Degas – and different from Puvis de Chavannes – these configurations strangely stimulate the sense of physical empathy and seem to incorporate possible changes of position. What is meant by this statement may become clearer with a reference to Michelangelo's "ignudi" in the Sistine ceiling. Their "presence" has the same characteristics as Myron's "Disk Thrower." A moment of fullest visibility is created, yet accompanied at the same time by an underlying awareness of imminent or possible change. This inclusion of a latent change – or in terms of time, of a "before" and "after" – enhances the "here and now." Disk thrower, ignudo, Degas' bathing women and Marées' nudes – all of them include the element of movability, of change e.g. of time in their timeless presence. It is this element which lends them the fullness of their presence. This can be achieved only where the human organism is presented as a contectual whole. Now we understand Pidoll's statement on Marées' concepts: "Diese Vorstellungen beruhten nicht sowohl auf einzelnen Beobachtungen als vielmehr auf Beobachtungs-Reihen".[7]

Contrary to the painter of stilled, latent action are the painters of stilled poses: Puvis de Chavannes, Feuerbach – and Gauguin. Their concept is

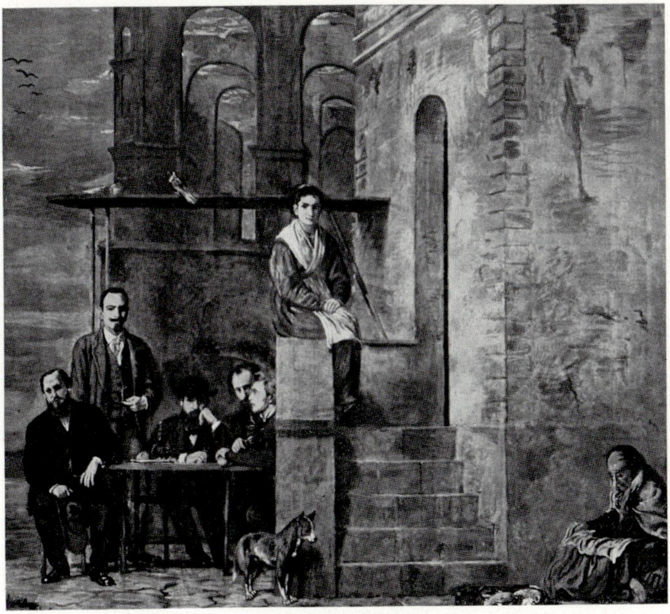

Fig. 3 Hans von Marées, The Pergola, 1873. Fresco. Naples, Zoological Institute

simpler, determined by literary or decorative objectives. And again a category by itself are Cézanne's "Bathers."Their "presence" is uniquely coloristic. The ideal oneness of man and earth makes itself felt in the coherence of the coloristic web, dissolving the static image into the flowing, vibrant and structurized stream of color in which every brush stroke partakes as a wave partakes in the flow of a river.

Finally, Marées adapted many of his later compositions to the shape of the triptych. By this arrangement of a wider centerpiece and two narrower wings the artist introduced an external architectural shape which had to act in substitution for walls which were forsaken him. Since Marées considered himself most of all a muralist, and since no walls were offered to him – except once in Naples – he created for himself structurized areas of proportionate relation. Furthermore, the triptych permitted him to build up his compositions from the side in free ascendancy toward the central compositions or subject-wise the descending of the highest significance of the centre toward a mere accompaniment in the wings. The triptych was originally the iconographically conditioned form of altar panels. In its secularized form a resonance of the original sanctity of meaning remains preserved. It opposes itself to the picture with accidental frames hung in accidental places. Artistic creation to Marées meant the elimination of the accidental; the triptych helped him in the realization of his intention.[8] Not its sanctity was to be emulated, but its architectural-rhythmical possibilities explored.

Marées' triptychs were configurations of nude figures in nature with only the faintest allusion to a literary content. The titles of some of his compositions were: "The Ages of Men" (not later than 1878), "The Golden Age" (1879/85), "Judgment of Paris" (1880/89), "The Three Saints" (George, Hubert, Martin, 1885/7), "The Hesperides" (1885 *Fig. 4*), "The Courting" (1885/7), and that of his last picture "Abduction of Ganymede" (1887).

With the exception of the "Three Saints" whose common bond is not so much Christianity but knighthood on horseback, all the pictures are of Greek Arcadian mood. In most of them the theme is merely togetherness; togetherness of men and women, of old and young in the violet hour of the setting day with an air of desireless, wishless contemplation. In some of them, however, action exists: Paris abducts Helena (Judgment of Paris); the Saints are rendered in the poses peculiar to the content of their legends. Yet action here does not introduce dramatic content but activated form. This form is, as it were, the quintessence of the visual experience of Greek sculpture (especially relief sculpture), Pompeian murals and Venetian painting, but voided of their zestful meaning and retained merely as a condensed memory image. To these memory images are adapted the model-poses, deprived of their naturalistic un-dress. The contemplation of these configurations resembles that of isolated columns of a temple, void of their structural function in the context of a purposeful building. Yet even in their isolation they reflect mass and proportion of the invisible whole and are appointed with a nostalgic feeling of a once existent perfection.

This comparison with the isolated column brings us close to the peculiar symbolic content of Marées' paintings. "Symbolic" we call it because the spectator feels that they are more than his student Hildebrand's plastic assemblages of nudes, that they reach up to a higher level of signification. What, then, do we mean when we call Marées' art symbolic – in difference to Puvis' art which is merely allegorical and Böcklin's or Feuerbach's which is illustrative? By calling his art "Arcadian" I wish to narrow the "classical" in general to that specific mood which Poussin has expressed in his "Et in Arcadia ego."[9] Its essence is expressed in Eduard Mörike's poem "Auf eine Lampe":

"Was aber schön ist, selig scheint es ihm selbst".

Self-contained fullness of existence, ripeness of time – this is Arcadia. While naturalistic art in literature and painting sought for ultimate truth in that which previously had escaped art and philosophy alike – the accidental, the

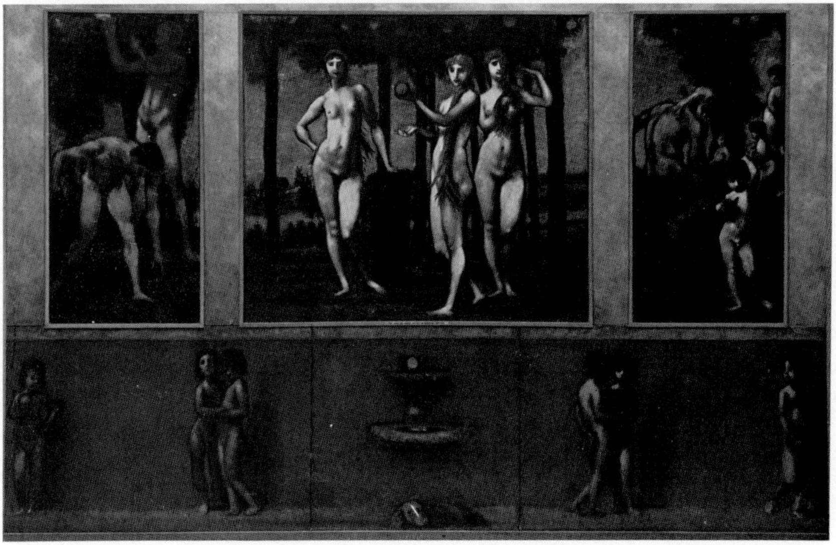

Fig. 4 Hans von Marées, The Hesperides 1885.
Munich, Bayerische Staatsgemäldesammlungen

fugitive, the lowly, and the desperate, in short so-called ordinary life, a few secularized meta-physicians looked still for "the absolute," the timeless, the eternal. Their greatest representatives in Germany – Nietzsche and Marées. Inspite of the preposterous "Zarathustra" – fragile super-man created by a delicate brain – chapters like "Mittags" (noon) render to perfection the dream of cosmic fusion of man, time, and nature. Is it accidental that its date is that of Marées' "Hesperides?"

"Was geschah mir: Horch! Flog die Zeit wohl davon? Falle ich nicht? Fiel ich nicht – horch! in den Brunnen der Ewigkeit?"

In 1890 Stephan George's first volume of poems "The Hymns" appeared, relating the tone of Mallarmé, Verlaine and Swinburne to his own Latin-German melody. Marées would have rejected all of them as too artful, just as he rejected the music of Richard Wagner. Yet, seen from a distance of seventyfive years, the differences begin to blur and Nietzsche, George, Marées, Mallarmé, and Swinburne appear as the defenders of the absolute world of pure form.

Does Marées have any companion in the realm of painting? Usually he is named together with Puvis de Chavannes. Marées did not know the work of the French painter, but had he known it, he would have critized it as too full of pre-harmonized, known but not seen patterns. Only one artist, in his own, completely different approach, tried like Marées to create Arcadia from the very elements of visibility – Gauguin. It seems unnecessary to point out their differences and most of all the differences of their personalities. But seen as historical phenomena, both of them form the bridge between the last phase of European naturalism and the beginning of anti-naturalism and the search for absolute form.[10]

When the first exhibition of Marées' paintings was held in Paris in 1909, some of the critics showed a much better historical perspective than most of their German confreres: Louis Réau wrote: "Il considérait l'activité artistique comme une forme de la connaissance." And in finding its proper historical context for such type of creation: "A l'impressionisme analytique et sensualiste de Manet et Monet s'oppose aujourd'hui un art synthetique et monumental qui est notamment affirmé en France dans l'œuvre de Puvis de Chavannes. Marées a été en Allemagne le représentant le plus audacieux et le plus logique de cette tendance."[11]

And William Ritter sees Marées even in context with the generation following Puvis de Chavannes: ". . . et il faut, bon gré mal gré, l'associer à ceux de Gauguin, de Cézanne, de Mallarmé."[12]

William Ritter alluded correctly to the historical context. Marées was the last painter to enter "Arcadia." With his usual severity, he writes:

"Wenn es auch unmöglich ist, daß ich selbst von meinen Leistungen befriedigt sein könnte, so weiß ich doch, daß sie einige Eigenschaften haben, die man vergebens bei anderen suchen dürfte. Vor allem, daß dieselben ein zusammengehörendes Ganzes repräsentiren (sic!) und eine Basis bilden, auf der sich weiter bauen läßt."[13]

Notes

1 Karl von Pidoll, Erinnerungen an Hans von Marées, München 1930, p. 41 (originally 1890).

2 Werner Hofmann, Das irdische Paradies, München, 1960, p. 350.

3 *Konrad Fiedler,* Über die Beurteilung von Werken der bildenden Kunst. Gesammelte Schriften, München, 1913 p. 52.

4 Hans von Marées' Briefe. München 1920, p. 106. letter fragment to Konrad Fiedler Rom, Dec. 20, 1875.

5 Pidoll, *op. cit.,* p. 30.

6 (Karl Hillebrand) Zwölf Briefe eines ästhetischen Ketzers. Berlin 1874, p. 90.

7 Pidoll, *op. cit.,* p. 9/10.

8 It is from Marées that Max Beckmann learned to conceive of his later pictures in the shape of triptychs.

9 For the classical art of Marées' time see my article "Hans v. Marées and the revival of classical art in the 19th century", *Art Bulletin,* June 1938. Also Werner Hofmann, *op. cit.,* p. 346, 347, 361, 362.

For Poussin's "Et in Arcadia ego" Erwin Panofsky, Et in Arcadia ego. Poussin and the Elegiac tradition. Reprinted in "*Meaning in the Visual Arts,*" New York 1955, p. 295 ff.

10 The comparison with Cézanne which I have made in my essay in 1938 does – as I believe now – not lead very far. The complexity of Cézanne's "Bathers" stands only in a loose connection with Marées' "Hesperides". Gauguin's symbolic Tahitian pictures are closer.

11 Louis Réau. La Revue de l'Art Oct. 10, 1909, XXVI, No. 151, quot. in Julius Meier-Graefe, Hans von Marées, Munich and Leipzig 1909, vol. III, p. 356.

12 William Ritter. La chronique des arts, February 6, 1909, quot. Meier-Graefe, III, p. 366.

13 Hans von Marées, *op. cit.,* p. 173.

S. Lane Faison, Jr.

Renoir's Hommage à Manet

In salutation to my old friend Hanns Swarzenski, I offer this brief account of a work outside his major fields of interest, but nonetheless an *hommage* in its own right.

Renoir's *Still Life with Bouquet (Fig. 1),* signed and dated 1871, contains a number of elements unusual in the master's work.[1] Lent by the Museum of Fine Arts, Houston, to the recent Renoir retrospective at the Art Institute of Chicago, it was perceptively discussed in the catalogue by John Maxon, Vice President for Collections and Exhibitions.

"This is one of Renoir's most purely Impressionist canvases .... The particularly fascinating thing is the almost complete absence of blues, the place of which is taken by dull green and, most impressively, ivory black .... It is also a demonstration piece of a pictorial method in which the ornament of the actual set-up becomes the ornamentation of the pictorial surface and of the pictorial space .... Nor was he ever to come so close to Manet in the actual manipulation of paint."[2]

Edouard Manet's connection with this work is explicitly and emphatically stated by the great importance given to the framed print on the rear wall. As all students of Manet know, it represents Manet's etching, *Les Petits Cavaliers (Fig. 2).* Because of this emphasis, the rear wall seems much closer to the front plane than is normally the case in Renoir's art around 1870, or indeed at any other time. The spatial sequence, from the tablecloth fringe in the foreground to the bouquet and the books, and thence back to the Japanese vase with its fan and spray of pampas grass, suggests a depth that is abruptly denied at the left edge of the composition. Here the frame of the print and some of its mat, suddenly cut off, seem to touch the frame of Renoir's picture. Such telescoping of space is as exceptional in Renoir as it is typical of Manet's work of the 1860's. It is further enhanced, in the absence of Renoir's favored blues, by the aggressive black and white contrasts in the print, and these likewise suggest the tonality of Manet's painting during the dozen years that preceded Renoir's *Still Life with Bouquet.* In addition, the pure rectangle of the print provides Manet-like stabilizing foils to the play of diagonals, so characteristic of Renoir, in the bouquet, the frond of grass, the fan, the crimson lace ribbon at the top of the composition, and the tablecloth fringe at its base.

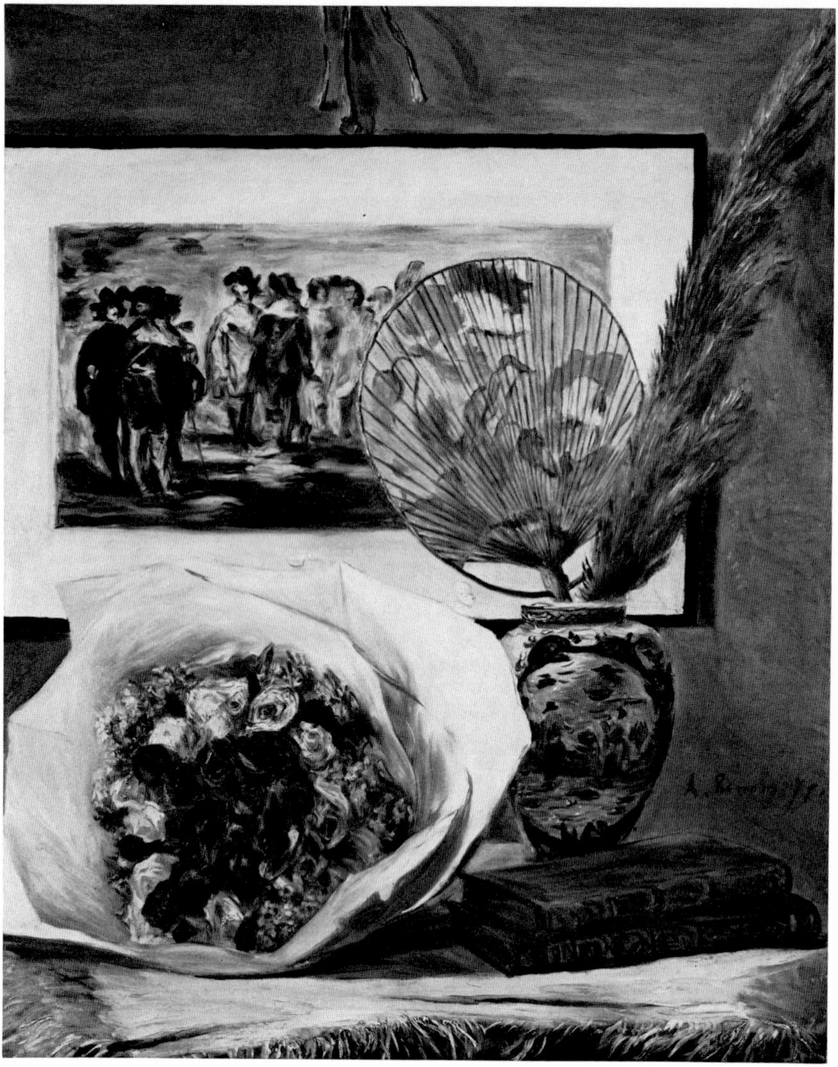

Fig. 1 Pierre Auguste Renoir, Still life with bouquet. Robert Lee Blaffer Memorial Collection. Houston, The Museum of Fine Arts

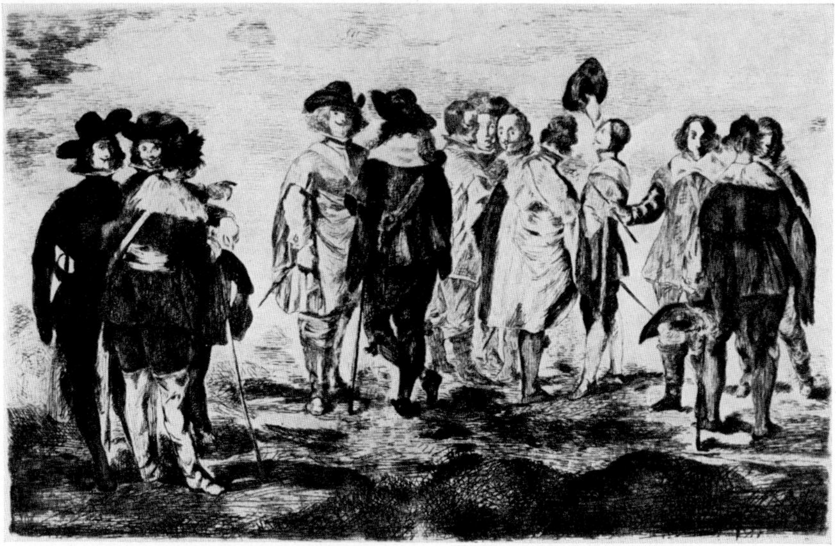

Fig. 2 Edouard Manet, Les petits cavaliers. Etching state II

Manet's etching, *Les Petits Cavaliers,* shown here in State II, is generally dated 1860–61, whereas his oil painting, from which he is known to have copied it, is dated by most recent authorities at about 1860.[3] Several alterations of the oil version that appear in the etching (notably in the upper left corner of the sky) carry over into Renoir's representation. Even without the evidence, therefore, of the mat and the thin black frame it is clear that Renoir was copying an etching, not another oil painting. As we shall see later, even this small point has some importance in linking Renoir's *Still Life with Bouquet* to Manet. Equally relevant to our purpose is the fact that Manet's earlier oil version of *Les Petits Cavaliers* was copied in the Louvre from a painting that Manet, like everyone else at the time, thought was by Velazquez. That the Louvre painting is now attributed to Mazo, or even classed as anonymous seventeenth-century Spanish, does not affect what Manet – and Renoir – had in mind.

Renoir's bouquet, aptly described by Maxon as of "yellow roses surrounded by lilacs and centered with red roses, nestled in a folded cornucopia of florist's paper," strongly recalls the bouquet in Manet's *Olympia* of 1863 *(Fig. 3)* in its frontal placement, its juxtaposed intense colors, and especially in its delicate, semi-transparent planes of near-white paper. In both bouquets these white planes cast additional ones of pale gray shadow. In Manet these effects

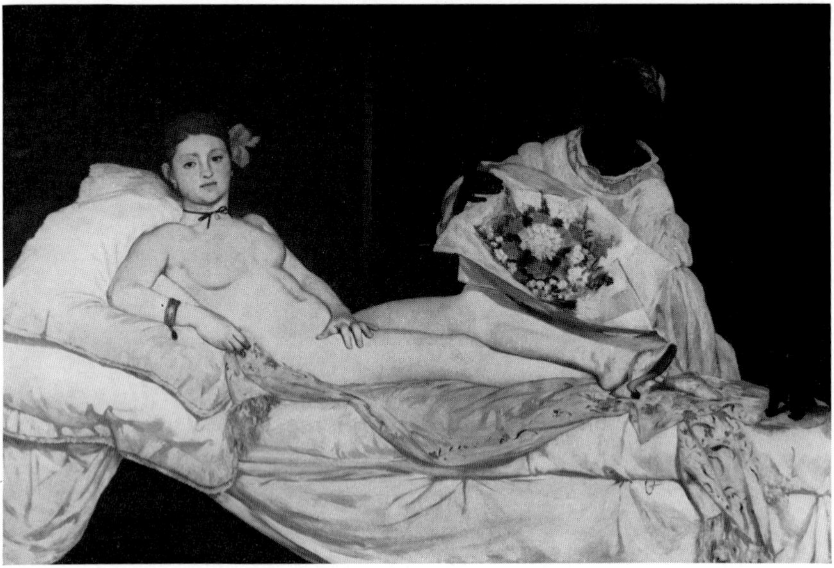

Fig. 3 Edouard Manet, Olympia. Paris, Musée du Louvre

approach High Cubist painting of about 1912. Renoir merely echoes them but even such echoes do not appear in his work before 1871 nor in the year following. Compare, for example, *Mixed Flowers in a Vase* (1872, Museum of Fine Arts, Boston; number 12 in the Chicago catalogue). A bouquet of red roses very similar to that in Renoir's Houston picture appears in *At the Concert (Fig. 4,* Sterling and Francine Clark Art Institute, Williamstown, Massachusetts; number 30 in the Chicago exhibition). Painted in 1880, at a considerable remove from Manet's influence, this bouquet is placed diagonally into space, not frontally across the picture plane. Equally noticeable is the virtual elimination of the overlay of planes in the florist's paper.

Renoir's inclusion of a Japanese fan and vase in *Still Life with Bouquet* is yet another reference to Manet, whose interest in such things, fed by the enthusiasm of Degas and Whistler, and shared with his supporter Émile Zola, far surpassed any such interest on the part of Renoir.

In the midst of all this Manetiana, contrasting passages like the tablecloth fringe, the spray of pampas grass (redolent of Fragonard trees and Gainsborough plumes), and the ribbon above the print on the wall seem like statements by Renoir of his own identity.

At the Salon of 1870, the year before *Still Life with Bouquet* was painted,

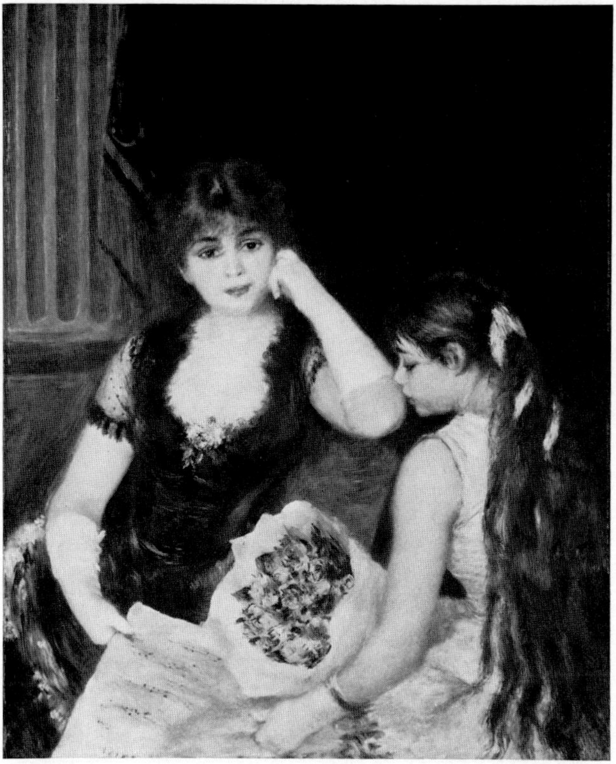

Fig. 4 Pierre Auguste Renoir, At the Concert. Williamstown, Mass., Sterling and Francine Clark Art Institute

Fantin-Latour exhibited *A Studio in the Batignolles Quarter* (Paris, Musée de l'Impressionisme). Here Renoir is centered among the friends gathered around Manet at his easel, and, as if for still greater emphasis, he is framed by a picture hanging on the back wall. It is hardly surprising that Renoir, whose praises of Manet fill the pages of the memoirs of his son Jean and of Ambroise Vollard, should wish to compose his own *hommage.*

Renoir did not, of course, invent the idea of honoring someone through a composite image of associative objects, but he may well have originated a theme that became rather common in our own century: an *hommage sans portrait.* Among many examples, we might cite Charles Demuth's salute to his friend the poet William Carlos Williams in *I Saw the Figure 5 in Gold* (Metropolitan Museum of Art, New York).[4]

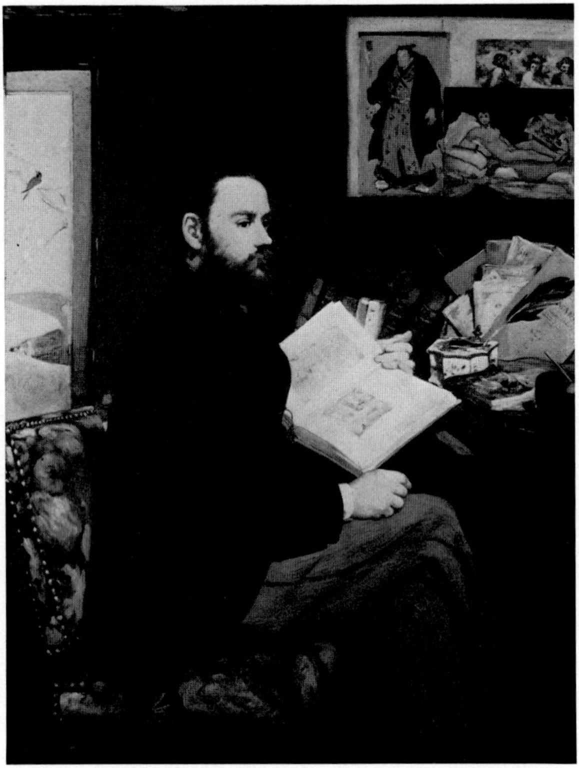

Fig. 5 Edouard Manet, Portrait of Émile Zola. Paris, Musée du Louvre, Jeu de Paume

The most immediate stimulus for Renoir's picture was surely Manet's *Portrait of Émile Zola (Fig. 5)*, painted in 1868 and exhibited at the Salon of that year. The many objects shown with Zola represent enthusiasms of the sitter – enthusiasms, however, which Manet shared. On the basis of this clue and other evidence, I have elsewhere suggested that although Manet painted Zola's portrait in gratitude for his support in critical articles, his *hommage à Zola* is virtually a self-portrait.[5] Renoir, on the contrary, did not intrude himself; and in his many allusions to the Zola picture we may assume that he was thinking of Manet, not Zola. Renoir's Japanese fan and Japanese vase correspond to Manet's Japanese screen and wood-block actor print. His two leather-bound volumes can be seen next to a sheaf of paperbacks on what we take to be Zola's desk (though it is known that the portrait was painted in

Manet's studio). If Manet's arrangement of the paperbacks only vaguely suggests the shape of Renoir's fan, the feather of Zola's quill pen is extraordinarily similar, both in arc and direction, to the lower part of Renoir's spray of grass. In Renoir's picture the print of *Les Petits Cavaliers* is cut, as we have seen, by the left edge of the canvas, much as Zola's screen is cut in the same position. Nevertheless, it is worth noting that Renoir did not follow Manet's additional flattening of space at the opposite upper edge, where Velazquez' *Los Borachos* is chopped and Olympia has lost her cat.[6]

Consider again the upper right corner of the Zola portrait: three images combined into a single picture within a broad rectangular frame. Through subtleties worthy of Manet himself, Renoir has incorporated them all, collectively and individually. The shape of Manet's pseudo-collage (as we might call it) recurs in Renoir's version of *Les Petits Cavaliers*. The Japanese actor print is echoed in Renoir's japonaiseries. Olympia is alluded to through her bouquet, Manet's version of her being very particularly related to the Zola portrait. There she appears in what is generally called a sepia photograph, though Manet's muted tones have a gentle play of warm and cool color. It would seem that Manet intended to make clear that his new Olympia was still his controversial oil, not the etching he made after her, but now held back from projecting too far in front of *Los Borachos*. The latter is shown, not as Velazquez' oil, but as Goya's etched copy of it. To incorporate *Los Borachos* in his own picture, Renoir invented a triple allusion by transforming it into Manet's *Les Petits Cavaliers*. Through the supposed Velazquez authorship of the painting Manet had copied, Renoir too saluted the great Spanish master. Through Manet's own etched copy, he alluded to Manet himself. Finally, following Manet's brisk rendering of an etching in oil *grisaille*, Renoir managed to surpass him in a truly virtuoso performance.

In composition, palette, handling, associative accessories, and in allusions both overt and veiled, *Still Life with Bouquet* has meanings that transcend its apparent subject. From each of these points of view the evidence leads to the same conclusion: Renoir's picture was an act of friendship.

Notes

1 Oil on canvas, H. 29½"×23¼". Robert Lee Blaffer Collection, the Museum of Fine Arts, Houston (gift of Mrs. Sarah Campbell Blaffer in 1951). Ex-collection: Gaston Bernheim de Villiers, Paris. Exhibited: Knoedler Galleries, New York (1933) with works once belonging to Ambroise Vollard; California Palace of the Legion of Honor, San Francisco (1944), on loan from the Bignou Gallery; *Paintings by Renoir*, the Art Institute of Chicago, February 3–April 1, 1973 number 9, plate IV).

2 *Paintings by Renoir* (op. cit.), text concerning number 9, page unnumbered.

[3] The etching exists in four states. State I is tentative, having much less biting than State II. See Jean C. Harris, *Edouard Manet: Graphic Works,* New York: Collectors Edition, 1970, pp 31–34; Joel Isaacson, *Manet and Spain: Prints and Drawings,* University of Michigan, Jan. 19–March 2, 1969, pp. 24–25. For recent dating of Manet's oil version, see Isaacson, *loc. cit.;* John Richardson, *Edouard Manet: Paintings and Drawings,* New York: Phaidon Publishers, 1958, p. 118.

[4] Andrew C. Ritchie, *Charles Demuth,* New York: The Museum of Modern Art, 1950, p. 15 and color plate opp. p. 70.

[5] S. Lane Faison, Jr., "Manet's Portrait of Émile Zola," *Magazine of Art,* May 1949, pp. 162–168.

[6] Theodore Reff has noted that Olympia's head is now turned toward Zola as if to acknowledge his defense of her. Theodore Reff, "The Meaning of Manet's Olympia," *Gazette des Beaux-Arts,* LXIII (1964), pp. 111–122.

Günter Busch

Skepsis und Freiheit

Zu einem Bilde von Max Beckmann

»Montag, 25. August 1947 ... noch letzte Tragikomödie wegen der Billets und New York. Aber nun haben wir Sie!!
Dann kam Swarzy um Abschied zu feiern und nahm noch die letzten Aquarelle mit – immer leerer wird's im Städtchen. Abends noch mit ihm im Chinesischen Rest. und Kaperschiff.
That's all.
Dienstag, 26. August 1947.
Langsam nähert sich das Ende
und ich wasche meine Hände
tief in Unschuld und dergleichen
und ich werde nicht erbleichen
wenn das Ende naht ...
Mittwoch, 27. August 1947. Die Zeichen mehren sich, daß die Abfahrt naht... Armer Butshy[1] – na ja, und trotzdem muß es sein (unsere Abfahrt und sein Zurückbleiben). –
Donnerstag, 28. August 1947. Letzter Tag in Amsterdam! – ... später Hans Swarzenski der plötzlich wieder aus Brüssel auftaucht. Dem letzten Glas Sekt bin ich nicht entgangen, unendlichem Packen im Atelier auch nicht. – Nun herrscht Stille – des Todes – des Untergangs und der Verwüstung? Qui en sabe. Viel hoffe ich nicht mehr ...
Freitag, 29. August 1947. An Bord von ›Westerdam‹ ... Besichtigung der 4 Männer- und 4 Frauen-Kabinen mit recht zweifelhaften Gefühlen. Schließlich um 9 Uhr abends ging's los in die dunkle Nacht mit vielen Lichtern – langsam fing Europa an zu versinken – Wetter wunderbar[2].«
Max Beckmanns Ausreise nach Amerika war ein Abenteuer, in das sich der Maler bewußt und mit großer Skepsis eingelassen hatte. Die Unruhe der praktischen Vorbereitungen, der Abschied von den Amsterdamer Freunden und nicht zuletzt von Butshy dem geliebten Pekinesenhunde – das alles bedeutete eine Irritation seiner Nerven, die mehr in sich schloß als bloße Lästigkeit, mehr auch als eine längere Unterbrechung ungestörter künstlerischer Arbeit. Die Fahrt »in die dunkle Nacht«, wenn auch »mit vielen Lichtern«, die »Stille – des Todes – des Untergangs und der Verwüstung. Qui en sabe. Viel hoffe ich nicht mehr ...«, die ironisch-melancholische Reimerei unter

dem 26. August – dahinter steht die stetige Frage nach dem Sinn seines Lebens und seiner Kunst. Beckmann war sich der Fragwürdigkeit der menschlichen Existenz an jedem Punkte seiner Erdenbahn bewußt. Die Kette seiner Selbstbildnisse, in Wahrheit sein ganzes Werk, legt davon Zeugnis ab. Seine Kunst, so kraftvoll und scheinbar gewaltsam sie immer erscheint, gibt nicht Antwort auf die Rätsel des Daseins, sie fragt nur hartnäckiger und bohrender als die anderer Künstler, sie setzt Frage-Zeichen *(Abb. 2)*.

Solche Feststellung besagt nicht, daß Beckmann sich nicht jederzeit über den absoluten Rang seines Werks und über das Unerschütterliche seiner persönlichen Leistung im klaren gewesen wäre. Seine Maßstäbe entnahm er zu Recht dem Selbst-Geschaffenen. Sie besagt auch nicht, er habe sich je als tragische Figur verstanden. Melancholie und Pessimismus seiner privaten Weltsicht, sein besonderes Verhältnis zu Schopenhauer (»Zuviel Schopenhauer gelesen«, heißt es einmal im Tagebuch), seine grundsätzliche Skepsis gegenüber dem Kommenden haben eines zu keiner Zeit mindern können: sein heftigstes Engagement an das Leben selbst. Dafür mag sein beinahe personales Verhältnis zum Meere ein Beispiel für viele geben. So ist auch sein Tagebuch mit der Fülle seiner tatsächlich oder scheinbar pessimistischen Bemerkungen nicht äußerlich zu interpretieren. Er hätte sein Werk nicht mit dieser Unerbittlichkeit der Selbstkritik und dieser nicht nachlassenden Spannkraft tun können, ohne daß er der Welt, so wie sie ist, jederzeit zugewandt gewesen wäre – distanziert und begierig. Zu dieser Zuwendung zur Welt gehörte nicht zuletzt seine hohe Fähigkeit zu Freundschaft und vielfältiger menschlicher Anhänglichkeit, die auf das Bewegendste durch sein Tagebuch hindurchleuchtet. Der Besuch und das Wiederauftauchen Hanns Swarzenskis in eben den Tagen des Aufbruchs aus dem alten Europa ist ihm deshalb offenbar so etwas gewesen wie ein hoffnungsverheißendes Versprechen auf eine neue Zukunft in Amerika.

Das Tagebuch berichtet weiter von der Überfahrt:

»Samstag, 30. August 1947. Langsame Eingewöhnung bei schönem Wetter. Vorbei an der englischen Küste und langsame Fühlungnahme mit Schiff und Passagieren. Thomas Mann taucht auch auf. Die Nacht mit vier Männern war mäßig aber möglich, weil alle recht discret und sauber waren. Sonst lungert man so herum. Abends war Tanz und wir saßen mit Th. Mann und Frau. Immerhin die Zeit vergeht. – Letzte Shelly-Inseln.

Sonntag, 31. August 1947 ... Weiter schönes Wetter ... Die Nacht war ziemlich bewegt und unruhig ...

Montag, 1. September 1947. Q.[3] offiziell seekrank, bleibt im Bett. – Mir geht es überraschend gut und das stärkste Auf und Ab tut mir gar nichts, bis jetzt. Herrlich, endlich die See, wild große Wellen und endlose Schaumkronen. Viele Gesichter fangen an zu erbleichen. – Frau Thomas Mann bei Q.

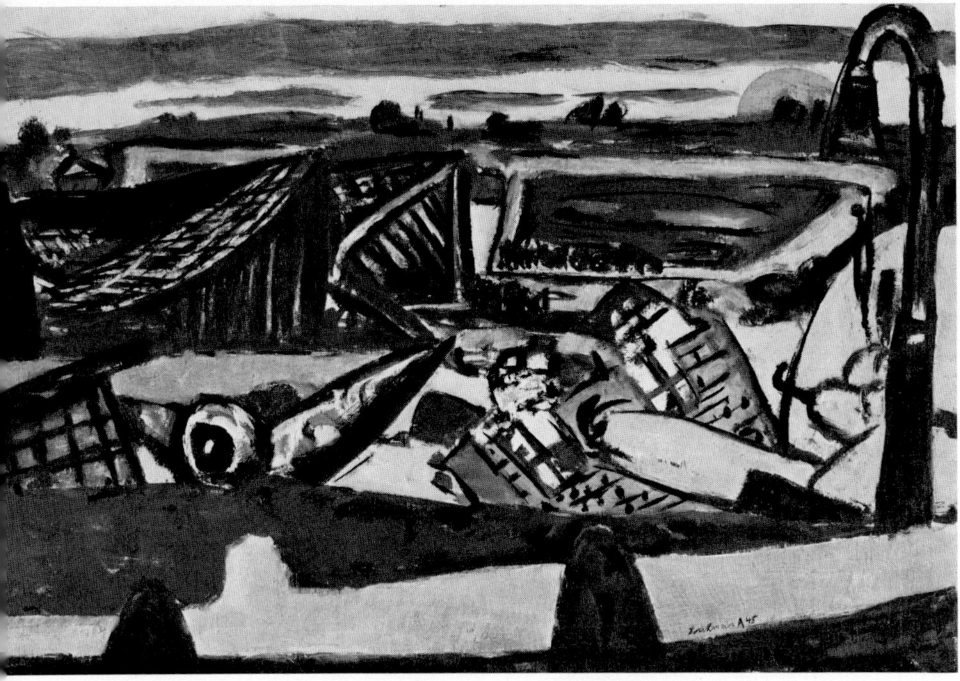

Abb. 1 Max Beckmann, Flughafen Amsterdam (Schiphol), Öl auf Leinwand, bez. u. r. »Beckmann A. 45«; Kunsthalle Bremen

Krankenbesuch. – Mir ist alles einerlei – Leben und Tod – immer aussichtslos solange wir nichts Endgültiges wissen.
Dienstag, 2. September 1947. Rauhe See, fast Sturm. Q. bleibt im Bett, auch ich kämpfe etwas mit ›Zeeziekte‹, viel Cognac's, 5 bis zum Lunch. Nachmittags ging der Sturm weiter, haushoch stand die wilde See. Immerhin – kann noch schlimmer werden ... Durch Alkohol einigermaßen geschützt besah ich mir die maßlose Welt. – Abends war Pferdchenspiel, lustig englisch und draußen grollten die Seeriesen ...
Unterhielt mich zwischendurch häufig mit Th. Mann und Frau.
Mittwoch, 3. September 1947. Herrliches Wetter, aber noch sehr bewegte See. Ging spazieren in Sturm und Sonne – schön. – Plötzlich tauchte Q. auf – na ja abwarten, ob es ihr schon wieder bekommt? – Es war noch nichts, sie mußte bald wieder hinunter in die Kabine. – Th. Mann zeigte mir Holzschnitte von Masereel, zu denen er ein Préface schreibt. Ganz schön für 14-jährige – und wegen der Lebenslüge – oh Gott. – Sonst doch noch Sturm und viel Alkohol. Nicht angenehm ...

Donnerstag, 4. September 1947. Endlich wieder ruhiges Wetter – der böse Riese nimmt Wannsee-Allüren an. Q. ist nun endlich wieder richtig wohl. – Übergab Th. Mann die gewünschten alten Holzschnitte, Radierungen zur Kenntnisnahme ... Führte Q. etwas auf Deck spazieren und zog mich müde in meine Kabine zurück, wo ich angenehm eine Stunde der Ruhe pflegte und noch eben bin. Bald wird zum Lunch gerufen (mit Musik) – und die Ungeduld auf endliche Landung kann sich weiter austoben. – Ich erwarte nur noch sehr wenig vom Leben – und wenn ich ersaufen soll noch vor der Landung ist mir auch recht ...
Freitag, 5. September 1947. Stimmung beträchtlich erhöht. Weiter schönes Wetter und cirka 600 km hinter uns. – Morgens Th. Mann noch etwas aufgeklärt wegen Graphik ... Abschiedsstimmung beginnt. Q. sollte mit Th. Mann Musik und Dichtung vereinigen, wurde aber abgelehnt, möglich daß Frau Th. Mann das übel nimmt – habe aber keine Lust hier vor Textil und Wolle selbst durch Q. zu glänzen[3]. – Na egal ...
Samstag, 6. September 1947. Um neun Uhr Abend sollen wir Anker werfen vor Long Island. Na ja, dann also ... Ein bißchen Verfolgungswahnsinn macht, daß ich mir einbilde noch im letzten Moment nicht reingelassen zu werden – Ha – Ha – Ha ...«
Beckmann sollte den Schritt in eine neue Freiheit und eine neue Wirksamkeit tun dürfen. Sein sogleich wieder einsetzendes Schaffen gibt Kunde davon, welchen Impuls diese zweite Emigration für ihn bedeutete.
Thomas Mann hat sein Verhältnis zur bildenden Kunst in eben dem genannten »Préface« zu den Holzschnitten Franz Masereels so umschrieben[4]: »Vor einundzwanzig Jahren schon schrieb ich über ihn, versah eine Münchener Ausgabe seines ›Livre d'heures‹, einer Serie sprechender Holzschnitte wie diese hier, mit einer Einleitung, die mir unversehens zu einem längeren Aufsatz über sein Werk und Wesen heranwuchs – dem einzigen, bezeichnenderweise, unter all meinen Versuchen, welcher einer Manifestation der bildenden Kunst gewidmet ist[5]. Bedauert mich, aber ich habe die Welt des ›Bildes‹, die Vergeistigung des Schaubaren durch Farbe, Erz und Stein niemals mit voller Kraft, immer nur gelegentlich und nebensächlich erlebt und verdanke meinen respektvollen Pflichtübungen und Bildungsvisiten in dieser Sphäre an Begeisterung, Liebe, Glück der Verehrung, Aufregung eigenen Vermögens wenig im Vergleich mit der Fülle von all dem, die auf mich ausging von der Dichtung, dem Kunstwerk höchster Artikulation, und von jener mystisch artikulierten ›Sprache der Töne‹, der wunderbar abstrakten Figuren- und Bewegungswelt der Musik.« Er verweist dann auf die Tatsache, daß er einmal Albrecht Dürer »eine knappe, aber ernstlich gefühlte Huldigung dargebracht« habe, »also dem Graphisch-Deutschen« in seiner Ansprache an den Bruder Heinrich »Vom Beruf des deutschen Schriftstellers in unserer Zeit«, in der er den

Begriff des »deutschen Meistertums« besonders apostrophierte[6]. – Wir fügen hinzu, daß sich gelegentlich im »Lebensabriß« von 1930[7] ein weiterer Hinweis auf einen Augenkünstler findet, nämlich auf den Zeichner und Illustrator Alfred Kubin, »dessen unheimliche und laszive Graphik mich stark erschütterte«.

Seltene und seltsame Konstellation. Da trafen sie also zusammen auf diesem symbolhaften Schiff einer Überfahrt, die – für Beckmann zumindest – eine »Departure« bedeutete. Leider hat Felix Krull von Lissabon aus den Atlantik nicht mehr, wie vorgesehen, auf einem Ozeanriesen überquert, da sein Autor darüber hinwegstarb. Sonst wäre uns möglicherweise außer vielerlei Schilderung über das, was sich dort in den »Cabins« abspielte, auch ein ausführlicherer Bericht über die Gespräche des »Hochstaplers« mit einem deutschen Maler, den Krull an Bord traf, im zweiten Bande geboten worden. Es wäre denkbar, daß das Thomas Mann-Archiv sogar Aufzeichnungen oder Gesprächsskizzen dazu bewahrte? Darin wäre es vielleicht, auf andere Weise wie in jenem Eisenbahn-Gespräch mit Professor Kuckuck, über »Gott und die Welt« gegangen? Und auch über jene »Welt des Bildes«, einer »Vergeistigung des Schaubaren durch Farbe, Erz und Stein«, von der jenes Préface spricht?

Dieses enthält nun offenbar nichts von dem, was Max Beckmann grundsätzlich zum »Graphisch-Deutschen« gesagt haben könnte oder auch von dem, was er zur Kunst seines berühmten Kollegen Masereel geäußert hätte. Thomas Mann beschränkt sich bewußt, wie schon in jenem frühen Aufsatz von 1926 über Masereels Stundenbuch, auf eine ungemein einfühlsame Darstellung des Menschlich-Ikonographischen, der lauteren und bewegenden Absichten des Künstlers. Er beruft dessen Optimismus, der diese »schöne und gemütvolle Bilderfolge« auf eine neue Jugend ausklingen lasse in ein: »Wir heißen euch hoffen«. – In jenem früheren Aufsatz hatte Mann die Bildgeschichten Masereels sehr zutreffend in ihrem filmischen Charakter gekennzeichnet. Auf eine Rundfrage, »welcher Film ihn an meisten gerührt« habe, habe er geschrieben: »Masereels ›Stundenbuch‹.« Diesen Charakter besitzt der »Comic-Strip« seit den Anfängen der konsequenten Bildgeschichte bei dem Genfer Rodolphe Töpffer, den wieder ein Dichter, Goethe, besonders schätzte.

Aber Beckmann? Auch er hat zyklische Graphik geschaffen, beginnend mit Illustrativem in konventionellerem Sinne (»Eurydikes Wiederkehr«, 1909; »Sechs Lithographien zum Neuen Testament« 1911), über freiere graphische Paraphrasen (»Die Fürstin«, 1917; »Stadtnacht«, 1920; »Fanferlieschen«, 1923; »Ebbi« zur eigenen Komödie 1924; »Der Mensch ist kein Haustier«, 1937) bis zu den großartigen, zugleich illustrierenden und ganz frei interpretierenden Zeichnungen zum zweiten Teil des »Faust«. Vor allem aber hat Beckmann in den großen Graphikfolgen der »Hölle« (1919), des »Jahrmarkt« (1921), der »Berliner Reise« (1922) und von »Day and Dream« (1946) einen neuen Typus zyklischer Graphik von Wandwirksamkeit und formaler wie geistiger Unabhängigkeit des Einzelblattes geprägt, wie es ihn so vorher nicht gegeben hat. Das gilt ebenso für die Lithographien zur Apokalypse (1941/42). Und schon die frühe Radierungsmappe »Gesichter« vereinigte jeweils in sich abgeschlossene Einzelblätter (1914/1918). Als »Roman in Bildern« oder auch als eine Neufassung »frommer Blockbücher«, wie Masereel und mit ihm Thomas Mann die demokratische Funktion der Schwarz-Weiß-Kunst interpretierten – solches Verständnis der Druckgraphik war für Beckmann absolut undenkbar. Was er aus altdeutschem »Meistertum«, aus Dürer und seinen gotischen Vorgängern entnahm, spielt sich auf anderer Ebene ab. Vor allem wollte Beckmann, der Radierer, Holzschneider und Lithograph, jeweils »ganze Bilder« geben, d. h. nach Gestalt und Gehalt in sich geschlossene, mehrschichtige und mehrdeutige Formulierungen. Der eindeutige, rührende »Plauderton« wie ihn Masereel über alle Stimmungsschwankungen innerhalb der einzelnen Szenen durch seine Bildgeschichten im ganzen durchhält, mußte Max Beckmann zuwider sein. Thomas Mann sagte über Masereel: »Es ist das konservative und fromme Element in ihm, das sein Verhältnis zur ›Jetztzeit‹ (um Schopenhauers verhaßtestes Wort zu gebrauchen), zum Zeitalter der Technik und Maschine zuweilen demjenigen Charlie Chaplin in ›Modern Times‹ ähnlich macht. Ich erinnere mich an ein Blatt von ihm – ich glaube, es war im ›Stundenbuch‹, wo er oder sein Held, der er selbst ist, in heller Panik, mit erbobenen Armen, vor dem Gestäng und Getriebe der Zeit davonläuft. Aber das sind Anwandlungen. Der Schrecken wechselt in freier Inkonsequenz ins Wohlwollende, Bejahende, Vertrauende hinüber – wie ein Blatt unserer Mappe zeigt, das der Jugend die Pflicht zu Gemüte führt, die Maschinen wieder laufen zu lassen[8].« *Dazu* aber sagte Beckmann: »Ganz schön für 14jährige«. Wobei es fraglich bleibt, wie direkt er Thomas Mann dieses sein Urteil mitgeteilt habe. Vor allem bemängelte er wohl, von seiner Kunstauffassung her zu Recht, eine Verharmlosung der Welt und des Lebens, die sich hier ausspricht: »– und wegen der Lebenslüge – oh Gott«. Da war es ihm bitterernst. Der Mensch stellte sich Beckmann immer wieder in seiner vielfältigen Verstrickung dar – als soziales und kollektives Wesen. Doch ließen sich für ihn davon seine Einsamkeit und sein unabweisbarer Drang zur personalen Freiheit niemals trennen: »Die größte Gefahr, die der Menschheit droht, ist der Kollektivismus. Überall werden Versuche gemacht, das Wohl und die Lebensweise der Menschen auf das Niveau von Termiten herabzusenken. Mit aller Kraft meines Wesens wehre ich mich gegen diese Versuche.« (Meine Theorie der Malerei, London 1948) – ». . . daher ist auch in der Kunst wieder ein verstärktes Bestreben zu den individuellen Dingen dringend notwendig . . .« Ob er ihm sein Holzschnitt-Selbstbildnis von 1922 gezeigt hat? »Denn das Ich ist das große verschleierte Mysterium des Daseins . . . Ich glaube an dieses Ich und an seine

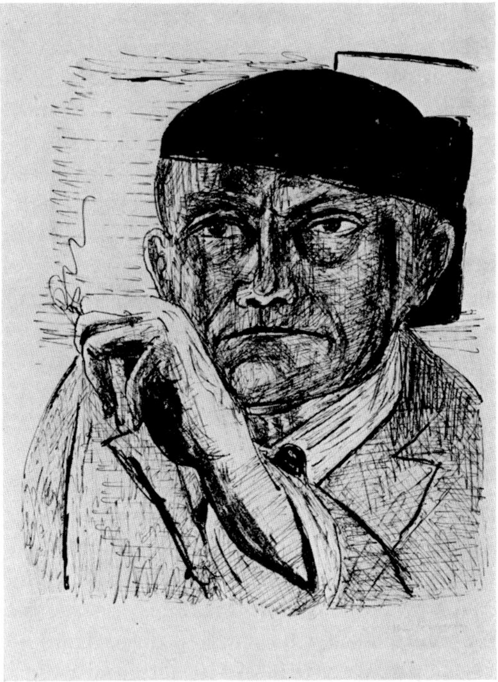

Abb. 2 Max Beckmann, Selbstbildnis, Federlithographie aquarelliert, aus der Folge »Day and Dream«, 1946 (Exemplar Curt Valentin), Kunsthalle Bremen. Das Bildnis zeigt Beckmann nicht lange vor seiner Übersiedlung nach Amerika

ewige, unveränderliche Form ... Was bist du? Was bin ich? Das sind die Fragen, die mich unablässig verfolgen und quälen und vielleicht auch eine gewisse Rolle in meiner Kunst spielen.«

So wird er denn versucht haben, wortkarg wie er war, dem Emigranten Thomas Mann ein wenig deutlich zu machen, weshalb Masereel leider nur »ganz schön für 14jährige« sei, indessen er, der Emigrant Max Beckmann, seine Kunst seit je für »Erwachsene« gemeint habe. Er wird versucht haben, an den eigenen Blättern der Weltkriegs- und Nachkriegs-Zeit zu zeigen – »Übergab Th. Mann die *gewünschten* alten Holzschnitte, Radierungen zur Kenntnisnahme ... Morgens Th. Mann noch etwas *aufgeklärt* wegen Graphik« –, wie das »altdeutsche« Medium der Druckgraphik mehr und anders zu leisten vermag, als nur illustrierend zu erzählen. Wobei sich der literarisch Gebildete an die wahre Allergie erinnern mag, die schon ein Goethe bei Gelegenheit der

Faustillustrationen des Peter Cornelius gegenüber einer Kunstbemühung offenbarte, die mit dem Wort des Dichters in ungebührenden Wettbewerb zu treten schien. Der »Faust« sei »zu poetisch« und deshalb »für die bildende Kunst wenig geeignet«. Moritz Retzsch habe mit seinen harmloseren Umrißradierungen »mehr das wirklich Darzustellende ergriffen«. – Schon 1805 äußerte Goethe grundsätzlich – »Kupfer und Poesie parodieren sich gewöhnlich wechselweise«[9]. Etwas von dieser Voreingenommenheit, die Goethe nur einmal, Delacroix gegenüber, fallen ließ, hat Thomas Mann ganz offenbar auch in seiner Parteinahme für die Harmlosigkeiten Masereels und in seiner, nicht ausgesprochenen, Abneigung gegen die Kunst Beckmanns empfunden. Auch Masereel schien ihm »mehr das wirklich Darzustellende« zu ergreifen, während Beckmann mit seinem Bestreben einer ihm fremden »Vergeistigung des Schaubaren« bis in Regionen vordrang, die doch eigentlich seine Domäne, die des Dichters, war[10]. Der in der Sprache der Augenkunst nicht eben bewanderte Seelenleser Thomas Mann wird sich von dem, übrigens literarisch hochgebildeten, Maler, Zeichner und Seelenleser Max Beckmann nicht haben überzeugen lassen. Man redete aneinander vorbei. Ein Passus in seinem Masereel-Text scheint das verschlüsselt auszusprechen, wenn er von der »Jeunesse« des flämischen Holzschneiders, der »holden und amüsanten Jugend« sagt: »Mürrisches Alter mag ihr Anblick ärgern, pessimistische Enttäuschung sich hönisch überzeugt halten, daß dies schlanke Geschlecht seine Sache auch nicht besser machen wird als frühere und weiter die Welt in gesellschaftlichem Unsinn wird verkommen lassen. Dieses Künstlers Sache war niemals Hohn und Skepsis. . .[11]« Beckmann Sache jedoch waren diese beiden menschlichen Regungen sehr wohl – freilich auf anderer, geistiger Ebene als auf der des Pläsierlich-Plaudernden. Der Zeichner der »Hölle« und der Maler der »Nacht« oder der Flügel der »Departure« zeigt »Hohn« in den Dimensionen Shakespeares als eine schneidende Waffe im geistigen Kampf um die Freiheit des Individuums. Und der Skeptiker Beckmann ist beinahe in jedem seiner Werke gegenwärtig. So war ihm das Infragestellen von »Gestäng und Getriebe der Zeit«, wie Thomas Mann es bei Masereel nur gelegentlich als »Anwandlungen« beobachtet hatte, eine Grundfrage seiner Kunst an die Gegenwart, der zugleich immer gegenüberstand das heftige Erlebnis der Freiheit, die sich ihm häufig im Bilde der Natur darstellte, nicht zuletzt in dem des Meeres. Das »Wohlwollende, Bejahende, Vertrauende« wird man freilich vergebens hinter solchen Bildern der Freiheit zu entdecken suchen.

Ein Beispiel aus vielen möglichen soll dies verdeutlichen – ein Beispiel, das gerade als ein ausgefallenes geeignet erscheint, das Gesagte zu erhellen *(Abb. 1)*.

Beckmanns Tagebuch vermerkt: »13. 6. 45: An drei kleinen Bildern (Schiphol etc.)

28. 8. 45: Es ist schon ein verfluchtes Schicksal, das zu sein was ich bin. In äußersten Räuschen der Empfindung zu leben und dann wieder Demütigungen wie ein kleiner Büro-Angestellter zu erleiden. – Die Sprünge sind groß. – Allhier nimmt allgemeine Verwirrung zu und auch sonst ist meine Stimmung düster. – ›Schiphol‹ fertig gemalt.
6. 9. 45: Doch (nach 8 Tagen) wieder gearbeitet.
›Schiffswerft‹ fertig gemacht und ›Schiphol‹ überholt und ›Berger‹ entworfen.
26. 9. 45: Neues Schiphol (Flughafen).«
Das Beckmannsche Werkverzeichnis von Barbara und Erhard Göpel verzeichnet unter der Nummer 700: »Flughafen von Amsterdam (Schiphol)«. Der Katalog der Kunsthalle Bremen beschreibt das Bild so: »Die Komposition des Querformats ist durch waagerechte Streifen gegliedert. – Vorn, basisartig, eine sandgelbe Straße mit Meilensteinen (?) auf einem Hügel in Rotbraun und Chromgrün. Dahinter senkt sich das Gelände zum Flughafenfeld, das aus kräftigen Formen und Farben zusammengestellt, mit kraftvoll schwarzen Konturen angegeben ist: links drei Hallen in Braun und Blau und ein einmotoriges, weiß und rot bemaltes Flugzeug. Rechts ist ein rotes Haus wie durch Detonation nach links gekippt, ein grauer Flugzeugkörper und eine blaue Bogenlampe, darüber ein gelb eingefaßtes, dunkelchromgrünes Wasserbecken. – Am Horizont schließt das Flugfeld gerade und waagerecht ab. Darüber zieht sich der Himmelstreifen in Rosa mit violetten Wolken. Rechts, schräg über dem roten Haus, geht der rote Sonnenball auf.« Die Gegend um Schiphol ist ein bevorzugtes Ziel für die Fahrrad- (»fiets«-) Touren Beckmanns gewesen, wie das Tagebuch in etlichen Eintragungen zeigt. – Der Flugplatz war schon am 10. Mai 1940, als die Niederlande von Hitler überfallen wurden, durch Bombenangriff schwer beschädigt worden: »Das Abfertigungsgebäude, der Kontrollturm, das Restaurant samt Terrasse, sowie fünf Flugzeughallen« wurden »zum größten Teil zerstört. Zehn Mann der Bewachungstruppen fielen diesem Angriff zum Opfer. Zwar wurde das Fluggelände mit betoniertem Abfertigungsvorfeld und das Pistensystem schwer beschädigt, aber nicht unersetzlich vernichtet. – Während der Besatzungsjahre haben die Deutschen den Flughafen ausgebaut ... In den Jahren 1940/1944 waren es die Alliierten, die den von den Deutschen besetzten Flugplatz mit Bomben belegten. – Im September 1944 wurde Schiphol von den Deutschen geräumt, nachdem sie zuvor durch Sprengladungen und Flugzeugbomben, die unter den Startbahnen und Flugzeughallen usw. gelegt und zur Explosion gebracht wurden, alles vernichtet hatten, was während der Bombenangriffe noch nicht zerstört worden war. Noch während der Besatzung konnten Sachverständige zwischen den Trümmerhaufen das Gelände aufklären und Pläne für den Wiederaufbau vorbereiten. – Kurz vor der Kapitulation war im Einverständnis zwischen Deutschen und Alliierten Schiphol als Stelle für den Abwurf von Lebensmit-

telpaketen angewiesen worden, zur Linderung der ärgsten Not der Zivilbevölkerung, die von dem Hungerwinter in der Festung Holland (dem westlichen Teil Hollands) schwer mitgenommen war. – Am 2., 3., 5., 6. und 7. Mai 1945 wurden tausende Pakete von mehr als 1200 amerikanischen Militärflugzeugen über Schiphol abgeworfen. – Am 8. Mai 1945 wurde die Bewachung des Flughafens von den niederländischen Inlandsstreitkräften übernommen. Sofort nach der Befreiung wurde der Wiederaufbau, den zuvor gefaßten Plänen gemäß, zur Hand genommen. Inmitten der Trümmerhaufen wurde zuerst eine Rollbahn von Stahlmatten gelegt. 1850 Personen waren mit der Wiederherstellung beschäftigt. Am 8. Juli landete schon wieder eine DC-3 (Dakota) auf einer provisorisch wiederhergestellten Bahn von 900 m Länge ... Im November 1945 war Schiphols ganzes Pistensystem wiederhergestellt, so daß Landungen bei allen Windrichtungen möglich waren.« Dieser absichtlich so ausführlich mitgeteilte, offizielle Brief des Chefs der Informationsstelle der N. V. Luchthaven Schiphol vom 25. März 1969[12] gibt mit seinen historischen und technischen Daten ein äußerst lebendiges Bild von dem Bildgegenstand Beckmanns in weiterem Verstande, aber auch von der allgemeinen politischen und menschlichen Situation des Landes, wie sie sich auf andere Weise im Tagebuch des Malers spiegelt.

Der Betrachter des Bildes erkennt Kriegszerstörung, jedoch nur in beispielhaften Motiven, an der technischen »Spielzeugwelt«, die schon der Beckmann der Frankfurter Jahre in ironisch-skeptischer Formverzerrung oder -verschlüsselung als widermenschlich charakterisiert und kritisiert hatte (»Der eiserne Steg« – »Große Brücke«). Tarnnetze hängen über den Hangars. Technisches »Gestäng und Getriebe der Zeit« ragt, sperrt und stößt sich. Winzige, schwarze Gestalten, u. a. mit einem Pferdegespann, bewegen sich in dieser eisernen Zyklopen-Welt und knüpfen unmittelbar an entsprechende Figuren auf den Frankfurter Bildern und Radierungen an, darin ebenso Architektur und technisches Gerät daneben überdimensioniert erscheinen. – Ornamentale Bahnen, die an Manessier-Formen erinnern (bevor dieser solches noch erfunden hatte) fassen das viele von Form und Unform kühn zusammen und führen den Blick in die Tiefe des Raumes, der für Beckmann »der Palast der Götter« war. »Denken Sie daran, daß Raumvertiefung im Kunstwerk ... immer das Entscheidende ist. Raum, dessen wesentliche Bedeutung identisch ist mit Individualität, oder dem, was die Menschen Gott nennen. Denn im Anfang war der Raum, diese unheimliche und nicht auszudenkende Erfindung der Allgewalt[13].« Und nun wagt Beckmann noch einmal einen solchen Sprung der Dimensionen, wie er schon zwischen Menschengestalt und »zyklopischem« Menschenwerk zu beobachten war. Dadurch daß er den Horizont bis dicht unter die obere Rahmenkante des Bildes hebt, bekommt die Landschaft etwas Riesiges, gewinnt den Charakter von »Weltlandschaft« wie etwa bei

Bruegel und noch bei Rubens. Darüber dehnt sich ein unendlicher Morgenhimmel mit schwindenden Wolkenschatten und, wieder, riesiger Sonnenscheibe. Wodurch dann dieser zweite Dimensionssprung entsteht: solcher Natur gegenüber schrumpft die technische Welt vorn ins Kleine und Unbedeutende. Über dem bedrückten und zerstörten Land geht neues Licht auf. Der Künstler als Organ der Gemeinschaft seiner Mitmenschen erblickt den Horizont der Freiheit! Dies ist ohne Zweifel in seinem Raumerlebnis ein ganz individuell konzipiertes Bild und zugleich eines allgemeinen, »politischen« Charakters: ganz persönlich doch »für alle« geschaffen, ein reines, aus sich selbst redendes (und fragendes) Kunstwerk – nicht gemalte Polemik oder gar redseliger Ausdruck des »Wohlwollenden, Bejahenden, Vertrauenden«. Sein »politischer« Inhalt ist Ausfluß individuell fragender Hoffnung und äußert sich »im Bilde« als Fürsorge für die anderen.

Anmerkungen

1 Der auf mehreren Bildern Beckmanns erscheinende Pekinese Butshy konnte später nach Amerika nachkommen.
2 Max Beckmann, Tagebücher 1940–1950, zusammengestellt von Mathilde Q. Beckmann, herausgegeben von Erhard Göpel, München 1955.
3 Frau Mathilde Quappi Beckmann geb. Kaulbach.
4 Thomas Mann Werke, Das essayistische Werk, Schriften und Reden zur Literatur, Kunst und Philosophie, Frankfurt 1968, Bd. 3, S. 49 ff.
5 ebenda, Bd. 1, S. 271 ff.
6 ebenda, Autobiographisches, S. 259 ff.
7 ebenda, S. 228.
8 a. a. O., S. 51.
9 vgl. G. Busch, Der Tod des Valentin von Eugène Delacroix, Frankfurt 1973.
10 Ähnlich stand Victor Hugo zur Malerei; oder Gustave Flaubert nannte die Illustration »invention moderne faite pour déshonorer toute littérature«.
11 a. a. O., S. 52.
12 frdl. Mitteilung von Frau Barbara Göpel, München.
13 Max Beckmann, Drei Briefe an eine Malerin, Vorlesung 1948, zitiert nach Benno Reifenberg und Wilhelm Hausenstein, Max Beckmann, München 1949, S. 44.

Jan Fontein

A Chinese Buddhist Statue from the Terrace of the Seven Treasures

When an orientalist contributes to a *liber amicorum* dedicated to Hanns Swarzenski, this requires some sort of explanation. For even though the *homo mediaevalis,* whom Nature has now cast in the unlikely role of a septuagenarian, extended his scholarly pursuits far beyond the realm of his original specialism, he rarely ventures far beyond the confines of the western world. Although the bonds of friendship between two curators working in the same institution may already seem ample justification for the inclusion of this oriental *Fremdkörper* in a collection of essays on European art, the theme for the following notes was chosen for yet another reason. Perhaps only a few of his oldest friends realize that the distinguished museum career of Hanns Swarzenski officially began with an assignment connected with the great exhibition of Chinese art held in Berlin in 1929. It would seem appropriate, therefore, to present him with a few *marginalia* on a piece of Chinese sculpture which was first shown in this exhibition.

Although soon to be surpassed by the International Exhibition of Chinese Art of the Royal Academy of Arts (London, 1935–36), the exhibition in Berlin was a landmark in the history of European connoisseurship of Chinese art. It also marked the apogee of interest of Chinese art in Germany, for only a few years later the great exodus of art historians, collectors, and collections began. The sculpture which will be discussed in the following pages shared the fate of many works of art in that exhibition in that it ended up on the other side of the Atlantic. However, it did so only in the recent past. When the statue was first shown in Berlin in 1929, it was the property of the Berlin hotel owner and collector F. Brandt. It remained part of his collection until the disappearance of its owner in the aftermath of the Russian occupation of Berlin in 1945. In 1958, when the remnants of the Brandt collection were auctioned, the statue passed into the hands of a Paris art dealer, who subsequently sold it to another hotel owner, the American collector Avery Brundage. Together with numerous other works of oriental art from the Brundage collection it was given to the Center of Asian Art and Culture in San Francisco.[1]

The stone sculpture in question represents a Buddha seated in the European manner with both feet supported by lotuses growing from stalks, which originate from a node in the center between the two feet *(fig. 1)*. The left hand rests upon the knee, whereas the right hand is raised in the symbolic gesture indicating the absence of fear (Sanskrit: *abhaya-mudrã*). Next to the right foot crouches a lion, its head turned towards the spectator and its raised left front paw supported by another lotus, the stalk of which grows from the same central node. The statue is obviously incomplete, for the badly broken part next to the Buddha's left foot must once have been in the shape of another flanking lion, which completed the near-symmetry of the group. The base consists of a smoothly polished plinth carrying an inscription.

When Otto Kümmel first described this statue in the catalogue of the Berlin exhibition, he attributed it to the Sui Period (A. D. 581–618)[2] P. W. Meister followed this precedent in his description for the auction catalogue.[3] My suspicion that this date might be too early was first aroused when I tried to read the inscription. At that time the inscription did not seem to make any sense to me at all, but at least it was evident that it contained several unusual, archaizing graphs. These graphs were invented and used only during the reign of the notorious Empress Wu, who usurped the throne of the T'ang Empire and who inflicted a ruthless régime on the Chinese Imperial Court until she was forced to abdicate in February, A. D. 705. The occurrence of some of these graphs in the inscription suggests that the date of this sculpture should be sought in her reign, which is about a century later than Kümmel and Meister had originally proposed.[4]

Statues in the round representing a Buddha seated in the European manner were quite common during the T'ang period. A closer inspection of the Brundage piece reveals, however, that it was not originally intended as a sculpture of this type. The rather crude chisel marks in the back suggest that the piece may have been cut out of a larger stone slab and that it was then remodeled in order to give it the appearance of a freestanding sculpture. The Buddha bears a striking resemblance to the famous statuary of the Pao-ch'ing-ssŭ (*vulgo* Hua-t'a-ssŭ) at Sian, the ancient T'ang capital in Shensi Province. This close similarity allows us to speculate what the original appearance of our piece could have been. Instead of a freestanding solitary figure, our statue in all likelihood is the remnant of a Buddhist trinity, carved in high relief on a large rectangular stone slab. The two flanking Bodhisattvas, one flanking lion, as well as an elaborate canopy have all been lost.

Definite proof for this supposition turned up during the search for clues to the interpretation of the cryptic inscription of this piece. Many of the Pao-ch'ing-ssŭ statues have long dedicatory inscriptions, consisting of twenty vertical lines with a maximum length of nine characters each. An inscription on a lost statue from the Pao-ch'ing-ssŭ, recorded by the great Japanese archaelogist Ōmura Seigai[5] contains all the words of the inscription on the

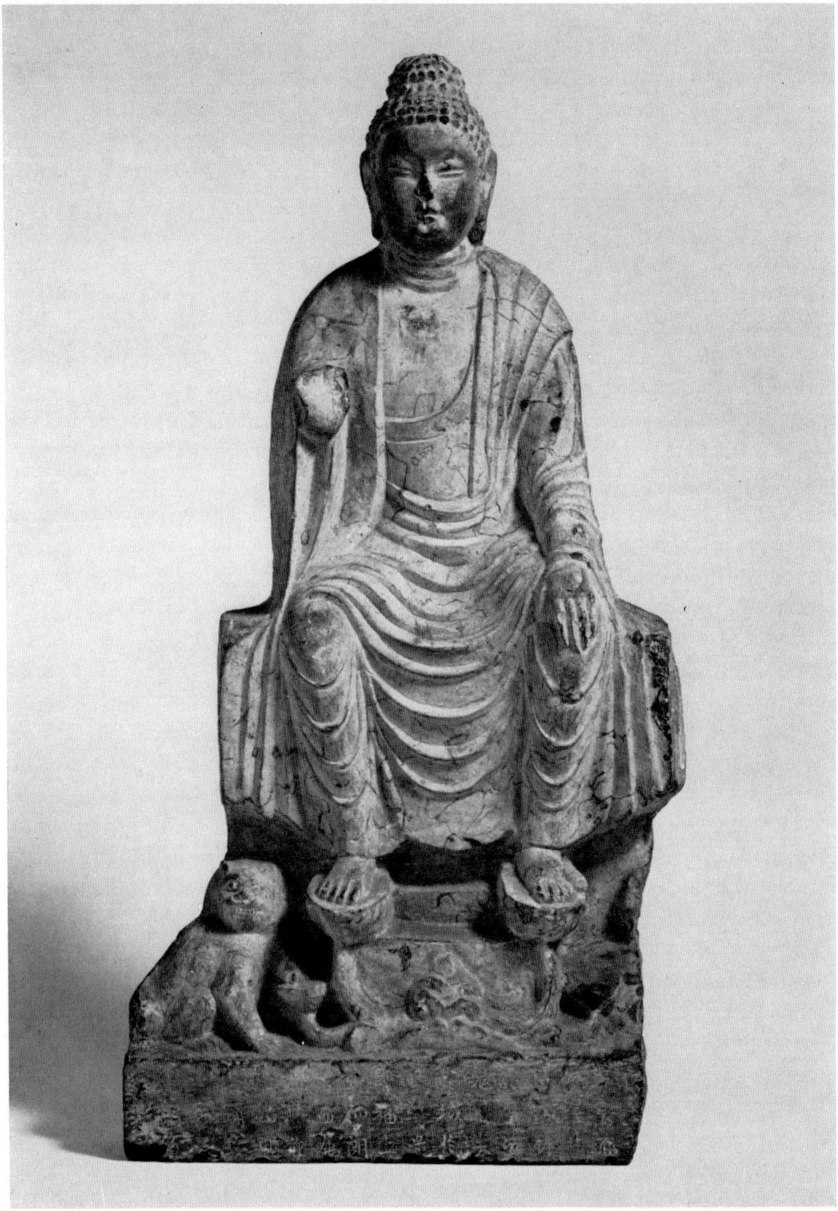

Fig. 1 Seated Buddha, limestone, China A. D. 703. Center of Asian Art and Culture, San Francisco, Cal.

base of our statue. A comparison of Ōmura's text with the actual inscription reveals, however, that the latter consists of only the first three graphs of each vertical line of nine characters. By cutting off two thirds of the stone base the person who remodeled the statue left us with an unintelligible inscription which can be understood only with the help of Ōmura's text. This text was based on a rubbing which must have been taken before the statue was reduced to its present fragmentary state. By cutting the base, that part of the inscription which contains the date of the sculpture was largely destroyed too, but here again Ōmura's text provides us with the complete answer: the fifteenth day of the ninth moon of the third year of the Era of Everlasting Peace (Ch'ang-an), which corresponds to October 30, A. D. 703.
Although the inscribed statuary of the Pao-ch'ing-ssŭ had been recorded in severals works on Chinese epigraphy as early as the late seventeenth century,[6] the credit for the discovery of these masterpieces of Chinese sculpture for the western world should be given to Okakura Kakuzō, who visited the Pao-ch'ing-ssŭ in the company of the son of his stepsister, Hayasaki Kōkichi, in September, 1893.[7] As soon as the knowledge of this discovery spread, pieces started to disappear from the site. As early as 1901 at least one of the inscribed pieces was found missing.[8] The final act in this sad story of dispersal began when Hayasaki, who returned to Sian as a schoolteacher in the fall of 1902, persuaded the monks of the monastery to part with seventeen of the statues. These he took with him when he went back to Japan in 1906. That same year he sold one of the pieces, an Eleven-headed Kuan-yin, to the Museum of Fine Arts, Boston.[9] To judge from a hand-written price list, discovered in the archives of the Museum of Fine Arts, it would seem that at one time the entire group of statues was offered for sale to the Museum, but nothing came of the transaction, and the collection was later sold to the Japanese collector Hosokawa Moritatsu. These pieces are now all on loan from the Hosokawa family foundation, the Yōmei Bunko, at the Tokyo National Museum. Of the twenty-nine pieces, visible on photographs or mentioned in the various and often contradictory accounts of early visitors to the monastery, nineteen are in the Yōmei Bunko, three belong to the Hara collection, two are in the Freer Gallery of Art, and one is in Boston; four pieces are unaccounted for.[10] One of these is the statue in the Brundage collection; at least one piece is known to have remained behind in China.[11]
Of the twenty-nine pieces seven are oblong, rectangular stones with a representation of the Eleven-headed Kuan-yin; all other pieces are slabs of a much larger size with representations of Buddhist trinities. The popular name of the temple is Hua-t'a-ssŭ ("Monastery of the Decorated Pagoda"), which would seem to imply a reference to the statuary that was let into the brick walls of the pagoda. This name, however, is of a relatively late date, perhaps no

earlier than the Ming period. The name Pio-ch'ing-ssŭ, on the other hand, is mentioned repeatedly in ancient records, but all sources seem to refer to a temple in a different part of the ancient T'ang city. A poem of uncertain authorship entitled *Passing the Abolished Pao-ch'ing-ssŭ* describes the monastery in advanced state of decay shortly after the rebellion of An Lu-shan in the middle of the eighth century, but we have no certainty that this poem refers to the site of the statuary.

The most reliable information on the original provenance of the statuary comes from the dedicatory inscriptions. Seven of these contain dates corresponding to A. D. 703, one dates from one year later, and two carry a date corresponding to A. D. 724. Fukuyama has subdivided the statuary into three groups. Although the validity of some of the details of this subdivision may perhaps be questioned, there is no doubt that the images of Fukuyama's group B, which includes all pieces datable to A. D. 703–704, are all closely related. Upon closer inspection it is possible to draw even finer distinctions. There is an unquestionable repetitive pattern of duplication in the paraphernalia of the trinities, and by taking into account the types of tree or canopy under which the Buddha is seated, as well as the shape of their seats, it is possible to separate this group of trinities into pairs.

Further support for this idea is obtained by a comparison of the Brundage statue and its mate. The typical shape of the node of the lotus and the position of the flanking lion are almost exactly duplicated on only one other statue of the Pao-ch'ing-ssŭ group. This is the only statue that bears a date corresponding to A. D. 704 *(fig. 2)*, whereas the original inscription of the Brundage piece contained a date corresponding to A. D. 703. From the dedicatory inscription of the Brundage piece we know that its donor was Yao Yüan-chih, an important official during the reign of the Empress Wu.[12] The inscription of A. D. 704, on the other hand, mentions as its donor a man named Yao Yüan-ching, a rather obscure person, whose biography is not recorded in the *History of the T'ang Dynasty*. His only claim to fame seems to have been that he was the elder brother of Yao Yüan-chih. The two brothers are likely to have commissioned their statues from the same atelier, which would account for the close similarity of these two pieces.

As these are not the only two statues of the group that show this type of duplication, one wonders whether this feature could have anything to do with the architectural shape or layout of the building for which these statues were originally created. In this respect the inscription of Yao Yüan-ching is one of the few that gives us more information than the vague hints, couched in poetic language, which are found in all of these inscriptions. His inscription mentions specifically that the piece was made "for the stone pillar in the Dharma Hall of the Kuang-chai-ssŭ monastery". Other dedicatory inscrip-

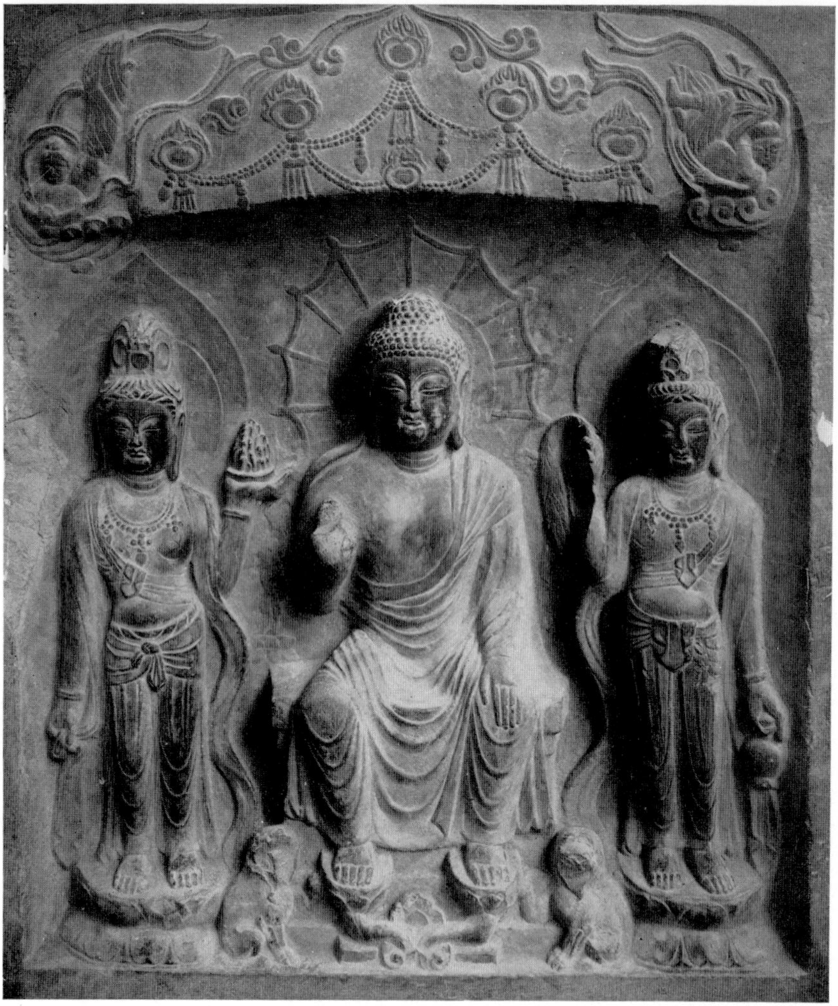

Fig. 2 Buddhist Trinity, limestone, China A. D. 704. Yōmei Bunko Foundation, deposited in the National Museum, Tokyo

tions repeat the name of this T'ang temple, which was situated in the city block of the same name. Some inscriptions speak of "this pagoda" or of the Ch'i-pao-tai (Terrace of the Seven Treasures).

Several literary sources antedating the great anti-Buddhist iconoclasm of the middle of the ninth century contain references to the Terrace of the Seven Treasures. Both the *T'ang-ch'ao ming-hua-lu*[13] and the *Ssŭ-t'a-chi*[14] mention this building, but precise information as to its structure, shape, and function are lacking. The only surviving terraced structure with a sculptural decoration of a type similar to that of the Terrace of the Seven Treasures is the so-called Zutō at Nara in Japan. However, the fact that the *Ssŭ-t'a-chi* mentions wall paintings in the upper storey of the sanctuary suggests that it was a building of a different type. Perhaps it was a multi-storeyed wooden structure built upon a stone terrace decorated with sculpture. Against this supposition argues the prime condition of most of the statues, which do not display any signs of weathering. It is more likely, therefore, that the terrace was built inside the temple, as is suggested by the dedicatory inscription of Yao Yüan-ching. The literary sources mention a principal icon representing the Bodhisattva Samantabhadra, but this important Bodhisattva does not seem to be represented as a central figure in any of the trinities. As far as they can be identified by the dedicatory inscriptions, the seated main figures all represent Amitabha, Maitreya or the Historical Buddha. Whether the statues of the Eleven-headed Kuan-yin were part of the same structure is unclear.

The curious name Ch'i-pao-t'ai ("Terrace of the Seven Treasures") may perhaps provide us with a clue to the symbolic meaning of this edifice. The "Seven Treasures" would seem to be a reference to the regalia of a Universal Monarch (Sanskrit: *cakravartin*). It is possible that the Empress Wu, whose predilection for ambitious building projects is a well-recorded historical fact, was inspired by a passage in an ancient Buddhist *sūtra*. The *Mi-lo ta-ch'êng Fo-ching*, a text translated by the celebrated monk Kumarajīva (A. D. 344–413), describes the construction of a Ch'i-pao-t'ai by the thousand sons of a cakravartin. The Empress must have had no difficulty in identifying herself with a Universal Monarch; the courtiers and prominent officials who donated the statuary may have symbolically performed the role of the thousand filial sons.[15]

Judging from the inscribed statues, the Terrace of the Seven Treasures must have been built during the years corresponding to A. D. 703 and 704. If that is correct, the filial piety of some of the sons of the *cakravartin* did not survive the construction of this miraculous edifice for long. The donor of the statue in the Brundage Collection was one of those who changed his allegiance, be it reluctantly. Although Yao Yüan-chih had risen to ministerial rank during the reign of Empress Wu, he was one of the chief conspirators who hatched the plot which led to her abdication. Yet, when the moment arrived for the Empress to be removed to a palace outside the city wall, an act which finalized her fall from power, it was Yao Yüan-chih who was moved to tears. These tears cost him dearly, for this behavior disgusted his fellow conspirators to the extent that he was excluded from the honors of the revolution that restored the glory of the T'ang Empire.[16]

Notes

1 Accession number B 605115+.

2 *Chinesische Kunst,* Jan. 12–April 2, 1929, catalogue number 261.

3 *Dr. Ernst Hauswedell,* Hamburg, auction no. 80 (May 5, 1958), catalogue, no. 14.

4 For the invented graphs see Edouard Chavannes, *Mission Archéologique dans la Chine Septentrionale,* Tome I, deuxième partie, (Paris, Ernest Leroux, 1915), pp. 542–543.

5 Ōmura Seigai, *Shina Bijutsushi, Chōsohen* (Tokyo, 1915), text, vol. p. 570.

6 Ku Yen-wu's *Chin-shih wên-tzŭ-chi,* published in 1682, seems to be the earliest of the works.

7 Okakura first reported his discovery in a lecture given in Tokyo in March, 1894, see *Tenshin Zenshū,* (Tokyo, 1922), pp. 265–266.

8 Mao Fêng-chih, *Kuan-chung chin-shih wên-tzŭ ts'un-i-k'ao* (1901), ch. 1, p. 33.

9 Accession number 06.1905. In a letter to the Museum written by Okakura and dated August 7, 1906 the provenance of this statue is stated.

10 Fukuyama Toshio, "Hōkeijiha sekibutsu no bunrui" (text in Japanese, English subtitle, "Grouping of the Buddhist Reliefs of the Pao-ch'ing-ssŭ Temple in Hsi-an, China"), *Bukkyō Geijutsu/Ars Buddhica,* no. 9 (October, 1950), pp. 31–43 and no. 10 (December, 1950), p. 19.

11 An article on restoration in *Wên Wu,* 1966, no. 2, p. 55 contains an illustration of a stone relief which may well be one of the missing pieces.

12 Yao Yüan-chih, official name Yao Ch'ung, lived from 650 to 721.

13 Translation by Alexander C. Soper in *Artibus Asiae,* vol. XXI (Ascona, 1958), p. 204 sq.

14 Translation by Alexander C. Soper in *Artibus Asiae,* vol. XXIII (Ascona, 1960), p. 15 sq.

15 *Taishō Tripitaka,* no. 456, pp. 429–430.

16 C. P. Fitzgerald, *The Empress Wu* (F. W. Cheshire, Melbourne, 1955), p. 193.

Bibliographie Hanns Swarzenski

zusammengestellt von Inge Hacker

1927 Beiträge zur Niederrheinischen Buchmalerei in der Übergangszeit vom Romanischen zum Gotischen Stil. Inaugural-Dissertation zur Erlangung der Doktorwürde der Philosophischen Fakultät der Rheinischen Friedrich-Wilhelms-Universität zu Bonn, vorgelegt 1927, gedruckt Berlin o. J.

Vorgotische Miniaturen. Die ersten Jahrhunderte deutscher Malerei, Königstein i. Taunus u. Leipzig 1927 (Die Blauen Bücher).

1928 A Thirteenth Century Illuminated Manuscript. Minor Prophets and Lives of Saints Identified as a Relative of the Berthold Missal, in: Bulletin of the New York Public Library, Band 32, New York 1928, S. 647 ff.

1929 Die deutschen Miniaturen des frühen Mittelalters in amerikanischem Besitz, in: Zeitschrift für Bildende Kunst, 63. Jahrgang, Leipzig 1929, S. 193–200, 11 Abb.

1930 Ein Handschrift von Gregors »Moralia in Job« in Herzogenburg, Niederösterreich, in Wallraf-Richartz-Jahrbuch, N. F. Band I, Köln 1930, S. 9–25, 39 Abb.

1931 Vorgotische Miniaturen. Die ersten Jahrhunderte deutscher Malerei, 2. umgearbeitete Auflage, Königstein i. Taunus u. Leipzig 1931 (Die Blauen Bücher).

1932 Beiträge aus der Gemäldegalerie I. Ein sienesischer Buchdeckel von 1278, in: Berliner Museen, Berichte aus den Preußischen Kunstsammlungen, 53. Jahrgang, Berlin 1932, S. 41–42, 1 Abb.

Beiträge aus der Gemäldegalerie II. Ein neuerworbener Beccafumi, in: Berliner Museen, Berichte aus den Preußischen Kunstsammlungen, 53. Jahrgang, Berlin 1932, S. 42–44, 1 Abb.

1933 Die »Tugenden« kreuzigen Christus, in: Festschrift für Walter Friedländer zum 60. Geburtstag am 10. 3. 1933, S. 108 ff. (Maschinenschrift).

Dürers »Barmherzigkeit«, in: Zeitschrift für Kunstgeschichte, N. F. Band 2, Berlin 1933, S. 1–10, 7 Abb.

Rezension: M. Schott, Zwei Lütticher Sacramentare in Bamberg und Paris und ihre Verwandten, in: Zeitschrift für Kunstgeschichte, N. F. Band 2, Berlin 1933, S. 308–309.

Rezension: E. Lutze, Die Fränkische Buchmalerei im ersten Drittel des XIII. Jhdts. und ihre Beziehungen zu den Bamberger Georgenchorschranken, in: Zeitschrift für Kunstgeschichte, N. F. Band 2, Berlin 1933, S. 309.

Rezension: H. Jerchel, Die Ober- und Niederoesterreichische Buchmalerei des XIV. Jhdts., in: Zeitschrift für Kunstgeschichte, N. F. Band 2, Berlin 1933, S. 309–310.

Rezension: A. Stange, Eine österreichische Handschrift von 1330 in Schaffhausen, in: Zeitschrift für Kunstgeschichte, N. F. Band 2, Berlin 1933, S. 310.

Rezension: J. Květ, Illuminované Rukopisy Kralovny Rejcky (Die Handschriften der Königin Elisabeth von Böhmen), in: Zeitschrift für Kunstgeschichte, N. F. Band 2, Berlin 1933, S. 310–311.

Rezension: C. Nordenfalk, Abbas Leofsinus, ein Beispiel englischen Einflusses in der ottonischen Kunst, in: Zeitschrift für Kunstgeschichte, N. F. Band 2, Berlin 1933, S. 311.

1935 Zwei Zeichnungen der Martinslegende aus Tournai, in: Das Siebente Jahrzehnt. Adolph Goldschmidt zu seinem 70. Geburtstag am 15. 1. 1935, Berlin 1935, S. 40–42, 2 Abb.

Quellen zum deutschen Andachtsbild, in: Zeitschrift für Kunstgeschichte, N. F. Band 4, Berlin 1935, S. 141–144, 9 Abb.

Rezension: A. Watson, The Early Iconography of the Tree of Jesse, in: Zeitschrift für Kunstgeschichte, N. F. Band 4, Berlin 1935, S. 165–166.

Literaturbericht: Buchmalerei, in: Zeitschrift für Kunstgeschichte, N. F. Band 4, Berlin 1935, S. 186–188.

1936 Die lateinischen illuminierten Handschriften des XIII. Jahrhunderts in den Ländern an Rhein, Main und Donau, Berlin 1936, Text- und Tafelband (Denkmäler deutscher Kunst, Die deutsche Buchmalerei des XIII. Jahrhunderts).

1937 Rezension: O. von Falke und E. Meyer, Bronzegeräte des Mittelalters, Band 1, in: Zeitschrift für Kunstgeschichte, N. F. Band 6, Berlin 1937, S. 242–246.

1938 Unknown Bible Pictures by W. de Brailes and Some Notes on Early English Bible Illustration, in: Journal of the Walters Art Gallery, Band 1, Baltimore 1938, S. 55–69, 29 Abb.

1940 The Xanten Purple Leaf and the Carolingian Renaissance, in: The Art Bulletin, Band 22, New York 1940, S. 7–24, 12 Abb.

1941 The Dumbarton Oaks Collection, in: The Art Bulletin, Band 23, New York 1941, S. 77–79, 1 Abb.

1942 Literaturbericht: Recent literature, chiefly periodical, on medieval minor arts; Pre-Carolingian, Carolingian and Ottonian periods, in: The Art Bulletin, Band 24, New York 1942, S. 287–304.

1943 The Berthold Missal. The Pierpont Morgan Library Ms. 710 and the Scriptorium of Weingarten Abbey, New York 1943.

1946 Gemeinsam mit Ch. Seymour, jr., A Madonna of Humility and Quercia's Early Style, in: Gazette des Beaux Arts, Band 30, Paris 1946, S. 129–152, 27 Abb.

1948 Vorwort zu: Max Beckmann, Retrospective Exhibition, organized by the City Art Museum of St. Louis, St. Louis 1948, S. 5–9.

Max Beckmann 1948, in: City Art Museum of St. Louis, Bulletin, Band 33, St. Louis 1948, S. 5–9.

Washington, Neuerwerbungen der Skulpturen-Abteilung der National Gallery of Art, in: Phoebus, Band 2, Basel 1948/49, S. 38–42, 5 Abb.

Rezension: M. Mollwo, Das Wettinger Graduale, in: Phoebus, Band 2, Basel 1948/49, S. 45.

1949 The Anhalt Morgan Gospels, in: The Art Bulletin, Band 31, New York 1949, S. 77–83, 27 Abb.

1950 Two Unknown French Romanesque Frescoes, in: Museum of Fine Arts, Boston, Bulletin, Band 48, Boston 1950, S. 21–26, 8 Abb.

Recent Acquisitions of Austrian Primitives, in: Museum of Fine Arts, Boston, Bulletin, Band 48, Boston 1950, S. 52–59, 12 Abb.

1951 The Battle between Carnival and Lent, in: Museum of Fine Arts, Boston, Bulletin, Band 49, Boston 1951, S. 1–11, 14 Abb.

Davon Resumé in: The Art Quarterly, Band 14, Detroit 1951, S. 162–167, 1 Abb.

Der Stil der Bibel Carilefs von Durham. Ein Beitrag zu den Beziehungen zwischen England und dem Kontinent, in: Form und Inhalt, Kunstgeschichtliche Studien Otto Schmitt zum 60. Geburtstag am 13. 12. 1950, Stuttgart 1951, S. 89–95, 10 Abb.

Miniaturen des frühen Mittelalters, Laupen, Bern 1951 (Iris-Bücher), Englische Übersetzung, London 1951, Französische Übersetzung, Paris 1951.

1952 An Unknown Carolingian Ivory, in: Museum of Fine Arts, Boston, Bulletin, Band 50, Boston 1952, S. 2–7, 13 Abb.

A Masterpiece of Bohemian Art, in: Museum of Fine Arts, Boston, Bulletin, Band 50, Boston 1952, S. 64–74, 15 Abb.

1953 The Italian and Mosan Shows in the Light of the Great Art Exhibitions, in: The Burlington Magazine, Band 95, London 1953, S. 151–157, 5 Abb.

1954 Monuments of Romanesque Art. The Art of Church Treasures in North Western Europe, London–Chicago 1954.

Herausgabe von F. Saxl: English Sculptures of the Twelfth Century, London 1954.

The Kneeling »Acolyte« in the Morgan Library, in: Studies in Art and Literature for Belle da Costa Greene, Princeton 1954, S. 179–183, 10 Abb.

Caravaggio and Still-life Painting. Notes on a recent acquisition, in: Museum of Fine Arts, Boston, Bulletin, Band 52, Boston 1954, S. 22–38, 17 Abb.

Davon Resumé in: The Art Quarterly, Band 17, Detroit 1954, S. 311–315, 1 Abb.

1955 The »Dowry Cross« of Henry II, in: Late Classical and Mediaeval Studies in Honor of Albert Mathias Friend, jr., Princeton 1955, S. 301–304, 5 Abb.

An Unknown Bosch, in: Museum of Fine Arts, Boston, Bulletin, Band 53, Boston 1955, S. 2–10, 13 Abb.

A Head from Rheims and an English Corbel, in: Museum of Fine Arts, Boston, Bulletin, Band 53, Boston 1955, S. 71–75, 10 Abb.

»Christ Preaching« by Jan Scorel, in: Museum of Fine Arts, Boston, Bulletin, Band 53, Boston 1955, S. 88–91, 3 Abb.

1956 A Masterpiece of Gothic Sculpture, in: Museum of Fine Arts, Boston, Bulletin, Band 54, Boston 1956, S. 2–9, 10 Abb.

Über den zweiten Tremessener Kelch und die Quellen seiner Ikonographie, in: Kunstchronik, Band 9, München 1956, S. 277–278 (Zusammenfassung eines Vortrags, gehalten auf dem 6. Deutschen Kunsthistorikertag in Essen, 1.–4. August 1956).

Two Unnoticed Leaves from the Admont Bible, in: Scriptorium, Band 10, Antwerpen 1956, S. 94–96, 2 Abb.

Two Heads from Jerusalem, in: Museum of Fine Arts, Boston, Bulletin, Band 54, Boston 1956, S. 34–38, 8 Abb.

A Painting of the Man of Sorrows, in: Museum of Fine Arts, Boston, Bulletin, Band 54, Boston 1956, S. 82–87, 11 Abb.

Englisches und flämisches Kunstgut in der romanischen Buchmalerei Weingartens, in: Weingarten 1056–1956, Festschrift zur 900–Jahrfeier des Klosters Weingarten, Weingarten 1956, S. 333–340, 6 Abb.

1957 Portrait Drawing by Max Beckmann, in: Arts, Band 31, New York 1957, S. 13.

1958 The Song of the Three Worthies, in: Museum of Fine Arts, Boston, Bulletin, Band 56, Boston 1958, S. 30–49, 17 Abb.

Department of Decorative Arts, in: Museum of Fine Arts Boston: Annual Report 1958, Boston 1958, S. 35–42, 4 Abb.

u. a.: Some Recent Accessions, in: Museum of Fine Arts, Boston, Bulletin, Band 56, Boston 1958, S. 97–99.

1959 Gemeinsam mit J. Květ: Czechoslovakia. Romanesque and Gothic Illuminated Manuscripts, New York 1959 (Unesco World Art Series, Nr. 12), Deutsche Ausgabe, München 1959.

A Masterpiece of Lombard Sculpture, in: Museum of Fine Arts, Boston, Bulletin, Band 57, Boston 1959, S. 64–75, 10 Abb.

Department of Decorative Arts, in: Museum of Fine Arts Boston, Annual Report 1959, Boston 1959, S. 31–38, 4 Abb.

1960 Department of Decorative Arts, in: Museum of Fine Arts Boston, Annual Report 1960, Boston 1960, S. 40–49, 5 Abb.

A Vièrge d'Orée, in: Museum of Fine Arts, Boston, Bulletin, Band 58, Boston 1960, S. 64–83, 25 Abb.

1961 u. a.: Some Recent Accessions, in: Museum of Fine Arts, Boston, Bulletin, Band 59, Boston 1961, S. 118.

Department of Decorative Arts, in: Museum of Fine Arts Boston, Annual Report 1961, Boston 1961, S. 49–55, 3 Abb.

A Chalice and the Book of Kings, in: De Artibus Opuscula XL, Essays in Honor of Erwin Panofsky, New York 1961, S. 437–444, 12 Abb.

1962 Two Oliphants in the Museum, in: Museum of Fine Arts, Boston, Bulletin, Band 60, Boston 1962, S. 27–45, 28 Abb.

u. a.: Some Recent Accessions, in: Museum of Fine Arts, Boston, Bulletin, Band 60, Boston 1962, S. 131.

Department of Decorative Arts and Sculpture, in: Museum of Fine Arts Boston, Annual Report 1962, Boston 1962, S. 34–43, 7 Abb.

1963 The Role of Copies in the Formation of the Styles of the Eleventh Century, in: Studies in Western Art, Acts of the Twentieth International Congress of the History of Art, Band 1, Princeton 1963, S. 7–18, 29 Abb.

Recent Acquisitions of Contemporary Sculpture, in: Museum of Fine Arts, Boston, Bulletin, Band 61, Boston 1963, S. 91–103, 23 Abb.

Masterpiece of Northern Portrait Sculpture. A Memorial to President Kennedy, in: Museum of Fine Arts, Boston, Bulletin, Band 61, Boston 1963, S. 143–148, 6 Abb.

Department of Decorative Arts and Sculpture, in: Museum of Fine Arts Boston, Annual Report 1963, Boston 1963, S. 44–57, 11 Abb.

Fragments from a Romanesque Bible, in: Gazette des Beaux Arts, Band 62, Paris 1963, S. 71–80, 13 Abb. (Essais en l'honneur de Jean Porcher).

Rezension: F. Wormald, O. Pächt, C. R. Dodwell, The St. Albans Psalter, in: Kunstchronik, Band 16, München 1963, S. 77–85.

1964 Department of Decorative Arts and Sculpture, in: Illustrated Handbook, Museum of Fine Arts, Boston 1964, S. 102–165, 93 Abb.

u. a.: Some Recent Accessions, in: Museum of Fine Arts, Boston, Bulletin, Band 62, Boston 1964, S. 138–143.

Department of Decorative Arts and Sculpture, in: Museum of Fine Arts Boston, Annual Report 1964, Boston 1964, S. 36–47, 8 Abb.

1965 Eine Beweinungsgruppe des Weichen Stils in Boston, in: Studien zur Geschichte der europäischen Plastik, Festschrift für Theodor Müller, München 1965, S. 113–117, 6 Abb.

Skizzen zu einem normannischen Psalter, in: Miscellanea pro Arte, Hermann Schnitzler zur Vollendung des 60. Lebensjahres am 13. Januar 1965, Düsseldorf 1965, S. 191–193, 3 Abb.

Giacometti's Femme qui marche, in: The Burlington Magazine, Band 107, London 1965, S. 338, 1 Abb.

A Frankish Faience Madonna, in: Museum of Fine Arts, Boston, Bulletin, Band 63, Boston 1965, S. 183–195, 13 Abb.

1966 A Medieval Treasury, Engagement Calendar 1966, Museum of Fine Arts Boston, 72 Abb.

An 18th Century Crèche, Museum of Fine Arts, Boston o. J. (1966).

Les olifants, in: Les Monuments Historiques de la France, N. S. Band 12, Paris 1966, S. 6–11, 7 Abb.

1969 A Medieval Treasury, in: Apollo, Band 90, London 1969, S. 484–493, 17 Abb.

1970 u. a.: Centennial Acquisitions: Art Treasures for Tomorrow, in: Museum of Fine Arts, Boston, Bulletin, Band 68, Boston 1970.

Before and After Pisano, in: Museum of Fine Arts, Boston, Bulletin, Band 68, Boston 1970, S. 178–196, 16 Abb.

Vielleicht auch ein Beitrag zum Problem der Künstlerkopie, in: Museum und Kunst, Beiträge für Alfred Hentzen, Hamburg o. J. (1970), S. 260–265, 2 Abb.

1971 u. a.: Museum of Fine Arts, Boston, Western Art, Boston 1971.

1972 Vorwort zu: The Rathbone Years, Masterpieces acquired for the Museum of Fine Arts, Boston, 1955–1972 and for the St. Louis Art Museum, 1940–1955, Boston 1972, S. 7–9.

Fotonachweis

Aachen, Foto Ann Münchow; *Wesenberg* 3
Amiens, Musée de Picardie; *Gauthier* 5

Baltimore, Md., The Walters Art Gallery; *Verdier* 1–6
Barcelona, Foto Mas; *Gauthier* 7
Bari, M. Ficcarelli; *Gauthier* 9
Basel, Collection von Hirsch; *Gauthier* 11
Basel, D. Widmer; *Bernoulli* 1–15
Berlin (Ost), Deutsche Staatsbibliothek; *Buddensieg* 8
Berlin (Ost), Märkisches Museum; *Wixom* 2
Berlin (Ost), Staatliche Museen; *Hentzen* 1–7; *Möller* 9
Berlin (Ost), Staatliche Museen, Kunstgewerbemuseum; *Kötzsche* 1–4
Berlin, Staatliche Museen Preußischer Kulturbesitz, Kupferstichkabinett; *Möller* 4
Berlin, W. Steinkopf; *Hentzen* 2, 4, 8
Bonn, Landeskonservator Rheinland; *Wesenberg* 2, 6
Boston, Mass., Museum of Fine Arts; *Gramberg* 1; *Gauthier* 1; *Hunt* 5, 6, 7; *Janson* 7; sowie alle Abb. der Erwerbungen H. Swarzenski, S. 13–40
Boston, Mass., Public Library, Wiggin Collection; *Sayre* 1–4
Bremen, Kunsthalle; *Busch* 1, 2
Brüssel, A. C. I.; *Legner* 20; *Verdier* 19
Brüssel, C. Pyriout; *Demus* 1

Cambridge, Mass., Fogg Art Museum; *Caviness* 1; *Slive* 3, 4
Cambridge, Mass., Collection Mrs. Benjamin Rowland Jr.; *Slive* 1, 2
Cleveland, Ohio, Museum of Art; *Rossacher* 5; *Wixom* 6

Darmstadt, Hessisches Landesmuseum; *Bloch* 8; *Kötzsche* 5
Dresden, Deutsche Fotothek; *Rossacher* 7–11

Einsiedeln, Stiftsbibliothek; *Buddensieg* 5, 6

Florenz, Ed. Alinari; *Janson* 1–6, 8–16; *Mitchell* 1, 3, 5; *Rossacher* 15
Frankfurt a. M., Städtische Galerie; *Schädler* 2

Hamburg, B. Constantinesen-Frehn; *Möller* 1
Hamburg, Museum für Kunst und Gewerbe; *Gramberg* 5; *Möller* 3, 5
Houston, Texas, The Museum of Fine Arts; *Faison* 1

Karlsruhe, Staatl. Kunsthalle; *Verdier* 17
Konstanz, A. Rettich; *Buddensieg* 11, 12
Kopenhagen, Nationalmuseet; *Gauthier* 6; *Legner* 13
Köln, Rheinisches Bildarchiv; *Bloch* 1–7; *Legner* 1–12, 21; *Wesenberg* 1, 4
Köln, Schnütgen-Museum, Foto F. Schwarz; *Wesenberg* 5
Köln, Schmölz-Huth; *Legner* 11

Leiden, Universiteitsbibliotheek; *Buddensieg* 9, 10
Le Puy, « Grand Seminaire »; *Mütherich* 1–7
Limoges, Bibliothèque Municipale; *Gauthier* 4, 10
London, British Museum; *Ayres* 17, 24; *Nordenfalk* 3, 4, 11
London, Courtauld Institute of Art; *Ayres* 3, 10; *Nordenfalk* 6, 8, 9
London, Victoria and Albert Museum; *Caviness* 5; *Grodecki* 3; *Möller* 2, 11
London, The Warburg Institute; *Ayres* 23

Madrid, Patrimonio Nacional; *Gramberg* 2, 3
Madrid, Museo Galdiano; *Gramberg* 6, 7
Marburg, Bildarchiv Foto Marburg; *Ayres* 4, 6; *Bloch* 9–11; *Caviness* 9–13; *Grodecki* 7; *Legner* 14–19; *Nordenfalk* 5, 15; *Müller/Winzinger* 4
München, Bayerisches Nationalmuseum; *Schädler* 5–12; *Steingräber* 1–3
München, Max-Beckmann-Gesellschaft; *Hentzen* (Vorwort) 1, 2
München, Foto Hirmer; *Mitchell* 7; *Rossacher* 12–14
München, Dr. Ursula Kriedte; *Sauerländer* 1, 3, 9

Neuilly, Collection David-Weill; *Gauthier* 4
New York, Frick Collection; *Schädler* 1, 14, 15, 17
New York, Paul Dry Galberg; *Möller* 5
New York, Metropolitan Museum of Art; *Ayres* 8; *Caviness* 2; *Forsythe* 1–3
New York, Pierpont Morgan Library; *Ayres* 25; *Nordenfalk* 2, 12, 16, 17; *Verdier* 20

Oxford, Ashmolean Museum; *Hunt* 1–4
Oxford, University Press; *Ayres* 18–20, 22

Paris, Bibliothèque Nationale; *Ayres* 5, 7, 9, 11–16; *Gauthier* 2, 3; *Grodecki* 8
Paris, Bibliothèque Sainte-Geneviève; *Mütherich* 8–11
Paris, Giraudon; *Faison* 3
Paris, Monuments Historiques (Archives Photographiques); *Ayres* 21; *Caviness* 3, 4; *Forsythe* 4; *Grodecki* 3, 4, 6
Paris, Musée de Cluny; *Gauthier* 3; *Souchal* 1
Paris, Musée National du Louvre; *Gauthier* 10
Paris, Musées Nationaux (Documentation Photographique); *Faison* 5
Prag, Národni Galerie v Praze; *Rossacher* 3; *Verdier* 11, 14
Prag, Prazsky Hrad; *Verdier* 9, 10, 12, 13, 15, 16

Rimini, Moretti film; *Mitchell* 4
Rom, R. Sansaini; *Gramberg* 9
Rouen, Photo-Ellebe; *Ayres* 2

San Francisco, Cal., Center of Asian Art and Culture; *Fontein* 1
Saratoga Springs, N. Y., Skidmore College Print Collection; *Faison* 2
Stuttgart, Landesbildstelle Württemberg; *Buddensieg* 13

Tokio, National Museum; *Fontein* 2
Toulouse, J. Zodiaque; *Sauerländer* 2, 4, 6–8

Washington, D. C., National Gallery of Art; *Gauthier* 8
Wien, Bundesdenkmalamt; *Demus* 2, 3
Wien, Kunsthistorisches Institut; *Demus* 4
Wien, Kunsthistorisches Museum; *Caviness* 8; *Nordenfalk* 1; *Steingräber* 4; *Verdier* 7, 8
Wien, Niederösterreichisches Landesmuseum; *Rossacher* 1
Wien, Österreichische Lichtbildstelle; *Rossacher* 4, 6
Wien, Österreichische Nationalbibliothek (Bildarchiv); *Möller* 7, 10
Williamstown, Mass., Sterling and Francine Clark Art Institute; *Faison* 4